합격을 위한 정확한 선택

아름국사
압축
개념완성 근현대사 02

합격을 위한 정확한 선택

아름국사
압축
개념완성 근현대사 02

고아름 편저

메가 ⋒ 공무원   elk

contents

대한민국의 성립과 발전

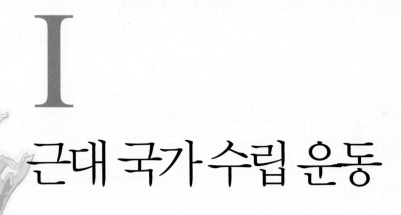

I
근대 국가 수립 운동

| 1863년 흥선대원군 집권 | 1882년 임오군란 | 1895년 을미사변 | 1897년 대한제국 수립 |
| 1876년 강화도 조약 | 1884년 갑신정변 | 1896년 아관파천, 독립협회 | 1905년 을사늑약 |

01 흥선 대원군의 개혁

1 흥선 대원군 집권 전 대내외적 상황

(1) 대내적 상황

① **중앙** : 세도 정치의 폐단으로 매관매직과 부정부패가 만연해짐

② **지방** : 삼정의 문란과 탐관오리의 수탈로 백성들의 불만은 고조되어 토지를 떠나 유망하는 농민들이 증가함. 항조 운동을 전개하기도 했으나 더 이상 해결되지 않자 농민 봉기를 일으킴
●──── 홍경래의 난(1811), 임술 농민 봉기(1862) 등 ●───┘

③ **새로운 사상의 등장** : 평등사상을 내세우는 서학과 동학이 농민들 사이에 널리 퍼짐
천주교, 19세기 이후 신자 수 급증 ●───┘   └─● 몰락 양반 최제우가 1860년 창시

(2) 대외적 상황

① **중국의 문호 개방** : 1842년 난징 조약❶ 체결로 영국에 의해 개항됨

② **일본의 문호 개방** : 1854년 미 · 일 화친 조약 체결로 미국에 의해 개항되었고, 1868년 메이지 유신을 실시하여 위로부터의 급진적인 근대화 정책을 추진함

③ **서양의 접근** : 1832년 영국 상선 로드 암허스트호를 시작으로 이양선(異樣船)이 해안 부근에 출몰함 ⇨ 중국에서 영 · 프 연합군에 의해 북경이 점령되고, 러시아가 연해주를 획득하면서 조선과 국경을 접하게 되는 등 서양 열강에 대한 조선의 위기감이 고조됨
서양 선박, 우리의 선박 모습과 달라 붙여진 이름 ●───┘

2 흥선 대원군의 개혁 정치
●──── 이하응(1820~1898)

(1) 흥선 대원군의 집권 흥선 대원군은 철종과 6촌 지간으로, 철종이 아들 없이 죽자, 이하응은 차남을 익종의 양자로 삼아 고종으로 즉위시킴. 고종의 나이가 어려 조대비의 수렴청정을 거치고, 흥선 대원군이 10년간 섭정하면서 실권을 장악함
●─ 헌종의 아버지   └─● (1863~1873년)

(2) 개혁의 내용

① **인재 등용** : 세도 정치의 흐름을 끊고 민생에 미치는 폐단을 줄이기 위해 안동 김씨 등 세도가를 축출하고, 신분 및 당파를 가리지 않고 능력에 따라 인재를 등용함

❶ 난징 조약

1840~1842년까지 영국과 청나라 간에 벌어진 1차 아편 전쟁을 끝내며 맺은 조약. 청은 홍콩을 영국에 할양하였고, 광저우, 샤먼, 푸어우, 닝보, 상하이의 5개 항구를 개항함

▲ 이양선

▶ 대원군

국왕이 아들이나 형제 없이 죽어 종친(친척)이 왕위를 이을 때 새로 즉위한 왕의 친아버지에게 주는 작위

"나는 천리를 끌어다 지척을 삼겠으며, 태산을 깎아내려 평지를 만들고, 또한 남대문을 3층으로 높이려 하는데 여러 공신들은 어떠시오?" 라고 하였다. …… 대개 천리지척이라는 말은 종친을 높인다는 뜻이요, 남대문 3층이라는 말은 남인을 천거하겠다는 뜻이요, 태산을 평지로 만들겠다는 말은 노론을 억압하겠다는 의사이다.

– 황현, 〈매천야록〉

② **정치 기구의 변화** : 1864년에 비변사의 기능을 대폭 축소 · 격하하여 군권만을 일임하고 국정 전반에 대한 권한을 다시 의정부에 귀속시킴. 1865년 삼군부를 복설하여 군권을 의정부로부터 회수하니 사실상 비변사는 혁파됨 ⇨ 의정부에서 정권을, 삼군부에서 군권을 담당하면서 정치 체계의 기틀이 공고해지고 왕권이 강화됨

③ **국방력 강화** : 삼군부를 다시 설치하고 수군과 훈련도감을 강화하는 등 군사 체계를 정비하고, 무기를 수입하고 신무기를 개발하였으며, 무신을 대거 등용하고 우대하는 등 군사력 강화에 힘씀.
   ●······· 강화도에 배치한 수뇌포 등

또한 제너럴 셔먼호의 증기 기관과 '해국도지' 등을 참고하여 철선(증기선, 화륜선) 제작을 시도하였으나 실제로 쓰이지는 못함

   ●······· '대전통편' 이후의 수교, 조례 등의 변화를 담아 1865년 편찬

④ **법전 편찬** : '대전회통', '육전조례'뿐만 아니라 '삼반예식', '종부조례', '오례편고', '양전편고' 등을 편찬 ⇨ 통치 체제 정비
   └······· 조선 말기 육조 각 관아의 사무 처리에 필요한 행정 법규와 사례를 편집한 행정 법전

⑤ **경복궁 중건** : 임진왜란 때 불탄 경복궁을 중건하여 왕실의 존엄을 회복하고 왕권을 강화하고자 하는 목적

   ㉠ 중건 과정 및 비용 조달 방법

▲ 당백전

원납전 징수	'원하여 납부하는 돈' 이라는 일종의 기부금을 뜻하지만, 실제로는 강제로 징수함
당백전 발행	당백전을 대량으로 발행함 : 액면가는 상평통보의 100배였으나 사실상 5~6배의 실질 가치를 지녔음 → 화폐 가치가 하락하고 물가가 폭등함(인플레이션을 해결하고자 청전[청나라 동전]을 수입하였으나 이 역시 품질이 좋지 않아 효과가 없었음)
통행세 징수	한양 도성을 출입하는 자에게 징수
결두전 징수	토지 1결당 100문씩 거두는 특별세
묘지림 벌목	양반의 묘지림을 벌목하여 목재를 동원함 → 양반들의 반발을 삼
노동력 징발	백성들을 토목 공사에 강제로 동원함 → 농민들의 원성이 높아짐

에에헤이야 얼널널 거리고 방에 홍애로다.
을축년 4월 초3일에 경복궁 새 대궐 짓는 데 헛방아 찧는 소리다.
조선의 여덟도 좋다는 나무는 경복궁 짓노라 다 들어간다.
도편수란 놈의 거동보소 막통 매고 갈팡질팡 한다.
남문 밖에 떡장수들아 한 개를 베어도 큼직큼직 베어라.
남문밖에 막걸리장수야 한잔을 걸러도 큰애기 솜씨로 걸러라.
에–나 떠난다고 네가 통곡 말고 나 다녀올 동안 네가 수절을 하여라.
에–인생을 살면 몇 백 년 사나 생전 시절에 맘대로 노세.
남문 열고 바라 둥당 치니 계명산천에 달이 살짝 밝았네.
경복궁 역사가 언제나 끝나 그리던 가족을 만나볼까.

▶ **백산 서원**
전북 무주군 무풍면 현내리에 있는 서원. 1821년 설립한 이후 흥선 대원군의 서원 철폐령으로 훼철되었다가 1905년 유림과 후손에 의해 다시 복원됨

▶ **충민사**
평안남도 안주군에서 1681년 건립됨. 정묘호란 때 순절한 평안병사 남이흥 등을 제향하기 위해 건립함. 국가에서 건립했기에 흥선 대원군의 서원 철폐 때에도 훼철 대상에서 제외됨

● 1872년

ⓛ **중건 결과** : 중건 시작 8년 만에 완공되었으나, 양반과 농민의 원성은 깊어짐. 결국 흥선 대원군이 물러나 고종이 친정하게 되는 계기가 됨

● 최익현 등이 상소를 올림

⑥ **서원 철폐** : 서원이 정쟁을 유발하고 국가 재정을 악화시키자 지방 통제를 강화하고 민생을 안정시키고자 철폐를 단행함

● 면세 혜택, 백성 수탈

> ▶ **흥선 대원군의 서원 철폐**
> 사족이 있는 곳마다 평민을 못살게 굴지만 그 가장 심한 곳이 서원이었다. …… 대원군이 영을 내려서 나라 안 서원을 죄다 허물고 서원의 유생들을 쫓아 버리도록 하였다. 감히 항거하는 자는 반드시 죽이라 하니, 사족이 크게 놀라서 온 나라 안이 물 끓듯하고 대궐 문간에 나가 울부짖는 자도 수만이나 되었다. 대원군은 크게 화를 내며 말하였다. "진실로 백성에게 해되는 것이 있으면 비록 공자가 살아난다 하더라도 나는 용서하지 않겠다. 하물며 서원은 우리나라 선유를 제사하는 곳인데 지금은 도둑의 소굴이 됨에 있어서랴." …… 이 때문에 백성들이 춤추고 칭송하는 소리가 천지를 진동하였다.
>
> – 박제형, '근세조선정감'

● 임진왜란 때 조선을 도와준 명의 신종과 의종을 위해 숙종 때 세운 사당

ⓐ **철폐 과정** : 1865년 만동묘를 철폐하고, 1871년 600여 개의 서원 중 47개의 서원만 남기고 모두 철폐함 ⇨ 철폐한 서원의 토지와 노비를 몰수하여 재정 확충에 기여하고 민생 안정을 도모함

ⓛ **철폐 결과** : 백성들이 반기고 왕권이 강화되었으나, 양반 유생들의 반발이 심하여 흥선 대원군 퇴진의 계기가 됨

⑦ **삼정의 시정** : 민생 안정과 국가 재정 확보 위해 실시

ⓐ **전정** : 양전 사업을 실시하여 은결을 찾아내고, 양반과 토호의 토지겸병을 금지함

● 토지 대장에서 누락된 토지

● (← 동포제)
● 노비 이름으로 납세하는 것을 허용함

ⓛ **군정** : 호포제를 실시하여 상민에게만 거두었던 군포를 양반에게도 징수하여 호마다 2냥씩 거둠 ⇨ 조세 부담을 공평히 하고자 했으나 양반들의 반발을 삼

ⓒ **환곡** : 삼정 중 폐단이 가장 심각했음. 국가 주도의 환곡제를 폐지하고 민간 주도의 사창제로 개편함. 리(里) 단위로 사창을 설치하고, 향촌에서 덕망 있고 경제적 여유가 있는 사람이 운영하도록 함 ⇨ 수령과 아전의 비리와 농민의 부담이 다소 감소함

《호포제 실시 전(1792)》
면제층 노비 36%
납부층 양인 15%
면제층 양반 49%
총 3,100호

《호포제 실시 후(1872)》
면제층 노비 7%
면제층 관리 19%
납부층 양반·양인 74%
총 3,137호

▲ 호포제 실시로 나타난 군포 부담층의 변화(경상도 영천)

ⓔ **지방 통제** : 매관매직을 금지함, 암행어사를 파견하여 수령의 비리를 단속하고 향리를 엄격히 통제함

⑧ **사회 · 경제 기타** : 양반들의 허례허식과 사치를 방지하고 풍속을 개량하고자 함 ⇨ 두루마기나 모포의 소매는 좁게, 갓의 테두리는 작게, 비단이나 흰색 신발 대신 검정 신발, 담뱃대는 짧게 장려, 지방 양반과 토호들이 백성에게 사사로이 형벌을 내리는 것을 금하고, 포구에서 세금을 징수하고, 도고의 매점매석 행위를 단속함

3 통상 수교 거부 정책

(1) 조선의 위기 의식

① **서구 열강에 대한 위기감** : 서구 열강들이 중국의 베이징을 점령하자 조선은 큰 충격을 받았음. 결국 이양선이 조선에 접근하여 통상을 요구 ⇨ 흥선 대원군은 서양의 통상 요구를 일체 거부하고 서양 문물 유입을 금하였으며, 국방 강화에 힘을 기울임

② **천주교 탄압** : 프랑스 선교사가 조선에서 활동하면서 교세가 민간에 확산되었고, 정부의 박해에도 신자 수는 급증함. 영 · 프 연합군에 의해 베이징이 함락되자 천주교와 서양에 대한 경계심이 고조됨

③ **서계 사건(1868)** : 종래에 일본 정부가 조선에 보내는 국서에는 '조선 국왕 폐하'라는 형식으로 쓰였고, 쓰시마 도주는 조선 정부가 내린 직인을 사용함 ⇨ 메이지 유신 이후 조선에 '일본 천황이 조선 국왕에게'라는 형식에 쓰시마 도주가 일본 정부의 직인을 쓴 서계를 보내자 접수를 거부하며 양국 간의 갈등이 발생함

④ **암허스트호의 접근** : 1832년 영국의 로드 암허스트호가 최초로 통상을 요구하며 접근함

(2) 병인박해(1866. 1)❶

❶ 병인박해
1866년(고종3)부터 1871년까지 8천 명 이상의 순교자를 내며 계속되었던 우리나라 최대 규모의 천주교 박해

① **원인** : 러시아가 연해주를 차지하여 조선과 두만강을 경계로 마주하자 러시아에 대한 조선의 경계심이 높아짐 ⇨ 천주교 교구가 설치되고 교세가 확장되는 상황에서 흥선 대원군은 프랑스를 끌어들여 러시아를 견제하고자 천주교에 관대한 태도를 보임

② **과정** : 프랑스 선교사를 통해 프랑스에 원조를 제안하였으나 프랑스가 거절함 + 천주교에 대한 지배층과 유생들의 반발이 확산됨 ⇨ 프랑스 신부 9명과 신도 수천 명을 처형함

③ **결과** : 병인양요의 원인이 됨

(3) 제너럴 셔먼호 사건(1866. 7)

① **원인** : 미국의 프레스턴이 이끄는 상선 제너럴셔먼호가 대동강을 거쳐 평양 부근에 정박하여 통상을 요구함

② **과정** : 평안도 관찰사 박규수 등은 식량을 제공하며 물러날 것을 여러 차례 요구하였으나 제너럴 셔먼호는 상거래를 요구하며 퇴거하지 않고 오히려 선원들이 민가를 약탈하는 등의 횡포를 부림. 결국 조선군이 제너럴 셔먼호를 불태워 침몰시킴

▶ 천주교 박해 과정

신유박해(1801)
▼
기유박해(1839)
▼
병오박해(1846)
▼
병인박해(1866)

③ **결과** : 흥선 대원군은 활약한 박규수 등을 포상함. 미국이 조선에 대해 포함 외교 정책을 실시하여 신미양요가 일어나는 배경이 됨

대포와 함대를 동원한 외교, 상대방에게
무력을 동원할 수 있다는 압박을 가하는 것

(4) 병인양요(1866. 9)

① **원인** : 병인박해를 피해 청으로 탈출한 프랑스 신부 리델은 프랑스의 극동 함대 사령관 로즈 제

독에게 박해를 알렸고, 프랑스는 선교사 처형을 구실로 조선을 침공함

② **1차** : 로즈 제독은 강화 해협을 따라 한강을 거쳐 서울까지 수로를 탐사하고 돌아감. 프랑스 군함이 서울의 양화진, 서강에 이르자 정부는 위기감을 느끼고 한강 연안의 방어 체제를 강화함

외침, 전쟁이나 이인좌의 난, 임술 농민 봉기, 동학 농민 운동 ●
등의 반란이 일어났을 때 이를 수습하기 위해 임시로 설치함

③ **2차** : 정찰 이후 로즈 제독은 조선을 본격적으로 침략함. 강화도를 점령하여 약탈하고, 한강을 봉쇄하여 서울로 향하는 조운로를 차단함 ⇨ 흥선 대원군은 순무영을 설치하고 이경하를 훈련 대장으로 임명하는 한편, 강화도의 정족산성에서는 강화도 양헌수 부대, 문수산성(김포시)에서는 한성근 부대, 가 프랑스군에 맞서 싸움

●기습 작전으로 프랑스군을 물리쳤고,
프랑스가 퇴각하는 직접적인 계기가 됨

④ **결과** : 프랑스군은 철병하면서 강화도의 외규장각 등에 불을 지르고, 외규장각 도서 등 다수의 문화재, 무기, 금·은 등을 약탈해감

●조선왕조 의궤가 포함됨

▲ 면제배갑

⑸ 오페르트 도굴사건(1868. 4)

① **전개 과정** : 독일 상인 오페르트는 조선에 두 차례 통상을 요구하였으나 거절당함. 오페르트는 미국인 자본가와 프랑스 신부의 지원을 받아 병력을 동원하여 충청남도 덕산에 있는 흥선 대원군 아버지인 남연군의 묘를 도굴하려다가 실패함

② **영향** : 이를 계기로 흥선 대원군은 천주교를 더욱 탄압하고 통상 수교 거부 정책을 강화함. 서양에 대한 조선인들의 거부감이 한층 고조됨

> ▶ **오페르트 도굴 사건**
>
> 〈**오페르트의 서신**〉
> 그것(남연군의 유골)을 가진 자에게 절대적 권한을 부여할 것이며, 서울을 점령하는 것과 다름없는 의의를 가질 것이다. 대원군은 그것을 돌려받기 위해서 누구에게든 두말할 것 없이 어떤 일에도 찬성할 것이다. …… 대원군을 강요하여 문호 개방의 요구를 듣게 하는 유일한 방법은 지금으로서는 이것뿐이다.   -〈금단의 나라, 조선 71행〉
>
> 〈**영종 첨사의 회신**〉
> 너희 나라와 우리나라 사이에는 원래 왕래도 없었고, 은혜를 입거나 원수를 진 일도 없다. 이번 덕산 묘지에서 저지른 사건은 사람으로서 차마 할 수 있는 일이겠는가? 또한, 방비가 없는 것을 엿보아 몰래 들이닥쳐 소동을 일으키며 무기를 빼앗고 백성들의 재물을 강탈하는 것도 사리를 볼 때, 어찌 할 수 있는 일이겠는가? 이런 사태에서 우리나라 신하와 백성들은 있는 힘을 다하여 한 마음으로 네놈들과 같은 하늘을 이고 살 수 없다는 것을 다짐할 뿐이다.   -〈고종실록〉

⑹ 신미양요(1871. 4)

① **원인** : 미국은 제너럴 셔먼호 사건에 대하여 조선의 해명과 배상금 지불, 통상 조약 체결을 요구하였으나 흥선 대원군은 이를 거부함

1867년 1월 군함 워추셋호를 파견하여 ●
대동강에 정박시키고 포함 외교를 펼침

② **과정** : 미국은 로저스 제독과 군함을 파견하여 강화도를 침략함 ⇨ 미군이 초지진, 덕진진 점령 ⇨ 어재연 부대가 광성보에서 저항하다가 전사하는 등 조선군이 사력을 다해 저항함 ⇨ 조

▶ **외규장각 도서의 반환**
병인양요 때 약탈된 외규장각 도서는 프랑스 국립 도서관에 보관되다가 2011년 5월 27일에 5년 단위로 갱신하여 대여하는 형식으로 반환됨. 현재 국립 중앙 박물관에서 보관중임.

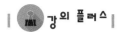

▲ 어재연의 수자기

미국은 신미양요 때 어재연 장군의
수(帥)자기를 본국으로 가져갔으나
2007년 장기 대여 방식으로 국내에
반환함.

▷ 통상 수교 거부 정책과 양요

1866년 1월
병인박해

▼

1866년 7월
제너럴 셔먼호 사건

▼

1866년 9월
병인양요

▼

1868
오페르트 도굴 사건

▼

1871
신미양요

▲ 척화비

선은 끝까지 교섭에 응하지 않았고 미군은 전쟁의 장기화를 우려하여 철수함

●┄┄ 조선 후기 강화도에 있던 군영

③ **결과** : 흥선 대원군은 척화비를 세우는 등 쇄국 정책을 더욱 강화함. 진무영의 지위를 승격 · 강
화하고, 심도 포량미를 거두어 군비를 충당하는 등 군사력 강화를 위해 힘씀

┄┄┄●조선 후기 군사력 강화를 위해 거둔 국방세

(7) **척화비** 흥선 대원군은 병인양요와 신미양요 이후 종로뿐만 아니라 전국 각지에 척화비를 세워
통상 수교 거부 정책에 대한 의지를 천명함. 병인년에 새기고 신미년에 세움. 이후 1882년 임오
군란으로 흥선 대원군이 청나라에 납치되었을 때 일본의 요구로 모두 철거됨

> ▶ **척화비 내용**
>
> 洋夷侵犯 非戰則和 主和賣國 양이침범 비전즉화 주화매국
> 戒我萬年子孫 丙寅作 辛未立 계아만년자손 병인작 신미립
> 서양 오랑캐가 침범함에 싸우지 않음은 곧 화의하는 것이요, 화의를 주장함은 나라를 파는 것이다.
> 만년 자손은 경계할지어다. 병인년에 만들고 신미년에 세운다.

⑻ **통상 수교 정책의 결과**

① **의의** : 자주적인 반외세적 입장을 고수하여 서구 열강의 침입을 일시적으로 저지함

② **한계** : 빠르게 변화하고 있는 세계 정세에 합류하지 못하고 근대화가 지체되는 결과를 낳음

4 정권의 교체

(1) **흥선 대원군의 하야**

① **배경** : 서원 철폐, 경복궁 중건을 위한 토목 공사와 물가 상승 등으로 인해 양반과 백성들의 불만
이 커짐

② **계기** : 최익현 등이 흥선 대원군을 비판하고 탄핵을 주장하는 상소를 올림 ⇨ 최익현에 대한 처
벌을 놓고 흥선 대원군과 고종이 갈등을 빚음 ⇨ 고종이 친정을 발표하여 흥선 대원군이 물러남
(1873)

> ▶ **최익현의 대원군 탄핵 상소**
>
> 호조참판 최익현이 상소하기를 "… 지난 나랏일을 보면 폐단이 없는 곳이 없어 명분이 바르지 못하고 말이 순하지
> 않아 짧은 시간 안에 다 마칠 수 없을 정도입니다. 그 가운데 드러난 더욱 심한 것을 보면, 황묘(만동묘) 철거로 임
> 금과 신하의 윤리가 썩었고, 서원 철폐로 스승과 제자의 의리가 끊어졌으며, 귀신의 후사로 나가는 일로 아비와
> 자식의 친함이 문란해졌고, 호전(청나라 화폐)을 써서 중화와 오랑캐의 분별이 어지러워졌습니다. 이 몇 가지 조
> 목들이 곧 한 조각이 되어 전리와 인륜이 이미 탕진되어 남아있는 것이 없습니다.

흥선 대원군 이전으로 제도 복원, 조세 감면 등 ●┄┄┄

(2) **민씨 정권** 고종이 친정하면서 민씨 일파가 정권을 주도함. 대내적으로는 민심 안정에 주력하였
고, 대외적으로는 개방 정책을 실시하되 정권의 안정을 지키는 선에서 추진함

┄┄┄●청, 일본과 친선 관계 도모

02 개항과 불평등 조약

1 통상 개화론자

화륜선 ●⋯⋯⋯⋯⋯⋯⋯⋯ ●수뢰포

(1) **조선의 상황** 흥선 대원군 때 〈해국도지〉를 참고하여 증기선, 기뢰 등이 제작되었고, 고종은 〈이언〉, 〈영환지략〉, 〈여유당전서〉 등을 접하여 개화에 관심을 가질 정도로 서양 문물이 소개된 상황이었음
⋯⋯⋯⋯● 정약용

(2) **대표적인 인물** 박규수❶, 오경석, 유흥기

① **주장** : 서양의 서적 및 선진 문물을 접한 이들은 열강의 군사적 침탈을 예방하기 위해서는 개항해야 함을 주장

2 일본에서의 정한론 대두

(1) **서계 사건** 일본이 메이지 유신 이후 조선에 보낸 서계가 국서 형식에 맞지 않아 조선은 이 서계 접수를 거부함

(2) **정한론** 일본은 서계 사건을 계기로 삼아 개혁 추진 과정에서 불만을 갖고 있는 무사 계급의 불만을 밖으로 돌리고자 정한론을 제시하였는데 실현되지는 못함(정한파를 달래기 위하여 1874년 대만을 침입함)
⋯⋯⋯⋯● 조선을 무력으로 정벌해서라도 문호를 개방시키자는 강경론

3 운요호 사건

(1) **과정** 1875년 4월 일본은 운요호를 조선 연해에 파견하였는데, 운요호는 부산항에 입항하였다가 돌아감. 운요호는 8월에 다시 조선에 나타나 중국으로 가는 항로를 조사한다는 구실을 내세우며 강화 해협을 침범하였고(포격 유도), 이에 초지진 포대에서 경고 사격을 가함. 일본은 물러나면서 영종도에 포격을 가하고 상륙하여 약탈, 방화 등을 저지름

●국기를 단 군함에 포격을 가한 것은 주권 침해에 해당한다며 억지를 부림

(2) **결과** 일본은 운요호 사건의 책임을 물으며 조선에 문호 개방을 요구하는 포함 외교를 펼침. 조선은 청에 도움을 요청했으나 청은 오히려 조약 체결을 권하였고, 결국 조선은 강화도 조약을 맺음 ⇨ 최익현 등의 유생들은 강화에 반대하며 상소를 올렸고, 최익현을 유배형에 처함

⋯⋯⋯●흑산도

4 강화도 조약(조 · 일수호조규, 1876.2)

(1) **과정** 강화 연무당에서 조선의 전권대신 신헌, 일본의 구로다가 대표하여 체결됨

(2) **내용과 의미** 청의 간섭을 배제하고자 하였고, 경제적 침략을 위한 조항들을 삽입하였으며, 조선의 주권을 침해하는 조항들로 구성되어 있음 ⇨ 일본이 정치 · 군사 · 경제적으로 침략할 수 있도록 밑바탕이 마련되었으며, 이후 서구 열강들과 줄줄이 불평등 조약을 맺게 되는 시작점이 됨

조항	내용	의미
제1관	조선국은 자주국이며 일본국과 평등한 권리를 갖는다.	조선에 대한 청의 종주권 부정, 청의 영향력 배제

---

❶ 박규수(1807~1876)

조선 후기의 문신, 개화 사상가. 연암 박지원의 손자. 청에 연행사절로 다녀오면서 국제 정세와 근대 문물에 눈 뜨게 됨. 1866년 평안도 관찰사 재임 중 제너럴 셔먼호 사건을 직접 겪음. 이후 흥선 대원군에게 천주교 박해를 반대하고 개화의 필요성을 역설했지만 받아들여지지 않자 우의정 자리에서 물러남. 이때 젊은 양반 자제들과 교류하면서 개화파 형성에 결정적 역할을 함

▲ 운요호

제4관	조선 정부는 부산 외에 2개 항구를 개항하고 일본인이 와서 통상을 하도록 허가한다. 이곳에서 토지를 빌려 집을 짓거나 조선 인민에게 집을 빌리도록 허가한다.	부산 외 2개 항구 개항(인천, 원산), 자유 무역 허용, 거류지 설정

지명	개항 의도	개항 연도
부산	경제적 침탈	1876
원산	군사적 이용	1880
인천	정치적 압박	1883

제5관	경기, 충청, 전라, 경상, 함경 5도 중에서 연해의 통상하기 편리한 항구 두 곳을 골라서 지명을 지정한다.	
제7관	조선국 연해의 도서와 암초를 조사하지 않아 매우 위험하다. 일본국 항해자가 자유로이 해안을 측량하도록 허가한다. 위치와 깊이를 상세히 조사하여 지도를 만들어 두 나라 선객이 위험을 피하고 안전하게 항해할 수 있게 한다.	항로와 연안 자원 확보, 유사시 군사 작전에 필요한 조치 가능 → 조선의 영해 주권 침해
제8관	이제부터 일본국의 정부는 조선에서 지정한 각 항구에 일본 상인을 관리하는 관청을 수시로 설치하고 양국에 관계되는 안건이 제기되면 소재지의 지방 장관과 만나서 토의·처리한다.	
제9관	양국 인민의 무역에 대하여 양국 관리는 조금도 이에 간여하지 않으며 제한을 설정하거나 금지하고 방해하지 못한다.	일본 상인의 자유로운 상업 활동을 위해 정부의 간섭을 배제함
제10관	일본국 인민이 조선국 항구에서 죄를 지었거나 조선국 인민에게 관계되는 사건은 모두 일본국 관원이 심판한다. 조선국 인민이 죄를 범하고 일본국 인민과 관계되는 사건은 모두 조선국 관원이 조사한다. 단, 각각 해당 국가의 국법으로 심판하되 공평하도록 하여야 한다.	영사 재판권(치외 법권) 인정
제11관	양국은 이미 통호를 하였으므로 따로 통상 장정을 설정하여 양국 상민의 편의를 도모할 것이다. 아울러 지금 설정한 조약 중 다시 세목을 보충 첨가하여 편리하게 할 것이다. 이것은 지금으로부터 6개월 이내에 양국이 따로 위원을 조선국 서울, 또는 강화부에 파견하여 의논한 후 정하게 한다.	무역 규칙, 부속 조약의 체결 근거
제12관	위 11조관을 영원히 신의로써 준수하며 변경할 수 없다.	유효 기간이나 폐기 조항이 없는 불평등 조약

▶ 영사 재판권
영사가 주재국에서 자국민에 관계된 소송을 자기 나라 법률에 의해 재판하는 권리. 외국인은 원칙적으로 그 소재국의 법률에 복종하지만, 영사 재판권은 치외 법권의 하나로서, 자국민의 이해관계를 가지는 사건에 행사하는 재판권임. 보통 불평등 조약에 이 영사 재판권의 내용이 규정됨.

▶ 기타 항구의 개항

지명	개항 연도
진남포, 목포	1897
평양	1898
군산, 마산	1899

▲ 강화도 조약을 맺기 위해 회담하는 조선과 일본 대표

(3) 성격

① 불평등 조약 : 조선의 주권을 침해하는 조항(연안 측량권, 치외 법권)을 넣는 등 일본에 절대적으로 유리하고 조선에 불평등한 조약

② 근대적 조약 : 우리나라가 외국과 최초로 맺은 근대적 조약

(4) 부속 조약 체결
강화도 조약 제11관에 의거하여 조선의 형조 판서 조인희와 일본의 외무성 이사관 미야모토 사이에 체결됨

① 조·일 수호 조규 부록(1876. 7. 6.)

㉠ 개항장에서 일본 거류민의 거류지 설정(10리 이내)

조계, 영토의 일부를 한정하여 ●┈┄
외국인의 거주와 영업을 허용한 곳

▲ 운요호 사건과 강화도 조약

ⓛ 일본 외교관(조선 주재 인민 관리관)의 내지 여행 인정

ⓒ 일본 화폐의 유통 허용

조항	내용
제1관	각 항구에 주재하는 일본인 또는 관리관은 긴급 사태가 있는 경우에 지방관에게 고하고, 한국 여행을 할 수 있다.
제2관	공문사송(公文使送)의 편의를 제공하여 비용을 사후 변상하도록 할 수 있다.
제3관	일본인이 개항장에서 지기(地基)를 조차(租借)하여 거주하는 것을 인정한다.
제4관	부산 항구에서 일본 인민들의 자유 활동 지역을 방파제로부터 동서남북으로 조선 기준 10리로 한정한다.
제5관	개항장에서의 조선인 임고(賃雇)를 허용하고, 정부의 허가를 받을 경우 일본에 왕래할 수 있다.
제7관	일본 화폐가 조선 내에서 물건 구매 시 상호 통용되도록 허용한다.
제9관	일본 측량선이 해안을 측량하다 사고를 당한 경우, 긴급 피난하도록 적극 협력한다.

② 조 · 일 무역 규칙(조 · 일 통상 장정, 1876. 7. 6.)

ⓐ 별도의 제한 없이 곡물의 수출입 허용 ⇨ 곡물 무제한 방출의 배경이 됨

ⓛ 일본 상인의 무관세 무역 규정 ⇨ 일본 상인의 진출이 수월해짐

조항	내용
제6조	조선국 항구에 머무르는 일본인은 쌀과 잡곡을 마음대로 수출할 수 있다.
제7조	일본국에 소속된 선박들은 항구세를 납부하지 않으며, 수출입 상품에도 관세를 부과하지 않는다.

③ 조 · 일 수호 조규 속약(1882. 7. 17.)

ⓐ 임오군란을 수습하기 위해 맺어진 제물포 조약과 함께 체결됨

ⓛ 간행이정을 <u>50리 이내로 확대</u>
            ╰┈┈┈●2년 뒤 100리로 확대

ⓒ 외교관과 수행원뿐만 아니라 가족의 내지 여행권 보장

조항	내용
제1조	부산 · 원산 · 인천 각 항구의 간행이정을 확장해 각 50리로 하고 2년 후를 기해 다시 각 100리로 한다. 1년 뒤에 양화진을 개시(開市)로 한다.
제2조	일본국 공사 · 영사 및 그 수행원과 가족의 조선 각지 여행을 허가한다. 여행 지방을 지정함은 예조에서 하되 증서를 발급하고, 지방관은 증서를 검사하고 여행자를 호송한다.

④ 조 · 일 통상 장정 개정(1883. 7.)

ⓐ 조 · 일 무역 규칙의 불평등한 내용을 수정하기 위해 체결되었으나, 불평등한 조항인 최혜국 대우가 삽입됨

ⓛ 방곡령 선포 가능 : 선포하기 1개월 전에 통보해야 함

ⓒ 관세 설정 : 1876년 조 · 일 무역 규칙 체결 이후 일본은 관세를 한 푼도 내지 않았으나, 비로소 관세 조항이 삽입됨

▶ 통상 장정

국왕의 조인 없이 양국의 대신들 사이에서 통상에 관한 세부 사항을 정하는 것. 체결 이후에 고정되는 것이 아니라 여러 차례 개정을 거침

▶ 간행이정(間行里程)

항구에서 외국인에게 허용된 활동 범위. 조 · 일 수호 조규 부록에서는 10리로 규정하였고 점차 확대됨

조항	내용	의미
제9관	입항하거나 출항하는 각 화물이 해관을 통과할 때에는 본 조약에 첨부된 세칙에 따라 관세를 납부해야 한다.	관세 규정
제37관	만약 조선국에 가뭄, 홍수, 전쟁 등의 일로 인하여 국내의 식량 결핍을 우려하여 잠정적으로 쌀 수출을 금지하고자 할 때에는 1개월 전에 지방관이 일본 영사관에게 통지하여야 한다. 또한, 그러한 때에는 미리 그 기간을 항구에 있는 일본 상인들에게 전달하여 일률적으로 준수하는 데 편리하게 한다.	방곡령
제42관	현재나 앞으로 조선 정부에서 어떠한 권리와 특전 및 혜택과 우대를 다른 나라 관리와 백성에게 베풀 때에는 일본국 관리와 백성도 마찬가지로 일체 그 혜택을 받는다.	최혜국 대우

▶ **최혜국 대우**
조약에서 한 나라가 제3국에 부여하는 가장 유리한 혜택을 상대국에도 동등하게 대우할 것을 명시하는 조항 → 불평등 조약을 대표하는 조항

4 서양 열강과의 수교

(1) 조·미 수호 통상 조약(1882. 4. 6.)

① 조선책략 : 청의 외교관 황쭌셴의 저술

㉠ 유포 : 김홍집이 제2차 수신사로 일본에 갔다가 들여옴

㉡ 주요 내용 : 조선은 러시아의 남하를 견제하기 위해 친중국(親中國), 결일본(結日本), 연미국(聯美國) 해야 한다.

㉢ 반발 : 이만손 등의 경상도 유생들은 영남 만인소를 올려(1881. 2.) 〈조선책략〉에 반발하고 개항과 통상에 반대함. 홍재학은 만언척사의 소(1881. 7.)를 올려 개화 정책을 추진하는 대신들 뿐만 아니라 고종까지도 비판함 ⇨ 이만손은 전남 강진에 유배되었고, 홍재학은 능지처참형을 받음

> 만 명의 사람이 올리는 상소

> ▶ **〈조선책략〉, 황쭌셴**
> 조선 땅은 실로 아시아의 요충을 차지하고 있어 열강들이 차지하려고 할 것이다. 조선이 위태로우면 중국도 위태로워진다. 러시아가 영토를 넓히려 한다면 반드시 조선이 첫 번째 대상이 될 것 …… 러시아를 막는 책략은 무엇인가? 중국과 친하고(親中國), 일본과 맺고(結日本), 미국과 이어짐(聯美國)으로써 자강을 도모할 뿐이다.
> – 〈조선책략〉

> ▶ **영남 만인소**
> 수신사 김홍집이 가지고 와서 유포한 황쭌셴의 사사로운 책자를 보노라면 어느새 털끝이 일어서고 쓸개가 떨리며 울음이 북받치고 눈물이 흐릅니다. …… 청은 우리가 신하로서 섬기는 바이며, …… 직분을 지킨 지 200년이나 되었습니다. …… 이제 무엇을 더 친할 것이 있겠습니까? 일본은 우리에게 매어 있던 나라입니다. 삼포왜란이 어제 일 같고, 임진왜란의 숙원이 가시지 않았습니다. …… 그들이 우리의 허술함을 알고 함부로 쳐들어오면 장차 이를 어떻게 막겠습니까? …… 미국은 본래 모르던 나라입니다. …… 러시아는 본래 우리와 혐의가 없는 나라입니다.
> '일성록' 1881년 2월 3일

> ▶ **만언척사의 소**
> 대개 서양의 학문은 천리(天理)를 어지럽히고 기강을 소멸시킴이 심함을 다시 말할 필요도 없습니다. 서양의 물건은 태반이 음탕하고 욕심을 유도하며, 윤리와 강상을 깨뜨리고 사람의 정신을 어지럽히며, 천지에 거역하는 것들입니다. 서양의 학문과 물건은 귀로 들으면 창자가 뒤틀리고 …… 또한, 십자가의 상을 받지 않는다 해도 야소(耶蘇, 예수)교의 책을 읽게 되면 성인에게 죄를 얻는 시작입니다. 전하의 백성들은 과연 귀와 눈과 코와 입이 있습니까? 없습니까?
> – 홍재학

② **청의 알선** : 청은 러시아와 일본이 조선에 진출하는 것을 경계하고 조선과 청의 전통적인 관계를 유지하고 조선에 대한 종주권을 국제적으로 승인받기 위한 목적에서 미국과의 수교를 적극 알선함

③ **조 · 미 수호 통상 조약 체결** : 제물포 화도진에서 조선의 전권대신 신헌과 미국의 전권공사 슈펠트 사이에서 체결됨. 조약 체결을 중재하던 청의 리훙장은 속방 조항 삽입을 주장했으나 미국의 반대로 실행되지 않았음
  └······●조선은 청의 속국이다

④ **내용과 의미**

  ㉠ 치외 법권, 최혜국 대우 ⇨ 불평등 조약
    └······●최초로 명시

  ㉡ 거중 조정 : 각국이 제3국과 분쟁을 겪거나 위협을 당했을 때 서로 돕는다는 뜻 ⇨ 미국은 통상적인 의례의 표현, 조선은 군사적 동맹으로 받아들임 ⇨ 조선은 임오군란, 을사늑약 등 어려운 때에 거중 조정을 요청하였으나 미국은 적극적으로 응하지 않았음

조항	내용	의미
제1관	조선과 미합중국 및 그 국민은 영원히 평화 우호를 지키되 만약 타국이 제3국으로부터 어려움에 처하게 되면 1차 조사를 거친 뒤에 필수 상조하여 잘 조처함으로써 그 우의를 표시한다.	거중 조정
제2관	양국의 병권대신을 각각의 도성에 주재시킨다.	
제3관	미국 선척(상선이나 군함 등)이 조선의 연안에서 태풍 등으로 조난되었을 때 구호한다.	
제4관	조선 백성이 미합중국 국민에게 범행을 하면 조선 당국이 조선 법률에 따라 처벌한다. 미합중국 국민이 조선 인민을 때리거나 재산을 훼손하면 미합중국 영사나 그 권한을 가진 관리만이 미합중국 법률에 따라 체포하여 처벌한다.	치외 법권 인정
제5관	무역을 목적으로 조선국에 오는 미국 상인 및 상선은 모든 수출입 상품에 대하여 관세를 지불해야 한다. 관세율은 종가세 10%를 초과하지 않으며 사치품 등에 대해서는 30%를 넘지 못하는 협정세율을 정한다.	제한적인 관세 부과 인정
제7관	양국은 아편 무역을 철저히 금한다.	
제8관	일시적으로 방곡령을 시행할 수 있고, 인천항에서 미곡 수출을 금지한다. 또한, 미국 국민이 수출하기 위해 홍삼을 밀매할 경우 이를 몰수하고 위반자를 엄중 처벌한다.	
제12관	5년 후 만국공법의 통례상 공평하게 상의하여 상세한 통상 조관 및 규칙에 관하여 재교섭한다.	조약의 유효 기간 규정
제14관	조약을 체결한 뒤에 통상 무역 상호 교류 등에서 본 조약에 부여되지 않은 어떠한 권리나 특혜를 다른 나라에 허가할 때에는 자동적으로 미국 관민에게도 똑같이 주어진다.	최혜국 대우 조항

⑤ **조약의 성격** : 서양과 최초로 맺은 근대적 조약이자 불평등 조약

⑥ **영향** : 초대 미국 공사로 루시우스 푸트가 부임하였으며, 답례로 보빙사를 파견함. 이후 서양과 맺는 조약의 선례가 됨
  └······●전권대신 민영익, 홍영식, 서광범, 유길준 등

(2) 조 · 영 수호 통상 조약(1883. 10. 27) 1882년에 체결되었다가 1883년 다시 체결, 1884년 4월 2일에 비준됨
  치외 법권, 아편 수입 금지 조항으로 지연됨●······┘

▶ **강화도 조약과 조 · 미 수호 통상 조약의 조항 내용 비교**

조항	규정 유무	
	강화도 조약	조 · 미 수호 통상 조약
최혜국 대우	X	O
영사 재판권	O	O
거중 조정	X	O
관세 부과	X	O
해안 측량권	O	X

조항	내용	의미
제1관	2. 다른 나라와 분쟁 시 두 나라는 조약을 맺은 만큼 중간에서 잘 조처해야 한다.	거중 조정
제2관	1. 조선에 있는 영국 인민의 생명 및 그 재산은 영국에서 파견한 법률과 소송을 처리하는 관원이 전적으로 관할한다.	치외 법권
제3관	1. 제물포, 원산, 부산(부산항이 적합하지 않을 시는 부근) 등의 항구와 한양의 양화진(혹은 부근)을 개방하고 통상을 허가한다. 6. 통상 지역에서 100리 이내의 지방 혹은 장래 양국이 파견하는 관원이 피차 의정하지 않는 경계 내에서는 영국인은 마음대로 돌아다닐 수 있고 여행 증명서를 지니지 않아도 된다. 단, 여행 증명서를 지니고 있으면 조선의 각처에 돌아다니면서 통상하고 일체 토산물을 구매하는 것을 허가한다(단, 조선 징부가 허락하지 않는 서적, 인판(印板), 자첩(字帖) 등을 내지에서 파는 것은 허가하지 않는다). 여행 증명서는 영국 영사관이 발급하고 조선 지방관이 관인을 찍거나 붓으로 서압(署押)한다.	내지 통상권 (구매·판매 모두 직용)
제5관	1. 영국인은 조선의 각 통상 항구 간 혹은 타국의 항구로 운송, 매매, 교역할 수 있다.	연안 무역권
제7관	5. 영국 상선이 조난 시 통상 항구든 아니든 관계없이 임의의 장소에 정박을 허락한다.	자유로운 항해 보장
제8관	1. 두 나라의 군함은 통상 항구든 아니든 관계없이 모두 왕래를 승인한다. 2. 이때 그 배에 탄 관리와 문관·무관, 병사, 인부들이 해안에 상륙하는 것을 허가한다. 단, 여권을 소지하지 않은 사람이 내지에 가는 것을 허가하지 않는다.	
제10관	금후에 어떤 혜택과 이권을 다른 나라나 다른 나라 관리들과 인민들이 입게 될 경우 영국 및 영국의 관리와 인민들도 마찬가지로 그 혜택을 입을 수 있게 해야 한다.	최혜국 대우
제11관	두 나라에서 토의하여 체결한 이 조약은 시행하는 날로부터 10년을 기한으로 한다.	

(3) **조·독 수호 통상 조약(1883)** 청의 알선으로 수교

(4) **조·러 수호 통상 조약(1884)** 청과 일본이 견제하여 조선이 직접 수교함, 1888년 조·러 육로 통상 장정 체결로 러시아 상인의 특권이 강화됨

(5) **조·프 수호 통상 조약(1886)** 천주교 포교 문제로 지연됨. 천주교 선교의 자유 인정

(6) **기타** 이탈리아(1884), 오스트리아(1892), 벨기에(1901), 덴마크(1902) 등과 조약을 맺고 수교함

(7) **조약 체결의 의미**

① **의의** : 중국 중심의 동아시아 체제를 넘어 국제 사회에 편입되어 근대 국가로 나아가는 발판을 마련하게 됨

② **한계** : 제대로 준비하지 못하고 불평등 조약을 체결하게 되어 서구 열강의 침략적 접근에 노출됨

03 개화와 근대적 개혁

1 개화사상

(1) 형성 배경

① 국내 계보 : 북학파의 실학사상을 계승함

② 국제적 상황

● 전통 사상은 지키고 서양 문물을 부분적으로 수용하자는 주장

㉠ 청 : 청은 아편 전쟁 이후 중체서용론을 바탕으로 양무운동❶을 전개 ⇨ 청·일 전쟁에서 패배하며 한계를 드러냄. 청이 서구 열강에 무너지는 모습을 본 역관, 사신 등은 개화하여 열강에 대비해야 한다는 통상 개화론을 주장함

㉡ 일본 : 문명개화론을 바탕으로 국가 주도의 대대적인 근대화 개혁이 일어남

● 서양의 기술뿐만 아니라 문화와 풍속까지 수용하자는 주장

❶ 양무운동(1861~1894)
19세기 후반 청나라에서 일어난 근대화 운동. 태평천국 운동 진압에 큰 공을 세운 이홍장, 증국번 등의 중심이 되어 추진되었음. 관 주도로 서양식 군수 공장을 세워 무기와 군수품을 만들고, 민간 기업을 양성해 서양 상인에게 빼앗긴 이권을 되찾아오려 노력함

(2) 통상 개화론자

① 박규수 : 박지원(북학파)의 손자. 사신으로 청에 왕래하며 문호 개방과 서양의 과학 기술 수용의 필요성을 강조하였으며, 강화도 조약 체결을 주장함

● 1844년 청의 위원이 지은 세계 지리서

② 오경석 : 중인 출신 역관. 『해국도지』, 『영환지략』 등의 서적을 소개하며 개화파 형성과 강화도 조약 체결에 영향을 미침

● 1850년 청의 서계여가 쓴 지리서

③ 유흥기 : 의관 출신. 친구 오경석이 들여온 서적들을 통해 개화사상에 접근함. 백의정승이라 불림. 박영효, 김옥균, 홍영식 등을 지도하여 초기 개화사상 형성에 큰 영향을 끼침

2 개화 세력의 형성

(1) 초기 개화파 박규수, 오경석, 유흥기 등의 통상 개화론자들의 영향을 받은 김옥균, 박영효, 김윤식, 유길준 등의 젊은 지식인들은 개화파를 형성함

(2) 성장 이들 개화파는 1880년대에 대거 정계에 진출하여 정치 세력을 이룸 ⇨ 정부의 개화 정책에 적극 개입함

● 기구 개편, 해외 유학생 및 시찰단 파견 등

(3) 분화

① 계기 : 임오군란 이후 청이 내정에 깊이 관여하고 개화 정책이 제대로 시행되지 않자 외교 정책, 개화 방법 및 속도 등을 둘러싸고 갈등이 빚어짐

② 온건 개화파와 급진 개화파

구분	온건 개화파	급진 개화파
주요 인물	김홍집, 김윤식, 어윤중	김옥균, 박영효, 홍영식, 서광범, 서재필
개혁 모델	청의 양무운동(중체서용론)	일본의 메이지 유신(문명개화론)
정치적 성격	집권 세력의 일부 → 수구당 (민씨 정권과 결탁)	소장파 관료 → 개화당
정치적 입장	친청 사대적 입장 → 사대당	청에 대한 사대 정책과 청의 내정 간섭 거부 → 독립당

개혁 방안	동도서기론 : 점진적이고 온건한 개혁 전제 군주제 유지 전통적인 유교 사상을 지키면서 서양 기술 도입 추구	변법 개화론 : 사상, 제도 등에 대한 급진적인 개혁 입헌 군주제 추구 신분제 폐지 및 상공업 진흥 주장
주도 활동	갑오 · 을미 개혁	갑신정변 (갑오개혁 : 박영효, 서광범)

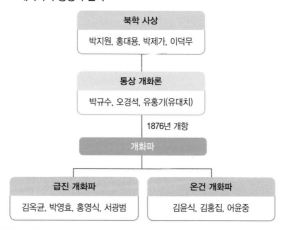

▶ 개화파의 형성과 분화

북학 사상
박지원, 홍대용, 박제가, 이덕무

통상 개화론
박규수, 오경석, 유홍기(유대치)

1876년 개항

개화파

급진 개화파
김옥균, 박영효, 홍영식, 서광범

온건 개화파
김윤식, 김홍집, 어윤중

▶ 동도서기론

대체로 우리나라가 일본과 관계를 맺는 것은 일본을 견제하기 위한 계책에서 나온 것으로 부득이한 일입니다. 저 일본이 서양 나라와 사이좋게 지내면서 서양 옷을 입고 서양 학문을 배우는 것은 금지할 바가 아닙니다. …… 기계에 관한 기술과 농업 및 수예에 대한 책과 같은 것도 만약 나라에 이익이 되고 백성에게 이익이 될 수 있다면 또한 선택하여 이용할 것이지, 굳이 그들의 것이라고 해서 좋은 법까지 이울러 배제할 것이 없다는 것이 명백합니다.
– 곽기락의 상소, '승정원일기', 고종 17년(1881)

군신, 부자 부부, 장유의 윤리는 인간의 본성에 부여된 것으로서 천지를 통하여 만고불변의 이치이고, 위에 존재하는 것으로서 도(道)가 됩니다. 이에 대해 배, 수레, 군사, 농사, 기계의 편민이국(便民利國)은 외형적인 것으로서 기(器)가 됩니다. 신이 변혁을 꾀하고자 하는 것은 기이지 도가 아닙니다. 오늘날 나라를 다스리는 이가 서양 법의 편리함을 인정하지 않고 옛 제도의 우둔함을 전적으로 쓴다면, 이것은 부강의도를 생각지 않은 것입니다. …… 준재(俊才)를 널리 선발하여 기계 제조의 관리를 두고, 그들로 하여금 해외에 출입케 해서 제조법을 배워오게 하여 급속히 그 효용을 보게 하면, 그 뛰어난 기술이 어찌 다른 나라의 위에 앞설 수 없다 하겠습니까?
– 윤선학의 상소, '승정원일기', 고종 18년(1882)

▶ 문명개화론

유교를 부흥시켜 문덕(文德)을 닦게 한다면 나라 힘도 일어나리라 기대할 수 있지만, 슬프게도 모든 일에는 시운이 있어서 힘으로 해결할 수 없습니다. 그러므로 종교는 국민들이 자유롭게 믿게 하고 정부에서 간섭해서는 안됩니다. …… 이 세상에 있는 어떤 나라도 어리석고 약해진 뒤에 그 나라를 보존하고 그 지위를 평안케 할 수 없습니다. 따라서 진실로 나라를 부강하게 하여 서양과 맞서려면 군권을 줄여 국민들에게 자유를 누리게 하고, 보국의 책임을 다하게 해야 합니다. 그러한 뒤에야 문명이 발달하고 국민이 평안해지면 나라가 무사해 질 것입니다.
–박영효 건백서*(1888)
*박영효가 갑신정변 이후 일본에 망명하면서 고종에게 올린 개화 정책을 담은 글

오직 밖으로 널리 구미 각국과 신의로써 친교하며, 안으로는 정략을 개혁하여 우매한 백성들을 문명의 도로써 교육하며, 상업을 발달시켜 재정을 정리하여야 합니다. …… 아직도 양반을 제거하여 그 뿌리를 뽑지 않는다면 국가의 패망을 기어코 앉아서 기다리는 꼴이 될 뿐입니다. 전하께서 이를 반성하시어 하루 빨리 무식 무능하고 수구 완고한 대신들을 축출하시고, 문벌을 폐하고 인재를 골라 중앙 집권의 기초를 확립하여 백성들의 신용을 얻으시고, 널리 학교를 설립하여 인민의 지식을 깨우치게 하시옵소서.
– 김옥균의 상소(갑신정변 이후 일본에서 올림)

▶ 태극기

역관 이응준이 김홍집의 명을 받고 조·미 수호 통상 조약 때 처음 고안하여 사용하였다. 박영효는 이를 수정하여 사용하였다.

▲ 박영효가 사용한 태극기

3 개화 정책

(1) 수신사 파견 일본의 근대화를 시찰하고 개화 문물을 수용하기 위한 목적

① **1차 수신사(1876. 4.)** : 김기수 등, 『일동기유』, 『수신사일기』를 저술하여 근대 문물을 긍정적으로 소개함

                    ●일본을 유람한 기록이라는 뜻

② **2차 수신사(1880. 5.)** : 김홍집 등, 『조선책략』, 『이언』을 가지고 들어옴, 『수신사일기』 저술, 지석영이 종두법 들여옴

                    ●청의 정관응, 서양의 문물과 정치 제도 소개

③ **3차 수신사(1882. 8.)** : 박영효, 김옥균 등, 태극기를 공식적으로 처음 사용, 임오군란으로 인한 일본의 피해에 사과하기 위한 목적, 차관 교섭을 벌임, 박영효는 『사화기략』 저술

                    ●태극기를 제조하여 사용한 경위 소개

(2) 통리기무아문 설치(1880. 12.)

① **특징** : 외교·통상 등을 담당하는 개화 정책 전담 기구로, 청의 총리각국사무아문을 참고하여 설치함

② **개편 과정** : 통리기무아문 아래 12사 설치 ⇨ 7사로 통합 ⇨ 임오군란 때 흥선 대원군의 재집권으로 폐지 ⇨ 흥선 대원군이 청에 납치된 이후 기무처로 복설(1882. 7.) ⇨ 기무처를 통리외교아문(외교 담당) + 통리내무아문(내정 담당)으로 개편 ⇨ 통리기무아문을 통리군국사무아문(내아문)으로 개편: 삼군부, 기무처를 통리군국사무아문에 통합시킴(거의 모든 국정을 처리함, 1882. 12.) ⇨ 갑신정변 발발로 통리군국사무아문 폐지 ⇨ 내무부가 신설되어 개화 관련 업무 담당(1885. 5.)

③ **12사 구성**

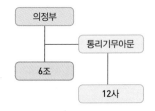

기관명	역할	기관명	역할
사대사	중국과의 외교 담당	기계사	기계 제조
교린사	일본 등 각국과의 외교 담당	선함사	선박, 군함 제조
군무사	군사 관련 업무	기연사	선박 감독 및 연안 포구 담당
변정사	국경 및 접경 국가 관련 업무	어학사	번역 관련 업무
통상사	해외 무역, 통상 담당	전선사	관리 선발, 관수품 조달 담당
군물사	무기, 병기 제조 담당	이용사	재정 관련 업무

(3) 조사 시찰단(1881. 4.)

① **파견 목적** : 일본 정부 기구 및 근대 산업 시설 시찰

② **상황** : 개화 정책에 반발하는 여론 때문에 박정양, 어윤중, 홍영식 등을 동래부 암행어사로 위장하여 파견

                    ●김옥균은 조사 시찰단 파견을 주도하고 비슷한 시기에 일본에 다녀왔으나 조사 시찰단은 아니었음

     '동경일기'(송헌빈), '일동록'(강진형), '농정신편'(안종수, 최초의 근대적 농서) 등

③ **활동** : 약 4개월간 일본의 정세를 파악하고 산업 시설을 시찰하고 돌아와 보고서를 작성하였고, 후에 통리기무아문 각 12사 요직에서 정부의 개화 정책을 이끎. 일부는 국비 유학생(유길준, 윤

치호 등)으로 남아 근대 문물을 공부함

(4) 영선사(1881. 9.)

① **파견 목적** : 청의 근대 무기 제조법과 군사 훈련법 학습

② **상황** : 김윤식 등을 파견하였으나 정부의 지원 부족과 임오군란 발발로 1년 만에 귀국함

③ **영향** : 톈진의 기기국에서 기기와 화약 제조법, 과학 기술 등을 배우고 돌아와 기기창 설립에 기여함

· · · · 1883년 설립된 우리나라 최초의 근대 무기 제조 공장

(5) 보빙사(1883)

① **파견 목적** : 조·미 수호 통상 조약이 체결되고 주한 미국 공사기 부임하자 이에 대한 답례로 파견된 친선 사절단

② **활동** : 전권대신 민영익과 홍영식, 서광범, 유길준 등은 일본을 거쳐 뉴욕에 도착하여 아서 대통령을 접견하였으며, 정부 각 기관 및 세계 박람회를 시찰함. 일부는 러시아, 유럽을 시찰하고 돌아옴.

③ **영향** : 홍영식은 미국식 우편 제도를 국내에 도입하였고, 최경석은 농무 목축 시험장 설치에 영향을 미침. 유길준은 최초의 미국 유학생으로 공부함.

(6) 규장각 강화 고종은 친정 이후 규장각을 개화 정책을 뒷받침하는 학술 기관으로 삼아 서양의 서적을 수입하는 등의 업무를 담당시킴

(7) 군사 제도 개편

① **중앙군 개편** : 5군영 ⇨ 2영으로 축소

· · · · 무위영, 장어영

② **별기군(교련병대) 창설(1881. 4.)** : 신식 군대. 일본인 교관이 근대적 군사 훈련을 담당함. 구식 군인에 비해 급료 등 전반적으로 좋은 대우를 받았음

③ **연무공원 설립(1888)** : 사관 양성을 위해 설치된 군사 교육 기관으로, 미국인 교관을 초빙하여 교육함. 을미사변으로 폐지됨

▲ 보빙사 일행

▲ 별기군

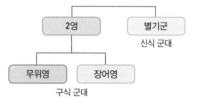
▲ 군제 개편

4 위정척사 운동

(1) 의미 바른(正) 것은 지키고 사악한(邪) 것은 물리치자 ⇨ 성리학을 지키고 성리학 이외의 사상과 종교를 배척하자

(2) 등장 배경 서양 열강의 개항 및 통상 요구, 일본에 의한 개항, 정부의 개화 정책, 외세의 침략에 대해 보수적인 유생층을 중심으로 반발이 일어남

(3) 주요 인물 초기에는 이항로, 기정진 등의 전통적인 유생층이 이끌었고, 이후에는 최익현, 유인석 등 등이 주도함

(4) 전개

시기	주요 인물	주도 운동	주장 및 활동
1860년대	이항로, 기정진	통상 반대 운동	통상 반대론, 척화주전론 흥선 대원군의 통상 수교 거부 정책 뒷받침
1870년대	최익현	개항 반대 운동	왜양일체론, 개항 불가론 강화도 조약 체결 반대
1880년대	이만손, 홍재학	개화 반대 운동	개화 반대론 '조선책략' 유포에 반발 (영남 만인소, 만언 척사소)
1890년대	유인석, 기우만	항일 의병 운동	을미의병 을미사변과 단발령 등에 반발

(5) 주장

① 서양의 공산품과 조선의 농산품 · 수공업품을 교역하면 우리 경제가 파탄날 것을 우려함

② 일단 문호를 개방하게 되면 열강의 침략은 걷잡을 수 없다고 여김

(6) 의의 자주적인 반외세 · 반침략적 민족운동으로 이후 항일 의병 운동으로 계승됨

(7) 한계

① **신분** : 대부분 보수적인 양반 유생층으로, 전제 정치, 양반과 지주 중심 체제를 유지하려고 함 ⇨ 전통을 지나치게 고수하여 근대화에 대한 방안 제시는커녕 배척하기만 하여 근대화로 나아가는 세계적인 추세에서 뒤처짐

② **일부의 주장** : 일부 유생들은 동도서기론의 입장을 가지고 온건한 개화를 주장하기도 함

> **▶ 최익현(1833~1906)**
> 최익현은 흥선 대원군을 탄핵하는 상소문을 올려 흥선 대원군이 물러나는 데에 영향을 주었다. 1876년 강화도 조약 당시에 개항 반대 운동을 전개하며 지부복궐척화의소를 올렸다가 흑산도로 귀양갔다. 1895년 을미개혁 때에는 단발령에 반발하였다. 1905년 을사늑약 때에는 임병찬과 함께 의병을 일으켜 순창을 점령하는 등 전라도 지역에서 활약하다가 체포되어 쓰시마 섬(대마도)으로 유배간 뒤 그곳에서 순국하였다.
>
> **〈최익현이 개항에 반대하며 내세운 5불가소〉**
> 지금 왜적과 강화하면 다음과 같은 폐단이 있다. 첫째, 불평등 조약이므로 우리의 정치적 자주가 말살될 우려가 있다. 둘째, 공장에서 생산되는 무한한 사치품과 땅에서 생산되는 유한한 곡물과의 교역은 경제적 파멸을 초래할 것이다. 셋째, 천주교의 유포로 우리의 미풍양속이 파괴될 것이다. 넷째, 저들이 우리 땅에 거주하게 되면 재물을 마음대로 빼앗고, 부녀자들을 겁탈할 것이다. 다섯째, 왜인들은 본질적으로 오랑캐와 다를 것이 없으며 사람의 도리를 모르는 금수들일 뿐이다.
> -1876. 1. 23.
>
> **〈최익현의 지부복궐척화의소(도끼를 지니고 궐문 앞에 꿇어 앉아 올리는 상소)〉**
> 일단 강화를 맺고 나면 저들은 물화를 교역하는 데 욕심을 낼 것입니다. 저들의 물화는 모두 지나치게 사치스럽고 기이한 노리개로, 손으로 만든 것이어서 그 양이 무궁합니다. 우리의 물화는 모두 백성들의 생명이 달린 것이고 땅에서 나는 것이므로 한정이 있습니다. …… 유한한 물화를 가지고 저들의 사치스럽고 기이하며 심성을 좀먹고 풍속을 무너뜨리는 물화와 교역을 한다면 몇 년 지나지 않아 땅과 집이 모두 황폐해져 다시 보존하지 못하게 될 것이고 나라 또한 망하게 될 것입니다. …… 저들이 비록 왜인이라고 하나 실은 양적(洋賊)입니다. 강화가 이루어지면 사악한 서적과 천주교가 다시 들어와 사악한 기운이 온 나라를 덮을 것입니다.
> – '면암집'(1876)

5 임오군란(1882)

(1) 배경과 발단

① 백성들의 불만 고조(경제적 상황)

㉠ 정부의 개화 정책에 대한 백성들의 반발이 있었고, 새로운 정책 실시를 위해 세금을 늘려 민생고를 겪음

㉡ 일본은 자국의 산업화로 쌀이 부족해지자 조선의 쌀을 대량으로 수입함 ⇨ 국내 곡물 가격이 폭등함 ⇨ 도시 하층민의 생활이 어려워짐

② 구식 군인들의 불만 고조

㉠ 중앙군을 5군영에서 2영으로 축소하면서 많은 군인들이 실직함

㉡ 구식 군인들이 13개월 만에 밀린 봉급을 받았는데, 쌀에 겨와 모래가 섞여 있자 그동안 쌓인 분노가 폭발함

(2) 전개

① 일본 공사관 습격 : 구식 군인들이 도봉소를 습격하고 고관들의 집에 쳐들어감, 일본 공사관을
●⋯⋯ 선혜청 창고
습격하고 별기군을 담당하던 일본인 교관 호리모토를 살해함 + 선혜청 당상관 민겸호의 집에 쳐들어가는 등 민씨 일족을 공격함
●⋯⋯ 급료 지급 담당

② 도시 민중들의 합세와 왕비의 피난 : 군인들뿐만 아니라 도시 하층민이 합세하면서 민중 봉기의 양상을 띰 ⇨ 이들이 궁궐까지 쳐들어가자 왕비 민씨는 친정 장호원으로 피난감

③ 흥선 대원군의 재집권 : 흥선 대원군은 재집권하여 고종으로부터 사태 수습의 전권을 위임받음 ⇨ 흥선 대원군은 개화 정책을 중단함, 왕비 민씨에 대한 국장이 선포됨
⋯⋯● 삼군부와 5군영 부활, 별기군과 통리기무아문 폐지

④ 청의 출병 : 일본이 조선 내 자국민 보호의 구실을 내세워 파병하려 하자, 민씨 일족의 요청을 받은 청은 서둘러 군사를 파견하여 군란 진압 ⇨ 흥선 대원군을 납치하고 군란의 책임을 지워 청으로 압송

(3) 임오군란의 결과

① 민씨 정권의 개화 : 민씨 일족이 재집권하여 친청 내각을 수립함

② 청의 내정 간섭 : 청의 내정 간섭으로 개화 정책은 후퇴하게 됨

㉠ 정치 : 청은 내정 고문 마젠창, 외교 고문 독일인 묄렌도르프를 파견하여 내정과 외교에 개입하였고, 군대 개편과 관제 개편에 관여함
친군영과 그 밑에 4영 설치 ●⋯⋯   ⋯⋯● 내정은 통리군국사무아문(내아문), 외교는 통리교섭통상사무아문(외아문)에 맡김

▶ 친군영 및 4영(친군사영) 체제

임오군란 이후 위안스카이의 주도로 개편된 중앙 군제. 청나라 식의 군사 훈련을 받았음. 사실상 고종과 민비의 신변 보호를 맡았음.

㉡ 경제 : 조 · 청 상민 수륙 무역 장정 체결, 청 상인이 늘어나고 서울에 그들의 거류지가 형성됨

㉢ 군사 : 위안스카이(원세개)가 이끄는 군대는 임오군란을 이유로 조선에 주둔하였으나 군란 진압 이후에도 철병하지 않고 상주하며 조선의 군대를 훈련시킴

③ 조약 체결

㉠ 제물포 조약(1882. 7. 17.) : 일본이 제물포에서 무력시위하여 체결 ⇨ 조선은 일본 공사관 소실과 일본인 피살에 따른 손해 배상금 지불, 일본 공사관 경비를 위한 일본군 주둔 인정,

조 · 일 수호 조규 속약이 함께 체결되었고, 일본에 사죄사로 제3차 수신사가 파견됨

조항	내용
제1조	금일부터 20일 안에 조선국은 흉도를 체포하고 그 괴수를 엄중히 취조하여 중죄에 처한다. 일본국은 관리를 보내 입회 처단케 한다. 만일 그 기일 안에 체포하지 못할 때는 일본국이 처리한다.
제2조	해를 당한 일본 관리와 하급 직원은 조선국에서 후한 예로 매장하여 장례를 지낸다.
제3조	조선국은 5만원을 내어 해를 당한 일본 관리들의 유족 및 부상자에게 급여하여 그들을 구휼한다.
제4조	흉도의 폭거로 일본국이 받은 손해 및 공사를 호위하는 육해군 경비 중에서 50만원은 조선국이 채워준다. 해마다 10만원 씩 5개년 동안 완납한다.
제5조	일본 공사관에 군인 약간을 두어 경비한다. 병영의 설치 및 유지비는 조선국이 부담한다.
제6조	조선국은 사신을 특파하여 국서를 가지고 일본국에 사과한다.

ⓛ 조 · 청 상민 수륙 무역 장정(1882. 8. 23.) : 톈진에서 논의를 거쳐 체결됨. 청과 조선은 종주국과 속국 관계임을 명시하였고, 청이 조선 경제에 깊이 침부할 수 있는 발판이 마련됨

조항	내용	의미
전문	조선은 오랫동안 제후국으로서 전례에 관한 정해진 제도가 있다는 것은 다시 의논할 여지가 없다. …… 이번에 제정한 수륙 무역 장정은 중국이 속방(종속국)을 우대하는 뜻이며, 각국과 똑같이 같은 이득을 보도록 하는데 있지 않다. 이에 각 조항을 아래와 같이 정한다.	조선이 청의 종속국임을 명시 (이 속방 규정은 1899년 한 · 청 통상 조약에서 폐기됨)
제1조	청의 상무위원을 조선의 개항장에 파견하고, 조선은 대원을 톈진에 주재시키고 관원을 다른 개항장에 파견한다. …… 처리하기 어려운 문제가 생겼을 때는 청의 북양 대신과 조선 국왕이 서로 통지하여 처리한다.	조선의 국왕과 청의 북양대신을 대등한 지위로 명시함
제2조	조선 상민이 중국에 있어 이미 연안 지방에서 소유한 일체 재산, 범죄 등 사건은 피고, 원고가 어떤 국민임을 막론하고 모두 중국 지방관으로 하여금 법문을 접수하여 심판하고, 아울러 조선 상무위원에게 통지하여 비치하게 한다.	치외 법권
제3조	양국 상선은 피차 통상 항구에 들어가 교역을 할 수 있다. 모든 싣고 부리는 화물과 일체의 해관에 바치는 세금은 모두 양국에서 정한 장정에 따라 처리한다.	연안 무역 인정
제4조	조선 상인이 베이징에서 규정에 따라 교역하고, 청 상인이 조선에 입국하여 양화진과 한성에서 행잔(상점. 창고. 여관)을 개설할 수 있다. …… 조선의 양화진과 서울에 들어가 영업소를 개설한 경우를 제외하고 각종 화물을 내지로 운반하여 상점을 차리고 파는 것을 허가하지 않는다. 양국 상인이 내지로 들어가 토산물을 구입하려고 할 때에는 피차의 …… 상무위원에게 품청하여, 지방관이 연서하여 허가증을 발급해야만 들어갈 수 있다.	청 상인의 내지 통상 허용
제5조	책문, 의주, 훈춘, 회령에서의 개시를 허용한다.	
제6조	홍삼 무역과 관련된 세칙을 정한다. 국경 무역에서 홍삼을 제외한 상품에 5% 관세를 부과한다.	저율의 관세 규정
제7조	초상국윤선 운항 및 청나라 병선의 조선 연해 내왕 · 정박을 허용한다.	청 군함의 연해 항해권 명시
제8조	장정의 증감은 북양대신과 조선 국왕의 자회(咨會)로 결정한다.	
제9조	이 장정은 9월 12일부터 실효된다.	

④ 척화비 철거 : 흥선 대원군이 청나라에 납치된 이후 일본의 요구로 전국의 모든 척화비가 철거됨

⑤ 개화파의 분열 : 청의 내정 간섭과 친청 정책을 펴는 수구 정권에 반기를 든 박영효, 김옥균 등은 급진 개화파를 형성함

6 급진 개화파(개화당)의 근대화 운동

(1) 급진 개화파의 활동

▶ 내지 통상 허용

조·청 상민 수륙 무역 장정에서 청 상인에게 내지 통상권이 부여되자 최혜국 대우 조항이 삽입된 조약을 맺은 각국에도 동일한 권한을 주게 되어 열강의 경제적 침략이 본격화됨.

① 해외 문물 시찰 및 도입 : 수신사, 보빙사 등에 동행했으며, 근대 문물 도입위해 일본에 유학생을 파견함
  ●────── 의학 및 사관 교육 등
  ●────── 양반은 물론 평민 출신 포함

② 박문국 설치(1883. 7.) : 신문 발행과 출판 업무를 담당하는 기관. 최초의 순한문 신문인 한성순보 간행 ┄┄┄●1883. 10. 1.

③ 우정총국 설치(1884. 3.) : 최초의 우체국. 보빙사로 미국에 다녀온 홍영식의 건의로 설치됨
  ●우정총판을 맡음

④ 농무 목축 시험장 설치(1884) : 농업 개량 및 가축의 품종 개량을 위해 설치된 시범 농장. 보빙사로 다녀온 최경석이 총괄함

⑤ 치도사업 : 박영효가 제3차 수신사로 다녀온 후 한성부 판윤에 임명되어 도로 보수 공사 등 도로를 관장하는 치도국을 설치함

⑥ 농서 간행 : 정병하의 '농정촬요', 이우규의 '잠상촬요', 안종수의 '농정신편'등이 간행됨
  ●누에치기와 뽕나무 재배에 관한 책
  ●국한문 혼용체 쓰인 농서   ●최초의 근대적 농서

(2) 일본으로부터 차관 도입 시도

① 임오군란 이후 재정이 부족해지자 재정 고문 묄렌도르프와 친청파는 당오전 발행을 추진하였고, 급진 개화파는 악화 주조를 비판하며 대신 일본에서 차관을 얻자고 주장함

② 김옥균이 일본으로부터 차관 도입을 시도하였으나 성사되지 못함 ⇨ 급진 개화파는 개혁 추진 자금을 구하지 못하고 정치적으로 수세에 몰림
  ●300만원을 요청했으나 17만원에 그침

(3) 갑신정변(1884)

① 갑신정변기의 상황(배경)

ㄱ. 청의 간섭과 민씨 정권과의 갈등 : 조선에 군대를 주둔시킨 청은 국정 전반을 간섭하고 지배하려 하였음. 민씨 정권은 이러한 청과 함께 친청 수구 정책을 추진하며 급진 개화파의 개화 운동을 견제하고 탄압함

ㄴ. 청군의 철수 : 청·프 전쟁의 발발로 서울에 주둔하던 병력 절반 가량이 베트남으로 파견됨
  ┄┄┄●1884~1885, 베트남을 둘러싸고 갈등이 일어남, 청이 패하여 베트남에 대한 종주권 상실

ㄷ. 미국, 영국과의 외교 실패 : 급진 개화파는 개혁에 대한 서양 세력의 지원을 받아야 한다고 생각하여 미국, 영국 측에 정변에 대한 지원을 요청했으나 실패함
  ┄┄┄●미국 공사 푸트, 영국 총영사 애스턴 등

ㄹ. 일본의 지원 : 청·프 전쟁 이후 일본이 다시 개화당에 접근하며 공사관 경비대 150명과 자금

▲ 김옥균(1851~1894)

1882년 : 3차 수신사 박영효의 고문으로 일본에 머무름

1884년 : 갑신정변 주도 → 실패 후 일본에 망명

1894년 : 상하이에서 홍종우에게 피살되어 국내에서 효수됨

1895년 : 반역죄를 용서받음(서광범, 김홍집이 올린 상소 수용)

1896년 : 규장각 대제학에 추증됨

▲ 박영효(1861~1939)

1872년 : 철종의 딸인 영혜 옹주와 결혼

1882년 : 3차 수신사로 일본 방문, 한성부 판윤으로 재임하면서 신문국, 순경부, 치도국 등을 설치하여 개화 정책을 폄

1883년 : 민씨 정권의 견제로 광주 유수로 물러나 신식 군대를 양성함

1884년 : 갑신정변 주도 → 실패 후 일본에 망명

1894년 : 일본의 알선으로 귀국 → 내무대신을 맡음

1895년 : 역모 혐의를 받고 다시 일본에 망명

1907년 : 귀국하여 특별 사면 받음

1910년 : 일본으로부터 후작 작위를 받음

1920년 : 동아일보 초대 사장으로 취임

1921년 : 중추원 고문으로 재임 등
　　　　　(친일반민족행위자로 규정됨)

일부를 약속함(일본 공사 다케조에 신이치로)

② 급진 개화파의 정변 준비

㉠ 박영효의 신식 군대 양성 시도 : 박영효가 한성부 판윤에서 광주 유수로 1883년 좌천되었을 때 신식 군대 양성을 시도하였으나 민씨 정권의 견제로 실패함

　　　　●덕원, 북청, 경성에 주둔하는 지방군

㉡ 북청 진위대 훈련 : 윤웅렬이 함경남병사로 부임하여 군사를 훈련시키고 이들을 정변 직전에 상경시켰으나 민씨 정권의 견제로 일부만 정변에 참여함

㉢ 일본 유학생 귀국 : 일본에 유학 보내 신식 군사 훈련을 시킨 사관생들을 귀국시킴

㉣ 충의계 조직 : 급진 개화파가 친군영 군인 13명을 포함하여 조직한 비밀 결사

③ 주도 인물

㉠ 급진 개화파(개화당) : 김옥균, 박영효, 홍영식, 서광범, 서재필 등

㉡ 양반 출신 : 서재창(서재필의 동생, 일본에 유학 다녀옴), 오감(재판, 경찰 제도 주장) 등

㉢ 중인 출신 : 유홍기, 박재경, 변수 등

④ 정변의 목표

㉠ 청의 침략과 친청 수구 세력의 농간으로부터 주권을 지키는 것

㉡ 부국강병을 추구하는 개혁을 통해 근대 국가 수립

⑤ 정변 과정

　　　　　　●급진 개화파 홍영식이 총판

㉠ 정변 개시 : 10월 17일 우정총국 개국 축하연 때 불을 질러 친청 사대당 인물들을 살해함

㉡ 고종의 경우궁 피신 : 고종에게 청이 변을 일으켰다고 보고하고 창덕궁에서 경우궁으로 거처를 옮김. 이때 일본군에 호위를 맡겨 경우궁에 합류함

㉢ 수구파 처단 : 고종에게 정변에 대해 설득하고, 경우궁에 온 수구 대신들을 처단함. 국내외에 정변 성공과 신정부 수립을 알림

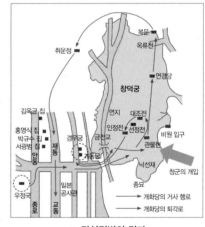

▲ 갑신정변의 경과

⑥ 새로운 정부 수립 : 개화당과 국왕 종친의 연립 내각으로 각료 구성

㉠ 왕실 우대 : 영의정에 이재원 임명

　　　　　　●고종의 사촌형

㉡ 개화당이 요직 차지 : 좌의정에 홍영식, 전후영사에 박영효, 호조 참판에 김옥균, 병조 참판에 서재필 등

㉢ 온건 개화파도 참여 : 김윤식, 김홍집 등

⑦ 14개조 정강 발표 : 청에 대한 사대 관계 청산, 인민 평등권 확립 등의 내용을 담은 개혁 정강 14개조를 발표함

	정강 내용	의미
1	청에 잡혀간 흥선 대원군을 곧장 귀국하게 하고, 종래 청에 대하여 행하던 조공의 허례를 폐지한다.	청에 대한 사대 관계 청산
2	문벌을 폐지하고 인민 평등의 권리를 제정하여 능력에 따라 관리를 임명한다.	신분 제도·문벌 타파 인민 평등권 확립
3	지조법을 개혁하여 관리의 부정을 막고, 백성을 보호하며, 국가 재정을 넉넉히 한다.	조세 제도 개혁 (토지 제도 개혁X)
4	내시부를 없애고, 그 중에 우수한 인재를 등용한다.	국왕의 권한 제한 전근대적인 내시 제도 폐지
5	부정한 관리 중 그 죄가 심한 자는 치죄한다.	기강 확립 민생 안정 도모
6	각 도의 환상미를 영구히 받지 않는다.	환곡 제도 폐지
7	규장각을 폐지한다.	국왕 권한 제한
8	급히 순사를 두어 도둑을 방지한다.	근대적 경찰 제도 도입
9	혜상공국을 혁파한다.	봉건적 상업 특권 폐지 자유로운 상업 활동 보장
10	유배 또는 금고된 죄인을 다시 조사하여 석방시킨다.	척사파 인사들 포섭 민심 수습
11	4영을 합하여 1영으로 하되, 영 중에서 장정을 선발하여 근위대를 급히 설치한다.	군제 개혁과 병권의 일원화
12	모든 재정은 호조에서 관할한다.	재정의 일원화 왕실 재정 제한
13	대신과 참찬은 의정부에 모여 정령을 의결하고 반포한다.	입헌 군주제 실시
14	의정부, 6조 외의 모든 불필요한 기관을 없앤다.	내각제 수립

▶ **지조법(地租法) 개혁 주장**

토지에 부과하는 세금을 생산량이 아닌 토지 가격에 따라 부과하는 방식으로 개혁하고자 하였다.

▶ **환상미**

국가가 백성들에게 봄에 빌려주고 가을에 이자를 쳐서 갚도록 하던 쌀(환곡)

▶ **규장각 폐지 주장**

규장각이 외척 세도 가문의 문벌 강화에 이용됨. 또한 급진 개화파는 규장각을 양반 중심의 전근대적 기구라고 여김 → 급진 개화파는 근대적 개혁을 추구했고 문벌 폐지를 주장했기 때문에 규장각을 폐지하고자 함

▶ **혜상공국**

1883년 보부상의 특권을 보호하기 위해 만들어진 상인 조합

⑧ **창덕궁 환궁** : 급진 개화파는 넓은 창덕궁을 호위하기 어려워 경우궁으로 이궁시켰으나, 고종과 왕비 민씨의 요구로 환궁함

⑨ **갑신정변의 실패**

ⓐ 청의 개입 : 개혁 정강 발표 후 청군이 신속하게 진압에 나섰고, 청군에 비해 조선군의 병력은 약하였음. 위안스카이는 국왕을 청군의 군영으로 옮김

ⓑ 일본의 변화 : 일본 정부는 일본군에 청과 적대하지 말라는 지침을 내리고, 일본군은 적극적으로 나서지 않고 철병함

ⓒ 급진 개화파의 망명 : 결국 신정부 수립은 삼일천하로 막을 내림. 급진 개화파는 일본으로 망명함.

▲ **갑신 정변의 주역들**
왼쪽부터 박영효, 서광범, 서재필, 김옥균

⑩ **갑신정변의 결과**

ⓐ 한성 조약 체결(1884) : 조선 – 일본 사이에 체결됨. 일본은 갑신정변 과정에서 일본 공사관이 불타고 일본인이 희생된 것에 대하여 조선에 배상을 요구함

조항	내용
제1조	조선은 국서로서 일본에 변란의 사죄 의사를 표명한다.
제2조	일본국 조해인민의 유족 및 부상자를 휼급하고 상인의 화물이 훼손, 약탈된 것을 보전하여 조선국에서 11만원을 지불한다.
제3조	이소바야시 대위를 살해한 흉도를 체포하여 엄벌에 처한다.
제4조	일본 공사권 신축지 및 신축비 2만원을 지불한다.
제5조	일본군의 영사는 공관 부지를 택하여 정한다.

ⓒ 텐진 조약 체결(1885) : 일본의 이토 히로부미 – 청의 리홍장 사이에 체결됨. 갑신정변이 청 군에 의해 진압되면서 조선에서의 청의 영향력을 더욱 커지고 일본이 열세에 놓이자 일본은 이를 만회하기 위해 텐진 조약 체결을 추진함. 이 조약 체결로 인해 동학 농민 운동 때 청군 이 출병하자 일본군도 출병하였으며, 이는 청 · 일 전쟁의 발단이 됨

조항	내용
제1조	청 · 일 양국 군대는 4개월 이내에 조선에서 동시 철병할 것.
제2조	청 · 일 양국은 조선국 군대를 훈련시키기 위하여 외국 무관 1인 내지 수인을 채용하고 두 나라의 무관은 파견하지 않을 것.
제3조	장차 조선에서 변란이나 중대사로 두 나라 중 한 나라가 출병할 필요가 있을 때는 먼저 문서로 조회하고 사건이 진정된 뒤에는 즉시 병력을 전부 철수할 것.

ⓒ 청의 간섭 : 청은 묄렌도르프 해임, 친청 세력으로 통리교섭사무아문을 꾸려 국정에 간섭하
┌●조 · 러 밀약을 추진했기 때문
는 등 내정에 깊숙이 관여 ⇨ 고종은 러시아를 끌어들여 청 견제 + 내무부를 설치하여 개화
정책 추진 시도 ⇨ 청은 고종을 압박하기 위해 흥선 대원군을 조선으로 돌려보내고 위안스
카이를 파견함

ⓔ 개화의 도태 : 개화 세력은 크게 위축되고 개화 운동은 후퇴함 ⇨ 오히려 갑신정변이 조선의
자주적인 개화 추진에 걸림돌이 됨

ⓜ 열강의 침략 경쟁지 : 조선을 두고 열강들의 갈등과 경쟁이 심화됨 ⇨ 청과 일본 사이의 대립
은 점점 격화되어 결국 청 · 일 전쟁까지 이어지고, 러시아와 영국도 한반도에 영향력을 행
사하며 대립함

⑪ 갑신정변의 의미

㉠ 근대적 운동의 시초 : 최초의 정치 개혁 운동이자 위로부터의 개혁. 비록 3일 만에 실패로 끝
났으나, 후에 일어날 근대화 운동의 선구적 역할을 함. 갑신정변 때 제시된 개혁안의 상당
부분은 갑오개혁에 반영되어 실시됨 ┌●독립 협회, 애국 계몽 운동 등

㉡ 정치 : 입헌 군주제(← 전제 군주제)를 바탕으로 근대 국가 수립을 도모함. 청에 대한 전통적
인 사대 관계를 청산하고 자주독립 국가를 추구함

㉢ 사회 : 인민 평등권 확립, 문벌 및 봉건적 신분 제도 철폐 ⇨ 평등 사회 추구

⑫ 갑신정변의 한계

㉠ 외세 의존적 태도 : 일본의 침략 의도를 간파하지 못하고 지원에만 의존함

ⓛ 민중과 유리된 개혁 : 일부 지식인들이 지나치게 급진적으로 개혁을 시도하였고, 백성들이 가장 바라던 토지 제도 개혁에 소홀하여 백성들의 지지를 얻지 못함

ⓒ 국방 개혁에 소홀 : 국력을 강화시키고 자주권을 지키기 위해 중요한 국방 개혁에는 미흡하였음

▶ 갑신정변 실패 후 김옥균이 일본에서 올린 상소문(1885)

과연 그렇다면 어찌하여야 하겠습니까? 이는 오직 밖으로 널리 구미 각국과 신의로 친교하며, 안으로는 정략을 개혁하여 우매한 백성들을 문명의 도로 교육하며, 상업을 번성시켜 재정을 정리하는 데 있습니다. 또 군대를 기르는 일은 그다지 어려운 일이 아닙니다. 이와 같이 할 수만 있다면 영국은 마침내 거문도에서 물러날 것입니다. 그 밖의 여러 나라도 역시 침략의 뜻을 버릴 것입니다. …… 바야흐로 세계는 상업을 주로 하여 서로 산업의 크고 많음을 자랑하고 경쟁하는 때거늘, 아직도 양반을 제거하여 뿌리를 뽑지 않는다면 국가의 패망은 기어코 앉아서 기다리는 꼴이 될 뿐입니다. 전하께서 이를 철저히 반성하시어 하루 빨리 무식 무능하고 수구 완고한 대신배를 축출하시고, 문벌을 폐하고 인재를 골라 중앙 집권의 기초를 확립하여 백성들의 신용을 얻으시고 널리 학교를 세워 백성의 지식을 깨우치게 하시옵소서. 외국 종교를 들여와 교회를 돕는 것도 하나의 방편이 될 것입니다.

▶ 갑신정변에 대한 부정적인 평가

내 친구 중에 갑신정변의 내용을 상세히 알고 있는 사람이 있다. 그는 일류 수재들이 일본인에게 이용당해 그처럼 크나큰 착오를 저질렀으니 참으로 애석한 일이라고 하였다. 어찌 일본인이 진심으로 김옥균을 성공하게 하고 성의 있게 조선의 운명을 위해 노력하겠는가? …… 그 당시 일본은 계속 청의 우세에 억압되어 이를 배격, 능가하려고 온갖 계획을 세우고 있었는데, 우리의 청년 수재들이 일본의 신풍조에 물들어 청의 예속으로부터 벗어나고자 한다는 것을 알게 되었다. 일본이 이를 이용하여 청으로부터의 독립을 권하고 원조까지 약속하였지만, 사실은 조선과 청의 악감정을 도발하여 그 속에서 이익을 얻으려는 속셈이었다.

– 박은식, 〈한국통사〉

7 갑신정변 이후의 조선

(1) 한반도 주변 각국의 입장

① **청** : 조선의 대한 영향력이 더욱 커져 내정 간섭을 강화함. 조·청 상민 수륙 무역 장정 체결로 경제 침략이 본격화됨

② **일본** : 청에 비해 열세에 놓인 상황을 타개하기 위해 노력함. 군사적으로는 톈진 조약 체결로 청과 같이 한반도에 파병권을 획득하였고, 경제적으로도 이득을 얻기 위해 노력함

③ **러시아** : 남하 정책을 실시하여 한반도에 적극적으로 진출하고 우호 관계를 맺음

ⓛ 조·러 수호 통상 조약 체결(1884) : 고종은 러시아를 끌어들여 러시아를 견제하고자 함

ⓒ 조·러 비밀 협약 시도(1886) : 러시아 공사 베베르가 시도하였으나 청의 압박으로 실패함

ⓒ 조·러 육로 통상 장정 체결(1888) : 경흥 개시, 두만강 운항권 획득

④ **영국** : 러시아와 세계 곳곳에서 충돌하고 있었기 때문에 러시아의 남하를 견제하고 세력 확대를 저지하기 위해 거문도 사건을 일으킴

(2) **거문도 사건 (1885. 3.~1887. 2.)** 영국이 함대를 이끌고 거문도를 불법으로 점령함 ⇨ 한반도를 둘러싸고 열강들의 갈등이 고조됨 ⇨ 조선의 항의, 청의 중재, 러시아의 조선 영토를 장악하지 않겠다는 약속으로 영국 철수

(3) **조선의 중립화론 대두(1885)**

① **배경** : 갑신정변 이후 한반도를 둘러싸고 청과 일본, 영국과 러시아 등 열강들의 대립에 격화됨

② **부들러의 중립화** : 조선 주재 독일 부영사 부들러가 김윤식에게 편지를 보내 중립화를 건의했으나 이루어지지 않음

③ **유길준의 중립화** : 유길준은 미국에서 유학하고 돌아와 중립화론을 제안하였으나 받아들여지지 않음 → (민씨 정권이 유길준을 급진 개화파로 간주)

> ▶ **부들러의 중립화론**
>
> 서양에 2, 3의 소국이 있는데 대국들 간 상호 보호함으로써 그 소국이 받는 이익은 실로 크다. 만약 서양 대국들이 교전을 한다 해도 소국은 단지 천 여 명을 변경에 주둔시켜 자국을 지키게 하고 …… 지금 조선의 실정으로 말하면 청국이 군대를 파견하여 세비를 써가며 이 나라에 주둔하고 있는데, 그 까닭은 경내(境內)를 지키지 못하여 강한 인국(隣國)이 침입할 것을 두려워하고 있기 때문이라고 생각한다. 그러나 조선은 청국의 후정(後庭)이자 러시아 · 일본 양국과 더불어 변계(邊界)를 연접하여 있어서 반드시 서로 다투는 곳으로 되어 있다. …… 서양에서 실시하고 있는 법에 따라 청 · 러시아 · 일본 3국이 서로 입약(立約)하여 영원히 조선을 보호하는 것이다. 설혹 뒷날 타국이 공격한다 해도 조선에서 길을 빌려주지 않으며, 국경선을 지키고, 한편 조약을 체결한 나라와 통상을 하면 조선은 영원히 큰 이익을 얻을 것이다.

> ▶ **유길준의 중립화론**
>
> 우리의 지리적 위치는 벨기에와 같고, 중국에 조공하던 것은 터키에 조공하던 불가리아와 같다. 불가리아의 중립은 유럽 열강들이 러시아를 막기 위함이었고, 벨기에의 중립은 유럽의 열강들이 자국을 보전하기 위함이었다. 우리나라가 아시아의 중립국이 된다면 러시아를 방어할 수도, 또 아시아 국가들이 서로 보전할 수도 있을 것이다. 오직 중립만이 우리나라를 지키는 방책인데 우리 스스로가 제창할 수도 없으니 중국에 청하도록 하자. 아시아와 관계있는 여러 나라들이 회합하여 조선의 중립을 확인받는 것이다. 이것은 비단 우리만 위한 것이 아니라 중국이며 다른 여러 나라가 서로 보전하는 계책도 될 것이니 무엇이 괴로워서 하지 않겠는가.

(4) **자주 외교를 위한 노력** 일본과 미국(1887, 최초로 서양에 설치된 상주 공사관)에 공사관을 설치하여 자주 독립국임을 드러냄

(5) **국가 기반 확충** 외국인 기술자, 고문 등을 초빙하여 근대 문물을 도입함

① **전보국 설치(1885)** : 전기 통신 관장 기관

② **박문국 재건 및 한성주보 발간(1886)** : 폐지되었던 한성순보를 복간함

③ **육영공원 설치(1886)** : 외국어 및 근대 학문 교육 기관

④ **연무공원 설치(1888)** : 서양식 사관 양성 기관

04 동학 농민 운동

1 개항 이후 농민의 불만

(1) **정부의 수탈** 근대 문물 수용 및 개화 정책 추진 비용, 외국에 지불해야하는 배상금, 민씨 정권의 부정부패로 국가 재정이 악화됨. 정부는 이러한 재정 부담을 농민에게 전가하고 오히려 수탈하는 등 백성들의 삶이 피폐해짐

(2) **외세의 경제적 침투**

① **곡물 유출의 심화** : 일본으로의 곡물 유출이 심각하였는데, 특히 입도선매(立稻先賣), 고리대 방식을 취하여 곡물 값이 폭등하고 식량이 부족해졌음

●벼가 익기 전에 싼 값으로 논 전체를 매입하는 방식

ⓒ 방곡령 (1889) : 황해도와 함경도 지방에서 방곡령이 선포되었으나, 일본은 조·일 통상 장
정의 규정에 따르지 않았다며 오히려 배상금을 요구하고 철회시킴

② 가내 수공업의 몰락 : 외국의 값싼 면직물 및 공산품들이 유입되면서 광목 수공업 등 국내 수공업
이 쇠락함

③ 청과 일본 상인간의 경쟁 : 조·청 상민 수륙 무역 장정 체결로 청 상인들의 내지 통상권이 허용되
면서 청 상인들의 경제 침투가 심화되었고, 일본 또한 이에 뒤처지지 않기 위해 상권을 확대하면
서 두 나라 상인간의 갈등이 심화됨 ⇨ 이 사이에서 조선 백성들이 경제적 피해를 입음

(3) **농민의 의식 성장** 개항 이후 삶이 피폐해진 백성들은 침략적으로 접근하는 청과 일본 및 외세
에 대해 반발심을 갖게 되었고, 이러한 상황을 제대로 해결하지 못하고 오히려 수탈을 일삼는 정
부에 대한 불만이 커져갔음 ⇨ 농민들의 반봉건·반외세적 의식이 성장하였고, 이는 전국 각지
에서 농민 봉기로 표출됨

2 동학의 확장

(1) 창시

① **교조 최제우** : 1860년에 동학❶을 창시하였고, 1864년 혹세무민의 죄명으로 처형됨.
└────● 세상을 어지럽히고 백성을 속임

② **중심 사상 및 교리** : 서학에 대항한다는 뜻으로 동학이라 함. 경천 사상(시천주) 및 인간 평등 사
상(인내천), 사회 변혁 사상(후천개벽, 보국안민, 제폭구민)을 바탕으로 함

　　└─● 사람이 곧 하늘　　　　　　　└─● 폭정을 없애고 백성을 구한다
　　　　　　　　　　　　└─● 나라를 돕고 백성을 편안하게 한다
　　　　　　　　└─● 지금의 세상이 끝나고 새로운 세상이 열린다

(2) 교세 확산

① **제2대 교주 최시형** : 교단 조직을 정비하고 '동경대전', '용담유사'를 간행하는 등 교리 전파에 힘
씀　　　동학 경전(포덕문, 논학문, 수덕문, 불연기연)●───┘　　└───● 최제우가 지은 포교 가사집으로, 최시형이 한
　　　　　　　　　　　　　　　　　　　　　　　　　글 가사체로 간행(용담가, 안심가, 권학가)

② **삼남 지방으로 확산** : 경상도에서 시작된 동학은 최시형 때 이후로 충청도, 전라도로 확산됨
　　└──● 경제적 수탈이 심했던 지역

(3) **교단 조직** 최시형 때부터 군이나 마을 단위로 포(包)를 설치하고 그 아래에 접(接)이 모이는 포
접제가 운영됨. 포의 책임자는 대접주, 접의 책임자는 접주로 불림 ⇨ 동학교도들을 조직화하여
교세를 확장할 수 있었던 배경

(4) 교조 신원 운동

① **삼례 집회(1차 신원 운동, 1892. 12.)**

㉠ 목적 : 억울하게 죽은 교조 최제우의 신원과 명예회복, 정부의 탄압 중지와 포교의 자유 획득
　　　　　　　　　　　　└──● 伸寃, 가슴에 맺힌 원한을 푼다

㉡ 결과 : 전라 감사에게 만족할 만한 대답을 얻지 못하고 실패함

② **서울 복합 상소(2차 신원 운동, 1893. 3.)**

㉠ 과정 : 손병희 등 40여 명의 동학교도들은 과거 응시를 목적으로 서울에 와 국왕에게 엎드려

---

❶ 동학

1860년에 최제우가 유,불,선과 도참
사상, 후천 개벽 사상 등의 민중 사
상을 융합하여 동학을 창시함. 2대
교주인 최시형이 교단과 교리를 체계
화 함. 후천개벽, 시천주, 인내천 사
상을 핵심으로 하고 있으며 이들의
사상은 사회 변혁 움직임으로 발전
하여 후에 동학 농민 운동의 사상적
기반이 됨. 1905년 천도교로 개창됨

▶ 시천주

동학의 근본사상으로, 절대자인 천
주를 인간이 내재적으로 모신다는 의
미. 자신의 마음속에 천주를 모시고
천주의 말씀을 들으면 돈독한 신앙
심을 통해 인생의 최고 목표에 도달
한다는 뜻임. 이러한 시천주 사상은
최시형에 의해 사인여천(事人如天)의
개념으로, 손병희에 이르러서는 인내
천(人乃天) 사상으로 발전하였음.

직접 상소함(연좌 복합 상소)

　　ⓒ 목적: 교조 신원 및 외국인의 철수 주장

　　ⓒ 결과: 고종은 생업으로 돌아간다면 받아들이겠다고 하였으나, 정작 정부는 주도 세력 체포 명령을 내리는 등 탄압함

(5) 정치 운동으로 발전

① 보은 집회(3차 신원 운동, 1893. 3.)

　　㉠ 주장: 동학 신앙의 자유 + 탐관오리 숙청 + 척왜양창의(斥倭洋倡義) → 반봉건 · 반외세

　　　　　　　　　　　　　　　　　　　　　　　 ●일본과 서양을 물리치기 위해 의병을 일으킨다

　　㉡ 특징: 동학교도뿐만 아니라 일반 농민들도 참여한 대규모 집회 → 종교 운동에서 농민 전체를 위한 정치적 움직임으로 발전

　　㉢ 결과: 어윤중을 양호선무사(나라에 재해나 난리가 났을 때 민심을 안정시키기 위한 역할)로 파견하여 교도들을 타이르는 한편, 신식 군대 등 군사를 동원하여 해산시킴

② 금구 집회(금구취회, 1893. 3.): 척왜양 + 탐관오리 처벌

　　㉠ 참여 세력: 보은 집회에 참여하지 않은 남접 세력들이 주도 + 만여 명의 농민

　　　　　　　　　　　　　　　　　●전봉준, 서장옥 등 농민 지도자

　　㉡ 주장: 척왜양창의 + 보국안민, 서울 진공 계획을 계획하기도 함

③ 밀양 집회(1893. 3.): 보은 집회와 금구 집회 이후 남접과 집회를 엶

> **▶ 삼례 집회**
>
> 우리들의 뜻은 선사(최제우)의 지극한 억울함을 풀고자 함입니다. 선사의 가르침은 오직 유, 불, 선이 도를 합하여 충군효친하며 지성사대함에 있습니다. 이러한 것이 만약 이단이라면 이와 반대되는 것이 도리어 정학이 되는지 우리들은 모르겠습니다. …… 각하(전라감사)께서 각 고을에 글을 보내 선사의 억울함을 풀어주고 이서가 폭행을 하지 못하게 엄히 막아주십시오.
>
> -《천도교 창건사》

> **▶ 보은 집회**
>
> 지금 왜양의 도적떼가 나라 한복판에 들어와 어지럽힘이 극에 이르러 오늘날 서울은 오랑캐 소굴이다. 임진년의 원수요 병인년의 치욕을 차마 어찌 말로 할 수 있겠으며 어찌 잊을 수 있겠는가? 지금 우리나라 삼천리 강토가 전부 금수에 짓밟히고 5백 년 종묘사직이 장차 끊어지게 되었다. 인의 · 예지 · 효제 · 충신이 지금 어디에 있단 말인가? …… 무릇 왜양은 개나 양과 같다는 것은 비록 어린애라 할지라도 그것을 모르는 사람이 없다. 그런데 명석한 재상으로서 어찌하여 우리가 왜양을 배척하는 것을 도리어 사류라고 배척하는가? 그렇다면 개나 양에게 굴복하는 것이 정류인가? 왜양을 공격하는 선비들을 체포하여 벌을 주니, 그렇다면 화친을 주장하면서 나라를 팔아먹는 자가 상을 받아야 한단 말인가?
>
> -《취어》(동학난 기록)

3 동학 농민 운동의 전개

(1) 고부 농민 봉기(고부민란, 1894. 1. 10.)

① 계기: 조병갑이 1892년에 고부 군수로 부임하면서 부정부패와 학정을 일삼아 농민들의 불만이 고조됨

　　㉠ 불필요한 만석보를 다시 설치하며 농민들을 강제로 동원하고 세금을 과중하게 거둠

　　㉡ 자신의 공덕비와 부친의 비각을 세우기 위해 백성들의 돈을 수취함

▲ 만석보 유지비

▲ 사발통문

▶ 안핵사

조선 후기에 지방에서 민란이 발생했을 때 이에 대한 전말 조사, 처리 방안 건의 및 수습 등을 맡은 임시 관직임. 진주 농민 봉기 때 안핵사로 박규수가 파견됨.

▶ 균전사(均田使)

임진왜란 이후 등장하고 영조 대 제도화 된 지방 관직. 전란으로 황폐된 토지를 조사해 전세 징수 조정, 양전 사무 총괄, 개간 장려 등을 주로 하여 지방 수령에 대한 감찰권도 가져 권한이 막강했음. 하지만 지방 사정에 어두워 성과가 좋지 않았고, 성과를 올리기 위해 부세율을 올리는 등 지방민들에게는 오히려 달갑지 않았음

② 과정

ㄱ 전봉준의 시정 요구 거부(1893. 11.) : 전봉준은 농민들과 함께 상소를 올려 폐단에 항의하였으나 조병갑은 이를 거부함

ㄴ 고부 관아 습격(1894. 1.) : 농민군 지도자들은 사발통문을 돌려 천여 명의 농민들을 동원하여 고부 관아를 습격함 ⇨ 조병갑 및 아전들을 축출하고, 불법적으로 수탈한 곡식을 농민들에게 나눠주었으며, 만석보를 무너뜨림

> ▶ 사발통문
>
> 각리 리집강 귀하
> 위와 같이 격문 사방에 전하니 논의가 들끓었다. 매일 난리를 구가하던 민중들은 곳곳에 모여 말하였다. '났네, 났어, 난리가 났어.', '에이 참 잘되었지, 그냥 이대로 지내서야 백성이 한 사람이라도 남아 있겠는가.'하며 그 날이 오기만 기다리더라.
> 이때에 도인(道人)들은 선후책(先後策)을 토의 · 결정하기 위하여 고부 서부면 죽산리 송두호의 집에 도소를 정하고 매일 운집하여 순서를 결정하니 그 결의된 내용은 아래와 같다.
> 1. 고부성을 격파하고 군수 조병갑을 효수할 것.
> 1. 군기창과 화약고를 점령할 것.
> 1. 군수에게 아첨하여 인민의 재물을 빼앗은 탐학한 아전을 공격하여 징계할 것.
> 1. 전주영을 함락하고 서울로 바로 향할 것.

③ 정부의 수습

ㄱ 조병갑 파면 : 신임 군수로 임명된 박원명이 폐정을 시정하겠다는 약속을 하여 농민군 해산

ㄴ 안핵사 이용태 파견 : 진상 조사를 위해 파견됨

(2) 1차 농민 봉기(1894. 3. 20~1894. 4)

① 원인 : 안핵사 이용태가 고부 봉기 주도자 및 참가자들을 역적으로 몰고 농민들에게 횡포를 부림 ⇨ 농민들이 다시 분노함

> ▶ 안핵사 이용태의 횡포와 제1차 농민 봉기
>
> 고종 31년 고부에서 동학교도 전봉준 등이 봉기하였다. 군수 박원명은 난민들을 풀어서 대접하고 조정의 덕의를 알리며 죄를 용서해서 돌아가 농사일을 돌보게 하였다. …… 안핵사 이용태가 이르러서 박원명이 한 일을 모두 번복시켜서 백성들을 구타하고 반역을 했다는 법률을 적용하여 죽이고자 하였다. 또한, 부자들을 얽어매어 난을 일으키게 하였다고 하여 많은 뇌물을 거두고 감사 김문현과 모의해서 감영 감옥으로 끌어들이는 죄수들이 늘어섰다. 백성들이 분노하여 다시 난을 일으켰다.
>
> –황현, 《매천야록》

② 농민의 주장

ㄱ 조세 제도 개혁

ㄴ 균전사 제도 혁파 : 호남 균전사 김창수는 황무지 개간을 장려하며 일정 기간 면세를 약속하고서 정작 그 해에 징세하거나, 백지징세하는 등 수탈을 일삼아 농민들의 분노가 폭발함. 그 외에 균전사의 횡포가 극심했음

ㄷ 전운사 제도 혁파

> ▶ 전운사(轉運使)
>
> 1883년에 전운사를 설치하고 전운사에게 세곡 징수, 운송, 수납 등을 맡김. 주로 충청 · 전라 · 경상도의 세곡을 서울로 운송하는 역할을 담당하였다. 전운사가 운송료를 백성들에게 징수하는 과정에서 부정과 횡포를 저지르는 경우가 많았다.

▲ 장태

③ 무장 봉기 (창의문 선포)

   ⑦ 남접 도소를 설치하고 전봉준, 손화중, 김개남 등이 총대장을 맡음
                      •전북 무장

   ⓛ 보국안민, 제폭구민을 위해 봉기할 것을 호소하는 창의문과 격문을 발표함

④ **고부 점령** : 고부 농민 봉기 때 억울하게 잡혀간 사람들을 풀어주고 군기고에서 무기를 취함

⑤ **백산 봉기**

   ⑦ **조직 강화** : 호남 창의소 조직, 농민 지휘부 구성(창의 대장에 전봉준)

   ⓛ **4대 강령, 4개 행군 약속, 12개조 기율 선포**

> ▶ **동학 농민군의 4대 강령**
>
> 1. 사람을 죽이거나 가축을 잡아먹지 말라.
> 2. 충효를 다하여 세상을 구하고 백성을 편안케 하라.
> 3. 일본 오랑캐를 물리치고 성도(聖道)를 깨끗이 하라.
> 4. 군대를 몰고 서울로 들어가 권세가와 귀족을 모두 멸하라.
>
> —징교, 《대한계년사》

⑥ **황토현 · 황룡촌 전투**

   ⑦ **황토현 전투** : 황토현에서 전주 감영군을 격파하고 관군과 맞대결을 피하기 위해 남쪽으로 내려감. 관청을 공격하여 억울하게 갇힌 백성들을 풀어주고 탐관, 부호 등을 징계함
                                           대나무를 엮어 만든 닭과 병아리 둥지•

   ⓛ **황룡촌 전투** : 장성의 황룡촌에서 경군을 격파함으로써 의식의 한계 극복, 장태를 개량 · 활용하여 화승총으로 무장한 관군에 맞서 싸움
                                   •왕의 명령을 받는 경군과는 싸우지 않는다

⑦ **전주성 점령(4. 27)** : 동학 농민 운동의 절정기

⑧ **완산 전투** : 전주성 옆 요충지인 완산을 장악하기 위해 농민군은 전주성을 수성, 관군은 공성하며 전투를 벌임

⑩ **정부의 반응** : 전주성이 함락되자 정부는 청에 파병을 요청함(4. 28)
                •조선 왕조의 기원이 되는 곳

   ⑦ **청** : 청군이 아산만에 상륙(5. 5)

   ⓛ **일본** : 톈진 조약에 따라 군대를 파견하여 인천에 상륙(5. 6)

▲ 동학 농민군의 제1차 봉기

(3) **전주 화약**

① **전주 화약 체결**

   ⑦ **체결 배경** : 농민군과 정부는 군사적 대립을 피하고, 청군과 일본군이 주둔하여 외세에 의해 국가가 위기에 처할 상황을 우려하여 협상함

   ⓛ **과정** : 농민군은 정부에 폐정 개혁안 27조를 제시하면서 이를 받아들이면 자진 해산하겠다고 제의 ⇨ 정부가 수용 ⇨ 전주성에서 물러나 자진 해산함(5. 8) ⇨ 폐정 개혁안 12개조로 합의함(7. 6)

   ⓒ **폐정 개혁안** : 신분 차별 철폐, 조세 제도 개혁 등의 내용을 담음

	내용	의미
1	동학교도는 정부와의 원한을 씻고 서정에 협력한다.	정부와 휴전, 협조
2	탐관오리는 그 죄상을 조사하여 엄징한다.	봉건적 지배층 타파
3	횡포한 부호를 엄징한다.	
4	불량한 유림과 양반의 무리를 징벌한다.	
5	노비 문서를 소각한다.	신분제 철폐
6	7종의 천인 차별을 개선하고 백정이 쓰는 평량갓은 없앤다.	
7	청상과부의 재가를 허용한다.	악습 폐지
8	무명의 잡세는 일체 폐지한다.	수취 제도 개선 및 수탈 반대
9	관리 채용에는 지벌(地閥)을 타파하고 인재를 등용한다.	능력에 따른 인재 등용
10	왜와 통하는 자는 엄징한다.	외세의 침탈 반대
11	공사채는 물론하고 기왕의 것을 무효로 한다.	부채 탕감
12	토지는 평균하여 분작한다.	토지 개혁 주장

② **집강소(6.7)** : 지방의 치안과 행정을 담당하는 농민 자치 조직

   ㉠ **설치 과정** : 농민군이 점령 지역에 자체적으로 설치하여 운영하고 있었음 ⇨ 정부가 폐정 개혁을 제대로 실시하지 않자, 농민군들이 집강소를 중심으로 폐정 개혁을 실시하고자 함 ⇨ 전봉준이 <u>전라우도</u>, 김개남이 <u>전라좌도</u> 통합 + 전라 감사 김학진과 제도화 협의 ⇨ 전라도에 약 53개의 집강소 설치

       └─●금구, 원평 중심   └─●남원 중심

   ㉡ **운영** : 전주에 총본부인 대도소 설치. 집강소에는 수령 역할을 하는 집강 1명과, 서기, 성찰, 집사, 동몽 등의 임원을 둠. 의결 기관으로 의사원을 설치하여 정책 결정

   ㉢ **활동 내용** : 실권을 지닌 행정 기관으로 강화됨 ⇨ 삼정 운영, 부호와 유림의 횡포를 징벌하는 등 지방 행정을 실질적으로 운영함, 폐정 개혁안을 실현하고자 노력함

   ㉣ **의미** : 우리 역사상 처음으로 농민들이 지방 자치권을 가지고 행사함

   ㉤ **한계** : 정부의 개혁 의지 부재(농민군과 화약을 체결했음에도 불구하고 농민군의 요구 사항을 받아들여 개혁을 실시하려고 하지 않음)

③ **교정청 설치(6. 11.)** : 정부는 농민군의 요구를 반영하고 자주적으로 개혁을 추진하고자 담당 기관으로 교정청을 설치함

(4) 청 · 일 전쟁

① **조선 정부의 군대 철수 요구** : 정부는 전주 화약이 체결되었으므로 청군과 일본군에 주도 명분이 없으니 동시에 철수할 것을 요청함 ⇨ 일본은 아직 동학 농민 운동이 끝나지 않았으며, 다른 봉기가 일어날 수 있다는 구실로 군사를 계속 주둔시키며 내정 개혁을 강요함

② **경복궁 점령** : 일본은 무력을 동원하여 경복궁을 점령함. 내정을 간섭하기 위해 흥선 대원군을 내세워 <u>친일 정권</u>을 수립하고, 군국 기무처를 설치함

           └─●1차 김홍집 내각

④ **청 · 일 전쟁(6. 23.)**

　　㉠ 일본의 기습 공격 : 일본군은 아산만(풍도 앞바다)의 청군을 공격하여 전쟁을 일으킴

　　㉡ 일본의 승리 : 일본군은 아산, 공주, 평양 등지에서 청군에 승리하였고, 압록강 일대에서 청의 북양 함대를 대패시키면서 완전히 우위를 차지함 ⇨ 일본군은 다롄, 뤼순까지 점령하여 결국 승리함(1895. 1. 18.)

(5) 2차 농민 봉기

① **배경**

　　㉠ 정부에 대한 불만 : 전주 화약을 맺으며 농민군이 제시한 폐정 개혁안을 받아들였음에도 불구하고 실행하지 않음

　　㉡ 일본에 대한 저항 : 일본군이 경복궁을 점령하고, 갑오개혁을 실시하여 내정을 간섭함

② **전개 과정**

　　㉠ 전봉준의 활동(남접) : 삼례에 동도 창의소를 설치하고 군량과 무기 비축 등 봉기 태세를 갖춤 ⇨ 전라도 일대의 농민군을 조직화 함

　　㉡ 손병희의 활동(북접) : 충청도 일대의 농민군들을 동원함

　　㉢ 남 · 북접 연합 부대 형성 : 전라 · 충청 · 경상의 교단이 연합했을 뿐만 아니라 전국 각지에서 농민군이 봉기함 ⇨ 논산에 집결하여 서울로 북상 시도

③ **우금치 전투 패배(11. 11.)** : 농민군은 신식 무기로 무장한 관군과 일본군에 밀려 우금치에서 패배함 ⇨ 논산 · 금구 · 태인 전투 패배, 김개남의 청주성 함락 시도 실패

▲ 동학 농민군의 제2차 봉기

④ **결과** : 전봉준은 체포되어 서울로 압송, 김개남은 전주 감영에서 처형당함 ⇨ 이후 산발적으로 봉기가 일어났으나 민보군❶에 의해 진압됨

(6) 동학 농민 운동의 성격

① **반봉건** : 봉건적 지배 체제에 반발하여 신분제 철폐, 토지의 평균 분작, 탐관오리 축출, 양반과 토호의 수탈 금지, 삼정의 개혁 등을 주장

② **반외세** : 일본 등의 외세의 침략을 저지하고 한 반침략, 반외세, 자주적 민족 운동(특히 2차 봉기)

③ **의미**

　　㉠ 아래로부터의 운동 : 동학 조직을 바탕으로 전국 각지의 농민들이 참여하고, 집강소를 통해 직접 개혁을 실현하고자 함 ⇨ 아래로부터의 농민 혁명 운동, 농민군의 근대적, 반봉건적 요구는 갑오개혁의 동력이 됨

　　㉡ 의병에 가담 : 농민군의 잔여 세력은 활빈당❷, 영학당❸, 남학당❹ 등을 결성하여 무장 투쟁을 이어감 ⇨ 을미의병 등 항일 의병 투쟁에 적극적으로 가담 ⇨ 독립군으로 계승됨

　　㉢ 대외적 변화 : 동학 농민 운동이 청 · 일 전쟁의 계기가 됨 ⇨ 패한 청은 조선에 대한 주도권을

---

❶ **민보군**

유명무실화된 속오군을 대체하고자 고종 때 조직된 민간 자위 체제. 동학 농민 운동 때에는 양반, 부호 등 보수 세력이 주도하여 농민군의 잔여 세력을 탄압함.

▲ 잡혀가는 전봉준

▶ **전봉준과 관련된 민요**

새야 새야 파랑새야 녹두밭에 앉지마라.
녹두꽃이 떨어지면 청포 장수 울고간다.

❷ **활빈당**

을미의병 후 해산된 농민군 · 행상 · 유민 · 노동자 · 걸인 등이 조직한 무장 조직으로서 반봉건 · 반침략 민족 항쟁을 전개하였음. 부호의 재물을 빼앗아 빈민에게 나누어 주었음.

❸ **영학당**

• 잔여 동학 농민군들이 조직하였음.
• 영국 종교(영학)로 위장하였음.
• 보국안민과 척왜앙을 주장하였고, 1898년과 1899년 전라도 지역에서 농민 봉기를 일으켰음.

❹ **남학당**

1898년 동학 농민 운동에 참여하였다가 실패한 무리의 사람들이 제주도에서 조직하였음.

상실하여 물러났고, 승리한 일본은 조선 침략을 가속화 함

④ 한계

　　㉠ 근대 국가를 건설하기 위한 방안을 구체적으로 제시하지 못함

　　㉡ 개화파를 적대시하는 등 근대 의식이 부족했음

　　㉢ 농민층에 국한되어 양반 등 사회 계층 전반의 지지를 얻지 못함

　　㉣ 신분 간 갈등 때문에 집강소가 원활히 운행되지 못함

　　㉤ 근대적인 신식 무기로 무장한 일본군에 비해 열세였음

05 근대적 개혁

1. 갑오개혁

(1) 갑오개혁 전의 조선

① **일본의 내정 간섭** : 일본은 동학 농민 운동을 구실로 조선에 들어와 앞으로의 봉기를 방지하기 위해 내정을 개혁해야 한다고 간섭함

② **교정청 설치(1894. 6. 11.)** : 정부가 일본의 개입 없이 자주적으로 개혁을 추진하기 위해 설치한 기구. 온건 개화파를 중심으로 조직하여 동학 농민군의 요구 사항을 반영하고 내정을 개혁하고자 함

③ **청·일 전쟁(1894. 6. 23.)** : 일본은 풍도 앞바다의 청군을 기습 공격하여 전쟁을 일으킴

④ **군국기무처 설치(1894. 6. 25.)**

　　㉠ 성격 : 국가 전반의 개혁 추진을 위한 초정부적 기구로, 김홍집을 총재관으로 임명함

　　㉡ 정책 시행 과정 : 군국기무처에서 심의 ⇨ 국왕이 재가 ⇨ 국법으로 시행 ⇨ 국왕의 전제권 제한

▲ 군국기무처 회의 모습

(2) 제1차 갑오개혁(1894. 7.~1894. 12.)

① **추진 세력** : 청·일전쟁중에 시행되어 일본이 적극적으로 관여할 수 없었음. 흥선 대원군을 섭정에 추대하고, 온건 개화파를 중심으로 제1차 김홍집 내각을 수립함. 군국기무처에서 개혁 추진

② **정치 개혁**

　　㉠ 연호 사용 : 청의 연호 대신 개국 기원을 사용함

　　　　　　　　　　　　　　　 ●조선이 건국된 해 부터 해를 세는 방법

　　㉡ 입헌 군주제적 요소 도입 : 내각의 정치적 실권 강화 ⇨ 왕권 약화

　　㉢ 왕실 사무와 정부 사무 분리 : 왕실 사무는 궁내부를 신설하여 통합·관장시키고, 정부 사무는 의정부에서 관할하게 함, 궁중 관리의 겸직 금지

　　㉣ 8아문제 : 의정부 산하의 6조를 8아문으로 개편

　　㉤ 경무청 설치 : 경찰 업무 담당

　　㉥ 과거제 폐지 : 전고국을 설치하여 유교 경전 대신 실무 과목을 시험하여 관리 선발을 담당시

킴 ⇨ 능력에 따른 인재 등용

ⓐ 왕의 인사권 제한 : 1, 2등의 칙임관은 왕이 직접 임명, 중급 관리는 대신의 추천을 거쳐 왕이 임명, 하급 관리는 기관장이 임명

③ **경제 개혁**

㉠ 재정 기관의 일원화 : 국가의 재정은 탁지아문에서 총괄함

㉡ 왕실과 정부의 재정 분리 : 왕실 재정과 정부 재정을 분리함

㉢ 은본위 화폐 제도 도입 : 신식 화폐 발행 장정 공포(본위 화폐는 은화, 보조 화폐는 백동화, 적동화, 황동화 총 4종의 화폐를 발행하여 엽전과 교환하도록 함, 신식 화폐가 발행되기 전까지는 외국 화폐 통용을 허가하여 일본 화폐가 국내에 유통될 수 있었음)

㉣ 조세의 급납화 : 결호전 제도, 대전납제 도입

㉤ 기타 : 도량형 통일(척관법), 방곡령 반포 금지, 육의전의 금난전권 부정

④ **사회 개혁**

㉠ 신분제 폐지 : 양반과 평민의 계급 타파, 공 · 사노비제 폐지, 인신(노비) 매매 금지

㉡ 봉건적 악습 폐지 : 과부의 재가 허용, 조혼 금지, 고문과 연좌제 폐지

㉢ 기타 : 모든 공문서에 국문 또는 국한문 사용

▶ **갑오개혁 때의 중앙 관제**

■ 1894년의 사건 전개

날짜		사건	시기 구분
1월	10일	고부 농민 봉기	고부 민란기
3월	20일	무장 봉기	1차 농민 운동기 (남접 중심)
	25일	백산 봉기	
4월	7일	황토현 전투	
	23일	황룡촌 전투	
	27일	전주성 점령	
5월	5일	청군 상륙	
	6일	일본군 상륙	
	8일	전주화약	폐정개혁안 실천 및 집강소 활동기
6월	11일	교정청 설치	
	21일	일본의 경복궁 점령	
	23일	청 · 일 전쟁 발발	
	25일	군국기무처 설치	
7월	27일	1차 갑오개혁 실시	
9월	18일	삼례에서 재봉기 결정	2차 농민 운동기 (남접 · 북접 연합)
11월	11일	공주 우금치 전투	
12월	17일	2차 갑오개혁 실시	

(3) 제2차 갑오개혁(1894. 12.~1895. 7.)

① 배경 : 일본은 청 · 일 전쟁에서 승리가 확실시되자 조선의 내정에 적극적으로 관여하고자 함 ⇨ 신임 공사로 이노우에를 파견하고 흥선 대원군을 물러나게 함, 박영효와 서광범을 국정에 참여시킴
　　　　　•……• 갑신정변으로 일본에 망명해 있었음

② 과정

　㉠ 연립 내각 구성 : 온건 개화파(총리대신에 김홍집) + 급진 개화파(내무대신에 박영효)

　㉡ 일본의 보호국화 의도 : 일본은 조선에 내정 개혁 강령 20개조 제시, 각 아문에 일본인 고문관을 임명하여 내정을 간섭하고자 함, 개혁 추진 자금을 조달하기 위해 차관 도입을 강요함
　　　　　　　　　　　　　　　　　　　　　　　　1년 예산의 절반 이상 •……•

③ 홍범 14조

　㉠ 반포 : 고종은 종묘에 나가 독립 서고문과 홍범 14조를 선포함
　　　　　　　　　•……• 자주독립의 의지를 담은 일종의 독립 선언문, 순한문 ·
　　　　　　　　　　　국한문 혼용체 · 순한글 3가지로 배포

　㉡ 의의 : 정치 혁신을 위한 갑오개혁의 목표와 자주독립의 의지를 담은 강령. 근대적인 정치 백서이자 최초의 헌법적인 의미를 지님. 1차 개혁에 대한 재확인과 2차 개혁의 방향 제시

	내용	의도
1	청국의 의탁하는 생각을 끊어버리고 확실히 자주독립하는 기초를 확고히 세울 것.	청과의 사대 관계 청산 (청의 종주권 부인)
2	왕실 전범을 제정하여 대통의 계승과 종실, 외척의 구별을 밝힐 것.	
3	대군주가 정전에서 일을 보되, 정사를 친히 각 대신에게 물어 재결하며 왕후와 비빈, 종실, 외척이 간여함을 용납하지 않을 것.	왕실, 외척의 정치 개입 배제
4	왕실 사무와 국정 사무를 나누어 모름지기 서로 혼합하지 아니할 것.	
5	의정부와 각 아문의 직무 권한의 제정을 밝혀 행할 것.	근대적 내각 제도 도입
6	인민이 부세를 냄을 다 법령으로 정하고 망령되게 명목을 더해 함부로 거두지 아니할 것.	조세의 법령화
7	조세 과징과 경비 지출은 모두 탁지아문이 관할할 것.	재정의 일원화
8	왕실 비용을 솔선 절감하여 각 아문 및 지방의 모범이 되게 할 것.	왕실 경비 절약
9	왕실 비용 및 각 관부 비용은 일년회계를 예정하여 재정의 기초를 세울 것.	예산 제도 도입
10	지방 관제를 속히 개정하여 시방 관리의 직권을 제한할 것.	지방 제도 개편
11	나라 안의 총명한 자제를 널리 파견하여 외국의 학습 · 기예를 견습할 것.	유학생을 파견하여 선진 근대 문물 도입
12	장관을 교육하고 징병하는 법을 사용하여 군제의 기초를 확정할 것.	군사 제도 확립
13	민법과 형법을 엄격하고 명확하게 제정하고 함부로 사람을 가두거나 징벌하지 말게 하여 인민의 생명과 재산을 보전할 것.	생명권 및 재산권을 법으로 보호
14	사람을 쓰는 데 문벌에 구애받지 아니하고 세상에 퍼져 있는 선비를 두루 구해 인재의 등용을 넓힐 것.	문벌 폐지, 능력에 따른 인재 등용

④ 정치 개혁

ㄱ 중앙 정치 조직 개편 : 의정부 폐지 ⇨ 내각제 도입, 8아문 ⇨ 7부로 개편, 중추원 신설, 궁내부 내장원 신설
　　　　　　　　　　　　　군국기무처 + 중추원 통합, 보수 관료들의 자문 기구로 유명무실화 ●┄┐
　　　　┄┄●왕실을 달래기 위해, 왕실의 사유 재산 담당

ㄴ 지방 제도 개편 : 8도 ⇨ 23부, 종래의 부 · 목 · 군 · 현 ⇨ 군으로 통일하여 337군으로 개편, 지방관의 사법권과 경찰권을 배제하고 행정만 담당하게 하여 권한이 축소됨

ㄷ 군제 개편 : 훈련대와 시위대 설치, 지방의 통제영과 병영, 각 진과 영 등을 폐지함
　　　　　　　┄┄●왕의 호위 담당

⑤ 경제 개혁　　　●⇦ 혜상공국

ㄱ 상리국 폐지 : 상리국은 보부상 중심의 기관으로 독점 상업권을 행사하였고, 왕실 등 특정 집단에 대한 특혜를 주었음 ⇨ 폐지하여 자유로운 상공업의 활성화 도모

ㄴ 육의전 폐지

ㄷ 탁지부 산하에 관세사, 징세서 설치

⑥ 사회 개혁

ㄱ 사법권의 독립 : 고등 · 한성 · 지방 재판소를 설치하는 등 행정권으로부터 사법권을 독립시킴

ㄴ 경찰권의 일원화 : 경무청 관제 반포

ㄷ 교육입국 조서 반포 : 한성사범학교 관제, 소학교 관제, 외국어 학교 관제 등도 반포하여 근대

▶ 8아문 → 7부

8아문	7부
내무아문	내부
외무아문	외부
탁지아문	탁지부
군무아문	군부
법무아문	법부
학무아문	학부
공무아문	농상공부
농상아문	

적 교육 제도를 마련하고 각종 학교를 설립함

■ 갑신정변 · 동학 농민 운동 · 갑오개혁의 공통점과 차이점

구분	갑신정변	동학 농민 운동	갑오개혁
정치	입헌군주제	×	입헌군주제
외교	사대 폐지	×	개국 연호
조세 제도	지조법 개혁	무명잡세 폐지	조세 금납제
토지 개혁	×	토지 평균 분작	×
인재 등용	문벌 타파, 능력에 따름	지벌 타파, 인재 등용	과거제 폐지
재정	재정 기관 일원화(호조)	×	재정 기관 일원화(탁지아문)
신분제 폐지	인민 평등권 제정	노비 문서 소각	공사노비 폐지
경찰 신설	순사를 두어 도둑 방지	×	경무청 신설

2. 청 · 일 전쟁 후의 조선(을미개혁)

(1) 청 · 일 전쟁 후

① 시모노세키 조약 체결(1985. 4. 17) : 청 · 일 전쟁의 전후 처리를 위해 체결됨

> ▶ 시모노세키 조약
>
> 제1조 조선은 자주국임을 확인한다.
> 제2조 청은 일본에게 대만 · 요동(다롄) · 팽호도(평후 열도)를 할양한다.
> 제3조 청은 배상금 2억 냥을 지불한다.
> 제4조 청은 일본 정부와 그 국민에게 최혜국 대우를 부여한다.

(2) 삼국 간섭

① 원인 : 일본이 시모노세키 조약 체결로 요동반도(다롄)로 진출하자 이에 위협을 느낀 러시아가 프랑스와 독일를 끌어들여 일본에 반환을 요구함

② 결과 : 일본이 물러나는 대신 추가 배상금을 받기로 함. 러시아의 세력이 강화되어 조선 내에서 친러 세력이 대두됨

(3) 3차 김홍집 내각

① 내각 교체 배경 : 삼국 간섭으로 일본의 세력이 약화되고 러시아가 대두되는 상황에서 조선은 러시아의 힘을 빌려 일본을 견제하고자 함 ⇨ 박영효는 국모 시해 혐의를 받아 실각하고, 친일계 어윤중, 김가진 등은 면직당함

② 내각 구성 : 온건 개화파 + 친미 · 친러파의 연립 내각으로 구성
········● 정동파, 왕비파라 불림. 민영환, 이범진, 이완용 등
●김홍집, 김윤식, 박정양, 윤치호 등

(4) 을미사변(1895. 8. 20.)

① 배경 : 명성황후가 새 내각을 앞세워 친미 · 친러 정책 추진 ⇨ 조선에서의 일본의 세력의 매우 약화됨
········● 일본군의 지휘를 받았음

② 과정 : 정부가 일본에 훈련대 해산을 통보함 ⇨ 일본 공사 미우라가 폭도들을 이끌고 경복궁에

난입 ▷ 옥호루에서 명성황후를 살해하고 시신을 불태움

(5) 춘생문 사건(1895. 10. 12.)

① **목적** : 친미·친러파는 을미사변 이후 공포에 휩싸인 고종을 피신시키고 친일 정권을 타도하고
자 일으킴

② **내용** : 쿠데타군이 궁성 내의 친위대와 춘생문에서 격전을 벌였으나 실패로 끝남

③ **결과** : 친미·친러 정권의 몰락 ▷ 친일 정권의 성립

(6) 4차 김홍집 내각 김홍집, 유길준, 어윤중, 김윤식 등의 친일 세력을 중심으로 친일 내각 구성

(7) 을미개혁(음력 1895. 8. 24~양력 1896. 2. 11.)

① **정치 개혁**

    ㉠ **연호 사용** : 1896년부터 '건양'연호 사용

    ㉡ **태양력 사용** : 음력 1895년 11월 17일이 양력 1896년 1월 1일로 시작됨

    ㉢ **군제 개편** : 훈련대 해산 ▷ 중앙군은 친위대, 지방군은 진위대로 개편

② **사회 개혁**

    ㉠ **단발령 실시** : 성년 남자의 상투를 자르고 서양식 머리를 하라는 내용의 고종의 칙령

    ㉡ **종두법 시행** : 천연두 유행을 막기 위해 종두법 실시

    ㉢ **우편 업무 재개** : 우체사를 설치하여 근대적 우편 업무 실시

    ㉣ **근대식 학교 설치** : 소학교령 공포(서울에 4개 설치)

③ **개혁 중단** : 을미의병과 아관파천 ▷ 친러 내각이 수립되면서 개혁이 중단됨

(8) 을미의병 을미사변으로 일본에 대한 백성들의 반발이 고조된 상황에서 단발령이 내려지니 유
생과 농민들이 전국 각지에서 의병을 일으킴

■▷ 동학 농민 운동과 갑오·을미개혁의 전개

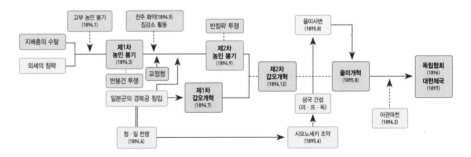

> **▶ 단발령의 시행**
> 1895년 11월 국왕이 비로소 머리를 깎고 내외 신민에게 모두 머리를 깎도록 하였다. …… 머리를 깎으라는 명령
> 이 내려지니 곡성이 하늘을 진동하고 사람들은 분노하여 목숨을 끊으려 하였다. 형세가 바야흐로 격변하여 일본인
> 들은 군대를 엄히 하여 대기시켰다. 경무사 허진은 순검들을 인솔하고 칼을 들고 길을 막으며 만나는 사람마다 머
> 리를 깎았다. …… 무릇 머리를 깎인 자는 빡빡 깎지 아니하고 상투만 자르고 머리털은 그대로 남겨놓아 장발승 같
> 았다. 학부대신 이도재는 연호의 개정과 단발령에 반대하는 상소를 올리고 벼슬을 버리고 돌아갔다.
> ─황현, '매천야록'

3. 갑오 · 을미개혁에 대한 평가

(1) **긍정적 측면**

① **백성들의 개혁 요구 사항 반영** : 갑신정변과 동학 농민 운동에서 제기된 개혁안과 요구 사항이 일부 반영됨

② **전제 군주제 극복** : 내각 중심으로 정치를 실시하여 왕권을 제한하고 전제 군주제를 극복하고자 함

③ **근대 사회로의 발판 마련** : 봉건적 신분제를 폐지하여 근대 사회로 나아갈 수 있는 제도적 바탕이 됨

(2) **부정적 측면**

① **위로부터의 개혁** : 농민들의 가장 절실한 요구 사항인 토지 제도의 개혁은 거의 반영되지 않았고, 단발령을 갑작스럽게 실시하는 등 개혁 추진 방향에서 민중의 지지를 얻지 못함

② **일본의 침략 의도 반영** : 일본의 내정 간섭과 강요로 이루어진 타율적 개혁

③ **군사 개혁의 부재** : 국방력 신장을 위한 군사 개혁에 대해 미흡

4. 아관 파천

(1) **아관파천 시기의 상황**

① **일본** : 경복궁 점령, 명성황후 시해 등으로 일본에 대한 국민들의 적대적인 감정은 극에 달했음

② **러시아** : 을미사변 이후 일본에 밀려 러시아의 세력이 약해짐

(2) **아관파천(1896. 2.)** 이완용, 이범진 등이 러시아 공사 베베르와 계획하고 고종을 설득하여 러시아 공사관으로 피신시킴

(3) **친러 정권**

① **친러 내각 수립** : 고종은 친일파 김홍집, 유길준 등을 파면하고 친러 정권을 수립함, 일본인 고문을 해임하고 러시아인 고문을 초청함

② **을미개혁 중단** : 내각제를 폐지하고 의정부 체제 복구, 지방 행정 구역을 다시 13도로 개편, 음력을 부분적으로 사용함, <u>호구 조사 규칙 반포</u>
　　　　　　　　　　　　　　　　　　　　　　　　　└┈┈ ●전근대적인 호구 조사를 체계화함

③ **을미의병 해산** : 고종은 단발령을 철회하고 의병에 조칙을 내려 해산 지시 ➡ 의병 자진 해산

(4) **열강의 이권 침탈**

① **러시아의 이권 침탈** : 아관파천으로 세력이 강화된 러시아는 압록강 유역과 울릉도의 삼림 채벌권, 경성 · 종성 광산 채굴권, 인천 월미도 저탄소 설치권 등의 이권을 가져감 ➡ 러시아뿐만 아니라 열강들이 최혜국 대우를 내세워 각종 이권을 침탈함

② **러 · 일의 세력 균형** : 러시아와 일본은 한반도에서의 세력 균형과 상호 견제를 위해 협정 체결

㉠ 베베르 · 고무라 각서(1896. 5.) : 양국 군대 주둔

㉡ 로바노프 · 야마가타 의정서(1896. 6.) : 조선에 공동으로 간섭

㉢ 로젠 · 니시 협정(1898. 4. 25.) : 양국이 조선에서 지닌 이권을 상호 승인

5. 독립 협회

(1) 독립 협회 설립

① 배경 : 고종이 궁궐 밖 러시아 공사관에서 머무는 상황 ⇨ 국가의 위신이 떨어지고, 열강들의 이권 침략이 심화됨, 친러 내각에 대한 반감

② 독립신문 발간(1896. 4. 7.~1899. 12. 4.)

　㉠ 서재필 주도 : 갑신정변의 주동자로 미국에 망명해 있었는데 서재필이 귀국하여 정부의 지원을 받고 독립신문을 간행함

　㉡ 발간 목적 : 갑신정변과 갑오개혁이 민중과 유리되어 지지를 받지 못한 점이 실패 요인이라고 생각하여 민중 계몽의 필요성을 느낌

③ 독립 협회 창설(1896. 7. 2.)

　㉠ 구성 : 지도부는 개화파(서재필, 이상재, 윤치호 등) + 진보적 유학자(정교, 남궁억 등)로 구성, 조기에는 관료와 지도부 중심으로 운영 ⇨ 점차 열강과 지배층에 불만을 품은 도시 시민층 + 학생, 부녀자, 노동자, 천민 등 광범위하게 참여함

④ 운영 : 회원 가입에 차별이 없었으며 가입 의사를 표하고 보조금 납부하면 등록 가능, 협회 운영은 다수결에 따라 결정

⑤ 지회 : 전국 13도에 설치(평양, 대구, 공주 등)

(2) 민중 계몽 운동

① 독립문❶ 건립 : 영은문을 헐고 독립문과 독립 공원 건립 ⇨ 사대의 상징을 헐고 자주독립의 의지 표출
　　　　　　　　└┄┄┄●'(황제의) 은혜를 영접하는 문'이라는 뜻, 중국 사신을 맞이하는 곳

② 독립관 건립 : 모화관을 독립관으로 바꾸어 독립 협회의 집회를 이곳에서 개최함
　　　　　　　└┄┄●'중국을 사모하는 집'이라는 뜻, 중국 사신을 접대하는 곳

③ 대조선 독립 협회 회보❷ 발간 : 1896년 11월 30일~1897년 8월까지 반월간으로 발행된 독립 협회의 공식 기관지. 최초의 정기 간행 잡지로 한문체, 국한문 혼용체, 한글체를 병용함. 민중 계몽을 위해 근대 문물, 문화, 과학 지식 등이 수록됨

④ 강연회와 토론회

　㉠ 개최 배경 : 협회의 활동 방향을 민중 계몽으로 설정함

　㉡ 강연 주제 : 자주 독립과 이권 침탈 반대, 상공업 진흥과 산업 개발, 자유민권, 신교육, 민족 문화 발전, 미신 타파, 지회 설치 등 다양함

개최 일자	주제	
1897. 8. 29.	조선의 급선무는 인민의 교육	
9. 26.	부녀를 교육하는 것이 의리상, 도리상 마땅함.	
10. 17.	국문을 한문보다 더 쓰는 것이 인민 교육을 성하게 하는 것임.	국민 계몽
12. 19.	인민의 견문을 넓히려면 국내의 신문 반포를 제일로 해야 함.	
1898. 1. 2.	나라를 영원히 태평하게 하기 위해서는 관민 간에 일심해야 함.	

❶ 독립문

독립문 건립이 추진되는 과정에서 협회의 필요성이 대두되어 독립 협회가 창설됨. 독립문은 1897년 11월 20일에 완공됨.

❷ 대조선 독립 협회 회보

1. 23.	국가를 부유케 하려면 금, 은, 동, 철, 석탄 등 광산을 확장하는 것이 긴요함.	이권 수호와 정치 개혁, 시국 현안
2. 6.	수구파 탐관오리를 비판함.	
3. 6.	대한의 국토를 한 치라도 남의 나라에 빌려주는 것은 선왕의 죄인이요, 일천 이백만 동포의 원수임.	
5. 8.	백성의 권리가 튼튼할수록 임금의 지위가 더 높아지고 나라의 힘을 펼침.	

　　ⓒ 의미 : 일반 민중들이 참여하는 토론의 장이 만들어져 정치에 대한 관심을 이끌어냄

　⑤ 민중의 지지 확보 : 독립 협회가 정부의 외세 의존적 태도에 대해 비난하자 관료들은 대부분 탈퇴하였지만, 민중에 기반한 대중적인 사회단체로 발전함

　⑥ 국학 발전 도모

　　㉠ 국어 : 주시경을 중심으로 국문 동식회를 설치하여 맞춤법 연구, 사전 편찬 등을 추진

　　ⓛ 역사 : 독립신문에 국사 교육의 체계화 등을 담은 사설을 올림

　　ⓒ 기타 : 애국가 제정 및 애호 활동을 펼침(경축식에서 사용, 애국가 가사짓기 등)

(3) 국권 수호

　① 구국 운동 선언

┈┈┈┈┈┈┈┈┈┈┈┈┈┈┈┈┈┈•영토의 일부를 타국이 일정 기간 동안 빌려 통치하는 것

　　㉠ 배경 : 러시아가 1897년부터 절영도 조차 요구를 시작으로 군사 교련단, 재정 고문단 파견 등을 통해 이권 침탈과 침략 의욕을 강화함

　　ⓛ 구국 선언 상소문 : 독립 협회 회원 135명이 고종에게 구국 선언 상소문을 올린 후 만민 공동회 개최

> **▶ 구국 선언 상소문**
>
> 신(臣) 등은 생각하건대 나라의 나라됨이 둘이 있으니, 가로되 자립하여 타국에 의뢰하지 않는 것이요, 가로되 자수(自修)하여 한 나라에 정치를 행하는 것입니다. 이 두 가지는 하느님께서 우리 폐하에게 주신 바의 하나의 대권입니다. 이 대권이 없은즉 그 나라가 없습니다. 때문에 신 등은 독립문을 세우고 독립 협회를 설립하여 위로는 황상의 지위를 높이고, 아래로는 인민의 뜻을 굳게 하여 억만 년 무강의 기초를 확립하려 합니다.
>
> － 독립신문(1898. 2.)

　　ⓒ 만민 공동회(1898. 3.~) : 최초의 근대적 민중 집회. 독립 협회 회원들과 시민들이 종로에 모여 러시아의 이권 침탈과 내정 간섭을 규탄하고, 자주 국권을 수호하자는 내용을 담은 결의안을 정부에 제출함

　　ⓔ 독립 협회의 성격 변화 : 이권 침탈에 대해 외국 문물의 유입이라 여겨 찬성하기도 함 ⇨ 구국 운동 선언 상소 이후 이권 수호 운동 전개

　② 이권 침탈 수호 운동

　　㉠ 국토 수호 : 러시아의 절영도 조차와 목포와 진남포 매도 요구를 저지시킴, 일본의 석탄고 기지 반환받음

　　ⓛ 국익 수호 : 한러 은행 폐쇄시킴, 프랑스의 금광 채굴권 요구 좌절시킴, 러시아의 재정 고문과 군사 교관을 철수시킴

(4) 자유 민권 운동

① **인권 및 민권 보장 운동(기본권 보장 운동)**

　　㉠ 법에 의한 신체 및 언론 · 출판 · 집회 · 결사의 자유와 재산권 보호 등을 주장

　　㉡ 연좌죄와 노륙법(처자까지 연좌하여 죽이는 법)을 부활시키려는 움직임에 맞서 대대적인
　　　투쟁을 전개함(황국 중앙 총상회의 철시 투쟁 등) ⇨ 부활을 추진한 대신들을 퇴진시킴

② **자유 상업 강조**

　　㉠ 반봉건적 지주제 주장 : 상업적 농업을 기반으로 하는 지주제

　　㉡ 자유 상업 체제 : 지주제를 바탕으로 한 상업과 무역의 발전 주장(자본주의적인 근대의 자유
　　　상업 체제가 아님)

(5) 국민 참정 운동

① **배경** : 독립 협회 회원들은 인권 및 민권 보장 운동을 전개하면서 수구 대신들과 정부에 한계를
　　느낌 ⇨ 국정 운영에 국민들의 의견을 반영하여 개혁을 추진하라는 국민 참정권 운동을 전개함

② **박정양 내각**

　　㉠ 구성 : 고종은 보수적인 내각을 해산시키고 개혁적인 인사 위주로 박정양 내각을 꾸림

　　㉡ 활동 : 독립 협회와 협의하여 내정 개혁과 의회 설립을 추진함

③ **의회 설립 추진** : 독립 협회는 진보적인 내각이 수립되자 <u>조규 2안</u>을 정부에 제출함
　　　　　　　　　　　　　　　　　　　　　　　⌙·····●중추원을 의회로 개편하자는 제안

④ **중추원 관제 개정안** : 정부 임명 + 민선 의원 = 50명의 중추원 의원 구성을 제안하는 중추원 관제
　　개정안을 제시함

⑤ **관민 공동회❶(1898. 10. 12.~11. 2.)**

　　㉠ 개최 : 종로에서 만민 공동회 + 박정양 등 정부 대신들 참여. 개막 연설은 백정 출신의 박성
　　　춘이 맡음

　　㉡ 헌의 6조 : 관민이 합의하여 국정을 운영하자는 결의문 ⇨ 고종은 이를 재가하고 조칙 5조를
　　　내림

❶ 관민 공동회

	내용	의미
1	외국인에게 의존하지 않고 관민이 합심하여 전제 황권을 견고하게 할 것.	자주 국권 강화
2	외국과의 이권에 관한 조약은 각 부 대신과 중추원 의장이 합동으로 서명하여 시행할 것.	열강의 이권 침탈 방지
3	국가 재정은 모두 탁지부에서 관리하고, 다른 부서는 간섭할 수 없게 하고, 예산 · 결산을 국민에게 공포할 것.	재정 기관 일원화
4	중대 범죄인은 반드시 재판을 통하여 판결하고 피고의 인권을 존중할 것.	법치 주의 확립과 인권 존중
5	칙임관을 임명할 때에는 의정부에 자문하여 과반수를 얻은 자를 임명할 것.	군주권 제한 및 입헌 군주제 지향
6	정해진 규정을 실천할 것.	법치 행정

▶ 조칙 5조

1. 중추원에서 빨리 장정을 정하여 실시할 것이다.
2. 의정부와 중추원에서 참작하여 신문 조례를 제정하고 내부와 농상공부에게 각국의 규례에 의거하여 제정하여 시행할 것이다.
3. 전·현직의 관찰사 이하 지방 관리 중 관청의 재물을 공짜로 가지거나 백성들의 재산을 빼앗은 자는 징계·처결할 것이다.
4. 어사나 시찰원 등이 폐단을 조사하고 징계하여 죄를 다스릴 것이다.
5. 상공 학교를 설립하여 백성들의 산업을 장려할 것이다.

⑥ 중추원 관제 반포(1898. 11.)

ㄱ 특징 : 우리나라 최초의 의회 설립 추진으로, 근대식 의회적 성격을 지님 – 조약 비준권, 입법권, 행정부에 대한 심의·감사권 등을 지님

▶ 중추원 관제

제1조 중추원은 아래에 열거한 사항을 심사하고 의정하는 곳으로 할 것이다.
　　1. 법률, 칙령의 제정과 폐지 혹은 개정하는 것에 관한 사항
　　2. 의정부에서 토의를 거쳐 임금에게 상주하는 일체 사항
　　3. 칙령에 따라 의정부에 문의하는 사항
　　4. 의정부에서 임시 건의하는 것에 대하여 문의하는 사항
　　5. 중추원에서 임시 건의하는 사항
　　6. 백성들이 의견을 올리는 사항
제2조 중추원의 직원은 의장 1인, 부의장 1인 의관 50인 …… 정한다.
제3조 의장은 대황제 폐하가 글로 칙수하고, 부의장은 중추원에서 공천에 따라 폐하가 칙수하며, 의관은 그 절반은 정부에서 나라에 공로가 있었던 사람을 회의에서 상주하여 추천하고 그 절반은 인민 협회 중에서 27세 이상 되는 사람이 정치, 법률, 학식에 통달한 자를 투표해서 선거할 것이다.

ㄴ 의관 구성 : 의관 50명 중 절반의 민선 의원은 독립 협회에서 선출

ㄷ 한계 : 실제로 의회가 설립되지 않았음. 국민 직선제가 아니었으며, 민권 신장의 지향점은 군주권에 종속되어 제한적이었음

자주국권	1898. 2.	러시아의 절영도 조차 요구 저지, 일본의 석탄고 기지를 반환하게 함.
	1898. 3.	만민 공동회를 열어 러시아의 군사 교련단과 재정 고문단을 철수시킴
	1898. 5.	러시아의 목포 증남포 해역 토지 매도 저지, 프랑스·독일의 광산 채굴권 요구 저지
	1898. 10	이권 양도와 관련된 이완용을 제명 처분
자유 민권	1898. 3.	국민의 신체와 재산권 보호 운동 전개
	1898. 10.	언론과 집회의 자유권 쟁취 운동 전개
자강 개혁	1898. 10.	보수파 내각 퇴진, 개혁 내각 수립(박정양 내각 수립)
	1898. 10.	관민 공동회를 개최하여 헌의 6조 채택
	1898. 11.	관선 25명, 민선 25명으로 구성된 중추원 관제 반포

⑦ 정부와의 갈등 : 박정양 내각과 독립 협회가 입헌 군주제를 바탕으로 한 의회 설립을 추구하자 전제 군주제를 추구하는 대한 제국과 갈등이 깊어짐

(6) 독립 협회의 해산(1898. 12.)

① 보수 세력의 반발

▶ 중추원 구성의 의도와 변화
독립 협회의 의도는 절반의 민선 의원 + 개혁적 정부 인사를 합하여 과반수를 장악하는 것이었음. 정부의 의도는 민선 의원을 절반씩 독립 협회 + 황국 협회(의정에 참여할 능력이 부족하여 포기함)에 할당하여 견제하는 것이었음.
독립 협회 해산 후에는 황제가 모든 의원을 임명하였음.

▶ 황국 협회
1898년 6월 30일 홍종우, 이기동, 길영수 등이 보부상과 연합하여 결성한 단체. 보수 세력은 황국 협회를 이용하여 독립 협회의 개혁 요구에 맞서고자 하였음. 황국 협회는 황실과 정부의 정책을 지지하였음.

⊙ 익명서 사건 : 중추원 관제가 반포되자 독립 협회의 정치 참여를 견제한 왕실 측근들과 보수 세력은 독립 협회기 황제를 폐위시키고 박정양을 대통령으로 하는 공화정을 수립하려고 한다고 모함함

⊙ 고종의 해산 명령 : 고종은 독립 협회 간부들 체포와 독립 협회 해산을 명령함

⊙ 조병식 내각 수립 : 헌의 6조에 서명한 관료들을 파면시키고 박정양 내각을 몰아냄 ⇨ 보수적인 조병식 내각을 수립함

② **만민 공동회의 저항**

⊙ 독립 협회 회원들과 시민들이 모여 만민 공동회를 개최하고 50여 일간 상소 운동 및 투쟁함

⊙ 주장 : 독립 협회의 복설, 개혁파 내각 수립, 중추원 설치, 보부상 혁파 등

③ **정부의 탄압**

⊙ 고종은 독립 협회와 타협하기 위해 윤치호 등을 중추원 의관에 임명하고자 함 ⇨ 독립 협회의 일부 강경파가 이에 불만족함

⊙ 황국 협회 동원 : 보수 세력들이 황국 협회와 군대를 동원하여 만민 공동회에 참여한 시민들을 공격하여 강제로 해산시킴

⊙ 민회 금입령 : 고종은 12월 25일에 민회 금입령을 내려 민중의 정치 활동을 금함

(7) 독립 협회의 사상

① **자주 국권 사상** : 독립 협회는 우리 스스로 힘을 길러 열강의 침략으로부터 자주 독립하자고 주장하며 자주 국권 운동을 전개함

② **자유 민권 사상** : 국민 주권의 원리와 국민의 자유와 평등을 보장하여 근대 국민 국가를 건설하고자 하는 민주주의 사상을 주장함. 따라서 민권 운동을 펼쳐 대중에게 민주주의를 전파하고자 노력함

③ **자강 개혁 사상** : 국가 전반에 걸친 근대적 개혁을 통해 국력을 신장시키고자 함. 따라서 민중을 개화시켜 민중에 의한 근대화를 추구함 ⇨ 애국 계몽 운동으로 계승됨

(8) 독립 협회의 평가

① **의미**

⊙ 다수의 민중들을 바탕으로 한 최초의 정치 운동 : 남녀노소 다양한 민중들이 독립 협회의 활동에 참여하면서 개화 운동의 저변이 확대되었고, 개화에 대한 대중들의 인식이 변화됨

⊙ 국권 수호에 이바지

⊙ 민권 신장에 기여하였고, 민중이 자신들의 역량을 파악하고 시민단체를 설립하는 등 능동적으로 활동하도록 영향을 줌
　　　　　　　　　　　　　　　　　　　　　└••••●찬양회, 대한 제국 민력회, 북촌 부인회 등

② **한계**

⊙ 지도부의 문제 : 지도부의 지도력이 부족했고, 러시아의 이권 침탈에는 적극적으로 반대하였으나, 미국과 일본 등에게는 적대적이지 않았음(친미적 성향)
　　　　　　└••••••●미국의 철도 부설을 지지하기도 함

ⓒ 제국주의 열강의 침략 의도를 간파하지 못함 : 외국과의 교류를 강화하고 근대 문물 도입과 제도를 받아들이는 데에는 적극적이었으나 외세의 접근에 담긴 의도를 제대로 파악하지 못했음

ⓒ 시민 세력이 아직 완숙되지 못했음

ⓔ 동학 농민 운동, 의병 운동 등의 무장 투쟁에는 부정적이었음

06 대한 제국과 광무개혁

1. 대한 제국

(1) 성립 배경

① **국제 정세** : 러시아가 조선에서의 우위를 차지한 가운데, 열강들이 세력 균형을 이루며 러시아를 견제함

② **고종의 환궁(1897. 2. 20.)** : 최익현 등이 상소를 올리는 등 고종의 환궁을 요구하는 여론이 높아지자 고종은 약 1년 만에 러시아 공사관에서 경운궁으로 환궁함 ⇨ 대내외에 조선이 자주독립국임을 천명해야 한다는 여론이 일어남
━━●지금의 덕수궁

(2) 대한 제국 성립 과정
교전소와 사례소 설치 ⇨ 연호를 광무로 정하고(1897. 8. 16) 원구단에서 황제 즉위식을 거행함 ⇨ 국호를 대한 제국으로 정함(1897. 10. 12)

(3) 광무개혁
●舊本新參, 옛 것을 근본으로 삼아 새로운 제도를 참작한다

① **시정 방향** : 구본신참을 원칙으로 삼아 복고와 개혁을 절충하는 점진적인 개혁을 추구함(위로부터의 개혁) ⇦ 갑오 · 을미개혁의 급진성에 대한 비판과 보완

② **법규 정비를 위한 노력**

㉠ **교전소 설치(1897. 3. 16.)** : 신 · 구 법제를 절충하고 새로운 법제를 제정하기 위해 중추원에 설치함. 보수파 각료 + 외국인 고문 + 독립 협회 인사 등으로 구성 ⇨ 독립 협회 해산 후 교정소로 전환됨

㉡ **사례소 설치(1897. 6. 3.)** : 조선 왕조 역대 임금의 치적을 정리하기 위해 설치한 기구

③ **정치 개혁**
●장조(사도 세자), 정조, 순조, 익종

㉠ **체제 정비** : 황제 국가로의 위상 정립(태조와 직계 4대조를 황제로 추존하고, 황세자는 황태자로, 왕자는 왕으로 봉함. 황제와 황태자의 어진 봉안), 양경 체제 구축(경운궁을 정궁으로 삼고 중화전을 건설하여 법전으로 삼음. 평양을 서경으로 격상시키고 풍경궁을 건설함)

㉡ **교정소(법규 교정소)(1899)** : 황제 직속 입법 기구로, 보수적 관리들로 구성됨. 의정부를 거치지 않고 황제에게 개정안을 직접 올림

㉢ **대한국 국제 반포(1899. 8.)** : 일종의 헌법이지만 '국제'라고 칭한 이유는 국회가 아니라 황제의 명으로 제정되었기 때문임. 대한국 국제를 통해 대한 제국은 전제 군주제를 바탕으로 황제가 무한한 권한을 행사하는 자주 국가임을 천명함

▲ 원(환)구단

▲ 대한제국 시기의 고종

제1조 대한 제국은 세계 만국이 공인한 자주 독립 제국이다.
제2조 대한 제국의 정치는 만세불변의 전제 정치이다.
제3조 대한 제국 대황제는 무한한 군권을 누린다.
제4조 신민이 황제의 군권을 침손할 경우는 신민의 도리를 잃은 자로 본다.
제5조 대한 제국 대황제는 육해군을 통솔하고 편제를 정하며 계엄과 해엄의 권한을 갖는다.
제6조 대한 제국 대황제는 법률을 제정하고 그의 반포와 집행을 명하며, 국내 법률을 개정하고 대사 · 특사 · 감형 · 복권의 권한을 갖는다.
제7조 대한 제국 대황제는 행정 각부의 관제와 문관의 봉급 제정 혹은 개정권과 행정 칙령을 내릴 권한을 갖는다.
제8조 대한 제국 대황제는 문무관을 임명하며 작위, 훈장 및 기타 영전을 수여 · 박탈할 권한을 갖는다.
제9조 대한 제국 대황제는 각 조약국에 사신을 파견 · 주재하게 하며 선전 · 강화 및 제반 조약을 체결할 권한을 갖는다.

ⓔ 독립 협회 해산 : 독립 협회가 입헌 군주제에 기반한 의회 설립을 주장하여 이해 충돌이 일어남

ⓜ 형법대전 공포(1905) : 민권 신장을 반영한 근대적 법전

④ 경제 개혁

ⓐ 양전 사업의 실시 배경 및 목적 : 지세 제도를 개혁하여 민생을 안정시키고 국가 재정 확보 + 근대적인 토지 소유권 제도 확립

ⓑ 양지아문 설치(1898) : 미국에서 측량 기계와 측량사를 들여오고 실무진을 임명하여 1899년부터 양전 실시

ⓒ 지계아문 설치(1901) : 지계는 토지 소유자의 권리를 법적으로 인정하는 한국 최초의 근대적 토지 소유 문권으로, 모든 산림, 토지, 전답, 가옥 등에 해당됨. 지계아문이 지계를 발급하고 등기하였고, 1902년 양지아문이 통합되면서 토지 조사 업무도 담당함

ⓓ 양전 사업의 영향 및 의의 : 1899년 충남 아산에서 시작하여 1904년까지 전국토의 2/3가량을 조사함. 지계 발급은 개인의 토지 소유권을 국가가 법적으로 인정함을 뜻함. 실제 경작지를 파악하면서 조세 수입이 증가하였으며, 외국인은 개항장 이외의 토지 소유 금지하면서 외국인에 의한 국토 침탈을 제한할 수 있었음

ⓔ 양전 사업의 중단 : 재정 부족과 러 · 일 전쟁 발발로 일본군이 주둔하면서 중단됨

▶ 지계아문 규정

제1조 지계아문은 한성부와 13도 각 부와 군의 산림, 토지, 전답, 가옥의 지계를 정리하기 위하여 임시로 설치한다.
제10조 대한 제국 인민이 아닌 사람은 산림, 토지, 전답, 가옥의 소유주가 될 수 없다. 단 개항장은 이 규정의 제한을 받지 않는다.
제11조 산림, 토지, 전답, 가옥의 소유주가 관계(官契)를 발급받지 않았다가 적발되었을 때에는 그 가격의 10분의 4에 해당하는 벌금을 물리고 관계를 발급한다.

–'관보'(1901. 11. 11.)

박기종의 대한 철도 회사 ●

▲ 지계

ⓕ 근대 시설 : 궁내부에 서북 철도국을 세워 독자적으로 경의선 부설을 시도하였고, 민간 철도 회사를 지원했으나 일제의 방해로 실패함. 그 외에도 전기, 교통, 통신, 전차, 의료 등 각 분야의 근대 시설을 확충함

▶ 보부상 단체의 변천

혜상공국(1883) → 상리국(1885) →
황국협회(1898) → 상무사(1899) →
공진회(1904)

❶ 금융

조선은행(1896)
한성은행(1897)
대한은행(1898)
(대한)천일은행(1899)

❷ 섬유

직조 권업장, 한성 제직 회사 등

❸ 상무사

외국 상인으로부터 상권을 보호하기
위해 설치한 특권 상인 단체이나, 자
유로운 상업 발전을 저해함

▶ 전환국

통화 정책 정비 기관으로 1883년 서
울에 설치됨. 1892년 인천 → 1900
년 용산 → 1904년 오사카 전환국으
로 업무 이관하여 폐지(재정 고문 메
가타)

❹ 시위대

1897. 3. 재창설

ⓐ 회사 설립 : 정부에서 직접　회사와 공장을 설립하거나 사기업에 보조금을 지원하는 등 상공업 진흥을 위해 노력하여 금융❶, 철도, 운수, 광업, 섬유❷ 등 다양한 분야에서 근대적인 회사와 공장들이 설립됨. 하지만 금융 제도와 교통 제도 미비,　관세 장벽, 일본 등 열강들의 간섭 등으로 원활히 성장할 수 있는 환경이 마련되지 못하였음

ⓑ 상공업 단체 : 황국 중앙 총상회(시전 상인), 황국 협회와 상무사❸(보부상) 등의 상인 단체를 지원함

ⓒ 유학생 파견 : 해외 각지에 유학생을 파견하여 근대 문물을 습득하도록 함

ⓓ 화폐 정책과 금 본위제 시도 : 제3차 신식 화폐 조례(1901)를 발표하고 중앙 은행 설립과 금본위 화폐 제도 추진 ⇨ 재정 부족, 차관 도입 실패, 일본의 방해로 제대로 이루어지지 않음

> ▶ 금 본위제 시도
>
> 제1조 태환금권은 중앙은행조례 제9조 제2항에 의하여 동 은행에서 발행하며 금화로써 태환할 사.
> 제2조 중앙은행은 태환금권 발행액에 대하여 동가(同價) 금화(金貨) 및 금괴(金塊)를 저치(貯置) 하고 그 교환의 준비로 할 사. 중앙은행은 전항 외에 시장 상황에 따라 유통 화폐를 증가하고자 할 경우에는 탁지부대신의 허가를 얻어 정부 발행 공채증서, 탁지부증권, 기타 확실한 증권 및 상업표(商業票)를 보증하고 태환금권 발행함을 얻을 사.
> 제3조 태환금권의 종류는 1환, 5환, 10환, 50환, 100환 5종으로 정하고 각종의 발행하는 액은 탁지부 대신이 정할 사.
>
> ‒ 칙령 9호, 태환금권 조례, 1903. 3. 24

ⓔ 황실 재정 확대 : 전환국을 탁지부에서 내장원으로 이관(화폐 주조에서 오는 수입을 황제에게 귀속시킴)하는 등 내장원을 강화함. 황실 스스로 금은 세공, 유리, 무기, 제지, 방직 관련 공장을 설립함 ⇨ 재정 부족에 따른 과도한 징세, 부정부패, 황실 위주의 개혁 사업 진행으로 황실에 대한 백성들의 원성이 높아짐
황제 직속의 궁내부 산하 기관, 황제가 자유롭게 자금 사용 가능

ⓕ 도량형 통일 : 평식원을 설치하여 도량령에 관한 사무를 담당시킴
궁내부 산하

ⓖ 양잠과 담배 : 잠업 시험장을 설치하여 양잠 기술 발전 도모. 연초 회사 설립

⑤ 사회 개혁

㉠ 교육 정책 : 기술 교육을 중시하여 우편 학당(우편 사무 기술자 양성), 전무 학당(전기 관련 교육 기관), 상공 학교(농·상공 교육), 광무 학교(광업 계통의 실업 교육), 의학교, 외국어 학교 등 각종 기술학교와 실업학교를 설립함. 신교육령(1897. 10.)에 따라 소학교, 중학교, 사범학교 등도 설립함

㉡ 사법 개혁 : 고등 재판소 ⇨ 평리원으로 개칭, 순회 재판소 설치

㉢ 기타 : 새 호적 제도 실시. 경운궁(덕수궁)을 중심으로 도로와 하천 정비, 용산 일대를 공장 지대로 설정, 탑골 공원을 조성하는 등 도시를 정비함. 광제원을 설립하는 등 복지 시설도 신설함
국립 병원

⑥ 군사 개혁

㉠ 군사력 강화 : 경운궁 내에 원수부를 설치하여 고종이 대원수에 취임하고 군 통수권을 일원화하여 장악함. 군부에 많은 예산을 편성하고 서울의 시위대❹와 지방의 진위대의 군사 수를

대폭 늘림. <u>경위원을 설치</u>[1]하여 황궁 경비, 사찰, 체포 등을 담당시킴(망명객들과 국내 세력의 정변 예방). <u>육군 헌병대</u>를 설치하고 전국의 헌병 업무를 관할시킴

⌐●1900. 6. 원수부 내

❶ 경위원을 설치
1901, 궁내부 산하의 황실 경찰 기구

ⓛ **무관 학교(1898)** : 고급 장교를 양성하기 위해 무관 학교를 설립함

ⓒ **해군력** : <u>신식 군함을</u> 도입하는 등 해군력 증강을 도모하였으나 큰 효과를 보지 못함

⌐●1903, 양무호, 1904, 광제호

ⓔ **징병제** : 고종이 1903년 <u>징병제 실시에 대한 조칙을</u> 반포함 ⇨ 실제로 실시되지는 못함

⌐●농병일치제적 징병

⑦ **외교 개혁**

ⓐ **개항** : 목포와 진남포(1897), 군산과 마산, 성진(1899) 개항

ⓑ **국경 지역 관할 및 교민 보호**

- 간도 지역 – 이범윤을 간도 시찰원으로 파견(1902)하고 이듬해 간도 관리사로 삼음. 간도를 함경도 영역에 포함함
- 연해주(블라디보스토크) – 해상위 통상 사무관 파견(1900)
- 독도 – 울릉도를 울릉군으로 승격(1900)시키고 관할 지역에 포함함

ⓒ **한 · 청 통상 조약(1899)** : 일본 등 각국이 대한 제국의 칭제를 승인하고 축하하자 청도 대한 제국을 승인하게 됨 ⇨ 한 · 청 통상 조약을 체결하여 국제적으로 대등한 관계가 성립됨

ⓓ **국외 중립 선언** : 러 · 일 전쟁이 발발하기 직전 한반도 중립화를 선언하여 자주성을 표현하였으나 일본은 이를 묵인함

ⓔ **국제 기구 가입** : 만국 우편 연합(1900), 국제 적십자사(1903) 등에 가입하고, 프랑스 파리 만국 박람회(1900), 일본 오사카에서 열린 박람회(1903)에도 참여하는 등 외국과 교류하기 위해 노력함

⑧ **광무개혁의 의의**

ⓐ **근대 개혁** : 이전 개혁들에서 소홀했던 국방력 강화, 근대적 토지 소유 제도 확립이 이루어짐. 또한 상공업 발전 등 근대 자본주의 국가로 발전하기 위한 실질적인 개혁들을 실시함

ⓑ **자주 개혁** : 한반도에서 러시아와 일본이 세력 균형을 이루고 열강들이 서로 견제하는 환경이 조성되어 자주 독립과 국력 신장을 위해 자주적으로 내정 개혁을 추진할 수 있었음

⑨ **광무개혁의 한계**

ⓐ **황제 중심** : 광무개혁의 기본 방향이 전제 군주권을 강화하는 것인데, 개혁의 실질적인 시행

도 황제 직속 기관에서 처리되는 경우가 많았음

┄┄┄●궁내부, 내장원 등

ⓛ **일본에 의한 개혁 중단** : 열강의 간섭과 러 · 일 전쟁 발발, 일본의 침략으로 성과를 거두지 못하고 중단됨

ⓒ **민중의 기반 약화** : 집권층의 보수적인 성향과 황제권 강화 때문에 독립 협회와 민권 운동을 억압하는 등 국민적 지지를 얻지 못하였음. 또한 집권 세력의 부정부패가 만연하고 수탈이 계속되어 민중들이 반감을 가짐

ⓔ **개혁의 자주성 부족** : 군사 개혁은 군사력 강화 보다는 황실 보호와 치안 유지의 수준에 그침. 또한 개혁 추진 세력들의 외세 의존적 태도는 외세의 간섭과 이권 침탈의 결과를 가져옴

7. 간도와 독도

(1) 간도 문제

① **백두산 정계비**

ⓐ **분쟁** : 청을 세운 만주족은 그들의 본거지인 만주 지역을 성역화 ⇨ 조선 숙종 때 양국은 국경을 확정하여 정계비를 세움(1712)

ⓑ **내용** : 양국 간의 국경은 서쪽으로는 압록강, 동쪽으로는 토문강(西爲鴨綠 東爲土門)을 경계로 함

(2) 간도의 변화

① **간도 개척** : 청은 자국민의 만주 일대 거주를 금하였으나(1677), 19세기 세도 정치 시기의 흉년 및 기근으로 간도 지역으로 이주하는 조선인들이 증가함

② **조선과 중국의 마찰** : 베이징 조약(1860)으로 러시아가 연해주 차지 ⇨ 청은 러시아를 경계하기 위해 자국민의 만주 이주 장려 ⇨ 간도 지역에 거주하는 양국 국민들이 부딪힘

ⓐ **조선의 입장** : 간도는 조선의 영토 ⇦토문강은 송화강의 지류

ⓑ **중국의 입장** : 간도의 조선인 철수 ⇦토문강은 곧 두만강

(3) 간도 문제에 대한 정부의 대책

① **서북 경략사** : 어윤중(1882), 간도 지역의 국경 일대를 조사하고 간도가 조선의 영토임을 확인함

② **토문 감계사** : 이중하(1885), 백두산 정계비의 토문강은 쑹화강의 지류이므로 간도는 조선의 영토임을 확인함

③ **변계경무서(1901)** : 회령에 설치, 간도의 행정 처리 준비

④ **간도 관리사** : 이범윤, 간도 시찰원(시찰사, 1902) ⇨ 간도 관리사(1903)

(4) 간도 문제에 대한 일제의 대책

① **일본 통감부의 출장소 설치(1907)** : 통감부 간도 임시 출장소를 설치하여 간도를 일본의 관리 하에 둠

② **간도 협약(1909)**

ⓐ **상황** : 을사늑약으로 일본에게 외교권을 강탈당한 상태에서 청과 일본 사이에 체결

ⓒ 내용 : 간도를 청의 영토로 인정하는 대신에 일본은 남만주 철도 부설권, 푸순 광산 채굴권을
획득함

> **▶ 간도 협약**
> 대일본 제국 정부와 대청국 정부는 선린의 호의에 비추어 도문강(두만강)이 청 · 한 양국의 국경임을 서로 확인한
> 다.
> 제1조 청 · 일 양국 정부는 도문강을 청과 한국의 국경으로 하고 강원 지방에 있어서는 경계비를 기점으로 하여 석
> 을수로써 양국의 경계로 할 것을 성명한다.
> 제4조 도문강 이북 지방의 개간지에 거주하고 있는 한국 국민은 청국의 법적 권한에 복종하고 청국 지방관의 관할
> 재판에 귀속한다. 청국의 관헌은 이상의 한국 국민을 청국 국민과 똑같이 대우하여야 하며, 납세 및 그 밖
> 의 일체 행정상의 처분도 청국 국민들과 똑같이 하여야 한다.
> 제5조 도문강 이북 잡거 구역 내에 있어서의 한국민 소유의 토지 가옥은 청국 정부가 청국 인민의 재산과 같이 보
> 호하여야 한다.
> 제16조 청국 정부는 장래 길림 철도를 연길 남경에 연장하여 한국 회령에서 한국 철도와 연결하도록 하며, 그의
> 일체 번법은 길장 철도와 일률로 하여야 한다. 개변의 시기는 청국 정부에서 정형을 작량(짐작하여 헤아
> 림)하여 일본국 정부와 상의한 뒤에 이를 정한다.

(5) 독도

① 독도 역사

▶ 독도가 우리 영토라는 증거
• 일본 지도인 삼국접양지도에 울릉
도와 독도는 조선 땅으로 표기
• 프랑스 탐험선에 의해 독도는 '리
앙쿠르 락'으로 서양에 소개
• 태정관 지령에서 울릉도와 독도는
조선 영토

ⓐ **삼국 시대** : 신라 지증왕 때 이사부가 우산국을 정벌하고 신라에 편입시킴 ⇨ 울릉도의 부속
도서로서 삼국 시대 이래로 우리나라의 영토였음

ⓑ **고려 시대** : 태조에게 우산국의 토두가 백길을 보내어 토산물을 바침 ⇨ 백길에게 품계 하사

ⓒ **조선 시대** : 건국 초기부터 왜구의 침입 예방과 내륙 백성들이 섬으로 도망가는 것을 막기 위
해 공도 정책(섬의 거주민들을 육지에서 살게 하는 것) 실시 ⇨ 오히려 쇄환을 위해 관리가
자주 오고 가서 조선의 관할이라는 것이 분명했음, 숙종 때 안용복이 독도가 우리 영토임을
일본에 가서 확인함 ⇨ 일본은 자국민들의 울릉도 도해 금지령을 내림(1696)

ⓓ **메이지 정부** : 일본 정부 최고의 기관인 태정관은 독도가 조선 영토임을 인정하는 문서를 시
마네 현에 보냄

ⓔ **고종 대** : 울릉도 개척령(1882) 및 울릉도와 독도 등 동남 제도 개척사로 김옥균 임명 ⇨ 16호
의 54명을 이주시키고 각종 물자를 지원함

ⓕ **대한 제국 시기** : 칙령 제41호 반포(1900) – 울릉도를 울도로 개칭하고 울도군으로 승격시킴,
울도 군수의 관할지를 울릉도와 죽서도(죽도와 석도)로 규정

> **▶ 대한 제국 칙령 제41호**
> 대한 제국 칙령 제41호
> 제1조 울릉도를 울도로 개칭하여 강원도에 부속하고 도감을 군수로 개정하여 관제 안에 편입하고 군등은 5등으로
> 한다.
> 제2조 군청 위치는 태하동으로 정하고, 구역은 울릉 전도와 죽도, 석도(石島, 독도)를 관할한다.

② 독도 강탈

ⓐ **일제의 독도 편입(1905. 2.)** : 러 · 일 전쟁 중 일제는 한반도를 군사적으로 점령하고 시마네
현 고시에 독도는 주인 없는 섬이라 명시하며 불법적으로 일제의 영토에 편입함

ⓒ 대한 제국의 대책 : 한국은 이에 대해 시마네 현 사무관이 울도 군수에게 독도를 조사하고 알리며 뒤늦게 알게 됨(1906. 3.) ⇨ 을사늑약으로 외교권을 빼앗긴 상태였기 때문에 대처할 수가 없었음

07 의병운동과 애국 계몽 운동

8. 항일 의병

(1) 항일 의병 전개 과정

① 갑오의병(1894)
•••••● 갑오변란

ⓐ 원인 : 일본군이 경복궁을 점령하자, 유생들은 '주상을 위협하고 백관을 핍박한 것과 호위병을 몰아내고 무기고를 약탈한 것'이라며 이를 비판함

ⓑ 과정 : 안동(서상철), 상원(김원교) 등지에서 의병이 일어남. 다른 지역에서도 의병을 준비하는 중에 을미사변이 일어남

② 을미의병(1895~1896)

ⓐ 원인 : 을미사변에 대한 민중들의 분노가 높아진 가운데 단발령 실시로 폭발함

ⓑ 주도 세력 : 을미사변 이후 문석봉(공주)의 봉기를 계기로 각지에 의병이 일어남. 대표적 의병 부대로 이소응(춘천), 허위(선산), 곽종석(산청), 김복한(홍주) 등이 있음. 위정척사 사상을 가진 보수적인 유생들이 주도하였고, 동학 농민군의 잔여 세력, 농민들이 함께 봉기함

ⓒ 제천 의병 : 충주의 유인석 주도, 충주성을 점령하고 중부 지역 일대까지 장악함. 제천 남산 전투에서 패한 이후 유인석은 서간도로 망명함

ⓓ 원주 의병 : 민용호 주도, 평창, 영월 등지의 포수가 참여했으며, 원산의 일본 거류지 공격을 시도하였으나 실패함

ⓔ 호남 의병 : 장성의 기우만 주도, 광주 향교에 창의 본부를 두었으며 나주 의병과 연합을 시도했으나, 정부의 해산 권고를 받아들이고 해산함

ⓕ 활동 : 지방 관아를 습격하고 단발을 강요하는 친일 관리들을 척결함

ⓖ 한계 : 존왕양이를 내세우며 유교적 관념에 투철한 나머지 개화 망국론 등을 주장함. 유림이 선봉장에 서다 보니 신분적, 봉건적 한계를 드러냄
••••••● 포수 출신의 김백선이 양반에게 무례하다는 이유로 처형당함

ⓗ 해산 : 아관파천으로 친일적인 개화파 정권이 무너지고 단발령이 철회됨 ⇨ 고종이 해산 권고 조칙을 내림(1896. 2. 18) ⇨ 대부분 자진 해산하고, 일부는 활빈당, 남학당, 영학당, 동학당 등으로 활동함

▲ 헤이그 특사

▶ 헐버트(1863~1949)

선교사 헐버트는 1886년 육영 공원에서 외국어를 가르쳤다. 그는 을사늑약 체결 이후 고종의 밀서를 미국 대통령에게 전달하고자 하였으나 실현되지 못하였다. '한국평론'을 통해 일본의 행위를 폭로하고, 헤이그에서 '회의시보'에 한국의 호소문을 싣게 하는 등 친한적 성향을 가지고 한국의 독립에 앞장섰음. 세계 각지의 지리를 한글로 소개하는 '사민필지'를 저술하기도 하였다. 1950년에는 외국인 최초로 건국 공로 훈장 태극장에 추서됨.

▶ 을미의병

국모의 원통함을 생각하면 이가 갈리는데 참혹한 일은 더욱 심해져서 군부(君父)가 머리를 깎아야 하는 지경에 이르렀으니, …… 우리의 이성을 보전할 길이 없구나. 우리 부모에게서 물려받은 몸을 금수로 만들다니, 이 무슨 변괴인가. …… 지금이야말로 국가의 위급존망지추이니, 각기 섶 자리에 잠자고 방을 베개 삼으며, 또한 끓는 물불 속이라도 뛰어들어 세상을 안정되게 하고 일원(一圓)이 다시 밝아지면 어찌 한나라에 대한 공로로만 그치겠는가.

–유인석, '창의문'(1985. 12.)

③ **을사의병(1905 + 병오의병, 1906)**

　㉠ **을사늑약 체결** : 일제는 <u>을사늑약</u>을 강제로 체결하여 대한 제국의 외교권을 빼앗음

　　　　　　　　　　　　　•1905. 11. 제2차 한·일 협약

　㉡ **저항** : 을사늑약 체결 이후 국권 수호 운동은 애국 계몽 운동과 항일 의병 운동으로 나뉘어 전개됨

상소 운동	조병세, 이상설, 안병찬, 이근명 등 : 을사늑약에 서명한 대신들을 처벌하고 조약을 파기할 것을 요구하는 상소를 올림
순국	이한응 : 늑약 전 자결 민영환, 조병세, 홍만식(관료 출신), 김봉학(군인), 이건석, 송병선(유생) 등 : 늑약 이후 자결
암살 시도	기산도 : 을사 5적 처단을 시도하다가 1906년 이근택(군부 대신)의 집에 침입해 부상을 입힘 5적 암살단(자신회, 1906) : 나철, 오기호 등이 조직. 을사 5적의 집과 일진회 습격
언론을 통한 저항	장지연 : 황성신문의 주필. 일제를 규탄하는 논설을 씀('시일야방성대곡') 대한매일신보 : 고종이 을사늑약에 서명하지 않았다는 밀서를 사진으로 게재함
외교적 노력	헐버트(선교사) : 고종이 워싱턴 특사로 파견하여 미국 대통령에게 친서를 전달하고자 하였으나 미국이 외면함(조·미 수호 통상 조약에 의거하여 거중 조정을 요청하였으나 이미 일본과 가쓰라·태프트 밀약을 맺고 상호 이익을 보호하기로 하였음) 이상설, 이준, 이위종 : 고종이 헤이그 특사로 파견함

▶ 민영환의 유서

아, 우리나라 우리 민족의 치욕이 이 지경에까지 다다랐구나. …… 나 영환은 한 번 죽음으로써 황은(皇恩)을 갚고 우리 2천만 동포 형제들에게 사(謝)하려 한다. 영환은 이제 죽어도 혼은 죽지 아니하여 구천에서 여러분을 돕고자 한다. 바라건대 우리 동포형제여, 천만배나 분려(奮勵)를 더하여 지기를 굳게 갖고 학문에 힘쓰며, 마음을 합하고 힘을 아울러 우리의 자유 독립을 회복할지어다. 그러면 나는 지하에서 기꺼이 웃겠다. 아, 조금이라도 실망하지 마라. 우리 대한 제국 2천만 동포에게 마지막으로 고하노라.

– '대한매일신보'(1905. 12.)

▶ 시일야방성대곡

지난 날 이등 후작(이토 히로부미)이 한국에 옴에 어리석은 우리 국민이 …… 크게 환영하였더니, …… 천만 뜻밖에 5조약이 어찌하여 제출되었는가? ……우리 대황제 폐하의 거룩하신 뜻이 강경하여 거절하였으니 조약이 성립되지 않은 것인 줄 이등 후작 스스로도 잘 알았을 것이다. 그러나 슬프도다. 저 개 돼지만도 못한 이른바 우리 정부의 대신이란 자들은 자기 일신의 영달과 이익이나 바라면서 위협에 겁먹어 머뭇대거나 벌벌 떨며 나라를 팔아먹는 도적이 되기를 감수하였던 것이다. 아, 사천년의 강토와 오백 년의 사직을 다른 나라에 갖다 바치고, 이천만 국민들을 타국의 노예가 되게 하였으니, …… 애 원통한지고, 애 분한지고, 우리 이천만 타국인의 노예가 된 동포여! 살았는가? 죽었는가? 단군·기자 이래 사천 년 국민 정신이 하룻밤 사이에 갑자기 망하고 말 것인가. 원통하고 원통하다. 동포여! 동포여!

–'황성신문'(1905. 11. 20)

　㉢ **대표 의병** : 원주(원용팔)를 시작으로 전국 각지에서 의병이 일어남

홍주 의병	민종식 : 문과에 급제한 관리 출신. 충남 정산에서 의병을 일으킴. 홍주성을 점령하고 일본 군과 격전 끝에 패배함
태인 (호남) 의병	최익현 : 유생 출신. 전북 태인에서 격문(포고팔도사민)을 내걸고 제자 임병찬과 봉기하여 정읍 순창을 장악함. 남원에서 진위대와 맞서게 되자 "동포끼리 서로 죽이는 일은 차마 못하겠다."라며 자진 체포됨. 쓰시마 섬에 유배되어 순국함
산남 의병	정환직 : 고종의 밀서를 받고 의병을 일으킴. 신돌석 등과 연합하여 서울 진공을 목표로 삼음. 이후 서울 진공 작전에 영향을 줌
영릉 의병	신돌석 : 평민 출신. 경북 영덕, 울진, 강원 양양 등지에서 활동함. 일본이 가장 두려워하는 의병으로 '태백산 호랑이'라 불림. 정미의병 때도 활동함.

ⓔ 평민 의병장 : 을사의병 전에는 주로 유생들이 의병을 이끌었음 ⇨ 을사의병 때부터 평민 의병장이 등장함. 신돌석 등 평민 의병장 밑에서 양반, 관인층 등이 함께 했다는 것은 신분 간의 갈등이 점차 좁혀지고 있다는 것을 보여줌

ⓜ 전술의 변화 : 수성전 ⇨ 유격전(수적 열세를 극복하고 효율성을 높임)

▶ 을사늑약에 대한 최익현의 저항

아, 원통하도다! 오늘날의 국사를 차마 말로 할 수 있으랴. 옛날에 나라가 망할 때는 종사만 멸망할 뿐이었는데, 오늘날 나라가 망할 때는 인종까지 함께 멸망하는구나. 옛날에 나라를 멸망시킬 때에는 전쟁으로써 하더니 오늘날 나라를 멸망시킬 때에는 계약으로 하는구나. 전쟁으로 한다면 그래도 승패의 판가름이 있겠지만 계약으로 하는 것은 스스로 망하는 길로 나아가는 것이다. 애 지난 10월 20일의 변은 전 세계 고금에 일찍이 없었던 일일 것이다. 우리에게 이웃 나라가 있어도 스스로 결교(結交)하지 못하고, 타인을 시켜 결교하니 이것은 나라가 없는 것이요, 우리에게 토지와 인민이 있어도 스스로 주장하지 못하고 타인을 시켜 대신 감독하게 하니, 이것은 임금이 없는 것이다. 나라가 없고 임금이 없으니 우리 삼천만 인민은 모두 노예이며 신첩일 뿐이다. 남의 노예가 되고 남의 신첩이 된다면 살았다 하여도 죽는 것만 못하다.

–최익현, '면암집', 의병 포고문(布告八道士民, 팔도 사민에게 널리 고함)

오호라, 작년 10월에 저들이 한 행위는 만고에 일찍이 없던 일로서, 억압으로 한 조각의 종이에 조인하여 500년 전해오던 종묘사직이 드디어 하룻밤 사이에 망하였으니, 임금이 없으면 신하가 어찌 홀로 있을 수 있으며, 나라가 망하면 백성이 어찌 홀로 보존될 수 있겠는가. 나라가 이와 같이 망해 갈진대 어찌 한번 싸우지 않을 수 있는가. 또 살아서 원수의 노예가 되기보다는 죽어서 충의의 혼이 되는 것이 나을 것이다.

–의병 격문(1906)

---

④ **정미의병(1907)**

㉠ 고종의 강제 퇴위(1907. 7. 21.) : 일본은 헤이그 특사 파견을 구실로 고종을 강제로 퇴위시키고 양위의 형식으로 순종을 즉위시킴

㉡ 한 · 일 신협약 체결(정미7조약, 1907. 7. 24.)과 군대 해산(7. 31.) : 일본은 한 · 일 신협약을 강요하여 일본인 차관을 임명하게 하고, 순종을 협박하여 군대를 강제로 해산시킴

㉢ 해산 군인의 의병 가담 : 군인들의 의병 합류로 전투력이 향상되고 전쟁으로 발전함

시위대	대대장 박승환 자결, 봉기하여 일본군과 격전 끝에 흩어져 의병에 합류함
진위대	원주 진위대, 강화 분견대(진위 대장 이동휘) 등이 해산을 거부하고들고 일어남. 해산 병사들은 의병에 합류함

▲ 의병의 참여 계층

② 의병 전쟁의 확산

계층적 확산	유생, 군인, 전직 관리, 농민, 승려, 화적 등 다양한 계층이 의병에 참여함. 유생 출신보다 평민 출신 의병장 수가 많아짐
지역적 확산	전국 각지뿐만 아니라 간도와 연해주에서도 일어남

⑤ 서울 진공 작전(1908. 1.)

　　㉠ 13도 창의군 결성(1907. 12.) : 이인영은 원주를 중심으로 관동 창의군을 일으키고 13도 창의
　　　　총대장을 맡음. 양주에 전국 48개의 의병이 집결하여 연합 부대를 결성함

　　㉡ 국제적 승인 요청 : 각국의 영사관에 의병을 국제법상의 교전 단체로 승인할 것을 요청하는
　　　　서신을 발송함 ⇨ 위정척사의 한계를 벗어나 스스로 독립군임을 내세움

　　㉢ 과정 : 통감부를 점령하고 친일 정부를 내쫓아 새로운 정부를 세우고자 양주에서부터 서울
　　　　진공 작전 시작 ⇨ 총대장 이인영이 부친상으로 퇴각하고 허위의 선발대가 서울 근교에서
　　　　패함 + 각 부대들 간에 의사소통 및 연계가 제대로 이루어지지 않음 ⇨ 실패

> 동포들이여! 우리는 함께 뭉쳐 우리의 조국을 위해 헌신하여 우리의 독립을 되찾아야 한다. 우리는 야만 일본 제국
> 의 잘못과 광란에 대해서 전 세계에 호소해야 한다. 간교하고 잔인한 일본 제국주의자들은 인류의 적이요, 진보의
> 적이다. 우리는 모두 일본놈들과 그들의 첩자, 그들의 동맹인과 야만스런 제국주의 군인을 모조리 죽이는 데 힘을
> 다해야 한다.
>
> 　　　　　　　　　　　　　　　　　　　　　　　　　　　　　　　　　　　　　　　 – 대한 광동 창의대장 이인영(1907. 9. 25.)
>
> 군대를 움직이는 데 가장 중요한 것은 고립을 피하고 일치 단결하는 것에 있다. 따라서 각 도의 의병을 통일하여
> 둑을 무너뜨릴 기세로 서울에 진격하면, 전 국토가 우리의 손 안에 들어오고 한국 문제의 해결에 있어서도 유리하
> 게 될 것이다.
>
> 　　　　　　　　　　　　　　　　　　　　　　　　　　　　　　　　　　　　　　　 –이인영의 격문, '대한매일신보'(1907)

⑥ 서울 진공 작전 이후의 의병 상황

　　㉠ 전국 각지의 봉기 : 태백산맥 주변(이강년), 강원도 지역(민긍호), 함경도 지역(홍범도) 등,
　　　　임진강 유역에서 허위, 이은찬, 김수민 부대가 연합하여 2차 서울 진공 작전을 시도하였으
　　　　나 실패함. 호남 지방에서는 호남 창의 회맹소를 설치하여 봉기(기삼연)하는 등 의병 활동이
　　　　가장 활발했음

　　㉡ 의병 기지 건설 : 1907년 후반부터 장기전에 대비하여 의병 기지 건설이 추진됨

국내	지리산 일대에서 남부 의병들이 깊은 산악 지형을 활용하여 유격전을 펼치며 장기전을 전개함
국외	간도(홍범도), 연해주(유인석) 등지로 중부 이북 의병들이 이동함 → 점차 독립군으로 전환됨

　　㉢ 국내 진공 작전 : 간도, 연해주 일대의 의병 부대들이 홍범도와 이범윤의 지휘하에 국내 진입

을 도모함

⑦ 남한 대토벌 작전

㉠ 과정 : 일본은 이른바 '남한 대토벌 작전'이라는 무자비한 군사 작전을 펼쳐서 전국 각지에서
의병들을 탄압함 ⇨ 이로 인해 많은 의병들이 체포되거나 학살당하여 의병 투쟁이 크게 위
축됨

㉡ 의병 운동의 전환 : 의병 세력은 크게 위축되었으나 국내 각지에서의 유격전, 국외로 이동
하여 기지 건설 및 독립군으로의 발전으로 의병 활동이 이어짐. 채응언(마지막 의병장)이
1913년에 황해도의 헌병 파견소를 공격하고 일제에게 경각심을 주었으나 1915년 체포되어
국내의 의병 투쟁은 막을 내림

⑵ 항일 의병 운동의 의의와 한계

① 항일 의병의 의의

㉠ 무장 투쟁의 기반 마련 : 의병들은 국권 회복을
위해 적극적으로 일제에 맞서 싸웠고, 일제의
무자비한 탄압 속에서도 굴하지 않고 국외에서
투쟁을 이어가는 등 항일 무장 투쟁의 기반을 마
련함

㉡ 국민적 구국 운동 : 의병 운동이 전개될수록 유생
중심에서 농민, 초적 등을 아우르는 운동으로
발전함. 평민 의병장이 활약하는 등 계층과 신
분의 갈등이 옅어지고, 지역 구분 없이 독립을
위해 함께 저항함

▲ 의병운동의 전개

㉢ 반제국주의 민족운동 : 세계 각지의 약소국들이
제국주의 열강에 시달리던 시기에 일제에 맞서
치열하게 무장 투쟁을 전개 ⇨ 반제국주의적 독
립 투쟁에 영향을 미침

㉣ 일제 침략의 지연 : 의병 전쟁이 장기화되면서 일제의 한반도 강탈은 속도를 내지 못함. 남한
대토벌 작전 등 초토화 작전으로 의병들을 말살한 후에야 강점할 수 있었음

② 항일 의병의 한계

㉠ 군사적 열세 : 의병은 일본군에 비해 군비 등 전반적으로 열세였기 때문에 맞서 싸우기 역부
족했음
　　　　　　　　　　　　　　　　　　서울 진공 작전 때 평민 의병장인 신돌석, 홍범도 등이 제외됨●┈┈┈┈
㉡ 내부적 한계(성리학적) : 양반 유생층 의병장들과 농민층 의병들 사이의 갈등 + 의병장 중에
서도 양반층과 평민 사이의 갈등 등이 존재 ⇨ 전통적 성리학의 지배 질서를 완전히 극복하
지 못함 ⇨ 지휘 의사소통 부실, 결속력 약화 등으로 표출됨

㉢ 외부적 한계(국제 고립) : 을사늑약으로 외교권을 박탈당하면서 국제적인 지원을 받을 수 없
었음

(3) 의사 · 열사들의 투쟁

① 장인환, 전명운 의거(1908. 3.) : 스티븐스는 대한 제국의 외교 고문으로 친일적 미국 언론가 ⇨ 샌프란시스코에서 전명운이 스티븐스를 저격했으나 실패하였는데 마침 사살을 시도하던 장인환이 저격하여 사살함

② 안중근 의거

•●간도와 연해주에서 의병 지휘관으로 활동하고 있었음

　㉠ 이토 히로부미 사살(1909. 10.) : 안중근은 만주의 하얼빈 역에서 조선 침략 원흉인 이토 히로부미를 저격하여 처단함 ⇨ 뤼순 감옥에서 순국함(1910. 3.)

　㉡ 동양 평화론 : 옥중에서 한 · 중 · 일의 협력과 평화에 관해 논한 '동양 평화론'을 저술하였는데, 사형이 집행되어 목차와 서문만 남음. 뤼순에 한 · 중 · 일 3국 간의 상설 기구인 동양 평화 회의 조직, 동북아 3국 공동은행 설립, 동북아 3국 공동평화군 창설 등의 구상을 담고 있음

③ 이재명 의거(1909. 12.) : 명동에서 이완용을 칼로 찔러 중상을 입힌 뒤 체포됨

▶ 안중근 의사의 의거

– 재판 진술

나는 의병의 참모총장이지 폭도가 아니다. 일본군이야 말로 폭도이다. 내가 적장을 공격한 이유는 다음과 같다.
첫째, 을사5조약을 강제 체결한 것.
둘째, 정미7조약을 강제 체결한 것.
셋째, 황제를 강제 폐위시킨 것.
넷째, 군대를 해산시킨 것.
다섯째, 이권을 약탈한 것.
여섯째, 동양의 평화를 교란한 것.

– 최후 진술 요지

지난날 러 · 일 전쟁 당시 일본 천황 폐하의 선전 조칙 중에 한국의 독립을 부식하고 동양의 평화를 유지한다는 구절이 있어 …… 그런데 뜻밖에 1905년 11월 이토 히로부미가 대사로 한국에 와서 병력으로 황실과 정부를 위협하여 5조약을 제출하고 우리 황제 폐하가 재가치 아니한 무효한 조약을 완전히 성립되었다고 칭하고 …… 어찌 분개하지 않으리오. 또한 7조약을 강제로 체결하고 대황제 폐하를 폐위케 하고 사법권을 빼앗으며 국내의 제반 이익을 몰수 약탈하므로, 한국 인민은 그 원한이 골수에 사무쳐 절치부심하니 이는 한국의 불행일 뿐만 아니라 동양 전체의 불행이라.

▶ 사회진화론

영국의 생물학자인 다윈이 발표한 적자생존에 대한 생물 진화론을 사회학자이자 철학자였던 스펜서가 인간 사회에 접목한 이론임. 제국주의 열강들이 약소국 침략을 정당화하는 논리로 사용하기도 함.

2 애국 계몽 운동 등장

(1) **시기** 독립 협회 해산 이후 개화 단체들이 설립되었고, 을사늑약 체결을 전후하여 발전함

(2) **성격**

① 사회진화론 : 유길준에 의해 국내에 사회진화론이 수용되기 시작함. 개화파들은 량치차오의 저술('음빙실문집')이나 서양 서적을 통해 사회진화론의 영향을 받음 ⇨ 당시의 국제 사회를 적자생존과 약육강식이 지배한다고 여기고, 일본에게 국권을 빼앗긴 현실을 객관적으로 인식하기 시작함 ⇨ 자주적으로 국권을 회복하기 위해서는 실력을 길러야 한다고 생각함

●국어, 역사 등

② **기본 방향** : 교육, 언론, 종교 등의 문화적인 활동과 산업 발전을 통하여 민족의 실력을 양성하고 부국강병을 이룩하여 국권 회복 도모

(3) **중심 세력** 개화파 지식인, 관료, 개혁적 성향을 지닌 유학자 등

3 애국 계몽 운동의 단체

(1) **보안회**

① **결성(1904. .7.)**

 ㉠ 조직 : 원세성, 송수만, 심상진 등 유생과 관료 출신 중심

 ㉡ 목표 : 일제의 토지 침탈 저지, 보국안민

●러·일 전쟁 중

② 활동 : 일제의 황무지 개간권 요구 반대 운동 전개, 자력으로 개간 위해 농광회사 설립 ⇨ 성공하여 일제의 요구 저지시킴

③ 해산 : 협동회로 발전 ⇨ 일제의 탄압으로 해산

 ●회장 이상설

(2) **국민 교육회**

① **결성(1904. 8.)**

 ㉠ 조직 : 이준, 이원긍, 전덕기 등

 ㉡ 목표 : 민족 교육을 육성하여 민족의식 함양

② 활동 : 보광학교(1905. 8.), 한남학교(1906. 9.)(보통 학교) 설립, '초등소학'(국어 교과서), '대동역사략'(국사 교과서) 발행, 일본인 교사 배치와 경성소학교 교원 감봉에 반발(1905. 9.) ⇨ 일본어 교과서 사용을 막고 일본인 학부고문을 본국으로 돌려보냄

③ 해산 : 을사조약이 체결 이후 국권 회복 운동을 전개하다가 해산됨

(3) **공진회**

① **결성(1904. 12.)**

 ㉠ 조직 : 독립 협회 탄압에 부정적이고 반일적인 보부상들 중심 + 개화 인사들이 참여 + 황실의 지원

 ㉡ 목표 : 전 국민의 문명화와 법치 국가 실현

② 활동 : 계몽 활동, 일진회 비판, 법률 구조 사업, 정부에 시정 개선 요구 등

③ 해산 : 일진회와 대립하다가 조선 주차군의 명령으로 해산(1905. 2)

 ㉠ 결과 : 보부상의 정치적 역할과 비중 퇴조

 ㉡ 계승 : 헌정 연구회

(4) **헌정 연구회**

① **결성** :

 ㉠ 조직 : 공진회 내의 독립 협회 계열 인사들이 보부상과의 연관을 끊고 지식인 중심으로 조직

 ●이준, 윤효정 등

ⓒ 목표 : 입헌 군주제 수립, 민권 의식 고취와 독립 정신을 일으키는 것

② 활동 : 근대 국가 건설을 위한 헌정 관련 연구, 일진회의 친일 행위 규탄

③ 해산 : 통감부의 압력

(5) 대한 자강회

① 결성(1906. 4.)

　㉠ 조직 : 윤치호, 윤효정, 장지연 등을 중심으로 헌정 연구회를 계승·개편하여 조직

　㉡ 목표 : 3대 강령 - 교육 진흥, 식산흥업, 조국 정신 배양

② 활동 : 국민 교육 강화와 국력 배양을 통한 자강 구국 운동 전개

　㉠ '대한 자강회 월보'를 발간하고 강연회 개최

　㉡ 서울에 본회, 지방에 <u>지회 설치</u> ⇐ 대한 자강회가 존속 기간이 짧았음에도 영향력이 컸던 이
　　　　　　　　　　　　　 ┈┈●하와이까지 25개 이상
　　유

　㉢ 활동 초기 : 일본인 고문의 간섭 때문에 법적 허용 한도 내에서 활동하느라 활발히 활동하지
　　못함

　㉣ 국채 보상 운동 이후 : 고종 강제 퇴위 반대 운동 등 적극적으로 활동함

　㉤ 일진회 규탄 운동 전개

③ 해산 : 보안법 적용으로 통감부에 의해 해산(1907. 8.)

> **▶ 대한 자강회 창립 취지문**
>
>
> 무릇 우리나라의 독립은 오직 자강의 여하에 있을 따름이다. 우리가 자강지술을 강구하지 않
> 아 인민이 스스로 우매함에 묶여 있고, 국력이 쇠퇴하여 마침내 금일의 곤란함에 다달아 결국
> 외인의 보호(을사늑약)를 당하게 되었으니 이는 자강의 도에 뜻을 두지 않았기 때문이다. 아
> 직도 구습을 버리지 않고 지키며 자강의 방도를 강구하는 데 힘쓰지 않으면 끝내는 멸망함에
> 이르게 될 뿐이니 어찌 오늘에 그치겠는가 …… 자강의 방법을 생각해 보면 다름 아니라 교육
> 을 진작함과 식산 흥업에 있다. 무릇 교육이 일어나지 못하면 국민의 지혜가 열리지 못하고,
> 산업이 늘지 못하면 국부가 증가하지 못한다.
> 　　　　　　　　　　　　　　　　　　　　　　　　 -'대한 자강회 월보' 제1호(1906. 7.)

(6) 대한 협회

① 결성(1907. 11.)

　㉠ 조직 : 남궁억, 윤효정, 장지연 등을 중심으로 대한 자강회 계승 + 오세창 등 천도교 세력이
　　합류

　㉡ 목표 : 대한 자강회와 같은 맥락으로 국력 신장, 산업과 교육의 발달을 도모함. 정당 정치론
　　을 주장하기도 하였음

② 활동 및 한계 : 행정 개선, 산업 발전, 민권 보장, 교육 보급 등을 위해 노력함

　㉠ 전국에 86개의 지회 설치

　㉡ '대한 협회 회보', '대한민보'발간

　㉢ 일진회와 제휴 : 일진회와 제휴하여 친일적 경향을 보임 ⇒ 일진회가 일본의 한국 지배를 본
　　격적으로 내세우자 이를 규탄하기 위해 국민 대회를 개최함

③ 해산 : 국권 피탈 후 해체

(7) 신민회

① 결성(1907. 4.)

㉠ 조직

주요 인물	안창호(부회장)가 제안하여 결성됨. 윤치호(회장), 신채호, 박은식, 양기탁 등이 지도부를 맡음
참여 세력	평안도 중심의 기독교 계열 인사들과 상인과 실업가, 서울 상동 교회 내의 상동 청년회, 대한 매일신보 중심의 애국 단체들, 해외 국권 회복 운동 단체 등 각계각층의 다양한 세력이 참여함
성격	비밀 결사 : 일제의 탄압을 피할 수 있었고, 밀정의 침투를 방지하기 위해 엄격한 심사를 거쳐야만 입회가 가능했음
조직	중앙 : 회장, 부회장, 총감독, 의사원, 재무원, 집행원, 감찰원 각 도 : 도총감, 군감, 반(5명씩)

㉡ 목표 : 공화 정체를 기본 정체로 삼고 국권 회복과 근대 국민 국가 건설을 목표로 함

> ▶ **신민회의 4대 강령**
> 1. 국민에게 민족 의식과 독립 사상을 고취할 것.
> 2. 동지를 찾아 단합하여 민족운동의 역량을 축적할 것.
> 3. 교육 기관을 각지에 설치하여 청년 교육을 진흥할 것.
> 4. 각종 상공업 기관을 만들어 단체의 재정과 국민의 부력(富力)을 증진할 것.
>
> ▶ **신민회의 설립 취지문**
> 신민회는 무엇을 위하여 일어남이뇨? 민습(民習)의 완고 부패에 신사상이 시급하며 민습의 우미(어리석고 사리에 어두움)에 신교육이 시급하며 열심의 냉각에 신제창이 시급하며, 원기의 모패(줄고 시들다)에 신수양이 시급하며, 도덕의 타락에 신윤리가 시급하며, 실업의 조췌(시들다)에 신규범이 시급하며 정치의 부패에 신개혁이 시급이라. 천만가지 일에 신(新)을 기다리지 않는 바 없도다. …… 무릇 우리 대한인은 내외를 막론하고 통일 연합으로써 그 진로를 정하고 독립 자유로써 그 목적을 세움이니 이것이 신민회의 원하는 바이며 신민회의 품어 생각하는 까닭이니 간단히 말하면 오직 신정신을 불러 깨우쳐서 신단체를 조직한 후에 신국(新國)을 건설할 뿐이다.
> －주한 일본 공사관 기록(1909)

② 방향 : 선실력 후기회론을 기본 방향으로 삼음

㉠ 실력 양성 중시 : 겉으로는 경제적·문화적 실력을 키우기 위한 교육과 민중 계몽 운동에 힘씀(안창호 등)

㉡ 무장 투쟁 중시 : 안으로는 군사적 실력을 양성하기 위해 독립군 기지를 건설하는 등의 노력을 기울임(이회영, 이동휘, 이상설 등)

③ 실력 양성 운동

㉠ 기관지 : '대한매일신보', '소년'
　　　　　　　　　　　　　　└┄┄┄┄●최남선 주도

㉡ 출판, 서점 : 태극서관(평양 등, 실질적으로는 회원들의 연락 장소 및 집회 장소로 자주 쓰임)

㉢ 학교 설립 : 대성학교(평양, 안창호), 오산학교(정주, 이승훈), 양산학교(안악) 등

㉣ 회사 설립 : 자기 회사(평양), 소방직공장, 소연초공장(안악), 협성동사, 상무동사(상회사) 등

㉤ 청년 운동 : 청년 학우회 － 윤치호, 최남선 주도로 결성된 신민회의 외곽 단체. 겉으로는 수

양 단체를 표방한 합법적 단체로 강연회, 토론회, 잡지 간행('소년') 등의 활동을 하였고, 실질적으로는 국권 회복을 목표로 함

ⓑ 기타 : 모범 농촌 건설 계획을 세움, 조선 광문회(고전 간행 단체) 후원

④ 독립군 기지 건설

ⓐ 서간도 : 양기탁, 이승훈, 김구 등을 중심으로 독립군 기지 건설을 모의하였으나 105인 사건으로 신민회가 해체되면서 실행되지 못함

ⓑ 삼원보 : 이회영, 이동녕 등이 신한민촌을 세우고 사관 양성 기관으로 신흥강습소를 건설함
└┄┄┄┄●후에 신흥무관학교

ⓒ 기타 : 밀산부 한흥동에 밀산무관학교, 왕청현에 동림무관학교를 세움

⑥ 해체 : 일제는 안명근 사건을 계기로 안악 사건을 조작하여 데라우치 총독 암살 음모 사건으로 확대함 ⇨ 이 과정에서 신민회의 평안도 지회의 회원 및 안창호, 윤치호, 양기탁, 이동휘 등의 지도부, 전국의 애국 계몽 운동가 700여 명을 검거하고 105인에게는 실형을 선고함 ⇨ 신민회가 일제에 발각되어 해체됨

> ▶ **독립군 기지 건설을 위한 신민회의 노력**
> 1. 독립군 기지는 만주 일대에 설치하되 후일 독립군의 국내 진입에 가장 편리한 지대를 최적지로 결정한다.
> 2. 최적지가 선정되면 자금을 모아 일정 면적의 토지를 구입한다.
> 3. 토지가 매입되면 국내의 애국적 인사들과 청년들을 중심으로 계획적으로 집단 이주하여 신한민촌을 건설하고, 토지를 개간하여 경제적 자립을 실현한다.
> 4. 신한민촌에는 강력한 민단을 조직하고, 특히 무관학교를 설립하여 사관을 양성한다.
> 5. 무관학교를 중심으로 강력한 독립군을 양성한다.
> 6. 강력한 독립군이 양성되면 가장 좋은 기회를 포착하여 독립 전쟁을 일으켜서 국내에 진입하고, 국내 각계각층의 국민과 내외 호응하여 실력으로 일본 제국주의를 물리치고 국권을 회복한다.
> – 주요한, '안도산 전서'

> ▶ **안명근 사건(안악 사건, 1910. 12.)**
> 안중근의 사촌 동생 안명근은 서간도에 무관학교를 설립하기 위한 자금을 모집하다가 밀고로 인해 평양에서 일본 경찰에 체포되어 서울로 끌려갔다.
>
> ▶ **데라우치 총독 암살 음모 사건(105인 사건, 1911. 1.)**
> 일제는 이 무관학교 설립을 위한 자금을 데라우치 총독을 암살하기 위해 모집한 것이라고 날조하여 배일 기독교 세력과 신민회 회원들을 체포하였다. 고문 등으로 허위 자백을 강요하고 확대하여 안명근 이하 16명을 재판에 회부하였다. 사건명은 제1심 재판에서 105명이 유죄 판결을 받은 데서 비롯되었다.

> ▶ **안창호(1878~1938)**
>
>
>
> 안창호는 평안남도 강서 출신으로, 1900년에 미국으로 건너감. 샌프란시스코에서 친목회를 조직하고 대한인 공립협회를 설립하는 등 교포들을 위한 계몽 활동을 펼침.
> 을사늑약 체결 이후 귀국하여 1907년 신민회를 조직함. 1911년 다시 미국에 가 대한인 국민회에서 활동하였고, 1913년에는 흥사단을 결성함.
> 상해 임시 정부의 내무총장 겸 국무총리 대리를 맡았으며, 1930년에는 한국 독립당을 결성함. 1937년 동우회 사건으로 붙잡혔고, 1938년에 사망함.

4 교육 활동

(1) 학회 설립

① 서우 학회

   ㉠ 결성(1906) : 관서 지방, 대한 자강회, 기독교 청년회, 국민 교육회 등에서 활동하던 인사들 중심

   ㉡ 목표 : 국권 회복, 근대적 시민 사회 건설

   ㉢ 활동 : '서우' 잡지 간행, 사범학교, 서우학교 건립(평양)

② 한북 흥학회

   ㉠ 결성(1906) : 함경도 인사들 중심, 이동휘, 이준 등이 참여

   ㉡ 목표 : 신사상, 신제도, 신지식을 받아들이자

   ㉢ 활동 : 한북의숙 세움

③ 호남 학회

   ㉠ 결성(1907) : 호남 인사들 중심, 서울에 본회와 호남에 지회 설치

   ㉡ 활동 : '호남학보' 간행, 외국 및 서울 유학 주선

④ 기호 흥학회

   ㉠ 결성(1908) : 경기도, 충청도 출신 인사들 중심, 남궁억, 유길준, 윤치호, 지석영, 김윤식, 민영휘 등이 참여

   ㉡ 목표 : 국권 회복, 학문 진흥

   ㉢ 활동 : 국채 보상 운동 주도, '기호흥학회 월보' 발간, 기호학교(서울), 금란의숙(홍성) 건립

⑤ 서북 학회

   ㉠ 결성(1908) : 평안도, 함경도, 황해도 지방 중심, 신민회 창립 과정에서 서우 학회 + 한북 흥학회가 통합하여 결성. 31개의 지회 설치, 안창호, 박은식, 이동휘 등이 참여

   ㉡ 목표 : 독립 전쟁 수행과 인재 양성

   ㉢ 활동 : '서북학회 월보' 간행, 서북협성학교, 수상야학, 심학강습소, 농림강습소 등의 학교를 세움(약 60여개) ┈┈┈●박은식이 주필을 맡기도 하였음

⑥ 교남 교육회

   ㉠ 결성(1908) : 영남 중심

   ㉡ 활동 : '교남 교육회 잡지' 발간, 협동 학교, 광명 학교, 교남 학교 등을 설립

⑦ 관동 학회

   ㉠ 결성(1908) : 강원도 출신 인사들

   ㉡ 활동 : 서울 유학생 지원, 학교 지원 등

(2) **사립학교**

   ㉠ 설립 : 보성학교(1905), 오산학교(1907), 대성학교(1908), 진명여학교(1906), 숙명 여학교

(1906) 등이 지역 학회 및 애국 계몽 단체들의 주도로 설립됨

ⓒ 사립학교령(1908) : 통감부는 사립학교령을 통해 민족 교육을 탄압함

(3) 언론 활동

① 황성신문 : 을사늑약 체결 이후 이를 비판하는 사설 '시일야방성대곡'(황지연)을 게재

② 대한 매일 신보 : 영국인 베델과 양기탁이 창간. 일제를 비판하는 논설을 자주 게재하고, 의병 전쟁을 긍정적으로 평가함

③ 신문지법(1907) : 통감부는 신문지법을 통해 민족 신문들의 반일 운동을 탄압함

(4) 산업 정책

① 상권 보호 운동 : 상업 회의소, 협동 회의소 등을 설립

② 산업 발전 도모 : 상회사, 공장, 실업 학교 등을 설립

③ 국채 보상 운동

5 애국 계몽 운동의 의의와 한계

(1) 애국 계몽 운동의 의의

① 긍정적 방향

ⓐ 독립운동의 방향 설정 : 국권 회복 + 공화정체를 기본으로 하는 근대적 국민 국가 수립이라는 민족 운동의 방향을 제시함

ⓑ 민족의식의 성장 : 교육, 언론, 종교, 출판, 국학 등 사회 · 문화 전반의 계몽 활동을 활발히 하여 민족의식과 애국심을 고취시키는 데 영향을 줌

ⓒ 장기적 토대 마련 : 간도와 연해주에 독립 운동 기지를 건설하여 항일 무장 투쟁의 기반 마련 + 학회 및 학교를 통해 근대적 민족 교육을 활발히 하여 독립운동을 위한 인재 양성 + 식산흥업을 통해 경제적 토대 마련 ⇨ 장기적인 독립운동의 토대를 닦음

ⓓ 독립 운동의 인적 기반 양성 : 애국 계몽 운동을 통해 교육 받고 성장한 청년 계층은 국권 피탈 이후 독립운동을 이끄는 인적 기반을 형성함

ⓔ 독립운동의 목표 설정 : 국내에서 경제적 · 문화적으로 실력을 갖추고 + 국외에서 독립군 기지를 건설하고 군사력을 갖추어 ⇨ 적절한 시기에 독립을 쟁취한다는 독립 운동의 목표를 설정함

② 부정적 방향

ⓐ 사회진화론에 기반함 : 사회진화론에 기반한 '선실력양성 후독립론'은 열강의 지배를 용인하고 제국주의의 침략을 인정하는 논리임

안중근의 동양 3국 제휴론 등 ●┄┄┄┄

ⓑ 열강에 타협적 태도 : 제국주의 열강들의 침략에 대한 본질을 인식하지 못함 ⇨ 현실성이 떨어지는 주장을 펼치거나, 열강을 통해 문명화할 수 있다는 타협적인 성향을 드러냄 ⇨ 을사늑약 이후 경각심이 높아졌으나 일제의 탄압이 점점 심해져 계몽 운동을 활발히 펼치기 어려웠음

▶ 일제의 국권 침탈 과정

시기	내용
1902.1.	제1차 영 · 일동맹
1904.2.	• 러 · 일 전쟁 • 한 · 일 의정서
1904.8.	제1차 한 · 일 협약
1905.7.	가쓰라 · 태프트 밀약
1905.8.	제2차 영 · 일동맹
1905.9.	포츠머스 강화 조약
1905.11.	을사늑약
1907.4.	헤이그 특사 파견
1907.7.	• 한 · 일 신협약 • 군대 해산
1909.7.	기유각서(사법권 박탈)
1910.6.	경찰권박탈
1910.8.	한 · 일 병합 조약

ⓒ **의병에 부정적** : 의병 운동을 부정적으로 생각하고 국권 침탈까지 의병과 연대하지 않았음

ⓔ **일제의 예속된 상태** : 일제가 정치적, 군사적으로 예속하고 있는 상황에서 항일 투쟁의 성과를 거두기는 어려웠음

08 일제의 침략과 국권피탈과정

1 러시아 세력 확대

(1) **제1차 러 · 일 협정(베베르 · 고무라 각서, 1896. 5.)**

① **계기** : 아관 파천 이후 한반도에서의 러시아와 일본의 세력 균형 도모 ⇨ 서울 주재 러시아 공사 베베르 – 일본 공사 고무라 사이에 체결됨

② **각서 내용** : 아관 파천 인정(고종의 거취는 스스로 결정할 것)과 안전이 확보되는 대로 고종 환궁 권고, 조선 대신의 임명에 관한 문제, 조선 내의 전신선 보호 문제, 일본 헌병과 거류지 수비군을 각 200명으로 제한하며 러시아도 같은 수의 병력 파견 가능 등

(2) **로바노프 · 야마가타 의정서(1896. 6.)**

① **계기** : 일본이 러시아에게 한반도를 분할 점령할 것을 요구했으나 거절당함 ⇨ 러시아 외상 로바노프 – 일본 특사 야마가타 아리토모 사이에 체결됨

② **의정서 내용** : 한반도를 양국의 영향권으로 인정 ⇨ 어느 한 국가의 영향력이 커지는 것을 견제, 양국의 군대 파병 시 지역 나누어 활동 ⇨ 한반도에 군대를 파병하는 것을 타국이 결정하는 등 조선의 자주권을 침해함. 그 외에 조선의 독립 보증, 조서의 재정 개혁 권고 등의 내용을 담고 있음

(3) **로젠 · 니시 협정(1898. 4.)**

① **계기** : 러시아가 만주로 무력 진출을 추진하자 주변 열강들이 반발하는 상황속에서, 주일 러시아 공사 로젠 – 일본 외상 니시도쿠 지로 사이에 체결됨

② **협정 내용** : 러시아와 일본은 한국의 완전한 독립을 확인하고 내정에 간섭하지 않음. 군사 및 재정 고문 임명에 관해서는 상호 협상함. 한 · 러 은행 폐쇄 등

2 러 · 일 전쟁[1]

(1) **한반도를 둘러싼 각국의 상황(배경)**

① **러시아의 상황**: 삼국 간섭과 아관 파천을 계기로 한반도와 만주에서의 영향력을 넓힘

② **일본의 상황** : 러시아와의 전쟁에 대비하며 군비 확장

③ **미국 · 영국의 상황** : 러시아의 남하를 견제하기 위해 일본 지원

(2) **전쟁의 과정**

① **제1차 영 · 일 동맹(1902)** : 청에서의 영국의 이권, 한국에서의 일본의 특수권을 상호 승인 ⇨ 일본의 국제적 지위 강화의 발판

---

❶ 한반도를 둘러싼 러 · 일 대립

삼국 간섭(1895) : 러시아가 일본의 요동 반도 할양 저지

▼

러시아의 마산 목포 조차 기도 (1899) : 일본의 방해로 실패

▼

러시아군의 만주 점령 (1900) 러시아가 청의 의화단 사건을 이용

▼

제1차 영 · 일 동맹(1902) : 러시아 견제목적

▼

용암포 사건(1903) : 러시아의 용암 포 조차 기도 → 일본이 저지

▼

러시아의 한반도 39도선 분할 제시 (1903) → 일본 거절

▼

대한 제국의 국외 중립 선언 (1904.1.)

▼

일본군이 인천항에 정박한 러시아 군함 2척 격침(1904. 2 . 9.)

▼

일본군이 러시아에 선전 포고 (러 일 전쟁 시작, 1904. 2. 10.)

▼

한 · 일 의정서 체결(1904. 2. 23)

▼

제1차 한 · 일 협약(1904. 8)

▼

포츠머스 강화 조약(러 · 일 전쟁 종결, 러시아가 일본의 한국 지배 묵인, 1905. 9.)

② 러시아의 용암포 점령(1903)

　　㉠ 원인 : 러시아가 1896년 압록강 유역의 삼림 채벌권을 획득 ⇨ 1903년 벌채 사업을 보호한다

　　　　며 불법적으로 용암포 점령 및 조차 요구 ⇨ 러시아와 일본 사이의 대립이 격화됨

　　㉡ 결과 : 영국, 일본 등의 항의로 조차 조약 폐기, 용암포는 개항장이 되어 모든 나라의 접근이

　　　　가능해짐

③ 대한 제국의 중립 선언(1904. 1.) : 러시아와 일본 간의 전쟁이 가시화되자 대한 제국은 국외 중립

　　선언 ⇨ 일본은 이를 무시하고 서울에 파병함

④ 일본의 선전 포고(1904. 2.) : 일본군의 여순(뤼순) 기습(2. 8.) ⇨ 인천 앞바다의 러시아 군함 격파

　　(2. 9.) ⇨ 러시아에 선전 포고(2. 10.)

⑤ 일본의 주도권 장악

　　㉠ 한 · 일 의정서 체결(1904. 2.) : 한반도에서 군사 전략상 필요한 곳을 사용할 수 있음 ⇨ 러 ·

　　　　일 전쟁에 이용

　　㉡ 제1차 한 · 일 협약 체결(1904. 6) : 재정과 외교 고문 파견

(3) 전쟁의 결과

① 일본의 우세 : 러시아가 발틱 함대를 파견하였으나 대한 해협에서 일본 해군에게 대패 ⇨ 전세가

　　일본에게 유리해짐

② 가쓰라 · 태프트 밀약 체결(1905. 7.) : 일본 총리 가쓰라 다로 – 미국 특사 태프트 사이에 체결된

　　비밀 협약. 미국의 필리핀에서의 독점 권익과 일본의 한국에서의 독점적 지배권을 상호 인정 ·

　　묵인하는 내용을 담고 있음

③ 제2차 영 · 일 동맹 체결(1905. 8.) : 영국 외무대신 랜스다운 – 주영 일본 공사 하야시 사이에서

　　체결. 제1차 영 · 일 동맹 재확인, 영국의 인도에서의 특수 권일, 일본의 한국에서의 독점적 지배

　　권을 상호 인정하는 내용을 담음

④ 포츠머스 조약 체결(1905. 9.)

　　㉠ 체결 배경 : 전세가 일본에게 완전히 기울고, 제1차 러시아 혁명이 발발함 ⇨ 미국이 중재하

　　　　여 미국 포츠머스에서 체결

　　㉡ 내용 : 한반도에 대한 일본의 지배 인정, 랴오둥 반도 조차권 및 남만주 철도 부설권 획득, 러

　　　　시아군의 만주 철수, 사할린 남부 할양 등(배상금 지불 없음)

　　㉢ 체결 결과 : 러시아, 미국, 영국 등이 일본의 한반도 지배권을 용인하는 계기

> ▶ **가쓰라 · 태프트 밀약**
> 첫째, 필리핀은 미합중국에 의해서 통치되어야 하며, 일본은 필리핀을 침공할 의도가 없음을 밝힌다.
> 둘째, 극동의 평화를 위해 미 · 영 · 일 삼국은 실질적인 동맹 관계를 확보한다.
> 셋째, 일본의 한국에 대한 종주권을 미국이 인정한다.
>
> ▶ **포츠머스 강화 조약**
> 첫째, 일본의 한국에 있어서의 정치상 · 군사상 · 경제상의 특별 권리를 승인할 것.
> 둘째, 요동반도의 조차권과 장춘 · 여순간의 철도를 일본에 넘길 것.
> 셋째, 북위 50도 이남의 사할린섬을 일본에 할양할 것.

3. 국권 피탈 과정

(1) 한 · 일 의정서(1904. 2. 23.)

① **계기** : 러시아와 일본의 전쟁이 가시화되자 고종이 대한 제국의 대외적 중립을 선언함

② **전개 과정** : 일본은 이를 무시하고 파병하고 한 · 일 의정서를 채택함

③ **내용** : 일본은 군사적으로 필요한 곳을 임의로 사용할 수 있음, 대한 제국은 일본의 승인 없이는 제3국과 의정서에 반하는 조약을 맺을 수 없음

> **▶ 한 · 일 의정서**
>
> 제1조 한 · 일 양국 간에 오래도록 변하지 않는 친교를 유지하고 동양 평화를 확립하기 위하여, 대한 제국 정부는 대일본 제국 정부를 확신하여 시정 개선에 관한 충고를 받아들인다.
>
> 제2조 대일본 제국 정부는 대한 제국 황실을 확실한 친의(親誼)로써 안전하게 한다.
>
> 제3조 대일본 제국 정부는 대한 제국의 독립과 영토 보전을 확실히 보증한다.
>
> 제4조 제3국의 침략이나 내란으로 인하여 대한 제국 황실의 안녕과 영토의 보전에 위험이 있을 경우에는 대일본 제국 정부는 속히 형편에 따라 필요한 조치를 취할 수 있다. 이 목적을 위하여 대한 제국 정부는 대일본 제국 정부의 행동을 위해 충분한 편의를 제공하고, 대일본 제국 정부는 전항의 목적을 달성하기 위하여 군사 전략상 필요한 요충지를 자유롭게 수용할 수 있다.
>
> 제5조 대한 제국 정부와 대일본 제국 정부는 상호 간에 승인을 거치지 않고 제3국과 이 의정서에 반하는 조약을 맺을 수 없다.

(2) 제1차 한 · 일 협약(한 · 일 협정서, 한 · 일 외국인 고문 용빙에 관한 협정서, 1904. 8. 22.)

① **계기**

　㉠ 대한 시설 강령(1904. 5.) : 한 · 일 의정서로 얻은 이권을 강화하기 위해 일제가 정한 한국 식민지화의 기본 방침으로, 러 · 일 전쟁의 승리가 확실시되면서 확정함

> **▶ 대한 시설 강령**
>
> 1. 군사적으로 일본군의 영구 주둔과 군략상 필요한 지점을 신속히 수용할 것.
> 2. 외정을 감독하여 외교권을 장악할 것.
> 3. 재정을 감독하여 징세법과 화폐 제도 개량을 일본 고문관 주도로 진행할 것.
> 4. 교통 기관 특히 경의선, 경부선을 장악할 것.
> 5. 통신 기관 특히 전신선을 장악할 것.
> 6. 척식을 실시하여 일본인 농민들을 이주시킬 것.
>
> 갑. 농업
> 한국에 있는 우리나라 사람들의 사업 중 가장 유망한 것은 농업이다. …… 우리 농업가들에게 한국 내지를 개방시키기 위해 다음 두 가지 방법을 사용한다.
> * 관유황무지(官有荒蕪地)에 대해서는 개인의 명의로 경작과 목축을 할 수 있도록 특허 또는 위탁을 받아 일본 정부의 관리 아래 상당한 자격이 있는 우리나라 사람들로 하여금 이를 경영하게 할 것.
> * 민유지에 대해서는 일본인 거류지로부터 1리 밖이라 하더라도 경작 또는 목축을 위해 이 땅을 매입하거나 임대할 수 있도록 할 것.

　㉡ 한 · 일 의정서 제1조(시정 개선 관련 내용)에 따라 체결

② **고문 정치**

　㉠ 재정 : 일본인 메가타 다네타로가 재정 고문으로 부임함

　㉡ 외교 : 미국인 친일 언론가 스티븐스가 외교 고문으로 부임함

　㉢ 그 외 : 일본은 협정문에 명시되지 않았음에도 군부, 내부, 학부, 궁내부 등 모든 부서에 일본

인 고문을 두어 내정을 간섭함

> ▶ **제1차 한·일 협약**
> 첫째, 대한 제국 정부는 대일본 제국 정부가 추천하는 일본인 1명을 재정 고문으로 삼아 재무에 관한 사항은 모두 그의 의견에 따른다.
> 둘째, 대한 제국 정부는 대일본 제국 정부가 추천하는 외국인 1명을 외교 고문으로 하여 외무 부서에 용빙(傭聘)하여 외교에 관한 주요 업무를 일체 그 의견에 따른다.
> 셋째, 대한 제국 정부는 외국과의 조약 체결과 기타 중요한 외교 안건, 즉 외국인에 관한 특권 양여와 계약의 처리에 관해서는 미리 대일본 제국 정부와 협의하도록 한다.

▶ **통감부와 통감**
통감부는 제2차 한·일 협약에 따라 1906년에 남산에 설치되어 1910년에 총독부가 설치될 때 까지 존속함. 통감부는 한국 정부의 정식 행정 기구는 아니었지만 한국의 정치와, 외교, 행정 전반을 간섭하고 감독하는 기구였음. 통감부는 재정을 장악하기 위해 전국에 재무 감독국과 재무서를 설치하고 징세 업무를 담당시켰고, 역둔토 소작료와 홍삼 전매 수입을 국유화 하여 황실 재정의 주 수입원을 정부 재정에 속하게 함. 통감은 통감부의 수장으로 국정 전반을 감독하는 역할을 맡았음.

(3) 제2차 한·일 협약(을사늑약[1], 을사조약, 한·일 협상 조약, 1905. 11. 17.)

① **계기** : 일본은 미국(가쓰라·태프트 밀약), 영국(제2차 영·일 동맹), 러시아(포츠머스 조약)와 조약을 맺고 한반도 식민 지배에 대한 열강의 승인을 이끌어냄 ⇨ 대한 제국을 사실상 일본의 보호국화 함

② **체결 과정**

  ㉠ **일제의 강요** : 일본은 군대를 동원하여 한국을 위협하고, 이토 히로부미를 파견하여 을사늑약 체결을 강요함

  ㉡ **고종의 대항** : 고종은 대한매일신보에 주변국(미국, 프랑스, 독일, 러시아)에 을사늑약의 부당함을 알리고 도움을 요청하는 서한을 게재함. 한규설, 민영기, 이하영 등과 함께 조약 체결에 반대함
  참정대신 ●┘   ●법무대신
                ●탁지부대신

  ㉢ **불법적 체결** : 반대하는 대신들을 감금하고 을사 5적을 위협하여 일방적으로 체결함
  ●학부대신 이완용, 군부대신 이근택, 내부대신 이지용, 외부대신 박제순, 농상공부대신 권중현

③ **체결 결과**

  ㉠ **통감부 설치** : 통감부가 설치되고 초대 통감으로 이토 히로부미가 부임하여 (1906) 내정을 간섭함

  ㉡ **외교권 박탈** : 외교권을 박탈당하여 대한 제국의 외부가 없어지고, 대한 제국에 주재하던 외국 사절 및 외국에 설치된 대한 제국의 공사관과 영사관이 철수됨

  ㉢ **이사청 설치** : 일본은 일본인의 이익과 활동을 보장하고 지방 행정을 장악하기 위해 전국 각지의 개항장에 이사청을 설치함

  ㉣ **시정 개선 협의회** : 정부 대신 + 일본인 고문으로 구성 ⇨ 주요 국정을 논의·결정하고 황제가 재가함 ⇨ 의정부의 유명무실화, 이후 아예 의정부를 폐지하고 내각제를 실시하여 제도적으로 황제의 국정 운영을 막음

④ **조약이 무효라는 증거**

  ㉠ 한국은 러·일 전쟁 직전에 국외 중립을 공포함

  ●위임·조인·비준
  ㉡ 조약 성립을 위한 3단계를 거치지 않음 ⇨ 조약이라는 명칭 대신 '늑약'이라고 당시 언론에서도 표현함. 이후에 일본과 맺은 다른 조약들도 무효임 ⇨ 일본의 강점과 식민 통치 행위는 불법

▶ **을사늑약의 무효성**
위임 : 고종이 외부대신 박제순에게 조약 체결권을 위임하지 않았음
조인 : 일본이 외부대신의 직인을 빼앗아 찍음 → 대한 제국 정부의 도장이 아님
비준 : 고종은 끝까지 조약을 재가하지 않았음
(한·일 병합 조약 역시 순종의 서명이 없어 비준 단계를 거치지 않아 조약이 성립될 수 없음)

❶ 을사늑약 문서

ⓒ 고종, 순종은 조약의 무효를 선언함

ⓔ 일제의 강압에 의해 이루어진 조약임(1965년 한·일 기본 조약에서 당시 강압에 의한 모든 조약이 무효임을 확인함)

> **▶ 고종이 미국 루스벨트 대통령에게 보낸 친서(1905. 12.)**
>
> 1882년 이래로 아메리카 합중국과 한국은 우호 통상 조약 관계를 유지해 오고 있습니다. …… 이제 일본은 1904년에 체결한 협정에서 서약한 바를 정면으로 위배하는 우리나라에 대한 보호 정치를 선언하고 …… 나는 귀하가 지금까지 귀하의 생애의 특성인 이량과 냉철한 판단력으로 이 문제를 심사숙고 해주기를 바라며 귀하는 언행이 일치되도록 우리를 도울 수 있는 바가 무엇인가를 깊이 성찰해 주기를 바랍니다.

> **▶ 을사늑약**
>
> 제1조 일본국 정부는 재동경 외무성을 경유하여 금후 한국의 외국에 대한 관계 및 사무를 감리, 지휘하며, 일본국의 외교 대표자 및 영사는 외국에 재류하는 한국의 신민(臣民) 및 이익을 보호한다.
>
> 제2조 일본국 정부는 한국과 타국 사이에 현존하는 조약의 실행을 완수할 임무가 있으며, 한국 정부는 금후 일본국 정부의 중개를 거치지 않고는 국제적 성질을 가진 어떤 조약이나 약속도 하지 않기로 서로 약속한다.
>
> 제3조 일본국 정부는 그 대표자로 하여금 한국 황제 폐하의 궐하에 1명의 통감(統監)을 두게 하며, 통감은 오로지 외교에 관한 사항을 관리하기 위하여 경성(서울)에 주재하고 한국 황제 폐하를 친히 내알(內謁)할 권리를 가진다. 한국의 각 개항장 및 그 밖에 일본 정부가 필요하다고 인정하는 지역에 이사관(理事官)을 설치해 본 협약의 조관을 완전히 실행하기 위하여 필요한 일체의 사무를 관장하도록 한다.

⑷ 한·일 신협약(제3차 한·일 협약, 정미7조약, 1907. 7. 24.)

① 배경

ⓐ **헤이그 특사 파견(1907. 6.)** : 러시아 황제가 극비리에 고종에게 제2차 만국 평화 회의 초청장을 보냄 ⇨ 고종은 이상설, 이준, 이위종을 파견함 ⇨ 일본, 영국 등 열강의 방해로 실패함

ⓑ **고종의 강제 퇴위(1907. 7. 20.)** : 일제는 고종의 헤이그 특사 파견을 구실로 고종을 강제로 퇴위시킴

ⓒ **여론의 격화** : 반일 감정이 격해지자 일제는 일진회에게 퇴위 요구 성명서를 발표하게 하여 무마시키려 했지만 쉽게 가라앉지 않았음

② 협약 체결 : 순종의 즉위 직후 강제로 체결함

③ 결과

ⓐ **통감부 권한 확대** : 고등 관리 임용 시에는 통감의 동의를 얻도록 하는 등 통감부의 권한 확대를 명시하여 완전히 내정을 장악함

ⓑ **차관 정치** : 대한 제국 정부의 각 부서에 일본인 차관 임명 ⇨ 일제가 실질적으로 행정 장악

ⓒ **비밀 부수 각서** : 군대 해산(1907. 8.), 사법권·경찰권 장악 등을 명시한 비밀 부수 각서를 함께 체결함

> **▶ 대한 제국의 군대 해산**
>
> 짐이 생각건대 쓸데없는 비용을 절약하여 이용후생에 응용함이 급무라. 현재 군대는 용병으로서 상하의 일치와 국가 안전을 지키는 방위에 부족한 지라. 훗날 징병법을 발표하여 공고한 병력을 구비할 때 까지 황실시위에 필요한 자를 빼고 모두 일시에 해산하노라.
>
> – '순종실록'

▶ **한 · 일 신협약**

제1조 한국 정부는 시정 개선에 관하여 통감의 지도를 받을 것.
제2조 한국 정부의 법령 제정 및 중요한 행정상의 처분은 미리 통감의 승인을 거칠 것.
제3조 한국의 사법 사무는 보통 행정 사무와 이를 구분할 것.
제4조 한국 고등 관리의 임면은 통감의 동의로써 이를 행할 것.
제5조 한국 정부는 통감이 추천하는 일본인을 한국 관리에 용병할 것.
제6조 한국 정부는 통감의 동의 없이 외국인을 한국 관리에 임명하지 말 것.

〈비밀부수각서〉

제3조 다음 방법에 의하여 군비를 정리함
1. 육군 1대대를 존치하여 황궁 수위를 담당하게 하고 기타를 해산할 것.

제5조 중앙 정부 및 지방청에 일본인을 임명함.
1. 각부 차관
2. 각도 사무관

④ **민족 운동을 탄압하기 위한 법령**

㉠ **신문지법(1907. 7. 24)** : 신문 발행 허가제 실시 및 사전 검열, 발행 정지 등의 처분 가능 ⇨ 언론의 자유 금지, 언론 활동 탄압

제1조 신문지를 발행하려는 자는 발행지를 관할하는 관찰사(경성에서는 관무사)를 경유하여 내무대신에게 청원하여 허가를 받아야 한다. ……

제4조 발행인은 보증금으로서 금 300환을 청원서에 첨부하여 내부에 납부하여야 한다. 보증금은 확실한 은행 임치금 증서로써 대납할 수 있다. ……

제10조 신문지는 매회 발행에 앞서 먼저 내부 및 그 관할 관청에 각 2부를 납부해야 한다.

제11조 황실의 존엄을 모독하거나 국헌을 문란 또는 국제 교의를 저해하는 사항을 기재할 수 없다. ……

제12조 기밀에 관한 관청의 문서 및 의사(議事)는 해당 관청의 허가를 받지 않고는 그 상략(상세하거나 간략함)을 불구하고 기재할 수 없다. 특수한 사항에 관해 해당 관청에서 기재를 금지할 때도 같다.

제21조 내부대신은 신문지로서 안녕질서를 방해하거나 풍속을 괴란케 한다고 인정될 때는 그 발매 반포를 금지하고 이를 압수하며 그 발행을 정지 또는 금지할 수 있다.

제36조 본법의 규정은 정기 발행의 잡지류에도 준용한다.

– 법률 제1호 신문지법(1907. 7. 24.)

㉡ **보안법(1907. 7. 27.)** : 집회 · 결사의 자유 제한, 특정인 주거 통제 ⇨ 고종 강제 퇴위 이후 거세진 <u>항일 계몽 운동</u> 탄압에 이용

●대한 자강회 강제 해산 등

제1조 내부대신은 안녕질서를 보지(保持)하기 위하여 필요한 경우에 결사의 해산을 명할 수 있다.

제2조 경찰관은 안녕질서를 보지하기 위하여 필요한 경우에 집회 또는 다중의 운동 또는 군집을 제한 · 금지하거나 해산시킬 수 있다.

제4조 경찰관은 가로(街路)나 기타 공개된 장소에서 문서 · 도서의 게시 및 반포 · 낭독 또는 언어, 형용, 기타의 행위가 안녕질서를 문란 시킬 우려가 있다고 인정될 때는 금지를 명할 수 있다.

제5조 내부대신은 정치에 관하여 불온한 동작을 행할 우려가 있다고 인정되는 자에게 그 거주 장소로부터 퇴거를 명하거나, 1년 이내의 기간 동안 특정한 지역에의 출입 금지를 명할 수 있다. ……

제7조 정치에 관하여 불온한 언어 동작을 하거나 타인을 선동 · 교사 또는 이용하거나, 또는 타인의 행위에 간섭함으로써 치안을 빙해하는 자는 50 이상의 태형, 10개월 이하의 금옥 또는 2개년 이하의 징역에 처한다.

– 법률 제2호 보안법(1907. 7. 27.)

㉢ **사립학교령(1908. 8.)** : 사립학교 설립 허가제

㉣ **학회령(1908. 8.)** : 학회를 통제하여 <u>민족 운동 단체 탄압</u>

●호남 학회, 서우 학회 등

| 📖 강의 플러스 |

◻ **출판법(1909. 2.)** : 출판물 출간 허가제 실시, 출판물 압수 및 반포 금지 가능

(5) **한국 병합 방침 결정(1909. 4.)** 일제의 내각은 대한 제국을 식민지로 병합하기로 비밀리에 의결 ⇨ 일본 국왕의 재가를 받음

(6) **기유각서(1909. 7)**

① **배경**

> •베델, 헐버트 등 국권 수호 운동에 나선 친한 외국인을 치외 법권 때문에 처벌할 수 없었음

  ㉠ 한반도에서 열강이 지닌 치외 법권 등의 기득권에 대해 일제는 식민 통치의 장애물로 여김

  ㉡ 한 · 일 신협약 제3조 사법권 정비에 관한 내용 이행을 위해 체결

② **결과** : 사법부, 재판소 폐지 ⇨ 통감부에서 사법청 및 각급 재판소 설치 ⇨ 사법권 박탈, 감옥 사무 관할권 박탈

> ▶ **기유각서**
>
> 첫째, 한국의 사법 및 감옥 사무가 완비되었다고 인정할 때까지 한국 정부는 사법 및 감옥사무를 일본 정부에게 위탁할 것.
> 둘째, 일본 정부는 일정한 자격을 가진 일본인 및 한국인을 재(在)한국 일본 재판소 및 감옥의 관리로 임용할 것.
> 넷째, 한국 지방 관청 및 관공리는 직무에 부응하여 사법 및 감옥사무에 관해 재(在)한국 일본 당해 관리의 지휘 · 명령을 받고 또 그를 보조할 것.

(7) **의병 토벌(남한 대토벌 작전, 1909. 9~11.)** 의병 투쟁이 거세지자 일제는 이른바 '남한 대토벌 작전'을 실시하여 국내 의병 운동을 잔혹하게 진압함 ⇨ 국내 의병 운동은 만주와 연해주를 중심으로 하는 무장 항일 투쟁으로 이어짐

(8) **합방 여론 형성** 일제는 일진회를 적극 지원하여 일제의 침략을 정당화시키는 여론을 형성함

> ▶ **일진회(1904. 8.~1910. 9.)**
>
> ○ 조직 : 송병준이 구 독립협회 관련자들을 중심으로 유신회를 조직하였고, 1904년에 일진회로 개명하였다. 일진회의 초기 회원들은 독립 협회 출신이 대다수였기 때문에 독립 협회를 계승한 것처럼 보였다.
> ○ 일제의 지원 : 일제는 보안회의 황무지 개간권 요구 저지 등 애국 계몽 운동의 확산에 위기감을 느끼고 이에 맞서기 위해 친일 단체를 육성하기로 하고 일진회를 지원하였다.
> ○ 목표 : 일제의 지배권을 강화시키고 대한 제국이 주권을 포기하도록 하는 것
> ○ 동학과의 관계 : 손병희(동학 3대 교주)는 러 · 일 전쟁의 조짐이 보이자 일본과 동맹국의 편에 서는 것이 조선의 근대적 개혁과 국제적 위치 정립을 위한 것이라고 생각하여 일제와 밀약을 추진하였다가 실패하였다. 그 뒤 손병희는 일제의 후원을 받는 일진회와 연계하여 자신의 구상을 펼치려 하였다. 송병준 역시 지방 조직을 갖춘 동학과 함께 하여 서울을 중심으로 하는 일진회를 확장하고자 일제의 동의하에 동학과 연계를 추진하였다. 이후 동학의 친일 세력인 이용구의 진보회 등을 통합하였다.
> 손병희는 이용구가 완전히 친일적으로 변질되자 동학 교단을 천도교로 개편하고 일진회와의 관계를 완전히 단절하였다. 이용구를 비롯한 신파는 시천교를 창립하였고, 이로써 동학은 둘로 분열되었다.
> ○ 친일 활동 : 일진회는 일제의 군사 기밀비를 지원받아 일제의 한반도 식민 지배의 앞잡이 행각을 벌였다. 일진회 회원들은 러 · 일 전쟁 동안 경의설 부설, 정보 수집, 군수품 조달 등을 맡았고, 을사늑약 체결 직전에는 '한국은 일본의 보호를 받아야 한다.'는 일진회 선언서를 발표하였다. 을사늑약 체결 이후에는 기관지 국민신보를 통해 고종 양위를 촉구하고 의병 토벌 등 친일 여론 조성에 앞장섰다. 대한 제국 병합을 앞두고는 합방 청원서를 제출하였다.
> ○ 일진회에 대한 반발 : 의병들은 일진회 회원들을 살해 대상으로 지목하였고, 대한 자강회, 공진회 등 애국 계몽 단체는 일진회 척결을 최우선으로 할 만큼 당대에도 격렬하게 비판받았다.
> ○ 해산 : 국권 피탈 이후 조선 총독부가 모든 사회 단체의 활동을 금지하여 해산하였다.

(9) **경찰권 박탈(1910. 6.)** 일제는 '한국 경찰 사무 위탁에 관한 각서'에 따라 대한 제국의 경찰권을 박탈하고 헌병 경찰을 대거 파견함

(10) **한·일 병합 조약(경술국치, 1910. 8. 22. 조인, 1910. 8. 29. 공포)**

① **식민 통치** : 대한 제국의 주권을 박탈당하고 일본의 식민지로 전락하여 대한 제국 대신 '조선'이라는 지역으로 불렸음

② **총독부** : 조선 총독부를 설치하고 총독을 파견함

▶▶▶ 기출 문제

01 | 개화기의 정치 변화

001 ☐☐☐   2017 하반기 국가직 7급

밑줄 친 '그'의 활동으로 옳은 것은?

> 인정(人丁)에 대한 세를 신포(身布)라고 하는데 충신과 공신의 자손에게는 모두 그것이 면제되었다. 그 모자라는 액수는 반드시 평민에게만 덧붙여 징수하였다. 그는 이를 수정하고자 동포(洞布)라는 법을 제정하였다 가령 한 동리에 2백여 호가 있으면 매 호에 더부살이 호가 약간씩 있는 것을 자세히 밝혀서 계산하고, 신포를 부과하여 고르게 징수하였다.

① 순무영을 설치하였다.
② 경상도 안핵사를 수행하였다.
③ 군국기무처의 총재를 역임하였다.
④ 갑신정변 때 청군의 파견을 요청하였다.

002 ☐☐☐   2018 경찰간부후보

1871년에 발생한 신미양요에 관한 다음 설명 중 가장 옳지 않은 것은?

① 제너럴 셔먼호 사건이 발단이 되어 발생하였다.
② 어재연을 비롯한 조선군이 광성보에서 항전하였다.
③ 로즈 제독이 이끄는 군대가 강화도를 공격하였다.
④ 이후 서울과 전국 주요 도시에 척화비가 세워졌다.

003 ☐☐☐   2018 서울시 9급

두 차례의 양요에 대한 설명으로 가장 옳은 것은?

① 어재연이 이끄는 조선군은 프랑스군을 상대로 승리를 거두었다.
② 미국 상선 제너럴 셔먼호는 평양 주민을 약탈하였다.
③ 양헌수 부대는 광성보 전투에서 결사 항전하였으나 퇴각하였다.
④ 박규수는 화공 작전을 펴서 프랑스 군대를 공격하였다.

---

004 ☐☐☐

2016 지방직 7급

다음 자료에 나오는 인물의 활동으로 옳은 것은?

> 그가 대단한 능력을 발휘하여 힘써 교정하고 쇄신하니 치도(治道)가 맑고 깨끗하여 국가의 재정이 풍족하게 된 것은 득이며 장점인 것이요. (중략) 쇄국을 스스로 장하다 하여 대세의 흐름을 부질없이 반대하였으니 이것은 단점이요 실정인 것이다.

① 군국기무처에서 총재관을 역임하였다.
② 을미의병이 확산되자 해산 권고 조칙을 발표하였다.
③ 갑신정변이 발발하자 청군의 개입을 요청하였다.
④ 임오군란으로 집권하여 5군영을 복구하였다.

006 ☐☐☐

2016 국가직 7급

조선 시대의 법전에 대한 설명으로 옳지 않은 것은?

① 『경국대전』 – 성종 대 육전 체제의 법전으로 완성하였다.
② 『대전회통』 – 법규 교정소에서 만국공법에 기초하여 제정하였다.
③ 『대전통편』 – 18세기까지의 법령을 모아 원·속·증 표식으로 체계화하였다.
④ 『속대전』 – 영조가 직접 서문을 지어 간행하였다.

005 ☐☐☐

2017 서울시 9급

밑줄 친 '그'의 활동에 대한 설명으로 옳은 것은?

> 그는 만동묘와 폐단이 큰 서원을 철폐하도록 명령을 내렸다. 선비들 수만 명이 대궐 앞에 모여 만동묘와 서원을 다시 설립할 것을 청하니, 그가 크게 노하여 병졸로 하여금 한강 밖으로 몰아내도록 하였다.

① 갑오개혁 당시 군국기무처의 총재관으로 활동하였다.
② 갑신정변 당시 청군의 원조를 요청하였다.
③ 임오군란 직후 통리기무아문을 폐지하였다.
④ 강화도 조약 체결 직전 화서학파의 적극적인 지지를 받았다.

🎯 **정답·해설**

정답 4.④ 5.③ 6.②

해설 4. '재정 풍족', '쇄국', '대세의 흐름 반대'로 보아 흥선 대원군이다. ④ 흥선대원군은 임오군란으로 집권하여 별기군을 폐지하고 5군영을 복구하였다.
　　① 김홍집 ② 아관파천 후의 고종 ③ 민씨 척족
　　5. '만동묘 철폐 명령'을 통해 흥선 대원군임을 알 수 있다.
　　① 김홍집 ② 민씨 척족 ④ 화서학파는 이항로의 문하를 말한다. 화서학파는 쇄국 정책을 지지하였다.
　　6. 〈대전회통〉은 흥선 대원군이 편찬한 법전이다. 법규교정소는 광무개혁의 일환으로 만들어졌다. 1899년에 교전소에서 분리되었다.

007 ☐☐☐

2017 경찰 2차

밑줄 친 '수호 조약'에 대한 설명으로 가장 적절한 것은?

> 저번에 사절선이 온 것은 오로지 수호(修好) 때문이니 우리가 선린(善隣)하는 뜻에서도 이번에는 사신을 전위(專委)하여 수신(修身)해야겠습니다. 사신의 호칭은 수신사라 하고 김기수를 특별히 차출하고 따라가는 인원은 일을 아는 자로 적당히 가려서 보내십시오. 이는 수호 조약을 체결한 뒤에 처음 있는 일이니, 이번에는 특별히 당상관을 시켜 서계(書契)를 가지고 들어가게 하고, 이 뒤로는 서계를 옛날처럼 동래부에 내려 보내어 에도로 옮겨 보내는 것이 어떠하겠습니까.

① 최혜국 대우가 인정되어 불평등 조약으로 평가받는다.

② 거중 조정을 규정하였다.

③ 양국 관리는 양국 인민의 자유로운 무역 활동에 일체 간섭하지 않는다고 규정하였다.

④ 해양 측량권을 부정하였다.

008 ☐☐☐

2016 국가직 7급

㉠~㉢에 대한 설명으로 옳은 것은?

> 운요호 사건으로 조선은 일본과 ㉠조·일 수호 조규를 체결하였고, 몇 달 후에는 부속으로 ㉡조·일 수호 조규 부록과 ㉢조·일 무역 규칙을 약정하였다.

① ㉠-개항장에서 일본 화폐의 유통을 허용하였다.

② ㉡-일본국 항해자가 조선의 연해를 자유롭게 측량하도록 허가하였다.

③ ㉢-일본 정부 소속의 선박에는 항세를 면제하였다.

④ ㉠, ㉡, ㉢-일본인 범죄자에 대한 영사 재판을 허용하는 조항이 모두 들어 있다.

009 ☐☐☐

2018 서울시 9급

〈보기〉는 개항 이후 각국과 맺은 조약이다. ㉠과 ㉡에 들어갈 용어로 옳은 것은?

〈보기〉

> (가) 조선국은 ___㉠___ 으로 일본국과 평등한 권리를 보유한다. 금후 양국이 화친의 성의를 표하고자 할진대 모름지기 서로 동등한 예의로써 상대할 것이며 추호도 경계를 넘어 침입하거나 시기하여 싫어함이 있어서는 아니 될 것이다.
>
> (나) 수륙 무역 장정은 중국이 ___㉡___ 을 우대하는 후의에서 나온 것인 만큼 다른 각국과 일체 균점하는 예와는 같지 않으므로 여기에 각항 약정을 한다.

	㉠	㉡
①	인근국	속방
②	자주국	우방
③	인근국	우방
④	자주국	속방

🎯 정답·해설

정답 7.③ 8.③ 9.④

해설 7. 수신사 김기수가 조약을 체결한 뒤에 처음 파견되는 것으로 보아 강화도 조약임을 알 수 있다.
　　①② 조·미 수호 통상 조약　④ 제 7조에서 해안 측량권을 인정하였다.

8. ① 조·일 수호 조규 부록 ②④ 조·일 수호 조규

9. (가)는 평등한 권리를 보유한다는 점을 통해 강화도 조약임을 알 수 있고, (나)는 수륙 무역 장정임을 통해 조·청 상민 수륙 무역 장정임을 알 수 있다. ㉠ 일본은 강화도 조약에서 그들과 같은 권리를 지닌(중국에 조공을 바치지 않는) '자주국'임을 강조하였고, ㉡ 중국은 한국이 그들의 속국(속방)이이라고 규정한 조·청 상민 수륙 무역 장정을 요구하였다.

010 ☐☐☐　　　　　　　　　　　　　　　　2018 경찰간부후보

갑신정변에 관한 다음 설명 중 가장 옳지 않은 것은?

① 청·불 전쟁 때문에 조선에 주둔하던 청군 일부가 베트남으로 이동한 것이 배경이 되었다.

② 김옥균을 비롯한 급진 개화파 인사들이 주도하였다.

③ 14개 조항으로 이루어진 개혁 정강을 발표 하였다.

④ 정변 이후 체결된 시모노세키 조약으로 청과 일본의 군대가 조선에서 철수하였다.

011 ☐☐☐　　　　　　　　　　　　　　　　2017 사회복지직 9급

조선 정부는 강화도 조약 체결 이후에 근대 문물을 살펴보고 국정 개혁의 자료를 모으기 위하여 여러 나라에 사절단을 파견하였다. 각 사절단의 파견 순서를 바르게 나열한 것은?

> ㄱ. 1차 수신사절
>
> ㄴ. 보빙사
>
> ㄷ. 조사 시찰단
>
> ㄹ. 영선사
>
> ㅁ. 2차 수신사절

① ㄱ－ㄷ－ㄹ－ㅁ－ㄴ

② ㄱ－ㄹ－ㄷ－ㅁ－ㄴ

③ ㄱ－ㅁ－ㄷ－ㄹ－ㄴ

④ ㄱ－ㅁ－ㄹ－ㄷ－ㄴ

012 ☐☐☐　　　　　　　　　　　　　　　　2013 지방직 7급

㉠~㉣에 들어갈 나라에 대한 설명으로 옳은 것만을 〈보기〉에서 모두 고른 것은?

> ㅤ㉠ㅤ은/는 우리가 신하로서 섬기는 나라로, 신의를 지켜 속방이 되어 온 지 2백 년이 되었습니다. 이제 무엇을 더 친할 것이 있겠습니까? ······ ㅤ㉡ㅤ은/는 우리에게 매여 있던 나라입니다. 3포 왜란이나 임진왜란 때의 숙원이 아직 풀리지 않고 있는데, 만일 그들이 우리가 허술한 것을 알고 공격하면 장차 이를 어떻게 막겠습니까? ······ ㅤ㉢ㅤ은/는 우리가 본래 모르던 나라입니다. 돌연히 타인의 권유로 불러들였다가 그들이 우리의 허점을 보고 어려운 청을 강요하면 장차 이에 어떻게 대응할 것입니까? ······ ㅤ㉣ㅤ은/는 본래 우리와는 싫어하고 미워할 처지에 있지 않은 나라입니다. 공연히 타인의 말만 믿고 틈이 생기면 우리의 체통이 손상되게 됩니다. 또, 이를 빌미로 저들이 군사로 침략해 온다면 장차 이를 어떻게 막을 것입니까?
>
> −이만손 외 만인소, 『일성록』, 1881

> 〈보기〉
>
> ㄱ. 보빙사는 ㉠에서 근대 산업과 문물을 시찰하였다.
>
> ㄴ. 조사 시찰단은 ㉡에서 근대 산업 시설과 공장을 둘러보았다.
>
> ㄷ. 영선사 김윤식이 이끄는 유학생 일행은 ㉢에서 무기 제조법과 근대적 군사 훈련법을 배웠다.
>
> ㄹ. 영국은 ㉣의 남하를 견제한다는 구실로 불법으로 거문도를 점령하였다.

① ㄱ, ㄴ　　　　　　　　② ㄱ, ㄷ

③ ㄴ, ㄹ　　　　　　　　④ ㄷ, ㄹ

🎯 **정답·해설**

정답 10.④ 11.③ 12.③

해설 10. 갑신정변 이후 1885년에 체결된 텐진조약으로 청과 일본의 군대가 조선에서 철수하였다.

　　11. ㄱ.1876 1차 수신사 김기수 파견　ㅁ.1880 2차 수신사 김홍집 파견　ㄷ.1881.4 일본에 조사 시찰단 파견　ㄹ.1881.9 청나라에 김윤식을 중심으로 영선사 파견

　　　　ㄴ. 1883. 민영익을 대표로 미국에 파견한 사절단

　　12. ㉠청, ㉡일본, ㉢미국, ㉣러시아 / ㄱ.보빙사는 미국에 파견된 사절단　ㄷ.영선사는 청에 파견된 사절단

013 □□□

다음의 위정척사 운동을 시기 순으로 바르게 나열한 것은?

> ㄱ. 러시아, 미국, 일본은 같은 오랑캐입니다. 그들 사이에 누구
> 는 후하게 대하고, 누구는 박하게 대하기는 어려운 일입니다.
>
> ㄴ. 이미 국모의 원수를 생각하며 이를 갈았는데, …… 이에 감히
> 먼저 의병을 일으키고서 마침내 이 뜻을 세상에 포고하노니
> ……
>
> ㄷ. 일단 강화를 맺고 나면 저들은 물화를 교역하는 데 욕심을
> 낼 것입니다. …… 저들이 비록 왜인이라고 하나 실은 양적
> 입니다.
>
> ㄹ. 전하께서는 …… 사학의 무리를 잡아 베게 하시고, 밖으로는
> 상병으로 하여금 바다를 건너오는 적을 정벌케 하소서

① ㄹ - ㄷ - ㄱ - ㄴ

② ㄹ - ㄴ - ㄱ - ㄷ

③ ㄱ - ㄷ - ㄴ - ㄹ

④ ㄱ - ㄴ - ㄹ - ㄷ

014 □□□

다음의 내용과 관련된 사건의 영향으로 ㄱ~ㄹ 중 옳지 않은 것은 모두 몇 개인가?

> • 대원군을 조속히 귀국게 하고 청국에 대한 조공의 허례를 폐
> 지할 것
>
> • 문벌을 폐지하고 인민 평등권을 제정하고 재능에 의해 인재를
> 등용할 것
>
> • 전국의 지조법을 개혁하여 간악한 아전을 근절하고 백성을 구
> 제하며 국가 재정을 충실히 할 것

〈보기〉

> ㄱ. 청과 일본 사이에 한성 조약이 체결되었다.
>
> ㄴ. 청의 조선에 대한 내정과 외교 간섭이 더욱 강화되었다.
>
> ㄷ. 조선은 일본과 톈진 조약을 체결하면서 일본은 청과 동등하
> 게 조선에 대한 파병권을 획득하였다.
>
> ㄹ. 조선은 일본과 한성 조약을 체결하면서 일본으로부터 배상
> 금과 공사관 신축비를 지불받았다.

① 1개   ② 2개

③ 3개   ④ 4개

015 □□□

동학 농민 운동에 대한 설명으로 가장 적절하지 않은 것은?

① 동학 농민 운동은 1894년 전라도 고부에서 시작되었다.

② 전주 화약 이후 동학 농민군은 내정을 개혁할 목적으로 전라
도 53개 군에 집강소를 설치하여 한 사람의 집강과 그 아래
서기, 성찰, 집사, 동몽 등의 임원을 두었다.

③ 한성 조약을 빙자하여 조선에 파견된 일본군에게 농민군은
공주 우금치에서 패하였고, 지도부가 체포되면서 이 운동은
실패로 끝났다.

④ 당시의 집권 세력과 일본 침략 세력의 탄압으로 실패하였지
만, 이들의 요구는 갑오개혁에 부분적으로 반영되었다.

정답 · 해설

정답 13. ① 14. ③ 15. ③

해설 13. ㄹ.1860년대 척화주전론, 이항로의 주장 → ㄷ.1870년대 왜양일체론, 최익현의 5불가소 → ㄱ.1880년대 영남 만인소 사건, 이만손 → ㄴ.1896년 을미사변과 단발령
에 반발한 의병운동

14. 주어진 자료는 갑신정변 때 발표한 14개조 정강 중 일부이다. ㄱ.ㄹ 조선과 일본 사이에서 한성조약이 체결되었고 조선은 일본에게 공사관 신축비를 지불한다고 약속하였다.
ㄷ.청과 일본이 톈진조약을 체결하였다.

15. 일본은 톈진 조약을 구실로 조선에 군대를 파견하였다. 이후 재집결한 동학 농민군은 1894년 말에 패배하고 말았다.

016 ☐☐☐

㉠에 대한 설명으로 옳은 것은?

> 동학도들은 각 읍에 할거하여 공해(公廨)에 [㉠]을/를 세우고 서기, 성찰, 집사, 동몽 등을 두어 완연한 하나의 관청으로 삼았다. 이른바 고을 수령은 다만 이름이 있을 뿐 행정을 맡을 수 없었다. 심지어는 고을 수령들을 추방하니 이서배(吏胥輩)들은 모두 동학당에 들어 성명(性命)을 보존하였다.　　　　－『갑오약력』

① 사발통문의 작성에 앞장섰다.
② 교조 신원 운동을 주도하였다.
③ 관군과 협상하여 전주 화약을 체결하였다.
④ 지역의 치안을 유지하고 탐관오리를 응징하였다.

017 ☐☐☐

밑줄 친 '적'이 요구한 내용으로 옳은 것을 〈보기〉에서 고른 것은?

> 적은 모두 천민 노예이므로 양반, 사족을 가장 증오하였다. 길에서 갓을 쓴 자를 만나면 곧바로 꾸짖으며 말하였다. "너도 양반인가?" 갓을 빼앗아 찢어 버리거나 자기가 쓰고 거리를 돌아다니면서 양반을 욕 주었다. 무릇 집안 노비로서 적을 따르는 자는 물론이요, 비록 적을 따르지 않는 자라 할지라도 모두 적을 끌어다 대며 주인을 협박하여 노비 문서를 불사르고 면천해 줄 것을 강요하였다. …… 때로 양반 가운데 주인과 노비가 함께 적을 따른 경우도 있었다. 이들은 서로를 접장이라 부르면서 적의 법도를 따랐다. 백정이나 재민들도 평민이나 양반과 평등한 예를 하였으므로 사람들은 더욱 치를 떨었다.　　　　－『오하기문』

---〈보기〉---
ㄱ. 무명 잡세를 폐지할 것
ㄴ. 조혼(早婚)을 금지할 것
ㄷ. 각 도의 환곡을 영구히 폐지할 것
ㄹ. 관리 채용에는 지벌을 타파하고, 인재를 등용할 것

① ㄱ, ㄴ　　② ㄱ, ㄹ　　③ ㄴ, ㄷ　　④ ㄷ, ㄹ

018 ☐☐☐

밑줄 친 '이 내각'의 재정 개혁안으로 옳은 것은?

> 이 내각의 개혁 정책은 초정부적 비상 기구인 군국기무처를 중심으로 추진되었다. 당시 군국기무처에는 박정양, 유길준 등의 개화 인사들이 참여하여 개혁 정책을 결정하였다.

① 국가 재정은 탁지부에서 전관하고, 예산과 결산을 국민에게 공표하도록 한다.
② 궁내부 산하의 내장원에서 광산, 홍삼 사업 등의 재정을 관할하도록 한다.
③ 국가 재정을 탁지아문의 관할로 일원화 시키도록 한다.
④ 모든 재정은 호조에서 통할하도록 한다.

🎯 **정답 · 해설**

정답　16.④　17.②　18.③

해설　16. ㉠은 '동학도가 하나의 관청으로 삼은 점', '고을 수령들을 추방하는 점' 등을 들어 '집강소'임을 알 수 있다. 집강소는 동학교도가 마을의 집강이 되어서 지방의 치안을 유지하고, 폐정개혁을 추진하던 전라도의 농민 자치 기구이다.

　　17. '적'은 동학교도를 의미한다. / ㄱ. ㄹ은 동학교도들이 주장한 폐정개혁안 내용이다. ㄴ.1차 갑오개혁, ㄷ.갑신정변 14개조 정강

　　18. '이 내각'은 총재를 김홍집, 부총재를 박정양으로 하는 군국기무처로, 제1차 김홍집 내각이다. ① 헌의 6조, ② 대한제국 ④ 갑신정변 14개조 개혁 정강

019 □□□

다음에 제시된 역사적 사건들을 시간 순서대로 바르게 나열한 것은?

> ㄱ. 우금치 전투　　　　ㄴ. 전주 화약
>
> ㄷ. 황룡촌 전투　　　　ㄹ. 교정청 설치
>
> ㅁ. 군국기무처 설치

① ㄴ-ㄷ-ㄱ-ㅁ-ㄹ

② ㄷ-ㄴ-ㄹ-ㅁ-ㄱ

③ ㄷ-ㄴ-ㄹ-ㄱ-ㅁ

④ ㄴ-ㄷ-ㄹ-ㅁ-ㄱ

020 □□□

다음은 홍범 14조의 조항 일부이다. 이 발표에 따라 추진된 것만을 〈보기〉에서 모두 고른 것은?

> • 청에 의존하는 생각을 버리고, 자주독립의 기초를 세운다.
>
> • 종실, 외척의 정치 간섭을 용납하지 않는다.
>
> • 조세의 징수와 경비 지출은 모두 탁지아문의 관할에 속한다.
>
> • 문벌을 가리지 않고 인재 등용의 길을 넓힌다.

> ─〈보기〉─
>
> ㄱ. 재판소를 설치하여 사법권을 행정부로부터 독립시켰다.
>
> ㄴ. 지방의 군현제를 폐지하고 전국을 23부로 나누었다.
>
> ㄷ. 은본위 제도와 조세 금납화를 실시하였다.
>
> ㄹ. 지방의 영세 상인인 보부상을 지원하기 위하여 상무사를 조직하여 상업 특권을 부여하였다.

① ㄱ, ㄴ, ㄷ　　　　　　② ㄴ, ㄷ

③ ㄱ, ㄴ　　　　　　　　④ ㄴ, ㄷ, ㄹ

021 □□□

베베르(웨베르)·고무라 각서에 대한 설명으로 가장 옳은 것은?

① 조선이 청의 중재를 거치지 않고 러시아와 직접 조·러 통상 조약을 체결하였다.

② 조선이 러시아와 조·러 비밀 협약을 추진하자 영국이 거문도를 불법 점령하였다.

③ 일본이 아관파천 이후 수세에 몰리자 러시아와 세력 균형을 위한 협상을 하였다.

④ 일본이 러·일 전쟁에서 승리하자 미국과 영국으로부터 조선에 대한 독점권을 인정받았다.

🎯 **정답 · 해설**

정답 19.② 20.③ 21.③

해설 19. ㄷ.황룡촌 전투에서 승리한 동학 농민군은 ㄴ.전주화약을 맺고 집강소를 설치하여 개혁을 추진하였다. ㄹ.이에 정부는 교정청을 설치하여 자체적으로 개혁을 실시하고자 하였다. ㅁ.동학 농민군 진압을 구실로 들어온 일본은 경복궁을 점령하고 청나라 군함을 격침시켜 청·일 전쟁을 일으켰고, 흥선대원군을 앞세워 1차 김홍집 내각을 조직하고 군국기무처를 설치하였다. ㄱ.자진 해산하였던 농민군이 일본을 내쫓기 위해 일으킨 2차 동학 농민 운동은 우금치에서 패배하면서 끝이 났다.

20. ㄷ.1차 갑오개혁 ㄹ.광무개혁

21. 아관파천 이후에 베베르·고무라 각서가 체결되어 일본은 아관파천을 인정하되 고종에게 적당한 시기에 환궁을 충고하고 부산과 서울을 잇는 전신 보호를 위해 일본 헌병 200명을 배치하며, 러시아와 일본이 800명의 군대를 주둔시킨다는 것에 합의하였다.
① 조·러 통상 조약 ② 1885~7년 ④ 1905년 포츠머스 강화조약

022 □□□

1898년 관민 공동회에서 채택된 '헌의 6조'에 해당하지 않는 것은?

① 외국인에게 기대지 아니하고 관민이 동심협력하여 전제 황권을 견고케 할 것

② 전국의 재정은 궁내부 내장원으로 이속하고 예산과 결산은 중추원의 승인을 거칠 것

③ 모든 중대 범죄는 공개 재판을 시행하되, 피고가 끝까지 설명하여 마침내 자복(自服)한 후에 시행할 것

④ 칙임관은 황제가 정부에 자문을 구하여 그 과반수에 따라 임명할 것

024 □□□

다음 대한 제국에 대한 설명으로 옳은 것을 모두 고른 것은?

> ㄱ. 과거와는 달리 목포, 군산, 원산을 스스로 개항하였다.
>
> ㄴ. 대한국 국제는 황제에게 육해군 통수권, 입법권, 행정권, 조약 체결권 등 모든 권한을 집중시켰다.
>
> ㄷ. 두 차례에 걸쳐 토지 조사 사업을 실시하였고, 지계 발급 사업을 실시하였다.
>
> ㄹ. 만국 우편 연합에 가입하고, 만국 박람회에 참여하였다.

① ㄱ, ㄴ

② ㄱ, ㄴ, ㄷ

③ ㄴ, ㄷ, ㄹ

④ ㄱ, ㄴ, ㄷ, ㄹ

023 □□□

다음의 내용을 시기 순으로 바르게 나열한 것은?

> ㄱ. 외국인에게 의지하지 않고 관민이 한마음으로 협력하여 전제 황권을 공고히 할 것
>
> ㄴ. 칠반천인(七班賤人)의 대우를 개선하고 백정(白丁)이 쓰는 패랭이를 벗겨버릴 것
>
> ㄷ. 전국적으로 지조법(地租法)을 개혁하여 아전들의 부정을 막고 백성의 곤경을 구제하며, 더불어 국가 재정을 넉넉하게 할 것
>
> ㄹ. 공노비(公奴婢)와 사노비(私奴婢)에 관한 법을 일체 혁파하고 사람을 사고 파는 일을 금지한다.
>
> ㅁ. 장관(將官)을 교육하고 징병법을 적용하여 군사 제도의 기초를 확립한다.

① ㄱ-ㄷ-ㄹ-ㅁ-ㄴ

② ㄴ-ㄷ-ㄹ-ㅁ-ㄱ

③ ㄴ-ㄹ-ㄱ-ㄷ-ㅁ

④ ㄷ-ㄴ-ㄹ-ㅁ-ㄱ

⑤ ㄷ-ㄹ-ㅁ-ㄱ-ㄴ

🎯 정답 · 해설

정답 22.② 23.④ 24.③

해설 22. 헌의 6조에서는 전국의 재정은 '탁지부'에서 모두 관리하고 다른 기관에서 간섭할 수 없게 하며 예산과 결산을 '국민'에게 공포할 것이 명시되어 있다.

23. ㄷ.갑신정변 14개조 정강 → ㄴ.폐정개혁안 12개조 → ㄹ.1차 갑오개혁 → ㅁ.2차 갑오개혁 → ㄱ.독립협회

24. ㄱ.목포는 청·일 전쟁 이후 군산은 대한 제국 시기에 개항되었다. 원산은 강화도 조약으로 개항되었다.

025 □□□　　　　　　　　　　　2016 지방직 7급

다음 조칙 이후 정부가 추진한 정책으로 옳지 않은 것은?

> 황제께서 조칙을 내리시길 "민은 오직 나라의 근본이라. 근본이 굳어야 나라가 평안한 것이다. 근본을 굳게 하는 방도는 제산안업(制産安業)하여 항심(恒心)이 있게 하는 것이니 누가 그 직책을 맡는 것인가 하면 정부일 뿐이다."라고 하였다.

① 양잠전습소와 잠업시험장을 설립하였다.
② 금본위제를 실시하려고 하였다.
③ 산업 정책을 담당하는 공무아문을 설치하였다.
④ 상공 학교와 광무 학교를 설립하였다.

026 □□□　　　　　　　　　　　2015 법원직 9급

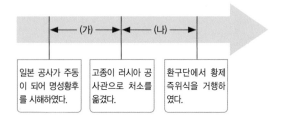

◄—(가)—►	◄—(나)—►

일본 공사가 주동이 되어 명성황후를 시해하였다.　고종이 러시아 공사관으로 처소를 옮겼다.　환구단에서 황제 즉위식을 거행하였다.

(가), (나) 시기에 볼 수 있는 모습으로 가장 적절한 것은?

① (가)-홍범 14조를 반포하는 임금
② (가)-전차 안에서 제국신문을 읽고 있는 학생
③ (나)-단발령 철회를 논의하는 관리들
④ (나)-만민 공동회에서 상권 수호 구호를 외치는 상인

027 □□□　　　　　　　　　　　2018 서울시 7급

〈보기〉의 글이 발표된 사건과 가장 가까운 시기에 전개된 민족 운동은?

> ─〈보기〉─
> 아, 우리나라 우리 민족의 치욕이 이 지경에 이르렀구나. 생존 경쟁이 심한 이 세상에 우리 민족의 운명이 장차 어찌 될 것인가. 살기를 원하는 사람은 반드시 죽고, 죽기를 맹세하는 사람은 살아 나갈 수 있으니 이는 여러분이 잘 알 것이다.

① 지금 의의 깃발을 치켜들고 '보국안민'을 생사의 맹세로 삼았다.
② 군인이 나라를 지키지 못하고 만 번 죽어도 아깝지 않다.
③ 오늘 병사를 일으키려는 것은 국모의 원수를 갚으려는 것이다.
④ 충남 정산에서 전 참판 민종식이 의병을 일으켰다.

---

028 □□□ 2017 경찰간부후보

대한 제국 군대 해산 후의 의병 전쟁에 관한 설명으로 가장 옳지 않은 것은?

① 신돌석, 김수민, 홍범도 같은 평민 출신 의병장도 많이 나왔다.
② 서울 진공 작전은 승전에도 불구하고 총대장 이인영의 부친상으로 인해 무위로 돌아갔다.
③ 강화 분견대 등 해산 군인들의 의병 가담은 의병의 사기와 전투력을 크게 높여 주었다.
④ 이인영은 각국 영사관에 의병을 국제공법상 전쟁 단체로 인정해 달라는 통문을 보냈다.

030 □□□ 2016 서울시 7급

다음의 내용과 관련된 단체에 대한 설명으로 옳지 않은 것은?

> 1. 국민에게 민족의식과 독립 사상 고취
> 2. 동지를 발견하고 단합하여 국민운동 역량축적
> 3. 상공업 기관 건설로 국민의 부력(富力) 증진
> 4. 교육 기관 설립으로 청소년 교육 진흥

① 평양에 대성학교, 정주에 오산학교를 설립하였다.
② 평양 근교에 자기(磁器) 회사를 설립, 운영하기도 하였다.
③ 평양과 대구에 태극 서관을 설립하여 출판 사업을 벌였다.
④ 통감부가 설치된 직후에 정치 집회가 금지되면서 해산당했다.

029 □□□ 2010 지방직 7급

다음은 일제의 한국 침탈이 노골화되던 시기에 구국 운동을 전개한 사회 단체에 대한 설명이다. 단체명이 옳게 연결된 것은?

> (가) 일본이 황무지 개척권을 요구하며 영토강탈의 의도를 드러내자 이를 저지하기 위해 만들어진 단체이다.
> (나) 국권 회복을 목표로 교육과 식산 활동을 전개한 단체로 윤효정, 장지연 등이 주도하였다.
> (다) 유신한 국민이 통일 연합하여 유신한 자유 문명국을 성립하자는 취지로 설립되었다.

	(가)	(나)	(다)
①	보안회	대한 자강회	신민회
②	헌정 연구회	대한 자강회	대한 협회
③	보안회	헌정 연구회	신민회
④	대한 자강회	신민회	대한 협회

ⓒ 정답·해설

정답 28.② 29.① 30.④

해설 28. 허위가 이끄는 선발대가 동대문 밖 30리 부근에서 일본군과 싸웠으나 패배하였고, 이후 양주에 집결한 부대는 서울로 진격하려고 하였으나 이인영이 부친상을 당한 후 귀향하면서 실패하고 말았다.

29. 헌정 연구회는 입헌 군주제를 주장하며 우리 정치 제도의 개선 추구함. 대한 협회는 〈대한협회보〉를 창간하는 등 애국 계몽운동 계열의 정치 단체임

30. 주어진 자료는 신민회 4대 강령이다. ④ 신민회는 1911년 105인 사건으로 해산되었다.

031 □□□

조선과 영국이 수호 조약을 체결한 1882년 이후의 양국 관계에 대한 설명으로 옳지 않은 것은?

① 1882년의 조약을 영국이 비준하지 않은 것은 조선이 아편 수입을 금한다는 조항을 포함시켰기 때문이다.

② 1885년 영국이 거문도를 점령한 것은 조선에 대한 러시아의 간섭을 배제하기 위함이었다.

③ 1902년 영국은 영 · 일 동맹을 통하여 한국에서 일본이 특수한 이익을 가지고 있음을 인정하였다.

④ 1905년 미국과 일본의 태프트 · 가쓰라 밀약에 앞서 영국은 일본의 한국에 대한 보호조치를 승인하였다.

032 □□□

(가)와 (나) 사이에 있었던 사실로 옳은 것을 〈보기〉에서 고른 것은?

> (가) 제1조 한국 정부는 경성 – 부산 사이에 철도를 부설 사용하는 건 및 경과하는 곳의 강과 내에 다리를 놓는 권리로 일본의 경부 철도 회사 발인에 허가하고 ……
>
> (나) 제4조 제3국의 침해나 혹은 내란으로 인하여 대한 제국 황실의 안녕과 영토의 보전에 위험이 있을 경우에는 대일본 제국 정부는 속히 정황에 따라 필요한 조치를 취할 수 있다. 그러나 대한 제국 정부는 위 대일본 제국의 행동을 용이하게 하기 위하여 충분한 편의를 제공한다.

─〈보기〉─
ㄱ. 간도가 함경도의 행정 구역으로 편입되었다.
ㄴ. 대한 제국 칙령 제41호를 공표하였다.
ㄷ. 청과 일본이 간도 협약을 체결하였다.
ㄹ. 일본 태정관이 독도가 자국의 영토가 아니라는 지시를 내렸다.

① ㄱ, ㄴ   ② ㄴ, ㄷ

③ ㄷ, ㄹ   ④ ㄴ, ㄹ

033 □□□

다음 글의 (다) 시기에 있었던 민족 운동으로 볼 수 없는 것은?

> (가) 전쟁 발발 후 얼마 되지 않아 러 · 일 전쟁에서 승리한 일본은 러시아와 포츠머스 조약을 통해 조선에서의 독점적 지배권을 인정받았다.
>
> (나) 이토가 황제를 협박하여 강제로 체결한 이 조약 때문에 조선은 일본의 보호국이 되었다.
>
> (다) [　　　　]
>
> (라) 2대 통감 데라우치는 조약을 통해 조선의 통치권을 빼앗았다. 이로써 조선은 일본의 식민지가 되었다.

① 대한매일신보가 창간되어 경부선 철도 부설을 비판하였다.

② 안중근이 하얼빈에서 이토 히로부미를 사살하였다.

③ 신돌석은 강원도 태백산 일대에서 의병을 일으켰다.

④ 금주, 금연 등을 강조하는 국채 보상 운동이 전개되었다.

🎯 **정답 · 해설**

정답 31.④ 32.① 33.①

해설
31. 제2차 영 · 일 동맹은 상대가 어느 한 국가와 교전 시에 다른 국가도 참전하도록 규정했다.
32. (가) 일본은 1989년에 경부선 부설권을 최종으로 확보하였다. (나) 1904년 2월의 한 · 일 의정서이다.
    ㄱ. 1903 ㄴ. 1900 ㄷ. 1909 ㄹ. 1877
33. (가) 1905.9 포츠머스 강화조약 (나) 1905.11 을사늑약 (라) 1910.8
    ① 대한 매일 신보는 1904년에 창간되었고, 경부선은 1904에 완공되어 1905에 개통되었다.

Chapter 02 개화기 경제 · 사회

연표:
- 1882년 조·청 상민 수륙무역 장정
- 1883년 당오전 발행
- 1902년 하와이 이민 시작
- 1904년 보안회 설립
- 1905년 경부선 완공
- 1906년 토지 가옥증명 규칙
- 1907년 국채보상운동
- 1908년 동양척식주식회사 설립

01 열강의 경제 침탈

1 청 · 일의 경제 침탈

(1) 개항 전

① **청** : 조선의 주요 무역국은 청이었음

② **일본** : 공무역, 사무역의 형태로 무역이 일어나긴 했으나 청에 비해 무역의 규모가 작았음

(2) 일본 상인의 독점적 무역

① **계기** : 강화도 조약 이후 일본 상인들은 개항장을 통해 적극적으로 조선과 무역을 하기 시작함. **● 부산, 원산, 인천** 일본 상인들은 치외 법권, 개항장에서의 일본 화폐 유통, 수출입 상품에 대한 무관세 및 제한 없는 양곡 유출 등의 막대한 특권을 활용하여 청을 제치고 조선과의 무역을 독점하다시피 했음

    ● 강화도 조약   **● 조 · 일 수호 조규 부록**

    ● 조 · 일 무역 규칙

② **일본 정부의 지원** : 일본 정부는 각 개항장에 제일국립은행의 지점을 설치하여 일본 상인을 적극 지원함

③ **개항 초기의 중계무역**

  ㉠ **미면 교환 체제** : 일본 상인들은 중계무역으로 영국산 면제품을 조선에 들여와 이것을 쌀, 콩, 소가죽, 금 등으로 교환하여 감

  ㉡ **영향** : 공장식으로 만들어진 값싼 영국산 면제품은 조선의 면직 산업에 악영향을 미쳤을 뿐만 아니라, 일본으로 쌀이 지속적으로 유출되어 조선의 쌀값은 폭등하여 전국적으로 쌀 품귀현상이 일어남.

④ **거류지 무역**

  ㉠ **내용** : 일본 상인들은 조 · 일 수호 조규 부록에 따라 10리로 제한된 상행위 범위 때문에 거류지(조계)에서만 활동할 수 있었음   객주, 여각, 보부상 ●┈┈

  ㉡ **영향** : 때문에 개항 초기에는 그들이 가져온 무역품을 내륙까지 중계해주는 조선 상인들이 엄청난 이익을 얻었음. 그러나 규정된 범위(간행이정)가 점차 확대❶됨에 따라 조선의 중계 상인들의 이익이 줄었을 뿐만아니라 국내 상공업에도 심각한 타격을 줌

(3) 청 상인의 진출

① **조 · 청 상민 수륙 무역 장정** : 임오군란(1882) 이후 조선에서 정치적 · 군사적 우위를 장악한 청은

---

❶ **간행 이정 확대 과정**
- 조 · 일 수호 조규 부록(1876) 사방 10리
- 조 · 일 수호 조규 속약(1882) 50리 (2 년 후 100리)
- 조 · 영 수호 통상 조약(1883) 100 리 → 최혜국 대우에 의해 다른 국가에게도 적용됨

조 · 청 상민 수륙 무역 장정을 체결하여 청 상인의 특권을 보장함

⊙ **일본의 경제 침탈 과정**

강화도 조약(1876)
- 부산 외 2개항 개항
- 치외법권

▼

조 · 일 수호 조규 부록(1876)
- 거류지 무역 설정
- 일본 화폐의 유통 사용

▼

조 · 일 무역 규칙(1876)
- 양곡의 무제한 유출
- 수출입 상품의 무관세(1883년 협정 개정)

▼

조 · 일 수호 조규 속약(1882)
- 거류지 무역 확대
- 양화진 개시

▼

조 · 일 통상 장정 개정 (1883)
- 양곡의 규제, 관세 설정
- 최혜국 대우

㉠ 내용 : 청 상인의 내지 통상권과 개항장, 서울 양화진에 점포 개설을 허용함. 개항장에서 호조를 발급받은 청 상인에 한하여 개항장으로부터 약 100리까지 활동 범위가 확대됨.

㉡ 결과 : 청 상인은 이러한 혜택을 바탕으로 조선에 진출. 청 상인의 자본력에 의한 상권 확대는 일본 상인과 충돌하여 후에 갈등을 야기함

② 조 · 영 수호 통상조약 : 1883년에 조 · 영 수호 조약이 체결되면서 간행이정이 100리로 확대되었고, 조 · 미 수호 통상 조약 이후엔 최혜국 대우 규정이 명시됨에 따라 최혜국 규정을 조약에 넣은 외국 상인들의 내륙 진출이 점차 허용되었음. 그래서 중계 무역을 하던 국내의 많은 객주, 보부상들이 몰락하게 됨

③ **조선의 국내 경제 정책 (1880년대)**

㉠ 보부상의 조직화 : 국가 재정 확보를 위한 목적으로 보부상을 조직화 한 '도임방' 설치함 (1881). 도임방 소속 행상들을 관에서 발급한 소첩을 받아 상행위를 함. 도임방은 혜상공국(1883), 상리국(1885)로 발전하였으며, 이후 대한 제국이 독립협회를 견제하기 위한 목적으로 황국협회에(1898) 소속시켜 관을 대변하게 하는 특수 집단이 되었고 상무사(1899)로 발전함. 이들의 활동은 본 목적을 상실하여 일반 상인의 이익을 침해하는 일을 빈번하게 벌였고, 공진회로 발전하였다가 1904년 혁파됨

㉡ 당오전 발행 : 1883년(고종 20) 국가 재정 확보를 위해 묄렌도르프와 홍순목의 건의로 발행한 화폐. 전환국을 설치해 발행을 시작하여 무기 구입, 배상금 지불 등에 사용하였으나 너무 많은 양을 발행하여 물가 폭등 등의 여러 문제가 발생함. 1894년 7월까지 유통되었음

> ▶ **조 · 청 상민 수륙 무역 장정(1882)**
>
> 이 수륙 무역 장정은 중국이 속방(屬邦)을 우대하는 뜻에서 상정한 것이고, 각 대등 국가간의 일체 균점(均霑)하는 예와는 다르다.
>
> 1조. 상무위원의 파견 및 양국 파원의 처우, 북양대신과 조선 국왕의 위치를 대등하게 규정함
> 2조. 조선에서의 중국상무위원의 치외법권을 인정함
> 3조. 조난 구호 및 평안도 · 황해도와 산동 · 봉천 연안 지방에서의 어채 허용함
> 4-5조. 북경과 한성의 양화진에서의 객잔 무역을 허락하되 양국 상민의 내지 채판을 금하고, 다만 내지 채판과 유력(遊歷)이 필요할 경우 지방관의 허가서를 받아야 함
> 5조. 책문(柵門) · 의주, 훈춘(琿春) · 회령에서의 개시를 허용함
> 7조. 초상국윤선 운항 및 중국 병선의 조선 연해 내왕 · 정박, 장정의 증감은 북양 대신과 조선 국왕의 자회(咨會)로 결정함

(4) **청 · 일본의 경제 침탈**

① 방곡령 : 외국 상인들에 의해 곡물이 지속적으로 외국, 특히 일본으로 빠져나가자 함경도와 황해도에서 곡물의 유출을 막기 위한 방곡령을 선포함. 그러나 일본이 조약과 관련한 근거를 들어 문제 삼아 1889년 이후 실시된 방곡령은 실패로 돌아감

② **국내 중계 상인의 몰락**

㉠ 거류지 무역 붕괴 : 간행이정이 점차 확대되어 청과 일본 상인을 필두로 한 외국 상인들의 활동 영역이 넓어져 국내 중개 상인들이 몰락하기 시작함

ⓛ **상인의 항거** : 외국 상인들의 내륙 진출이 활발해지자 수입품을 취급하던 국내 상인들이 몰락하였음. 서울 상인들은 이러한 상황에 저항하기 위해 시상, 점포 문을 닫고 장시를 하지 않음(철시)

     ⓒ **농촌 경제의 붕괴** : 국내 생산된 곡물이 외국으로 계속 유출되어 물가가 폭등하고 식량이 부족해짐. 영국 등에서 들어온 값싼 면직물은 국내 면 산업을 파괴시키고 전통적인 가내수공업에 타격을 입힘

     ⓔ **금의 유출** : 일본은 자국의 금본위제를 수립하기 위해 국내 금을 대량으로 수입해 감.

  ③ **상인과 지주** : 일부 상인과 지주들은 쌀 수출에 가담하여 돈을 벌고 그 돈으로 땅을 사들여 대지주로 성장함. 이는 지주제 확대라는 결과를 낳음

(5) 청 · 일 전쟁 이후의 경제 변화

  ① **청의 몰락** : 청일전쟁에서 패배한 청은 조선에서의 정치적 · 경제적 이권을 일본에게 완전히 빼앗김.

  ② **일본의 독점** : 일본은 조선에서의 독점적 지위를 얻어 경제 침탈을 가속화함

  ③ **국내 면방직** : 조선에서 면직물의 수요가 많아지자 총수입의 1890년대 초반 총수입에서 면직물이 차지하는 비중이 70%로 압도적 비중을 차지하게 됨. 1890년대 후반부터 일본은 자국에서 생산한 일본산 면제품(소폭목면)을 조선에 판매하여 더 큰 수입을 가져감. 이러한 무역 공세를 견디지 못한 국내 면포 수공업자와 가내 수공업은 몰락의 길을 걷게 됨

2. 열강의 이권 침탈

(1) 이권 침탈

  ① **계기** : 청일 전쟁 이후 일본의 영향력이 커지고, 아관파천 이후 러시아의 영향력이 커지는 등 제국주의 열강의 조선에 대한 이권 침탈이 가속화됨

  ② **열강들의 침투** : 제국주의 열강들은 조선이 각국과 통상 조약을 맺을 때 자신들과 맺은 조약에 없는 내용도 다른 나라와의 조약에 이익이 될 만한 내용이 명시되어 있다면 최혜국 대우 조항을 근거 삼아 덩달아 이권을 빼앗아 감

  ③ **이권 분야** : 이들은 특히 조선의 광산 채굴권, 삼림 채벌권, 철도 부설권에 관심이 많았음

(2) 열강의 이권 침탈 내용(나라별)

  ① **러시아** : 경원–종성 광산 채굴권(1896) , 두만강 · 압록강 – 울릉도 삼림 벌채권(1896)

  ② **일본** : <u>경인선 부설권</u>, 경부선 부설권(1898), 직산 금광 채굴권(1900), 경의선 부설권(1903), 경원선 부설권(1904)
        •1897년 미국에게 양도 받음

  ③ **미국** : 경인선 부설권(1896), 갑산 광산 · 운산 금광 채굴권(1896) , 전등 · 전화 · 전차부설권(1896)

  ④ **프랑스** : <u>경의선 부설권</u>
        •1896년 재정 부족으로 1900년 대한 제국에 환수 된 다음 다시 일본에 양도됨

  ⑤ **영국** : 은산 금광 채굴권(1900)

⑥ 독일 : 당현 금광 채굴권(1897)

■■ 열강의 이권 침탈

철도 부설권	경인선(미→일), 경의선(프→일), 경부선(일)
광산 채굴권	미국(운산), 영국(은산), 일본(직산), 러시아(경원·종성), 프랑스(장성), 독일(당현)
삼림 벌채권	러시아가 독점(압록강, 두만강, 울릉도)
기타	미국(전등·전차 부설권), 일본(연안 어획권 및 하천 운항권)

3. 일본의 경제 침탈

(1) 토지 침탈

① 일본인 토지 소유 인정

　㉠ 강화도 조약 : 개항장 내 토지와 가옥을 임차할 수 있는 권리 허용함

　㉡ 조·영 수호 통상 조약 : 100리 이내의 지역에서 토지와 가옥을 임차할 수 있는 권리 허용함

② 불법적 토지 소유 : 일본인들은 합법적으로 토지를 임차할 수 있는 방법 이외에도 불법적인 방법을 동원해 조선의 토지를 수탈해나감

　㉠ 잠매 : 조선인의 명의를 빌리거나 토지문서에 이름을 비워 놓는 식의 방법 등 불법적으로 획득한 토지문서를 이용해 토지를 구입함

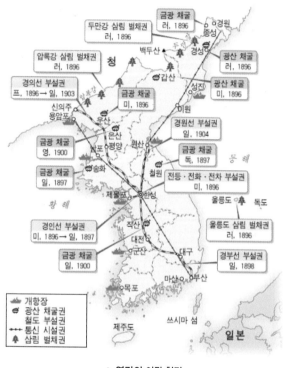
▲ 열강의 이권 침탈

　㉡ 전당 : 특히 흉년이 들었을 때 집이나 토지를 담보로 돈을 빌려주고 돈을 갚지 못하면 담보를 획득하는 방법으로 강제로 토지를 확보해 나감

③ 청·일 전쟁 이후 : 청·일 전쟁 승리 후 강해진 정치, 경제적 권한을 이용해 일본의 상인들의 조선 진출이 본격화됨. 전주·군산·나주 등지의 평야를 중심으로한 토지를 침탈하기 시작함

④ 러·일 전쟁 이후

　㉠ 철도 부지 이용 : 일본은 조선 정부로부터 경인선, 경부선 등 철도를 부설하면서 철도 주변 토지를 반강제적으로 침탈함. 국유지는 무상으로 몰수하고, 사유지도 조선 정부에게 구입을 떠넘겨 무상으로 제공 받음. 철도 부설을 위한 노동력 또한 조선 민중을 동원해 헐값의 노동

▶ 역둔토
운송을 담당하던 역의 경비를 충당하기 위한 역토와 군량미를 마련하기 위한 둔전을 이르는 말. 일본은 역토와 둔토뿐만 아니라 궁방 소속의 여러 국유지를 한 번에 역둔토라는 이름으로 정리하여 자신들의 소유로 정하였으며 1918년 일제의 토지 조사 사업의 결과물로 모든 역둔토를 조선총독부의 명의로 변경하였음

력으로 건설함

　　　ⓛ 군용지 : 일본은 군대 주둔에 필요한 토지를 무상으로 차지하고 주변 지역도 강제로 강탈해감

　　　ⓒ 개간지 : 일본의 조선의 황무지를 개간권을 획득하여 국유 황무지를 자신들의 땅으로 차지했
　　　　을 뿐만 아니라 역둔토도 차지하여 엄청난 토지를 확보함

　⑤ 토지 소유 합법을 위한 법령

　　　㉠ 토지 가옥증명 규칙 (1906) : 외국인의 토지 소유를 합법화

　　　ⓛ 국유지 · 미개간지 이용법 (1907) : 국유지 약탈을 위한 목적으로 제정

❶ 동양척식 주식회사

　⑥ 동양 척식 주식회사❶ : 1908년 서울에 설립되었던 국책 주식회사. 약탈 토지를 관리하고 일본인
　　　의 이주를 장려하기 위한 목적으로 설립하였음. 토지 조사 사업 이후 조선 총독부로부터 국유지
　　　를 헐값에 받아 일본인의 정착과 토지 구매에 유리한 정책을 펼쳤음

> **▶ 칙령 제65호. 토지 가옥 증명 규칙**
>
> 제1조 토지 · 가옥을 매매 · 증여 · 교환 혹은 전당할 때에는 그 계약서에 통수 혹은 동장의 인증을 받은 후 군수 혹
> 　　은 부윤의 증명을 받아야 한다.
>
> 제6조 통수 · 동장 · 군수 및 부윤이 고의 과실로 권리가 없는 자의 청구에 따라 인증 혹은 증명을 시행하거나, 이
> 　　유 없이 인증 혹은 증명을 거절 혹은 지연하거나, 토지 증명부에 부실하게 기재하거나, 또 토지 가옥 증명
> 　　부 열람을 거절했을 때에는, 이로 인해 손해를 받은 자에게 배상의 책임을 진다.
>
> 제8조 당사자 중 한 편이 외국인으로서 이 규칙에 따라 증명을 받은 경우에는 일본 이사관의 사증(査證)을 받되,
> 　　만약 이를 받지 못하면 제2조의 효력이 발생하지 않는다. 당사자의 양편이 외국인으로서 증명을 받고자 할
> 　　때에는 일본 이사관에게 신청하여 일본 이사관이 먼저 해당 군수 및 부윤에게 공문으로 알려 토지 가옥 증
> 　　명부에 기재한 후 증명한다.
>
> 　　　　　　　　　　　　　　　　　　　　　　　　　－《관보》 제3598호, 1906년(광무 10년) 10월 31일

(2) 어업과 광업

　① 어업 : 1889 년 조 · 일 통어 장정으로 조선 영해에서 일본인이 어업이 가능하도록 하였음. 1908
　　　년에는 어업법을 공포하여 조선에서의 어업을 독점하다시피 하였음

　② 광물 : 1906년 광업법을 공포하고 1908년 개정 등을 통해 광산권 양도 및 저당권 설정을 마음대
　　　로 할 수 있게 규정함

(3) 금융 지배

　　일본은 개항 직후부터 개항장에 은행을 설치하고, 러일전쟁 이후에는 조선에 대한 금융지배를
　　본격화 하여 조선의 경제를 좌지우지하였음

　① 은행

　　　㉠ 제일은행 (1878) : 1878년 부산에 최초로 설치된 이후 원산(1880), 인천(1883)년에 차례로 일
　　　　본의 제일은행 지점이 설치됨. 은행 업무 이외에도 관세를 취급하고 일본의 감독 아래에서
　　　　화폐를 발행하는 중앙은행의 역할을 하였음

　　　ⓛ 농공은행 (1906) : 대한제국의 일본인 재정 고문 메가타가 식민정책의 하나로 농업 · 공업의
　　　　개량 · 발달을 위한 자금대부를 표면적 이유로 내세워 1906년 3월에 제정, 공포된「농공은행
　　　　조례」에 의거해 <u>전국 주요 11개 도시</u>에 설립한 지방은행. 원래 설립 의도와는 달리 일본인의
　　　　　　　　　　　　　　　　　　　　　 •평양, 대구, 전주, 진주, 광주 등

정착을 위한 상업 자금 지원이 더 많았으며 이후 조선 식산은행에 흡수됨

　　ⓔ 한국은행 (1909) : 국권 강탈 직전에 중앙은행으로 한국은행을 설립함. 설립 당시의 공칭자본금 1,000만원의 조달을 위한 발행주식 10만주 중에서 3만주를 대한제국 정부가 인수하였음에도 불구하고, 은행 운영을 위한 경영을 모두 일본인들로 구성하였음. 국권 강탈 이후 조선은행으로 개편하면서 더욱 강력하게 금융을 완전히 장악

② 일본의 차관 정치

　　㉠ 청 · 일 전쟁 이후 : 일본은 조세 징수권과 해관세 수입을 담보로 차관을 제공하고 내정 간섭을 시도함

　　㉡ 러 · 일 전쟁 이후 : 화폐 정리 사업과 국내 시설 개선 명목으로 조선에 차관을 강요함

③ 화폐 정리 사업

　　㉠ 메가타❷의 주장 : 일본인 재정 고문 메가타는 조선의 재정 문제의 원인이 화폐 사업에 있다고 보고, 1901년 이용익을 중심으로 한 화폐 조례 제정 및 백동화 발행 작업이 실패한 후 중단된 화폐 개혁을 다시 시작함. 그러나 이는 조선 경제를 위한 것이 아닌 일본의 금본위제에 입각한 일본 제일은행권을 유통시키기 위한 의도였음

> **▶ 화폐교환의 피해**
>
> 일제는 갑오개혁 이후 사용하기 시작했던 백동화의 화폐가치가 일정하지 않다는 명분으로 화폐 정리 사업을 실시함. 백동화 중에서 가장 품질이 좋은 갑종은 일본 제일은행권과 동일한 비율로 교환함 그러나 품질이 중간인 을종은 1/2 이하의 비율로, 가장 상태가 나쁜 병종은 화폐로 인정하지 않았음. 대부분의 조선인 자본가가 소지하고 있던 백동화는 을종과 병종이었기에 피해는 엄청났음. 화폐 정리 사업으로 많은 상인, 민족 자본가, 민족 은행이 재산을 상실해 몰락하는 결과를 가져왔음. 이를 알고 있던 일본인은 미리 병종으로 물건을 구입해 이득을 챙기기도 했음

　　㉡ 대한 시설 세목 (1904) : 일본 화폐 통용 공인, 철도 부설 등에 일본 화폐 사용, 한국의 백동화 주조 금지와 회수를 결정함

> **▶ 〈화폐정리방침〉**
>
> 제1조. 본위 화폐를 금으로 하기 때문에 이전에 발행한 통화는 아래의 각 조에 의거하여 신화폐와 교환하거나 환수한다.
>
> 제2조. 구화 은 10냥은 신화 금 1환에 맞먹는 비율로 점차로 교환하거나 환수한다.
>
> 제4조. 구 백동 화폐의 교환을 끝내는 기한은 만 1년 이상으로 탁지부 대신이 정한다.
>
> 제5조. 교환 기한이 끝난 후에는 그 통용을 금지한다.

⑤ 화폐 정리 사업 결과

　　㉠ 화폐 발행권 : 일본 제일은행권이 본위 화폐가 되면서 정부는 화폐 발행권을 빼앗겼으며 이 과정에서 막대한 빚을 지게 됨

　　㉡ 화폐 가치 손실 : 백동화는 품질에 따라 갑, 을, 병의 3등급으로 나누어 교환액을 달리 정했음. 갑종과 을종으로 판정받은 수량은 1/3에 불과하였으며, 액면가 이하로 교환해 주거나 교환이 거부되기도 함. 백동화를 다량으로 가지고 있었던 부유층이나 상인들은 앉은 자리에서 엄청난 손해를 입었으며 화폐 정리 사업과 함께 전체 화폐 가치의 66.5%가 증발함

❷ 메가타(1853~1926)

일본의 정치가. 일본인 최초의 하버드 로스쿨 졸업생. 1904년 고문정치가 시행된 이후 탁지부 고문으로 임명된 메가타는 이후 대한제국의 화폐인 백동화를 일본 제일은행권 화폐로 바꾸는 화폐개혁을 실시하여 일본에 의한 대한제국의 경제적 예속을 꾀함

ⓒ **정보 부족으로 인한 손해** : 화폐 정리 사업 이전부터 법령 개정을 통해 개정 계획을 알고 있었던 일본인들은 질좋은 백동화만 선별적으로 매수함. 때문에 시중에는 질이 좋지 않은 병종 화폐만 남게되어 피해가 더 커짐

ⓔ **전황** : 백동화의 화폐가치가 급락함과 동시에 새로운 화폐의 제작이 늦어짐에 따라 화폐 유통량이 감소하여 시중에 전황 현상이 발생함. 물가는 하락하고 어음 발행마저 중지되어 상인들과 민족계 은행이 큰 피해를 입었음

ⓜ **엽전 정리** : 엽전을 조세로 받아들이고 이를 시중에 다시 풀지 않는 방식으로 엽전 유통량을 줄여나가기 시작함

> ▶ **백동화와 신화의 교환 규정**
>
> 질이 나쁜 백동화는 바꿔 주지 않는다. 상태가 매우 양호한 갑종 백동화는 개당 2전 5 리의 가격으로 새 돈과 교환하여 주고, 상태가 좋지 않은 을종 백동화는 개당 1전의 가격으로 정부에서 매수하며, 팔기를 원치 않는 자에 대해서는 정부가 절단하여 돌려준다. 단, 형질이 조악하여 화폐로 인정하기 어려운 병종 백동화는 매수하지 않는다.
>
> –1905. 6. 탁지부령 제1호–

⑷ 철도, 전신, 운송

경인선	일본이 1896년 미국의 모스로부터 부설권을 매입 ⇨ 1899년 완공
경의선	1896년 프랑스의 피브릴르회사가 매입했으나 자금난으로 건설 추진 무산됨 ⇨ 대한제국 정부가 민관합작으로 철도 부설 추진 ⇨ 1904년 러일전쟁 때 일본이 군사적 용도로 강제로 경의선 부설을 시작하고 그해 3월 ⇨ 1906년 완공
경부선	일본이 로젠·니시 협정(**1898**)으로 경제적 진출을 보장 받은 뒤 부설권을 획득함 ⇨ 1905년 완공
경원선	일본이 1904년 경원선 부설권 획득 ⇨ 1914년 완공

① **철도 부설권**

② **전신** : 일본은 청일 전쟁 중 서울–부산 간 전신선을 정부의 허가 없이 불법으로 가설함. 또한 서울–의주, 서울–원주를 잇는 전신선의 관할권을 강탈함

③ **해상 운항권** : 해상 운수를 독점하기 위해 연해 및 하천 운항권 강탈

02 경제적 구국 운동

1. 방곡령

⑴ **조선의 상황** 개항 이후 일본의 곡물 반출양이 극도로 증가하자 국내 곡물 가격이 폭등하고 식량이 부족해짐

⑵ **방곡령의 근거** 조선 정부가 잠정적으로 쌀의 수출을 금지하고자 할 때에는 반드시 먼저 1개월 전에 지방관이 일본 영사에게 통고해야 한다는 조·일통상장정 장정 37관의 내용을 근거로 함

⑶ **방곡령 선포**

① **원인** : 외국으로의 쌀 유출이 심화되는 상황과 더불어 1880년 대 말 흉년이 들자 함경도 관찰사

조병식과 황해도 관찰사 오준영이 방곡령을 선포함

② **전개** : 일본은 방곡령을 실시하기 전 아무런 통고도 없었다며 1월 전 통고해야 한다는 조·일통 상장정의 규정을 구실로 방곡령의 철회와 일본 상인의 손해배상을 요구하였음.

③ **결과** : 일본의 항의로 결국 정부는 1893년 함경도와 황해도 거류 일본 상인에게 11만 엔을 지불함

> ▶ **조·일 통상 장정(1883)**
>
> 제 37조. 만약 조선국에 가뭄·수해·병란 등의 일이 있어 국내 식량 결핍을 우려하여 조선 정부가 잠정적으로 쌀의 수출을 금지하고자 할 때에는 반드시 먼저 1 개월 전에 지방관이 일본 영사관 에게 통고해야 한다.

> ▶ **방곡령 선포**
>
> 우리 고을에 흉년이 든 것은 귀하도 잘 알고 있을 것이다. 궁지에 몰리고 먹을 것이 없어 비참하다.
> 곡물이 수출되는 것을 당분간 막지 않을 수 없다. 이에 조·일 통상 장정 제37조에 근거하여 기일에 앞서 통지하 니 바라건대 귀국의 상민들에게 통지하여 음력 을유년 (1885)12월 20일부터 만 한 달 이후부터는 곡물을 이출하 지 못하도록 할 것이다.
> – 동래부사 김학진이 일본 종영사마에다에게 보낸 방곡령 통지서

2. 상권 수호

(1) **원인** 1882년 조·청 상민 수륙 무역 장정 체결 이후 외국 상인의 내륙 진출이 가능해지자 청·일 상인의 국내 상권 침탈이 심화됨.

(2) **과정**

① **1880년 대** : 청상인들과 일본 상인이 경쟁적으로 서울 상권에 진입하자 타격을 입은 서울 상인 들이 점포의 문을 닫고 (철시) 대항함

② **1890년 대** : 국내 상인 보호를 위해 서울 시전 상인들이 황국 중앙 총상회를 조직(1898)하여 대 항함

3. 독립 협회의 이권 수호

(1) **원인** 아관파천 이후 열강의 이권 침탈이 심화되자 독립 협회가 결성(1896)되어 이권 수호 운동 을 벌임

러시아의 절영도 조차 요구 저지	만민공동회를 열어 러시아의 절영도 조차 요구를 저지함
한·러 은행 폐쇄	한국 화폐 발행권, 국고 출납권 등의 이권을 획득할 목적으로 설립 된 한·러은행을 폐쇄시킴
재정 고문 철수	러시아의 재정고문인 알렉세프를 철수시킴
도서 매도 요구 저지	군사 기지를 설치하기 위해 목포, 증남포(진남포) 부근의 크고 작은 섬들을 매도하라는 요구 거절함
독일·프랑스 요구 저지	프랑스와 독일의 광산 채굴 요구 거절함

(2) **한계** 이권 수호 운동의 대상이 러시아에 기울어져 있어서 영, 프, 일 등의 이권 침탈 반대에는 다 소 우호적인 모습을 보여 그들의 제국주의적 침략 의도를 정확히 파악하지 못함

> ▶ 절영도 조차 요구 거절
>
> 부산 절영도에 정부에서 몇 해 전에 각국 거류지를 만들려고 조계를 정하였다. 근일에 아라사(러시아)가 조계를 정한 안에 팔만 미터를 석탄고로 만들려고 정부에 달라 하여, 그동안 공문 왕래가 여러 번 되었다. … 대한 정부에서 임의로 한 나라에게 줄 수가 없는 사정이다.
>
> – 독립신문, 1898. 2. 19. –

> ▶ 한·러 은행 폐쇄
>
> 만약 조선은행과 한성은행 두 곳의 은화와 탁지부의 은을 한·러 은행에 옮겨 두고 …… 전국 납세의 수출을 오로지 관장시킨다면 이는 전국 재정권을 타국 사람에게 양여하는 것이 되고 탁지부는 유명무실하게 되고 따라서 독립 자주의 권리도 잃게 되는 것이다.
>
> – 정교, 「대한계년사」

4. 황무지 개간권 요구 반대

(1) **배경** 러일전쟁의 승리가 거의 확실시 되자 경제적 침탈을 가속화하면서 조선의 국유지와 황무지를 개간하겠다는 요구를 함

(2) **황무지 개간 저지 활동**

① **보안회(1904)** : 일본의 황무지 개간권 요구에 대항하여 보다 조직적이고 지속적인 반대 운동의 필요성이 대두되어 결성됨.

② **농광 회사(1904)** : 일본의 요구에 대항하여 우리 손으로 직접 국내의 황무지를 개간하자는 목소리가 커지면서 설립된 회사. 농광회사는 정부에 개간 특허를 요청하며 활동하려 하였지만 일본의 반발로 본격적인 활동을 하지 못하고 해체됨

③ **결과** : 보안회를 중심으로 한 황무지 개간 저지 운동에 영향 받은 정부가 일본의 요구를 공식적으로 거절함

5. 국채 보상 운동

(1) **원인** 일본은 한국의 재정을 일본 재정에 완전히 예속시키고 식민화를 위해 차관을 반강제로 제공하였음. 제1차 한일협약 이후 재정 고문으로 부임한 메가타는 1906년까지 네 차례에 걸쳐 1,150만 원의 차관을 도입시킬 정도로 노골적인 차관 제공을 함. 그동안 빌린 차관까지 합치면 1,300만원에 달했음

(2) **취지** 일제의 차관 제공 등 경제 예속화 정책 저지하기 위함

(3) **전개 과정**

① **시작** : 1907년 2월 중순 대구의 김광제와 서상돈을 중심으로 국채 보상 기성회가 결성되어 국채를 갚아 나가자는 국채 보상 운동을 전개함. 황성신문, 대한매일신보, 제국신문, 만세보 등은 적극적으로 홍보에 가담하여 전국적으로 이 운동을 알리는 데 기여함

② **단체** : 국채 보상 기성회, 국채 보상 중앙 의무소 (서울), 국채 보상회(평양) , 국채 보상 단연 의무회(옥천군) 등 전국에서 30여개의 단체가 결성되어 운동을 지원함

(4) **모금 운동**

① **모금 참여** : 지위고하, 남녀노소를 막론하고 전국적인 호응과 참여를 이끌어냄. 자본가와 지식인은 물론, 기생, 백정 등의 하층민들도 참여함. 여성들은 반찬값을 절약하자고 하며 비녀, 가락지 등을 기부했고, 금연하여 모은 돈을 기부하자는 흐름도 나타나 고종 황제와 정부 대신들도 금연하였음. 일본 유학생들과 미주와 노령의 교포들도 의연금을 보내왔고, 일부 외국인도 참여함

② **애국 계몽 단체** : 대한 자강회, 기독교 청년회, 서우 학회, 함북 흥학회 등이 운동의 취지에 공감하여 지원함

③ **여성 주도 단체** : 대안동 국채보상부인회(서울), 패물폐지부인회(대구) 등 많은 국채보상부인회가 결성됨

(5) **결과** 일본은 국채보상운동을 이끄는 주체인 대한매일신보 사장 베델을 국외로 추방하려 하고, 모금액의 횡령 혐의로 양기탁을 구속시키는 등의 방법으로 운동의 동력을 끊으려 함. 결국 전 국민의 성원에도 불구하고 국채보상운동은 소기의 목적을 달성하지 못하고 일본의 공작에 휘둘리다 중단됨

(6) **의의** 온 국민의 자발적 참여를 이끌어내었으며 여성과 하층민들도 운동의 주체로서 활동하였음

(7) **한계** 영세한 서민층이 다수 참가한 반면 고급 관료층이나 부유층들의 참여가 거의 없었음

▶ **국채보상운동**

일제의 양기탁 기소
피고 양기탁은 대한매일신보사에 재직하여 동사 사장 영국인 베델과 협의한 후 국채 보상 지원금이라는 이름 아래 성금을 모집하고, 따로 베델과 기타의 사람과 협의하여 설립한 동 지원금 총합소의 일꾼으로 그 회계 사무를 담당하였다. 대한매일신보사에서 1908년 4월 30일까지 모집한 총 금액은 적어도 132,982원 32전으로 인정한다. 그런데 피고는 대한매일신보사에서는 겨우 61,042원 33전 2리를 받아들인 것과 같이 동보 지상에 보고하였다.
– '국채 보상금 비소(費消) 사건 기소문', 〈국채 보상운동의 발단과 전개〉 –

국채 보상 운동
국채 1,300만원을 갚지 못하면 장차 토지라도 잡혀야 되는데 지금 국고금으로는 갚지 못한다. 우리 2,000만 동포가 담배를 석달만 끊고 그 대금을 매달 매인마다 20전씩만 수합하면 그 빚을 갚을 터인데 혹 말하기를 우리나라 사람들이 강단과 열심히 없어 일제히 담배를 끊기 어렵다고 하지만, 우리가 총의를 받는 터에 어찌 힘 안 드는 담배를 석달이야 끊지 못하겠는가. 설사 못 끊는다 하더라도 일원에서 천백 원까지 낼 사람이 많을 터이니 무엇을 근심하리요. 나부터 800원 내겠노라. – 서상돈의 국채 보상 운동 발기 연설, 제국신문 1907. 2.16 –

금연 운동
우리(동경) 유학생으로 말더라도 근800인이라.(중략) 우리는 일제히 담배를 끊어 국채를 만분의 일이라도 갚고자 결심동맹(決心同盟)하였다. – 서우 제6호. 1907.5 –

■ 경제적 구국 운동의 전개

시기	이권 침탈	경제적 구국 운동
1980년대	일본과 통상 조약 체결 이후 지속적인 쌀 유출	방곡령 시행
1898년	외국 상인의 내륙 진출	황국 중앙 총상회의 상권 수호 운동
1898년	열강의 이권 침탈	독립협회의 이권 수호 운동
1904년	일본의 황무지 개간권 요구	보안회의 황무지 개간 철회 요구
1907년	일제의 차관 제공	국채 보상 운동

6. 민족 자본

(1) 민족 자본의 성장 배경

① **외국 상인의 침투** : 외국 상인들의 내지 통상이 본격화되어 국내 상인들의 피해가 심각해짐

② **정부의 진흥책** : 다양한 상회사를 설립하여 상업을 진흥시키고자 함

(2) 상인

① **시전 상인**

㉠ **황국 중앙 총상회** : 1898년 황국 중앙 총상회를 조직하여 상권 수호 운동을 전개함. 이들은 독립협회와 함께 이권 수호 운동, 만민 공동회에 힘을 보탬

㉡ **한성 상업 회의소** : 1905년 시전 상인을 중심으로 민족 상업계의 금융 공황으로부터 구제하기 위해 한성 상업 회의소가 조직됨

② **경강 상인**

㉠ **세곡 운송권** : 경강 상인은 일본 상인들의 세곡 운송권 독점으로 인해 운영에 타격을 입음

㉡ **증기선** : 이에 증기선을 도입하여 일본 상인에게 대항하였으나 세곡 운송권을 다시 빼앗아오지 못함

③ **개성 상인(송상)** : <u>종삼회사</u>를 설립하여 수출입 유통업을 확대함

 ┄┄●인삼의 재배와 판매

④ **객주 · 여각 · 보부상**

㉠ **개항 초기** : 개항 초기에는 거류지 무역으로 외국상인과 중개무역을 하며 이익을 획득함. 그러나 1880년대 중반 이후에는 외국 상인의 내륙 진출이 허용되면서 큰 타격을 입음

㉡ **회사 설립** : 외국 상인과 경쟁하기 위한 방편으로 상인들끼리 힘을 합쳐 회사를 설립하는 경우가 많아짐. 대표적으로 대동상회(평양), 장통회사(서울), 창신상회, 태평상회 등의 상회사가 있음.

(3) 근대적 상회사

① **설립 배경** : 개항 이후 외국 상업 자본이 들어오고, 대한제국의 상공업 진흥 정책 등의 영향으로 상공업에 대한 인식이 깊어져 다양한 기업 설립으로 이어짐

 ●최초의 상회사

② **갑오개혁 이전** : <u>원산 상회소</u>를 비롯해 대동상회, 장통회사 등 40여개의 회사가 설립됨. 아직 주식회사에 대한 개념은 미비했으며 주로 동업자들끼리 자금을 모아 함께 회사를 운영하는 형태였음

③ **식산흥업책 – 대한제국기**

㉠ **근대적 공장** : 황실과 정부 경제 관료 주도로 방직, 제지, 무기 제조 공장 등을 스스로 운영하였음. 자주적 근대 국가 건설을 위해 여러 민간 회사의 설립을 지원하기도 함.

㉡ **철도 부설** : 열강들에 의한 철도 부설권, 광산 채굴권 등의 각종 이권 침탈이 가속화되자 이에 대항하기 위해 기간 산업인 철도 규칙을 제정하고 철도사(1896)를 설치함. 대한제국 정부는 궁내부에 철도원을 설립하여 철도 산업을 감독하고자 했으며, 서북 철도국을 설립(1900)하

여 경의선과 경원선의 철도 부설을 시도했음. 그러나 일본이 러일전쟁 이후 기습적으로 철도 건설을 시작하면서 시행하지 못했음. 민간에서의 노력도 있었는데, 대표적인 인물인 박기종은 부하철도 주식회사를 설립하여 부산-하단포 철도 건설을 시도하였음

- © **상무사** : 1899년부터 1904년까지 활동했던 전국적인 보부상 조직으로서 관의 지원을 받은 특권 어용상인 단체. 외국 상인의 이권 침탈에 대항하기 위해 조직되었지만 그들에게 주어진 특권과 활동이 일반 상인들에게 피해를 끼쳐 1904년 혁파됨

- ② **운수업** : 해상과 육상 운송을 위해 대한협동 우선회사, 인천윤선 주식회사 등의 해운회사 등이 설립됨. 대한제국 정부에서도 광제호, 해룡호 등 증기선을 구입하여 세곡 운반에 효율성을 더하고자 하였고, 관민 합작으로 해운 회사인 이운사를 설립함

④ **발전** : 초기에는 대부분 동업자 조합의 성격으로 시작되었으나 점점 근대적 양식 주식회사가 설립되는 양상으로 바뀜

⑤ **한계** : 대부분의 회사가 외국 상인에게 대항하기에는 자본의 부족을 여실히 드러냈으며, 제도적으로 근대적 금융제도가 갖춰지지 않았으며 경영 방식의 미숙과 일제의 정치적 방해 등으로 오래 존속하지 못하였음

■■ 근대적 회사 설립

운수업	대한협동 우선회사, 인천윤선 주식회사, 육운 회사(서울-인천), 남선 회사(부산)
해운업	이운사, 광리회사, 우편 기선회사, 대한협동 기선회사, 대한 협동 우편회사 등
토건업	대한 국내 철도회사, 대한 경부 철도 역부회사 등
제조업	한상 방적 고본 회사, 항연 합자회사, 신석 연초 합명 회사, 경성 매광회사 등

▶ **상회사의 설립**

요즘은 서양 제국에서는 모두 회사를 설립하여 상인들을 부르고 있는데, 실로 부강의 기초라 하겠다...(중략).....무릇 회사란 여러 사람이 자본을 합하여 농·공·상업 사무를 잘 아는 사람에게 맡겨 운영하는 것이다. 그런데 그 사무가 한 둘이 아니기 때문에 상회의 여러 종류 역시 많다. 또 정부에서 그 사업을 장려하여 날로 발전하게 한 회사도 있다. 그러므로 각국 정부가 어떤 회사가 국가에 이로운 것인지 판단하여 장려하는 방법은 매우 많다. 그 중 가장 중요한 방법이 둘인데, 하나는 정부와 회사가 서로 계약하는 것이다. 만약 회사가 큰 손해를 입거나 자본에서 결손이 나면, 정부가 반드시 결손을 보상하여 사원으로 하여금 항상 자본금을 축내지 않게 하는 것이다.

– 〈한성순보〉 회사설(會社說) –

(4) 산업 자본

① **유기 공업** : 1880년대 정주의 납청 유기 제조 공장과 안성, 전주, 구례, 재령 유기 제조 공장이 대표적. 서울에서는 유기공업과 야철 제조 기술을 바탕으로한 조선유기상회라는 합자회사가 설립되었음. 그러나 1889년부터 일본산 유기와 도자기가 대량 수입됨에 따라 큰 타격을 입음

② **면직물 공업** : 외국산 면직물의 수입으로 국내 영세 면직 수공업은 큰 타격을 받았지만, 대한직조공장, 종로직조사, 한성 제직 회사, 김덕창 염직 공업소 등의 직조 공장이 설립되어 활발한 생산 활동을 하였음 ^{.......●민족 섬유 공업의 기틀 마련}

(5) 금융 자본

① **배경** : 일본 제일 은행 등 일본의 금융 기관 침투와 일본인 고리 대금업 성행으로 민족 은행 설립

의 필요성 커짐

② 민간 은행

조선은행(1896~1901)	전·현직 관료 자본이 중심이된 국내 최초의 민간 은행 국고 출납 업무를 대행함
한성은행(1897)	구 조흥은행, 현 신한은행
대한천일은행(1899)	현 우리은행

③ 한계 : 대부분의 민간은행은 1905년 화폐 정리 사업을 계기로 일본 자본에 예속됨

> ▶ 한성 은행 광고
>
> 본 은행을 중서 광통방 전 교환소를 정하고 자본금은 4,000고까지 한하여 1고에 은화 50원으로 하였사오니 제군자는 입참하시기를 바라오며 식리하는 방법은 타인의 금액을 유변으로 임치도 하며 가권이나 답권외에 금은과 기타 확실한 물건을 저당하고 대금도 하며 가령 상업인이 10,000원에 지하는 물건을 매매할 터인데 자본금이 2,000원뿐이라도 그 물건 저치표를 은행에 전당하면 8,000원을 대여할 터이니 원근 인원은 일체로 앙실하시다.
> 1897년 3월 한싱은행 발기인 〈독립신문〉

03 사회 구조의 변화

1. 평등 사회

조선 후기 상품 화폐 경제의 발달로 양반 중심의 신분 질서가 동요하는 와중에 평등사상을 내세운 천주교의 영향으로 실학자들이 양반·노비 제도의 개선을 주장함. 이러한 사회 분위기는 신분제 철폐[1]와 평등 사상 확산에 큰 영향을 미침

(1) 종교의 영향

① 천주교 : 19세기 중엽 천주교의 전래로 평등의식이 확산됨

② 동학 : 동학이 내세우는 가장 중요한 가치인 인내천 사상은 평민과 천민의 지지를 크게 얻음

⌐⌐⌐⌐⌐⌐⌐●사람이 곧 하늘

③ 개신교 : 선교 수단으로 학교와 의료기관을 설치하면서 들어온 개신교는 한글을 보급하고, 남녀 평등 사상을 보급하는 데 큰 역할을 함.

④ 천부인권 사상 : 유길준의 저서 〈서유견문〉에서 천부인권 사상이 소개됨

⌐⌐⌐⌐⌐⌐⌐●인간의 권리는 하늘에서 부여한 것

(2) 갑신정변

① 내용 : 문벌 폐지, 인재 등용, 인민 평등권 확립, 지조법(地租法) 개정, 행정 기구의 개편 등을 시도

② 결과 : 청의 무력 개입과 대중적 지지 기반 미비로 실패함

③ 한계 : 근대 사회로의 개혁이란 평가를 받지만 소수 급진파가 일본의 지원을 받아 강행한 위로부터의 개혁이었음

① 신분제 철폐 과정

1801	순조, 공노비 6만 6,000여 명을 해방
1851	철종, 신해허통으로 서얼 관직 진출 제한 철폐
1882	서얼과 중인 계층의 고위 관직 진출 제한 철폐
1884	문별 폐지 요구 (개화당) 인민평등권 확립 능력에 따른 관리 임용
1886	노비 세습제 폐지
1894	신분제 폐지 요구(동학농민운동) 법적 신분제 및 노비 제도 철폐(갑오개혁)

(3) 동학 농민 운동

① **내용** : 인간 평등 사상에 기반한 동학 사상이 농민층에게 영향을 주어 동학 농민 운동으로 발전함

② **의의** : 인간 평등과 인권 존중의 <u>반봉건적 사회 개혁을 추구함</u>
              ┈┈┈●노비 문서 소각, 7종 천인의 처우 개선, 청상과부의 재가 허용 등

③ **결과** : 일본과 청의 무력 개입으로 실패로 끝났지만 양반 중심의 전통 신분 질서 붕괴에 영향을 줌

(4) 갑오개혁

① **내용**

신분제 폐지	• 문벌에 따른 차별과 양반 상민 퉁의 계급을 타파하고, 귀천의 구별 없이 인재를 뽑아 등용 • 지금까지 내려온 문존무비의 차별을 폐지 • 공사노비 제도를 모두 혁파하고, 인신매매를 금지
연좌제 폐지	연좌법을 모두 폐지하여 죄인 자신 외에는 처벌하지 않음
조혼 금지	남녀의 조혼을 엄금하여, 남자는 20세, 여자는 16세에 혼인을 허락함
과부의 재혼 허용	과부의 재혼은 귀천을 막론하고 그 자유에 맡김

② **의미** : 신분제 폐지와 봉건적 구습의 타파하려는 노력을 하여 근대적 평등사회의 기틀을 마련함

③ **한계** : 법적으로 차별적 신분제도가 폐지되었지만 특권층뿐만 아니라 일반 민중의 신분 의식은 뿌리 깊게 남아 바로 바뀌는 않았음

(5) 호구 조사 규칙 공포 <u>호적 제도가 개편되어 신분 대신 직업을 기재하도록 함</u>
            ┈┈┈●호구 조사 규칙, 1896

	시행 주기	기본 사항	가족 구조	호주
변경 전	3년 마다	신분, 성명, 년, 본	부계 4조, 처계 4조 기재	호주, 호수 병용
변경 후	매년	직업, 성명, 년, 본,	부계 4조 기재	호주 채택

(6) 독립 협회

① **기본 사상** : 자주 국권, 자유 민권, 자강 개혁 사상을 추구함

② **민권 신장**

㉠ **독립 신문** : 독립신문은 순한글로 발행되어 민중을 계몽하고 외국의 사상과 문물을 소개하며 민권 의식을 성장시키고자 함

㉡ **민권 운동** : 국민의 생명과 재산권 보호 목적를 목적으로 인권 확대 운동을 벌임

③ **근대적 정치** : 독립협회가 벌인 참정권 실현 운동은 입헌 군주제 실현과 의회 설립 운동으로 발전함(헌의6조 건의)

④ **평등 사회 실현 모습**
                      ●현덕호
독립협회가 추구한 평등 사회의 확산은 <u>만민 공동회 회장에 시전 상인의 선출</u>과 <u>관민 공동회에서 천민 출신 백정이 연설을 하는</u> 등의 민권 의식 고양을 이뤄낸 모습을 보여줌
     ┈┈┈●박성춘

> ▶ 독립 협회의 인권 옹호 상소
>
> 어떤 자는 말하기를 백성의 권한이 성하면 임금의 권한이 반드시 줄어들리라 하니, 사람의 무식함이
> … 이보다 심하겠습니까? 만일 오늘날에 이와 같은 민의(民意)가 없다면, 정치와 법률은 따라서 무너져서 어떤 모
> 양의 재앙의 기미가 어디에서 일어난지 모르는데, 폐하께서는 홀로 생각이 여기에 미치지 아니하십니까?
>
> ─〈승정원일기〉

> ▶ 백정 박성춘의 관민 공동회 연설문(1898)
>
> 나는 대한의 가장 천한 사람이고 무지 몰각합니다. 그러나 충군애국의 뜻은 대강 알고 있습니다. 이에, 이국편민
> 의 길은 관민이 합심한 다음에야 가능하다고 생각합니다. 저 차일에 비유하건대, 한 개의 장대로 받치면 역부족이
> 나, 많은 장대를 합하면 그 힘이 공고합니다. 원컨대, 관민이 합심하여 우리 황제의 성덕에 보답하고, 국운이 만
> 만세 이어지게 합시다.
>
> ─ 관민 공동회(민족 기록화)

(7) 애국 계몽 운동

① **활동** : 사회, 교육, 경제, 언론 활동 등 각 분야에서 폭넓게 추진되어 민중에게 민권 의식과 근대 시민 의식을 불어넣음

② **영향** : 애국 계몽 운동의 영향으로 근대적 교육이 활발히 진행되고 근대 지식과 근대 사상의 보편화가 이루어짐

2. 여성의 사회적 변화와 민중운동

(1) 여성의 사회 진출

① **여성 교육**

㉠ 배경 : 근대 문물의 전파로 여성의 사회적 지위에 대한 인식에 변화가 일어남

순성여학교 설립 ●········

㉡ 교육 기관과 단체 : 여권 의식 성장과 여성 교육, 육아 교육의 필요성이 커져 순성회(1898), 찬양회(1898), 여자 교육회(1906) 등이 설립됨

········●여권통문 발표   ········●양규의숙 설립

㉢ 남녀 평등 교육 : 한성 신문에 발표된 '여권통문'의 내용에서 여성이 사회 진출을 위해서는 무엇보다 남성과 동등한 교육이 중요함을 피력함

㉣ 관립 여학교 : 1908년에 고등여학교령이 공포되어 관립여학교인 한성고등여학교를 건립함

② **여성 사회 활동**

여성의 사회 참여는 국권 회복 운동과 만민공동회, 국채보상운동(1907) 등에 적극적인 참여를 하면서 더욱 활발해지고 대중화됨

▲ 박에스더
한국 최초의 여자 미국 유학생이자 여자 의사. 귀국 후 우리나라 최초의 여성 전문 병원인 보구여관에서 환자를 진료하고, 간호 양성소를 건립함

▲ 윤희순
시아버지 유홍석을 따라 의병들의 군자금을 모음

▲ 양복을 입은 고종

> ▶ 여권통문
>
> 어찌하여 오로지 귀먹고 눈먼 병신 모양으로 구습에만 빠져 있느뇨. 이것이 한심한 일이로다. 혹시 이목구비와 사지 오관육체가 남녀가 다름이 있는가. 어려서부터 각각 학교에 다니며 각종 학문을 다 배워 이목을 넓혀 장성한 후에 사나이와 부부 관계를 맺어 평생을 살더라도 그 사나이에게 조금도 압제받지 않고 후대를 받음은 다름 아니라 그 학문과 지식이 사나이에 못지않은 고로 권리도 통일하니 어찌 아름답지 않으리오.
>
> 첫째, 여성은 장애인이 아닌, 남성과 평등한 권리를 갖는 온전한 인간이어야 한다. 여성은 먼저 의식의 장애로부터 해방되어야 한다.
>
> 둘째, 여성도 남성이 벌어다 주는 것에만 의지하여 사는 경제적으로 무능력한 장애에서 벗어나 경제적 능력을 가져야만 평등한 인간 권리를 누릴 수 있다.
>
> 셋째, 여성 의식을 깨우치고 사회 진출 능력을 갖기 위해서는 무엇보다 여성들이 남성과 동등한 교육을 받아야 한다.
>
> 〈황성신문〉

(2) 민중 운동

① **농민의 항거** : 농민들은 쌀을 반출해나가는 등의 일본의 경제적 수탈뿐만 아니라 일본의 철도 건설에 노역을 제공하는 등 각종 고초를 겪게되어 전국 곳곳에서 격렬한 항의가 발생함

② **동학 농민 운동 이후** : 동학 농민 이후 흩어졌던 농민들은 동학당·영학당으로 불리면서 활동을 이어나가다가 활빈당으로 흡수되거나 의병에 참여하여 투쟁을 지속함

③ **활빈당**

구성	동학 농민 운동의 잔여 세력과 을미의병의 잔여 세력, 즉 주로 행상·유민·노동자·화적 등
주장	구민법(求民法) 시행, 토지 균등 분배, 외세 침탈 반대
활동	의적으로 행세하며 친일 관료, 부호, 관청, 장시 등을 습격하여 가진 자들의 무기와 재물을 약탈하고, 일부를 빈민에게 나누어 줌
해산	을사 늑약 이후 일본의 탄압으로 해산되었으나 일부는 의병 부대에서 활동을 지속함

> ▶ 활빈당의 활동
>
> 수십년 이래로 충청 내포(內浦)에는 도적이 없어 밤에 문을 닫지 않더니 근일에 적당 100여 명이 조총과 창을 가지고 요민(饒民)의 가산을 모두 빼앗을뿐더러 간간 부녀를 겁탈…
>
> – '황성신문' 광무 2년 –

3. 생활 모습의 변화

(1) 의생활

① **의복의 변화** : 개항 이후 서양 문물의 도입으로 서양식 의복 문화가 점차 보편화되고 전통 의복이 개량됨

② **남성 의복의 변화**

　㉠ 갑오개혁 : 갑오 개혁 이후 의복이 간소화 됨. 관리들은 좁은 소매 옷을 입는 등 실용성이 개선된 옷차림을 하게 됨.

　㉡ 을미개혁 : 을미개혁 때는 단발령과 함께 상투를 자른 짧은 머리에 양복을 입는 것을 권장함

　㉢ 문관 복장 규칙 : 1900년 이후 황제와 문관들의 복장이 서구식 제복으로 바뀜

　㉣ 일반 남성 : 단발령은 일반 민중의 격렬한 저항을 불러일으켰으며, 그 대다수는 일제 강점기

끼지도 전통의복 양식을 고수함

③ **여성 의복의 변화**

　　㉠ 개화기 : 대부분 전통적인 치마와 저고리를 입음

　　㉡ 개량 한복 : 서양 선교사의 영향으로 치마를 짧게 하여 활동성을 높인 개량 한복이 등장함. 개량 한복은 여학생들의 교복으로 활용됨

　　㉢ 장옷과 양산 : 장옷과 쓰게 치마를 입는 모습이 점차 사라지고 양산을 쓰는 경우가 많아짐

　　㉣ 의복 기능의 변화 : 전통적 의복이 신분을 나타내는 기능을 하였다면 신식 의복은 그 기능을 흐리게 하고 점차 편리함을 중시하는 기능으로 바뀜

▲ 양장한 엄귀비

(2) 식생활의 변화

① **식사법의 변화**

　　㉠ 상차림 : 신분제가 무너지면서 원래 양반들과 남자들이 받던 독상 대신 겸상과 <u>두레상</u> 문화가 나타남

　　　　　　　　　　　　　　　　　　　　한 상에서 여러 명이 식사를 함께 함 ●┈┈

　　㉡ 서양의 식문화 유입 : 서양식 포크와 나이프가 사용되기 시작하였고, 일부 상류층은 커피와 홍차 양과자 등을 즐기는 문화가 확산됨. 개항장과 거류지를 중심으로 소개된 일본과 청의 음식 문화도 식생활 변화에 영향을 끼쳤음

② **보릿고개** : 일본에 의한 곡물 유출과 흉년으로 가을에 추수한 곡식이 바닥나고 보리가 여물기 직전인 5~6월(춘궁기)을 버티기가 매우 힘들어졌음

③ **궁중 음식의 유행** : 1909년 궁중 요리사였던 안순환이 개업한 식당 명월관이 인기를 끌면서 궁중 음식이 일반 인사들도 돈만 내면 맛볼 수 있는 음식이 되었음

④ **서양 음식** : 고종은 1902년 독일의 손탁이 세운 호텔에서 양식을 즐겼다고 함

⑤ **외국 음식** : 개항 이후 중국인들이 국수집을 열어 짜장면과 탕수육 등을 팔았으며, 일본인들은 일본식 요리집을 열고 우동과 어묵 등을 명동(진고개)에서 팔기 시작하여 이들의 음식문화가 전해지게 됨. 그러나 일반 민중의 음식 문화에 큰 영향을 줄 정도는 아니었음

⑥ **식품 공장** : 1874년 계산정미소가 설립되어 도정된 흰쌀이 판매됨. 또한 전통식으로 간장 제조하는 것이 아닌 공장에서 제조되는 간장(왜간장)이 유통되기 시작함. 1872년에서는 전남 완도에서 통조림을 만드는 수산물 가공업이 시작됨.

(3) 주생활의 변화

① **규제 소멸** : 갑오개혁 이후 법적으로 신분제가 철폐된 이후 신분에 따른 가옥의 크기나 건축 유형 규제의 제약 또한 없어지게 됨

② **근대 건물**

　　㉡ 서양식 건물 : 개항장을 중심으로 각국 공사관과 영사관 또는 교회 등이 건설되면서 서양식 건축 양식과 설계를 바탕으로한 건축물이 생기게 되었음

　　㉢ 일본식 건물 : 개항장이나 서울의 일본인 거주지였던 남산에 일본식 목조 건축물❶(적산가옥)이 주로 생겨남.

❶ 순천 옥천동 일본식 가옥

이 건물은 일제강점기에 이 근처에 있던 통조림 공장의 직원 사택으로 건립함. 주변에 같은 구조로 지은 주택이 골목 좌우에 2열로 배치되어 있으며, 내부는 변화하는 생활 방식에 따라 부분적으로 변형되었지만, 박공지붕과 측면의 부섭지붕, 널빤지로 만든 일본식 판벽 등 외관은 예전 모습을 잘 유지하고 있음

▲ 명동성당(고딕 양식)

▲ 덕수궁 석조전(르네상스 양식)

▲ 정동교회(최초의 개신교 교회)

▲ 약현 성당(서양식 벽돌 건물로 지어진 최초의 천주교 성당)

▲ 손탁 호텔(최초의 서양식 호텔)

▲ 덕수궁 정관헌(로마네스크 양식)

4. 국외 이주 동포

(1) 국외 이주

19세기 후반 세도정치로 삼정이 문란해지고 민중의 수탈이 심화되면서 생활고를 벗어나기 위해 국외로 이주하는 사람들이 늘어남.

① 만주(간도)

　㉠ 이주 원인 : 19세기 후반 함경도와 평안도의 주민들이 수탈을 피해 간도 지역으로 많이 넘어감.

　㉡ 결과 : 1900년대에는 한국인들이 모여사는 정착촌이 생기게 되었고, 독립 운동의 전초기지 역할을 함. 1910년대 이후에는 만주 지역의 한인 거주민이 20만 명을 넘어설 정도로 규모가 커짐

② 연해주

　㉠ 이주 원인 : 19세기 후반 함경도의 농민들이 수탈을 피해 연해주 지역으로도 많이 넘어감.

　㉡ 결과 : 러시아는 황무지 개척 목적을 가지고 한인들의 거주를 허가하고 토지를 개간하는 데 활용함. 1900년대에는 간도와 함께 독립 운동의 활동 터전이 됨

> **▶ 간도 이주민의 삶**
> 북간도 관리사 이범윤이 내부에 보고하되, "청나라 군사 400명이 조선인 30명을 묶어서 몽둥이로 두들겨 패고 수탈하며, 재산을 빼앗고 하는 말이 조선 사람일망정 청나라 땅에서 갈고 먹으면서 어찌 한복을 입을 수 있느냐면서 흰 초립을 쓴 자는 빼앗아 찢어 없애고 12명을 붙잡아 가서 머리를 깎고 매사에 협박과 공갈을 하니, 간도의 조선인 민심이 떠들썩합니다."라고 하였다.
> －〈황성신문〉, 1905.3－

③ **미국**

㉠ 이주의 시작 : 주로 정치가나 자본가의 유학 목적으로 미국으로 가기 시작함

㉡ 이민 업무 : 대한제국 정부에서 수민원을 설치(1902)하여 여권 발행등의 이민 업무를 담당하게 함

㉢ 합법적 이민❶ : 1902년 하와이 사탕수수 농장의 농부로 처음으로 합법적 범위에서 많은 수의 한인이 이주함

㉣ 이민의 확대 : 하와이 이주민은 열악한 노동 조건을 견디면서 돈을 모아 도시로 진출하거나 미국 본토로 이주함. 이후 이민의 범위는 점차 확대 되어 멕시코, 쿠바 등지로 이주하여 애니깽 농장에서 노동자로 생활함

㉤ 이민자들의 생활 : 이민자들은 가혹한 노동 조건과 적은 급여에도 불구하고 돈을 모아 본국의 독립운동을 지원했음(대한인 국민회). 또한 한인 사회를 형성하여 학교와 교회 등을 세우는 등의 자치 단체를 만들어 힘든 이민 생활을 견딤

④ **멕시코** : 매우 열악한 환경에서 노예처럼 매맞고 혹사당하며 일을 함

❶ **미주지역의 이주**
한인들이 하와이로 노동이민을 떠난 것은 1902년 12월이고 도착한 것은 1903년 1월이다.

▲ 대한제국 여권

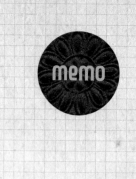

01 | 개화기 경제 · 사회

001 □□□   2016 기상직 9급

화폐의 발행된 시기가 이른 순서대로 나열된 것은?

① 팔방통보 – 해동통보 – 당백전 – 대동폐
② 해동통보 – 팔방통보 – 당백전–대동폐
③ 팔방통보–해동통보–대동폐–당백전
④ 해동통보–팔방통보–대동폐–당백전

002 □□□   2018 교육행정

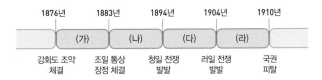

(가)~(라) 시기의 경제 상황으로 옳은 것은?

① (가)-보안회가 일본의 황무지 개간권 요구를 철회시켰다.
② (나)-황국 중앙 총상회가 상권 수호 운동을 전개하였다.
③ (다)-동양 척식 주식회사가 대규모 농장을 경영하였다.
④ (라)-경제 자립을 위한 국채 보상 운동이 전개되었다.

003 □□□   2016 국가직 9급

개항기 체결된 통상협약에 대한 설명으로 옳지 않은 것은?

① 조 · 일 통상 장정(1876)-곡물 유출을 막는 방곡령 규정이 합의되었다.
② 조 · 청 수륙 무역 장정(1882)-서울에서 청국 상인의 개점이 허용되었다.
③ 개정 조 · 일 통상 장정(1883)-일본과 수출입하는 물품에 일정 세율이 부과되었다.
④ 한 · 청 통상 조약(1899)-대한 제국 황제와 청 황제가 대등한 위치에서 조약을 제결하였다.

---

004 ☐☐☐

다음 법령과 관련된 사업에 대한 설명으로 옳은 것은?

> 제2조. 전답·산림·천택·가옥을 매매 양도하는 경우 관계(官契)를 반납한다.
>
> 제3조. 소유주가 관계를 받지 않거나, 저당 잡힐 때 관허가 없으면 모두 몰수한다.
>
> 제4조. 대한 제국 인민 외 소유주가 될 권리가 없고, 외국인에게 명의를 빌려주거나 사사로이 매매·저당·양도할 경우 법에 따라 처벌한다.
>
> ─순창군훈령총등

① 양지아문에서 지권(地券)을 발급하였다.

② 신고주의에 의한 양전(量田)을 추구하였다.

③ 전국의 군현을 대상으로 양전을 완료하였다.

④ 러·일 전쟁으로 인하여 지권 발급을 중단하였다.

005 ☐☐☐

다음의 경제 조치에 대한 설명으로 옳지 않은 것은?

> 제1조 구 백동화 교환에 관한 사무는 금고로 처리케 하여 탁지부 대신이 이를 감독함
>
> 제3조 구 백동화의 품위(品位)·양목(量目)·인상(印象)·형체(形體)가 정화(正貨)에 준할 수 있는 것은 매 1개에 대하여 금 2전 5푼의 가격으로 새 화폐로 교환함이 가함

① 한국 상인들이 경제적으로 큰 타격을 받았다.

② 일본 제일은행이 중앙 은행의 역할을 하게 되었다.

③ 액면가대로 바꾸어 주는 화폐 교환 방식을 따랐다.

④ 구 백동화 남발에 따른 물가 상승이 이 조치에 영향을 끼쳤다.

006 ☐☐☐

다음은 대한 제국 시기에 설립된 어느 회사에 관한 내용이다. 밑줄 친 '이 회사'에 대한 설명으로 옳은 것은?

> • 이 회사의 고금(股金, 주권)은 액면 50원씩이고, 총 1천만 원을 발행하고, 주당 불입금은 5년간 총 10회 5원씩 나눠서 낸다.
>
> • 이 회사는 국내 진황지 개간, 관개 사무와 산림천택(山林川澤), 식양채벌(殖養採伐) 등의 사무 이외에 금·은·동·철·석유 등의 각종 채굴 사무에 종사한다.

① 종로의 백목전 상인이 주도가 된 직조 회사였다.

② 역둔토나 국유 미간지를 약탈하려는 국책 회사였다.

③ 황무지 개간권 요구에 대응하여 설립된 특허 회사였다.

④ 외국 상인과의 상권 경쟁을 위해 시전상인이 만든 척식 회사였다.

🎯 정답·해설

정답 4.④ 5.③ 6.③

해설 4. 양전 지계 사업에 대한 설명이다. ① '지계아문'에서 지권을 발급하였다. ② 토지 조사 사업 ③ 양지아문에서 124군, 지계아문에서 94군의 양전을 시행하였고 이는 전체의 2/3에 해당한다.

5. 주어진 자료는 1905년 재정 고문 메가타가 실시한 화폐 정리 사업이다. 메가타는 1904년 제1차 한·일 협약에 의하여 재정 고문으로 파견되었다. 이 사업에서는 구 백동화를 상태에 따라 차등적으로 교환하였다.

6. '진황지 개간'을 통해 농광회사에 대한 자료임을 알 수 있다.
① 1900년 대한제국의 식산흥업정책에 따라 설립된 종로직조사 ② 1908년 동양 척식 주식회사 ④ 1898년에 시전상인들을 중심으로 황국 중앙 총상회가 만들어졌다. 척식회사는 동양 척식 주식회사의 약칭이다.

다음 중 ㉠에 들어갈 관청의 이름으로 옳은 것은?

> 국교 확대 초기에 개항장을 중심으로 펼쳐지던 일본 상인의 활동 반경이 점차 내륙으로까지 넓어지자 정부와 상인·민인들은 이를 심각히 우려하였다. 또한 국내 교역에서는 관리와 토호의 수탈로 말미암아 행상들이 입는 피해가 극심하였다. 이에 따라 조선 정부는 서구 근대의 회사 조직을 본떠 보부상 조직을 설립하고 이름을 [㉠] (이)라 하였다.

① 혜상공국

② 황국 협회

③ 황국 중앙 총상회

④ 독립협회

⑤ 농무 목축 시험장

다음 자료와 가장 밀접한 역사적 사건으로 옳은 것은?

> 새로 만든 국기를 묶고 있는 누각에 달았다. 기는 흰 바탕으로 네모졌는데 세로는 가로의 5분의 2에 미치지 못하였다. 중앙에는 태극을 그려 청색과 홍색으로 색칠을 하고 네 모서리에는 건(乾)·곤(坤)·감(坎)·이(離)의 4괘(四卦)를 그렸다.

① 김윤식 등이 근대식 무기 제조 기술과 군사 훈련법을 배웠다.

② 김홍집 등이 『조선책략』을 가져와 국제 정세의 이해에 기여하였다.

③ 김옥균 등이 일본에서 차관 교섭을 벌이고 구미 외교 사절과 접촉하였다.

④ 박정양 등이 일본 정부 기관의 사무와 시설을 조사하고 시찰 보고서를 올렸다.

군국기무처가 폐지되고 시행된 제2차 갑오개혁의 내용으로 옳은 것은?

① 교육입국 조서를 반포하였다.

② 종래의 6조를 8아문으로 개편하였다.

③ 경무청을 신설하여 경찰 제도를 도입하였다.

④ 궁내부를 신설하여 왕실과 정부 사무를 분리하였다.

정답·해설

정답 7.① 8.③ 9.①

해설 7. 개항 이후 외국 상인들의 침투가 심화되자 보부상들이 혜상공국(1883)을 만들었다. 이것은 1885년에 상리국으로 개칭되었다가 1898년에 황국 협회의 산하로 흡수되었다.
     ③ 시전상인이 조직 ④ 서재필 등이 중심이 되어 설립한 애국 계몽 단체 ⑤ 보빙사가 근대 농업 기술을 도입하기 위해 1884년에 설치

8. 주어진 자료는 태극기를 처음 만드는 장면을 보여주고 있다. 박영효는 임오군란 직후 일본에 입은 피해에 사과하기 위해 3차 수신사로 파견되었고 이 여정에서 태극기를 처음 만들어 사용하였다. ③ 김옥균은 고문 자격으로 참가하였다.
     ① 영선사 ② 2차 수신사 ④ 조사 시찰단

9. 2차 갑오개혁 당시 고종은 교육입국조서(1895)를 발표하여 근대적 교육의 기반을 세웠다. 이에 따라 정부는 한성사범학교를 세우고, 외국어학교, 소학교, 중학교, 외국어 학교 등의 관제를 마련하였다. ②,③,④ 1차 갑오개혁

01 근대 문물

1 서양 과학 기술

(1) 17세기 개항 이전

① 실학자 : 서양 과학기술에 관심을 가짐

② 청을 왕래하는 사신들에 의해 서양문물 수용

(2) 흥선대원군 집권기

① 정책인 통상수교거부는 유지하지만 서양을 물리치기 위한 방안으로 서양 무기 제조술에 관심을 가짐

② 내용 : 방탄복의 제조, 제너럴 셔먼호를 인양하여 증기 기관 연구 등
    ┈┈┈┈●솜을 여러겹 겹쳐 제작. 신미양요 때 사용

(3) 개항 이후(1880년대)

① 정부

    ㉠ 동도서기론 : 우리의 정신문화는 지키면서 서양의 과학 기술을 받아들이자는 주장으로 정치 체제는 유지하면서 서양의 과학 기술을 수용하여 부강한 국가를 만들고자 함

    ㉡ 내용 : 산업 기술에 관심 ⇨ 기계 도입과 외국 기술자 초빙
        ┈┈┈┈●양잠, 방직, 제지, 광산 등

    ㉢ 근대 시설(1883) : 박문국(신문 발간), 전환국(화폐 주조), 기기창(근대 무기 생산) 설립

    ㉣ 본격적인 근대시설 도입 ⇨ 일본과 청에 시찰단 파견

> ▶ 동도서기론
>
> 군신, 부자, 부부, 붕우, 장유의 윤리는 만고불변의 이치입니다. 그리고 위에 존재하는 것으로 도(道)가 됩니다. 이에 대하여 선박, 수레, 농업, 기계가 백성을 편하게 하고 나라를 이롭게 하는 것은 외형적인 것으로서 기(器)가 되는 것입니다. 신이 변혁을 꾀하고자하는 것은 기(器)이지 도(道)가 아닙니다.
> – 윤선학의 상소, 〈승정원일기〉

② 사절단 파견

    ㉠ 조사 시찰단(1881, 일본) : 국내 반발을 무마하기 위해 암행어사 신분으로 부산에 집결해 일본으로 출항 ⇨ 일본 정부기관, 산업 시설 등을 시찰 ⇨ 담당 분야에서 제출한 보고서가 정부 개화정책을 뒷받침함

    ㉡ 영선사 (1881, 청) : 김윤식과 유학생들을 청에 보냄 ⇨ 청(톈진)의 기기국에서 무기 제조법

및 과학 기술을 배움. 근대 기술에 대한 기본 지식 부족, 충분치 못한 정부 지원으로 1년 만에 돌아옴 ⇨ 기기창 설립(김명균과 톈진에서 같이 온 4명의 기술자들이 삼청동에 설립)

③ 근대 농법

㉠ 조사 사찰단 파견 이후 ⇨ 안종수의 『농정신편』 간행
　　　　　　　　　　　　　　●4권 4책. 우리나라 최초의 근대적 농서

㉠ 보빙사 파견 ⇨ 농무 목축 시험장 도입

㉢ 정병하의 『농정촬요』 간행
　　　　　　　　　●토양과 비료에 중점

(4) 갑오개혁(1890년대) 이후

① 교육의 중요성을 인식으로 근대적 과학 기술을 수용하기 위한 교육제도의 개혁을 시도함

② 갑오개혁 시기 : 교육 입국 조서 반포(1895), 유학생 파견 ⇨ 관립학교의 설립
　　　　　　　　　　　　　　　　　　　　　　　●소학교, 중학교, 사범학교, 외국어학교

③ 대한제국 시기의 기술 교육 기관 : 경성의학교, 철도학교, 광업학교

④ 의의 : 근대 시설 도입, 생활의 변화, 근대 의식 형성에 영향을 줌

⑤ 한계 : 단편적인 기술로 체계적으로 발전하지 못함

2 근대 시설

(1) 근대 문물 수용

① 수신사(일본), 영선사(청), 조사시찰단(일본), 보빙사(미국) 등을 파견하면서 선진 문물 수용하면서 새로운 시설을 만듦

■ 근대시설

분야	근대시설	연도	내용
출판	박문국	1883	최초의 근대적 인쇄소로 관보인 한성순보 발간, 서적 인쇄
	광인사	1884	최초의 민간출판사, 안종수의 〈농정신편〉 간행
화폐	전환국	1883	묄렌도르프 건의로 당오전 유통(1883.3.5.), 1883년 10월부터 전환국에서 발행
무기	기기창	1883	영선사가 파견 계기로 설립 된 근대적 무기 제조 공장
전기	전등	1887	경복궁 건청궁에 최초로 설치·점등, 1901년 궁궐, 상가 등에 영업용 전등이 설치
		1898.1	한성 전기 회사 : 황실과 콜브란의 합작으로 설립하고 발전소를 세움
통신	전신	1885	• 전신 가설권은 조선 정세 파악을 목적으로 청·일 사이에 경쟁이 심함 • 최초 개통(일본,1884) : 부산~나가사키 간 해저 전신선 • 한성 전보 총국(1885) : 청이 조선을 감시하기 위해 만든 기구, 인천~서울~평양~의주 간 서로 전신선을 가설 • 조선 전보 총국(1887) : 조선 정부가 자주적 전신권을 확보하기 위해 설립, 서울~부산 간 남로 전신선(1887), 서울~원산 간 북로 전신선(1891) 가설 • 전보사 : 1896년부터는 조선 정부가 설립한 전보사에서 맡음

	우편	1895	• 우정총국(1884): 근대적 우편사무를 위해 설치 ⇨ 갑신정변으로 중단 ⇨ 을미개혁(1895) 때 부활 • 만국 우편 연합에 가입(1900) ⇨ 여러 나라와 우편물 교환	
	전화	1898	경운궁에 처음으로 설치 ⇨ 1900년에 상류사회 보급	
의료 시설	우두국	1883	지석영이 종두법을 도입하자 각지에 세운 기구, 천연두를 예방, 지석영은 우리나라 최초의 서양 의학서인 〈우두신설〉을 저술	
	광혜원	1885	최초의 근대식 병원, 정부가 설립하고 선교사 알렌이 운영, 2주 뒤 제중원으로 개칭, 서울 의료 선교사 중심으로 왕실 및 일반 평민을 치료함, 의학교 설립하여 근대 의학 교육을 실시, 갑오개혁 과정에서 재정 문제로 미국 선교부로 넘어감	
	위생국	1895	전염병 예방규칙	
	광제원	1900	정부출자 의료기관 ⇨ 대한의원으로 개편(1907)	
	세브란스병원	1904	제중원을 기반으로 개신교에서 설립, 에비슨 설립, 서양식 의료기술 보급과 확산에 기여, 의료인 양성	
	대한의원	1907	광제원·관립의학교·적십자 병원을 강제 통합한 의료기관으로 통감부가 설립하여 의료요원 양성	
	자혜의원	1909	진주, 청주, 함흥 등 전국 10여 곳에 설립한 도립병원	
교통 시설	철도	경인선	1899	최초의 철도로 노량진~제물포 개통, 미국이 착공하고 일본이 완성	
		경부선	1905	일본이 완성, 서울~부산	러·일 전쟁 중 일본이 군사적 목적으로 부설
		경의선	1906	1896년 프랑스에 경의선 부설권이 재정부족으로 1900년 대한제국으로 환수, 이후 군사적 목적으로 일본이 양도 받아 완성	
		기타		마산선(1905), 호남선과 경원선(1914)	
	전차	서대문 ~ 청량리	1899	미국과 황실이 공동으로 한성저기 회사 설립(1898)하여 전차 운행	
근대 건축	프랑스 공사관	1895	바로크 양식	
	독립문	1896	프랑스 개선문 모방, 독립의식 고취가 목적, 독립협회가 건립, 1897년 완성	
	명동성당	1898	고딕 양식의 건축물	
	덕수궁 중명전	1901	러시아 사바틴 설계	
	원각사	1908	최초의 서양식 극장, 이인직 설립, 친일 내용인 신극 공연	
	덕수궁 석조전	1910	르네상스 양식의 건축물, 바로크 양식의 정원	

② 의의 : 민중생활의 개선에 기여

③ 문제점

　㉠ 기술과 관리를 외국인에게 의존 ⇨ 국가 재정에 부담

　㉡ 개화파가 부국강병의 근거로 받아들인 사회진화론이 일본의 침략을 합리화 시켜 외세의 이권 침탈이나 침략 목적으로 이용됨

(2) 언론기관

구분	언론	시기	문체	내용
초기 신문	한성순보	1883~ 1894	순한문	• 박문국에서 10일에 한 번씩 간행한 최초의 근대적 신문, 관보적 성격 • 목적: 정부소식, 외국기사, 교양 등을 국민과 관리에게 국내외 정세를 알려 개화 정책에 이용. 갑신정변의 실패로 박문국이 파 괴되면서 폐간
대한 제국 시기	한성주보	1886~ 1888	국한문 혼용	일주일에 한 번 발행. 최초의 상업광고를 실음, 재정난으로 박문 국이 폐간되면서 같이 폐간 됨(1888)
	독립신문	1896~ 1899	순 한글 영문판	• 서재필이 정부의 지원을 받아 창간 • 목적: 민중의 힘으로 독립 국가 수립 • 최초의 민간신문 • 격일제에서 일간지로 발전 • 한글판: 누구나 읽을 수 있도록 하기 위해, 최초로 띄어쓰기를 사용 • 영문판: 우리나라의 사정을 외국에 알려 국제적 여론을 형성하 기 위해 서구 근대사상과 학문을 전파, 자주독립의식, 근대적 민족의식, 근대적 민권의식 확산에 노력, 화사설립이나 상품과 서적에 대한 상업 광고 실음 • 독립 협회 해산 후에 폐간(1899)
	황성신문	1898~ 1910	국한문 혼용	• 발간: 남궁억, 유근 등 • 대상: 양반 유생층(민족주의 성격) • 일제의 황무지 개간권 요구에 부당성을 지적하고 보안회를 지지 (1904) • 의병운동에 비판적 입장 • 을사늑약(1905) 체결로 장지연의 '시일야방성대곡'을 게재 • 유교 구신론과 구본신참을 주장 • 일제강점 이후 한성신문으로 강제 개편
	제국신문	1898~ 1910	순 한글	• 창간: 이종일, 이승만 • 대상: 서민층과 부녀 • 국채 보상 운동 확산에 기여 • 의병에 부정적, 법률 지식과 풍속 개량을 강조 • 신교육 발달과 실업의 발달을 강조
	매일신문	1898~ 1899	순 한글	• 협성회에서 발간 ⇨ 협성회 회보(주간지) ⇨ 매일신문(최초의 일간지) • 재정문제로 창간 1년 3개월 만에 폐간
	대한매일 신보	1904~ 1910	영문 순 한글 국한문	• 발행: 영국인 베델, 양기탁 • 신민회 기관지 역할을 함, 일제의 침략상을 폭로하여 애국심고 취 • 을사늑약 무효 주장, 고종의 을사조약 무효 친서 게재, 민중의 무장투쟁이나 의병에 호의적, 국채 보상 운동 주도하고 확산에 기여, 장지연의 '시일야방성대곡' 영문으로 게재, 세 종류로 발 행하여 독자층이 넓고 발행 부수가 많음. • 베델 추방, 양기탁 구속 ⇨ 신문지법(1907)으로 활동이 위축 됨
	만세보	1906~ 1907	국한문 혼용	• 발행 : 오세창 ,손병희, 이인직 중심 • 천도교 기관지, 여성 교육과 여권 신장에 관심, 일진회의 국민 신보에 대항, 1907년 재정난으로 이인직에 인수되어 대한신문 으로 개칭 ⇨ 친일적 성향을 가짐
	경향신문	1906~ 1910	순 한글	• 발행: 프랑스 신부 드망주를 발행인으로 하여 통감부의 감시를 피함 • 천주교 권익 보호, 국민 계몽, 교회의 기관지적 성격, 현실 정치 에 소극적, 일본의 한국지배를 인정하는 태도를 보임

대한민보	1909~ 1910	순 한글	• 오세창 중심, 대한협회의 기관지로 친일단체인 일진회가 발행한 국민신보에 대항 • 목표 : 국민사상의 통일과 국력 양성에 노력. 국권 회복 해 일제에 대항
경남일보	1909~ 1914	순 한글	김홍조 중심, 최초의 지방신문
국외발간 신문			• 하와이 : 한인합성신보(1907~1909), 신한국보(1909~1913) • 미주 본토 : 공립신보(1905~1909 신한민보로 개칭), 신한민보(1909년 최초 간행) • 연해주 : 해조신문(1908.2~1908.5), 대동공보(1908~1910) • 민족의식을 높이고 일본 비판 • 국외에서 발행되어 일제의 사전검열을 받지 않아 친일 비판적 내용 ⇨ 국내 유입되면서 국민들에게 영향 ⇨ 1908년 개정된 신문지법에 국내 유입되던 교포신문에 대한 규제도 포함시킴

① 친일 언론

언론	시기	내용
국민신보	1906	이용구, 송병준 중심, 친일단체의 일진회 기관지, 만세보와 대한 민보가 대항. 일진회가 해체된 후 1910년에 폐간
경성일보	1906	통감부의 기관지로 창간, 한·일 합병 이후 총독부 기관지화
대한신문	1907	이인직이 재정난에 시달리던 만세보를 인수하여 창간한 이완용 내각의 친일내각지
매일신보	1910	대한매일신보 폐간 후 창간한 총독부 기관지

② 일제 탄압

㉠ 신문지법(보안법, 1907) : 애국적 언론기관을 통제 ⇨ 신문지법은 대한매일신보 탄압 위해 1908년에 개정

㉡ 애국 계몽 언론들은 일제가 한국을 강점 할 때까지 일제의 침략에 저항 ⇨ 국권피탈과 함께 폐간

3 근대 교육

(1) 근대 교육

1880년 개항 이후 유학 중심의 교육에서 벗어나 인재를 양성하고 근대 학문을 학습, 근대 학교 설립, 근대교육을 보급, 대중계몽을 통하여 자주의식을 높이는 개화운동

① 원산학사(1883)❶

㉠ 설립 : 함경도 덕원 주민들과 개화파 지식인들이 함께 세운 최초의 근대적 사립학교

㉡ 교육내용 : 문예반, 무예반을 모집, 외국어, 자연과학, 국제법 등 근대 학문을 교육

> ▶ 원산학사
> 덕원(원산) 부사 정현석이 장계를 올립니다. 신이 다스리는 이곳 읍은 해안의 요충지에 있고 아울러 개항지가 되어 소중함이 다른 곳에 비할 바가 못 됩니다. 개항지를 빈틈없이 운영해 나가는 방도는 인재를 선발하여 쓰는 데 달렸고 인재 선발의 요체는 교육에 있습니다. 그러므로 학교를 설립하여 연소하고 총명한 자를 뽑아 교육하고자 합니다.
> – 〈덕원부계록〉

---

❶ 원산학사의 근대적 교육 의의

1. 서양인에 의하여 설립된 것이 아니라, 우리나라 사람들의 손으로 설립

2. 정부의 개화정책에 앞서 민간인들이 자발적으로 설립 기금을 모아 설립

3. 외국 세력과 직접 부딪히는 과정에서 혹시 모를 외국세력의 침투를 방어하기 위해 무예반 설립

4. 외국 학교의 모방이 아닌 서당을 발전시켜 근대 학교로 만들어 전통을 계승

5. 교육 교재는 18·19세기 실학자들이 애독하였던 책들이 신서(新書)들과 병용되어 실학적 전통 계승

6. 관과 민이 협력하여 만든 학교

❶ 배재학당

❷ 이화학당

❸ 숭실학교

❹ 국민소학독본

우리나라 최초의 관찬(官撰) 국어 교과서

▲ 한성사범학교 수업 광경

② 동문학(1883)

　㉠ 설립 : 묄렌도르프가 정부 지원으로 설립

　㉡ 교육 내용 : <u>외국어</u> 교육기관으로 통역관을 양성함
　　　　　　　　　　　●영어·일어

③ 육영공원(1886)

　㉠ 설립 : 정부가 설립한 최초의 관립학교

　㉡ 교육 내용 : 헐버트, 길모어, 벙커 등 미국인 선교사 초빙, 상류층 자제들을 대상으로 좌원은 젊은 현직관리가 학생이고, 우원은 관직에 나가지 않은 명문가 자제들임, 영어·수학·지리학·정치학 등 근대학문을 가르침

▲ 육영공원의 수업 모습

④ 개신교 선교사가 세운 학교

　개신교의 선교 목적으로 주로 감리교와 장로교 계통의 개신교가 활동함. 근대 교육과 민족 의식을 고취시키는 데 큰 영향을 끼침

　㉠ 설립 : 배재학당❶(아펜젤러, 1885), 경신학교(언더우드, 1885), 이화학당❷(스크랜턴, 1886), 정신여학교(엘레스, 1887), 숭실학교❸(베어드, 1897) 등의 학교가 설립됨

　㉡ 교육 내용 : 근대적 교육과 의료분야에서 활약

학교	설립	소재지	설립자	특징
배재학당	1885	서울	H·G 아펜젤러	한국 최초의 근대식 중등 기관으로 최초의 개신교 계통의 근대적 학교
이화학당	1886	서울	M·F 스크랜턴	최초의 여성 전문 교육기관
경신학당	1885	서울	H·G 언더우드	최초의 전문 실업 교육기관
정신여학교	1887	서울	A·J 엘레스	서울 정동 제중원 사택에 설립한 사립학교 교사 : 신마리아, 김마리아
정의여학교	1896	평양	감리회	중등 수준의 학교. 북쪽에서 일제시대 1차 조선교육령기에 여자 고등 보통학교로 인정 받은 유일한 학교
숭실학교	1897	평양	W·M 베어드	최초의 지방사립학교. 대학 교육의 시작

⑤ 성균관 정비, 서당은 초등 교육기관으로 정비

(2) **교육입국 조서**

① **추진 기관** : 갑오개혁을 통해 근대적 교육제도를 마련하고 학문아문(1894. 6)을 설치

② **내용** : '국가의 부강은 국민의 교육에 있다.'는 내용으로 고종이 반포, 과거제 폐지, 한성사범학교 관제, 소학교령, 중학교 관제(1899), 외국어학교 규칙(1900), 농상공 학교 관제(1904) 등을 반포

③ **새 교과서** : 『국민소학독본❹』, 『<u>초등본국역사</u>』
　　　　　　　　　　　　　　●초등용 한국사 교과서

④ **한성사범학교(1895)**

　㉠ 소학교에 필요한 교사 양성을 위해 관제를 발표하고 설립(1895.5)

ⓒ 한성사범학교 규칙⑤(1895.7) : 사범학교의 목표와 운영 목표를 구체화 시킴

⑤ 소학교령(1895)

ⓐ 초등교육기관 설립을 제도적으로 마련한 법으로 이에 따라 소학교를 세움

ⓑ 편제 : 심상과(3년제), 고등과(2~3년제), 수업 연한(5~6년)

ⓒ 수업 : 독서, 작문, 외국어, 재봉(여자)

ⓓ 설립 : 서울은 사립학교를 관립으로 승격, 4부 학당에 설립. 지방은 지방 관찰부 소재지

●개화 초기에 근대적 법률 및 경제에 관한 전문교육을 실시

⑥ 기타 학교 : 한성중학교(1900), 법관양성소(1895), 각종 외국어학교, 의학교, 상공학교, 광무학교, 흥화학교(민영환)

광업계통의 실업교육을 실시하기 위해 설립된 관학●

⑦ 찬양회 : 1898년 서울 북촌 부인 중심으로 조직, 최초의 여권 운동 단체, 순성 여학교 설립, 여성 운동의 필요성을 제기함

> ▶ 교육 입국 조서(1895)
>
> 부강하고 독립하여 잘 사는 모든 나라는 다 국민의 지식이 밝기 때문이다. 이 지식을 밝히는 것은 교육으로 된 것이니 교육은 실로 국가를 보존하는 근본이 된다. (중략) 이제 짐은 정부에 명하여 널리 학교를 세우고 인재를 길러 새로운 국민의 학식으로써 국가 중흥의 큰 공을 세우고자 하니, 국민들은 나라를 위하는 마음으로 덕(德)과 체(體)와 지(智)를 기를지어다. 왕실의 안전이 국민들의 교육에 있고, 국가의 부강도 국민들의 교육에 있도다.
>
> – 교육입국조서, 〈고종실록〉

(3) **광무개혁기** 관립 중학교, 기술교육기관

(4) **유학정책(1895)** 관비유학생 선발하여 일본 게이오 의숙에 유학시키고 서구의 신학문을 배우게 함

(5) **사립학교**

① **개신교** : 감리교와 장로교 계통, 1880년 기독교 선교사들의 입국이 계기, 선교를 목적으로 설립되어 근대학문과 민족의식을 높임

② **민간 교육** : 19세기 후반 일부 애국 인사들이 흥화학교(민영환), 청년학원 등의 사립학교 설립, 대한 자강회 교육 활동과 관련하여 국민 교육회가 설립되어 활동함

③ **학회**

ⓐ 민족 교육에 기여 : 대한제국 말 근대학교 설립을 통한 민족주의 교육이 성장은 신민회 등의 정치 · 사회단체와 서북학회⑥, 호남학회, 기호흥학회, 교남교육회, 관동학회 등의 교육구국운동이 바탕이 됨

ⓑ 의의 : 표면상 학회의 외형을 하고 있었지만 실제로는 구국운동을 추구함

④ **민족운동가들의 사립학교 설립**

ⓐ 전개 : 을사늑약 이후 국권회복을 목표로 애국 계몽가들이 설립

ⓑ 주장 : '아는 것이 힘, 배워야 산다'는 구호를 바탕으로 근대 교육이 민족운동의 기반이고 본질이라고 주장함

■■ 사립학교

학교	설립자	설립연도	소재지	특징
흥화학교	민영환	1898.11	서울	영어, 일어, 측량술 교육(서울시 기출 문제에 1895년 설로 출제된 적이 있음)
순성여학교	찬양회	1899.2	서울	우리나라 여성들이 설립한 최초의 사립 여학교. 재정 문제로 같은 해 12월 폐교
점진학교	안창호	1899	평남	최초의 남녀공학 학교
보성학교	이용익	1905	서울	이용익 건립, 손병희 인수, 1932년 김성수 인수(현 송파구 방이동)
양정의숙	엄주익	1905	서울	졸업생 : 박상진(대한 광복회 총사령), 백산 안희제. 사립 법학 전문학교
휘문의숙	민영휘	1906	서울	고종이 직접 하사 (현 강남구 대치동)
진명여학교	엄준원	1906	서울	여성 교육을 통한 국권 회복이 목적 (현 양천구 목동)
숙명여학교	엄귀비	1906	서울	졸업생 무용가 최승희 (현 강남구 대치동)
서전서숙	이상설	1906	북간도	국외 항일 교육기관, 1907년 폐교. 1908 명동학교로 계승
중동학교	오규신 유광렬 김원배	1906	서울	관립, 한성 한어 학교 내 교실을 차용, 야학 설립. 1914년 폐교 위기 시에 최규동이 사유 가옥을 차용하여 이전, 발전
오산학교	이승훈	1907	평북 정주	조만식·홍명희 등이 교사로 참여 사관학교 역할, 신민회와 관련
대성학교	안창호	1908	평양	군사교육 실시, 일제의 탄압으로 1회 졸업 후 폐지, 신민회와 관련. 졸업생들이 기성단과 자립단 등 비밀 결사 조직
신흥강습소	이시영	1911	서간도 (남만주)	독립군 양성을 위한 군사학교, 신흥무관학교로 발전, 신민회와 관련

❶ 보성학교

⑤ 대학

　　　　　　　　　　고려대학교의 전신 ●┄┄┄┄┄　　　　　　　●연세대학교의 전신

일제가 대학 인가를 주지 않아 보성전문학교❶(1905), 연희전문학교(1915)등의 전문학교와 규모가 큰 사립학교에 설치한 전문학부나 예과가 대학의 역할을 함. 숭실학교는 중학교 교과 과정에 2년의 학제를 더해 전문학부 설치했으며, 이화학당, 경신학교 등에 대학부 설립하여 고등 학문을 가르침

(3) 일제 탄압

① **보통학교령(1906)** : 관공립 소학교 6년제 ⇨ 4년제 보통학교로 개편

② **사립학교령(1908)** : 사립학교의 시설, 교직원 및 운영에 등에 관한 규칙. 엄격한 학부대신의 인가와 학부 검정제 등의 규제 간섭으로 민족의식을 높이기 위해 설립한 사립학교 운영이 일본에 의해 통제 당함

　㉠ 교과용 도서 검정규칙(1908) : 애국지사들이 편찬한 『유년필독』과 같은 민족주의적 교과서 사용 금지

　㉡ 을사늑약 이후 일제는 학교에 일본인 교사 배치, 일본어를 국어로 가르침

③ **학회령** : 서우 학회, 호남 학회 등의 학회 형태의 민족 운동 단체를 탄압함

▶ 사립학교령

제2조 사립학교를 설립하고자 하는 자는 학부대신의 인가를 얻어야함
제10조 학부대신은 사립학교의 폐쇄를 명할 수 있음
제11조 설립 인가를 얻지 않고 학교 사업을 하는 자에 대해 학부대신은 그 사업의 금지를 명할 수 있음

— 사립학교령

02 국학 연구

1. 국사

(1) 국학

① 배경

㉠ 18세기 실학파의 민족의식 근대 시향의식 ⇨ 개화사상 ⇨ 대한제국 말 근대적 민족주의로 연결

② 연구 목적 : 을사늑약 이후 민족의식 고취, 민족 문화 수호, 민족의 주체성 확립

(2) 국사

① 위인전 : 계몽사학자들이 애국심과 민족의식을 고취하기 위해 구국위인들의 전기를 저술

㉠ 박은식❶ : 신문, 잡지를 통해 역사의식을 일깨움, 『동명왕실기』, 〈연개소문전〉 등 고구려 기개를 높이 평가

㉡ 신채호❷ : 『을지문덕』, 『동국거걸 최도통(최영)전』, 『이순신』 등 애국 명장의 전기를 저술하여 애국심을 고취, 우리나라 영웅 위인들이 지은 한시를 번역하여 『천희당시화』 간행

② 외국 역사서 : 『미국 독립사』, 『월남 망국사』, 『이태리 건국 삼걸전』 등 외국의 건국이나 망국의 역사를 소개 ⇨ 민족의 독립 의지와 역사의식 고취

③ 일제 침략 비판

㉠ 황현 : 『매천야록』, 국권피탈에 대한 절명시를 남기고 자결

㉡ 정교 : 『대한계년사』, 일제의 침략을 비판하며 조국의 독립을 강조

㉢ 신채호 : 『독사신론』, 대한매일신보에 게재, 민족주의 사학의 방향을 제시함, 유교적 역사인식 극복, 일제의 식민사관 비판, 위인전 등을 저술

㉣ 현채 : 『동국사략』, 아동용 교과서로 사용된 『유년필독』 저술, 『월남망국사』 번역하여 저술

⋯⋯⋯●출판법(1909)의 박해를 받아 금서로 지정, 압수당한 서적 중 가장 많은 부수를 차지함

(3) 조선 광문회(1910)

① 설립 : 박은식, 최남선이 실학자의 저서나 민족 고전을 정리·간행

② 저서

㉠ 역사서 : 『삼국사기』, 『삼국유사』, 『동국통감』, 『발해고』, 『동사강목』 등

㉡ 민족의 고전 : 『춘향전』, 『심청전』 등

❶ 박은식

조선 말기, 일제강점기의 학자, 언론인, 독립운동가. 〈대한매일신보〉와 〈황성신문〉을 비롯하여 다수의 신문과 잡지들에 많은 나라를 위한 논설을 쓰고, 애국계몽사상가로서 커다란 영향을 끼침. 또한 역사 저술 활동도 활발히 하였는데, 민족주의적 역사관 서술을 기반으로 〈한국통사〉, 〈한국독립운동지혈사〉를 저술함

❷ 신채호

조선 말기, 일제강점기의 역사가, 언론인, 독립운동가. 한말 애국계몽운동에 힘썼으며, 항일비밀결사인 신민회조직에 참여함. 또한, 〈조선상고사〉, 〈독사신론〉 등의 그의 역사 저술 활동은 우리나라 근대사학 및 민족주의사학의 출발로서 평가됨

(4) 교과용 도서

① 간행 : 갑오개혁 과정에서 사범학교와 소학교 건립 ⇨ '본국사'과목 설치 ⇨ 교과용 도서가 필요 해짐

② 1895년 : 『조선역사』, 『조선역대사략』, 『조선약사』 간행. 학부가 주도하여 편찬

③ 1899년 : 김택영 『동국역대사략』, 『대한 역대사략』, 현채 『동국역사』

(5) 개인 역사서

① 1902년부터 교과용 도서를 겸한 역사서가 많이 서술 됨

② 정교

ㄱ 『대한계년사』 : 고종즉위부터 국권피탈까지 기록함.

ㄴ 『대동역사』 : 중국을 '중화'로 표현하던 데서 벗어나 지나(支那)라고 서술하는 등 자주성을 강 조함

③ 김윤식

▶ 구한말 3대 사찬사서
〈매천야록〉 황현
〈대한계년사〉 정교
〈음청사〉 김윤식

ㄱ 『음청사』 : 1887년~1921년까지 김윤식이 작성한 일기를 일제 강점에 간행

ㄴ 『속음청사』 : 『음청사』를 광복 후에 다시 간행함

④ 황현

ㄱ 『매천야록』 : 편년체, 1864년(고종 1)~1910년까지의 역사를 기록함

ㄴ 1910년 국권피탈 소식을 듣고 절명시를 남기고 자결

⑤ 민족주의 역사학의 방향 제시

ㄱ 민족주의 사학자 : 신채호, 박은식, 정인보, 문일평, 최남선 ⇨ 왜세에 의한 한국사 왜곡에 대 항하는 관점에서 역사를 평가함

ㄴ 신채호의 『독사신론』 : 근대 민족주의 역사학의 연구 방향을 제시, 민족주의에 입각한 한국사 체계를 구축. 대한 매일신보에 실음

▶ 박은식 〈한국통사〉

혼(國魂)은 살아있다. 국교(國敎) 국학(國學) 국어(國語) 국문(國文) 국사(國史)는 국혼(國魂)에 속하는 것이요, 전곡 (錢穀) 군대(軍隊) 성지(城池) 함선(艦船) 기계(器械) 등은 국백(國魄)에 속하는 것으로 국혼의 됨됨은 국백에 따라서 죽고 사는 것이 아니다. 그러므로 국교와 국사가 망하지 아니하면 국혼은 살아 있으므로 그 나라는 망하지 않는다.

– 박은식 〈한국통사〉

▶ 〈독사신론〉

금일에 민족주의로 전국의 완고한 꿈을 깨게 하며 국가 관념으로 청년의 새로운 뇌를 만들어 우수한자가 살고 열 등한자가 망하는 십자거리에서 어깨를 나란히 하여 한가닥 아직 남아있는 국맥을 보존코자 할진대 역사를 빼고는 다른 방법이 없다고 할지니 역사를 쓰는 사람은 먼저 민족의 형성 과정을 적고, 정치는 어떻게 번영하고 어떻게 쇠 퇴하였는지, 산업은 어떻게 융성하고 쇠퇴하였는지, 무공(武功)은 어떻게 나아가고 물러갔으며, 그 문화는 어떻게 변화하였으며, 다른 민족과의 관계는 어떠하였는지를 서술해야 한다. 만일 민족을 주제로 한 역사 서술이 이루어 지지 않는다면, 이는 무정신의 역사라.

– 신채호 〈독사신론〉

---

(6) 외국인의 저서

① 그리피스

    ㉠ 일본 도쿄대학의 교수로 있으면서 일본사 연구하다가 고대부터 일본에 중대한 영향을 준 조선사 연구를 함

    ㉡ 『은둔의 나라 한국, 1882』 간행

② 헐버트

    ㉠ 육영공원의 교사, 헤이그 특사 건의, 현재 양화진 외국인 묘지에 묻힘

    ㉡ 저서 : 『한국사』, 『대동기년』, 『조선최근사』, 『대한 제국 멸망사』, 『<u>사민필지(지리)</u>』, 『초학지지(지리)』
                                               ●최초의 순한글 교과서

③ 량치차오(양계초)

    ㉠ 중국의 사회 진화론자, 조선을 속방으로 보는 관점을 가졌음

    ㉡ 『일본 병탄 조선기』 : 청·일 전쟁 이후 조선의 망국 과정을 담은 책

④ 메켄지 : 영국기자, 『조선의 비극』, 의병 활동을 소개한 『자유를 향한 한국의 투쟁』 저술

⑤ 메티 윌콕스 노블 : 미국 여성 선교사, 1892 ~ 1934년 사건을 담은 『노블일지』 저술

⑥ 이사벨라 버드 비숍 : 영국 지리학자, 여행기인 『조선과 그 이웃나라들(1897)』 저술

(7) 의의와 한계

① 의의 : 민족의식과 독립의지를 고취시킴

② 한계 : 근대적 연구 방법에 앞선 일본의 한국사 연구가 무비판적으로 수용됨

2 국어

(1) 어문 민족주의

① 민족과 언어의 관계 강조 ⇨ 국어와 국문 연구 활발

② 한글을 국문으로 하는 언문일치 ⇨ 민중의 실력을 키우는 애국 계몽 의식으로 나타남

(2) 국한문 혼용체

① 보급 : 갑오개혁 때 공·사 문서에 국한문 혼용을 제도화 시킴, 국한문이 함께 사용된 교과서 발행 ⇨ 언문일치의 문자 생활이 가능해짐

② 간행물 : <u>국한문 혼용 신문</u>, 유길준의 『서유견문』(1895년 출판)
                    ●한성주보, 황성신문 등

(3) 순한글

① 신문 : 『독립신문』, 『제국신문』, 『대한매일신보』 등. 독자층 확대에 기여

(4) 국문 연구

① 배경 : 국한문이 혼용되고 한글 전용이 확대됨 ⇨ 우리말 표기법 정리의 필요성이 대두됨

② 단체

    ㉠ 국문 동식회(1896) : 주시경 중심, 독립신문의 철자법 통일에 힘씀

ⓒ 국문 연구소(1907) : 학부의 산하 기관, 주시경, 지석영 중심. '국문 연구 의정안'을 통해 문자 체계와 표기법 통일안을 마련하는 등 국어 체계 확립에 기여함 ·····●1909, 공포되지 못함

ⓒ 국어 연구 학회(1908) : 김정진, 지석영 주도, 조선 언문회 ⇨ 조선어 학회의 모태

ⓔ 서적

서적명	시기(년)	저자	특징
조선문전	1897	유길준	최초의 국어 문법서, 8품사 정리 → 1909 〈대한문전〉으로 개고
국문정리	1897	이봉운	최초의 국문법 연구서, 사전의 필요성 강조
신정국문	1905	지석영	대한 제국이 공포한 국문 개혁안(지석영의 '대한국문설' 상소를 승인)
국어문법	1910	주시경	국어 문법서
말모이	1911	주시경	조선 광문회 소속의 주시경이 주도하여 만든 최초의 현대적 국어 사전, 일제의 방해로 발행 중단
말의 소리	1914	주시경	문법서

(5) 국어사전

① 국한 문신옥편(1908) : 정익로, 자전

② 자전석요(1906 집필, 1909 간행) : 지석영, 자전. '규장전운'과 '전운옥편' 참고

③ 초등국어어전(1909) : 김희상, 국어사전

(6) 의의와 한계

① 의의 : 애국 계몽 운동의 일환으로 민중들에게 민족 의식을 심어주고 사회 전반에 근대 의식을 전파하는 데 기여함

② 한계 : 정치적으로 어려움을 겪고 있는 상황에서 전개 ⇨ 학문적으로 깊게 연구하기 힘들었음

> ▶ 주시경의 국어 연구
> 전국 인민의 사상을 돌리며 지식을 다 넓혀 주려면 불가분 국문으로 저술하며 번역하여 남녀를 물론하고 다 쉽게 알도록 가르쳐 주어야 될지라. 영국, 미국, 프랑스, 독일 같은 나라들은 한문을 구경도 못하였지만 저렇듯 부강함을 보라. 우리 동방도 사천여년 전부터 개국한 이천만 중 사회에 날로 때로 통용하는 말을 입으로만 서로 전하던 것도 큰 흠절이어늘 국문 난 후 기백년에 사전 한 권도 만들지 않고 한문만 숭상한 것이 어찌 부끄럽지 아니하리오. 지금 이후부터는 우리 국어와 국문을 업수이 여기지 말고 힘써 그 문법과 이치를 탐구하며, 사전과 문법과 독본들을 잘 만들어 더 좋고 더 편리한 말과 글이 되게 할뿐 아니라, 우리 온 나라 사람이 다 국어와 국문을 우리나라 근본의 주장 글로 숭상하고 사랑하여 쓰기를 바라노라.
> – '서우', 제2호(1907. 1.)

03 문학 · 예술 · 종교

1 문학

(1) 전통 시가

① 한문시 : 전통적인 형식 + 새로운 경향 ⇨ 서양 문화의 영향을 받아 자유, 평등, 민주주의 등을 담음

② **국문시** : 대체로 조선 후기 가사의 형식을 따른 4 · 4조의 <u>애국 시가</u> 등장

·······●자주독립과 문명개화를 주장하고, 친일 세력을 비판

(2) 신체시

① **성격** : 고정된 운율에서 어느 정도 벗어난 전통 시가와 근대시의 과도기적 형태

② **최남선의 '해에게서 소년에게'❶**

　㉠ 신체시의 효시

　㉡ 어린이 잡지 〈소년〉의 창간호(1908)에 발표됨

③ **신채호의 '천희당시화'**

　㉠ '대한매일신보'에 연재한 문학비평문

　㉡ 국문시가의 중요성과 민족의 주체성을 강조함

(3) 신소설

① **성격** : 고전 영웅 소설의 구조를 완전히 벗어나지는 못했으나 고대 소설에 비해 변화한 <u>과도기적 소설</u>

이인직의 〈혈의 누〉에서 신소설이라는 명칭을 처음으로 사용함 ●·······

② **형식** : 순한글 구어체에 가까움 ⇨ 언문일치

③ **내용**

　㉠ 주로 개화기를 시대적 배경으로 함. 민족의식과 자주독립 의식을 확산시킴

　㉡ 당대 현실 비판 : 봉건적 윤리 배격, 계급 및 신분, 미신 타파 주장, 평등 의식 강조

　㉢ 계몽적 성격 : 신사상과 신문물을 주제로 하여 신식 교육의 필요성 역설, 남녀평등 및 여권 신장 강조, 자유연애 및 결혼 등의 내용을 담음

④ **대표작**

작가	작품명	특징
이인직	혈의 누	최초의 신소설로 1906년부터 '만세보'에 연재, 자유 결혼 주장
	은세계	신교육의 필요성을 역설하고 부패한 관료를 비판
	치악산	하급 계층의 비판 의식, 신교육의 중요성, 고부 갈등 등을 담음
이해조	자유종	토론 형식의 정치 소설, 부국번영, 자주독립, 여권 신장 등의 내용을 담음
안국선	금수회의록❷	동물들의 토론을 통해 인간사회의 모순과 비리를 풍자한 우화소설
김교제	치악산 등	이인직의 '치악산' 하권 완성

⑤ **한계**

　㉠ 구소설을 탈피하지 못함 : 권선징악 중시 등

　㉡ 반민족적 성향 : 문명개화를 중시한 나머지 일본을 예찬하거나 일제의 정치적 홍보에 이용되기도 함

　㉢ 흥미에 치중 : 통속적인 재미에 치우치기도 함

❶ **해에게서 소년에게**

처-ㄹ썩, 처-ㄹ썩, 척, 쏴-아.

따린다, 부슨다, 문허바린다.

태산 같은 높은 뫼 집채 같은 바윗돌이나

요것이 무어야, 요게 무어야.

나의 큰 힘 아나냐 모르나냐 호통까지 하면서

따린다, 부슨다, 문허바린다.

처-ㄹ썩, 처-ㄹ썩, 척, 튜르릉, 콱.

......

– '소년' 창간호(1908)

❷ **금수회의록**

> **▶ 이인직의 〈혈의 누〉**
> 옥련이 조선 부인을 교육할 마음이 간절하여 구씨(구완서)와 함께 혼인 언약을 맺으니, 구씨의 목적은 공부를 힘써 하여 귀국한 후에 우리나라를 독일국과 같이 연방도를 삼되, 일본과 만주를 한데 합하여 문명한 강국을 만들고자 하는 비사맥(비스마르크) 같은 마음이요, (중략) 구완서와 옥련이가 나이 어려서 외국에 간 사람들이라 조선 사람들이 이렇게 야만되고 용렬한 줄은 모르고, (중략) 기쁜 마음을 이기지 못하고 있는 것은 제 나라 형편을 모르고 외국에 유학한 소년 학생의 의기에서 나오는 마음이라.

> **▶ 안국선의 〈금수회의록〉**
> 지금 세상 사람들은 하느님의 위엄을 빌려야 할 터인데, 외국세력에 의뢰하여 몸을 보전하고 벼슬을 얻으려 하며, 타국 사람에게 빌붙어 제 나라를 망하게 하고 제 동포를 압박하니, 그것이 우리 여우보다 나은 일이오? 각국은 하느님의 위엄을 빌려서 도덕으로 평화를 유지해야 할 터인데, 오로지 병장기의 위엄으로 평화를 보전하려 하니, 우리 여우가 호랑이의 위엄을 빌려서 제 몸 죽을 것을 피한 것과 비교할 때 어떤 것이 옳은 일이오?

(4) 외국 문학

① **대표작** : 〈성경〉, 〈로빈슨 표류기〉, 〈걸리버 여행기〉, 〈이솝 이야기〉, 〈천로역정〉, 〈빌헬름 텔〉 등이 번역되어 읽힘

② 신문학 발달과 서구 문화의 유입 및 이해에 기여함

(5) 기타 문학

① **전기 소설** : 박은식의 〈서사건국지〉, 장지연의 〈애국부인전〉 등

② 박은식의 〈몽배금태조〉 (몽유록, 역사소설) 등

2 예술과 종교의 변화

(1) **신공연** 판소리(전통 공연) ⇨ 창극(중국의 경극, 일본의 신파극의 영향) ⇨ 신극

① **전통 공연**

ⓐ **민속 가면극** : 서민들 사이에서 널리 성행함

ⓑ **판소리** : 신재효가 판소리 여섯 마당을 정리함
    ┄┄┄┄●춘향가, 심청가, 흥부가, 변강쇠 타령, 수궁가, 적벽가

ⓒ **창극** : 여러 사람이 배역을 나누어 판소리를 부르는 것. 최초의 국립극장 협률사(1902)에서 대중적으로 공연함

② **신극(신연극)**

❸ 원각사

ⓐ **원각사(1908)❸** : 최초의 서양식 극장. 협률사가 폐쇄된 이후 이인직이 주도하여 개장되었고 '은세계', '치악산' 등이 공연됨. 1909년 11월 재정 문제로 폐관 ⇨ 1914년 불에 타 소실됨

ⓑ **신극** : '은세계'가 공연되면서 창극과 구별하여 신연극이라 칭함. 신극은 문명개화를 주제로 삼고 친일적 성향이 짙어 큰 인기를 얻지 못함

(2) **음악**

① **전통 음악**

ⓐ **전통 악사** : 판소리, 창극 등을 공연하며 생계를 꾸림.

ⓑ **궁중 음악(제례 음악)** : 이왕직 아악부에서 명맥을 이어감

② **서양 음악**

　㉠ **찬송가** : 크리스트교가 수용되고 찬송가가 알려지면서 서양 근대 음악이 퍼짐

　㉡ **군악** : 1880년대에 이은돌이 일본에 유학하여 군악 습득, 1900년에 군악대가 창설되어 군악 도입. 독일 해군 음악단 소속 프란츠 에케르트가 고종의 초빙으로 들어와 군악대를 훈련시키고 애국가를 작곡함(1902)

③ **창가❶** : 서양 음악에 우리말 가사를 붙인 신식 노래. 독립가, 권학가, 애국가, 학도가 등이 대표적으로, 대체로 **계몽적인 목적**에서 성행함. 사립학교에서 창가 수업 실시 ⇨ 민족의식과 독립의식 고취에 기여 ·········●독립신문의 애국가 짓기 캠페인 등

④ **애국가** : 공식 국가로 최초에 제정된 것은 독일인 에케르트의 애국가 ⇨ 스코틀랜드 민요에 윤치호가 쓴 가사를 붙인 애국가가 불림 ⇨ 1936년 이후 안익태가 작곡한 곡이 불림

(3) **미술**

① **유화** : 서양 화가들에 의해 서양 화풍이 소개되고 서양식 유화가 도입됨

② **전통 회화** : 문인 화가들(김정희 계통)에 의해 전통 회화가 발전함

③ **시사만평** : 이도영이 '대한민보'에 일제를 비판하고 친일 세력을 풍자하는 만평을 게재함(1909년 최초의 신문 만평을 발표함)

④ **작가** : 도화서가 폐지된 후 화가들은 독립적으로 활동함

　㉠ **장승업** : 전통적 회화에 근대적인 입체적 음영법을 도입하는 등 우리나라 근대 회화의 토대를 이룸

　㉡ **안중식** : 장승업의 화풍 계승, 조선 후기 회화를 근대적으로 이행시키는데 큰 몫을 함

　㉢ **고희동** : 서양화를 최초로 도입함

　㉣ **이도영** : 안중식의 문하생. 근대적 미술 교육과 전람회 제도의 도입에 선구적인 역할을 함

(4) **종교**

① **천주교**

　㉠ **신앙의 자유 허용** : 조 · 프 수호 통상 조약(1886)

　㉡ 사립학교(약현학교 등), 양로원, 고아원 등 설립, '경향신문'을 발행하는 등 애국 계몽 운동에 참여함

② **개신교** : 1880년에 선교사들이 입국하면서 교세가 확장됨(특히 서북 지역)

　㉠ **의학, 교육 관련 사업** : 서양 의술 보급(알렌, 에비슨 등), 의학 교육 기관 등의 각종 학교 설립.

　㉡ **근대화에 기여** : 근대 문명을 소개하고 평등사상을 전파함, 미신 타파와 한글 보급을 위해 노력하는 등 사회, 문화 전반의 근대화에 기여함

　㉢ **대부흥운동** : 1903년 원산 선교사들의 기도회에서 시작 ⇨ 1907년 평양 장대현교회에서 길선주(한국인 최초의 목사) 등이 주도한 사경회까지 이어짐(일종의 영적 각성 운동)

③ **유교**

　㉠ **침체기** : 유교의 보수적, 수구적, 시대에 역행하는 경향 때문에 비판을 받음. 위정척사 운동 외에는 조직적인 활동이 이루어지지 않음. 지역 사회를 주도하는 대다수의 유림은 봉건적

입장, 개화사상을 접한 이들은 반봉건적 입장을 가지기도 함 ⇨ 일제는 봉건적 입장의 유림 측을 회유하려 함

ⓛ **일제의 회유와 대항** : 동도서기론을 주장하던 유학자들의 일부(신기선, 조중응 등)는 대동 학회(1907)를 조직하고 공자교로 개칭(1909)하여 친일 활동을 펼침. 일제는 대동사문회 (1919), 유도진흥회(1920), 조선유교회(1932) 등에 자금을 지원하는 등 유림 세력 회유를 시 도함 ⇨ <u>장서 사건</u> 등 항일 독립 운동을 주도하거나 독립운동을 지원하는 유림들도 있었음
  > ●1919. 김창숙 등이 파리 평화 회의에 독립 청원서를 보냄

ⓒ **유교구신론(1909)** : 박은식의 논문. 유교의 폐단과 성리학의 보수성을 비판 ⇨ 양명학을 바탕 으로 한 실천적인 유학 정신을 강조하며 유교 고유의 원리를 바탕으로 유교의 새로운 혁신 을 주장함. 또한 박은식은 캉유웨이의 대동사상을 수용함

> ▶ **유교구신론**
>
> 무릇 동양의 수천 년 교화계(敎化界)에서 바르고 순수하며 광대 정미하여 많은 성인이 뒤를 이어 전하고 많은 현인 이 강명(講明)하는 유교가 끝내 인도의 불교와 서양의 기독교와 같이 세계에 대발전을 하지 못함은 어째서이며, 근 세에 이르러 침체 부진이 극도에 달하여 거의 회복할 가망이 없는 것은 무슨 까닭이뇨. …… 그 원인을 탐구하여 말류(末流)를 추측하니 유교계에 3대 문제가 있는지라. 그 3대 문제에 대하여 개량 구신(求新)을 하지 않으면 우리 유교는 흥왕할 수가 없을 것이며 …… 여기에 감히 외람됨을 무릅쓰고 3대 문제를 들어 개량 구신의 의견을 바치 노라.
>
> 1. 유교파의 정신이 전적으로 제왕 측에 존재하고 인민 사회에 보급할 정신이 부족함이요.
> 2. 여러 나라를 돌아다니면서 세계의 주의를 바꾸려고 생각을 강론하지 아니하고 또한 내가 동몽(학생)을 찾는 것 이 아니라 동몽이 나를 찾는 주의를 지킴이요.
> 3. 우리 유가에서 쉽고 정확한 학문(양명학)을 구하지 아니하고 질질 끌고 되어 가는 대로 내버려 두는 공부(성리 학)를 전적으로 숭상함이라.
>
> – 박은식, 서북학회 월보 제1권

ⓔ **대동교** : 박은식, 장지연 등이 친일 유림 단체에 대항하는 항일 민족 종교로 창설(1909) – 대 동사상을 기반으로 하여 세계 평화주의를 강조하는 등 유교 개혁 활동을 추구했으나, 구체 적인 활동은 미비했음 ⇨ 일제의 탄압으로 해산(1910. 8.)

⑤ **불교**

ⓛ **일본 불교** : 조선의 억불 정책으로 서울의 불교 세력은 미비했음 ⇨ 일본의 불교가 서울에서 영향력을 강화하면서 일제의 색이 짙은 서울의 왜색 불교와 지방의 전통 불교가 공존함. 주 지가 일제와 타협하면서 폐단이 일어남

ⓒ **한용운의 활동** : 불교의 쇄신을 강조하고 일본 불교의 침투를 경계하며 근대화 운동을 전개 함. 〈조선 불교 유신론〉 저술 (1909. 저술, 1913. 간행)

⑥ **천도교**

ⓛ **동학의 개칭(1905)** : 손병희가 동학 내의 변질한 친일 세력을 내쫓고 일진회에 대항하여 동학 을 천도교로 개칭하여 민족 종교로 발전함

ⓒ **사회 운동** : '만세보' 발간, <u>학교 설립</u>
  > ●보성학교, 동덕 여학교 등

⑦ **대종교** : 나철, 오기호가 단군 신앙을 발전시켜 창시, 중광단을 조직하고 이후 북로군정서의 주 축이 됨

01 | 개화기 문화

001 □□□
2010 경북교행 9급

다음 글을 지은 인물에 대한 설명으로 옳은 것은?

> 경부철도가
>
> 六堂
>
> 우렁타게 토하난 긔뎍 소리에
> 남대문을 등디고 떠나 나가서
> 빨니 부난 바람의 형세 갓흐니
> 날개 가딘 새라도 못 따르겠네.
> 늙은이와 젊은이 셕겨 안졋고
> 우리네와 외국인 갓티 탓으나
> 내외 틴소 다갓티 익히 디내니
> 됴고만한 딴 세상 뎔노 일윗네.

① 『한국독립운동지혈사』를 저술하였고, 독립운동에 참여하였다.
② 『님의 침묵』을 지어 일본의 식민 지배에 저항하는 모습을 보였다.
③ 대종교를 창시하여 본부를 옮겨 간도와 연해주에서 항일 운동을 전개하였다.
④ 『매천야록』을 집필하여 일제의 침략을 비판하고 조국의 독립을 강조하였다.
⑤ 해에게서 소년에게'라는 신체시를 발표하여 근대시의 형식을 새로이 개척하였다.

002 □□□
2017 서울시 9급

거문도 사건이 전개된 동안, 당시 사람들이 볼 수 있었던 모습은?

① 당오전을 발행하는 기사
② 한성순보를 배포하는 공무원
③ 『서유견문』을 출간한 유길준
④ 일본과의 무관세 무역을 항의하는 동래 부민

003 □□□
2012 법원직 9급

다음 두 건물의 완공 사이에 나타난 사실로 적절하지 않은 것은?

▲ 명동 성당

▲ 원각사

① 서울과 부산 간 철도가 개통되었다.
② 최초의 서양식 병원인 광혜원이 설립되었다.
③ 서대문에서 청량리 사이에 전차 운행이 시작되었다.
④ 최초의 중등 교육 기관인 한성중학교가 설립되었다.

004 □□□
2018 지방직 9급

다음 각 문화재에 대한 설명으로 옳지 않은 것은?

① 화엄사 각황전은 다층식 외형을 지녔다.
② 수덕사 대웅전은 주심포 양식의 건물이다.
③ 부석사 무량수전은 배흘림기둥을 갖고 있다.
④ 덕수궁 석조전은 서양 고딕 양식의 건물이다.

⊘ 정답·해설

정답 1.⑤ 2.① 3.② 4.④

해설
1. 이 글은 최남선이 1908년에 지은 시이다. 최남선은 최초의 신체시 '해에게서 소년에게'를 발표하였다. ① 박은식 ② 한용운 ③ 나철, 오기호 ④ 황현
2. 거문도 사건은 1885~1887 약 2년간 전개되었다. 당오전은 고종이 개항 이후 악화된 재정 상태를 극복하기 위해 제작한 동전이다. 당시 고종은 김옥균을 일본에 파견하여 차관 교섭을 시도하면서 동시에 외교 고문 묄렌도르프의 주장으로 당오전 발행을 시작했다. 당오전은 1883년부터 주조되어 1894년 7월까지 유통되었다. ② 1883 ~ 1884 ③ 보빙사를 따라 미국에 갔다가 유학하고 돌아온 유길준은 1889년 국한문 혼용체 〈서유견문〉을 저술하고, 1895년 출간하였다. ④ 무관세 무역은 1876 강화도 조약부터 1883 조·일 통상 장정이 체결되기 전까지 지속되었다.
3. 명동성당 완공은 1898년이고, 원각사는 1908년이다. ① 1905년 경부선 개통 ② 1885년 ③ 1899년 전차 운행 시작 ④ 1900년
4. ④ 덕수궁 석조전은 1900년 착공하여 1910년에 완공되었고 르네상스 양식으로 제작되었다. 석조전 앞의 정원은 바로크 양식으로 만들어졌다. 고딕양식의 대표적 건축물은 명동성당이다.

005 □□□

다음 중 개화기 언론에 대한 설명으로 옳은 것은 모두 몇 개인가?

> ㄱ. 국한문 혼용체를 사용한 황성신문은 장지연의 '시일야방성대곡'을 실어 을사조약을 비판하고 민족의식을 고취하였다.
>
> ㄴ. 순한글로 간행된 제국신문은 창간 이듬해 이인직이 인수하였고, 이후 제국신문은 친일지로 개편되었다.
>
> ㄷ. 대한매일신보는 영국인 베델과 양기탁에 의하여 설립되었고, 경제적 국권 회복 운동인 국채 보상 운동에도 앞장섰다.
>
> ㄹ. 우리나라 최초의 신문인 한성순보는 관보적 성격을 띠고 한문으로 발행되었다.
>
> ㅁ. 일본은 1909년 신문지법을 제정하여 언론에 대한 탄압을 강화하였다.

① 1개
② 2개
③ 3개
④ 4개

006 □□□

다음 해외 견문 기록을 시기 순으로 바르게 나열한 것은?

ㄱ. 『표해록』	ㄴ. 『열하일기』
ㄷ. 『서유견문』	ㄹ. 『해동제국기』

① ㄱ - ㄴ - ㄹ - ㄷ
② ㄱ - ㄹ - ㄷ - ㄴ
③ ㄹ - ㄱ - ㄴ - ㄷ
④ ㄹ - ㄷ - ㄱ - ㄴ

007 □□□

다음 서적과 저자가 옳게 짝지어진 것은?

① 『말의소리』 – 이봉운
② 『신정국문』 – 유길준
③ 『조선문전』 – 지석영
④ 『국어문법』 – 주시경

🎯 **정답·해설**

정답 5.③ 6.③ 7.④

해설 5. ㄴ. 만세보에 대한 설명이다. ㅁ. 일제는 1907년에 신문지법을 제정하였고 1908년에 신문지법을 개정하여 외국인의 신문에 대해서도 탄압할 수 있도록 하였다. 이 법으로 탄압을 받은 대표적인 신문으로 대한 매일 신보가 있다.

6. ㄹ. 신숙주가 왕명에 따라 1471년에 저술하였다. ㄱ. 최부가 표류하여 중국 동남 해안에 도착하였다가 돌아올 때까지의 경험을 정리하여 1488년에 저술하였다. ㄴ. 박지원이 건륭제의 칠순연을 축하하기 위해 사신 박명원을 따라 수행하면서 청의 문물제도 등을 보고 1780년에 기록하였다. ㄷ. 유길준이 1889년에 국한문 혼용체로 기록하고 갑오개혁기(1895)에 출간하였다.

7. ① 주시경 〈말의 소리〉 ② 지석영 〈신정국문〉 ③ 유길준 〈조선문전〉

근대 교육과 관련한 설명 중 옳지 않은 것은?

① 1880년대부터 개신교가 중심이 되어 선교 목적으로 사립학교를 설립하였다.

② 갑오개혁 때에는 교육 입국 조서가 발표되면서 서양식 근대 교육 제도가 도입되어 각종 관립 학교가 세워졌다.

③ 을사늑약 이후, 민족 운동가들에 의한 사립학교 설립이 활발해졌다.

④ 일본은 1908년 사립학교령을 만들어 총독부의 인가를 받도록 하였다.

다음을 일어난 순서대로 나열한 것은?

> (가) 화폐 정리 사업 실시
> (나) 만국 우편 연합 가입
> (다) 대종교 창시
> (라) 만세보 창간

① (라)-(나)-(가)-(다)

② (나)-(가)-(라)-(다)

③ (나)-(라)-(가)-(다)

④ (나)-(가)-(다)-(라)

20세기 초 사회 현상에 대한 설명으로 옳지 않은 것은?

① 신극 운동이 일어나 민족 의식을 고취하였다.

② 외국의 역사서 혹은 문학 작품들이 우리말로 번역되어 소개되었다.

③ 찬송가 등이 보급되면서 서양의 근대 음악이 자리 잡기 시작하였다.

④ 기독교계에서는 영적 각성 운동으로 대부흥 운동이 일어났다.

🎯 정답 · 해설

정답   8.④   9.①   10.②

해설   8. 총독부는 1910년에 설치되었다.

9. ① 신극은 이인직이 1908년 원각사를 설치하고 서양식 연극을 공연하면서 확산되었다. 〈은세계〉, 〈치악산〉 등의 작품이 있다. 신극은 문명개화에 치중한 내용이 주를 이루며 이로 인해 친일적인 성격이 강하다.

10. (나) 1900년 (가) 1905년 (라) 1906년 (다) 1909년

011 □□□

2017 경찰 2차

다음은 어느 신문 기사의 일부이다. 이 내용이 실린 시기로 가장 적절한 것은?

> "북촌의 어떤 여자 중에서 군자(君子) 수삼 인이 개명(開明)에 뜻이 있어 여학교를 설시하라는 통문(通文)이 있기에 놀랍고 신기하여 우리 논설을 삭제하고 다음에 기재한다."

① (가)
② (나)
③ (다)
④ (라)

012 □□□

2017 법원직 9급

다음 각 시기의 사회 모습에 대한 설명으로 가장 옳은 것은?

① (가)-박문국을 설치하여 한성순보를 발간하였다.
② (나)-최초의 근대식 병원인 광혜원이 설립되었다.
③ (다)-함경도 덕원 주민들이 원산학사를 세웠다.
④ (라)-영국이 불법적으로 거문도를 점령하였다.

---

1 흥선대원군 섭정기

▲ 흥선대원군

• 양이침범 비전즉화 주화매국
• 서양 오랑캐가 침범함에도 싸우지 않음은 곧 화의하는 것이요, 화친을 주장하는 것은 나라를 파는 것이다.

▲ 척화비

▲ 병인양요와 신미양요

2 갑오개혁과 을미개혁

홍범 14조의 주요 내용	을미개혁의 주요 내용
3. 임금은 각 대신과 의논하여 정사를 행하고, 종실, 외척의 내정 간섭을 용납하지 않는다. 4. 왕실 사무와 국정 사무를 나누어 서로 혼동하지 않는다. 7. 조세의 징수와 경비 지출은 모두 탁지아문의 관할에 속한다. 13. 민법, 형법을 제정하여 국민의 생명과 재산을 보전한다. 14. 문벌을 가리지 않고 인재 등용의 길을 넓힌다.	• 건양 연호 사용, 태양력 사용 • 친위대 · 진위대 설치 • 종두법, 단발령 실시 • 소학교 설립, 우편 사무 실시

3 대한 제국의 근대화 노력과 좌절

대한국 국제(1899)	을사늑약(1905)
제1조 대한국은 세계 만국이 공인한 자주 독립 제국이다. 제2조 대한국의 정치는 만세 불변의 전제 정치이다. 제3조 대한국의 대황제는 무한한 군권을 누린다. 제5조 대한국 대황제는 육 · 해군을 통솔한다 제6조 대한국 대황제는 법률을 제정하여 반포, 집행을 명하고, 대사, 특사, 감형, 복권 등을 명한다. 제7조 대한국 대황제는 행정 각부의 관제를 정하고, 행정상 필요한 칙령을 발한다. 제9조 대한국 대황제는 각 조약 체결 국가에 사신을 파견하고, 선전, 강화 및 제반 조약을 체결한다.	제2조 한국 정부는 지금부터 일본 정부의 중개를 거치지 않고서는 국제적 성질을 가진 어떠한 조약이나 약속을 맺지 않을 것을 서로 약속한다. 제3조 한국 황제 밑에 1명의 통감을 두되, 통감은 오로지 외교에 관한 사항을 관리하기 위해 경성에 주재하고 친히 한국 황제 폐하를 만날 수 있는 권리를 가진다.

4 갑신정변(1884)

배경	청 · 프 전쟁, 김옥균과 묄렌도르프의 갈등, 일본의 지원 약속
전개	급진 개화파가 우정총국 개국 축하연을 이용해 정변 → 개화당 정부 수립 → 14개조 정강 발표 → 청의 무력 개입(3일 천하) → 한성 조약, 톈진 조약
14 개조 정강	1. 흥선 대원군을 빨리 귀국시키고 종래 청에 대해 행하던 조공의 허례를 폐지한다. 　　　　　　　　　　　　　　　　　　　　　　　　　　　　　　　　 – 청에 대한 사대 청산 2. 문벌을 폐지하고 인민 평등권을 제정하여 능력에 따라 관리를 임명한다. 　　　　　　　　　　　　　　　　　　　　　　　　　　　　　　　　 – 신분제 타파 3. 지조법(地租法)을 개혁하여 관리의 부정을 막고 백성을 보호하며 재정을 넉넉히 한다. 　　　　　　　　　　　　　　　　　　　　　　　　　　 – 근대적 토지 소유권 인정 7. 규장각을 폐지한다.　　　　　　　　　　　　　　　　　 – 세도 정치 기반 약화 13. 대신과 참찬은 의정부에 모여 정령을 의결하고 반포한다.　　　 – 군주권 제한
의의 한계	근대 국민 국가 수립을 모색한 최초의 정치 개혁 운동 토지 개혁 소홀(민중의 지지를 얻지 못함), 일본에 군사적으로 의존

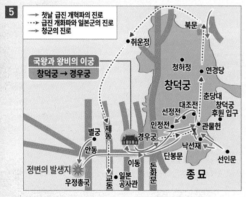

▲ 갑신정변의 전개

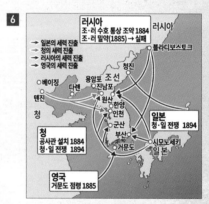

▲ 1885년 한반도 정세

7 동학 농민 운동 [사료 : 폐정개혁안 12개조]

1. 동학도는 정부와의 원한을 씻고 서정에 협력한다.	• 청 · 일군 파병으로 해산
2. 탐관오리는 그 죄상을 조사하여 엄징한다. 3. 횡포한 부호를 엄징한다.	• 반봉건
5. 노비문서를 소각한다. 6. 7종의 천인 차별을 개선하고 백정이 쓰는 평량갓을 없앤다. 7. 젊어서 과부가 된 여성의 개가를 허용한다.	• 봉건적 신분 질서와 폐습 타파
8. 무명의 잡세는 일체 폐지한다. 12. 토지는 평균하여 分作한다.	• 조세 제도 개혁 • 토지 평균 분작
10. 왜와 통하는 자는 엄징한다.	• 반침략, 반외세

8 갑오·을미 개혁

	특 징	내 용
1차 갑오개혁 (1894.7~1894.12)	• 대원군 섭정, 김홍집 • 군국기무처 중심(교정청×) • 자주적 개혁 : 갑신정변의 정강, 동학의 개혁 요구 반영	• 정치 : 개국 연호, 정부와 왕실 분리(궁내부), 6조 → 8아문, 경무청 신설, 과거제 폐지 • 경제 : 은본위제, 재정 일원화(탁지아문)도량형 통일, 조세 금납제 • 사회 : 신분제 철폐, 과부 재가 허용, 고문과 연좌법 폐지, 조혼 금지
2차 갑오개혁 (1894.12~1895.7)	• 군국기무처 폐지 • 박영효 김홍집 연립 내각 • 홍범 14조 발표	• 정치 : 8아문 → 7부 개편, 내각제, 사법 재판소 설치, 지방관의 재판권 배제, 8도 → 23부 • 교육 : 교육입국조서, 한성사범학교 설립, 외국어 학교 관제 발표
친러내각	삼국간섭 → 박영효 실각 → 친·러 내각(김홍집,이완용) → 배일 정책 → 을미사변	
을미개혁 (1895.8~1895.2)	• 김홍집, 유길준 • 친일적 성향, 급진적 → 아관파천으로 개혁 중단	• 건양 연호, 태양력 사용, 단발령 실시 • 친위대·진위대 설치 • 소학교 설립, 종두법 시행, 우체사

9 대한 제국과 광무 개혁(1897)

배경		고종의 환궁 여론 고조, 독립협회의 활동, 자주 독립 국가 수립의 필요성, 러시아와 일본의 세력 균형
과정		고종의 경운궁 환궁(1897) → 환구단에서 황제 즉위식 거행, 대한 제국 수립 선포(광무 연호 제정)
대한국 국제 반포 (1899)		입법·행정·사법에 걸친 무한한 권한을 황제에게 부여
개혁 원칙		구본신참(점진적 개혁)
내용	군사	원수부 설치, 시위대·진위대 증강, 무관 학교 설립
	경제	양전 사업(지계 발급) - 재정 확충과 근대적 토지 소유권 보장, 근대적 회사·공장 설립
	교육	유학생 파견, 실업 학교와 기술 교육 기관(의학교, 상공학교, 외국어 학교 등) 설립
	시설	전화·우편·전보망 확충, 전차·철도 부설 등
의의와 한계		• 의의 : 자주독립·근대화 지향, 산업·교육·근대적 시설 확충. • 한계 : 집권층의 보수성, 국방력 증강 미흡, 열강의 간섭, 민권 보장 미흡

10 간도와 독도

간도	백두산 정계비 건립(1712) → 19세기 중엽 '토문강' 해석을 둘러싸고 청과 영유권 분쟁 → 고종이 간도에 간도 관리사 이범윤 파견하고 간도를 함경도의 행정구역으로 편입(1902) → 일본이 간도 협약(1909)을 맺고 간도를 청의 영토로 인정
독도	울릉도를 군으로 승격시키고 독도 관할, 대한 제국 '칙령 제41호'를 공표하여 우리 영토임을 밝힘(1900) → 러·일 전쟁 중 일본이 자국 영토로 불법 편입(1905)

11 간도의 위치

12 백두산 정계비

13 개항과 근대적 조약 체결

강화도 조약(=조·일 수호 조규, 1876.2) 주요 내용	일본의 의도
(1관) 조선국은 자주국이며, 일본국과 평등한 권리를 가진다.	청의 간섭 배제
(4관) 조선 정부는 부산과 제 5관에서 제시하는 두 항구를 개방하고 일본인이 자유롭게 왕래하면서 통상할 수 있게 한다.	• 부산…경제적 목적 • 인천…정치적 목적 • 원산…군사적 목적
(7관) 조선국 연해의 섬과 암초는 극히 위험하므로 일본국의 항해자가 자유롭게 해안을 측량하도록 허가한다.	해안측량권
(10관) 일본국민이 조선이 지정한 항구에 머무르는 동안 죄를 범한 것이 조선인에게 관계되는 사건일 때는 모두 일본국 관원이 심판한다.	치외법권

14 조·청 상민 수륙 무역 장정의 주요 내용

이 수륙 무역 장정은 중국이 속방을 우대하는 뜻에서 상정한 것이고, 각 대등 국가간의 일체 균점(=평등)하는 예와는 다르다.
제1조 청의 상무위원을 서울에 파견하고, 조선에 대관을 톈진에 파견한다.
　　　청의 북양대신과 조선의 국왕은 대등한 지위를 가진다.
제2조 조선에서 청의 상무위원은 치외법권을 가진다.
제4조 베이징과 한성의 양화진에서 개잔 무역을 허락하되 양국 상민의 내지 채판을 금하되 다만 내지 채판이 필요할 경우 지방관의 허가서를 받아야 한다

15 헌의 6조와 대한국 국제

헌의 6조	대한국 국제
1. 외국인에게 의지하지 말고 관민이 합심하여 황제권을 공고히 할 것. 2. 외국과의 이권에 관한 계약과 조약은 해당 부처의 대신과 중추원 의장이 함께 날인하여 시행할 것. 3. 재정은 탁지부에서 전담하여 맡고, 예산과 결산을 국민에게 공포할 것. 4. 중대한 범죄는 공판하고, 피고의 인권을 존중할 것. 5. 칙임관은 정부에 그 뜻을 물어 과반수가 동의하면 임명할 것. 6. 정해진 규정을 실천할 것.	제2조 대한국의 정치는 만세 불변의 전제 정치이다. 제3조 대한국의 대황제는 무한한 군권을 누린다. 제5조 대한국 대황제는 육·해군을 통솔한다. 제6조 대한국 대황제는 법률을 제정하여 반포, 집행을 명하고, 대사, 특사, 감형, 복권 등을 명한다. 제7조 대한국 대황제는 행정 각부의 관제를 정하고, 행정상 필요한 칙령을 발한다. 제9조 대한국 대황제는 각 조약 체결 국가에 사신을 파견하고, 선전, 강화 및 제반조약을 체결한다.

16 을사늑약 원문

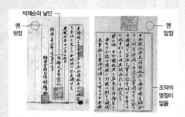

17 의병 항쟁

	을미의병(1895)	을사의병(1905)	정미의병(1907)
배경	을미사변과 단발령	을사늑약 체결	고종 강제 퇴위와 군대 해산
주도 활동	• 위정척사 유생층 • 동학군의 잔여 세력 가담 • 유인석, 이소응, 허위 • 아관파천 후 단발령 철회와 국왕의 해산 권고 조칙으로 해산 • 일부는 활빈당 결성	• 평민 출신 의병장 활약 – 신돌석 (경상도 영해, 평해) • 민종식 : 홍주성 점령 • 최익현 : 순창, 태인, 쓰시마에서 순절	• 해산 군인 합류 → 의병 전쟁화(전투력 강화) • 13도 창의군 : 이인영, 허위 주도, 1만여 명의 연합 의병 • 서울 진공 작전(1908) : 양주 집결 → 서울 근교 진격 → 실패 • 각국 영사관에 국제법상 교전 단체 인정 요구

18 을미의병

우리 국모의 원수를 생각하면 이미 이를 갈았는데 참혹한 일이 더하여 … 우리 부모에게서 받은 머리털을 풀 베듯이 베어 버리니 이 무슨 변고란 말인가 … 환 난을 회피하기란 죽음보다 더 괴로우며 멸망을 앉아서 기다릴진대 싸워 보는 것만 같지 못하노라.

– 유인석, 『창의문』

19 을사의병

지난 10월 20일의 변은 전 세계 고금에 일찍이 없었던 것이다. 우리에게 이웃나라가 있어도 스스로 외교 관계를 맺지 못하고 타인을 시켜 외교 관계를 맺으니 이것은 나라가 없는 것이요, 우리에게 토지와 백성이 있어도 스스로 주장하지 못하고 타인을 시켜 대신 감독하게 하니, 이것은 임금이 없는 것이다. 나라가 없고 임금이 없으니 우리 삼천리 백성은 모두 노예일 뿐이다.

– 최익현, 『면암집』

20 남한 대토벌 작전

일본군이 길을 나누어 호남 지방의 의병을 수색하였다. 위로는 금산, 진산, 김제, 만경으로부터, 동쪽으로는 진주, 하동, 남쪽은 목포로부터 사방을 그물 치듯 포위하여 마을을 수색하고 집집마다 뒤져서 조금이라도 의심이 나면 모두 죽였다. 이 때문에 행인이 끊어지고 이웃의 왕래도 끊겼다. 의병들은 삼삼오오 도망하여 흩어졌으나 숨을 곳이 없었다. 굳센 자는 나와 싸우다 죽어 갔고, 약한 자는 도망가다가 칼을 맞았다.

– 황현, 『매천야록』

자료 더 알아보기

21 정미의병장 분포(1907)

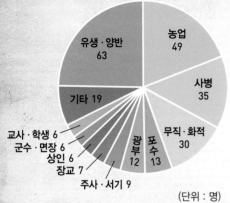

유생·양반 63
농업 49
사병 35
무직·화적 30
포수 13
광부 12
주사·서기 9
장교 7
상인 6
군수·면장 6
교사·학생 6
기타 19

(단위 : 명)
(박성수, 『독립 운동사 연구』)

22

▲ 대한 자강회 월보

23 한국 병합 조약 원문

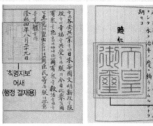

'칙명지보' 어새
(행정 결재용)

일왕의 어새

▲ 한국 측 조서   ▲ 일본 측 조서

24 애국 계몽 운동 – 신민회(1907)

결성	안창호, 양기탁 등을 중심으로 조직된 비밀 결사 단체
목표	국권 회복과 공화 정체의 근대 국민 국가 수립 → 실력 양성 추구, 무장 투쟁 준비
활동	• 대중 계몽 활동 : 강연회, 학회 활동 • 민족 교육 실시 : 대성 학교(평양), 오산 학교(정주) 설립 • 민족 산업 육성 : 태극 서관 · 자기 회사 설립 • 국외 독립운동 기지 건설 : 남만주 삼원보에 신흥 강습소(→ 신흥 무관학교) 설립
해체	일제가 날조한 105인 사건으로 조직 와해(1911)

25 일제의 침략과 국권 피탈

1904.1	대한제국이 러시아 · 일본의 대립에 국외 중립 선언
1904.2	러 · 일전쟁 발발 → 한 · 일 의정서 체결 : 군사 전략상 요충지 사용
1904.8	제 1차 한 · 일 협약 : 외교와 재정 분야에 외국인 고문 임용(스티븐스, 메가타)
1905.7	가쓰라 · 태프트 밀약 : 일본의 조선 지배와 미국의 필리핀 지배 상호 인정
1905.8	제 2차 영 · 일 동맹 : 일본의 조선 지배와 영국의 인도 지배 상호 인정
1905.9	러 · 일의 포츠머스 강화조약 : 러시아가 일본의 한반도 지배권 인정
1905.11	을사늑약(= 제 2차 한 · 일협약) : 외교권 박탈, 통감부 설치(1906.2)
1907.7	헤이그 특사 파견 → 일제에 의한 고종 강제 퇴위 → 한 · 일 신협약 체결(= 정미7조약) : 각 행정부에 일본인 차관 임명, 군대 해산
1909.7	기유각서 : 사법권 박탈, 감옥 사무 이관
1910.8	경찰권 박탈 → 한 · 일 병합 조약(경술국치) : 국권 강탈, 총독부 설치

II
민족 운동의 전개

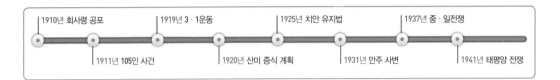

| 1910년 회사령 공포 | 1919년 3·1운동 | 1925년 치안 유지법 | 1937년 중·일전쟁 |
| 1911년 105인 사건 | 1920년 산미 증식 계획 | 1931년 만주 사변 | 1941년 태평양 전쟁 |

01 일제의 식민지배

1. 조선 총독부(朝鮮 總督府)

(1) 조선 총독부

식민 통치의 중추기관으로 헌병 경찰 통치를 실시, 입법권, 사법권, 행정권을 가진 일제 식민 통치의 최고 기관

▲ 조선 총독부

(2) 조선 통치법 (이원적 법체계)

① 조선 : 일본의 헌법을 적용하지 않고 칙령, 제령 등 천황과 총독의 명령으로 통치

② 일본인 : 일본법의 적용을 받음

(3) 조선 총독

① 임명 : 일본 육·해군 현역 대장, 대장 출신자 → 해방될 때까지 문관 총독은 임명되지 않음

② 지위 : 일본 천황에 직속 → 일본의 내각 총리대신과 동격으로 일본 내각의 통제를 받지 않음, 무소불위의 절대 권력자

③ 권한 : 행정권, 입법권, 사법권 및 군사통수권을 가짐

ㄱ 이왕직(李王職)❶ : 대한제국의 황제를 '이왕'으로 격하시켜 황실의 업무를 담당하는 기구인 궁내부에서 이왕직으로 격하

ㄴ 조선 귀족령(1910.8.29.) : 종친 등 고위 인사와 친일 고위자를 일본 귀족 제도에 준하여 대우, 무시험으로 도쿄 제국 대학에 입학하는 특전을 가짐, 박영효를 회장으로 하는 조선 귀족회를 설립

▌▌ 역대 조선 총독

	이름	재임 기간	방식
1대 총독	데라우치 마사타케	1910년 8월 29일 ~ 1916년 10월 14일	무단 통치
2대 총독	하세가와 요시미치	1916년 10월 14일 ~ 1919년 8월 12일	
3대 총독	사이토 마코토	1919년 8월 12일 ~ 1927년 4월 4일	문화 통치
4대 총독	야마나시 한조	1927년 12월 ~ 1929년 8월 16일	
5대 총독	사이토 마코토	1929년 8월 17일 ~ 1931년 6월 16일	
6대 총독	우가키 가즈시게	1931년 6월 17일 ~ 1936년 8월 4일	민족 말살 통치
7대 총독	미나미 지로	1936년 8월 5일 ~ 1942년 5월 28일	

❶ **이왕직**

일본 정부가 1910년 12월 30일 '이왕직관제(李王職官制)'를 공포해 창설됨. 이왕직의 이(李)는 조선왕실의 성(姓)인 전주 이씨를 지칭하고, 왕(王)은 일본의 왕실봉작제의 작위명(爵位名)을 의미하며, 직(職)은 업무를 담당하는 직관(職官)이란 의미. 이왕직이 설치됨에 따라 기존의 궁내부 업무는 자연히 이왕직으로 이관되었음.

(4) **조선 총독부 조직 기구**

① 정무총감(政務總監) : 행정사무

　㉠ 5부 : 총무부, 내무부, 탁지부, 사법부, 농상공부

　㉡ 9국 : 검사국, 통신국, 철도국, 토지 조사국, 전매국, 취조국 등

② 경무총감(警務總監) : 경찰업무와 치안 담당, 조선 주둔 헌병 사령관을 겸임, 실질적 2인자로 정무총감보다 더 많은 실권을 가짐

　㉠ 헌병대 : 헌병인 동시에 경찰의 업무를 맡고, 즉결처분권을 가짐

③ 사법 기구 : 3급 3심제로 고등법원·복심법원·지방법원을 시행 → 한민족의 탄압과 수탈을 위한 시설, 한국인 판사는 일본인 관련 재판을 할 수 없음

④ 경제 침탈기구 : 철도국, 통신국, 세관, 임시 토지 조사국, 전매국, 영림창, 평양 광업소, 권업모범장, 토목회의, 공업 전업소 등 설치

(5) **중추원(中樞院)**

① 친일파에게 명예직을 주고 조선인을 회유하기 위한 기구

② 총독 자문기구로 한국인을 정책 결정에 참여 시킨다는 명분으로 설치 → 실권은 없음

③ 의장은 일본인 정무총감, 소속 의원은 친일파로 구성, 3·1운동이 일어날 때까지 정식 소집은 없음

(6) **지방행정 조직**

① 조선 총독부 지방관 관제(1910.9.30.) 공포

② 13도 아래 부, 군, 도, 읍, 면으로 구성

2. 헌병 경찰 통치 (무단 통치)

(1) **일본 군대 주둔**

① 군대 주둔 시작 : 1875년 운요호 사건으로 육전대가 들어옴

② 공사관 수비대 : 강화도 조약 (1876) ~ 임오군란(1882)

③ **1903년** : 동학농민운동과 청·일 전쟁을 거치며 각지의 수비대가 주둔 → 한국 주차대로 통합, 러·일 전쟁 이후 '한국주차군(韓國駐箚軍)'으로 확장

④ **1910년** : 일본의 대한 제국 강제 병탄과 함께 '조선주차군(朝鮮駐箚軍)'으로 변경

⑤ **조선주차군(朝鮮駐箚軍)**

　㉠ 창설 : 1915년 조선 2대 사단 증설안이 결정되면서 상주화를 조직

　㉡ 1918년 '조선군'으로 명칭을 변경, 1921년 2개 사단 상주가 완료, '조선군'은 간도참변, 시베리아 출병, 만주 침략 등에 참여 → 식민 통치의 물리적 기반

　㉢ 태평양 말기 1945년 조선군은 제 17방면 군과 조선군관구군으로 개편

⑥ **헌병 경찰 통치** : 의병 색출을 위해 치안을 장악, 세금 징수나 검열 같은 일반 행정 담당

▲ 서대문 형무소

(2) 헌병 경찰제도 시행

① 조직

　　㉠ 헌병사령관 : 경무총감

　　㉡ 헌병대장 : 해당 도의 경무부장

　　㉢ 위관급 장교 : 경찰서장

　　㉣ 하사관 : 경부, 일반사병 : 순사

② 권한 : 즉결 처분권을 행사, 적법 절차 없이 벌금 · 구류 · 태형 등의 형벌을 가함, 민사 소송 조정권, 산림 감시권, 징세 사무권, 일반 행정권 등

③ 헌병 경찰의 임무

　　㉠ 치안, 행정지도, 사법권을 일부 가짐

　　㉡ 의병 토벌, 첩보 수집, 경찰 업무 대행

　　㉢ 신문 및 출판물 단속, 집회 및 결사 단속, 종교, 기부금 단속

　　㉣ 범죄자의 즉결 처분, 민사 소송의 조정, 검사 업무의 대리, 호적 사무

　　㉤ 납세 독촉, 국경 세관 업무, 밀수입 단속, 국고금 및 공금 경호, 산림 감독, 우편업무

　　㉥ 학교 및 서당의 사찰, 일본어 보급, 위생 감독

④ 한국인의 위치 : 한국인을 헌병 보조원이나 순사보로 채용하여 한국인의 동정을 감시, 한국인은 일본 국내법의 보호를 받지 못해 언론 · 출판 · 집회 · 결사의 자유 등의 기본권이 제한됨

(3) 독립 운동 탄압

① 안악(安岳) 사건(1910.12) : 안명근(안중근의 사촌동생)이 황해도 안악지방에서 독립 운동자금을 모금하다가 검거 된 것을 계기로 황해도 지역의 유력인사 160명을 검거 · 탄압한 사건

　　　　　　　　└●1907년 7월 24일 집회와 결사 · 언론의 자유를 탄압하기 위해 일제가 구한국 정부에서 제정

② 보안법(保安法)❶ 위반 : 안악 사건을 계기로 만주에 무관학교 설립하고 독립군 기지 건설 추진 이유로 1911년 1월 신민회의 중앙 간부인 양기탁, 임치정, 안태국 등을 체포 · 투옥

③ 105인 사건❷ (1911) : 안악사건을 계기로 데라우치 총독 암살 모의했다는 혐의를 씌어 신민회 회원 600명을 검거, 고문을 자행하고 150명을 기소한 사건, 신민회가 해산됨

(4) 공포 정치

① 일반관리 및 학교 교원까지 제복을 입고 칼을 참

② 범죄 즉결례(1910) · 경찰범 처벌 규칙(1912) : 경찰 서장 및 헌병 대장이 적법절차나 재판을 거치지 않고 한국인에게 벌금부과 및 구류 등의 처벌을 집행 함. 독립운동가를 색출하기 위한 법

> ### ▶ 경찰범 처벌 규칙
> 다음의 각 호에 해당하는 자는 구류 또는 과료에 처한다.
> 제2조 일정한 주거 또는 생업 없이 이곳저곳 배회하는 자.
> 제5조 협력, 기부를 강요하고 억지로 물품의 구매를 요구하고, 또는 기예를 보여주거나 노동력을 공급해서 보수를 요구하는 자.
> 제7조 구걸을 하거나 또는 시키는 자.

---

❶ **보안법**

한말 애국계몽운동이 활발히 전개되면서 학회와 정치 · 사회 단체 들이 새롭게 조직되고 이들이 항일운동을 펼쳐나가자, 일제는 이를 탄압할 목적으로 각종 법령을 한국 정부로 하여금 제정, 공포하게 하였음.

❷ 105인 사건으로 연행되는 모습

제8조 단체 가입을 강요하는 자.

제14조 신청하지 않은 신문, 잡지, 기타의 출판물을 배부하고 그 대금을 요구하거나 억지로 그 구독 신청을 요구하는 자.

제20조 불온한 연설을 하거나 또는 불온 문서, 도서, 시가를 게시, 반포, 낭독하거나 큰 소리로 읊는 자.

제21조 남을 유혹하는 유언비어 또는 허위 보도를 하는 자.

제32조 경찰관서에서 특별히 지시하거나 명령하는 사항을 위반한 자.

제50조 돌던지기 같은 위험한 놀이를 하거나 시키는 자, 또는 길거리에서 공기총류나 활을 갖고 놀거나 놀게 시키는 자.

▶ 조선 태형령

제1조 3개월 이하의 징역 또는 구류에 처하여야 할 자는 그 정상에 따라 태형에 처할 수 있다.

제4조 본령에 의해 태형에 처하거나 또는 벌금이나 과료를 태형으로 바꾸는 경우에는 1일 또는 1원을 태 하나로 친다. 1원 이하는 태 하나로 계산한다. 단, 태는 다섯 이하여서는 안 된다.

제7조 태형은 태 30 이상일 경우에는 이를 한 번에 집행하지 않고 30을 넘을 때마다 횟수를 증가시킨다. 태형의 집행은 하루 한 회를 넘을 수 없다.

제11조 태형은 감옥 또는 즉결 관서에서 비밀리에 행한다.

제13조 본령은 조선인에 한하여 적용한다.

③ **조선 형사령(朝鮮 刑事令, 1910, 제령 제11호)** : 일본 황족에 대한 불경을 범죄로 규정, 현행범이 아닌 사건이라도 검사에게 피의자를 구속 할 수 있는 권한을 부여

④ **조선 태형령(朝鮮 笞刑令)❸(1912)** : 조선인에게만 적용 된 악법으로 태형을 가하고 재판없이 구류에 처함

(4) 자유 억압

① 언론

㉠ **신문지법** : 일제가 우리 나라의 신문을 탄압 · 통제하기 위하여 제정한 법. 1907년 7월 이완용(李完用)내각이 법률 제1호로 공포, 실시한 것으로 1908년 4월 29일 일부 개정되었다. 그 뒤 정부수립 후인 1952년 4월 4일에야 법률 제237호에 의하여 폐지되었음(新聞紙法, 1907) 적용 ⇨ 민족 언론 폐간

㉡ 매일신보(총독부 일간지), 중외의약신보(의약월간지), 천도교 관보만 남음

② **출판** : 출판법(1909)으로 장지연의 『대한신지지』, 현채의 『유년필독』, 신채호의 『을지문덕전』과 같은 사립학교 교과서나 민족적 자각을 주는 출판물의 발행과 판매를 금지

③ **집회** : 집회 단속법(1910.8.25)을 만들어 한국인의 저항을 막고 지배를 강화하기 위해 1910년 한 · 일 병합 직전에 제정하여 모든 정치 집회를 금지함

④ **계몽단체 해산** : 보안법을 적용하여 1910년 9월 대한협회, 서북학회 등 계몽단체와 친일단체인 일진회까지 해산시킴

(5) 민족 교육 억압

① **제 1차 조선 교육령 발표(1911)** : 보통교육과 실업교육에 치중, 일본어 보급, 보통학교 수업 연한 단축

② **사립학교 억압** : 우민화 교육, 사립학교 규칙을 개정(1915)하여 사립학교 축소 폐쇄

③ **서당 억압** : 서당의 설립을 인가제에서 허가제로 전환한 서당 규칙 개정 (1918)으로 민족 교육억압

❸ 조선 태형령

일제가 치안유지를 명목으로 조선인을 물증이나 정식 재판 없이 임의로 잡아다가 태형을 처할 수 있도록 법제화한 것으로, 일제는 이를 근거로 독립운동가나 항일 사상가들을 잡아들이고 고문하는 수단으로 활용하였음 조선 형사령에서는 조선시대의 형전(刑典) 가운데서 태형 규정을 계승한 악질적인 태형령(笞刑令, 1912)을 문서화함. 3 · 1 운동 이후 소위 '보통 경찰 통치'를 표방하면서 태형령은 폐지되었음.

▲ 조선 태형틀

⑹ **문화 유적 파괴**

① 조선총독부 청사 건립 ⇨ 경복궁 근정전 앞

② 창경궁에서 창경원으로 격하

③ 경희궁 폐쇄 ⇨ 경성중학교 설립
  └┄┄┄●일제시대 서울에 있었던 일본인 중등학교. 서울고등학교의 전신

3. 문화 통치 (민족 분열 통치)

⑴ **식민 통치 방식의 변화**

① **3·1운동** : 무단통치에 대한 반발로 3·1운동이 발발, 국내외 민족 운동이 강화되고 한민족의 단결력이 공고화됨으로써 조선을 효과적으로 다스리지 못한다고 판단

② **국제 여론** : 가혹한 일제 통치방식에 대해 세계 여론이 비판적임, 민족 자결주의(승전국 식민지 제외)

③ **일본 내 정치 변화** : 일본에서 민주주의의 발전(보통선기, 정당의 설립 등으로 제국주의를 비판하고 식민 통치의 개선을 주장)
  강한 군사력과 경제력으로 다른 나라나 민족을 정벌하여 ●┄┄┄┘
  식민지로 삼는 침략주의적인 경향이나 국가 정책

⑵ **조선 총독의 문화 통치** 새로 임명 된 사이토는 "조선의 문화와 관습을 존중하고 조선인의 행복과 이익을 증진한다." 라며 문화 통치를 표방함

> ▶ **사이토 마코토, 시정 방침 훈시(1919)**
> 조선 통치의 방침인 일시동인(一視同仁)의 대의를 존중하고 동양 평화를 확보하여 민중의 복리를 증진시키는 것은 대원칙으로 일찍이 정한 바이다. …… 정부는 관제를 개혁하여 총독 임용의 범위를 확장하고 경찰 제도를 개정하며, 또한 일반 관리나 교원 등의 복제를 폐지함으로써 시대의 흐름에 순응하고 …… 조선인의 임용과 대우 등에 관하여 더욱 고려하여 각각 그 할 바를 얻게 하고 …… 장래 기회를 보아 지방 자치 제도를 실시하여 국민 생활을 안정시키고 일반 복리를 증진시킬 것이다.

⑶ **문화 통치의 목표**

① **민족의 이간·분열** : 실제로는 친일파를 육성하여 우리민족을 이간·분열시켜 민족 해방 운동을 약화시키려는 것

② **각계각층의 친일파 육성**

  ㉠ **친일 단체** : 선우선을 중심으로 한 대동동지회와 윤치호를 중심으로 한 교풍회 등이 있음

③ **가혹한 식민통치를 은폐하기 위해**

> ▶ **사이토 마코토, '조선 민족 운동에 대한 대책(1920)'**
> 핵심적 친일 인물을 골라 그 인물로 하여금 귀족, 양반, 유생, 부호, 교육가, 종교가에 침투하여 계급과 사정을 참작하여 각종 친일 단체를 조직하게 한다.
> 각종 종교 단체도 중앙 집권화해서 그 최고 지도자에 친일파를 앉히고 고문을 붙여 어용화시킨다.
> 조선 문제 해결의 성공 여부는 친일 인물을 많이 얻는 데 있으므로 친일 민간인에게 편의와 원조를 주어 수재 교육의 이름 아래 많은 친일 지식인을 긴 안목으로 키운다.
> 양반 유생 가운데 직업이 없는 자에게 생활 방도를 주는 대가로 이들을 온갖 선전과 민정 염탐에 이용한다.
> 조선인 부호 자본가에 대해 일·선 자본가의 연계를 추진한다.
> 농민들을 통제 조정하기 위해 민간 유지가 이끄는 친일 단체인 교풍회(矯風會), 진흥회(振興會)를 두게 하고, 이들에게 국유림의 일부를 불하해 주고 입회권을 주어 회유, 이용한다.

(4) 내용

① **총독 임명** : 문관도 총독으로 임명한다고 했지만 일제가 항복 할 때까지 문관 총독은 임명되지 않음

② **보통 경찰제**

    ㉠ **통치 변화** : 헌병 경찰제 → 보통 경찰제, 그러나 경찰관 수는 4배 증가하고 경찰서도 증가하여 부와 군에 1개의 경찰서 면마다 1개의 주재소(駐在所)를 둠, 탄압과 감시가 강화

    ㉡ 조선의 불만을 덮기 위한 일제의 기만적 술책으로 가혹한 식민통치를 은폐하기 위한 간악한 통치 방식

    ㉢ 특별 고등 경찰❶ 제도, 사복형사, 특별 고등 형사, 밀정, 사상 검사제 실시 등을 통해 독립운동가 및 지식인 학생에 대한 감시와 체포 증가

    ㉣ 관리와 학교교사들이 차는 칼과 태형을 폐지하고 벌금형으로 대체

    ㉤ 중추원을 학대하여 자문위원의 증원, 고문 · 참의 임기 3년, 대우 개선 등 정책을 수정

③ **지방 자치** : 조선인의 지방행정을 허용하고 지방자치제를 허용한다는 명분으로 도(道) 평의회, 부(府) · 면(面)협의회 설치, 선거제에 제한을 두어 부유한 지주, 자본가만 참여하고 의결권은 없음

④ **언론 · 출판 · 집회 자유 허용**

    ㉠ **신문 잡지** : 동아일보(1920~1940), 조선일보(1920~1940), 시대일보(1924), 중외일보(1926)가 창간되고, 『개벽』, 『신천지』, 『신생활』, 『조선지광』 등의 잡지가 발행

    ㉡ **언론** : 1929년 광주학생항일운동으로 10여 일 간 신문보도 금지, 일본의 탄압으로 신문의 주제가 정치 · 사상에서 문화 · 사회로 변함

    ㉢ **한계** : 사전 검열, 정간 삭제 등으로 수정 · 삭제 · 정간을 일삼음

⑤ **교육 활동**

    ㉠ **제 2차 조선 교육령(1922)** : 조선인과 일본인의 동등한 교육을 표방(실제 교육은 동등하지 않음), 보통학교 · 고등보통학교 설립 인가, 보통학교 연한 6년으로 연장, 고등 보통학교 5년으로 연장

    ㉡ **실제 교육 내용** : 일제에 협력하는 노동자 양성을 위한 초급교육과 기술교육만 실시, 한국인의 취업률은 일본인의 6분의 1인 수준에 불과, 일본어 사용하는 학교와 조선어를 사용하는 학교를 차별

    ㉢ **대학 설립** : 대학 설립 규정이 설립되자 민립 대학 설립 등의 교육 운동이 전개되자 일본이 <u>경성제국대학(1924)</u>을 설립

          └……●민립 대학 설립 운동을 반대하며 관립 대학인 경성 제국 대학을 설립해
                극소수의 한국인을 입학시켜 한국인의 고등 교육열을 무마함

⑥ **사상범**

    ㉠ **정치** : 3 · 1운동 이후 2년이 최고령인 보안법이 문제라 생각하여 정치 관련 범죄 처벌법(1919)을 제정, 국외 독립운동에 대한 처벌도 가능해짐

    ㉡ **치안 유지법(1925)** : 사회주의 사상의 확대로 소작쟁의와 노동쟁의가 많아지자 단속을 강화, 국제변혁과 사유재산제도 부인을 목적으로 하는 조직에 대한 처벌을 규정하여 반정부와 반

---

❶ **특별 고등 경찰**
일제 강점기에 비밀 결사, 정치 집회, 사상 활동 등 정치에 관계되는 행위를 단속하는 경찰.

체제 운동을 탄압하기 위한 법률, 사회주의자 · 민족주의자 뿐 아니라 광주 학생 항일 운동과 조선어 학회 사건 등 항일 민족 운동을 처벌하는데 이용

ⓒ 치안 유지법 개정(1934), 조선 사상범 보호 관찰령(1936), 조선 사상범 예비 구금령(1941)등으로 탄압

⑦ **한국인의 등용** : 보통학교 교장, 면서기 등 행정기관이나 각종 기관에 등용하지만 고위관리에는 임명하지 않고 말단 행정직에 임명

⑧ **친일파 양성** : 친일 인물을 찾아 친일 지식인을 양성하고 친일 조직을 만들어 민족을 분열시킴, 대표적 친일인물 이광수, 최린, 최남선

⑨ **식민사관 주입** : 조선 반도사 편찬 위원회(1916) ⇨ 조선사 편찬 위원회 설립(1922) ⇨ 조선사 편수회❶로 확대 개편(1925)

⑩ **결과** : 다양한 친일 단체가 등장하고 일부 인사들이 일제와 타협하여 자치운동을 전개

4. 민족 말살 통치

(1) 시대적 배경

① **경제 공황 (1929)**

ⓐ 미국의 주가 대폭락으로 인해 발생하여 일본 경제 타격 받음

ⓑ 일본은 혼란한 사회속에서 군부가 정권을 장악하고 경제 공황에서 벗어나기 위해 대륙 침략을 본격화 함

ⓒ 일본 본토와 한반도를 하나로 묶는 경제블록 형성하여 한반도의 노동력과 자원이 일제에 의해 수탈

ⓓ 만주와 중국을 자본투자 및 상품시장으로 확보하려함

●일본 관동군은 유조구 사건후 만주 군벌의 소행이라 발표하고 만주를 침략

② **대륙 침략** : 대동아 공영권❷을 천명하며 만주 사변(1931), 상해 사변(1932)으로 만주국❸을 수립(1932), 중 · 일 전쟁(1937)으로 중국을 침략, 태평양 전쟁(1941)을 일으킴

③ **전시 체제**

ⓐ 일본은 대외전쟁을 위해 한반도를 전쟁의 병참기지화 시킴

ⓑ 1938년 국가 총동원법을 제정하여 인적 · 물적 자원을 수탈

ⓒ 군사력과 경찰력이 증가, 비밀 고등 경찰, 헌병 스파이 등을 활용한 감시 체제 강화

▲ **침략 전쟁의 확대**

❶ 조선사 편수회
우리나라의 민족 문화 말살 및 왜곡을 목적으로 설립된 기관

❷ 대동아 공영권
일본을 중심으로 서양 제국주의에 대항하여 함께 번영할 동아시아의 여러 민족과 그 거주 범위. 태평양 전쟁 당시 일본이 아시아 대륙에 대한 침략을 합리화하기 위해 내건 정치 표어.

❸ 만주국
일제가 만주 지역을 점령한 후, 청의 마지막 황제인 푸이를 황제로 내세우고 세운 나라임. 실질적 통치자는 관동군 사령관이었고, 제2차 세계 대전에서 일본이 패배하자 붕괴됨.

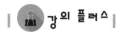

❹ 내선일체
내지(内,일본)와 조선(鮮)이 한 몸(一
體)과 같다는 뜻, 일제 강점기 때 일
본이 조선인의 정신을 말살하고 조
선을 착취하기 위해 만들어 낸 구호.

❺ 일선동조론
일본인(日)과 조선인(鮮)이 같은 조상
(同祖)에서 나왔다는 주장.

❻ 황국신민서사
일제는 황국신민서사가 새겨진 비석
을 집안까지 놓아두고 암송하게 함.

❼ 황국 신민 서사를 외우는 학생들

❽ 서울 남산 조선 신궁
(현 남산 식물원 자리)

❾ 일본식 성과 이름을 신고하러
나온 사람들

> ▶ **국가 총동원법(1938)**
>
> 제1조 국가 총동원이란 전시(전시에 준할 경우도 포함)에 국방 목적을 달성하기 위해 국가의 전력을 가장 유효하게
>   발휘하도록 인적 및 물적 자원을 운용하는 것이다.
> 제4조 정부는 전시에 국가 총동원상 필요할 때에는 칙령이 정하는 바에 따라 제국 신민을 징용하여 총동원 업무에
>   종사할 수 있다.
> 제8조 정부는 전시에 국가 총동원상 필요할 때에는 칙령이 정하는 바에 따라 물자의 생산, 수리, 배급, 양도, 기
>   타의 처분, 사용, 소비, 소지 및 이동에 관하여 필요한 명령을 내릴 수 있다.

(2) **민족 말살 통치 목적** 조선의 전통과 문화를 말살하고 한국인을 일본인으로 동화시켜 전쟁에
필요한 물자와 자원을 수탈하기 위함

(3) **민족 말살 통치의 내용**

① **황국 신민화** : 한국인을 일본의 충성하는 백성으로 만들려는 정책

  ㉠ '내선일체(内鮮一體)❹', '일선동조론(日鮮同祖論)❺'으로 한국인과 일본인은 하나라고 주장

  ㉡ 황국 신민 서사❻ 암송(1937) : 전 국민이 암송

  > • **황국 신민 서사 (성인용)**
  >
  > 우리는 황국 신민이다. 충성으로 군국(君國)에 보답한다.
  > 우리 황국 신민은 신애협력(信愛協力)하여 단결을 굳게 한다.
  > 우리 황국 신민은 인고 단련하여 힘을 길러 황도(皇道)를 선양한다.
  >
  > • **황국 신민 서사 (아동용)❼**
  >
  > 우리들은 대일본 제국의 신민입니다.
  > 우리들은 마음을 합하여 천황 폐하에게 충의를 다합니다.
  > 우리는 인고 단련하고 훌륭하고 강한 국민이 되겠습니다.

  ㉢ 궁성요배(宮城遥拜) : 아침마다 일왕이 있는 도쿄를 향해 감사의 절을 하는 것을 의무화 함

  ㉣ 정오 묵도 : 사이렌이 울리면 일제의 승전 기원과 전몰자, 출전 장병에 대해 감사 묵념을 강요

  ㉤ 신교육령(1938) : 우리말과 우리글을 금지하고 우리역사를 배울 수 없게 함

  ㉥ 국민학교 개칭 (1941) : 소학교를 '황국신민의 학교'를 뜻함

② **신사참배(1937)❽** : 일본의 신을 모신 신궁과 신사를 짓고 참배 할 것을 강요, 거부하면 처벌, 학
교는 폐교시킴

③ **일본식 이름(1939)❾** : 성과 이름을 일본식으로 바꿀 것을 강요(창씨개명), 거부하면 아이를 학교
에 보낼 수 없고 직장에서 차별 대우를 받고, 식량 배급도 받지 못함

④ **일본어 사용**

  ㉠ 동아일보의 브나로드 운동 등 농촌 계몽운동을 1935년부터 금지 → 문자 보급운동을 탄압
    └┄┄┄┄● '민중 속으로 가자'는 뜻의 러시아어

  ㉡ 일본어 강습소 설치하여 일본어 상용 운동, 일본어를 사용해야 민원접수 가능

  ㉢ 기미가요를 보급하고 일본국기 계양
    └┄┄┄┄● 일본의 국가로 1880년에 일본 해군의 부탁을 받고 독일인이 작곡함

⑤ **제 3차 조선 교육령(1938)**

  ㉠ 조선어 과목을 선택과목으로 변경 ⇨ 실제로는 선택할 수 없어서 조선어 교육이 금지, 조선

사 교육도 금지

    ⓛ 보통학교 → 심상소학교, 고등보통학교 → 중학교, 여자고등보통학교 → 고등여학교

⑥ **제 4차 조선 교육령(1943)**

    ㉠ 학제 개편하고 명목상 남은 조선어, 조선사 과목을 폐지 및 금지, 중학교 · 고등여학교 4년

       으로 축소

⑦ **신문 폐간(1940)** : 사전 검열 · 정간 · 폐간으로 민족 언론을 탄압하다가 조선일보, 동아일보 등

    한글 사용하는 신문과 〈인문평론〉 등의 잡지를 폐간함

⑧ **사상 통제**

    ㉠ **조선 사상 보호 관찰령(1936)** : 치안 유지법 위반자 가운데 전향하지 않은 사람을 감시

                      ●징역형을 선고받은 사상범이 형기를 마치고 출소해도 거주와 여행, 취직의 자유가 제한

    ⓛ **사상범 예방 구금령(1941)** : 사상범이 석방 되었어도 재범의 우려가 있으면 구금할 수 있게

       됨, 독립 운동가를 재판 없이 예방 구금소에 구금

    ⓒ 태평양 전쟁 직전 1941년 치안유지법을 확대 · 강화

⑨ **조선어학회 사건(1942)**

    ㉠ 독립단체로 간주하여 〈우리말 큰 사전〉의 편찬을 준비하던 조선어 학회 회원을 검거 ⇨ 치

    안 유지법의 내란죄 적용

    ⓛ 1943년 순수 학술 단체인 진단학회 해산

⑩ **물적 · 인적 수탈**

❶ 군함도(하시마섬)

    ㉠ 강제 징용❶ · 징병 · 정신대(挺身隊) · 일본 위안부❷(慰安婦) · 근로 정신대 등을 동원하여

       우리 민족을 전쟁에 동원 됨

    ⓛ 전쟁물자 조달을 위해 공출을 통하여 물자와 식량을 수탈

    ⓒ 패전 후 류큐나 중국 하이난 섬에서 한국인을 대량학살 함

⑪ **식민 정치의 폐단** : 한국인의 자주적 근대화에 지장을 주고 식민 정치의 수단으로 계획 · 집행된

    시설 투자로 우리에게 실제적 도움은 안됨

⑫ **국민 총력 운동 (1940.10)**

    ㉠ 국가 총동원법(1938) 공포 ⇨ 국민정신 총동원 조선연맹 해산하고 국민 총력 조선연맹을 조

       직해서 국가 총력 운동 시작

    ⓛ 조선 총독을 총재에 정무총감을 부총재에 임명, 고관에서 평민까지 사람, 기관, 업체를 포함

       하여 결성

    ⓒ 황국 신민 정신의 고양, 징병 및 학병의 독려 및 후원, 산업증식, 국방 현금과 공출, 군인 원

       호 등 후방의 총력 운동을 전개

    ⓔ 가입에 대한 강제성이 확대

❷ 위안부 소녀상

일제 시기 일본군 위안부로 끌려간 한국인 여성들은 모두 20여 만 명으로 추정됨. 현재 이들 중에서 대다수는 사망했으며 1992년부터 한국 정부에 신고하기 시작한 일본군 '위안부' 출신 할머니들은 모두 238명임.

03 일제의 경제 약탈

1. 1910년 대 경제 수탈

(1) **토지 조사 사업(1912-1918)**

① 실시 배경 : 국권피탈 이후 식민지 경제 체제를 위해 총독부 산하에 임시 토지 조사국을 설치 (1910), 토지 조사령(1912)을 공포

② 실시한 **표면적 명분**

  ㉠ 지세의 공정성과 근대적 토지 소유를 확립하기 위해

  ㉡ 소유권을 보호하여 매매 · 양도를 원활히 위해

  ㉢ 토지의 개량 및 이용을 자유롭게 하여 토지의 생산력을 증진

③ **실제 목적**

  ㉠ 토지 조사를 통해 정확한 토지 면적과 생산량을 측정, 은결(隱結) 확보 → 식민통치에 필요한 지세를 안정적으로 확보

  ㉡ 토지의 매매 · 저당 등을 자유롭게 하여 부동산 등기 제도를 통해 일본인의 토지 소유를 확고히 하여 이들의 토지 투자를 유도

  ㉢ 한국인의 토지를 약탈하고 지주층을 회유

  ㉣ 한국의 주된 산업인 농업을 장악 → 자국의 식량문제 해결

  ㉤ 각종 산업 원료의 공급지로 전락

④ **토지 관습 선행 조사** : 토지 조사 사업 전 토지 조사에 따른 분쟁의 해결과 원활한 조사 사업의 진행을 위해 먼저 시행

▶ 조사 내용	
1. 행정 구역의 명칭	9. 토지 소유권
2. 토지의 명칭과 사용 목적	10. 질권 및 저당권
3. 과세지와 비과세지	11. 소작인과 지주와의 관계
(중략)	12. 토지에 관한 장부 서류

⑤ **토지 조사령**

  ㉠ **총독의 승인** : 토지 소유권을 조선총독이나 그 권한을 위촉 받은 자가 확정하도록 함

  ㉡ **기한부 신고제** : 소유권은 신고주의가 원칙으로 토지 소유주가 필요한 서류를 구비하여 지정된 기일 내에 신고해야 소유권을 인정받음

  ㉢ **미신고지** : 절차가 복잡하고 홍보 부족으로 신고하지 않은 사람이 많고 반일감정으로 신고를 일부러 하지 않는 사람들도 많음

  ㉣ **공동소유지** : 문중의 소유나 마을의 공동소유지는 한 사람이 신고하기 어려워 신고에서 누락 → 총독부 소유

  ㉤ **국 · 공립 소유지** : 관청이나 국가의 소유지 → 총독부 소유
                        ●궁방전, 역둔토 등

ⓗ 복잡한 절차 : 토지 가격조사, 지형·지목 조사 등 절차가 복잡하여 다수가 신고의 기회를 놓침, 일본인에 대한 특혜를 제공

ⓢ 증거주의 : 불복자에 대해서는 증거주의를 채택

> ▶ 토지 조사령(1912)
> 제1조 토지의 조사 및 측량은 본령에 따른다.
> 제4조 토지 소유자는 조선 총독이 정하는 기간 내에 주소, 씨명, 명칭 및 소유자의 소재, 지목, 자번호(字番號), 사표(四標), 등급, 지적, 결수(結數)를 임시 토지 조사 국장에게 신고하여야 한다. 단, 국유지는 보관 관청이 임시 토지 조사 국장에게 통지해야 한다.
> 제6조 토지의 조사 및 측량을 할 때, 조사 및 측량 지역 내의 2인 이상의 지주로 총대를 선정하고 조사 및 측량에 관한 사무에 종사하게 할 수 있다.
> 제17조 임시 토지 조사국은 토지 대장 및 지도를 작성하고 토지의 조사 및 측량에 대해 사정(査定)으로 확정한 사항 또는 재결을 거친 사항을 이에 등록한다.

⑤ **동양 척식 주식회사❶**

㉠ 몰수된 토지는 동양 척식 주식회사 등 일본 토지 회사를 통해 일본인에게 불하

㉡ 일본에서 온 이주민을 모집하여 토지를 싸게 불하함

⑥ **시행 결과**

㉠ 식민 지주제 : 전 국토의 40%가 조선총독부의 소유가 됨 → 동양 척식 주식회사를 거쳐 일본인에게 불하, 일본인에 의한 식민 지주제가 시작 → 소작료가 늘어감, 지주의 소유권이 강화, 친일적 성향, 대다수 소작농의 생활이 힘들어지고 중간관리자인 마름의 횡포가 발생하여 지주 소작관계가 봉건적으로 역행

╌●소작 관계가 봉건적으로 역행

㉡ 농민의 몰락 : 농민의 토지 상실로 인해 소작농화가 심화, 소작농이 경작권, 도지권❷, 입회권❸ 등의 관습적인 권리를 상실하여 기한부 계약에 의한 소작농으로 전락, 화전민, 도시나 광산 노동자 → 만주 연해주로 이주

㉢ 식민 수탈의 증대 : 총독부는 지세 부과 대상을 늘리고 토지 가격을 높이 책정하여 토지세를 더 많이 거두어들임 ⇨ 토지세의 대부분은 식민통치를 위한 비용으로 지출

㉣ 농촌 경제의 파탄 : 3%의 지주가 경작지의 절반 이상을 소유 → 소작을 하지 않고는 살 수 없는 농가가 대부분 이어서 고율의 소작료를 내야 하는 상황

(2) **회사령❹**

① **실시 배경**

㉠ 한국 기업 성장 억압 : 민족 자본의 성장을 막고 외국 자본의 진출을 통제하여 일제의 상품 시장과 원료 공급지로 만들어 식민지 산업 구조로 만듦

㉡ 일본 자본 보호 : 식민지 수탈에 필요한 범위 안에서만 일본 자본의 진출을 유도

② **방법**

㉠ 총독의 허가 : 조선에서 회사를 설립하기 위해서는 조선총독의 허가를 받아야 함 → 조선인의 회사 설립을 제한, 일본의 기업에 영향을 덜 끼치는 영세 제조업과 매매업 등만 허용

㉡ 총독의 해산권 : '공공질서와 선량한 풍속에 위배' 되는 경우 해산 명령을 내림

❶ 동양 척식 주식회사
1908년 일본이 우리나라의 경제를 독점·착취하기 위해 설립한 국책 회사. 주로 토지를 강점·강매하여 높은 비율의 소작료를 징수하고 많은 양곡을 일본으로 반출하다가, 1917년부터 본점을 일본 도쿄로 옮기고 동양 각지로 사업을 확대.

❷ 도지권
소작인이 소작지를 영구적으로 경작할 수 있는 권리. 도지권은 매매·상속·양도할 수 있었으며 저당의 대상이 되기도 하였음.

❸ 입회권
마을 주변의 주인 없는 토지에 대한 농민들의 공동 이용권. 농민들은 공유지인 산림이나 들에서 공동으로 여물, 두엄 등의 풀과 땔감용 잡목 등을 거둘 수 있었음.

❹ 회사령(1910)
제1조 회사의 설립은 조선 총독의 허가를 받아야 한다.
제5조 회사가 본령이나 본령에 의거하여 발하는 명령과 허가 조건에 위반하거나 또는 공공 질서와 선량한 풍속에 반하는 행위를 할 때, 조선 총독은 회사의 해산을 명할 수 있다.

③ **결과**

　　㉠ **조선 자본** : 산업 자본화가 봉쇄되어 한국인의 기업 활동을 억압하고 민족 자본의 성장이 방해되어 기업은 경공업에 한정

　　㉡ **일본 자본** : 미쓰이 · 미쓰비시 같은 일본 대기업 자본에 장악(전기 · 철도 · 금융), 중소 자본이 다수 차지(고리대 등), 유통 부문, 농산물 가공업, 방직업에 제한적인 투자

(3) 삼림 약탈

① **삼림령(1911)** : 국유지로 강제로 편입 → 일본인 자본가 · 이민자들에게 대부 · 양여 · 매각 됨

② **임야 조사령 (1918)** : 신고주의 원칙으로 소유권을 확정, 소유권이 불분명한 경우가 많아 국유림이 편입되어 조선총독부에 약탈

③ **결과** : 농민의 국유 삼림 이용을 단속해 땔감을 구하기 힘들어짐, 화전민의 생존권을 위협

(4) 어업

① **조선 어업령(1911)** : 일본 어부들이 한국에 이주하여 새롭게 면허 · 허가를 받아 조업, 어업을 총독의 허가 사항으로 함

② **결과** : 일본인을 중심으로 어업권의 재편성 → 근대적 어업(저인망, 잠수망), 일본인이 중심이 된 어업 조합 설립, 어장과 양식업을 독점

(5) 은행

① <u>**조선은행**</u>**[5] (1911)** : 중앙은행의 역할을 함

　　　　　●1896년 우리나라 최초의 근대적인 은행으로 서울에 설립되었던 조선은행과 구별

② **동양 척식 주식회사의 금융부 설치** : 일본 시장에서 외채를 모집한 자금으로 금융 업무를 본격화 함

③ **은행령(1912.10)** : 은행령 및 그 시행규칙을 공포, 일본인의 자본 진출을 유리하게 조성, 보통은행의 설립 기준을 강화하여 한국인의 은행 설립을 저지

④ **조선 식산 은행(1918. 10)** : 일제는 식민지 조선의 개발 · 수탈에 필요한 자금 을 동원하고 배분하기 위해 설립

(6) 세금

① **지세령(1914)** : 1913~1914년 까지 지세는 44.7% 증가, 쌀값은 떨어져 소작농으로 전락하는 농민이 증가

② **지세령 개정(1918)** : 결부제를 폐지하고 지가에 따라 지세를 산출하도록 하여 지가가 오르면 지세도 오름

③ **전매 제도** : 담배, 인삼, 소금, 아편 등을 총독부가 전매 → 연초전매령(1921)

④ **조세 관세 정률령(1912)** : 주요 수입 상품에 대한 저율 관세를 부과 → 민족 기업의 성장이 억압

(7) 광업　●이 법령에 의거해 한국인이 경영하는 광산에 대한 등록을 거부

① **조선 광업령 (1915)** : 1906년 7월 일본인에게 광업을 허가하고 조선의 광산을 장악하기 위해 제정 된 광업법을 개정하여, 총독부의 허가제를 원칙으로 한 법령 → 한국인의 광산 경영을 강력히 통제

② **광산의 등록** : 한국인의 광산 등록 거부하고, 이익이 되는 광산은 일본인에게 넘김 → 1920년 일

[5] 조선은행
일제 강점기 일제가 한국 및 대륙 경제 수탈을 위해 세운 중앙은행.

본인 소유의 광산이 80%를 넘음

③ **시설** : 제련소(진남포), 금 · 은 선광장(노량진), 제철소(겸이포) 등

④ **일본의 진출** : 제 1차 세계대전 이후 군수 광물의 수요가 급증해서 일본인이 조선 광업에 진출

(8) 원료 공급지

① **철도, 도로의 확충**

㉠ **배경** : 1910년대 조선을 상품시장과 원료 공급지로 장악하기 위해 전국의 주요 도시와 항구를 잇는 철도와 도로망을 확충 함

㉡ **내용** : 서울을 중심으로 호남선(1914), 경원선(1914) 등의 건설로 X자형의 간선철도망이 완성, 운송망의 설치로 대전(철도), 군산, 목포(항만)등이 발전, 1911년부터 7년 동안 약 2700 ㎞에 달하는 도로가 건설

㉢ **법령** : 도로 규칙(1911), 도로 취체 규칙(1913)

㉣ **결과** : 철도, 도로, 항만 등을 일본인이 독점 경영하여 경제 수탈과 일본 상품의 수출에 사용

(9) 산업 박람회

① **개최 이유** : 효과적인 식민지 수탈을 위해 생산력을 높이기 위해 개최

② **개최 단체들** : 조선 물산 공진회❶ (朝鮮物産共進會, 1915), 조선 부품 공진회(1917), 조선 박람회 (1929)

┈┈┈┈┈┈● 일제가 경복궁에서 전국의 산업물품을 수집해 전시한 박람회

③ **결과** : 박람회에는 일본에서 생산된 물건들과 새로운 상품이 등장

⑽ **수리 조합령 (1917)** 토지 조사 사업 이후 농지 수리 개량을 위해 수리 조합령을 제정

2. 1920년 대 경제 수탈

(1) 산미 증식 계획

① **실시 배경**

㉠ 제 1차 세계 대전 중 전쟁 물자를 수출하면서 공업화 추진

㉡ 도시인구와 노동자 수는 증가, 농촌 인구가 줄어 쌀값이 폭등함❷

② **실시 목적** : 조선에서 개간 · 간척 사업, 수리시설 개선, 종자 개량, 화학 비료의 증가를 통해 미곡 생산량을 증대시켜 일본 국내 미곡 수요를 충당하려 함

③ **시행**

㉠ **1차(1920~1925)** : 일본 불황으로 재원 확보가 어려움 → 지주들이 토지 구매에 열중. 성과는 미비

㉡ **2차(1926~1934)** : 조선 농회령을 제정(1926)해서 정부 알선 자금의 비중을 높여 지주 부담을 줄임 ⇨ 일본인과 한국인 대지주의 토지 집적이 실시

㉢ **시행 과정의 목표** : 1920년부터 30년 계획으로 시행. 개간과 간척사업을 벌이고 밭을 논으로 전환하여 쌀 920만 석을 증산하는 것이 목표

④ **전개 과정**

㉠ 관개 시설 개선을 통해 천수답을 수리답으로 만들고, 개간과 간척 사업을 실시

❶ **조선 물산 공진회**

일제의 식민 통치를 정당화하는 도구의 일환. 이 박람회에서는 한국에서 생산된 물품 뿐 아니라 일본의 생산품으로서 한국인에게 필요하다고 생각되는 품목 등이 전시됨.

❷ **일본의 쌀 소동(1918)**

일본 민중들은 쌀 도매상들의 가격 담합으로 쌀값이 폭등하자 폭동을 일으킴. 이처럼 일본 내 식량 문제가 악화되자 일제는 산미 증식 계획을 추진함.

ⓛ 농사 개량사업을 추진하여 생산량을 증대

ⓒ 1933년 세계 경제 대공황과 일본의 농업 공황으로 쌀 가격이 폭락하자 일본 농민을 보호하기 위해 중단

⑤ 전개 결과

ㄱ 조선의 식량 부족 : 증산 계획은 실패했지만 미곡 수탈은 강행하여 증산량 보다 수탈량이 훨씬 많음, 1인당 쌀 소비량이 감소, 식량 사정의 악화로 만주에서 잡곡을 수입하여 보충함

●수리 조합비, 토지 개량비, 비료 대금

ㄴ 농민 몰락 : 증산에 필요한 비용을 농민에게 전가, 고율의 소작료와 고리대에 시달림 → 자작농이 감소하고 화전민이나 도시빈민이 되어 만주 연해주로 이주, 식민 지주제가 더욱 강화

ㄷ 농업 구조의 변화 : 쌀농사 중심의 단작형 농업 구조가 확립

ㄹ 식민 지주제 강화 : 수리 조합이 지주를 중심으로 운영되어 대지주들의 영향력이 강화, 총독부는 지방 협의회에 지주층을 포섭하여 식민통치에 이용

ㅁ 소작 쟁의 : 농민의 불만이 높아지면서 농민운동이 본격화 됨

ㅂ 조선 노농 총동맹(1924) → 1927년 9월 조선 노농 총동맹이 농민 동맹과 노동 동맹으로 분립되면서 조선 농민 총동맹이 결성

(3) 회사령 폐지(1920)

① 배경 : 제 1차 세계 대전 이후 일본은 생산 시설을 조선으로 옮기고 1920년대에 한반도를 노동력과 자원을 축적하기 위한 투자 시장으로 만들기 위해

② 내용

ㄱ 회사 설립이 허가제에서 신고제로 바뀜 → 일본 자본 진출이 쉬워짐

ㄴ 중소 자본과 미쓰이, 미쓰비시 등 대자본이 진출

ㄷ 부전강 수력발전소(1926), 흥남 질소 비료 공장(1927)등을 세움

ㄹ 조선의 값싼 노동력을 이용하여 일본 기업의 투자처로 전락

③ 결과

ㄱ 면방직이나 식료품 공업, 광업 분야에 일본 자본이 유입되면서 노동자 수가 증가

ㄴ 일본 자본의 이윤을 보장하기 위해 한국인 노동자 탄압

ㄷ 한국 노동자들은 장시간 노동과 저임금, 민족 차별까지 받으며 혹사당함

④ 민족 기업 : 김성수의 경성 방직 주식회사, 평양 메리야스 공장 등 일부 민족 기업이 성장하기도 함

(4) 연초 전매령

① 1910년 회사령에 의해 연초업에서 조선인 자본가들이 소외되어가고 연초세가 조세항목으로 설정되어 세율도 올림

② 1921년 총독부가 연초전매령을 공포하여 연초 재배업ㆍ제조업ㆍ판매업의 모든 부분을 통제해서 조선의 경작 농민ㆍ제조업자ㆍ판매업자를 몰락시키고 소비자에게 비싼 전매 연초를 팔아 재정수업을 늘림

(5) **관세 철폐(1923)**

① 다른 나라 상품은 관세를 받지만 일본 상품에는 관세를 철폐(면직물과 주류 제외) → 일본 상품 수출이 확대됨

② 한국의 공업기반에 타격을 입고 일본 상품의 소비 시장으로 전락

③ 일본 자본과 상품 진출에 대항하기 위해 물산장려운동이 전개 됨

(6) **신은행령(1928)** 은행업을 자본금 200만원 이상의 주식회사에 한정해서 규모가 작은 민족계 은행을 폐업, 통합시켜 금융을 장악

3 . 1930년대의 경제 수탈

(1) **배경**

① **경제 대공황** : 일본의 경제 나빠지면서 군국주의로 경제 공황을 극복하려함 → 대륙 침략 정책을 펼침, 만주사변(1930), 중 · 일 전쟁(1937)

② **일본 자본**

㉠ 제 1차 세계대전을 계기로 성장한 일본 독점 자본은 1920년에 조선의 광업 · 비료 · 섬유회사 등을 조선에 설립하고 한국 내의 공업 생산을 장악해 나감

㉡ 1920년 후반 미쓰이 · 미쓰비시 · 노구치 등 일본 대기업의 조선 진출이 본격화 되면서 지하 자원이 풍부한 북부지방을 중심으로 공업화에 적극적

㉢ 1926년 함경도에 부전강 수력발전소 착공 이후 이를 이용한 흥남 질소 비료 공장을 세우면서 전기 · 제철 · 중화학 공장을 설립하는 등 중공업 중심의 투자가 이루어짐

㉣ 대륙 침략을 위해 군수물자를 공급하기 위해 조선의 노동력과 자원 수탈을 강화

(2) **병참 기지화 정책**

① **남면북양(南綿北羊) 정책(1934)**

㉠ 세계 경제 대공황 이후 원료부족 현상이 발생함

㉡ 산미증식계획을 중단하고 공업원료 증산 정책을 위해 남면북양 정책을 펼침

㉢ 남부 지방의 농민들은 면화, 북부 지방의 농민에게는 양 사육을 강요

② **산업 구조의 변화**

㉠ **농공병진 정책** : 1920년대 식민지 정책은 식량의 안정적인 확보로 농업 정책에 집중했지만 1930년대 대공황으로 자원이 부족해지자 일제는 부족한 자원을 한반도에서 조달하기 위해 조선 공업화 정책을 시행하는 등 농공병진(農工竝進)을 내세운 식민지 정책을 펼침 → 침략 전쟁 수행의 병참 기지화가 되면서 일본의 독점자본이 진출 공업이 진행되면서 광공업 생산 액이 농업 생산액보다 많아지고 중화학 공업의 생산액이 경공업 생산액을 앞섬

㉡ **발전소 건립** : 유역 변경식 부전강 수력 발전소(1929, 흥남 질소 비료회사의 전력 공급용), 장진강 수력 발전소(1938), 압록강 수풍발전소(1944, 동양최대)

㉢ **비료회사** : 노구치 자본의 흥남 질소 비료회사

㉣ **산업의 통제** : 1931년 일본 경제 대공황으로 중요 산업통제법을 제정하자 일본 내 경제가 준

(準)통제 경제체제로 바뀌면서 통제법에 영향을 받지 않는 조선으로 일본 자본이 유입 ⇨ 조선총독부가 적극적으로 일본 자본을 지원(1937년 중요 산업 통제법이 조선에 적용 됨)

③ **군수 생산 책임제도 시행(1944)** : 미국의 일본 본토 군수 공장 공습이 강화되면서 한국을 군수 생산 중심 기지로 만들기 위해 군수 물자 생산 기업과 생산 책임자를 지정하여 총독부의 지도 · 감독을 받음

④ **제 1차, 2차 생산력 확충(1939~1945)** : 군수 물자를 원활히 조달하기 위해 생산력 확충 계획을 수립 · 추진함

(3) 병참 기지화 정책의 영향

① **경제 수탈의 강화** : 중 · 일 전쟁을 시작으로 본격적으로 대륙침략을 강행하는 일제는 전쟁에 필요한 군수 물자를 위해 조선을 대륙침략의 병참기지로 삼음

② **영향**

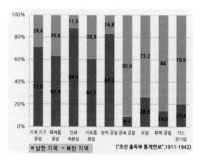

▲ 남북한 지역 공산액 비율

ㄱ 기형적 산업구조 : 중화학 공업 · 광업 생산에 주력하여 소비재 부족 현상이 나타남, 총생산액에서 공업이 차지하는 비중이 높음, 경공업 분야는 군수공업과 관련이 있는 방직업의 비중이 높음

ㄴ 지역 불균형 : 군수 공업 원료 생산 공장이 주로 북부에 집중 됨

ㄷ 한국인의 노동력과 자원을 수탈하여 일본자본의 이익을 극대화

(4) 농촌 진흥 운동(農村振興運動)

① **원인**

ㄱ 1920년 말 세계 대공황과 1930년 농업 공황으로 농산물 가격 급락

ㄴ 대지주가 농경지의 절반을 차지하고 소작료는 높은 상황에서 세계정세의 변화로 소작쟁의가 치열해짐

ㄷ 가난한 농민들 중심으로 사회주의 계열의 농민운동이 확산되지 않을까 우려하여 이를 막기 위한 정책이 필요함

② **내용**

ㄱ 농촌 경제의 안정화를 명분으로 춘궁퇴치, 부채박멸 등을 내세움

ㄴ 자작 농지 창설 유지 사업이나 소작 조정령, 조선 농지령 등을 발표

ㄷ 마름의 중간 수탈을 막고 소작 기간을 3년 이상으로 설정하여 소작권 이동을 금지하는 조항을 담아 농민의 불만을 무마하려 함

ㄹ 조선 농민의 가난은 게으름과 낭비 때문이라 함 → 스스로 가난에서 벗어 나기 위해 '자력갱생'을 내세움 → 게으르고 무지한 한국인의 민족성을 일본인을 본받아 개조해야 한다는 정신운동

ㅁ 중 · 일 전쟁으로 농촌 진흥 운동이 전시 농산물의 확보로 옮기면서 농가 갱생 계획이 제대로 실행되지 않고 소작농의 비율이 높아져 감

③ 소작인 탄압 법

    ㉠ 조선 소작 조정령(1932) : 소작 쟁의를 조종·억제하기 위해 제정 → 농민 운동을 더욱 심화됨

    ㉡ 조선 농지령❶(1934) : 한국 내의 소작 문제를 해결하기 위해 제정

           ┈┈●지주 권리의 제한, 소작농의 권한 강화라는 취지로 제정

④ 한계 : 농민들의 가난을 농민 탓으로 돌려 불만을 무마시키면서 소작쟁의를 억제하여 식민지 지배를 안정시키려는 미봉책이었음

> ▶ **농촌 진흥 운동**
>
> 생각건대 농촌 진흥의 요체는 구성 분자인 개개 농민이 자주 독립, 연구 궁리, 근검 역행하고 각자의 업을 아끼며, 직분을 기꺼워하고, 생에 안존하고, 더욱 절약하여 장래의 발전을 준비하고 인보가 서로 이끌며 향려가 공동 번영의 성과를 거두고, 대중의 생활을 안정시키고 나아가 향상의 경지에 도달케 함에 있다는 것은 말할 필요가 없다.
>   – 조선 총독 우가키, 농산어촌의 진흥에 대하여(1932) –

⑸ 중·일 전쟁 이후(1935~1945)

① 1930년 식민지 정책은 조선 공업화

② 중·일 전쟁 이후는 전쟁을 위한 병참 기지화 정책

③ 국가 총동원법(1938.4)을 제정하여 인적·물적 자원을 수탈

4. 전시 체제 강화

⑴ 국가 총동원법(1938)

중·일 전쟁(1937)으로 침략전쟁을 확대 ⇨ 한국에서도 국가 총동원법을 적용하여 인력과 자원의 통제 및 수탈을 강화

⑵ 국민 정신 총동원 운동(1938)

① 총독부가 주도, 인력과 물자를 효율적으로 동원하여 국민 생활 전반을 철저히 통제하기 위한 목적을 가짐

② 국민 정신 총동원 조선 연맹(1940년에는 조선 총독이 총재가 되어 국민 총력 조선 연맹으로 개편되어 황국신민화를 추진)(1938.7)을 조직, 13도 조직을 비롯해 10호를 기준으로 한 애국반을 결성

③ 거국일치(擧國一致)❷, 견인지구(堅忍持久)❸, 진충보국(盡忠報國)❹, 내선 일체(內鮮一體)를 주요 목표로 삼음

④ 각종행사에 강제 동원, 궁성요배, 근로저축, 지원병, 공출, 신사참배, 일본어 사용, 애국 저금, 국방헌금 등을 강요

⑤ 한국인을 최대한 동원하기 위해 민간단체로 위장, 1939년 총독부 정무총감이 위원장을 맡고 다수의 총독부 관료가 지도하는 관변 단체의 모습을 드러냄

⑶ 국민 총력 운동 전개(1940)

① 국민정신 총동맹 연맹❺이 국민 총력 조선 연맹(1940)으로 개편, 연맹의 총제에 총독이 취임하여 총독부와 일체화된 기구가 됨

---

❶ 조선 농지령

조선 농지령은 농촌 사회 문제의 근원인 식민지 지주제를 개혁하려는 것이 아니었으며, 오히려 일제는 이러한 미봉책을 제시하면서 농민 운동을 더욱 탄압함.

❷ 거국일치(擧國一致)

온 국민이 한 마음 한 뜻으로 뭉쳐 하나로 됨

❸ 견인지구(堅忍持久)

굳게 참고 견디어 오래 버팀

❹ 진충보국(盡忠報國)

충성을 다하여 나라가 베푼 은혜에 보답함

❺ 국민정신 총동맹 연맹

1928년 조직된 단체로 김성수, 김활란 등이 주도함. 1939년 징용령 제정 때 전쟁 참여와 정신대 지원 등을 독려함.

② 전쟁 수행에 필요한 물적·인적 수탈을 위해 사상 통일, 국민 총훈련, 증산 강화, 징병제 완수를 목표로 함

(4) 협력 단체

① **애국 금차회(1937)** : 금차(금비녀)를 뽑아 바친다는 의미, 부인들로 구성되어 일본군을 지원한다는 명분으로 금품 헌납, 국방 헌금 등을 담당

② **지원병 후원회(1939)** : 육군 특별 지원병(1938) 실시 이후 강연회를 통해 한국인의 지원병 참가를 독려

③ **대화숙(1940)** : 전향자 단체인 시국 대응 전선 사상 보국 연맹(1938)을 확대·강화하여 개편한 단체로 사상 통제와 전향 독려를 추진

④ **황도 학회(1940)** : 내선일체의 완성을 목표로 황도 사상을 교육·선전하기 위해 이광수의 발의로 결성

⑤ **조선 임전 보국단(1941)**

    ㉠ 임전 대책 협력회와 흥아 보국단을 통합한 최대의 민간 전쟁 협력 단체

    ㉡ 한국인 유력자를 동원하여 참가시키고 공출, 노무 동원, 생활 소비 절감, 채권 판매 운동, 저축 보국 운동 등을 추진

    ㉢ 1942년 국민 총력 조선 연맹에 합류하여 1년 만에 해체됨

⑥ **국민 동원 총진회(1944)** : 징용·징병, 군사 기지화를 위한 노무 동원에 앞장

⑦ 1945년 전쟁 말기에 대화 동맹, 대의당, 국민 동지회 등이 결성되어 전쟁 지원과 노무 동원, 대동아론 등을 주장

(5) 조선인의 감시

① **경찰 감시 강화**

    ㉠ 경찰, 군인을 늘려 감시와 탄압을 강화

    ㉡ 경찰 보조 기구로 자경단, 방공단 등을 두어 한국인을 감시하고, 집회와 결사를 허가제로 바꾸어 통제

② 모든 교육 기관의 수업 연한을 단축시키고, 학교 및 사회 교육 기관 모두를 연성체제로 구축, 군사 훈련을 실시

③ 남자는 국민복, 여자는 몸뻬를 입음
                             ●일본 농촌 여성의 작업복

5 . 인적 수탈

(1) 병력

① **지원병** : 중·일 전쟁(1937.7)으로 병력 부족 → 한국인을 전쟁터로 동원, 조선인들에게 황국의식을 주입시키기 위한 차원에서 실시되어 지원병의 자격을 제한함

    ㉠ **육군 특별 지원병(1938)** : 육군 특별 지원병령을 공포, 훈련소 규칙과 채용수속 등을 시행, 1938년 ~1943년까지 약 1만 7천여 명이 일본군이 입대(국가 총동원법 이전)

    ㉡ **해군 특별 지원병(1943)** : 1943년부터 훈련소에 입소하여 1944년 3천 명이 입대했으며, 1945

▶ 인적 수탈 순서

지원병제(1938.2)
▼
징용제(1939)
▼
학도병제(1943)
▼
징병제, 정신대(1944)

❶ 학도병

년까지 1만 명을 징병할 계획

ⓒ 학도 지원병❶(1943) : 1944년 징병제 전면 실시를 앞두고 계몽과 군대 내 서열화를 위해 '육군 특별 지원병 임시 채용 규칙'을 마련하여 전문학교와 대학생을 전쟁에 동원, 전쟁이 장기화 되면서 부족해진 병력을 해결하기 위해 학도 지원병을 통해 학생들을 전쟁터로 동원

② **강제 징병제(1944)**

ㄱ 1942년 일본 각의는 한국인 징병을 1944년부터 시행한다고 결정 → 1942년부터 호적 조사 와 거주지 조사를 실시

ⓛ 1943년 10월 징병 적령 신고를 실시 한 뒤 1944년 4월부터 징병검사를 실시하여 전쟁이 끝날 때 까지 20만 명이 징병 됨

③ **군속 · 군무원** : 1939년부터 만주 지역에 일부 동원, 태평양 전쟁기 부터 군무원 동원이 본격화 남아시아, 남태평양까지 끌려가 군사 시설 공사, 포로 감시원 등으로 동원, 전쟁 후 포로 감시원 일부는 전범 재판을 받음

(2) 노동력

① **근로 보국대** : 총독부는 조선 내에서 부족한 노동력을 확충하기 위해 1938년부터 관제 근로 보국 운동을 일으킴, 학생들은 학교 단위로, 일반인은 마을 단위로 조직 하여 동원

ㄱ 학도 근로 보국대 : 중학교 이상의 학생들로 결성하여 방학 중에 10여 일씩을 매일 6시간씩 신궁 청소, 운동장 조성, 군용품의 재봉 작업에 동원

ⓛ 일반 근로 보국대 : 20~40세의 남녀를 읍 · 면 단위로 직장 보국대, 학도 보국대, 농민 보국 대 등 다양한 조직으로 결성, '황무지 개간', '식림 식수', '도로 하천' 등 개수, 기타 목적에 합 치되는 적당한 작업 등에 무보수로 동원

② **징용** : 국가 권력으로 노무를 일방적으로 명령하고, 피용자는 의사와 관계없이 노무에 복무해야 하며, 징용을 거부 할 때는 처벌을 감수해야 함

ㄱ 노무 동원 실시 계획(1939) : 중 · 일 전쟁 이후 수립된 국민 동원 계획에 따라 결정하고 매년 일본 본토와 각지에 노무자를 대량으로 동원, 징용 노동자는 탄광, 건설 현장, 군수 공장 등 에 배치되어 혹사당하고 임금은 일본인 노동자의 절반 정도이고, 체불 되는 경우도 많았음

ⓛ 조선 징용령(1939) : 징용 명령으로 노동자를 강제로 동원

ⓒ 조선 직업 소개령(1940) : 총독부 관할의 직업 소개소를 운영, 필요한 인원을 통보 받으면 수 단과 방법을 가리지 않고 노동자를 모집

ⓔ 국민 의용대(1945) : 연합군의 상륙에 대비해 생산과 방어를 일원화 하려는 시도였음

③ **일본군 위안부**

ㄱ 설치 : 최초의 위안소는 1932년 상하이에 설치, 중 · 일 전쟁~태평양 전쟁까지 아시아 전역 에 설치

ⓛ 위안부 모집 : 취업사기, 팔려가거나, 폭력적으로 연행되는 과정을 통해 강요 당함.

ⓒ 위안부 관리 : 모집과 관리는 민간업자에게 위임하는 형태지만 실질적으로 군에서 관리 통제

ⓔ 기업 위안부 : 탄광, 기업, 공사장 등에 끌려온 노동자들의 불만을 무마하기 위해 설치

④ 여자 근로 정신대

　　㉠ 여자 근로 동원의 촉진에 관한 건(1943) : 노동력 부족이 심각해지자 촉진법을 결정하여 근로 정신대를 조직, 각종 군수공장에 동원 됨

　　㉡ 여자 정신대 근무령(1944) : 여성 노동력 동원을 법제화 한 것으로 학교 소개소, 지역 관광소 및 경찰서에서 동원·모집, 12~40세의 미혼 여성을 대상으로 하였으며 영장을 받으면 1년 간 근로 동원에 응해야 함

　　㉢ 실태 내용 : 극히 일부만 공장에 출퇴근한 것도 있지만 대다수는 일본의 군수 공장으로 끌려 가 노예와 같은 삶을 살았고, 일부는 위안부로 차출되기도 함

6. 물적 수탈

(1) 공출

① 총동원 물자 사용·수용령(1939) : 공공연히 물자 약탈하는 공출제를 시행

② 공출 종류 : 처음에는 양곡 공출에서 기름, 놋그릇, 숟가락, 절이나 교회의 종과 불상 등 쇠붙이를 징발함 → 쇠붙이 공출이 가장 심함

③ 금속류 회수령(1941) : 무기 제조를 목적으로 식기, 농기구 등 모든 금속을 국가에 공출하도록 강요

④ 쌀 공출

　　㉠ 원인 : 1920년대 추진 된 산미 증식계획을 제개, 군량미를 위해 각 도에 공출 할당량이 배분 되고, 다시 부·군·읍·면에 할당하고 가구마다 할당량을 공출하게 함.

　　㉡ 미곡 배급 조정령(1939) : 식량 소비를 규제하기 위해 공포하여 식량 배급제를 실시

　　㉢ 조선 식량 관리령(1943) : 쌀 이외에 보리, 감자, 고구마, 밤 등의 농산물도 가져감, 국가가 직접 모든 통제미의 매상과 매도를 담당하게 됨

(2) 물자 통제

① 생활 필수 물자 통제령(1941.4) : 생산 장려와 소비 억제를 위해 공포

② 물자 통제령(1941.12) : 철강재, 전력, 식량, 목재, 생사, 금, 은을 비롯한 광산물 및 신탄, 의약품과 위생자재, 축산물, 채소와 과일 등 전쟁 물자에서부터 생필품에 이르는 물자 전반에 걸쳐 적용 됨

(3) 광물 자원

① 1938년 금 생산 5개년 계획 수립 → 금 생산 증산, 개인 소유 금을 신고, 전비에 사용함

② 중·일 전쟁으로 미국의 경제 제재를 받은 일본은 철광석 증산에 관심을 기울임

③ 텅스텐·형석·몰리브덴·흑연·니켈·망간·납·아연·운모·석면·마그네슘 등 제조·도금·합금 용도로 근대 병기 산업의 필수적인 여러 가지 지하자원을 수탈

④ 1941년 금속 회수령을 통해 각종 금속류를 공출

(4) 강제 모금

① 저축 장려 위원회(1938) : 헐값에 강제 공출을 당한 뒤 그 대금의 일부를 저축으로 미리 공제하는 등 강제적인 저축을 실시

② 국채 강요

　　㉠ 1938년 지나(支那)사변 국채 발행

　　㉡ 태평양 전쟁이후 대동아(大東亞) 전쟁 국채 발행

　　㉢ 강매, 기업의 상여금이나 임금을 국채로 지급

③ 강제 모금

　　㉠ 각종 명목의 위문금과 국방헌금을 거둠, 친일파는 자발적 국방헌금 납부, 전투기 헌금

　　㉡ 국방헌금 징수 : 전쟁을 수행하기 위한 세금을 징수, 위문 금품을 각지에 서 모집

⑸ 가축 증식 계획

　　일본군의 군수품을 충당하기 위해 가축의 수탈을 강화

⑹ 군수 공업

① 조선 산업 방침 대강(1936) : 한반도 병참기지화 정책을 추진

② 중요 산업 통제법 시행(1937) : 일본 내에 시행되고 있던 중요 산업 통제법이 한반도에 시행되어 금속, 석유, 차량 등으로 군수업종을 중심으로 자원을 집중

③ 임시 자금법(1937) : 군수 산업으로의 설비 자금 집중을 장려함, '은행 등 자금 운용령(1940)'을 통해 운용 자금까지 통제 함

④ 임금 임시 조치령(1939) : 임금을 동결하여 값싼 노동력을 수탈

⑤ 기업 허가령(1941) : 기업 활동을 총독의 허가 사항으로 군수 산업 이외의 기업 활동을 제한

	무단 통치기(1910년대)	문화 통치기(1920년대)	
정치	조선 총독부: 식민 통치 최고 기관, 내각의 통제를 받지 않음 총독은 육·해군 대장 중 임명, 입법·사법·행정·군사권 장악 중추원 : 자문기구, 친일파 헌병경찰 : 즉결처분권 공포분위기 : 조선 태형령, 교원의 칼과 제복 착용 한국인의 언론·출판·집회·결사의 자유 등 기본권 박탈	**방침**	**실상**
		문관총독	해방까지 문관총독 X
		헌병 경찰제 → 보통 경찰제	경찰력 강화(경찰 기관, 경찰관 수, 비용 증가) / 치안유지법 제정
		언론·출판 허용 (조선일보, 동아일보)	검열, 삭제, 정간
		보통 학교 수업 연한 연장 (4년 → 6년)	한국인의 보통학교 취학률이 일본인의 1/6에 불과
		도평의회, 부·면 협의회, 지방행정 조선인	친일파 육성 (지주나 자본가만)
경제	[토지조사사업(12-18)] 근대적 토지 소유권을 명분으로 일제의 재정 마련 목적 임시 토지 조사국 설치(1910), 토지 조사령 공포(1912) 기한부 신고주의, 증거주의 총독부 : 토지 소유↑ 지세 수입↑ → 동양 척식 주식회사에 불하→ 일본인 이주민 증가 영구 소작권(경작권) 상실 → 기한부 소작농 증가, 몰락한 농민의 간도·연해주 이주 증가	[산미 증식 계획 (1920~34)] 일본의 산업화에 따른 쌀 부족 해소 목적 품종 개량, 수리조합조직(수리시설 확충) 증산량 < 수탈량 → 곡가폭등 증산비용을 한국인에게 떠넘김, 농민 몰락 단작화(밭→논)로 농업의 불균형 만주 잡곡 수입↑, 농민의 국외 이주↑	
	[회사령(1910)] 허가주의, 민족기업 설립 억제 삼림령, 어업령, 광업령, 임야 조사령 [전매 산업] 인삼·담배·소금 전매	[일본 기업 진출 확대] 회사령 철폐(1920, 허가제 → 신고제) 일본 상품에 대한 관세 폐지(1923) 　　→ 일본 기업(자본)의 한국 진출 확대 도모	

	민족 말살 통치기 (1930~40년대)	
정치	목적 : "내선일체, 일선동조", 침략전쟁에 쉽게 동원하기 위함 민족 말살 정책 : 3차 조선 교육령(1938)에서 조선어, 조선사 사실상 폐지 황국신민화 : 창씨개명, 신사참배, 궁성요배, 황국 신민 서사 암송 소학교 →국민학교(1941) 애국반 조선일보, 동아일보 폐간(1940) 사상범 구금 예방령(1941) : 독립운동가를 구금할 법적 근거(치안유지법 강화)	
경제	[세계 대공황(1930) 이후] 농촌 진흥 운동(춘궁퇴치, 차금예방, 조선농지령) 남면북양 　→ 보호무역 대비, 원료 확충 중화학 공업 육성 *위안부 동원은 1932년 상하이 사변부터 시작	[중·일전쟁(1937) 이후] 국가 총동원령(1938) → 인적자원 : 징용, 징병, 　　　　　　　위안부, 학도지원병 → 물적자원 : 공출, 배급 　　　산미증식계획 재개

▶▶▶ 기출 문제

01 | 일제의 침략과 민족의 수난

001 ☐☐☐
2018 경찰간부후보

조선 총독부에 관한 다음 설명 중 가장 옳지 않은 것은?

① 조선 총독은 일본 육군이나 해군 현역(또는 예비역) 대장 중에서 임명되었다.

② 총독 아래 행정 사무를 총괄하는 정무총감과 경찰 사무를 담당하는 경무총감이 있었다.

③ 철도국, 전매국, 임시 토지 조사국 등 각급 식민 행정 기관과 직속 재판소가 설치되었다.

④ 조선 총독은 내각 총리대신에 직속되어 조선에 대한 모든 통치권을 행사하였다.

002 ☐☐☐
2016 국회직 9급

다음을 시기 순으로 바르게 나열한 것은?

ㄱ. 토지 조사령	ㄴ. 조선 광업령
ㄷ. 조선 어업령	ㄹ. 회사령

① ㄱ-ㄴ-ㄷ-ㄹ

② ㄴ-ㄱ-ㄷ-ㄹ

③ ㄷ-ㄴ-ㄱ-ㄹ

④ ㄹ-ㄷ-ㄱ-ㄴ

⑤ ㄹ-ㄷ-ㄴ-ㄱ

003 ☐☐☐
2015 지방직 9급

1920년대 산미 증식 계획에 대한 설명으로 옳은 것은?

① 춘궁 퇴치·자력갱생 등을 내세웠다.

② 쌀·잡곡에 대한 배급 제도와 공출 제도가 실시되었다.

③ 소작농을 보호한다는 명목으로 소작 조정령을 발표하였다.

④ 공업화로 인한 일본의 식량 부족 문제를 해결하고자 실시하였다.

004 ☐☐☐
2017 하반기 국가직 7급

1910년대 일제의 지배 정책으로 옳지 않은 것은?

① 농공은행을 조선식산은행으로 개편하였다.

② 계몽 운동을 주도한 황성신문을 폐간하였다.

③ 총독의 자문 기관인 중추원 관제를 공포하였다.

④ 일본인 업자에 특혜를 준 연초전매령을 공포하였다.

🎯 정답·해설

정답 1.④ 2.④ 3.④ 4.④

해설 1. 조선 총독은 천황에 직속되었기 때문에 총리에게 통제를 받지 않았다. 오히려 일본 총리대신과 동격이었다.

2. ㄹ.1910년 ㄷ.1911년 ㄱ.1912년 ㄴ.1915년

3. ① 1930년대 농촌 진흥 운동 ② 1939년 총동원 물자 사용·수용령 ③ 대공황의 여파로 농촌 경제가 어려워지고 소작 쟁의가 심해지자 일제는 1932년 조선 소작 조정령을 제정하였다.

4. 홍삼이나 연초 등은 일제의 전매 대상이었다. 일제는 1921년 4월 조선 연초 전매령을 제정 및 공포하고 그해 7월부터 연초 전매제를 실시하였다.

005 □□□

2017 국회직 9급

1920년대의 시대적 상황에 어울리지 않은 것은?

① 철수는 시위를 벌이다 보통 경찰에게 체포되었다.

② 영수는 종로에 있는 화신백화점의 레스토랑에서 점심을 먹었다.

③ 제한적으로 언론 · 출판의 자유가 허용되어, 성수는 한글 신문을 발간할 수 있었다.

④ 민국은 사회주의 운동을 하다 체포되어 치안유지법 위반으로 기소되었다.

⑤ 영희는 조선 여성 동우회에 가입하여 계몽 운동을 전개하였다.

006 □□□

2014 지방직 7급

일제의 인적 · 물적 자원 수탈에 대한 설명으로 옳지 않은 것은?

① 일제는 만주 사변 도발과 함께 국가 총동원법을 제정하여 전시 동원체제를 확립하고 조선에도 이를 적용하였다.

② 일제는 중국 대륙 침략과 태평양 전쟁을 감행하면서 지원병제와 징병제를 실시하여 조선의 청년들을 군인으로 동원하였다.

③ 군수 산업에 종사할 노동자의 확보를 위해 징용제를 실시하여 조선인을 강제로 동원하였다.

④ 여성도 근로 보국대라는 이름으로 동원하여 노동력을 착취하였다.

007 □□□

2014 법원직 9급

다음 법령이 실시되었던 시기에 일제가 실시한 정책을 〈보기〉에서 고른 것은?

> 제1조 국가 총동원이란 전시에 국방 목적을 달성하기 위해 국가의 전력을 가장 유효하게 발휘하도록 인적 및 물적 자원을 운용하는 것이다.
>
> 제4조 정부는 전시에 국가 총동원상 필요할 때에는 칙령이 정하는 바에 따라 제국 신민을 징용하여 총동원 업무에 종사하게 할 수 있다.
>
> 제8조 정부는 전시에 국가 총동원상 필요할 때에는 칙령이 정하는 바에 따라 물자의 생산, 수리, 배급, 양도, 기타의 처분, 사용, 소비, 소지 및 이동에 관하여 필요한 명령을 내릴 수 있다.

〈보기〉

ㄱ. 한글을 사용하는 신문과 잡지를 강제 폐간시켰다.

ㄴ. 소학교 대신 초등학교라는 명칭을 사용토록 하였다.

ㄷ. 조선 태형령과 경찰범 처벌 규칙을 만들어 시행하였다.

ㄹ. 사회주의자들을 탄압하기 위해 치안유지법을 만들었다.

① ㄱ, ㄴ　　② ㄱ, ㄹ

③ ㄴ, ㄷ　　④ ㄷ, ㄹ

정답 · 해설

정답 5.② 6.① 7.①

해설 5. 화신백화점은 우리 민족에 의해서 경영되었던 최초의 백화점으로서 종로구 인사동에 위치하였다. 1931년 선일지물 사장 박흥식이 설립하였고 1932년에는 동아백화점을 인수 · 합병하였으며, 1934년에는 주식회사 화신으로 상호를 변형하였다.

6. 일제는 1937년 중 · 일 전쟁이 발발하자 1938년 국가 총동원법을 제정하여 전시 동원 체제를 확립하였다.

7. 주어진 자료는 1938년에 제정된 국가 총동원법이다. 민족 말살 통치기에 일제는 ㄱ.1940년 조선일보와 동아일보를 폐지하고, ㄴ.1941년부터 심상소학교를 국민학교로 개칭하였다. ㄷ.조선 태형령과 경찰범처벌규칙은 1912년에 제정. ㄹ.치안유지법은 1925년

02 3·1운동과 대한민국 임시 정부

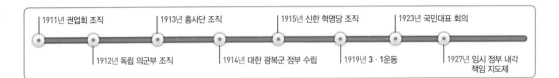

01 1910년대 민족 운동

1. 국내에서의 항일 운동

(1) 의병 활동

① 국내 의병

㉠ 일제의 <u>남한 대토벌 작전</u>으로 의병 활동 위축됨

                ●1909년 9월부터 약 2개월간 일본군에 의해 자행된 남한지역 의병에 대한 대대적인 토벌작전

㉡ 대한제국의 군인 출신인 채응언이 서북 지방을 중심으로 경기·강원·황해·평안·함경도 등에서 활약하다 평양에서 순국

② 국외 이동 : 무단통치나 독립운동의 탄압으로 의병이 연해주나 만주로 이동하여 독립군으로 계승

(2) 비밀 결사

① 추진 세력 : 도시 중산층, 교사, 학생, 개화 지식인이 중심

② 원인 : 일제의 무단통치로 의병 투쟁이 한계에 도달하여 국내의 애국 계몽 운동은 비밀 결사 운동의 형태로 변모

③ 내용

㉠ 표면적 : 교육·식산·계몽 운동을 표방

㉡ 실제적 : 무력항쟁을 바탕으로 독립군을 양성하고 지원하는 독립 전쟁론

㉢ 복벽주의 주장 : 대한제국의 회복

㉣ 공화주의 주장 : 주권재민의 공화국을 건설

④ 조직의 계열

㉠ 복벽주의 단체 : 독립 의군부(1912), 민단 조합(1915)

㉡ 공화주의 단체 : 대한 광복회(1915), 조선 국민회(1915)

㉢ 의병과 계몽주의 단체 통합 : 대한 광복회(1915)

㉣ 의병 단체 : 독립 의군부(1912), 민단 조합(1915), 풍기 광복단(1913)

㉤ 계몽주의 단체 : 조선 국권 회복단(1915), 기성단(1915), 조선 산직(産織) 장려계(1915), 조선 국민회(1915), 단천 자립단, 영주 대동 상점(1915), 송죽회(1913)

㉥ 청년·학생 단체 : 자진회, 청년회, 이문회, 공주회, 송죽 형제회 등

독립 의군부(1912, 호남)	대한 광복회(1915, 대구)
임병찬, 유생과 의병 규합	박상진(총사령관), 김좌진(부사령관), 군대식 조직
복벽주의(고종의 밀지로 조직)	공화주의
국권 반환 요구서, 의병 전쟁 계획	친일파 처단, 독립군 기지 건설 위한 군자금 모집

(3) 비밀 결사 단체

① **배달 말글 모음(1911)** : 주시경의 제자들이 주축이 되어 결성한 비밀 결사

일본 도쿄의 신아 동맹단(1916)을 거쳐 서울의 사회 혁명당(1920)으로 발전

② **독립 의군부(1912, 복벽주의)**

㉠ 조직 : 의병활동을 전개했던 임병찬에게 비밀지령을 내려 독립 의군부 전라도 순무대장에 임명, '관견(활동 계획서)' 상소하고 전국적인 의병을 조직

㉡ 계열 : 왕정복고와 고종의 복위를 내세우는 복벽주의

㉢ 활동 : 일제의 강점의 부당성을 세계에 알리고 총독부를 비롯한 관공서에 투서와 전화로 국권반환 요구서와 일본 출병 요구서를 제출, 총독부가 거절, 의병 전쟁을 계획 → 사전 발각으로 실패, 총대장 임병찬이 경무총감을 면담하여 독립성의 정당성을 역설, 1914년 임병찬이 체포되어 거문도 송치 중 자결함으로써 해체됨

③ **흰얼모(1913)**

㉠ 조직 : 이동녕, 이회영, 장지연 등이 국외로 망명하면서 국내와의 연락을 위해 설립, 조선 산직 장려계(1915)의 설립에 관여

㉡ 3 · 1운동 당시 국민 대회 명의의 격문을 살포함

④ **송죽 형제회 (1913~일제말)**

㉠ 조직 : 황에스더, 김경희 등 평양 숭의 여학교 교사와 학생으로 구성 된 항일 구국 여성 비밀 결사 ⇨ 여성계몽과 실력 양성 운동을 전개

㉡ 자신의 연고지에서 지회(支會)와 자(子)조직을 가지고 활동, 엄격한 회원 가입제로 일제에 발각되지 않고 활동함

㉢ 회비와 자수와 수예품 판매로 만주 · 연해주에 독립 자금 지원

㉣ 3 · 1운동에 적극적으로 참여

⑤ **기성볼단(1914., 기성 야구단, 기성단)**

㉠ 조직 : 평양에서 대성학교 학생들을 중심으로 김영윤이 결성 ⇨ 1915년 3월 김영윤을 비롯한 단원이 체포 되면서 해체

㉡ 미국의 네브래스카나 서간도무관학교를 모델로 무력 양성을 위한 구체적 모습을 모색 ⇨ 일부 단원은 만주 무관학교에 입학

⑥ **조선 국권 회복단(1915~1919, 공화주의)**

㉠ 조직 : 윤상태, 서상일, 이시영 등의 주도로 경북 지방의 유생들이 시회를 가장하여 일제로부터 국권을 회복하기 위해 결성, 단군신앙을 바탕으로 만든 전국 규모의 항일 운동 단체임

ⓒ **활동** : 3·1운동에 적극적 참여, 대한민국 임시 정부가 수립되고 만주에서 독립군이 훈련을 받고 있다는 소식을 듣고, 독립군 양성을 위한 군자금을 모집하여 1만원을 보냄, 파리 강화 회의에 독립청원서를 제출

⑦ **대한 광복회(1915~1918, 공화주의)**

ⓐ **조직** : 경북 풍기 광복단의 채기중이 조직한 의병계열과 대구에서 조직한 애국 계몽 운동 계열의 조선 국권 회복단의 일부가 연합하여 박상진, 김좌진을 중심으로 군대식으로 조직한 무장 독립 단체

▶ **대한 광복회 강령**
1. 부호 및 일본인이 불법 징수하는 세금을 압수해 무장 준비한다.
2. 남·북 만주에 사관학교를 설치해 독립전사를 양성한다.
    ⋮
3. 일인 고관 및 한인 반역자를 수시 수처에서 처단하는 행형부를 둔다.

ⓑ **계열** : 봉건 왕조의 복벽주의를 청산하고 독립 전쟁을 통한 국권회복을 목표로 공화주의를 주장, 일부는 의열단에 들어가 활동

ⓒ **활동** : 사관 양성을 위해 만주에 사관학교를 설립, 무력을 통한 일본 섬멸전 전개를 투쟁 방침으로 정함, 국외 독립운동 기지 건설을 위한 군자금 모금 활동을 전개, 간도와 만주에 지부를 설치하고 진일파를 처단 → 장승원, 박용하 친일파 처단

ⓓ **해산** : 1918년 충남 아산군의 도고면 면장인 박용하를 처단하는 과정에서 대한 광복회 조식이 발각되면서 박상진 등은 처형당했고 조직은 붕괴, 이후 만주로 망명한 일부세력을 중심으로 1920년 주비단(籌備團), 암살단, 의열단 등의 활동으로 나타남

⑧ **조선 국민회(1915~1918, 공화주의)**

▶ **공화정 주장 단체**
신민회, 대한 광복군 정부, 조선 국민회, 대동 단결 선언, 대한민국 임시정부

ⓐ **조직** : 장일환·배민수 등이 평양에서 숭실학교 재학생과 졸업생을 중심으로 결성 ⇨ 1918년 2월 조직이 발각되어 해체

ⓑ **계열** : 공화주의를 표방, 독립 전쟁론에 기초

ⓒ **활동** : 하와이에서 조직된 대조선 국민군단의 국내 지부였던 조선 국민회는 해외의 독립운동 세력과 연락하며 장차 한국인에 의한 자치를 누리기 위한 준비를 하는 것, 간도·중국과 연결하여 무기를 구입

⑨ **조선 산직 장려계(1915~1917)**

ⓐ **조직** : 경성 보통학교 교원양성소에 재학 중인 이용우와 교원, 사회 인사들이 합류하여 결성한 경제 사상 운동조직

ⓑ **활동** : 창립 동기를 "조선의 원료로 조선에서 조선인이 방적하여 조선인이 제직(製織)하여 조선인이 착용하자"로 자급자작(自給自作)을 통해 한국인 민족자본의 성장을 목표로 함 ⇨ 1920년대 초 경제적 실력 양성 운동으로 전개된 물산 장려 운동과 그 취지가 같음

⑩ **자립단(1915~1916))**

ⓐ **조직** : 방주익, 강명환 등 기독교 교인들이 중심이 되어 함경남도 단천에서 결성 ⇨ 1916년 3월 일본 경찰에 발각되어 단원 19명이 채포되면서 해산

ⓑ **활동** : 민족 경제 진흥과 민족의 자립을 위한 청년 교육 등에 목적을 둔 계몽주의 운동 단체, 단비 차출을 통한 상업 경영과 사업 확장, 장래 혁명에 대비한 단원 자제 교육, 산업의 진작 및 구국 청년 교육

⑪ **풍기 광복단(1913)**

　㉠ **조직** : 채기중 등이 경북 풍기에서 결성

　㉡ **활동** : 독립군 양성을 위한 무기 구입과 군자금 모집에 노력, 이후 대한 광복회에 합류

⑫ **천단 구국단(1914)** : 보성사를 중심으로 결성, 민중봉기를 준비하여 천도계 3 · 1운동의 밑바탕이 됨

⑬ **선명단(1915)**

　㉠ **조직** : 서울에서 임광모, 정연웅 등 30여 명의 유학자들이 중심 ⇨ 1916년 일본 경찰에 의해 발각되어 해산

　㉡ **계열** : 공화주의를 표방

　㉢ **활동** : 평안북도에서 만주 · 간도에 걸쳐 활동, 조선 총독부 총독을 비롯한 일제의 요인을 사살을 목적으로 활동

⑭ **민단 조합(1915)** : 복벽주의를 표방한 의병 후신 단체, 유생의 주도로 조직

⑮ **기타내용** : 자진회(1918)등을 비롯해 청림교, 홈치교 등 종교의 모습을 한 항일 결사나 제주 법정사 항일 투쟁 등이 있었고 경기도 한영서원과 함북 종성의 온천학교, 영흥 사립 문명학교에서 애국 창가를 보급하다가 체포 된 사건

⑯ **비밀 결사의 의미** : 1910년대의 항일 운동은 3 · 1운동으로 계승, 만세 시위 운동을 한층 발전시킴

2. 국외 독립 운동 기지

(1) 국외 한인 이주

① **19세기 국외 이주** : 기아와 빈곤 등의 경제 상황에서 벗어나기 위해 간도와 연해주로 이주

② **을사조약 이후 이주** : 일제의 탄압을 피하기 위해

③ **국권 강탈 이후 이주**

　㉠ **의병 계열** : 일제의 남한 대토벌 작전으로 국내활동으로 어려워지자 의병 잔재 세력들이 만주나 연해주로 이동, 북간도의 홍범도, 서일의 중광단, 서간도의 김덕원 · 조병준, 연해주의 유인석이 이끄는 13도 의군 등이 대표적임

　㉡ **애국 계몽 운동가 계열** : 애국 계몽의 한계를 인식하면서 독립 전쟁론을 제기 → 만주, 연해주에 독립운동기지를 건설, 표면적으로 교육 및 경제 단체를 표방하고 대중적인 경제 활동을 강조함

④ **무장 독립 전쟁의 수행** :

　㉠ 간도 · 연해주 지역을 중심으로 경제적 토대를 마련하여 근대적 민족 교육과 군사 훈련을 실시 → 결정적 시기를 보고 무장 독립 전쟁을 수행하기 위해서

　㉡ **북간도** : 서전서숙, 명동학교 등의 민족 교육기관과 북로 군정서의 사관 연성소 설립

　㉢ **연해주** : 권업회의 한민학교가 설립

　㉣ **서간도 삼원보** : 한족회의 신흥무관학교가 설립

❶ 이상설(李相卨)

일제강점기 대한협동회(大韓協同會) 회장 등을 지낸 독립운동가. 고종의 밀지(密旨)를 받아 이준(李儁)·이위종(李瑋鍾)과 함께 헤이그 만국평화회의에 특사로 참석하려 하였으나 일본에 의해 거부당함. 이듬해 이동녕 등과 권업회(勸業會)를 조직하고, 《권업보(勸業報)》《해조신문(海潮新聞)》등을 발행. 국내외의 의병을 통합해 보다 효과적인 항일전을 수행하고자 1910년 6월 유인석(柳麟錫)·이범윤(李範允)·이남기(李南基) 등과 연해주 방면에 모인 의병을 규합해 13도의군(十三道義軍)을 편성하기도 함

❷ 이승희(李承熙)

구한말, 위정척사운동에 앞장섰으며, 1907년 헤이그에서 만국평화회의가 열리자 일제의 침략을 폭로하는 서한을 보내고 항일운동을 전개하였음. 후에 위안스카이(袁世凱)와 손문(孫文)에게 서한을 보내어 한중 양국의 친선결속을 호소하였음.

❸ 홍범도(洪範圖)

구한말의 독립운동가. 만주 대한독립군의 총사령군이 되어 일본군을 급습하여 전과를 거두었다. 독립군 본거지인 봉오동 전투에서 독립군 최대의 승전을 기록하였으며, 청산리 전투에서는 제1연대장으로 참가하였음. 그 후 항일단체들의 통합을 주선하여 대한독립군단을 조직, 부총재가 되었으며, 고려혁명군관학교를 설립했음. 국내 의병 활동을 청산한 후 북만주에서 '우리 동무회'라는 청년 단체를 조직해 장기적인 항일 투쟁을 계획함.

❹ 이동녕(李東寧)

1906년 북간도 용정촌에서 이상설, 여준 등과 서전서숙을 설립하였고, 1907년 귀국하여 안창호, 양기탁 등과 신민회를 조직하였음. 안창호·이회영과 협력해, 전국에 교육단을 조직하고 『대한매일신보(大韓每日申報)』 발행을 지원하기도 함.

❺ 이회영(李會榮)

한말에 활동한 독립운동가. 여섯 형제와 일가족 전체가 전 재산을 팔아 만주로 망명하여 항일 독립운동을 펼쳤으며 '서전서숙' '신민회' '헤이그 특

⑤ 독립 운동 기지

　㉠ 기지 건설 : 남만주의 삼원보, 밀산부의 한흥동, 블라디보스토크의 신한촌 등 한민족의 집단적 거주지에 기지를 마련

　㉡ 목적 : 결정적 시기에 독립을 쟁취하기 위한 기반을 마련하기 위해

　㉢ 신민회 : 국내에서의 탄압으로 실력 양성 운동이 제약을 받자 국외 독립기지 건설에 주력함

⑥ 독립 운동기지 건설의 의미

　㉠ 국내와 가까워 국내 독립운동과 함께 할 수 있음, 민족 거주 지역의 확대로 독립운동 기반을 마련

　㉡ 독립의 전제 조건으로 한인들의 경제기반을 위해 경제 및 교육 운동을 표방

　㉢ 민정 조직과 군정 조직을 갖춘 자치정부 역할을 함

연해주		신한촌	성명회(1910, 독립 성명 발표), 권업회(1911, 권업신문 발간) 13도 외군(1910, 연해주 의병 연합체, 유인석·이범윤·이동휘) 대한 광복군 정부(1914, 이상설·이동휘를 징·부통령으로 하는 군정부) 대한 국민 의회(1919, 전로 한족 중앙총회가 발전하여 결성, 손병희 대통령, 상해 임시 정부와 통합)
만주	북간도	명동촌 용정촌	간민회, 중광단(북로군정서), 서전서숙(이상설), 명동학교 설립
	서간도	삼원보	신민회(이회영·이시영·이상룡)가 주도하여 건설, 경학사(→ 부민단 → 한족회) 신흥강습소(→ 신흥 중학교 → 신흥무관학교), 서로 군정서
	북만주	한흥동	소·만 국경지대인 밀산부에 설립한 한인촌, 이상설·이승희 등이 중심이 되어 독립군 간부 양성
중국 관내		상하이	동제사(1912,신규식) 신한 청년당(1918, 파리 강화 회의에 김규식 파견)
미주			대한인 국민회(1910) : 안창호·이승만 주도, 독립 자금 모금 대조선 국민 군단(1914) : 박용만이 하와이에서 조직 흥사단(안창호) / 숭무학교 : 멕시코

(2) 서간도(남만주)

① 기지 건설 : 이상설(李相卨)❶, 이승희(李承熙)❷, 홍범도(洪範圖)❸ 등이 1909년 북만주 봉밀산에 최초의 독립운동 기지로 한흥동(韓興洞)을 건설함

② 자치기구

　㉠ 신한민촌 : 이동녕(李東寧)❹, 이회영(李會榮)❺ 등 국외 신민회(독립군을 양성하였다가 적절한 시기에 일제와 전쟁을 벌여 자주 국권을 회복하려는 독립 전쟁 준비론에 바탕을 둠.) 인사들이 남만주(서간도) 유화현에 삼원보(三源堡)를 중심으로 독립운동 기지를 건설함. 이주민과 함께 신한민촌(新韓民村)을 건설함

　㉡ 경학사(耕學社) : 1911년 설립된 최초의 자치 단체. 1909년 봄 국내의 비밀 항일운동 단체인 신민회 간부들이 서울 양기탁(梁起鐸)의 집에 모여 국내에서의 항일운동의 한계성을 절실히 느끼고, 제2의 독립운동 기지를 선정할 것과 독립군 양성기관으로 무관학교를 설립할 것을 결의하였음. 경학사는 대종교와 신민회를 중심으로 설립되어 한인의 이주와 정착, 경제력 향상과 항일 의식 고취 등을 목표로 활동하였으며, 신흥강습소를 설치하였음

ⓒ 부민단(扶民團) : 1912년 경학사가 대흉년으로 해산되자 이상룡 등을 중심으로 부민단을 조직하고 백서 농장(1914년 서간도의 부민단과 신흥학우단이 독립전쟁을 준비하기 위해 만든 군영)을 건설하여 훈련과 농사를 병행함. 이들은 자활과 교육 사업에 중점을 두었고, 이주 한인들의 보호와 애국청년을 육성하는 데 주력, 재만 독립운동의 기초를 마련하는 한편, 군 간부 양성을 위해 신흥학교(新興學校)를 운영하기도 하였음

ⓔ 한족회(韓族會) : 1919년 3·1운동 이후 만주 지역에서 독립운동을 효과적으로 수행하고자 유하, 환인, 집안 등지의 민족지도자들이 기존의 자치기관이었던 부민단을 확대 개편함. 독립군의 양성을 지원하기 위해 산하에 군정부(軍政府)를 두었는데, 얼마 뒤에 임시 정부의 권유로 명칭이 서로군정서(西路軍政署)로 바뀜. 군 정부는 첫 번째 사업으로 신흥학교를 무관학교로 개편해 독립군 간부의 양성을 추진하였음

ⓜ 서로 군정서 : 1919년 한족회와 함께 조직된 군정부가 임시 정부의 아래에 있을 때 불렸던 이름. 이상룡❻, 여준, 지청천 등으로 구성되었으며, 주요 활동은 일제 식민 통치 기관 파괴 및 민족 반역자 처단이었음. 1922년 항일 단체 통합 운동으로 여러 군단을 통합하여 대한 통군부(大韓統軍府)❼로 통합되었음

③ 학교 : 1911년 경학사가 세운 신흥 강습소(新興講習所)❽가 1912년 부민단 하에 신흥학교로, 이후 1919년 한족회 아래 신흥무관학교(新興武官學校)로 발전하며 독립군을 양성하였음. 1919년에는 3·1 독립운동의 영향으로 신흥무관학교를 찾아오는 청년들로 넘쳐나자 조선인이 많이 거주하고 교통이 편리한 유하현 고산자 부근의 하동(河東) 대두자로 신흥무관학교 본부를 옮김

(3) 대한 독립단 1919년 3·1운동 후 의병장 출신인 박장호 등이 중심이 되어 서간도 각지에 산재하던 의병장, 포수단 대표 등 560여 명이 모여 조직하였음. 독립군을 편성해 활발히 활동함

(4) 북간도(북만주) 한인 최대 규모의 독립군 기지

① 기지 건설 : 19세기부터 한인들의 이주가 활발하여 일찍부터 한인촌이 형성되어 있었던 북간도에 을사조약(1905) 후 정치적 망명 인사들이 급증하면서 구국 계몽을 위한 민족 학교가 설립됨

② 학교 : 이상설이 연길현(延吉縣) 용정촌(龍井村)에 서전서숙(瑞甸書塾, 1906)을, 서일(徐一)과 김약연(金躍淵)이 명동학교(明東學校, 1908)를 설립하면서 본격적으로 이 지역이 독립운동 기지로 발전하였음. 이들 학교를 통해 민족 교육과 군사 교육을 실시함

③ 중광단(重光團)❾ : 1911년 정의단·군정회 등으로 확대 발전하다가 1919년 북로군정서군으로 개편됨

ⓐ 조직 : 서일을 단장으로 채오, 양현 등 대종교 신자들이 국내에서 의병 운동을 하다가 만주로 망명한 인사들이 만주에서 항일 무장 단체로 중광단을 조직

ⓑ 활동 : 상하이 대한민국 임시 정부 산하의 중요 전투 군단이 될 것을 자임

▲ 1910년대 국외 독립운동 기지

하였으며, 김좌진을 사령관으로 맞이하여 교관 이범석, 김규식 등과 함께 수백 명의 사관생
도를 양성하였음

③ **간민회(墾民會)❶** : 1913년 김약연이 북간도 전체 지역 동포들의 자활과 복지 증진, 근대적 교육
의 확대를 위해 간민교육회 간부를 중심으로 간민회를 설치

④ **대한인 국민회 간도 지회** : 1910년 미주 지역의 대한인 국민회에서 간도에 지회를 설치하였음

(5) 연해주 (러시아) 1910년대 초 민족 운동가와 항일 의병이 집결

① **기지 건설** : 19세기부터 이주가 시작되어 최초의 개척리라는 마을이 1874년에 생겨났으며, 신한
촌(新韓村)이라 개명하고 양옥, 학교, 교회당 등이 건립되었음. 1987년 김동삼 등이 나선촌(羅鮮
村)을 설립하고 1884년에는 김석우 등이 남석동(南石洞)을 건설하면서 한인촌이 뿌리를 내리게 되
었음. 1905년 이후, 이주 한인이 급증하여 여러 곳에 한입 집단촌이 형성되었으며 한·일 병합 조
약 이후, 일제 식민 통치의 압제를 피하거나 민족 해방 운동을 위한 근거지로 더욱 발전하였음

② **자치기구**

㉠ **한민회(韓民會)** : 한민회군(韓民會軍)이라고도 함. 1905년 을사조약 후, 연해주 한인 사회의
공동 이익을 목적으로 조직됨. 한민학교를 설립하고 해조신문을 발행함

㉡ **13도 의군** : 유인석(柳麟錫)❷, 이범윤, 이상설 등 근왕주의적 구한말 의병장을 중심으로 통합
의병 부대로서 조직되었으나, 이 시기 국내로부터 망명해 온 안창호, 이종호, 이갑 등 애국
계몽 운동 계열의 인사들도 참여하였음. 이들은 국내 진입을 목표로 국내 13도에 걸쳐 자체
조직을 확대하고자 하였으며, 고종에게 상소를 올려 아령파천(俄領播遷)❸을 권하면서 망명
정부의 수립을 시도하기도 하였음. 또한, 13도 의군을 블라디보스톡 일본 총영사관에 대
표를 보내어 '한·일 합병'의 불법성과 취소를 촉구하는 일본 천황에게 보내는 500명이 서
명한 항의 서한을 전달하기도 하였음

㉢ **성명회(聲明會)** : 신한촌(新韓村)의 한인학교에서 한인대회를 열어 조직. 조직의 이름은 '저들
의 죄를 성토하고 우리의 원통함을 밝힌다[聲彼之罪明我之冤]'를 뜻함

  - **조직** : 1910년 9월 유인석, 이상설 등이 연합하여 항일 의병 운동 계열과 애국 계몽 운동 계
열의 합작으로 조직됨

  - **활동** : 각국 정부에 한·일 합방의 무효를 선언하면서 청년 결사대를 조직하여 일본인 거
류지를 습격하기도 하였음. 성명회는 '광복의 그 까지 피의 투쟁을 결행하겠다'는 선언
문을 채택하였음. 일제가 러시아에 항의를 제기하여 해체됨

㉣ **권업회(勸業會)** : 1911년 신한촌의 의병 계열과 계몽 운동 계열이 합작하여 조직한 한인 자치
단체. 일제와 러시아의 탄압을 피해 한인의 단결과 지위 향상 및 독립운동의 기반 조성에 힘
썼음. 또한 효과적인 활동을 전개하기 위해 권업신문을 발행하였고, 한민학교 및 대전학교❹
를 설립하였음. 한편 권업회는 실업부와 구제부를 두고 연해주 지역 한인들의 경제 활동을
권장하는 활동을 전개하였음. 한인 농민들을 이주시켜 새로운 개척지를 만들었으며, 거주
권이 없어서 일자리를 구할 수 없었던 한인들에게 일자리를 마련해주는 활동을 병행하였음

㉤ **대한인 국민회 시베리아 지방 총회** : 1911년 치타, 이르쿠츠크 등 16개 지방에 지회를 설치하
였음

---

❶ 간민회(墾民會)

1913년 청이 북간도에서 한인 세력을 통제하고 일본의 침략적 접근을 차단하기 위해 한인 교육을 목적으로 한민교육회를 창설하였다. 이 단체가 조선의 국권 피탈 이후인 1910년 9월 간민교육회로 개편되었다가 1913년 일본의 압력을 받은 중국 정부 당국에 의해 강제 해산되었음.

❷ 유인석(柳麟錫)

구한말의 위정척사운동가. 1907년 고종의 퇴위와 정미칠조약체결을 계기로 국내활동을 더 이상 지속할 수 없다고 판단, 연해주 망명을 결심함. 1908년 7월, 망명길에 올라 블라디보스토크로 가서 이상설(李相卨)·이범윤(李範允) 등과 함께 분산된 항일 세력을 하나로 통합하고자 꾸준히 노력함. 그는 일관하여 '위정척사'·'존화양이' 정신에 입각, 철저하게 수구적 자세를 견지하면서 적극 항일하였고, 이항로의 학문을 전승·발전시켰음.

❸ 아령파천(俄領播遷)

궁을 떠나 러시아령으로 피신해 망명 정부를 세우고자 하는 것.

❹ 대전학교

무장 독립론을 대표하는 이동휘 등의 권업회 간부들이 세운 이 학교는 겉으로는 대전학교라고 칭하였으나 실제로는 독립 운동 사상 최초의 사관학교였음.

●━━ 무관 출신으로 무장 독립 활동 외에 교육문화 사업과 민족 계몽에도 힘씀

ⓑ 광복회 : 1912년 신채호, 이동휘(李東輝)❺ 등을 중심으로 무장 투쟁론에 입각한 독립운동을 전개하였음. 국내의 독립 단체와 연계하여 활동하였음

ⓐ 대한 광복군 정부 : 1914년 권업회가 블라디보스토크에서 수립하였음. 이상설과 이동휘를 정·부통령으로 선출하였으며, 임시 정부의 단서를 제공하였음

> **▶ 대한 광복군 정부(大韓光復軍政府)**
>
> 권업회의 이상설·이동휘(李東輝)·이종호(李鍾浩)·정재관(鄭在寬) 등은 시베리아와 만주 및 미주 지역에 흩어져 있는 무장 독립운동 단체를 모아 효과적인 독립전쟁을 전개하기 위한 조직을 갖추기로 하였다. 이들은 러일전쟁 10주년을 맞아 러시아에서 반일 감정이 한창 고조되어 있었고, 또한 한국인의 시베리아 이민 50주년이 되는 때에 맞추어 1914년 대한 광복군 정부를 수립하고 대통령에 이상설, 부통령에 이동휘를 선출하였다.
> 대한 광복군 정부 산하에 편성된 광복군의 규모에 대해서는 정확한 기록이 남아 있지 않다. 그러나 일본군경에 압수당한 독립운동 관계문서에 따르면, 1914년 당시 이상설 주관하에 있던 3만 명의 시베리아 병력을 제외하고도 만주에서 수만 명, 미국에서 855명의 한인이 훈련받고 있었다고 한다. 광복군 정부는 이들을 중심으로 국외의 모든 독립운동을 주도하면서 본격적인 독립전쟁을 준비하였다.
> 그러나 1914년 8월 제1차 세계대전이 일어나자 러시아 정부는 일본과 공동 방위체제를 갖추고 한국인의 정치·사회활동을 금지하여 그 여파가 모든 한국인 단체에 미치게 되었다. 이어 같은 해 9월 대한 광복군 정부의 건립 모체가 된 권업회가 해산당하자 대한 광복군 정부도 크게 타격받고 더 이상 활동을 지속할 수 없어 해체되었다.

③ 항일 독립운동 중단 : 1914년 8월 1차 세계 대전이 발발하면서 제정 러시아와 일본이 동맹 관계가 되었고, 이날 이후 연해주를 중심으로 한 항일 독립운동은 모두 중단될 수밖에 없었음. 러시아 정부는 권업회와 대한광복군 정부를 해산시키고 한인 지도자를 러시아에서 추방 또는 구속하였음

④ 시련 이후의 자치기구

●━━ 러시아로 귀화한 한인

㉠ 고려족 중앙 총회(高麗族中央總會) : 1917년 6월 러시아 2월 혁명 이후, 원호인을 중심으로 러시아 내 한인 사회를 결집하려는 시도가 이루어졌음. 이들은 1917년 6월 4일 1차 전로 한족 대표자 회의를 개최하고 원호인을 중심으로 고려족 중앙 총회를 결성하여 반 볼셰비키 입장을 러시아 임시 정부 당국에 공식적으로 천명하였음. 이들은 항일 운동보다는 러시아 내 한인의 권익 신장에만 주력하였고 이 과정에서 항일 운동을 주된 목적으로 하였던 조선인 정치 망명자 (여호인)의 정치 참여는 점차 배제될 수밖에 없었음

㉡ 한족 중앙 총회 : 1918년 1월 친 볼셰비키적 입장을 천명하던 여호인들이 항일 운동에 소극적이던 고려족 중앙 총회에 반대하여 이동휘, 김립 등을 중심으로 항일적, 친 볼셰비키❻적 성격의 한족 중앙 총회를 결성하였음

㉢ 전로 한족회 중앙 총회(全露 韓族會 中央 總會) : 1917년 러시아의 변화를 틈타 민족 자결 노선을 주장하고, 러시아 내에서 소수 민족인 한인의 권리를 보호하고자 설립하였음. 1919년 대한 국민 의회로 개편하여 파리 강화 회의에 대표를 파견할 계획을 세웠으며, 3월 17일에는 독립 선언서를 발표함

●━━ 1919년 러시아 블라디보스토크에 세워졌던 임시 정부 성격의 단체

㉣ 한인 사회당❼ : 1918년 11월 혁명의 영향으로 조직된 한인 최초의 사회주의 단체. 이동휘가 위원장이었으며, 1921년 고려 공산당으로 개칭함

---

❺ 이동휘(李東輝)
1907년 7월 한일신협약에 의해 한국군이 강제로 해산될 당시까지 참령으로 활약. 이동휘는 무관 출신이긴 했으나 교육문화 사업에도 적지 않은 활동을 하였으며, 민족계몽을 위한 단체로서 1906년 오상규(吳相奎)·유진호(俞鎭浩) 등 함경도 출신 청년들을 중심으로 한북흥학회(漢北興學會)를 조직, 1908년 서우학회(西友學會)와 합하여 서북학회(西北學會)로 발전시켰으며, 1915년경 노령(露領)으로 망명, 그곳에서 한인사회당(韓人社會黨)을 조직함.

❻ 볼셰비키
볼셰비키(Bolsheviki)란, 구소련 공산당의 별칭. 후에 소련 공산당이 되는 러시아 사회 민주 노동당의 분파이다. '소수파'를 뜻하는 멘셰비키와 대립되는 당파이며, 볼셰비키 자체는 실제로 수적으로 다수를 차지하지 않았지만, 스스로 '다수파'라 칭하였고, 과격함을 나타내는 뜻으로도 쓰임. 1903년 러시아 사회 민주 노동당이 분열할 때 레닌이 이끌던 '다수파'로 부르주아지와의 타협을 배제하고 무장 혁명을 주장하며 멘셰비키와 대립하였음.

❼ 한인 사회당
고려족 중앙 총회와 한족 중앙 총회의 합의에 따라 제 2차 전로 한족 대표자 회의가 개최될 무렵, 블라디보스토크에서 체코군, 백군과 연합하여 볼셰비키의 적군을 공격하였음. 이에 볼셰비키 봉기를 지원하던 이동휘 등의 한인 사회당은 큰 타격을 입고 3·1운동 이후 조직을 재건하기 전까지 잔존한 볼셰비키 세력과 농촌이나 지하로 스며들었음.

❶ 대한 국민 의회

전로 한족회 중앙 총회가 대한 국민 의회로 개칭한 것은 3·1운동 전인 2월이며, 손병희를 대통령으로 하고, 이승만을 국무총리로 하여 정부 조직을 갖춘 것은 3·1운동 이후임.

❷ 권업신문

1912년 러시아 블라디보스토크에서 창간되었던 한인신문. 신채호(申采浩)·김하구(金河球) 등에 의하여 권업회(勸業會)의 기관지로 창간되었음.

❸ 신해혁명

신해혁명의 직접 도화선이 된 것은 우창봉기였다. 우창봉기는 혁명파가 조직한 신군(新軍)의 부사관과 군사 학교 학생들이 일으킨 것으로 그들은 무한 3진을 제압하여 호북군 정부를 수립하였으며 혁명은 전국으로 확산되었고 중국의 각 성은 독립을 선언하였음. 이리하여 청조로부터 독립한 17성의 대표는 남경에서 미국으로부터 귀환한 쑨원을 임시 대총통으로 선출하고, 1912년 중화민국 임시 정부를 수립하였음.

❹ 21개조 요구(二十一個條要求)

이 요구 사항의 중요 내용은 다음과 같다.

1. 일본이 갖고 있는 만주 남부의 이권을 확장·강화한다.
2. 독일이 갖고 있는 산동 반도에 관한 권리를 일본에 이양하는 것을 인정한다.
3. 일본인에 의한 철도·광산의 경영을 인정한다.
4. 다른 나라에 대해 중국 연안이나 도서를 할양하지 않는다.
5. 중국은 정치·재정·군사 부문에 일본인 고문을 초빙하고 다수의 일본인 경찰을 채용한다.

ⓜ **대한 국민 의회❶** : 일본이 연해주에 병력을 파견하자 전로 한족회 중앙 총회에서 북간도 한인 사회와의 연계를 모색하기 위해 블라디보스토크에 정부 형태의 대한 국민 의회를 설립하였음

⑤ **중앙아시아로 이주** : 1937년 중일 전쟁 이후 일본군이 연해주를 침공하기 위해 한인들을 첩자로 이용한다는 소문이 확산되자, 소련 정부는 연해주의 한인들에게 곡식 씨앗, 옷가지 등 최소 생필품만을 지참하게 한 채 중앙아시아로 강제 이주시킴. 이들은 연해주 지역의 재산과 가택을 상실한 채 중앙아시아의 척박한 자연환경을 개간하면서 자신들의 삶의 터전을 새롭게 만들어야 했음

⑥ **군사 활동**

                    ●간도에서 사포대, 성명회를 조직해 항일운동을 전개하였음

  ⓐ **국내 진공 작전** : 1906년 간도 관리사 이범윤(李範允)이 망명한 뒤 연해주 각지에서 의병이 편성됨. 1908년 안중근, 전제익 등을 중심으로 대규모 국내 진공 작전을 전개하였음

  ⓑ **13도 의군** : 1910년 의병 운동과 계몽 운동 노선이 결합하여 공동 전선을 폈음. 유인석과 이상설은 대규모 항일전을 전개할 계획 하에 고종에게 연명 상소를 올려 내탕금으로 군자금을 지원해줄 것과 연해주로 파천할 것을 건의하였음

      왕이 개인적으로 쓸 수 있는 판공비 성격의 돈. 고종은 내탕금의 일부를 독립금으로 지원하였음

  ⓒ **니항 사건** : 1920년 3월 일본의 연해주 침공 이후 한인의 무장 부대와 러시아 빨치산 등의 한·러 연합 부대는 니항 주둔 일본군을 섬멸시킴. 니항 사건 이후 일본군은 블라디보스토크 주둔 군대와 한인촌 등지를 무차별 기습하는 신한촌 참변(1920.4.사월 참변)보복을 행함

⑦ **언론과 교육 활동** : 해조신문, 권업신문❷ 등을 발간하고, 한민학교, 계동학교 등을 설립하였음

⑹ 중국 관내의 민족운동

① **독립운동 중심지 상해** : 상하이에는 각국 외교 기관이 주재하고 있어서 외교 활동에 유리했을 뿐 아니라 중국 국민당 정부와의 긴밀한 협력 관계가 가능하였기 때문에 초기부터 국외운동 중심지의 하나가 되었음

② **동제사**

  ⓐ **조직** : 1910년대 초에 이미 중국에 상당수 거주하던 한인 중 일부는 우창 봉기에 참가하여 중국 신해혁명❸에 기여하였음. 이러한 배경 위에 1912년 신규식, 박은식, 정인보, 신채호, 조소앙 등이 동제사를 조직함

  ⓑ **활동** : 1913년 12월 박달학원을 세워 독립운동을 담당할 청년 교육에 집중하였음. 이후 중국 국민당 인사들과 연합해 신아 동제사로 개편하였고, 제1차 만국 사회당 대회에 대표단 파견을 계획하였음

③ **대동 보국단** : 1915년 신규식, 박은식 등이 중심이 되어 조직하였으며, 〈진단〉이라는 잡지를 발간함. 시베리아, 간도, 국내와의 연락 기능을 담당하였음

④ **신한 혁명당(新韓革命黨)**

  ⓐ **원인** : 1차 세계 대전이 발발하자 일본은 독일에 선전포고하고 독일 점령지였던 중국의 청도를 점령한 후, 중국에 21개조❹(이로 인해 반일 감정이 격화되어 중국 5·4 운동의 도화선이 됨) 를 요구하였음

ⓒ **조직** : 중국 내 반일 감정이 극도로 악화된 상황에서 러시아에서 탄압을 피해 이동해 온 이상설을 비롯하여 박은식, 신규식이 중심이 되어 신한 혁명당이 조직되었고 국내를 포함한 각지에 지부가 설치되었음

ⓒ **활동** : 초기에는 복벽주의에 입각하여 대한 제국의 망명정부를 수립하고, 중국, 독일과의 동맹을 이용하여 국내 진입을 시도하는 것을 목표로 하였음. 그러나 독일의 패전과 중국의 21개조 수락으로 인하여 이러한 전쟁을 통한 독립의 쟁취가 좌절되었음

> ▶ **1910년대 민족 운동의 이념**
> • 복벽주의: 의병 투쟁을 전개한 일부 유생은 고종을 복위시키고, 전제 군주 체제로 돌아가야 한다고 주장.(전제 군주제)
> • 보황주의: 당시 대한제국을 보존하려는 입장(입헌군주제)
> • 공화주의: 황제 주권을 유지하지 말고 새로운 민주공화국 수립을 주장(공화주의)
> ⇨ 3·1운동 이후 복벽주의와 보황주의는 약화되고, 공화주의 이념을 토대로 대한민국 임시 정부가 수립되었다.

⑤ **인성학교 설립** : 한인 이주민의 증가를 배경으로 여운형 등이 중심이 되어 이주민 자제의 교육을 위해 4명의 학생을 시작으로 1916년 9월 상해 한인 기독교 학교를 개교하였는데, 이 학교가 이듬해 1917년 10월 인성학교로 개명하였음

⑥ **신한청년당**

ⓐ **조직** : 1918년 상하이에서 여운형(呂運亨)[5], 김규식(金奎植), 정인보, 신규식(申圭植), 신채호, 김철 등 동제사의 소장파 인사들을 중심으로 조직되었음

ⓑ **활동** : 여운형의 명의로 미국 대통령 윌슨을 상대로 한 독립 청원서를 1918년 11월 작성하여 1919년 3월에 김규식을 통해 파리 강화 회의에 제출하였음. 이 청원서는 일본의 침략을 규탄하고 미국의 원조를 요청하는 내용으로 하였고, 이후 2·8 독립 선언과 3·1운동에 자극제 역할을 하였음

⑦ **한국 노병회(韓國勞兵會)** : 1922년 김구, 이유필, 여운형 등이 조직. 무장 항쟁 노선을 지향했으며, 1926년 병인 의용대(丙寅義勇隊)로 계승되었음

(7) 미주 지역

① **이주 배경** : 1901년에서 1902년 사이에 국내에서 가뭄과 대홍수, 콜레라 등의 전염병으로 인하여 국내 민중들의 기근과 사망이 증가하였음. 이러한 경제적 어려움과 생존 문제를 극복하기 위해 많은 한국인들이 이민을 선택하였음

② **이민 정착** : 1902년 하와이 사탕수수 농장으로의 노동 이민을 시작으로 미주 이민이 시작되었음. 이때부터 일제에 의하여 하와이 이민이 금지된 1905년 말까지 7,000여 명이 하와이로 이주하여 가혹한 노동에 시달렸음. 미국 본토 샌프란시스코에는 소수의 인삼 장수와 지식인 유학생, 관리 출신이 있었음. 이들을 제외한 대부분의 이민자들은 노동자로 생활하였음

③ **활동** : 미주 동포들은 구국 단체를 결성하고 군인 양성을 통한 독립 전쟁을 준비하였으며, 아울러 재정 지원이나 일제의 야만성을 규탄하고 조선의 독립을 주장하는 외교 활동도 활발히 전개하였음

④ **한계** : 미주의 한인들은 한반도와 너무 멀리 떨어져 있었기에 무장 투쟁이나 의열 투쟁 같은 직접적인 독립운동을 전개하는 데에는 한계가 있었음

[5] 여운형(呂運亨)
여운형은 대한 제국 시기 신민회 활동과 애국 계몽 운동 등 민족 운동을 벌임. 1918년에 중국으로 건너간 뒤에는 신한청년당을 만들었고, 파리 강화 회의에 우리나라 대표로 파견되기도 했음. 대한민국 임시 정부에서는 임시 의정원 의원으로 활동했고, 3·1 운동 후 우리나라의 자치 문제를 의논하자는 일본의 초청을 받기도 했다. 하지만 그는 일제의 제안을 비판하면서 즉각적인 독립을 주장하였음. 해방 전후, 그는 조선 건국 준비 위원회를 결성해 정부 수립을 준비하였음.

⑤ 미주 단체

　㉠ 신민회(新民會) : 1903년 8월 하와이 호놀룰루에서 홍승하, 윤병구 등이 중심이 되어 동족단결(同族團結), 민지계발(民智啓發), 국정쇄신(國政刷新)을 바탕으로 미주 지역 최초의 정치 단체인 신민회를 조직. 1907년 국내에서 조직된 신민회와 구별하기 위해 하와이 신민회라고 칭함

　㉡ 한인 합성 협회 : 1907년 9월 통일된 국권 수호 운동을 위한 필요성에 따라 하와이의 모든 한인 단체가 한인 합성 협회로 통합되었음. 한인 합성 협회는 이후 47개의 지방 지회를 설립하고 하와이 한인 사회의 구심체 역할을 하였음

　㉢ 하와이에서의 단체들 : 을사조약이 체결되고 해외 한인에 대한 일제의 탄압이 시작되자, 하와이에서는 일화배척(日貨排斥)과 배일항전(排日抗戰)을 주장한 혈성단(血誠團), 교육과 산업의 실력 양성을 주장한 자강회(自彊會)등의 단체가 결성되었음. 1907년 고종이 일제에 의해 강제 퇴위 당하고, 한·일 신협약이 체결되자 하와이에서는 국민 단합회(國民 團合會), 국민 동맹회, 동맹 신흥회(同盟新興會) 등의 단체가 조직되었음

　㉣ 친목회(親睦會) : 1903년 9월 미국 본토에는 샌프란시스코 지역을 중심으로 안창호가 중심이 된 친목회가 조직되어 미주 이민 한인의 취업을 알선하는 등 경제적 토대를 마련하였음.

　㉤ 공립협회 (共立協會) : 1905년 일제의 침략이 노골화되면서 친목회는 항일 운동을 목적으로 공립 협회로 전환·창립되었고 배일 결의를 강화함으로써 미국 내 한인의 대표 기관으로 자리를 굳혔음

　㉥ 대동 보국회(大同保國會) : 1905년 대동 교육회가 1907년 대동 보국회로 개편됨, 1907년 3월 미국 샌프란시스코에서 장경(張景)이 중심이 되어 김우제(金愚濟)·이병호(李秉浩)·문양목(文讓穆)·장인환(張仁煥)·유홍조·김밀리사·윤응오·최윤백·변창수·김춘화·김홍균·송사원·양주은·백일규(白一圭) 등의 발기로 조직한 독립운동단체

　㉦ 대한인 국민회(大韓人國民會) : 장인환, 전명운의 스티븐스 저격을 계기로 하와이 교민과 본토 교민이 연합하여 설립하였음. 1909년 한인 합성 협회(韓人 合成 協會)와 공립 협회의 두 단체가 통합하여 국민회를 조직하였고, 1910년에는 대동 보국회를 통합하여 대한인 국민회로 개편하였음. 샌프란시스코에 중앙 총회를 두고 북미, 하와이, 시베리아, 만주 4개 지역에 지방 총회를 두어 국외 독립운동의 중추적 역할을 하고자 함. 한흥동 건설 등 간도와 연해주의 독립운동을 지원하였고, 파리 강화 회의에 대표 파견(이승만)을 계획하였음. 〈신한민보〉를 발간하여 항일 의식을 고취하였고, 애국 성금을 모아 임시 정부에 전달하기도 함. 미국 대통령 윌슨에게 청원서를 제출하였고, 미국 상원에서 한국 독립 문제를 논의하게 하였음.

　㉧ 흥사단(興士團) : 1913년 안창호(安昌浩)❶가 샌프란시스코에서 기독교인 중심으로 설립하여 군인 양성과 외교 활동에 중점을 둠. 무실역행(務實力行)을 내세웠으며, 국내에서는 수양 동우회(修養同友會)❷를 설립하고 잡지 〈동광〉을 발행하였음. 수양동우회는 1929년 동우회로 개칭하였으며, 1937년에 동우회 사건 으로 해산됨
　　● 1937년 6월부터 38년 3월에 걸쳐 일제가 수양동우회에 관련된 1800여 명의 지식인들을 검거한 사건

　㉨ 대조선 국민군단(大朝鮮國民軍團)❸ : 1914년 6월 박용만이 하와이에서 독립 전쟁을 위한 군

---

❶ 안창호

독립협회(獨立協會), 신민회(新民會), 흥사단(興士團) 등에서 활발하게 독립운동 활동을 하였으며, 대구에 태극서관(太極書館)을 세워 출판 사업을 벌이고 평양에 도자기 회사를 설립하여 민족 산업 육성에 힘쓰는 한편 평양에 대성학교(大成學校)를 설립하고 청년학우회(靑年學友會)를 조직하여 민족의 지도자 양성에 힘쓰는 등 다방면의 활동을 전개하였다. 1932년 윤봉길(尹奉吉)의 훙커우 공원(虹口公園) 폭탄사건으로 일본경찰에 체포되어, 본국으로 송환되었음.

❷ 수양 동우회

일제 강점기 조선에 결성된 교육, 계몽, 사회운동 단체이다. 흥사단의 자매 단체이며 안창호, 이광수, 주요한, 주요섭, 김동원 등에 의해 결성되었다.

❸ 대조선 국민군단 시가행진

인 양성을 위해 대조선 국민군단과 대조선 국민군단 사관학교를 건설함. 이들은 주로 평상시에는 생업에 종사하다가 위급할 때에는 독립운동을 지원함. 그러나 외교론자인 이승만과 무장 투쟁론자인 박용만 사이의 대립과 1차 세계 대전 중 일본의 미국 정부에 대한 압력 및 재정적 어려움으로 1917년 모두 해산됨

- ㉠ **구미위원부(歐美委員部)** : 1919년 5월 대한민국 임시 정부가 수립된 이후 이승만이 미국 워싱턴에 설치한 대한민국 임시 정부의 외교 사무소. 서재필이 운영하던 한국 통신부와 주(駐)파리 위원회를 흡수해 구미 위원부로 개편함. 영문 월간지 〈한국평론〉을 발행해 일제의 침략을 고발하기도 하였지만, 구체적 외교적 성과는 없었음

- ㉡ **동지회** : 1921년 이승만이 대한인 국민회를 탈퇴하고 민찬호 등과 함께 조직. 대한민국 임시 정부의 후원 단체 역할을 하였음

- ⑥ **미국 내 군사단체들** : 대조선 국민군단(박용만, 하와이), 의용 훈련대, 청년병 학원, 소년병학교 (박용만이 1909년 네브래스카 주에 설립한 군사학교), 숭무학교(멕시코) 등이 있었음

(8) **멕시코 이주** 1909년 계약 기간이 만료되어 노예 생활에서 해방된 이근영, 신광희 등을 중심으로 구국 운동을 위한 군인 양성 운동이 전개되었고, 1910년 숭무학교(崇武學校)❹가 설립되면서 본격화되었음

(9) **일본**

① **이주 배경** : 19세기 말에는 정부의 개화 정책의 일환으로 파견한 유학생들이 주류를 이루었음. 국권 강탈 후에는 경제적 수탈로 인해 몰락한 농민들이 일자리를 찾아 대거 일본으로 이주하였음. 이들은 일제 자본가의 착취와 일본인의 민족 차별로 인하여 온갖 수모를 당하였음

② **2·8독립 선언** : 1919년 조선 학회, 동경 조선 유학생 학우회 등의 단체를 중심으로 이광수, 최팔용 등이 조선 청년 독립단(朝鮮 靑年 獨立團)(1918년 12월 초 재일 동경 유학생들은 미국에 있는 우리 민족대표들이 독립을 호소하기 위해 파리 강화 회의에 파견되었다는 소식을 듣고 조직)을 조직하고 2·8 독립 선언을 발표함

③ **단체 조직** : 1922년 일본 나가타 현 수력 발전소 건설 현장에서 한인 100여 명이 학살된 사건을 계기로 1922년 조선인 노동 동맹회(朝鮮人勞動同盟會)가 결성되었음. 이후 사회주의 단체인 1922년 북성회, 1925년 일월회, 1925년 조선 여자 삼월회 등이 조직되었음.

④ **조선인 탄압** : 1923년 일본 관동 대지진 당시 일본 당국이 유언비어를 퍼뜨려 많은 한인이 일본인에게 학살당하는 대참사가 일어났음

❹ **숭무학교(崇武學校)**
미주 본토의 헤스팅스 소년병학교 및 하와이의 국민군단 사관학교와 더불어 북미 한인 사회에서 무관양성을 표방한 대표적 학교

▶ **관동 대지진과 조선인 학살 사건**

1923년 9월 1일 오전 11시 59분, 도쿄를 중심으로 한 관동 지역 이래에 진도 7.9급의 초강력 지진이 발생하였다. 불운하게도 점심 식사 준비로 인해 거의 전 가정에서 불을 때고 있던 시간대라서 지진의 여파는 곧바로 대화재로 이어졌고, 도쿄, 요코하마 지역을 비롯한 관동 지역 일대가 궤멸되다시피 한 피해가 발생하였다. 사망자, 행방불명자가 14만 명, 이재민 340만 명에 달하는 엄청난 재난이었다. 그런데 재난의 혼란 속에 계엄령이 시행되었고, 사회 불안 속에서 유언비어가 난무하는 이상한 분위기가 연출되었다.
유언비어 속에 '조선인이 폭동을 일으킨다.', '조선인이 방화하였다.', '우물에 조선인이 독을 넣었다.'는 등의 근거도 없는 낭설이 경찰 조직의 비상 연락망을 통해 확대되면서 자경단이나 경찰관에 의해서 조선인과 조선인으로 의심받았던 중국인이나 일본인까지도 학살당하는 비극이 발생하였다. 살해된 수는 정확하지 않지만 3000명에서 6000명까지 이야기되고 있고, 그 이상이라는 설도 있다.

02 3·1운동

1. 3·1운동의 배경

(1) 대외적 배경

① **러시아 혁명** : 2월 혁명으로 인해 제정 러시아가 붕괴하고, 같은 해 10월 혁명으로 볼셰비키의 소비에트 정부가 수립되면서 제시한 약소민족의 자결 선언은 국내 민족주의자들에게 커다란 충격을 주었음. 레닌은 반제국주의·반자본주의적 정책을 바탕으로 제국주의 하에서 고통 받는 식민지 국가를 지원하겠다고 선언함

② **윌슨의 민족 자결주의❶** : 1차 세계 대전이 연합국의 승리로 끝나고, 전후 처리 문제를 해결하기 위해 파리 강화 회의가 개최되었음. 여기에서 미국 대통령 윌슨이 민족 자결주의를 포함한 14개 조의 평화 원칙을 제시하였음

> ▶ **윌슨의 14개조 평화 원칙(Fourteen Points Speech by Woodrow Wilson, 1918)**
>
> 1조 공개적인 평화협정이 공개리에 체결된 후, 어떤 유형의 국제 비밀 협약도 체결되어서는 안 되고, 외교 활동은 항상 솔직하고도 공개적으로 진행되어야 한다.
>
> 5조 주권에 관한 모든 사항을 결정하는 경우, 해당 민족의 이익이 향후에 권한을 부여받게 될 정부의 정당한 요구와 마찬가지로 똑같이 중요하다는 원칙을 엄격하게 준수하면서, 모든 식민지의 요구 사항에 대한 조정 과정이 자유롭고도 허심탄회하고도 절대로 편견 없이 진행되어야 한다.
>
> 14조 국가의 대소 규모에 관계없이 모든 국가의 정치적 독립과 영토 보전을 상호 간에 보장하기 위한 목적에서 특별 협약을 체결함으로써, 모든 국가들이 참여하는 연합체가 구성되어야 한다.

③ **파리 강화 회의** : 1919년 1월부터 1920년 1월까지 1년간 계속되었음. 열강은 주로 패전국은 식민지를 독립시켜 패전국의 힘을 약화시키고, 열강 간의 세력 균형을 맞추는 데 집중하였음

㉠ **대표 파견** : 미국이 중국에 특사 크레인을 파견하자, 여운형 등은 크레인을 면담하고 윌슨 대통령에게 독립 청원서를 보내는 한편, 김규식을 파리 강화 회의에 파견하였음

④ **러시아 11월 혁명** : 1917년 레닌의 볼셰비키 (다수파라는 의미. 레닌이 이끄는 러시아 사회 민주 노동당의 분파.) 가 중심이 되어 케렌스키의 자유주의적 임시 정부를 무너뜨리고 사회주의 정권을 세운 사건. 레닌은 혁명 직후 독일과 단독으로 강화하고 제국주의 간의 전쟁인 1차 세계 대전에서 이탈하였음. 그리고 제국주의 침략을 받는 약소민족의 독립운동을 후원할 것을 선언하였음

⑤ **일본 정책** : 1차 세계 대전 승전국의 입장으로 파리 강화 회의에 참여하여 독일령이었던 산둥 반도와 남태평양 도서에 대한 권리를 주장하였음. 그리고 북만주와 시베리아 점령을 꾀하였음.

⑥ **미국 정책** : 미국은 이중적인 입장이었음. 중국과 만주로 세력을 확장하면서 일본과 대립하는 입장이었으나, 다른 한편으로는 러시아 사회주의의 혁명을 막고 국제 연맹 (제1차 세계대전 후에 설립된 국제 평화 기구로서 국제 연합의 전신) 을 창설하기 위해 일본을 지지해야 했음

(2) 대내적 배경

① **국외소식** : 1차 세계 대전 결과 및 민족 자결주의 등의 소식이 지식층을 중심으로 유입되었음. 한편, 2·8 독립 선언의 소식 등이 국내에 알려져 3·1운동의 직접적 도화선이 되었음

② **고종 독살설** : 1919년 1월 고종이 갑작스레 승하하는 일이 생기자 일제가 고동을 독살하였다는

---

❶ 윌슨의 민족 자결주의

민족 자결주의의 의미는 민족의 운명을 민족이 스스로 결정해야 한다는 것. 어떤 민족이든 다른 민족의 지배를 받지 않는다는 것으로, 이 원칙은 1차 세계 대전의 패전국인 독일의 식민지에만 적용되었고, 일본·미국 등의 승전국의 식민지에는 적용되지 않았음.

❷ 농민

농민들은 높은 소작료를 비롯하여 도로 부역, 삼림 약탈 정책 등에 반발하였음. 이에 황주 흥업 회사 소작 농민들의 폭동 기도, 삼척 원덕면 농민 폭동, 남원 금지면 농민 폭동, 문천 운림면 농민의 헌병 분견소 습격 등이 일어났음.

❸ 노동자

노동자들은 낮은 임금과 긴 노동 시간, 비인간적인 대우, 민족 차별에 시달렸음. 1918년에는 한국인 노동자 4,400여 명이 참여해 50건의 파업이 일어났음.

❹ 대동 단결 선언
(大同團結宣言, 1917.7)

융희황제(순종)가 삼보(三寶 · 토지 인민 정치)를 포기한 경술년(1910년) 8월 29일은 즉 우리 동지가 이를 계승한 8월 29일이니, 그동안에 한순간도 숨을 멈춘 적이 없음이라. 우리 동지는 완전한 상속자니 저 황제권 소멸의 때가 즉 민권 발생의 때요, 구한국의 마지막 날은 즉 신한국의 최초의 날이니, 무슨 까닭인가. 우리 대한은 무시(無始) 이래로 한인의 한이요 비(非)한인의 한이 아니니라. 한인 사이의 주권을 주고받는 것은 역사상 불문법의 국헌이오. 비한인에게 주권 양여는 근본적 무효요, 한국의 국민성이 절대 불허하는 바이라. 따라서 경술년 융희 황제의 주권 포기는 곧 우리 국민 동지에 대한 묵시적 선위니 우리 동지는 당연히 삼보를 계승하여 통치할 특권이 있고, 대통을 상속할 의무가 있도다.

❺ 최팔용

와세다대학 재학 중 조선유학생학우회에 가입하여 지도적 역할을 하였다. 1918년 《학지광》의 주필을 맡았으며 1919년에는 조선 청년 독립단을 결성하였다. 이어 2월 8일 조선 기독청년회관에서 유학생 600여 명이 모인 가운데 독립선언식을 거행하였음.

소문이 널리 퍼짐. 이는 3 · 1운동을 격화시키는 원인이 됨

③ **독립 역량 강화** : 독립 의군부 · 조선 국권 회복단 · 대한 광복회 등의 비밀 결사의 활동으로 독립 운동의 역량이 강화되었음. 천도교계 · 기독교계 · 불교계 · 학생 등이 연계해 종교계 중심의 국내 애국지사들은 대규모 만세 시위를 계획하였음

④ **일본 통치에 대한 반발** : 1910년대 무단통치와 토지 조사 사업으로 인해 억압받은 농민의 폭동과 헌병 분견소 습격, 파업 등 농민❷과 노동자❸의 불만이 터져 나왔음

(3) 독립선언

① **성명회 선언서** : 1910년 연해주에는 1905년 을사늑약 이후 의병 항쟁이나 계몽 운동을 벌이다가 망명한 인사들이 많았는데, 1910년 국권 피탈 소식이 전해지자 연해주 인사들은 성명회를 결성하고 일본을 성토하고 광복을 성취한다는 선언서를 발표하였으며, 청과 미국을 비롯한 각국 열강에 병합 무효를 선언하는 전문을 보냈음

② **대동 단결 선언**(大同團結宣言)❹   복벽주의 ●······┐

  ㉠ **배경** : 이상설, 신규식, 신채호, 박은식 등이 결성한 신한 혁명당은 초기에는 광무황제를 옹립하려 했으나, 국제 정세 및 인식의 변화로 공화주의로 노선을 변경하게 됨. 이들의 중심이 되어 대동 단결 선언을 발표하였음

  ㉡ **내용** : 융희 황제(순종)의 주권 포기는 국민에게 주권을 양도한 것이라는 주권 불멸론과 국민 주권론을 주장하였고, 정부 수립 의지를 천명하였음

  ●──조국의 광복과 독립을 최초로 선포한 우리나라 최초의 독립 선언서, 무오 독립 선언서라고도 한다

③ **대한 독립 선언서**(大韓獨立宣言書) : 1918년 11월 만주 길림에서 조소앙이 집필하였으며, 이상룡, 이승만, 이동휘, 안창호, 박은식, 신규식, 조용은 등 대종교 중심의 국외 망명 독립운동가 39인의 명의로 독립 선언이 발표되었음. 일본의 합병은 무효이기 때문에 무장 투쟁을 통해 완전 독립을 쟁취하자는 것을 내용으로 하고 있음. 이들을 중심으로 1919년 2월 국내외 독립 운동가들을 망라한 대조선 독립단 (1919년 3월 미국 하와이에서 조직된 항일운동단체) 이 조직되었음

> ▶ **대한 독립 선언서**(大韓獨立宣言書, 1918.11)
>
> 우리 대한은 완전한 자주독립과 신성한 평등복리로 우리 자손 여민(黎民: 백성)에 대대로 전하게 하기 위하여, 여기 이민족 전제의 학대와 억압을 해탈하고 대한 민주의 자립을 선포하노라. (중략) 정의는 무적의 칼이니 이로써 하늘에 거스르는 악마와 나라를 도적질하는 적을 한 손으로 무찌르라. 이로써 5천년 조정의 광휘(光輝)를 현양(顯揚)할 것이며, 이로써 2천만 백성[赤子]의 운명을 개척할 것이니, 궐기[起]하라 독립군! 제제[齊]하라 독립군!
> 아 우리 마음이 같고 도덕이 같은 2천만 형제자매여! 국민본령(國民本領)을 자각한 독립임을 기억할 것이며, 동양 평화를 보장하고 인류평등을 실시하기 위한 자립인 것을 명심할 것이며, 황천의 명령을 크게 받들어(祗奉) 일절(一切) 사망(邪網)에서 해탈하는 건국인 것을 확신하여, 육탄혈전(肉彈血戰)으로 독립을 완성할지어다.

④ **2 · 8 독립선언서**(二八獨立宣言)

  ㉠ **조직** : 최팔용❺ · 이광수 등 도쿄의 한국인 유학생들은 비밀 결사인 조선 청년 독립단을 조직. 이들은 '민족 대회 청원서'와 '독립 선언서'를 작성한 뒤 일본 정부와 귀족원, 의회, 언론 및 각국 공사에게 보내고, 이어 도쿄의 기독교 청년 회관(YMCA)에 모여 독립 선언을 하였음

  ㉡ **발표** : 도쿄에서 2월 8일 독립 선언서와 결의문을 발표한 후 시위를 벌였음. 이것은 국내에서 독립운동을 모색하던 인사들에게 커다란 자극이 됨

ⓒ 내용

> 1. 본단(本團)은 한일합병이 우리 민족의 자유의사에서 나오지 아니하고 우리 민족의 생존발전을 위협하고 동양의 평화를 요란케 하는 원인이 된다는 이유로 독립을 주장한다.
> 2. 본단은 일본의회 및 정부에 조선민족대회를 소집하여 대회의 결의로 우리 민족의 운명을 판결할 기회를 요구한다.
> 3. 본단은 만국회의에 민족자결주의를 우리 민족에게 적용하기를 요구함. 이 목적을 달하기 위해 일본에 주재한 각 국 대·공사에게 본단의 의사를 각 그 정부에 전달하기를 요구하고 동시에 위원 3명을 만국평화회의에 파견함.
> 4. 앞의 모든 항목의 요구가 실패될 때는 우리 민족은 일본에 대해 영원히 혈전을 선언함. 이것으로써 발생하는 참화는 우리 민족이 그 책임을 지지 아니한다

ⓔ 의미 : 국내 민족 지도자, 학생층에 알려져 독립 시위 항쟁을 구체화시켰으며, 국내의 3·1운동을 촉발시키는 직접적인 도화선이 되었음

2. 3·1운동의 과정

(1) 3·1운동의 준비

① 무단 통치의 강력한 탄압으로 학생과 종교계만 전국적인 조직과 단체를 유지하고 있었음

② 손병희, 권동진, 오세창을 천도교 계열의 중심으로 대중화, 일원화, 비폭력의 3대 행동 강령 원칙을 수립하였음

③ 이승훈, 양전백 등을 중심으로 상하이 신한청년당과 연결해 기독교계와 함께 진행하였음
　　　　　　　　　　　　　•1918년 8월 중국 상하이에서 창립된 한인 청년독립운동단체

④ 각 학교별로 학생 대표를 구성해 독자적 시위를 계획하였음

(2) 계획

① 손병희, 권동진, 오세창 등을 중심으로 대중화·일반화·비폭력의 3대 원칙을 세우고 다른 종교와 연결을 모색하였음. 유림들과의 연합은 성사되지 않았지만 기독교·불교·학생이 동참하여 민족 연합 전선을 구축하였음

② 파리 강화 회의와 미국·일본에 독립을 청원하고 평화적인 만세 시위를 계획하였음. 이에 최남선이 독립 선언문 본문을 작성해 천도교 측에서 인쇄하고 전국 주요 도시로 운반하였음

③ **유림단 사건** : 유림들은 별도로 파리 강화 회의에 참가한 각국 대표들에게 한국의 독립을 요구하는 장서를 보내려다 발각되었음. 그들이 작성한 서한은 현존하지 않으나 요지는 일본의 배신행위와 명성황후(明成皇后)와 고종의 시해, 그리고 한국주권의 찬탈과정을 폭로하고 한국독립의 정당성과 당위성을 주장하는 것

(3) **선언서 작성**　최남선이 본문을 작성하고, 공약 3장은 한용운이 작성하였으며 민족 대표 33인❶이 서명하였음. 2월 27일 독립 선언서는 이종일에 의해 비밀리에 준비되어 종교 교단을 중심으로 미리 전국에 배포되었음

❶ 민족 대표 33인

기독교 (16명)	이승훈, 박희도, 이갑성, 오화영, 최성모, 이필주, 김창준, 신석구, 박동완, 신홍식, 양전백, 이명룡, 길선주, 유여대, 김병조, 정춘수
천도교 (15명)	손병희, 권동진, 오세창, 임예환, 나인협, 홍기조, 박준승, 양한묵, 권병덕, 김완규, 나용환, 이종훈, 홍병기, 이종일, 최린
불교 (2명)	한용운, 백용성

> ▶ **기미 독립 선언서(己未 獨立 宣言書, 1919) – 최남선**
> 1. 오등(吾等)은 이에 아(我) 조선의 독립국임과 조선인의 자유민임을 선언하노라
> 2. 금일 우리의 이 거사는 정의, 인도, 생존, 존영을 위하는 민족적 요구이니 오직 자유적 정신을 발휘할 것이요, 결코 배타적 감정으로 내닫지 마라.
> 3. 최후의 한 사람까지, 최후의 한순간까지 민족의 정당한 의사를 흔쾌히 발표하라.
> 4. 일체의 행동은 가장 질서를 존중하여 오인의 주장과 태도로 하여금 어디까지든지 광명정대하게 하라.

강의 플러스

▲ 3·1운동 당시의 모습

▶ 제암리 학살 사건

1919년에 3·1 운동이 전국적으로 퍼져나가면서 제암리에서도 만세 운동이 일어났다. 마을 청년을 비롯한 제암리 사람들은 장날을 이용해 '대한 독립 만세'를 외치며 시위를 벌였다. 일본 경찰은 총칼을 휘두르고 매질을 하는 등 무력으로 이를 진압했다. 그러나 주민들은 이후에도 장날에 만세를 부르고 봉화를 올리는 등 시위를 계속했다. 그런데 일본의 경찰과 군인들은 4월 5일에 있었던 만세 시위 때 주민들에게 저지른 폭력에 대해 사과한다며 15세 이상의 남자들을 제암리 교회로 모이라고 했다. 4월 15일 교회당에 마을 사람들이 모이자, 아리타 도시오 일본 육군 중위를 비롯한 일본군은 교회당 문을 걸어 잠그고 불을 질렀다. 불을 피해 밖으로 빠져나오려는 사람들은 총을 쏘아 죽였다.

그뿐이 아니었다. 일본군은 근처에 있는 고주리로 가서 마을을 불태우고 주민을 학살했다. 제암리 학살 사건으로 30여 명, 고주리 학살 사건으로 40여 명의 주민들이 일본군에게 잔인하게 목숨을 잃었다.

일본은 제암리에서 벌인 학살의 만행을 숨기려 했지만 이 사건은 결국 세계에까지 알려졌다. 당시 조선에서 선교사로 있던 스코필드가 이때의 일을 사진에 담아 미국에 보고했다. 1982년 9월 29일에는 정부와 경기도가 함께 합동 장례식을 치르고 희생자들을 위로했다. 제암리는 현재 사적 제299호로 지정되어 보존 중이다.

▶ 공약 3장 – 한용운

1. 오늘 우리의 이 거사는 정의, 인도, 생존, 번영을 위한 민족 전체의 요구이니, 오직 자유의 정신을 나타낼 것이며, 남을 배척하는 감정으로 그릇되게 달려 나가지 말라.
2. 마지막 한 사람까지, 마지막 한 순간까지 민족의 정당한 뜻을 시원스럽게 발표하라.
3. 모든 행동은 질서를 존중하여, 우리의 주장과 태도를 어디까지든지 밝고 정당하게 하라.

(4) 선언서 낭독

① **민족 대표 선언** : 민족 대표들은 탑골 공원에서 독립 선언식을 가지려고 하였으나 생각한 것보다 많은 사람이 모이자 시위가 격렬해질 것을 우려해 태화관으로 옮겨 독립 선언서를 낭독하였음. 그리고 총독부에 전화를 걸어 자진 투옥되었음

② **탑골 공원 선언** : 민족 대표들이 오지 않자, 탑골 공원에서는 경신학교 출신 정재용이 나와 독립 선언서를 낭독하였음. (독립 선언서 낭독을 끝나자 군중은 일제히 '조선 독립 만세'를 외쳤음)

(5) 만세 시위

① **시위 시작** : 당시 고종의 국장에 참석하려고 전국에서 올라온 사람들도 시위 대열에 합류하였음. 평양에서도 거의 같은 시각에 독립 선언서가 배포되고 시위가 시작되었음

② **서울에서 시위 확산**

ㄱ **3월 5일** : 시위는 점차 확대되어 3월 5일에 1만 여명의 학생이 남대문(서울역)역에 모여 대규모 만세 시위를 벌였음.

ㄴ **3월 8일** : 총독부 인쇄소에서 작업하던 노동자가 시위에 참가함

ㄷ **3월 9일** : 전차 노동자가 파업에 돌입

③ **일본의 무력 탄압** : 일제는 크게 당황하여 헌병 경찰은 물론 군대까지 출동시켜서 평화적인 시위를 통해 정당한 요구를 주장하던 우리 민족을 총과 칼로 무자비하게 학살하거나 투옥하였음. 특히 도시에서 농촌으로 확산되던 시기에 무력 탄압이 가장 극심하였음

ㄱ **서울 시위 소강** : 거족적 시위에 당황하던 일제는 곧 강경하게 탄압하기 시작했고 이에 서울의 만세 시위는 점차 수그러져 3월 10일경에는 소강상태에 들어갔음

ㄴ **3월 12일** : 만세 시위가 사그러들자 문일평이 제2의 독립 선언서를 낭독하기도 하였음
⌐•••일제 강점기 당시 역사 교육의 대중화를 부르짖고 실천했던 사학자.
민족 정신인 '조선심'을 강조

④ **지방으로의 확산** : 3월 10일을 전후해 인천, 양평, 안성 등 각지의 지방 도시에서 만세 운동이 일어났고, 서울에서도 비장 도시의 시위에 호응하여 강력한 시위가 다시 일어났음. 상인과 노동자 계층도 적극적으로 참여하기 시작했고, 점차 지방의 군 단위에 이르는 전역에서 시위가 전개되었음

⑤ **전국 확산**

ㄱ **전국 농촌으로의 확산** : 주로 사람이 모이는 장날을 이용해 시위가 전개되었으며 농촌 및 산간벽지로 확대되어갔음. 유관순처럼 고향으로 내려간 학생들이 시위를 주도하는 경우도 많았음. 3월 말에서 4월 초 사이에는 전국이 독립 만세의 함성으로 뒤덮였음

ㄴ **만세 운동** : 농촌에서는 야간에 산 위에서 횃불을 올리며 만세를 외치는 횃불 만세 시위가 확산

되었고, 여러 지역에서 수차례 만세 운동에 참가하는 이른바 '만세꾼'(사람들이 모이면 만세를 선창하는 역할)이 생겨났음. 한편 민중 스스로 서울의 국민회, 강경의 결심대, 개성의 광민회 같은 비밀 결사를 조직하여 리·면·군 단위의 연대 투쟁을 통해 분산성을 극복하였음

ⓒ **노동자의 투쟁** : 3월 9일 전차 노동자 파업을 시작으로 3월 22일 철도 노동자의 시위와 파업 등 전국에 84건의 파업 투쟁이 일어났음

> ▶ **무력 투쟁으로 바뀐 3·1운동의 모습**
>
> 그 가운데 심한 사람은 미리 낫, 괭이, 몽둥이 등 흉기를 가지고 전투적인 준비를 하였다. 군중이 나가고 남은 자들은 지휘자의 명령에 따랐다. 미리 훈련받은 정규병과 같은 모습을 띠었다. 이들은 집합하자마자 우선 독립 만세를 소리 높여 외쳐 기세를 올렸다. 나아가 면사무소, 군청 등 비교적 저항력이 빈약한 데를 습격함으로써 군중의 사기를 높이고 마침내는 경찰 관서를 습격하여 때때로 파괴적 행동에 빠지려 하였다.
> － 〈독립운동사 사료집〉, 일본 헌병대의 보고

❶ 폭력 투쟁

토지 조사 사업 등으로 일제에 반감이 높았던 농촌 사회로 만세 시위가 확대되고, 일제가 시위 민중을 총칼로 무참히 진압하자 시간이 흐를수록 시위는 격화되었음.

ⓔ **폭력 투쟁❶** : 18일에는 강화도에서 2만여 명의 주민이 모여 군청을 장악하고 체포된 사람을 탈환하는 시위를 비롯해 각지에서 면사무소, 헌병 주재소, 동양 척식 주식회사 등 식민 통치 기관을 공격하는 무력적인 저항 운동으로 바뀌어 갔음. 이외에도 일본 순사를 척살하거나 악명 높은 친일파 및 친일 지주의 집을 공격하는 사례도 있었음

⑹ 국외에서의 만세운동

① 북간도

㉠ **시작** : 3월 13일 용정촌의 독립 선언 포고문 발표를 시작

㉡ **선언식** : 3월 16일 연길현에서 독립 선언 발표회와 3월 20일 훈춘현 독립 선언 축하 민중 대회 등 각지의 한인 사회에서 독립 선언식을 가졌음

② 서간도

㉠ **전개** : 3월 12일 유하현 삼원보와 통화현 금두화락을 시작으로 장백현, 집안현 등 각지에서 전개되었음. 이 중 일부는 유사시에 실력 투쟁을 위해 무기를 휴대하고 만세 운동을 벌이기도 하였음

③ 연해주

❷ 선언서 발표

대한 국민 의회에서 발표한 독립 선언서는 2종류가 있는데, 이는 1차로 일본 및 세계 각국 정부에 한국의 독립 승인을 요구(1차)한 뒤, 받아들여지지 않을 때 우리 국민을 규합하여 독립을 선언하고 혈전을 포고(2차)하려는 목적으로 대상이 달랐기 때문이다.

㉠ **선언서 발표❷** : 대한 국민 의회가 3월 17일에 니콜스크-우수리스크에서 독립 선언서 발표식을 거행하였음

㉡ **확산** : 블라디보스토크, 신한촌 등지로 확산되었으며, 당시 러시아의 백군 (제정 러시아.) 정부가 일본의 압력을 받고 있었기에 만주에 비해 규모는 크지 않았음

④ 미주지역

㉠ **3월 15일** : 대한인 국민회(大韓人國民會) 중앙 총회를 열어 '독립을 찾을 때까지 혈전'을 결의하였음

㉡ **4월 14일** : 필라델피아에서 한국 의회 행사를 가지고 '임시 정부, 미국, 일본에 보내는 결의문'과 '워싱턴과 파리 강화 회의에 보내는 청원서'를 택한 뒤 시가 행진을 가졌음

⑺ 불교의 참여

① 3·1운동 초기의 불교 : 3,1운동은 준비 단계부터 천도교와 기독교의 연합이 주축을 이룸, 뒤늦

❸ 한용운

한용운은 2월 24일에 3·1운동에 관한 제의를 받은 뒤 영호남 지역의 사찰에 급히 연락하여 3·1운동을 제의하였으나 촉박한 시일 탓에 불교계 차원의 참여는 없음. 중앙학림의 학생들은 한용운의 지도하에 조직적으로 참여하였음.

게 승려인 한용운❸과 백용성이 민족 대표로 참여하였으나 불교계 전체의 참여가 있었던 것은 아님

② 일제 폭력 진압 후 : 일제가 3·1운동을 폭력적으로 진압하며 학살을 자행하는 만행을 저지르자 1919년 11월 대한 승려 연합회 선언서를 발표해 일제와의 혈전을 선포하였음

3. 3·1운동의 영향

(1) **무단 통치의 변화** 일제는 '무단 통치로는 한국인을 다스릴 수 없다'는 것을 깨닫고 이른바 '문화 통치'로 전환하였음

(2) **민족 운동의 변화** 3·1운동 이후, 만주, 연해주에서는 평화적인 방법론에 대한 반성에서 무장 독립 전쟁이 활기를 띠었고, 국내에서는 다양한 민족 운동이 전개되었음

(3) **대한민국 임시 정부 수립** 3·1운동으로 나타난 민족의 독립 의지와 역량을 통합해 조직적으로 이끌어갈 지도부가 절실히 요구되어 수립되었음

(4) **아시아 민족운동에 영향** 3.1 운동은 중국의 5.4운동❹이나 인도의 민족 운동❺ 등에 영향을 주었음

❹ 중국의 5.4운동

1919년에 조선의 3.1 운동(1919년)의 영향과 러시아 혁명(1917년)의 영향을 받아 중화민국에서 확산한 반제국주의·반봉건주의 혁명 운동으로서, 중국에 변화가 발생하는 사건이 되었음. 학생 운동이 혁명 운동으로 탈바꿈되는 정치 운동의 모습으로 나타나기도 했고, 중국 공산당의 역사에서도 신민주주의 혁명의 출발점으로 평가되기도 하며, 또한 근대사·현대사에서도 중국의 중요 사건으로 일컬어지기도 함.

> ▶ **중국의 5.4운동**
> 파리 강화 회의가 열렸을 때 정의, 인도, 공정이 세계에 널리 퍼지는 것이 우리의 희망이며 바라던 바가 아니었던가? 청도를 우리에게 돌려주고, 중일 비밀 조약, 군사 협정, 기타 불평등 조약들을 폐지함이 정당하고 공정하다. 그러나 힘 앞에 정의가 무너져 장차 5대국이 우리 영토를 마음대로 하게 될 것이다. 우리를 패전국 독일, 오스트리아처럼 대접하는 것은 부당하고 불공정하다. (중략) 조선은 독립을 꾀하여 "독립하지 못하면 차라리 죽겠다"라고 하였다. 모름지기 국가가 망하고 영토를 넘겨주어야 하는 문제가 눈 앞에 닥쳐도 국민이 큰 결심을 하여 끝내 떨쳐 일어서지 않는다면, 이는 20세기의 열등 민족이며, ……중국이 살아남느냐 망하느냐 하는 것이 오직 이번 일에 달려 있다.
>
> – 전체 학생 천안문 선언, 1919. 5. 4

> ▶ **네루가 옥중에서 딸에게 보낸 편지**
> 3·1운동은 조선 민족이 단결하여 자유와 독립을 위하여 수없이 죽어가고, 일본 경찰에 붙잡혀 모진 고문을 당하면서도 굴하지 않았던 숭고한 민족 운동이란다. 그들은 이러한 이상을 위하여 희생하고 순국하였다. 일본인에 억압당한 조선 민족의 역사는 실로 쓰라린 암흑의 시대였다. 조선에서 학생의 신분으로 곧장 대학을 나온 젊은 여성과 소녀가 투쟁에 중요한 역할을 하였다는 것을 듣는다면 너도 틀림없이 감동을 받을 것이다.

❺ 인도의 민족 운동

당시 영국 지배 아래 있었기에 반영 운동의 영향.

4. 3·1운동의 의의

(1) **독립운동의 활성화** 민족의 독립운동 역량을 확인하고 독립을 되찾을 수 있다는 자신감을 부여하였음

(2) **전 민족적 참여** 신분이나 계급 그리고 농민·노동자를 막론하고 민족 구성원 전체의 이해가 일치해서 외세에 맞선 것은 3·1운동이 처음이었음

(3) **민중의 주도** 학생·농민·노동자들이 주축이 되는 대중 계급이 근대 민족 운동의 주도 세력으로 성장하였음. 이로써 1920년대 이후 학생 운동(3·1운동 이후 학생의 역할이 중요해짐 이후의 6.10 만세운동과 광주 학생 항일 운동으로 이어짐), 농민 운동, 노동 운동, 사회 운동, 여성 운동 등이 활기를 띠게 되었음

❶ 국제 여론

미국의 뉴욕타임즈는 1919년 3월 13일자에서 "조선인들이 독립을 선언했다. 알려진 것 이상으로 3·1운동이 널리 퍼져나갔으며 수천여명의 시위자가 체포됐다"라고 기록했다. AP통신은 "독립선언문에 '정의와 인류애의 이름으로 2000만 동포의 목소리를 대표하고 있다'라고 명시돼 있다"라고 보도했다. 3.1 운동의 시작부터 3·1운동에 관한 모든 한국의 상황을 해외에 전달하는데는 캐나다의 선교사 프랭크 스코필드 박사의 영향이 매우 많았음.

(4) **국제 여론❶** 3·1운동이 여론 등을 통해 국제 사회에 알려져 국제적으로 우리 민족의 독립 의지를 강렬하게 표출하였음

5. 3·1운동의 한계

(1) **비폭력의 한계** 일제가 강격하게 탄압을 가하면서 비폭력주의는 큰 희생을 낳았고, 거족적인 대중 운동으로 확산되는 단계에서는 의미를 잃었음

(2) **낙관주의** 민족 스스로의 역량으로 독립을 쟁취하려는 생각보다 세계 여론이 우리 편이 되어 줄 것이라는 비자주적 독립을 염원, 파리 강화 회의는 전승국들의 이권 배분과 열강의 균형을 맞추려는 것이 주된 목적이었는데도 당시 국내외 독립 운동가들은 민족 자결주의에 대한 맹신과 판단 착오로 인해 결국 실패할 수밖에 없었음

(3) **민족 대표의 소극적 태도** 독립 선언서 낭독 후, 종로 경찰서에 자수하는 등 민족 대표들의 소극적인 자세로 인해 이후 조직적 운동으로 발전하지 못하였다는 한계

(4) **산발적 시위** 일부 지역적 연대가 자연적으로 발생했으나 전국적인 운동을 이끌 지도부가 없는 상태에서 2~3개월에 걸친 산발적인 시위의 연속으로 이어졌기 때문에 일본 경찰력에 각개 격파당해 진압되었음

(5) **독립 실패** 일제의 가혹한 탄압으로 인해 결과적으로 독립에 실패하였음

03 대한민국 임시 정부

1. 대한민국 임시 정부 수립

(1) 임시 정부 수립 배경

① **대동단결 선언** : 1917년 임시 정부의 필요성을 처음 제기하였음

② **3·1운동 이후** : 3·1운동 이후 우리 민족의 독립 의지를 모아서 지속적인 민족 해방 운동을 전개하고, 독립운동의 체계화와 조직화의 필요성이 제기되었음. 이에 따라 민족의 독립운동을 통일적으로 지도할 임시 정부 수립에 대한 공감대가 형성되었음

③ **민족 자결주의** : 민족의 운명을 민족이 스스로 결정해야 한다는 것. 어떤 민족이든 다른 민족의 지배를 받지 않는다는 것으로, 이 원칙은 1차 세계 대전의 패전국인 독일의 식민지에만 적용되었고, 일본·미국 등의 승전국의 식민지에는 적용되지 않았음.(파리 강화 회의의 한계점이기도 함.)

(2) 국내·외 임시 정부

① **8개 임시 정부** : 3·1운동 직후 임시 정부를 원하는 국민의 열망에 따라 각지에 8개의 임시 정부가 수립되었음. 이 중에서 정부를 구성할 정도의 조직적인 기반을 갖춘 것은 연해주, 상하이, 한성에서 조직·발표된 3개의 임시 정부였음

② **대한 국민 의회** : 1919년 3월 전로한족회 중앙 총회가 대한 국민 의회로 개편한 후 대통령에 손병희, 국무총리에 이승만을 선임해 조직하였음. 헌법을 제정하지는 않았으나 3권 분립의 형태를

❷ 대한민국 임시 정부

3·1운동 이후 일본 통치에 조직적으로 항거하기 위하여 설립하였다. 1919년 4월 11일 임시의정원(臨時議政院)을 구성하고 각도 대의원 30명이 모여서 임시헌장 10개조를 채택하였으며, 4월 13일 한성임시 정부와 통합하여 대한민국 임시 정부를 수립, 선포하였다. 각료에는 임시의정원 의장 이동녕(李東寧), 국무총리 이승만(李承晩), 내무총장 안창호(安昌浩), 외무총장 김규식(金奎植) 등이 임명되었다. 9월 11일 임시헌법을 제정, 공포하고 이승만을 임시 대통령으로 선출하는 한편 내각을 개편하였다. 9월 6일에는 노령정부와 통합하고 제1차 개헌을 거쳐 대통령 중심제의 대한민국 임시 정부를 수립하였다. 1926년 9월 임시 대통령제를 폐지하고 국무원제를 채택하였으며, 이후 의원내각제가 정부형태의 주류를 이루었음.

갖추었음

③ 상하이 대한민국 임시 정부(大韓民國臨時政府)❷ : 신한청년당 (1918년 상하이에서 조직된 청년 운동 단체로 김규식, 여운형 등을 중심을 조직되어 외교활동에 주력함) 을 중심으로 활동하던 민족 운동가들이 먼저 임시 의정원(위치는 상하이, 의장은 이동녕) 을 구성하고, 4월 13일 이승만을 대통령 공석, 국무총리로 임명하여 민주 공화제의 대한민국 임시 정부를 수립하였음

④ 한성 정부 : 4월 23일 서울에서 13도 대표가 모여 국민 대회를 열고 이승만을 집정관 총재, 이동휘를 국무총리로 하는 한성 정부 수립을 공포하였음. 다른 임시 정부와 달리 3·1운동의 계승 관계가 밀접하여 정통 정부로 인정받았다는 점에서 큰 의의가 있음

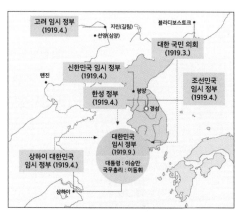

▲ 대한민국 임시 정부의 통합

(3) 임시 정부 통합

① **민족 역량의 강화** : 임시 정부가 분산되어 있으면 민족 독립운동의 역량이 분산되고 혼란이 커질 우려가 있었음. 대외적으로도 우리 민족의 대표 정부로 인정받기 위해 통합을 논의함

② **통합의 문제**

㉠ **외교론자** : 임시 정부의 위치를 놓고 외교론자(상하이)와 무장투쟁론자(만주·연해주) 가 대립하였음. 외교론자는 국제 도시이며 안전한 상하이에 임시 정부를 둘 것을 주장

㉡ **무장 투쟁론자** : 국내와 가깝고 많은 동포가 살고 있어서 독립 전쟁에 유리하다는 이유로 간도나 연해주에 임시 정부를 둘 것을 주장하였음

> **▶ 임시 정부의 위치를 둘러싼 주장**
>
> **상하이 중심론 (안창호의 제안)**
> 1. 상하이와 러시아령에서 설립한 정부들은 모두 해체하고 오직 국내에서 13도 대표가 민족 전체의 대표임을 인정함이다.
> 2. 정부의 위치는 아직 상하이에 둘 것이니 각지의 연락이 비교적 편리하기 때문이다.
> 3. 상하이에서 설립한 제도와 인선은 없는 것으로 하고, 한성 정부의 집정관 총재 제도와 그 인선을 채택하되 상하이에서 정부 수립 이래에 실시한 행정은 그대로 유효함을 인정할 것이다.
>
> **만주안 (문창범 제안)**
> 1. 만주와 연해주처럼 국내와 접해 있는 지역에서도 국내와 연락을 충분히 할 수 있으며, 또 마음대로 활동할 수가 없다. 하물며 상하이 같이 원격지이며 타국의 영토 안에 있으면서 어떤 일을 할 수 있으리라고는 생각되지 않는다.

③ **임시 정부의 통합** : 블라디보스토크의 국민 의회 정부를 흡수하여 입법 기관을 형성하고 한성 정부의 법통과 인맥을 계승하여 행정부를 조직하는 형태로 마무리되었음. 1919년 9월 11일 새로운 헌법을 만들고 내각과 의정원을 구성하였음

④ **한인 사회당** : 한인 최초의 사회주의 단체인 한인 사회당(연해주)이 대한민국 임시 정부에 참여

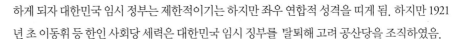

하게 되자 대한민국 임시 정부는 제한적이기는 하지만 좌우 연합적 성격을 띠게 됨. 하지만 1921 년 초 이동휘 등 한인 사회당 세력은 대한민국 임시 정부를 탈퇴해 고려 공산당을 조직하였음.

⑤ **대통령 선정** : 대한민국 임시 정부는 대통령 선정 문제로 한 차례 진통을 겪었음. 이승만이 대통령으로 추대되자 신채호 등은 그가 미국 대통령에게 '위임 통치 청원서'를 보낸 사실을 들어 반대하고 나섰음

⑥ **헌법** : 임시 의정원은 1919년 9월 1차 개헌을 거쳐 공화주의와 삼권 분립의 원칙에 기초한 헌법을 공포하였음

(4) 임시 정부 수립

① **체제** : 대한민국 임시 정부는 최초의 민주 공화제 정부❶의 형태로 근대적 헌법을 갖추었으며 삼권 분립과 대통령 지도 체제를 채택하였음

② **삼권 분립** : 입법부로서 임시 의정원, 행정부로서 국무원, 사법부로서 법원을 두어 삼권 분립 체제를 구성하였음

③ **대통령제** : 대통령에 이승만(외교론자) , 국무총리에 이동휘(무장투쟁론자) 가 임명되었음

> ▶ **대한민국 임시 헌장(1919. 4. 11)**
>
> 제1조 대한민국은 민주 공화제로 한다.
> 제2조 대한민국은 임시 정부가 임시 의정원의 결의에 의하여 이를 통치한다.
> 제3조 대한민국의 인민은 남녀 귀천 및 빈부의 계급이 없고 일체 평등하다.
> 제4조 대한민국의 인민은 종교 · 언론 · 저작 · 출판 · 결사 · 집회 · 통신 · 주소 이전 · 신체 및 소유의 자유를 향유한다.
> 제5조 대한민국의 인민으로 공민 자격이 있는 자는 선거권 및 피선거권을 가진다.
> 제6조 대한민국의 인민은 교육 납세 및 병역의 의무가 있다.
> 제7조 대한민국은 신의 의사에 의하여 건국한 정신을 세계에 발휘하며, 나아가 인류의 문화 및 평화에 공헌하기 위하여 국제 연맹에 가입한다.
> 제8조 대한민국은 구 황실을 우대한다.
> 제9조 생명형(刑), 신체형 및 여창제(女娼制)를 모두 폐지한다.
> 제10조 임시 정부는 국토 회복 후 만 일개년 내에 국회를 소집한다.

④ **임시 헌법** : 1919년 임시 헌법 전문과 8장 58조 공표(1차 개헌), 7부와 노동국 조직으로 구성되었음

2. 대한민국 임시 정부의 활동

(1) **중앙조직** 임시의정원(입법부), 국무원(행정부), 법원(사법부)로 조직되었음

•임시 정부의 사법부는 헌법상으로는 존재하였지만 실재하지는 않았다.

(2) **비밀 조직**

① **연통제(聯通制)**

㉠ 국내 및 서간도 · 북간도 지방과의 비밀 연락 조직망이었음. 독립운동 방략의 일환으로 국내와의 연결이 중요함을 인식하였음

㉡ **조직** : 각 도 · 군 · 면에 독판(督辦) · 군감(郡監) · 면감(面監) 등의 정부 연락 책임자를 두고, 간도에는 독판부를 설치하였음

㉢ **활동** : 정부 문서와 명령의 전달 및 군자금의 조달, 정보의 보고, 독립 운동의 지휘, 감독 등을 담당하였으며, 국내에서 인구세를 징수하고, 독립 공채(애국 공채)를 발행하였음.

▲ 독립 공채의 모습

> ▶ 대한민국 원년 독립 공채 발행 조례(1919.11)
>
> 1조. 기채 정액은 4천 만원으로 하며, 대한민국 원년 독립 공채로 함.
>
> 2조. 본 공채의 이율은 연 100분의 5로 정한다.
>
> 4조. 상환 기간은 대한민국이 완전히 독립한 후 만 5개년으로부터 30개년 이내로 수시로 상환하는 것으로 하며, 그 방법은 재무 총장이 이를 정함.
>
> 6조. 본 공채의 발행 가격은 6월에 부급한다.
>
> 7조. 공채의 응모 기한은 대한민국 원년 8월 1일부터 동 11월 말일까지로 함.

② **교통국(交通局)**

　㉠ 조직 : 1919년 5월 정부 수립과 독립 사업을 선언하고 여러 독립운동 단체나 개인들과의 연락을 위해 비밀 통신망을 조직하였음

　㉡ 활동 : 국내와의 연락 요충지인 만주 단둥(안동)에 교통 지부를 설치하고, 국내 각 군 단위에 교통국, 각 면 단위에 교통소를 설치하였음. 교통국의 설치 목적은 국내와의 통신 연락 및 상해와 국내를 내왕하는 인사의 길잡이 역할을 하는 데 있었음. 교통국은 독립운동을 위한 군자금 모금과 정보 수집에 기여하였음

③ **이륭양행(怡隆洋行), 백산 상회**❶**(白山商會)**: 임시 정부는 만주 안동에 아일랜드인 쇼(George L. Show)가 경영하는 이륭양행(1919년 5월 설립된 무역선박회사, 비밀리에 교통국의 역할 수행)을 임시 교통국 안동 지부로 이용하였음. 또한, 각종 정보를 전달하고 독립 공채를 발행하거나 독립의연금을 전달하기 위한 목적으로 세운 부산의 무역회사 백산상회와도 함께 활동하였음.

④ **거류민 단체** : 1920년 1월 거류민 단체를 공포하고 해외 각 지역의 동포 자치 사회를 거류민단으로 조직하였음. 국내에서 선거를 치를 수 없었기 때문에 민단이 의정원 선출의 주요 통로였고, 인구세와 독립공채 조달 등에서도 큰 역할을 함

⑤ **연통제 붕괴** : 1919년 9월 평안남도에 특파된 유기준이 연통제 관계 서류를 일제에 압수당하면서 함경북도의 독판·군감 47명이 검거되었음. 또한, 1920년 7월 평안북도 독판 안병찬과 의주군 통신원 양승업 등 22명이 체포되면서 평안도의 전 조직이 붕괴되었음. 결국 1921년 사실상 연통제가 붕괴되면서 임시 정부는 몇 곳의 교통국 조직이나 선전원, 국내 애국 단체의 활동에 의존할 수밖에 없었음. 이륭양행 교통 사무국은 1922년에 와해되었고, 백산상회도 일제의 계속된 탄압으로 1927년 완전 해산되었음

(3) 독립군의 자금

① **독립운동의 자금** : 국내의 20세 이상의 모든 조선인에게 1인당 1원씩의 인구세를 징수하였음. 그 외에도 독립공채(애국공채)발행, 의연금 등으로 충당하였음

② **자금의 전달** : 만주의 이륭양행, 부산의 백산 상회 및 연통제, 교통국 조직 등을 통해 독립 운동 자금을 대한민국 임시 정부에 전달하였음

(4) 임시 정부의 외교

① **파리 위원부** : 신한청년당에서 파리 강화 회의에 파견한 김규식을 외무 총장 겸 파리위원부 대표로 선임하고 신임장을 보내 대한민국 임시 정부를 대표하게 하였음. 김규식은 파리 강화 회의에 임시 정부 명의로 탄원서를 제출하였음. 그러나 파리 강화 회의는 1차 세계 대전 승전국들의 이

❶ **백산 상회**

백산상회는 독립운동가이자 실업가인 백산(白山) 안희제(安熙濟)가 1914년 부산에 세운 민족기업. 안희제는 경상남도 의령 출신으로 1909년 윤세복, 서상일, 신성모 등 80여 명의 동지들과 국권회복을 위한 비밀청년단체인 대동청년당을 조직하고, 만주와 시베리아 등지를 유랑하며 독립운동에 몰두했음. 백산상회는 이들 국내외 독립운동단체에 연락처를 제공하고 자금을 공급하는 역할을 했다. 1919년 5월에는 백산무역(주)으로 기업을 확대개편하고 상해 임시 정부의 독립운동을 지원하는 자금조달기관으로 활동. 이때 주식회사에 참여한 주주는 최준, 최태욱, 윤현태, 강복순 등으로 모두 영남의 대지주들이었고, 후에 대구, 서울, 원산, 안동, 봉천 등지에 지점과 연락사무소를 설치하여 활동했으나, 일본 경찰의 장부 검열과 직원들에 대한 수색, 감금, 고문 등의 탄압을 받아 1927년 해산했음.

권 도모를 위한 회의였기에 약소민족의 요청은 무시됨

② **사료 편찬회** (사료 조사 편찬회(史料調査編纂會)라고도 불림)

㉠ 설치 목적 : 대한민국 임시 정부에서는 파리 강화 회의에 이어 개최되는 국제 연맹 회의에도 한민족의 독립 지원을 요청하기로 함. 이에 따라 필요한 자료를 준비하기 위해 1919년 7월 박은식을 중심으로 임시 사료 편찬회를 구성

㉡ 설치 결과 : 그 결과물로 〈한·일 관계 사료집(韓日關係史料集)❶〉 4권을 간행하여 국제 연맹에 제출함으로써 일제의 침략 현실을 폭로하고자 함. 박은식은 이때 수집한 방대한 자료를 바탕으로 〈한국독립운동지혈사❷〉를 저술하였음. 한편, 1919년 독립신문을 기관지로 간행해 독립 의지를 선전하였음

③ **구미 위원부** : 이승만과 서재필은 국제 연맹과 워싱턴 회의(1921년 1차 세계대전 종전 이후 국제 사회의 문제를 전반적으로 논의하기 위해 열린 회의)에 독립 의지를 전달하였음

④ **만국 사회당 대회에 대표 파견** : 1919년 2차 만국 사회당 대회(인터내셔널 제네바 회의)에 조소앙, 이관용 등을 파견해 '한국 민족 독립 결정서'을 통과하게 하였음

⑤ **기타 위원부** : 런던 위원부 등을 두고 베이징과 우수리스크에도 임시 외교 위원을 두었으나 구미 위원부 외에는 활동이 미미하였음

⑥ **소련과의 외교 활동** : 이동휘 등 한인 사회당 세력이 1920년 7월 소련 정부와 조선 독립운동의 지원, 임정의 승인 등에 관한 비밀 협정을 체결하고 소련 정부로부터 40만 루블 상당의 금괴를 제공받았음. 이동휘가 그 일부를 고려공산당 건설에 사용하고, 안창호는 코민테른 자금의 유입을 반대하는 등 임시 정부 내에 갈등이 빚어지다가 이동휘가 1921년 1월 총리직을 사임하고 임시 정부를 탈퇴하면서 소련과의 관계도 끊어짐

⑦ **중국과의 외교 활동** : 쑨원의 광동 정부와 상호 승인을 하였고, 한국 학생을 중국 군관 학교에서 교육하는 데 합의하였음. 임시 정부의 차관과 조차지 요구는 받아들여지지 않았으나, '북벌 완성 후 전력으로 한국 광복을 돕겠다.'는 약속을 받았고, 후에 윤봉길 의거를 계기로 장제스의 전폭적인 지원이 이루어졌음

⑧ **외교 활동의 영향** : 계속되는 조선 독립의 열망을 국제 사회는 외면하였고, 이후 독립 운동 방향 전환의 필요성이 부각되면서 1923년 국민대표 회의를 개최하자는 요구가 대두되었음

⑸ **임시 정부의 교육 활동** 상하이에 인성학교(초등), 삼일 중학(중등) 등을 설치, 운영하여 해외 동포 자제들에게 민족정신을 심어주고자 하였으며, 중국어 교육을 시켜 중국 내 고등 교육을 받을 수 있도록 하였음

⑹ **임시 정부의 문화 활동**

① **독립신문(獨立新聞)❸** : 대한민국 임시 정부의 기관지로 독립신문(1896년에 창간된 독립신문과는 별개)을 간행하였음

② **사료 편찬소** : 일제의 조선사 편수회에 대항하여 이광수와 안창호 등이 임시 사료 편찬회를 설치하고 〈한·일 관계 사료집〉을 간행하였음. 그 성과를 바탕으로 박은식의 〈한국독립운동지혈사(韓國獨立運動之血史)〉가 집필되었음

❶ 〈한·일 관계 사료집〉

편찬하게 된 계기는, 일제의 식민지로 전락한 이래 한민족의 역사와 문화, 일제의 가혹한 식민 통치의 실상 등이 세계에서 여론화되지 못하고, 특히 일제의 정책적 선전으로 심하게 왜곡, 과장되었으므로 이를 바로 잡을 필요성이 대두되었기 때문임. 편찬을 위해 대한민국 임시 정부에서는 1919년 7월 7일 정부령으로 국무원 내에 '임시 사료 편찬회'를 설치하였음. 총재에는 당시 임시 정부 국무총리대리 안창호(安昌浩), 주임에 독립신문사 사장 이광수(李光洙), 간사에 김홍서(金弘敍)를 임명.

❷ 〈한국독립운동지혈사〉

『한국독립운동지혈사』는 1920년 박은식이 갑신정변부터 3·1운동이 일어난 다음해인 1920년까지의 사실을 기록한 역사서로, 상하이 유신사에서 간행되었음. 한민족의 역사와 한 말의 역사적 사건, 일제의 침략과 이에 대한 우리 민족의 항거 등을 다루고 있음. 박은식은 한국사 저술을 통해 한국인에게 민족의식을 일으키고 독립에 대한 신념을 갖게 하고자 노력하였음.

❸ 임시 정부의 독립신문

(7) 군사 활동

① **군무부와 육군 무관 학교** : 행정부인 국무원에 군사 업무를 담당하는 군무부를 두었으며 군무부 산하에 육군 무관 학교를 설립하여 군사 간부를 양성하였음. 육군 무관 학교 폐교 후에는 지원자를 중국의 군사 학교에 보내 군사 역량을 배양하도록 하였음. 1920년 1기와 2기를 졸업시킨 뒤 폐교됨

② **만주 지역의 무장 부대** : 대한민국 임시 정부는 1920년은 '독립 전쟁의 원년' 으로 선포하였고, 많은 부대들이 지지를 선언했다. 서간도의 서로군정서(부민단이 구성한 무장독립운동단체) 와 북간도의 북로 군정서(3·1운동 이후 만주 왕청현에서 조직된 무장독립운동단체) 등을 대한민국 임시 정부의 산하 조직으로 편제하였으며, 군무부 직할대로 광복군 사령부(광복군영으로 개편) 1923년 남만주에 육군 주만 참의부 등을 두었음. 그러나 안창호의 독립 전쟁 준비론과의 대립으로 인해 직할 부대로 통합하는 데에는 실패하였음

③ **광복군 총영 결성** : 1920년 7월 한족회와 서로 군정서를 산하로 통합하는 데 실패한 임시 정부는 서간도의 청년단과 독립단을 연합하여 광복군 총영이라는 직할 부대를 편성하였음

④ **한인 비행사 양성소** : 1920년 미국 샌프란시스코에 설치하여 비행사를 양성하였음

⑤ **군사 활동 약화** : 연통제와 교통국 붕괴 후 인력과 자금 부족이 심화되었으며, 간도 참변(間島慘變) 이후 만주의 독립군 세력들이 자유시로 이동하거나 흩어지면서 군사 활동은 약화되었음

⑥ **1940년** : 중국 국민당 정부가 있던 충칭에 자리 잡고 1920년 한국광복군을 창설하여 군사 활동을 전개하였음
　　　　　　　　　└······● 1919년 쑨원[孫文]을 지도자로 하고 성립된 중국의 정당

3. 대한민국 임시 정부의 시련

(1) **비밀조직 발각** 1921년 연통제와 1922년 교통국 조직이 일제에 발각되어 해체됨. 이로 인해 국내로부터의 지원이 감소하면서 대한민국 임시 정부의 자금난과 인력난이 발생하였음

(2) **독립운동 노선의 차이** 임시 정부는 명목상 독립운동 전체를 대표, 통솔하였지만 만주나 연해주 지역의 독립 단체는 지역 한인 사회를 바탕으로 독자 활동을 펼치는 경우도 많았음. 국민 없는 정부인 임시 정부로서는 이들을 강력하게 통제할 수 없었음

① **외교론** : 대표적인 인물은 이승만, 외교활동을 통해 강대국의 도움을 받아야한다고 주장

② **실력 양성론❹** : 대표적인 인물은 안창호, 민족의 실력을 양성하고 준비하자는 주장

③ **무장 투쟁론** : 대표적인 인물은 이동휘, 적극적인 무장 투쟁만이 독립 쟁취의 최선이라고 주장

④ **민중 직접 혁명론❺** : 대표적인 인물은 신채호, 민중 혁명을 통해 독립을 쟁취해야 한다고 주장

(3) **외교 활동 미비** 파리 강화 회의, 워싱턴 회의 등이 모두 열강의 이권 조정으로 끝나고 한국 문제에 별다른 언급이 없는 등 대한민국 임시 정부가 초기에 주력하였던 외교 활동의 성과가 미약하여 이에 대한 비판이 제기되었음

(4) 이승만의 실정

① **국제 연맹 위임 통치 청원서** : 이승만이 미국 대통령 윌슨에게 보낸 위임 통치 청원은 여러 독립운동가의 분노를 샀음. 이 사실을 알게 된 신채호는 이승만을 격렬히 비난하며 1920년 8월 이승만

---

❹ 실력 양성론

실력 양성론의 등장 배경은 약육강식, 우승열패(優勝劣敗) 논리의 사회 진화론의 영향(애국계몽운동)으로 3·1운동 이후 일부 지식인들은 당장 독립은 어렵다는 생각을 하게 되었으며 "선(先) 실력양성 후(後) 독립"을 주장하였음. 실력 양성론은 한국 사회의 근대적 발전과 독립의 토대를 이루기 위해 주로 경제, 문화 방면에서 민족의 근대적 역량을 배양하기 위하여 민족 산업 육성, 신교육 진흥, 전근대적 의식과 관습의 타파를 주장하였음.

❺ 민중 직접 혁명론

〈조선 혁명 선언〉은 1923년 신채호가 의열단의 김원봉의 요청으로 작성한 의열단의 선언. 무정부주의를 바탕으로 무장 독립 투쟁의 필요성을 지적하였다. 또한 외교론, 자치론, 문화운동론, 실력 양성론 등 이전의 독립운동론을 비판하고, 민중을 혁명의 주체로 인식하는 민중 직접 혁명론을 내세웠음. 이 선언문에서 신채호는 이승만, 이광수, 안창호 등이 주장한 외교론, 자치론, 실력양성론 등을 모두 비판하면서 민중이 혁명의 주체가 되어야 한다는 민중에 의한 직접 혁명을 주장함.

의 대통령 당선 이후 임시 정부를 탈퇴하고 〈신대한〉이라는 잡지를 간행해 임시 정부를 비판하였음.

> **▶ 이승만의 위임 통치 청원서(1919. 2. 25)**
>
> 미국 대통령 각하, 대한인 국민회 위원회는 본 청원서에 서명한 대표자로 하여금 다음과 같은 공식 청원서를 각하에게 제출합니다. …… 우리는 자유를 사랑하는 2천만의 이름으로 각하에게 청원하니 각하도 평화 회의에서 우리의 자유를 주장하여 참석한 열강이 먼저 한국을 일본의 학정으로부터 벗어나게 하여 장래 완전한 독립을 보증하고 당분간은 한국을 국제 연맹 통치 밑에 두게 할 것을 빌며, 이렇게 될 경우 대한 반도는 만국 통상지가 될 것입니다. 그리하여 한국을 극동의 완충국 혹은 1개 국가로 인정하게 되면 동아 대륙에서의 침략 정책이 없게 될 것이며, 그렇게 되면 동양 평화는 영원히 보전될 것입니다.
>
> 1. 열강은 한국을 일본 학정 밑으로부터 구출하고,
> 2. 열강은 장차 한국의 완전 독립을 보증하고,
> 3. 한국을 당분간 국제 연맹 통치하에 둘 것.

② **상하이 활동** : 신채호, 이동휘의 탈퇴와 노선 대립으로 임시 정부가 혼란에 빠진 가운데 미국에 체류하며 활동하고 있던 이승만이 상히이로 왔으나 오히려 갈등은 심화되었음. 이승만이 워싱턴 회의 참가를 빌미로 다시 출국하면서 임시 정부는 더욱 무력화되었음.

(5) 국민 대표 회의

① **국민 대표 회의 소집**

　㉠ **이승만의 위임 통치안 제출** : 1919년 2월 국제연맹에 의한 위임 통치안을 골자로 한 청원서를 작성해 미국 대통령 윌슨에게 제출

　㉡ **소집 주장** : 1921년 2월 국민 대표 회의의 소집을 주장한 박은식 · 김창숙 등이 임시 정부의 무능을 질타하며 촉진 선언문을 상해에서 발표 , 4월 북경의 군사 통일회가 적극적으로 소집을 추진하면서 본격화

　㉢ **군사 통일 주비회(軍事 統一 籌備會)** : 1921년 박용만, 신채호 등 외교 노선에 비판적인 독립 전쟁론자들은 베이징에서 군사 통일 주비회를 열어 이승만을 불신임하고 국민 대표 회의 소집과 강력한 신정부의 수립 요구. 이에 호응하여 상하이에서는 안창호 · 박은식, 만주에서는 여준 · 김동삼 등이 국민 대표 회의 추진

② **임시 정부 옹호 세력** : 윤기섭, 김구, 이동녕, 이시영 중심으로 의해 조직되어 임시 정부의 분열을 막고자 함

③ **이승만의 대응** : 워싱턴회의 참가를 이유로 신규식을 국무총리 대리로 임명하고 미국으로 돌아감. 임시 정부의 개혁을 요구하는 사람들을 불평분자로 간주하여 국민 대표 회의의 해산 시도.

④ **회의 개최** : 1923년 1월 국내외 여러 독립 운동 단체의 대표 130여 명이 참가한 채 6월까지 지속됨.

⑤ **임시 정부의 대립**

	창조파	개조파
공통점	통치 지역의 제한성과 통치 국민의 부재(인적 한계)를 인식	
주요 세력과 인물	베이징 중심 : 박용만, 신채호 이르쿠츠크파 고려 공산당 : 김만겸 대한국민 의회파: 문창범, 원세훈	임시 정부 : 안창호 상하이파 고려 공산당 : 이동휘 한족회, 서로 군정서 계열 : 김동삼

주장 내용	임시 정부의 절대성 부인, 임정 해산 (무력 투쟁 중심의 새 정부 수립)	임시 정부의 개혁성은 인정, 임정 개편 (실력 양성과 외교 중심의 정부 수립)
법통론	임시 정부는 3·1 운동 이후 생겨난 여러 단체의 일부	임시 정부의 법통론 주장

⑥ 회의 결과

　㉠ 임시 정부의 분열 : 창조파는 1923년 6월 단독으로 회의를 열어 국호를 한(韓), 연호를 단군 기원(紀元)으로 삼는 새로운 한국 정부를 창조하고 8월 블라디보스토크로 이주했으나 러시아의 지원을 받지 못한 채 추방됨

　㉡ 민족 유일당 운동 : 대한민국 임시 정부가 제 기능을 하지 못하고 독립운동 세력 또한 분열되자 중국 관내의 독립운동 세력 사이에서 추진된 독립운동 단체들이 통합운동 전개.

　㉢ 이승만 탄핵 : 이동녕을 대통령 대리에 추대, 1925년 이승만을 탄핵한 후 박은식이 2대 대통령으로 취임하였으나 4개월 만에 병사

(4) **임시 정부의 정치체제 변화**

구분	연도	정부 형태	정부 수반	위치
제1차	1919년	대통령 중심제(3권 분립)	이승만 → 박은식	상하이
제2차	1925년	국무령 중심의 내각 책임제	이상룡 → 김구	
제3차	1927년	국무 위원 중심의 집단 지도 체제	김구, 이동녕 등	중국 각지 이동
제4차	1940년	주석 중심 지도 체제	김구	충칭
제5차	1944년	주석·부주석 지도 체제	김구·김규식	

(5) **한국 독립당**　1940년 5월 한국 독립당, 한국 국민당, 조선 혁명당을 각각 해산하고 위원장을 김구로 하여 한국 독립당을 결성, 단결 강화

(6) **한인 애국단**

배경		국민 대표 회의 이후 임정 침체, 만보산 사건으로 생긴 중국인의 반한 감정
조직		임시 정부의 국무령 김구가 상하이에서 항일 무력 단체로 조직
활동	이봉창(1932)	도쿄서 행렬 중인 일본 국왕의 차에 폭탄 투척→상하이 사변의 계기
	윤봉길(1932)	상하이 홍커우 공원에서 열린 상하이 사변 전승 축하 기념식장에 폭탄 투척 (일본군 장성과 고관 처단)
영향		중국 국민당 정부가 임시 정부를 적극 지원

❶ 임시 정부의 이동 경로

(7) **임시 정부의 이동**　1932년 윤봉길의 의거 이후 일본의 탄압이 심해지고 1937년 중일전쟁까지 발발해 8차례의 이동이 있었음❶

(8) **충칭 이후 임시 정부와 한국 광복군**

① 정착 : 1940년 중국 국민당 정부가 있는 충칭에 정착

② 활동 내용

　㉠ 한국 독립당 : 1940년 5월 한국 독립당, 한국 국민당, 조선 혁명당을 각각 해산하고 김구를 위

원장으로 하여 한국 독립당을 결성.

    ⓛ **한국 광복군** : 1940년 9월 지청천을 총사령관, 이범석을 참모장으로 하는 한국 광복군 창설. 한국 광복군의 작전권은 중국 정부와 '한국 광복군 행동 준승 9개항'으로 인해 군사위원회에 속했으며 중국 국민당 정부에게 군사원조를 받음. 1942년 김원봉이 부사령관으로 합류. 1944년 8월 준승이 폐기되고 광복군은 임시 정부에 직속

    ⓒ **4차 개헌** : 1940년 10월 주석(초대 주석 : 김구) 체제로 개편

    ⓔ **대한민국 건국 강령 발표** : 1941년 11월 조소앙의 삼균주의를 받아들여 대한민국 건국 강령을 발표. '새로운 민주주의 확립, 사회 계급의 타파, 경제적 균등주의 실현'을 주창

    ⓜ **대일 · 대독 선전포고** : 1941년 12월 8일 일본이 진주만을 공격하면서 태평양 전쟁이 일어나자 대한민국 임시 정부 또한 일본에 정식으로 선전포고를 함

    ⓗ **임시 정부의 좌 · 우익 통일** : 1942년 5월 김원봉의 조선 민족 혁명당을 받아들여 좌 · 우익의 통합 주+. 한국 광복군에 김원봉의 조선 의용대의 일부를 흡수하여 지청천 사령 밑의 3개 지대 중 하나인 제1지대로 편입, 총대장 김원봉은 광복군 부사령관과 제1지대장을 겸임.

    ⓢ **영국군과 연합 작전** : 1943년 영국군의 요청으로 인도, 미얀마 전선에 한국 광복군 공작대를 파견하여 일본군을 상대로 한 대적 방송, 일본군 문서 번역, 정보 수집, 포로 심문 등에 참여

    ⓞ **국내 진입 작전** : 미군 전략 정보처(OSS)의 특수 훈련을 받은 후 지청천 · 이범석 등을 중심으로 국내 정진군(挺進軍)을 편성해 국내로 진입하려고 했으나 일제의 패망으로 무산

    ⓩ **5차 개헌** : 1944년 5차 개헌에서는 주석 · 부주석 중심체제가 채택되어 주석에는 김구, 부주석에는 김규식 임명. 좌우합작 연합 정부 구성, 환국 체제

4. 대한민국 임시 정부의 의의와 한계

(1) 의의

    ① **민주 공화제** : 3권 분립에 기초하여 자유주의와 공화주의를 지향한 우리 민족 최초의 민주 공화제 정부

    ② **독립 운동의 중심기구** : 3 · 1운동의 정신을 계승, 제한적이었지만 좌우 연합 전선 정부의 성격을 띠었음

(2) 한계

    ① **정치적 갈등** : 내부 분열로 인해 효과적인 활동을 하지 못했으며 독립 운동을 실질적으로 주도하지 못했음

    ② **임시 정부의 위상 격하** : 임시 정부는 '정부'라는 이름에 걸맞게 전체 민족 운동 역량을 결집하고 지도할 수 있는 조직적 · 이념적 위상을 확보하지 못했음. 국민 대표 회의 이후로는 많은 독립단체 중 하나로 인식되면서 위상 격하

▶▶▶ 기출 문제

01 | 3 · 1운동과 대한민국 임시 정부

001 ☐☐☐
2018 법원직 9급

다음 인물에 대한 설명으로 옳지 않은 것은?

> 1907년 헤이그 만국 평화 회의 밀사로 임명되었다.
> 1909년 밀산 한흥동에 독립운동 기지를 건설하였다.
> 1914년 대한 광복군 정부의 대통령이 되었다.

① 권업회를 결성하였다.
② 서전서숙을 설립하였다.
③ 13도 의군에 참여하였다.
④ 대한 국민 의회를 조직하였다.

002 ☐☐☐
2017 기상직 7급

다음 글에 서술된 일제 강점기 독립운동가는?

> 오늘날의 가치로 최소 600억 원에서 수천억 원에 이를 것이라고
> 하는 전 재산을 처분하고 만주로 망명하였다. 남만주의 삼원보
> 에 신한민촌을 건설하고, 신흥 무관학교를 만들어 운영하면서
> 민족 교육과 독립군 양성을 추진하였다.

① 이동휘   ② 이회영
③ 이상설   ④ 박용만

003 ☐☐☐
2018 경찰 2차

다음은 일제 강점기 어떤 민족 운동 단체의 강령 중 일부이다. 이 단체에 대한 설명으로 가장 적절한 것은?

> • 부호의 의연 및 일본인이 불법 징수하는 세금을 압수하여 무장을 준비한다.
> • 남북 만주에 사관 학교를 설치하여 독립 전사를 양성한다.
> • 중국과 러시아에 의뢰하여 무기를 구입한다.
> • 일인 고관 및 한인 반역자를 수시 수처에서 처단하는 행형부를 둔다.

① 이상룡 등이 서간도 지역의 삼원보에 터를 잡고 조직하였다.
② 풍기 광복단과 조선 국권 회복단의 일부 인사가 통합하여 만들었다.
③ 중국의 항일 무장 세력과 연합하여 쌍성보 전투, 사도하자 전투, 대전자령 전투 등에서 일본군을 격파하는 큰 전과를 올렸다.
④ 중국 관내에서 결성된 최초의 한인 무장 부대로, 중국의 지원을 받으며 대일 심리전과 후방 공작 활동을 전개하였다.

⊘ 정답 · 해설

정답 1.④ 2.② 3.②

해설 1. 이상설에 대한 설명이다. 이상설은 1917년에 사망하였다. ④ 3 · 1운동이 일어나자 1919년 블라디보스토크에서 임시 정부의 성격을 띠고 조직되었다. 대한 국민 의회는 대통령에 손병희, 국무총리에 이승만이 추대되었다.

2. ① 블라디보스토크에서 주로 활동하였으며 대한민국 임시 정부의 국무총리로 취임하였다. ③ 이상설은 서전서숙 건립, 헤이그 특사로 파견, 13도 의군 편성, 권업회 조직, 1914년 대한 광복군의 정통령에 선임 등의 업적이 있다. ④ 박용만은 미국의 대한인 국민회에서 활동, 하와이에서 대조선 국민 군단을 결성하였다.

3. 주어진 자료는 대한 광복회의 강령이다. 대한 광복회는 경북 풍기에서 조직된 풍기 광복단과 대구에서 조직된 애국 계몽 운동 계열의 조선 국권 회복단의 일부가 연합하여 박상진, 김좌진 등을 중심으로 조직된 대표적인 항일 결사체이다.
① 신민회 ③ 한국 독립군 ④ 조선 의용대

004 □□□ 2008 국가직 7급

1910년대 독립운동 단체에 대한 설명으로 옳지 않은 것은?

① 1915년 신규식은 박은식과 함께 대동 보국단을 만들었다.
② 1910년대 서울에서 교사들이 중심이 되어 조선 산직 장려계를 결성하였다.
③ 1913년 안창호는 뉴욕에서 흥사단을 조직하였다.
④ 1910년대 만들어진 독립 의군부는 대한 제국의 회복을 추구하였다.

006 □□□ 2008 국가직 9급

안중근 의사가 뤼순 감옥에서 순국하던 해의 사건이 아닌 것은?

① 유인석 등이 13도 의군결성
② 조선총독부 설치
③ 안악 사건
④ 헌병 경찰제 실시
⑤ 경학사 및 신흥 강습소 설치

005 □□□ 2015 국가직 9급

밑줄 친 ㉠, ㉡에 대한 설명으로 옳은 것은?

일제의 가혹한 탄압으로 독립운동은 큰 제약을 받게 되었다. 그러나 그러한 제약 속에서도 비밀 결사의 형태로 독립 운동 단체가 결성되었다. ㉠독립 의군부와 ㉡대한 광복회는 모두 이러한 비밀 결사 단체였다.

① ㉠은 공화국의 건설을 목표로 하였다.
② ㉡은 고종의 비밀 지령을 받아 조직되었다.
③ ㉠과 ㉡은 모두 1910년대 국내에서 결성된 단체이다.
④ ㉠은 박상진을 중심으로, ㉡은 임병찬을 중심으로 한 조직이었다.

007 □□□ 2013 국가직 9급

다음 역사적 사건의 영향에 대한 설명으로 옳지 않은 것은?

…… 오늘은 한국의 위대한 날이다. …… 오후 2시, 중학교를 비롯한 각급 학교들이 일본의 한국 지배에 항거하는 시위를 벌였고, 거리로 나가 양손을 위로 올리고 모자를 흔들며 '대한 독립 만세'를 외치며 행진을 하기 시작했다. 거리의 사람들 역시 이 대열에 합류했고, 도시 전역에 기쁨의 외침 소리들이 울려 퍼졌다. …… 최근 일본 정부는 소위 '역도들'을 제압할 수 있는 더 '근본적인 대책'을 마련했다고 한다. 우리는 맨손으로 단순히 '독립 만세'를 외치는 사람들에게 …… 보병대 2사단, 포병대 1사단, 기병대 2사단이 일본으로부터 파병되고 난 후 …… 마을들이 불타고 있다는 소문이 무성하다는 것이다.
　　　　　　　　　　　　　　 - 『노블일지』

① 일제가 교활한 '문화통치'를 표방하게 되었다.
② 이를 계기로 대한민국 임시 정부가 수립되었다.
③ 국내외에서 민족 유일당 운동이 촉발되는 계기가 되었다.
④ 해외의 무장 독립 투쟁이 더욱 치열하게 전개되었다.

🎯 정답·해설

정답 4.③ 5.③ 6.⑤ 7.③

해설 4. ③ 흥사단은 1913년 미국의 샌프란시스코에서 조직된 실력 양성 계열의 단체이다. 이 단체는 1937년 수양 동우회 사건을 계기로 해체되었다.

5. ① 독립 의군부는 최익현의 제자 임병찬이 고종의 밀지를 받고 조직한 단체로서 복벽주의를 강조하였다. ② 대한 광복회는 1915년 풍기광복단과 조선 국권 회복단이 통합되어 만들어진 단체였으며 공화주의를 강조하였다. ④ 독립 의군부는 임병찬이, 대한 광복회는 박상진과 김좌진이 중심이 되어 결성되었다.

6. 안중근 의사는 1909년 하얼빈에서 이토 히로부미를 사살하고 1910년 뤼순 감옥에서 순국하였다. ⑤경학사와 신흥강습소는 1911년에 설치되었다.

7. ③ 사회주의 사상은 3·1운동이 끝난 뒤인 1919년에 유입되었다. 1920년대 중반의 6.10 만세 운동을 계기로 민족 유일당의 필요성이 대두되었고 조선 민흥회와 정우회 선언 발표가 이루어지면서 1927년 민족 유일당 단체인 신간회가 창립되었다.

008 □□□ 2017 서울시 9급

대한민국 임시 정부에 대한 설명으로 옳지 않은 것은?

① 국내 항일 세력들과 연락하기 위해 연통제를 운영하였다.

② 국외 거주 동포에게 독립 공채를 발행하였다.

③ 만주 지역의 무장 투쟁 세력들도 참여하였다.

④ 임시 정부 수립 직후 임시 의정원을 구성하였다.

009 □□□ 2009 국가직 7급

㉠의 운동 과정에서 발생한 사건으로 옳은 것은?

> 상쾌한 아침의 나라라는 뜻을 지닌 조선은 일본의 총칼 아래 민족 정신을 무참하게 유린당했다. 일본은 처음 얼마동안 근대적인 개혁을 실시했으나, 곧이어 마각을 드러냈고 조선 민족은 독립 항쟁을 줄기차게 계속하였다. 그 중에서도 중요한 것은 ㉠ 운동이었다. 조선의 청년들은 맨주먹으로 적에 항거하여 용감히 투쟁하였다. 조선에서 학생의 신분으로 곧장 대학을 나온 젊은 여성과 소녀가 투쟁에 중요한 역할을 했다는 것을 듣는다면 너도 틀림없이 깊은 감동을 받을 것이다. -『세계사편력』

① 수양 동우회 해산

② 송죽회(松竹會) 결성

③ 조선 학생 과학 연구회 발족

④ 경성 철도 노동자 및 총독부 인쇄공 파업

010 □□□ 2017 지방직 7급

대한민국 임시 정부에 대한 설명으로 옳은 것만을 모두 고른 것은?

> ㄱ. 1919년 파리 강화 회의에 대표를 파견하는 등 외교 활동을 전개하였다.
>
> ㄴ. 민주주의에 입각한 정치 형태를 갖추었으나, 국내와는 연결된 적이 없었다.
>
> ㄷ. 블라디보스토크와 상해, 한성(서울) 등 세 곳의 임시 정부가 협력하여 구성하였다.
>
> ㄹ. 기관지로 독립신문을 간행하여 주로 독립운동에 관한 사실을 보도하였다.

① ㄱ, ㄴ

② ㄱ, ㄷ, ㄹ

③ ㄴ, ㄷ, ㄹ

④ ㄱ, ㄴ, ㄷ, ㄹ

011 □□□ 2017 국가직 7급

다음 대한민국 임시 정부에 대한 설명을 시기 순으로 바르게 나열한 것은?

> ㄱ. 중국 국민당 정부를 따라 충칭으로 이동하였다.
>
> ㄴ. 부주석제를 신설하여 김규식을 부주석으로 하였다.
>
> ㄷ. 김원봉이 이끄는 조선 의용대를 한국 광복군에 편입하였다.
>
> ㄹ. 조소앙의 삼균주의를 기초로 하는 대한민국 건국 강령을 발표하였다.

① ㄱ → ㄹ → ㄷ → ㄴ

② ㄴ → ㄱ → ㄹ → ㄷ

③ ㄷ → ㄴ → ㄱ → ㄹ

④ ㄹ → ㄷ → ㄴ → ㄱ

🎯 정답·해설

정답 8.④ 9.④ 10.② 11.①

해설 8. 대한민국 임시 정부는 삼권 분립의 원칙에 따라 임시 의정원(입법부), 법원(사법부), 행정부(국무원)을 두었다. 대한민국 임시 정부는 먼저 임시 의정원을 구성하고 대한민국 임시 정부를 구성하였다.

9. ㉠은 1919년에 발생한 3·1운동이다. ① 1926년 결성, 1937년 해산 ② 1913년 결성 ③ 1925년 발족 ④ 3·1운동이 전개되던 당시 용산에 있던 조선 총독부 총무국 인쇄소의 야간 노동자 약 200여명이 시위를 벌였고, 이를 계기로 경성 전기 주식회사의 차장과 운전수, 수선공들이 잇따라 파업에 들어갔다.

10. ㄴ.대한민국 임시 정부는 국내와 연결하기 위해 연통제(행정 조직)와 교통국(정보 기관)을 두었다. 서울에 총판과 각 도·군·면에 각각 독판·군감·면감을 두고 자금 모금이나 정보 전달의 업무를 맡았다.

11. ㄱ.1940년 충칭 정착 ㄹ.1941년 삼균주의 발표 ㄷ.1942년 김원봉의 조선 의용대 한국 광복군에 편입 ㄴ.1944년 주석. 부주석제로 헌법을 개정

다음 강령을 발표한 조직에 대한 설명으로 옳은 것은 모두 몇 개인가?

> 삼균 제도를 골자로 한 헌법을 실시하야 정치와 경제와 교육의 민주적 시설로 실제상 균형을 도모하며 전국의 토지와 대생산 기관의 국유가 완성되고 전국 학령 아동의 전수가 고급 교육의 면비수학이 완성되고 보통선거 제도가 구속 없이 완전히 실시돼야 전국 동, 리, 촌과 면, 읍과 도, 군, 부와 도의 자치 조직과 행정 조직과 민중 단체와 민중 조직이 완비되어 삼균 제도와 배합 실시되고 경향 각층의 극빈 계급의 물질과 정신상 생활 정도와 문화 수준이 제고 보장되는 과정을 건국의 제2기라 함.

―〈보기〉――――――――――――――――
ㄱ. 광복 직후 조선 건국 준비 위원회로 개편되었다.
ㄴ. 화북 지방 사회주의 계열의 독립운동가들이 결성하였다.
ㄷ. 4차 개헌 때 주석·부주석제를 채택하여 강력한 지도 체제를 갖추었다.
ㄹ. 중국 국민당 정부의 지원을 받아 군사 조직을 갖추었다.
ㅁ. 우리 역사상 3권 분립에 입각한 최초의 민주 공화제 정부였다.

① 2개　　　　　　　② 3개
③ 4개　　　　　　　④ 5개

다음과 같은 강령을 발표한 조직의 활동으로 옳은 것은?

> 건국 시기의 헌법상 경제체계는 국민 각개의 균등생활 확보 및 민족 전체의 발전, 그리고 국가를 건립 보위함과 연환관계를 가진다. 그러므로 다음에 나오는 기본 원칙에 따라서 경제 정책을 집행하고자 한다.
>
> 가. 규모가 큰 생산기관의 공구와 수단 …(중략)…은행·전신·교통 등과 대규모 농·공·상 기업 및 성시 공업 구역의 주요한 공용 방산은 국유로 한다.
>
> 나. 적이 침략하여 점령 혹은 시설한 일체 사유자본과 부역자의 일체 소유자본 및 부동산은 몰수하여 국유로 한다.

① 이승만을 내통령, 이시영을 부통령으로 선출하였다.
② 자유시 참변을 겪고 러시아 적군에 무장해제를 당하였다.
③ 좌우합작위원회를 구성하고 좌우합작 7원칙을 발표하였다.
④ 미군전략정보국(OSS) 지원 아래 국내 진공 작전을 준비하였다.

Chapter 03 무장 독립 전쟁의 전개

1919년 의열단 조직 | 1925년 미쓰야 협정 | 1932년 이봉창, 윤봉길 의거 | 1938년 조선 의용대 조직

1920년 봉오동, 청산리 전투 | 1931년 한인 애국단 | 1935년 민족 혁명당 창당 | 1940년 한국광복군 창설

01 1920년대 국내 항일 운동

1. 국내 무장투쟁

(1) 성격 및 특징

① 3 · 1운동 이후 독립을 외국에 의존할 수 없다는 사실을 인지하였음 → 이에 국내에서는 만주의 독립군과 연결된 독립군 부대가 결성되어 무장 항일 투쟁을 전개

② 이들은 인적 구성과 조직이 영세하여 유격전 위주의 활동을 펼쳤음

③ 주요 활동으로는 친일파 숙청, 식민 통치 기관의 파괴, 군자금 모금 등을 추진하였음

(2) 천마산대

① **결성** : 1919년 3월 최시흥 등 대한 제국 군인 출신들이 결성하였음

② **활동** : 1922년까지 삭주, 의주, 구성, 창성 등 평안 북도 일대를 활동 무대로 하여 게릴라전을 전개하였음. 일본 군경과 자주 교전을 하였으며, 헌병 주재소와 면사무소를 습격하여 불을 지르기도 하였음. 1920년대 이후 일제의 전면 공격으로 인하여 만주로 이동하여 대한 민국 임시 정부 산하의 군단인 광복군 총영의 별동 부대로 활약하였음

(3) 보합단

① **결성** : 1920년 8월 김시황, 김동식, 백운기 등이 중심이 돼 조직했음

② **활동** : 조직 각지의 부호들로부터 군자금을 모금하고, 암살대를 조직해 일본인 군인과 경찰, 친일 밀정, 민족 반역자를 처단하고 식민지 통치 기관을 습격하는 등 항일 무장 투쟁에 중점을 두었음. 1923년 서로군정서, 대한독립단, 광복군총영 등과 함께 대한통의부(대한 통군부)로 통합됐음

(4) 구월산대

① **결성** : 1920년 이명서 등 9명이 황해도 신천에서 무장독립대를 결성하고, 황해도 전역에 독립단 기관 조직을 확대하면서 구월산을 중심으로 군자금 모금 활동을 시작하였음

② **활동** : 대한민국임시 정부의 지원단체로 만주에서 활동하였던 대한독립단의 한 부대이다. 악질 관리를 습격하고 밀정을 처단하였으며, 주재소를 습격하여 조선총독부 경찰을 살해하였음

4. 의열단(義烈團, 1919)[1]

(1) **결성 배경** 3 · 1운동 실패 이후 국내외 독립운동가들은 강력한 무장 투쟁의 필요성을 절감함.

❶ 의열 투쟁

'의열(義烈)'이란 옳고 바른 일을 강하고 곧게 한다는 의미이다. 의열 투쟁은 개인이나 소수의 인물 또는 단체를 중심으로 한국 침략의 원흉과 친일 매국노를 암살하거나 일제의 침략 기관을 파괴함으로써 궁극적으로 민중 혁명을 유발하려고 꾀했다. 이러한 투쟁은 일제강점 전후에 성행했고, 1920년대 이후에는 보다 조직적 · 적극적 양상을 띠며 전개되었다.

이에 만주·연해주 지역을 중심으로 군사활동이 불가능한 지역에서의 의열 활동을 전개하였음

(2) **결성** 의열단은 1919년 11월 만주 길림에서 결성되었음. 대한 광복회에서 활동하였던 황상규, 신흥 무관 학교 출신의 청년들을 중심으로 구성되었고, 단장은 김원봉[1]이었음. 의열단은 활동 지침으로 '공약 10조'와 '암살 대상'·'파괴 대상'을 채택하고, 일제 침략 기관의 파괴와 침략 원흉의 응징을 활동 목표로 정함. 아울러 왜노(倭奴)의 구축, 조국 광복, 계급 타파, 지권(地權) 평균 등을 최고 목표로 내세우며 적극적이고 과감한 폭력 투쟁을 전개함

(3) **본부** 의열단은 만주 길림에서 조직되었으나 본부를 일정한 곳에 두지 않고 상하이·베이징·난징 등 중국의 주요 도시를 옮겨 다녔음

(4) **활동**

① **식민지 지배기관 파괴(5파괴)** : 5가지 부류의 파괴 대상 (조선 총독부, 동양 척식 주식회사, 매일 신보사, 경찰서 및 기타 일본 제국주의의 중요 기관을 정하였음)

② **친일 인사 처단(7가살)** : 7가지 부류의 암살 대상 (조선 총독 이하 고관, 군부 수뇌, 타이완 총독, 매국노, 친일파 거두, 적의 밀정, 반민족적 귀족을 정하였음)

③ **초기 활동** : 1920년 9월, 박재혁이 부산 경찰서에 폭탄을 투척하였음. 1920년 12월 최수봉이 밀양 경찰서에 폭탄을 던졌으나 불발되었음. 1921년 김익상이 조선 총독부에 폭탄을 던진 다음 중국으로 탈출하였고, 이듬해 중국 상하이에서 일본 육군 대장에게 폭탄을 던짐. 1922년 김익상은 황포탄 의거를 주도하였음. 1923년 1월, 김상옥은 종로 경찰서에 폭탄을 던져 큰 성과를 거둠

④ **폭탄 제조** : 상하이 황포탄 의거가 폭탄 불발로 실패한 것을 계기로, 의열단은 상하이에 12개소의 폭탄 제조소를 비밀리에 설치함

(5) **조선 혁명 선언(의열단 선언, 1923)** 김원봉은 베이징에 있던 신채호에게 의열단의 행동 강령 및 투쟁 목표를 문서로 만들어줄 것을 요청했고, 이에 단재 신채호가 작성한 것이 〈조선 혁명선언〉임. 여기서 그는 민족 해방 운동의 핵심적 방략으로 민중적 사회, 민중적 조선을 건설하기 위해 '민중 직접 폭력 혁명'을 전개해야 한다고 표명함. 이는 아나키즘(무정부주의)을 바탕으로 함. 아울러 그동안 민족주의 우파 세력이 내세웠던 외교론, 준비론, 문화운동론, 자치론 등을 비판하며 민중 중심의 철저한 반일 민족 해방 투쟁을 전개하는 것이 유일한 방도임을 분명히 밝힘

> ▶ **조선 혁명 선언**
>
> 내정 독립이나 참정권이나 자치를 운동하는 자-누구이냐? …… 너희들이 '동양 평화', '한국 독립 보전' 등을 담보한 맹약이 먹도 마르지 아니하여 삼천리 강토를 집어먹힌 역사를 잊었느냐?……
>
> 일본 강도 정치하에서 문화 운동을 부르는 자-누구이냐? …… 검열·압수 중에 몇몇 신문·잡지를 가지고 '문화 운동'의 목탁으로 떠들며, 강도의 비위에 거스리지 아니할 만한 언론이나 주창하여 이를 문화 발전의 과정으로 본다면, 그 문화 발전이 도리어 조선인의 불행인가 하노라. ……
>
> 강도 일본의 구축(驅逐)을 주장하는 가운데 또 다음과 같은 논자들이 있으니, 첫째는 외교론이니, …… 망국 이후 해외로 나가는 아무 아무개 지사들의 사상이 무엇보다 먼저 '외교'가 제1장 제1조가 되며, …… 최근 3·1운동에 일반 인사의 '평화 회의, 국제 연맹'에 대한 과신(過信)의 선전이 이천만 민중의 힘있는 전진의 기운을 없애버리는 계기가 될 뿐이었도다. ……
>
> 둘째는 준비론이니, 을사조약 당시에 여러 나라 공관에 빗발치듯하던 종이쪽지로 넘어가는 국권을 붙잡지 못하며, 정미년의 헤이그 특사도 독립 회복의 복음을 안고 오지 못하매, 이에 차차 외교에 대하여 의문이 되고 전쟁 아니면 안 되겠다는 판단이 생겼다. 그러나 군인도 없고 무기도 없이 무엇으로 전쟁을 하겠느냐? ……
>
> 이상의 이유에 의하여 우리는 '외교', '준비' 등의 미몽을 버리고 민중 직접 혁명의 수단을 취함을 선언하노라.
>
> – 단재 신채호 전집

> ▶ **의열단 공약 10조**
>
> 1. 천하의 정의의 사(事)를 맹렬(猛烈)히 실행하기로 함.
> 2. 조선의 독립과 세계의 평등을 위하여 신명(身命)을 희생하기로 함.
> 3. 충의의 기백과 희생의 정신이 확고한 자라야 단원이 됨.
> 4. 단의(團義)에 뜻을 우선하고 단원의 의(義)에 급히 함.
> 5. 의백(義伯) 1인을 선출하여 단체를 대표함.
> 6. 하시하처에서나 매월 1차씩 사정을 보고함.
> 7. 하시하처에서나 조회의 필응함.
> 8. 피사(被死)치 아니하여 단의(團義)에 진함.
> 9. 일(一)이 구(九)를 위하여 구가 일을 위하여 헌신함.
> 10. 단의를 배반하 자는 척살함.

> ▶ **의열단 격문**
>
> 세계에 우리 조선 민족처럼 온갖 압박과 모든 고통에서 신음하는 자가 또 있을까? 환해 삼천리가 일대 감옥을 이루었으며, 이천만 민중의 운명이 잔혹한 학살귀의 수중에 지배된다. 우리는 빨리 해방되어 자유를 찾지 못하면 영구히 멸망의 함정에 빠지고 말 것이다. 우리는 오랫동안 일본의 통치 밑에서 노예와 같이 굴종하고, 소나 말과 같이 취급되어 피와 기름을 있는 대로 짜내어 강도들을 살찌웠으며, 무수한 생명도 희생되었다. 갈수록 길거리에서 헤매고 악형과 고문에, 감옥에서 죽어가고 교수대에서 사라지는 이가 얼마나 되는가?……
>
> 우리는 자유를 찾지 못하면 영구히 멸망될 것을 알았다. 그러면 자유를 위하여 몸 바칠 뿐이다. 자유의 값은 오직 피와 눈물이다. 자유는 은혜로써 받을 것이 아니오, 힘으로써 싸워서 취할 것이다. 우리에게 얽매인 쇠줄은 우리의 손으로 끊어버려야 된다. 우리 생활은 오직 자유를 위하는 싸움뿐이다.
>
> 용감한 형제 자매여! 자유의 전우여! 오라! 온갖 수단과 모든 무기로 싸우자! 완전한 독립과 자유가 올 때까지 싸우자! 싸우는 날에 자유는 온다.
>
> – 독립 기념관 한국 독립 운동사 연구소, 「한국 독립 운동사 연구」제3집 –

(6) **조직의 확대** 의열단의 명성이 높아지면서 조직이 확대됨. 또한 각지의 단체와 연계한 대규모 거사가 추진됨

① **국내 폭탄 투척** : 고려 공산당과 연계하여 국내의 기관 및 요인 총공격을 목표로 폭탄을 반입해 거사를 계획했으나 밀고에 의해 실패하였음

② **서울·동경 거사** : 남만주 철도를 폭파하면서 동시에 서울과 도쿄에서 대대적 파괴 활동을 펼칠 계획을 세움. 서울 거사를 위해 의용단, 천도교 조직과 연계하였으며, 도쿄 거사를 위해 박열의 불령사 조직과 연계하였음. 도쿄 거사를 추진하던 중 관동 대지진(1923.9.)이 발생하고 불령사의 조직이 발각됨으로써 박열이 체포되어 실패하였음

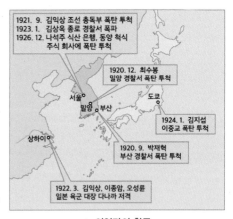

> 1921. 9. 김익상 조선 총독부 폭탄 투척
> 1923. 1. 김상옥 종로 경찰서 폭파
> 1926. 12. 나석주 식산 은행, 동양 척식 주식 회사에 폭탄 투척
>
> 1920. 12. 최수봉 밀양 경찰서 폭탄 투척
>
> 1924. 1. 김지섭 이중교 폭탄 투척
>
> 1920. 9. 박재혁 부산 경찰서 폭탄 투척
>
> 1922. 3. 김익상, 이종암, 오성륜 일본 육군 대장 다나카 저격

▲ 의열단의 활동

③ **김지섭의 투척** : 1923년 관동 대지진[1] 때 한인에 대한 학살이 자행되었다는 소식이 전해지자 온 국민이 분개하였음. 이에 대한 응징으로 1924년 1월 김지섭이 일본 제국 의회를 목표로 잠입했으나 의회가 휴회인 관계로 천황의 궁성 앞 이중교에 투탄함

④ **동양 척식 주식 회사** : 1926년 12월, 나석주가 동양 척식 주식 회사 및 식산 은행에 폭탄을 투척함

(7) **활동의 변화**

① **변화 원인** : 의열단은 대규모 거사 계획을 꾸준히 시도하였으나 자금난이 심화되고 일제의 감시

❶ 관동 대지진(1923.9.1.)
일본에서 일어난 대지진으로 민심이 흉흉하고 유언비어가 성행하자 일제는 정부에 대한 일본 국민의 불만을 해소하고 민심 수습책의 일환으로 한인(韓人)들이 폭동을 일으켰다는 유언비어를 퍼뜨린 후 무고한 한인 교포 6,600여 명을 학살하는 만행을 저질렀다.

가 강화되면서 실패하였음. 이에 김원봉은 1925년 이후에는 의열 활동을 통한 개별적 투쟁의 한계를 인식하고 조직적인 무장 투쟁을 위해 계획적인 혁명 훈련과 간부 조직에 착수함

② 활동

　㉠ **1924년** : 중국 국민당과 연대를 모색하였음

　㉡ **1925년** : 대중적 무장 투쟁 실천을 위해 김원봉이 중국 국민정부 산하의 <u>황포(황푸)군관학교</u>에 입교

> 1924년 쑨원이 국민당과 공산당을 합작하여 군 지휘관 양성을 목적으로 세운 육군 군관 학교이다. 김원봉을 비롯한 조선인 청년들도 이곳에서 훈련을 받았다

> 계급 타파와 토지 평균 등을 지도 이념으로 함

　㉢ **1926년** : 20개조의 강령 을 발표하고 민족 협동 운동에 참여할 것을 선언함. 다수의 의열단원은 중국 국민당 정부의 황포(황푸) 군관학교에 입학하여 훈련과 군사 정치교육을 받음

　㉣ **1927년** : 「독립당 촉성 운동 선언」을 통해 민족 통일 전선 운동의 일환인 민족 유일당 운동에 참여함

　㉤ **1932년** : 중국 국민당 정부의 지원 아래 난징 근처에 조선 혁명 간부 학교를 창립하여 군사 훈련에 힘씀

　㉥ **1935년** : 김원봉은 윤세주와 함께 중국 지역 내의 독립단체를 규합하여 조선 민족 혁명당 (1935, 중국 내 민족 유일당) 결성을 주도함

5. 무정부주의자❷

(1) **동방 무정부주의자 연맹(1928)** 중국 톈진과 난징에서 조직된 무정부주의 단체. 한국, 중국, 필리핀, 일본, 대만, 베트남 등 7개국 무정부주의자가 연합하여 결성되었다. 기관지〈동방〉을 간행

(2) **재만 조선 무정부주의자 연맹(1929)** 북만주 해림에서 결성한 항일 무정부주의 운동 단체임. 신채호, 이회영, 백정기 등이 중심이 되었음

(3) **남화 한인 청년 동맹(1930)** 재만 조선 무정부주의자 연맹이 상하이로 철수하여 전투체제로 개편한 단체로, 이회영, 백정기 등 한인 무정부주의자들이 중심이 되었음. 일본 영사관과 병영 · 군함 등에 대한 파괴 활동을 벌이고, 김구가 이끄는 대한민국 임시 정부와도 연계하여 민족 반역자를 처단함

(4) **항일 구국 연맹(1931)** 이회영의 주도로 남화 한인 청년 동맹과 중국 · 일본의 무정부주의 세력의 공동 전선인 항일 구국 연맹을 결성하였음. 산하에 의열 단체로 흑색 공포단을 두었으며, 친일 정치인과 일본대사 처단 등을 시도함

6. 한인 애국단(韓人愛國團)

(1) **배경**

① **임시 정부의 침체** : 1920년대 중반 국민 대표 회의가 결렬된 후 대한민국 임시 정부는 정부의 조직을 유지하기 어려울 정도로 극심한 침체 상태에 빠져 있었음. 1930년 1월 민족주의 세력을 중심으로 한국 독립당을 창당하여 활로를 모색하였지만, 어려운 상황은 쉽게 극복되지 못함. 이에 대한 민국 임시 정부는 김구의 주도로 한인 애국단을 조직하고 의열 투쟁을 전개함

---

❷ **무정부주의(아나키즘)**

무정부주의자들은 민중들의 직접 행동(테러, 폭동, 봉기 등)으로 사회 혁명을 이루어 '능력에 따라 일하고 필요에 따라 소비하는 사회'를 건설하고자 하였다. 한국의 무정부주의자들은 반(反) 강권주의에 근거하여 제국주의를 최대의 강권으로 규정하고 반제국주의 투쟁을 전개함으로써 무정부주의와 민족 해방 운동을 결합시켰다. 무정부주의는 자본주의 사회 타도와 사유 재산 철폐, 무계급, 무착취 사회 건설을 지향하는 점에서 공산주의와 비슷하지만, 그 주요 목표를 자유에 대한 관심과 통치 기구의 폐지를 촉진하는 데 둠으로써 공산주의에 대해서도 철저히 반대하였다. 일제하 한국의 무정부주의자들은 주로 제국주의자 암살과 기관 파괴와 같은 직접적인 행동으로 투쟁하였다.

② **만보산 사건(萬寶山事件, 1931.7.)** : 중국 지린성 창춘현 만보산 지역에서 일제의 술책으로 조선 인 농민과 중국인 농민이 벌인 유혈사태임. 이로 인해 한인에 대한 중국인의 감정이 악화됨

③ **만주 사변(1931.9.)** : 류타오후 사건(柳條溝事件)❶을 계기로 시작한 일본군의 중국 동북 지방에 대한 침략 전쟁임. 일본의 관동군(關東軍)은 둥베이 삼성(三省)을 점령하고 이듬해 내몽골의 러 허성(熱河省) 지역을 포함하는 만주국을 수립하였는데 이것은 그 뒤 중일 전쟁의 발단이 됨. 일 본의 만주국 수립으로 인해 만주에서 활동하던 독립군의 사기가 위축되었음

(2) **결성** 만주사변 직후 당시 대한민국 임시 정부의 주석이던 김구의 직접 지휘 아래 의열 투쟁 단체 로서 조직됨. 주된 목적은 일제의 수뇌를 암살하는 것임

(3) **활동**

① **이봉창❶의 일왕 폭살사건** : 이봉창은 도쿄 요요키(代代木) 연병장에서 만주국 황제인 푸이(溥儀) 와의 관병식을 끝내고 돌아가는 히로히토 천황을 향해 수류탄을 던졌으나 성공하지 못하고 체 포됨(1932.1.8.). 이 의거는 비록 실패로 끝났으나 일본 국왕을 직접 겨냥했다는 점에서 일제에 큰 충격을 주었고, 이 사건에 대해 중국의 국민일보(또는 민국일보) 등의 신문에서는 이 사건을 대서특필하면서 '일본 국왕이 불행히도 명중하지 않았다.'라고 기사를 게재하여 이봉창의 실패 를 애석해했음. 일제는 이것을 빌미로 상하이를 침공함(상해 사변, 1932.1.28.)

② **조선 총독 저격 암살 계획(1932.4.)** : 국내 민심을 환기시키기 위해 이덕주와 유진식을 통해 우가 키 가즈시케 조선 총독을 저격하고자 계획했으나 사전에 체포되어 실패함

③ **출운호 폭파 계획**

❶ 이봉창(1900~1932)

㉠ **상하이 사변(1932.1.28.)** : 일제가 만주국 수립 음모에 대한 세계의 이목을 돌리기 위해, 상하 이를 무력 침공한 사건임. 이봉창 의사의 일본 국왕 저격에 대한 중국 신문의 '불행하게도 뒤 따르던 마차 폭파에 그쳤다'란 보도 기사 내용을 트집잡았음

㉡ **출운호 폭파 계획** : 상해를 침략한 일본군 사령부가 황포강의 홍커우 부둣가에 정박중인 일 본 군함 출운호(出雲號, 이즈모호)에 있다는 정보를 입수하고 한인애국단이 이를 폭파하기 로 함. 그러나 잠수부들의 미숙함으로 실패하였음

④ **윤봉길❷의 상하이 홍커우 공원 의거**

㉠ **전개** : 상하이 사변으로 중국 침략의 새 기지를 확보한 일제가 상하이의 홍커우(虹口) 공원에 서 천황 탄생 축하 행사 겸 전승 축하식을 거행하였음. 한인 애국단은 윤봉길을 보내어 식장 에 폭탄을 던지게 하였음(1932.4.29.). 그 결과 일본군 총사령관 사라카와 육군 대장 등 단상 에 있던 많은 일본군 장성과 고관들이 즉사했고, 많은 일본군 병사들이 부상당함

❷ 매헌 윤봉길(1908~1932)

㉡ **결과** : 국제적으로 큰 관심사가 되어 한국 독립운동의 의지를 고취시켰고 중국인들에게 큰 감명을 주었음. 그 결과 이 사건을 계기로 중국 국민당 정부가 임시 정부를 적극적으로 지원 하게 되었으며, 중국의 지도자 장제스는 "중국의 1억 인구가 해내지 못한 일을 한국의 한 청 년이 해냈다."라고 감탄함. 중국 영토 내 무장 독립 투쟁이 승인되었음. 또한 김구가 장제스 를 면담하고(1933.5.) '독립전쟁을 위한 무관의 양성'에 관한 협의가 이루어져 중국 중앙 육 군군관학교 낙양분교에 한국인 청년들을 입교시켜 군사 훈련을 실시할 수 있는 길을 마련했 음. 김구는 만주의 한국독립군 총사령 지청천을 비롯한 간부들과 중국군에 복무하고 있던

이범석 등을 교관으로 초빙하여, 이들에게 교육과 훈련을 위임함

ⓒ 의거 이후 : 1930년대에 들어 일제의 대륙 침략이 본격화되면서 독립 운동에 대한 탄압이 더욱 심해지자 대한 민국 임시 정부는 1932년부터 충칭에 정착하는 1940년까지 약 8년 동안 중국의 여러 곳을 전전하며 이동하게 되었음

(4) 기타 의거

① **만철 총재 저격 계획** : 1931년 10월 난징을 방문하는 남만주 철도 주식회사의 총재 우치다를 저격하고자 하였으나 방문이 취소되어 실패하였음

② **국제 연맹 조사단 방한 의거** : 국제 연맹에서 만주국에 대한 조사단을 파견하였음. 그러자 한인 애국단은 이를 이용해 일제 요인을 처단하려 했으나 실패함

> **▶ 한인 애국단**
>
> 본단(한인 애국단)은 이제 제1차의 전투사를 세상에 공개하노니 이는 결코 과장의 의미에서 나온 것도 아니요, 또한 이것을 선전의 재료로 삼자는 바도 아니다. 다만 우리가 한편으로 정성을 피력하여 3천만 인민이 모든 굴욕을 받으며 분투해 온 어려움과 고통스러움을 알려 세간의 인도주의자의 공론을 구하려 하며, 아울러 이것으로써 살얼음을 밟는 것 같은 위급 지경에 있는 중화 민족에게 다소나마 참고와 도움이 된다면 더욱 다행인가 할 뿐이다.
> 아! 횡포한 일본이 중화를 유린함의 과정이 우리 한국과 같으니 중화 정부의 저항 방법과 인민의 구국 운동도 20년 전의 우리 한국과 흡사한 바 있다. …… 지금 한국이 망하고 중화가 동북을 잃어버렸으니 동북을 잃고는 한국 광복이 더욱 어렵다는 것도 명백히 증명되는 바이다. 그러므로 우리의 혈육을 가지고 우리의 정성을 가지고 분용히 앞으로 매진하면 무엇이 또 두려울 것이 있으랴! …… 그러므로 우리 한국은 한국을 위하여 광복을 꾀하려 해도 반드시 먼저 중국을 구해야 하고, 중국을 위하여 광복을 꾀함에도 한국은 또한 중국을 구해야 할 것이다 이것이 바로 내가 입이 닳도록 애원하며 우리 한·중 양국 동지에게 각성하여 전장에 목숨을 함께 바치자는 까닭이다.
> – 김구, 「도왜실기」

7. 의열 단체

(1) 노인 동맹단(1919)

① **결성** : 러시아 블라디보스토크에서 한인 노인들이 결성함

② **활동** : 64세의 강우규③ 의사는 3·1운동 이후 제3대 조선총독으로 새로이 부임하는 해군 대장 출신의 사이토 마코토(齋藤實)가 마차를 타려는 순간 폭탄을 투척함(1919.9.2.). 사이토는 살아남고 수행자 37명이 중경상을 입음

(2) 불령사(1923)

① **결성** : 재일한일 박열 등이 만든 항일 비밀 결사 단체임

② **활동** : 일본 황태자(히로히토)를 폭살하려 하였으나 관동 대지진(1923.9.1.) 당시 일본이 조선인 학살에 대한 비난을 모면하기 위해 박열과 불령사 회원들을 검거하여 실패함

(3) 다물단(1925)

① **결성** : 1923년 3월에 조직된 국민당(國民黨)의 일원이었던 배천택, 김창숙 등이 보다 직접적이고 즉각적인 항일 운동을 감행하기 위해 1925년 4월 베이징에서 조직하였음

② **활동** : 일제 밀정 김달하 등을 처단하고, 군자금 모금 활동을 폄

(4) 병인 의용대(1926)

① **결성** : 대한민국 임시 정부 경무국장 나창헌이 중국 상해에서 조직한 단체임

(왼쪽 여백 주석)

❸ **강우규(1855~1920)**

1911년 만주 두도구로 갔다 1915년 요하현으로 옮긴 뒤 블라디보스토크를 자주 내왕하면서 동지들과 독립 운동을 꾀하며, 농토를 개간하여 신흥촌을 건설, 동광학교 설립 등을 주도했다. 3·1운동 소식을 듣고 블라디보스토크 신한촌 노인단 길림성 지부장으로 조직적 시위 운동 전개 및 국내에 잠입해 조선총독을 비롯한 요인 암살 등을 계획했다.

② **활동** : 일제 밀정 박제건 살해, 상해 일본 총영사관에 폭탄 투척 등의 활동을 하였음

(5) 한국 혁명당 총동맹(1928)

① **결성** : 1928년 중국 베이징에서 조직되었던 항일독립운동단체임

② **활동** : 만주국 수립 직후 톈진 프랑스 조계에 모여 일본인 조계를 습격, 만주국일본전권대사인 무토(武藤信義)의 사살을 시도했으나 좌절되었음

(6) 대한 애국 청년당(1945)

① **결성** : 유만수, 조문기, 강윤국, 우동학, 권준 등이 서울에서 비밀결사로 조직하였음

② **활동** : 1945년 7월 24일 대의당(大義黨) 주최로 경성(서울) 부민관에서 조선 총독이 참석하는 '아시아 민족 분격 대회'(일제의 거듭되는 패전으로 사기가 저하되어 가고 있는 일본국민을 자극하기 위해 개최한 모임)가 열림. 조선 총독 등 일제의 거물과 일제의 앞잡이들이 대거 동원되자 대한 애국 청년당은 대회장에 폭탄을 설치해 수십 명을 부상시키고 대회를 무산시킴

(7) 만주의 한인 단체 대한 통의부, 참의부, 정의부, 의성단, 신민부 등 만주의 한인 단체는 수시로 국내 진입 작전을 펼쳐 주요 일제 통치 기관을 습격하고 친일파를 처단하는 활동을 펼침. 특히 참의부는 사이토 총독의 해안 국경 순찰을 노려 저격을 시도하거나, 경기도 · 동대문 파출소까지 습격하는 활동을 펼침

8. 개인 의열 활동

(1) **양근환** 1921년 참정권운동을 표방하던 민원식을 도쿄에서 단도로 처단함

(2) **송학선** 1926년 4월 26일 순종이 죽자, 총독 사이토가 조문하기 위해 창덕궁으로 올 것을 기대하고 처단을 시도했으나 경성부회 평의원을 살상하는 데 그침

(3) **장진홍** 1927년 일제의 고관 암살과 중요시설 파괴를 목적으로 폭탄을 제조, 먼저 대구의 경상북도지사 · 경상북도경찰부 · 조선은행지점 · 식산은행지점을 파괴하고자 함. 그러나 일본 경찰 수명에게 중상을 입히고 은행 건물 유리창이 파괴되는 등 일부의 성공만 거둠

(4) **조명하** 1928년 일제 침략자들이 중국본토 산둥(山東) 출병 등으로 대중국 침략전쟁을 계획하면서 일본천황 히로히토(裕仁)의 장인인 구니노미야(久邇宮邦彦王) 육군대장을 대만에 파견하자 독검으로 구니노미야를 찌름. 이 때의 부상으로 구니노미야는 이듬해 1월 죽음

(5) **남자현** 1933년 장춘의 만주국 건국식장에서 주만일본대사 무토 노부요시(武藤信義)를 폭살하려다가 체포됨

(6) **조안득** 1935년 서울에서 양조장 종업원 조안득이 친구들과 함께 폭탄을 만들어 두 차례 총독 폭살을 시도하였으나 실패함

02 만주에서의 무장 독립

1. 1920년대 만주 지역의 독립군

(1) 배경

① **한인 사회의 기반** : 만주와 연해주 지역에는 한인들이 많이 이주하여 이들을 중심으로 독립군 기지가 설치됨. 이들은 세금을 납부하고 의연금을 내는 등 독립군의 활동을 후원하였음

② **무장 독립의 필요성** : 3·1운동의 실패에 큰 충격을 받은 민족 운동가들은 비폭력의 평화적 방법으로 민족의 해방을 달성하는 것이 불가능하다는 것을 깨달음. 이에 독립 전쟁 노선이 등장함. 독립 전쟁 노선이란 독립군과 아울러 경제적 실력도 양성하면서 독립에 필요한 능력을 충분히 갖추고 일본에 적대적인 미국, 중국, 러시아와의 사이에 전쟁이 일어나는 호기에 일제를 상대로 독립 전쟁을 일으켜 한국 민족이 일제로부터 독립을 쟁취하자는 전략임❶

③ **무장 독립군** : 독립 운동 기지로 개척되었던 만주와 연해주 지역에서는 항일 무장 투쟁에 대한 분위기가 고조되었고, 그동안 축적한 역량을 배경으로 30여 개의 독립군 부대가 결성되어 국내 진입 작전을 전개하며 일본 군대·경찰·식민통치 기관 등을 습격하였음

(2) 북간도(북만주)

① **국민회군(國民會軍)** : 1919년 3·1운동 이후 북간도 4개 현의 한국인 대표자들이 모여 조직한 대한국민회(大韓國民會)의 직속 부대였음. 대한국민회는 군사활동을 효율적으로 운영하기 위하여 1920년 안무를 사령관으로 하여 국민회군을 조직하였음. 봉오동 전투에 참여했으며 청산리 전투의 승리에도 크게 기여함. 간도참변(間島慘變) 이후 밀산(密山)으로 이동하여 대한독립군단(大韓獨立軍團)의 결성에 참여하였음

② **북로군정서(北路軍政署)**

　㉠ **조직** : 북로군정서는 대한군정서(大韓軍政署)의 별칭이다. 1910년 10월 대한정의단(大韓正義團)(대종교 민족주의자들을 중심으로 조직됨)과 대한군정회(大韓軍政會)(김좌진❷ 등 신민회 계열의 민족주의자들과 합작하여 조직)가 통합되어 대한군정부(大韓軍政府)(서일을 중심으로 함)로 개편되었다. 대한군정부는 대한 민국 임시 정부가 수립되자 이를 지지하였고, 대한 민국 임시 정부는 그 해 12월 명칭을 '대한군정서'로 변경할 것을 조건으로 승낙함. 한편, 상해 임시 정부는 서로군정서(西路軍政署)와 구분해 대한군정서에 대해서는 북로군정서라는 명칭을 애용하였음

　㉡ **활동** : 왕청현(王淸縣) 서대파(西大坡)에 본부를 두고, 사관양성소를 설치하였음(1920.2.). 또한 이범석과 신흥 무관 학교 출신들을 교관으로 초빙하여 군사 교육을 실시함. 군정서는 군사 훈련 외에 노령·간도의 각 독립 운동 단체와 제휴했을 뿐 아니라 북만 독립운동자의 연락 중심지가 되기도 하였음. 지방 행정에도 유의하여 소학교·야학·강습소 등을 설립하는 한편, 지방 산업 진흥에도 편리를 도모함

③ **대한 독립군(大韓獨立軍)**

　㉠ **조직** : 왕청현 봉오동(王淸縣 鳳梧洞)에 근거지를 두고 홍범도를 사령관으로 하여 조직됨

ㄴ 편성 : 1920년 홍범도는 대규모의 국내 진공작전을 펼치기 위해 북만주 지역 독립군과의 연합을 추진함. 대한독립군은 대한국민회의 재정 지원을 받고 있었으므로 우선 대한국민회 산하의 국민회군(사령관 안무)과 연합하여 '정일제일군(征日第一軍)'을 결성함. 군의 재정과 행정은 대한국민회가, 대한독립군은 홍범도가, 국민회군은 안무가 각각 맡되, 군사 작전을 벌일 때에는 홍범도가 이끌도록 하였음

ㄷ 활동 : 최진동의 군무도독부군(軍務都督府軍)과 국내 진입 작전을 활발히 전개하였음. 또한 삼둔자전투 · 봉오동전투에서 대승을 거두고, 청산리전투에도 크게 공헌하였음

ㄹ 이동 : 청산리대첩 이후 일제의 보복으로 대한독립군 600명은 사령관 홍범도의 지휘 하에 러시아령으로 이동해 대한독립군단에 합류하였으나 자유시참변 이후 일부가 만주로 되돌아옴

④ 군무도독부(軍務都督府) : 1919년 만주 왕청현 봉의동(王淸縣鳳義洞)에서 최진동이 편성하였음. 이 단체는 홍범도의 대한독립군과 연합하여 1920년 초 활발한 국내 진입작전을 전개함

⑤ 대한북로독군부(大韓北路督軍府) : 1920년 5월 28일 봉오동에서 국민회의 요청으로 홍범도의 대한독립군, 안무의 국민회군, 최진동의 군무도독부가 연합하여 창설하였음. 봉오동 전투와 청산리 대첩에서 활약함

⑥ 대한 신민단(大韓新民團) : 1919년 러시아 블라디보스토크에서 조직되었던 독립운동 단체임

(3) 서간도(남만주)

① 서로군정서(西路軍政署)

ㄱ 조직 : 1910년을 전후하여 교포들의 자치 기관으로 경학사(耕學社)를 조직하였음. 경학사는 1912년 부민단(扶民團)으로, 1919년 한족회(韓族會)로 발전하고 5월 산하에 군정부(軍政府)를 설치하였음. 그 뒤 대한민국 임시 정부에서 파견된 안정근 · 왕삼덕의 제의로 서로군정서로 개칭함

ㄴ 인물 : 독판부(督辦府) 독판 이상룡, 정무청장 이탁, 참모부장 김동삼 등으로 구성되었음

ㄷ 활동 : 1919년 5월 신흥중학교를 신흥무관학교로 개편하여 독립군 간부를 양성하고 소속 독립군을 편성함. 예하 부대로서 대한민국 임시 정부 직할 부대로 의용군(義勇軍)을 편성하여, 국내에 있는 일제 식민통치기관을 파괴하였고, 민족반역자를 색출하여 처단함

② 대한 독립단(大韓獨立團)

ㄱ 조직 : 1919년 3 · 1운동이 일어나면서 항일의병 세력을 하나의 지휘계통으로 통합하려는 움직임이 일어났음. 그 결과 1919년 4월 삼원보(三源堡)에서 의병장 출신인 박장호 · 조맹선 등이 중심이 되어 서간도 각지에 산재한 의병 부대들을 통합하여 대한독립단을 결성했음

ㄴ 활동 : 대한독립단은 한인의 자치를 위해 이주민 100호마다 구관(區管)을 두고, 10개의 구마다 총관(總管)을 두었음. 또한 국내외에 100여개의 지단 · 분단 등을 설치해 독립군의 모집과 편성 · 훈련에 주력함. 또한 결사대(決死隊)를 구성해 일본의 군경과 친일파를 공격하고, 독립군과 군자금을 모집하는 활동을 벌임

ㄷ 분열 : 조병준 등이 임시 정부가 수립된 뒤에 국내에 연통제(聯通制) 조직을 구축하는 데 기여하고, 임시 정부로부터 평안북도 독판부의 독판으로 임명되어 활동함. 또한 임시 정부의

명의와 대한민국의 연호를 사용하기로 합의함. 그러나 대한독립단 내부의 복벽주의자들은 그것에 반대하며 대한제국의 연호를 사용할 것을 주장하며 대립함. 결국 대한독립단은 1920년 4월 복벽주의에 기초한 기원독립단(紀元獨立團)과 공화주의에 기초한 민국독립단(民國獨立團)으로 분열되었음

ㄹ 광복군 사령부로 통합 : 1920년 12월 기원독립단과 민국독립단, 한족회(韓族會), 대한청년단협회 등 단체는 광복군사령부로 통합됨

③ 광복군사령부(光復軍司令部)

ㄱ 조직 : 1920년 남만주에 있는 독립운동단체인 대한의용군사의회, 한족회, 대한독립단, 청년단연합회 등의 지도자들이 각 단체를 통합하여 상해(上海)에 있는 대한민국임시 정부 산하에 두기로 합의하고 조직한 통합군사기관임

ㄴ 활동 : 각 지방에 군영을 설치하여 국내에서의 자금 모집 활동, 군사 훈련, 일제의 군경·행정기관 파괴 등을 하였다. 임시 정부는 재만교민(在滿僑民)의 통치기관으로 광복군참리부(光復軍參理部)를 내무부 직속에 두었으며, 광복군사령부는 군무부 직속에 두었음

ㄷ 광복군 총영 : 보다 효율적인 전투 활동을 위해 1920년 7월 정예 전투 부대로서 광복군 총영을 설치하였음. 광복군 총영은 국내의 각 도와 군에 도영·군영을 설치하고 각각의 요충지에 별영(別營)을 두었으며, 국내 조직과 연계하여 무기 구입, 일제 군경과의 교전 등을 시행함

ㄹ 성격 : 통일적 항일 투쟁을 전개하기 위한 영도 기관으로 설치됨

ㅁ 확대 : 1920년 12월 대한 독립단을 흡수함으로써 조직과 규모가 확대됨
　　　　　········●복벽주의를 바탕으로 서간도에서 활동

ㅂ 대한통군부(大韓統軍府) : 1922년 재만독립군(在滿獨立軍) 각 부대가 대한통의부로 통합될 때 흡수됨

④ 대한독립군비단(大韓獨立軍備團) : 1919년 만주 장백현(長白縣)에서 국내의 상황을 탐사하고 군자금 모금과 무장 항일운동을 목적으로 조직되었던 독립운동 단체임. 대부분 함경남도 출신으로 구성됨

⑤ 의성단(義成團) : 1923년 11월 만주에서 편강렬·양기탁 등이 중심이 되어 조국의 광복과 자유독립국가의 완성을 목적으로 조직된 독립운동 단체임

⑥ 대한 통의부(大韓統義府)

ㄱ 결성 : 자유시참변 이후 서간도의 독립운동 단체들이 독립운동 기지 건설과 항일 역량 강화를 위해 통합 운동을 전개하여 대한 통군부를 결성하였음. 그런데 서간도에는 통군부에 가입하지 않은 소규모의 독립군 부대가 더 있었고, 이를 통합하기 위해 1922년 8월 겸한 재만(在滿) 한인 군정부로서 대한 통군부를 2개월 뒤 대한 통의부로 확대 개편하였음. 이를 통해 한인 교민의 자치와 항일무장투쟁을 전개함

ㄴ 군대 조직 : 통합된 군사 조직으로 대한 통의부 의용군(大韓統義府義勇軍)이 편제된 것은 1922년 8월 말이였음

ㄷ 분열 : 통의부 내 복벽주의 계열과 공화주의 계열의 의견 차이가 발생하여 복벽주의 계열이 탈퇴하여 의군부(義軍府)를 조직하여 1923년 2월 통의부와 의군부로 분열됨

② **무장 투쟁** : 압록강 일대, 봉천(奉天), 길림(吉林) 등에 연락 기관을 설치하여 조직적인 무장 투쟁을 전개함. 일제 요인과 친일파를 처단하였고, 국내에 침투하여 일제의 경찰 주재소와 식민 기관을 습격하기도 하였으며, 서울에 지부를 설치하기 위해 조직원을 파견하기도 하였음

    ⑩ **활동** : 민권신장, 민지계발, 민력증진, 민심단결의 4대 강령을 제시함. 산업 진흥책의 일환으로 만주 농업공사를 운영하기도 하였으며 민족 교육을 위해 9개의 소학교를 운영하는 한편, 기관지로 경종보(警鐘報)를 발간함

    ⑪ **소멸** : 의군부와 통의부의 갈등이 지속되는 가운데, 유격대 대원들이 통의부를 탈퇴하고 1923년 8월 대한 민국 임시 정부와 연합하여 참의부(參議府)를 조직함. 이에 통의부는 의용군을 재편하고 군사 모집에 나서는 등 재건을 모색하였으나, 분열은 더욱 심화되었고 결국 다수 지도부가 1924년 11월 정의부(鄭毅夫)를 창립함으로서 만주 항일 독립군 정부의 중심은 참의부 · 정의부로 옮겨감

  (4) **연해주** 오하묵의 자유대대, 박일리아의 사할린 부대 등이 있었으며, 문창범과 이동휘 등은 부관학교를 설립하고 독립군을 양성하였음

2. 봉오동 전투[1]

(1) **국내 진공작전** 만주 지역의 독립군은 함남, 함북, 평북의 구경 3도에서 활발한 국내 진입 작전을 전개함. 이들은 일본군 수비대와 주재소 등 일제의 통치 기관을 공격하였음

(2) **삼둔자 전투** 홍범도가 이끄는 대한 독립군과 최진동이 이끄는 군무도독부군은 북간도 화룡현 삼둔자를 출발해 두만강을 건너 함경북도 종성군 강양동에 주둔하고 있던 일본군 헌병 국경 초소를 습격, 격파함(1920.6.6.). 급보를 받은 일본군은 1개 중대를 출동시켜 두만강을 건너 삼둔자에 이르러 반격전을 벌였으나, 독립군은 일본군을 유도한 후 일제히 공격하여 큰 전과를 올림

(3) **전개**

  ① **일본의 공격** : 일본군은 보병 및 기관총대 1개 대대를 출동시켰고, 독립군은 작전상 퇴각하여 지리상 유리한 지점에서 일본군을 기습하여 안산과 고려령 전투에서 대승을 거둠. 참패를 거듭하고 대치 중이던 일본군은 독립군의 유도 작전에 말려들어 다시 봉오동으로 들어옴

  ② **연합부대** : 독립군은 일본군의 침입에 대비하여 홍범도가 이끈 대한 독립군, 최진동이 이끈 군무도독부군, 안무가 이끈 국민회군이 통합하여 조직한 대한 북로독군부와 한경세가 이끈 대한 신민단의 독립군 연합 부대를 재편성하고 일본군이 봉오동 어구를 통과하도록 유인함. 일본군이 포위망에 들어오자, 잠복해 있던 독립군은 3면에서 일본군을 협공하여 대승을 거둠

3. 훈춘 사건

(1) **원인** 일본군은 간도 지방에 직접 토벌군을 침입시켜 독립군과 항일 단체를 근원적으로 없애버리려는 대규모 작전을 계획했음. 그런데 대병력이 중국으로 진입하면 국제적 문제가 될 수 있기 때문에 소위 '훈춘 사건'을 조작했음

(2) **전개 과정** 1920년 8월까지 간도를 침범하기 위해 모든 준비를 완료하고, 10월 초에 중국 마적 두목 장강호(長江好)를 매수하여 무기를 준 뒤 마적들로 하여금 두만강 건너편 훈춘의 일본 영사

[1] 봉오동 전투의 성과
봉오동 전투에서 일본군은 157명의 전사자와 200여 명의 부상자를 낸 반면, 독립군은 장교 1명, 병사 3명이 전사하고 약간의 부상자를 냈다.

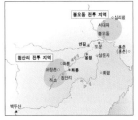

▲ 봉오동 전투와 청산리 대첩

관과 일본인, 중국인, 한국인 등을 습격하여 약탈과 살육을 자행케 하였음. 일본군은 이 사건을 구실로 토벌대 병력을 신속하게 만주 지역에 투입했음. 모두 2만여 명에 달하는 군단급 병력이 동·서·남의 세 방향에서 독립군을 공격함

(3) **독립군의 이동** 중국측으로부터 일본군의 토벌방침을 통고 받은 독립군 부대들은 화룡현의 이도구·삼도구 방면으로 옮겨갔다. 북로군정서는 10월 10일경 삼도구 청산리에 도착하자, 부근의 이도구로 이동해 있던 홍범도 부대와 대책을 협의하고 전투 태세를 갖추었음

4. 청산리 대첩(1920.10.)

김좌진을 중심으로 한 북로군정서와 이도구 어랑촌 부근의 산림 지대에 집결한 홍범도 휘하의 독립군 연합부대가 10월 21일부터 26일 사이 백운평 전투를 시작으로 완루구·어랑촌·천수평·고동하 등 동·서로 약 25km에 달하는 긴 청산리 계곡의 삼림에서 전개된 크고 작은 10여 회의 전투 끝에 대승을 거두었음. 청산리 대첩은 독립군 사상 최대의 성과를 거둔 빛나는 승리였음❷

▲ 청산리 전투의 진행

대한독립군의 청산리 전투
▲ 승리 기념 사진

❷ **청산리 대첩의 성과**

1920년 10월 20일 북로군정서는 백운평 계곡에 매복해 있다 일본군을 일제히 공격하여 200여 명이 넘는 전사자를 냈다. 홍범도 부대는 이도구에서 일본군과 밤새 싸워 일본군 한 부대를 전멸시켰다. 독립군 부대는 26일 새벽까지 일본군과 10여 회의 전투를 벌여 일본군 연대장을 포함한 1,254명을 사살하고, 200여 명에게 부상을 입혔으며, 많은 무기를 노획했다. 독립군 부대의 피해는 전사자 60명, 부상자 90여 명이었다.

구분	홍범도(1868~1943)	김좌진(1889~1930)
출신	가난한 농민의 아들, 포수	홍성 지주의 아들
1907년 이후	의병 항쟁에 가담	애국 계몽 운동(교육 활동 전개)
1910년대	연해주와 만주에서 활동	국내 비밀 결사에 가입하여 활동
3·1운동 이후	대한 독립군 조직	북로 군정서 조직
1920년	청신리 전투에서 일본군을 크게 물리침	
1921년 이후	연해주에서 후진 양성	만주에서 독립군 활동, 신민부 간부

5. 간도 참변

(1) **전개 과정** 청산리 전투에서 대패한 일본군은 간도 거주 한국인들을 무차별 학살하는 보복을 펴는 한편, 만주의 한국 독립군을 완전히 소탕하기 위한 대대적인 토벌 작전을 펼침

(2) **결과** 간도 지방의 우리 동포 1만여 명이 학살당했고, 2,500여 채의 민가와 30여 채의 학교가 불태워짐. 이를 '경신참변(庚申慘變)' 또는 '간도 학살 사건'이라고 함. 독립군은 일본군의 잔혹한 만행을 피해 러시아로 이동을 준비하였음

▶ 간도 지방에서 일본군에 의해 학살된 한국인			
훈춘현	242명	연길현	1,124명
화룡현	572명	왕청현	347명
영안현	17명	기타 지역	804명

❶ 대한독립군단

대한 독립 군단 구성원	
총재	서일
부총재	홍범도, 김좌진, 조성환
총사령	김규식
참모총장	이장녕
여단장	지청천
중대장	김창환, 조동식

6. 대한독립군단(大韓獨立軍團, 1920.12)❶

(1) **밀산부 집결** 독립군은 일본군의 잔혹한 만행을 피해 중국·소련의 국경에 위치한 밀산부로 집결함

(2) **이동** 밀산부는 많은 독립군을 장기간 수용할 수는 없는 곳이었으므로 독립군은 장기 항전을 준비하기 위해 러시아 연해주로 넘어갈 것을 결정한 뒤, 서일(徐一)을 총재로 하는 대한독립군단을 조직했음. 1921년 2월 러시아령 자유시(알렉세이예프) 일대에 주둔하며 레닌 정권의 완충 정부와 공동 작전 및 상호 협조에 관한 협정을 체결함. 아울러 소련의 원조를 받고 장비를 보강하여 본부를 이르쿠츠크로 이동·주둔케 하고, 고려군관학교를 개설하여 사관을 양성하기도 했음

7. 자유시참변(自由市慘變, 1921.6.28.)

(1) **독립군 갈등** 밀산부에 집결한 조선인 군사력은 약 4500명이었다. 이에 극동공화국은 그 역내의 조선인 군사력을 통일하기 위해 전한군사위원회를 구성하고 그 군사력을 대한의용군(大韓義勇軍)으로 편성함. 같은 무렵 이르쿠츠크 쪽에서는 코민테른 극동비서부와 전로고려공산당체 중앙위원회의 주도로 임시 고려혁명군정의회(高麗革命軍政議會)를 따로 구성하고 고려혁명군을 편성하여 상해파의 전한군사위원회와 대한의용군이 대립했음(1921.5.)

(2) **전개 과정**

① **상해파** : 상해파가 장악하고 있던 극동공화국 원동부 내의 한인부는 대한 국민 의회 및 자유대대 측과 협의 없이 극동 공화국 군부와 직접 교섭하여 이항군대를 사할린 의용대로 개칭하고, 자유시에 집결한 모든 한인 무장 세력을 그 관할 하에 두도록 결정했음(1921.2.). 그러나 자유대대(이르쿠츠크파 공산당을 지지하는 세력)가 이에 반발하여 불응하였고, 그 결과 자유대대 장교들이 체포돼 크라스노야르스크로 강제 이주되어 무장 해제되었으며 지방 수비대로 강제 인도되었음. 이로써 상해파를 지지하는 사할린 의용대가 자유시에 집결한 한인 무장 세력에 대한 군권을 일단 장악하게 되었음

② **이르쿠츠크파** : 러시아는 무장 한인 단체를 육성하지 말라는 일본군의 요구에 굴복하여 독립군에게 무장 해제를 요구하였음. 러시아에 있는 조선인 군대의 관할권이 극동공화국에서 코민테른으로 이관되고, 러시아에서의 상해파 공산주의자들이 조직적 중심체였던 극동공화국 한인부가 해체되었음. 러시아의 지지를 얻은 이르쿠츠크파 공산당 측의 자유대대는 극동공화국에 부속된 모든 조선인 부대를 고려혁명군 정의회에 편입시킬 것을 요구했으나 대한의용군 쪽은 불복함. 홍범도·최진동 등의 조정도 실패하여 일방적으로 편입될 상황이었음

③ **무장 해체** : 편입에 반대한 대한의용군 쪽이 주둔지 마사노프를 떠나 만주 지방으로 이동하기 시

작하자 양쪽의 타협이 이루어져 자유시(自由市) 주변으로 옮김. 그러나 두 군사력의 통합과정에서 다시 결렬하여 결국 고려혁명군 쪽은 극동공화국 수비대와 함께 무장해제를 이유로 대한의용군을 공격했음. 자유시참변❷이 그것임

> **▶ 자유시 참변**
>
> 이윽고 진격 명령이 내렸다. 하지만 양측 조선인 부대들은 한 걸음도 전진하지 않았다. 그저 제자리에 엎드려서 허공을 향해 총을 쏴댈 뿐이었다. 싸울 의사가 전혀 없었던 것이다. 그러나 러시아 기병대는 그렇지 않았다. 그들은 명령에 따라 적진으로 뛰어들었다. 그들과 대치해 있던 것은 허영장이 이끄는 부대였다. 싸울 뜻이 없었던 이들은 말발굽을 피하다 창과 칼에 맞아 죽고 강물로 떨어져 죽었다.
> "나는 차마 붉은 군대나 내 동족을 죽일 수도 없고, 그들한테 죽기도 원통하니 자살하겠소."
> 한 청년은 이렇게 말하고 총을 끌어안고 강물에 뛰어들었다.
> 전투가 끝났다. 허영장 부대는 100여 명에 달하는 전사자를 냈다. 갈란데시빌리는 포로가 된 허영장 부대의 기관총수를 불렀다.
> "당신은 기관총수인데 어째소 쏘지 않았소?"
> "우리는 당신네 군인들하고 싸우려고 하지 않았고, 또 쏘지 말라는 우리 대장님의 명령도 있고 해서 쏘지 않은 겁니다. 나만 그런 것이 아니라 보총을 가진 다른 군인들도 쏘지 않고 가만히들 있었던 것입니다. 그런데 당신네 기병들이 가만있는 우리 군인들을 사정없이 총창으로 마구 찔러 죽이더란 말입니다. 참 기막힌 일입니다."
> 그는 눈물을 흘렸다. 어처구니없는 자유시 참변은 이렇게 끝이 났다.
>
> – 박은봉, 「한국사 100장면」

8. 3부 성립

(1) 참의부(參議府)

① 통의부와 의군부로 분열된 후 통의부 산하 군사 조직인 의용군은 의군부는 물론 통의부 지도부도 불신임하고 상하이 임시 정부를 상부 기관으로 삼기로 결정한 후, 자신들을 과거의 맥을 이어 임시 정부 군무부 직할 남만주 군단으로 인정해달라고 요구함. 이로써 임시 정부는 만주에 직할 독립군 부대를 갖게 되었음. 이렇게 해서 압록강 맞은편의 집안에 육군 주만 참의부가 탄생함(1923)

(2) 정의부(正義府)

① **성립** : 1924년 참의부에 참여하지 않은 대한 통의부와 남만주의 광한단, 의선당 등이 통의부를 중심으로 통합하여 성립하였음

② 지린성과 펑톈성 일대를 세력권으로 하였으며 자치 정부의 성격이 강함. 3부 중 규모가 가장 컸음

(3) 신민부(新民府)

① **성립** : 1925년 북만주에서 자유시 참변을 겪고 연해주로부터 돌아온 독립군을 중심으로 조직되었음

② 1922년 북만주에서 북로 군정서, 대한국민회, 신민단, 광복단 등이 통합하여 재결성된 대한독립군단이 합세했음. 신민부는 단군을 신앙하는 북로 군정서군 출신의 대종교 계통이 중심을 이루었음

(4) **성격** 비슷한 시기에 결성된 참의부, 정의부, 신민부는 각기 관할하는 구역을 달리했음. 또한 운동의 방략과 투쟁 방법에도 다소 차이를 보임. 단 셋 모두 각기 관할하는 구역의 동포들을 대상으로 행정 조직(민정 기관)과 군사 조직(군정 기관)을 갖고 있는 일종의 자치 정부의 성격을 지녔

❷ 자유시 참변 당시
대한의용군의 피해

이 충돌로 대한의용군 약 1400명 중 40명이 현장에서 사살되고 약 450명이 행방불명 되었으며, 나머지 9백명은 포로가 되었다. 이 9백명 중 364명이 고려혁명군에 편입되고 428명이 러시아군의 '죄수부대'에 편입되어 강제노동에 종사했고, 나머지 72명은 이르쿠츠크 감옥에 투옥되었다.

▲ 3부 설립

다는 공통점이 있음

9. 미쓰야 협정(1925.6.11.)

(1) **체결** 일제는 만주 지역에서 한국인의 무장 투쟁을 저지하고 지배권을 확립하고자 함. 이에 만주 동남성 경무국장 우진과 조선 총독부 경무국장 미쓰야 사이에 미쓰야협정(三矢協定)을 맺음

(2) **내용** 만주에서의 한국 독립군을 근절시키기 위해 일본이 적극적으로 추진한 것으로 일본은 독립 운동가를 인계받는 동시에 그 대가로 상금을 지불할 것, 상금 중 일부는 직접 체포한 관리에게 지불할 것 등을 규정하였고, 그 결과 독립군 세력이 크게 약화되었음. 또한 독립군 적발에 혈안이 된 만주 관리에 의해 한국인 농민까지 많은 피해를 입음

> ▶ **미쓰야 협정**
> • 한국인의 무기 휴대와 한국 내 침입을 엄금하며, 위반자는 검거하여 일본 경찰에 인도한다.
> • 재만 한인 단체를 해산시키고, 무장을 해제하며, 무기와 탄약을 몰수한다.
> • 일제가 지명하는 독립 운동 지도자를 체포하여 일본 경찰에 인도한다.
> • 한국인 단속의 실황을 상호 통보한다.

10. 3부 통합

(1) **1920년대 민족 유일당 운동**

① **국내** : 민족 운동 전선의 통일을 위하여 좌우 합작에 의한 신간회(1927)와 자매단체인 근우회(1927)가 조직됨

② **중국 관내** : 1926년 베이징에서 한국독립유일당 북경촉성회를 열었고, 1927년 상하이에서는 한국유일독립당 상해촉성회가 결성됨

③ **통합 실패** : 만주지역에서도 3부를 통합한 유일당 촉성 문제를 협의함(1927.8.). 그런데 민족 유일당 조직 방법을 둘러싸고 의견이 나뉘어 3부의 완전한 통합은 실패함❶

(2) **대립**

① **부분적 통합**

㉠ 남만주 지역에는 국민부가 조직되었음❷. 국민부는 남만주 일대에서 민족 유일당으로 조선 혁명당을, 그 당군으로 조선 혁명당군을 결성하고(1929.9.), 만보산 사건에 대처하며 항일 반공 투쟁을 전개함

㉡ 북만주 지역에는 혁신의회가 조직되었음❸. 혁신의회는 <u>한국 독립당</u>과 연합하고 (1930.7.26.), 동·북 만주에서 활동을 재개함

●1929년 한족연합회를 조직한
김좌진의 암살을 계기로 창설,
한국독립당군을 창설

❶ 민족 유일당 조직 방법을 둘러싼 의견 대립

① 개인 본위 조직론 : 기존의 모든 단체를 해산하고 개인을 중심으로 해야 한다.

② 단체 본위 조직론 : 기존의 단체들을 연합해야 한다.

③ 단체 중심 조직론 : 기존 단체 가운데 가장 권위 있고, 전투 성과가 가장 많은 유력한 단체가 중심이 되고 다른 소규모 단체를 여기에 종속시켜야 한다.

❷ 단체 본위 및 단체 중심 조직론

정의부의 협의파, 신민부의 민정파, 참의부의 수구파 등 단체 본위 및 단체 중심 조직론자들은 전 민족 유일당 협의회를 거쳐 국민부를 조직하였다(1928.11.15.).

❸ 개인 본위 조직론

정의부에서 탈퇴한 촉성회파와 신민부의 급진군정파, 참의부의 주류인 신파 등 개인 본위 조직론자들이 연합하여 전 민족 유일당 촉성회, 즉 혁신의회를 조직했고(1928.5.), 참의부와 신민부의 군정파 및 정의부의 촉성회파로 구성된 촉성회파는 민족 유일당재책진회, 일명 혁신의회를 조직했다(1928.12.).

지청천

❹ 지청천(1888~1957)

서울 출신으로, 이청천과 동일 인물이다. 정부 유학생으로 일본에 가서 (1908) 육군중앙유년학교와 육군사관학교를 졸업하고 보병 중위로 있다가 만주로 가서(1919) 신흥무관학교 교성대장, 서로군정서 간부로 독립군 간부 양성에 주력했다. 대한독립군단 여단장, 정의부 군사위원장 겸 사령장, 한국독립군과 한국광복군 총사령관 등을 역임했다. 8·15 후 귀국하여 대동청년단을 창설하고, 초대 및 제2대 국회의원을 지냈다.

❺ 민생단 사건

민생단은 만주사변 이후인 1932년 2월 간도 지역에서 결성된 조선 이주민 단체로 일본군의 만주 침략을 환영하는 선전문을 살포하는 등 친일 기관으로서의 구실을 하였다. 그런데 중국 공산당은 1932년 11월부터 1936년 2월까지 '반(反) 민생단 투쟁'이라는 이름으로 조선인 숙청작업을 하였다. 이로 인해 수많은 조선인 항일운동가가 민생단과 관련된 일본 첩자라는 혐의를 쓰고 중국 공산당에 의해 체포, 살해되었다.

❻ 양세봉(1896~1934)

평북 철산 출신. 3·1운동 직후 평북 삭주군의 천마산을 근거로 한 천마산대에 입대해 투쟁을 전개했으며, 만주로 가서(1920) 광복군총영에서 활동했다. 참의부와 국민부의 간부를 거쳐 신빈 사건 이후 조선혁명군 총사령으로 중국의용군 총사령관 이춘윤과 협의하여 한·중연합군을 편성하고 영릉가성 전투·흥경성 전투·노구대 전투·쾌대모자 전투 등에서 승리했고, 조선혁명군 군관학교장으로 군사 양성에도 힘썼다. 1934년 9월 환인현 소황구에서 일본군에 포위되어 치열한 전투 끝에 전사했다.

03 1930년대 무장 독립

1. 한·중 연합

(1) 배경

① **만주사변** : 일제는 1931년 9월 봉천 부근의 철도를 폭파하고, 이를 구실로 만주를 침략하는 만주사변(滿洲事變)을 일으킴. 무력으로 만주 지역을 장악한 일제는 1932년 3월 괴뢰 정권인 만주국(滿洲國)을 수립함. 만주사변이 일어나자 중국인들은 일본과 맞서 싸우기 위해 조선인들과 손을 잡아야 할 필요성을 느낌. 그 결과 한·중 연합 작전이 전개됨

② **미쓰야 협정 결렬** : 만주사변으로 인해 만주 동남성 경무국장 우진과 조선 총독부 경무국장 미쓰야 사이에 체결되었던 미쓰야 협정(三矢協定)이 결렬되고 한·중 연합 작전이 시작됨

③ **3부 통합** : 1920년대 말 3부가 독립군 통합 운동을 전개함. 하지만 단일 조직으로 뭉치지는 못하고, 남만주에는 전 민족 유일당 조직 협의회가, 북만주에는 전 민족 유일당 조직 촉성회가 성립됨. 이후 남만주 지역에는 국민부(國民府)가 들어서고, 북만주 지역에는 혁신 의회(革新議會)가 들어섬

▲ 1930년대 무장 독립 투쟁

(2) 한·중 연합 부대

① **한국 독립군(韓國獨立軍)**

㉠ **조직** : 혁신의회는 김좌진이 암살된 후 지청천❹을 중심으로 한국 독립당을 창당하고, 그 아래에 한국 독립군을 조직하였음

㉡ **연합 부대와 활동** : 지청천의 한국 독립군은 1932년 중국 호로군과 연합하여 쌍성보 전투에서 일본군을 격퇴함. 또한, 1933년에 전개된 사도하자 전투와 동경성 전투, 대전자령 전투에서 일본군을 크게 무찌름. 하지만 일·만 연합군의 총공세에 밀려 동만주 지역으로 이동하다가 다시 중국군과 연합 부대를 편성하여 대전자령 전투에서 일본군을 크게 격파하였음

㉢ **한국 독립군의 해체** : 일본이 민생단 사건(民生團事件)❺으로 한·중 관계를 이간질하고, 일본군의 대토벌 작전이 본격화됨. 이에 지청천의 한국 독립군은 대한민국 임시 정부의 요청으로 중국 본토로 이동하였고, 이후 대한민국 임시 정부가 한국 광복군(韓國光復軍)을 창설하는 데 중심 역할을 하였음

② **조선 혁명군(朝鮮革命軍)**

㉠ **조직** : 국민부는 조선 혁명당을 결성하고, 그 아래에 조선 혁명군을 편성함(1929)

㉡ **연합 부대와 활동** : 1932년 총사령관 양세봉❻이 이끄는 조선 혁명군이 중국 의용군과 연합하여 영릉가 전투에서 일본군을 크게 격파하였음. 이후에도 조선 혁명군은 중국의 농민 자위군을 비롯한 여러 부대와 연합하여 신빈현, 환인현, 집안현 일대에서 수많은 전투를 전개하였음. 그중에서도 흥경성 전투와 신개령 전투의 전과는 컸음. 일본군과의 크고 작은 전투는 1938년까지 약 8년간 줄기차게 계속되었음

ⓒ 조선혁명군 해체 : 조선 혁명군은 1934년 9월 20일 일제의 비밀공작으로 양세봉이 살해당하면서 점차 세력을 잃음. 이후 이들 중 일부는 중국 공산당이 조직한 동북 항일 연군에 가담하였음

> ▶ **한국 독립군과 중국 호로군의 합의 내용(1931)**
>
> 1. 한 · 중 양군은 최악의 상황이 오는 경우에도 장기간 항전할 것을 맹세한다.
> 2. 중동 철도를 경계선으로 서부 전선은 중국이 맡고, 동부 전선은 한국이 맡는다.
> 3. 전시의 후방 전투 훈련은 한국 장교가 맡고, 한국군에 필요한 군수품 등은 중국군이 공급한다.
>
> – 한국 광복군 사령부, "광복"제2권 –
>
> ▶ **조선 혁명군과 중국 의용군의 합의 내용(1932)**
>
> 중국과 한국 양국의 국민은 한마음 한뜻으로 일제에 대항하여 싸우고, 인력과 물자는 서로 나누어 쓰며, 합작의 원칙하에 국적에 관계 없이 그 능력에 따라 항일 공작을 나누어 맡는다.
>
> – 한국 광복군 사령부, "광복"제 4권 –
>
> ▶ **영릉가 전투에서 양세봉의 활약**
>
> 때는 해동 무렵이어서 얼음이 풀린 소자강은 수심이 깊었다. 게다가 성엣장이 뗏목처럼 흘러내렸다. 하지만 이 강을 건너지 못하면 영릉가로 쳐들어갈 수 없었다. 밤 12시 정각까지 영릉가에 들어가 공격을 알리는 신호탄을 올려야만 하였다. 양 사령은 전사들에게 소자강을 건너라고 명령하고 나서 자신부터 먼저 강물에 뛰어들었다. 강을 무사히 건넌 양 사령은 강행군에 거추장스런 바지를 벗어던지고 잠방이 차림으로 나섰다. 전사들은 사령을 본받아 모두 잠방이만 입고 행군하였으나 찬바람이 살을 에었다.
>
> –"봉화(중국 조선족 발자취 총서3)"–
>
> ▶ 조선 혁명군 총사령관 양세봉은 부대를 5개 중대로 개편 · 정비하고 중국 의용군과 연합 전선을 결성한 뒤, 일제와 만주국의 연합군과 활발한 전투를 벌여 영릉가 전투, 흥경성 전투 등에서 승리를 거두었다.

(3) 항일 유격대

① **추수 · 춘황 투쟁** : 일제가 만주를 침략하자 중국 공산당은 그에 맞서 추수 투쟁(1931)과 춘황 투쟁(1932)❶을 거치며 소규모의 무장 유격대가 만주 각 지역에서 조직되는 등 항일 유격 전쟁을 벌이자고 호소하였음. 이에 호응하여 만주 지역의 사회주의자들과 민중은 소규모의 항일 유격대를 조직하여 투쟁했는데, 그 선도적 역할을 한 것이 한인 동포들이었음

② **항일 유격** : 만주 지역 곳곳에 수많은 항일 유격대가 조직되자, 중국 공산당은 이를 규합하여 동북 인민 혁명군(東北人民革命軍) (뒤에 동북 항일 연군(東北抗日連軍)으로 발전)을 편성함. 이를 중심으로 한 · 중 두 민족이 연대하여 항일 유격 투쟁을 활발히 전개함

③ **동북 인민 혁명군(1933)** : 만주 각지에서 활동하고 있던 항일 유격대를 1933년 중국 공산당 산하로 편제한 것임. 이를 통해 만주 지역의 무장 투쟁을 총괄하고자 함. 이후 만주 지역 항일 무장 투쟁에 대한 주도권과 집행권은 중국 공산당에서 행사하게 되었지만, 구성원의 상당수는 한인들이었고, 이들이 주요 지휘관으로 활동하기도 하였음

④ **동북 항일 연군(1936)** : 동북 인민 혁명군(일제에 반대하는 사람은 사상이나 노선, 민족에 관계없이 단결하자는 주장에 따라 편성된 무장 부대)은 모든 반일 세력을 받아들인다는 원칙을 내세우고 동북 항일 연군으로 개편함. 많은 한인들이 동북 항일 연군에서 활동하였는데, 이들은 중국 공산당과 함께 만주에서 격렬한 항일 무장 투쟁을 전개하였음

❶ **추수 투쟁과 춘황 투쟁**

만주에서 조선인 농민들과 공산주의자들이 중국인 대중들과 함께 중국 지주와 군벌을 상대로 1931년 가을걷이와 1932년 춘궁기 때 소작료 인하, 생존권 · 자치권 확보 등을 요구하며 벌인 투쟁이다. 이들은 중국인이나 친일 지주로부터 쌀을 빼앗아 가난한 농민들에게 나누어 주는 활동을 전개하였다.

⑤ **조국 광복회(祖國光復會, 1936)**

　　㉠ 조직 : 동북 항일 연군 내의 한인 항일 유격대는 국내 진출을 적극 도모하면서 함경도 일대의 공산주의 세력과 천도교 등 민족주의 세력까지 통합하여 조국 광복회를 조직함

　　㉡ 목적 : 일제의 통치를 전복하고 독립적인 인민 정부를 수립하여 한인의 참다운 자치를 실현할 것을 궁극적인 목적으로 하였음

　　㉢ 내용 : 중국 창바이 현과 함경남도 북부, 평안북도 북부 함흥 · 원산 등 국내에도 여러 비밀 지부 조직을 갖추고 있었음. 국내에서는 공산주의자들과 연계하여 1937년 1월 조국 광복회 국내 조직인 '조선 민족 해방 동맹'(朝鮮民族解放同盟)을 조직하였음. 이를 통해 남만주와 한반도 북부 지역이 연계된 항일 민족 통일 전선 조직이 성립됨

⑥ **보천보 전투(1937)**

　　㉠ 전개 과정 : 국내 조국 광복회 세력의 지원 아래 김일성이 이끄는 동북 항일 연군 내 한인 항일 유격대가 압록강을 넘어 함경북도 갑산군 혜산진의 일본 관공서를 습격하고 보천보 일대를 일시 점령함

　　㉡ 의의 : 이 사건은 국내 신문에 크게 보도되어 만주에서 독립군이 모두 사라졌다는 일제의 선전이 거짓이며, 항일 투쟁이 치열하게 계속되고 있음을 알려 주었음

⑦ **소련으로 이동**

　　㉠ 국내 탄압 : 일제는 혜산 사건(惠山事件)(1937년, 1938년 조국 광복회 관련자를 검거한 사건)을 통해 조국 광복회의 국내 조직을 탄압하고자 하였음. 또한 1939년부터 만주에서 항일 유격대에 대한 대대적인 토벌 작전을 전개함

　　㉡ 만주의 항일 유격대 : 일본 관동군(關東軍)의 대토벌 작전으로 동북 항일 연군은 큰 타격을 받았고, 조직적 군사 활동이 어렵게 되자 소련으로 이동하여 소련군의 일원으로 항일 활동을 벌임. → 1940년 동북 항일 연군은 러시아 영내로 이동하여 소비에트 8특별 여단으로 편성되었음. 일부 한인 유격대는 광복 이후 소련군을 따라 국내에 들어와 북한 정권을 세우는 핵심 세력이 되었음

2. 민족 연합 전선

(1) **배경** 일제가 만주를 점령하여 대일 전선이 화베이 지방으로 옮겨지자 중국 관내가 무장 투쟁의 중요한 거점으로 떠올랐음. 만주에서 활동하던 무장 독립운동 단체들은 중국 관내로 이동하였고, 중국 관내의 독립운동 세력들 사이에서는 일본에 맞서 모든 세력을 하나로 통합할 필요성이 높아졌음. 그 결과 민족 혁명당이 조직됨

(2) **민족 혁명당(民族革命黨, 1935.7.5.)**　　·•● 안창호, 김구, 조소앙

① **조직** : 1932년 난징(南京)에서 김원봉의 의열단, 조소앙의 한국 독립당, 지청천의 조선 혁명당 등은 한국 대일 전선 통일 동맹(韓國對日戰線統一同盟)을 출범시킴. 이 동맹에 참가한 단체를 중심으로 중국 관내와 만주 일대에서 활동하던 5개의 정당 · 단체(의열단, 한국 독립당, 신한 독립당, 조선 혁명당, 대한 독립당)가 참여하여 난징에서 조선 민족 혁명당(1935.7.)을 창당함. 임시 정부를 고수하려는 김구는 여기에 참가하지 않고 1935년에 한국 국민당(韓國國民黨)을 창당함

② **성격** : 민족 혁명당은 민족주의 계열과 사회주의 계열의 정당·단체들이 뭉쳐 결성한 중국 관내 최대 규모의 통일 전선 정당이었음

정치·경제·교육의 평등 ●·······

③ **내용** : 혁명적 수단을 통하여 일제를 물리치고 토지 국유화를 바탕으로 삼균주의(三均主義)에 기초한 민주 공화국을 수립한다는 강령을 반포함 ❶

④ **분열** : 민족 혁명당 내에서 사회주의적인 색채가 짙은 의열단이 주도권을 잡자, 이에 불만을 품은 조소앙, 지청천 등 민족주의계 일부 인사가 탈당하여 통일 전선 정당의 성격이 약화됨. 이후 민족 혁명당은 김원봉의 의열단이 중심이 된 조선 민족 혁명당으로 개편되었음

(3) 한국 국민당(韓國國民黨, 1935.11)

① **조직** : 민족 혁명당 등의 임시 정부 폐지 주장이 등장하게 되자 분열되었던 임시 정부 세력(한국 독립당)이 다시 통합되어 항저우(杭州)에서 한국 국민당을 결성함

② **인물** : 김구, 이동녕 등 한인 애국단과 임시 정부 고수파 세력을 중심으로 조직됨. 이후 지청천과 조소앙도 참여

③ **성격** : 공산주의와 무산 계급 혁명론을 배격하고 민족주의에 입각한 삼균주의(三均主義)를 강령으로 채택함

④ **목적** : 일제의 완전 박멸과 임시 정부의 옹호 및 민주 공화국 수립을 목적으로 함

(4) 한국 광복 운동 단체 연합회(韓國光復運動團體聯合會, 1937.8.1.) 약칭하여 광복진선(光復陳線)이라고도 함

① **조직** : 1937년 중·일 전쟁이 발발한 후 중국 관내의 독립 운동은 김구의 한국 국민당을 중심으로 조선 민족 혁명당에서 탈퇴한 조소앙 중심의 한국 독립당, 지청천이 이끄는 조선 혁명당, 미주 지역의 대한인 국민회 등 9개의 민족주의 우파 계열 단체가 연합하여 1937년 한국 광복 운동 단체 연합회를 결성하였음. 한국 광복 운동 단체 연합회는 대한 민국 임시 정부를 옹호·유지하며 활동함

② **활동** : 당시 공동의 적인 일본과 싸우고 있던 중국 국민당 정부는 한국 광복 운동 단체 연합회를 후원함으로써 항일 연합 전선을 펼 수 있었기 때문에 이를 지원하였음. 임시 정부를 중심으로 동지 규합, 항일 공작, 항일 선전자료 및 그 밖의 정보수집에 종사하였음

③ **의의** : 임시 정부 여당으로서 중·일전쟁 이후 독립 전쟁의 기반을 구축함

④ **한계** : 독립을 위한 좌우 연합에는 소극적이었음. 또한 민족의 역량을 한국 국민당으로 완전 통합시키지 못하고 연합 단계에 머무름

(5) 조선 민족 전선 연맹(朝鮮民族戰線聯盟, 1937.12.) 약칭 민족전선(民族戰線)이라고도 한다.

① **조직** : 중·일 전쟁이 발발한 후 좌익 세력이 연합하여 민족 혁명당을 계승한 조선 민족 혁명당을 중심으로 1937년 조선 민족 전선 연맹을 결성함. ❷ 조선 민족 혁명당이 약화된 민족 통일 전선의 강화를 위해 사회주의 계열의 단체들과 연합하여 결성하였음

② **성격** : 계급 혁명보다 민족 독립을 강조함. 또한 민족 통일 전선의 촉진, 한·중 민족 연합 전선의 건립 등을 목표로 설정함

③ **조선 의용대(朝鮮義勇隊, 1938.10.)**

---

❶ **민족 혁명당 강령(1935)**

• 원수 일본의 침략 세력을 박멸하여 우리 민족의 자주독립을 완성한다.

• 봉건 세력 및 일체 반혁명 세력을 숙청함으로써 민주 집권제 정권을 수립한다.

• 토지는 국유로 하고 농민에게 분배한다.

• 대규모 생산 기관 및 독점 기업은 국영으로 한다.

☞ 위 강령의 정치면의 특징은 민주 공화국 수립을 추구한다는 점이며, 경제면의 특징은 사회주의적 개혁을 추구한다는 점이다.

❷ **조선 민족 전선 연맹**

김원봉의 조선 민족 혁명당, 김성숙의 조선 민족 해방 동맹, 유자명의 조선 혁명자 연맹, 재남경 한족회 등이 결성하였다. 중·일 전쟁이 발발한 후 우익세력은 한국광복 운동 단체 연합회를 중심으로 연합하고, 좌익세력은 조선 민족 전선 연맹을 중심으로 연합하였다.

⊙ **조직** : 1938년 조선 민족 전선 연맹은 중국 국민당 정부의 지원을 받아 한커우(漢口)에서 군사 조직으로 조선 의용대를 조직함. 의열단을 창단하였던 김원봉이 1930년대 조선 혁명 간부 학교를 설립하여 군사 간부를 양성하고 이들을 중심으로 창립함. 조선 의용대는 중국 관내에서 결성된 최초의 무장 조직임

⊙ **목적** : 중국군과 함께 대일 항전을 전개하여 중국과 공동으로 일제를 타도하고 조선 민족의 독립을 추구하고자 하였음

⊙ **활동** : 조선 의용대는 중국 군사 위원회의 지원을 받으며, 창설 직후부터 중국군과 함께 대일 항전을 전개하였음. 조선 의용대 대원들은 일본군을 상대로 한 각종 기습 작전과 유격전 등에 참여하여 커다란 성과를 거두었으며, 정보 수집, 포로 심문, 적의 문서 번역, 후방 교란 등 중국군을 지원하는 활동을 하였음

⊙ **분열** : 중국 국민당 정부가 항일 투쟁에 소극적인 태도를 보이자, 조선 의용대 일부는 적극적인 항일 투쟁을 위해 중국 공산당 세력이 대일항전(對日抗戰)을 벌이고 있는 화베이 지역으로 이동함

⊙ **결과** : 화베이로 이동하지 않은 김원봉을 중심으로 한 조선 의용대 일부는 충칭에 있는 한국 광복군(韓國光復軍)에 합류함. 또한 다른 일부는 옌안(연안)으로 이동하여 조선 의용군(朝鮮義勇軍)에 편성됨 (조선 독립 동맹과 조선 의용군의 핵심 인물들은 일제가 패망한 뒤 북한 인민군에 편입되었는데, 이들은 연안파라고 불렀다.)

④ **대립** : 민족 통일 전선을 목표로 하였으나 임시 정부를 부정하였으므로 임시 정부의 여당인 한국 광복 운동 단체 연합회와 대립함

⑤ **흡수** : 김성숙 등이 대한 민국 임시 정부를 중심으로 하는 독립운동 단체로의 통합을 주장하여 민족 전선이 해체되어 임시 정부에 흡수됨

(6) 전국 연합 진선 협회(全國聯合陣線協會, 1939.9.22)

① **원인 및 결성** : 중 · 일 전쟁이 절정에 이르면서 고조된 항일 독립 운동 전선의 통일 요구와 중국 국민당 정부의 권유로, 1939년 5월 김구와 김원봉은 「동지동포제군에게 보내는 공개통신」의 연맹선언에서 양 진영의 연합전선 형성을 구체화하게 되었고❶, 9월에 이르러 전국 연합 진선 협회가 발족됨

② **결과** : 완전한 통합에는 실패하여 이 협회는 해체됨

> ▶ **조선 의용대의 활동**
> 조선 의용대는 창설 시기부터 1940년 하반기까지 다음과 같은 활동을 전개하였다. 일본군의 진지에 가까이 접근해서 선전전을 통해 일본군의 전쟁 기피 또는 전쟁 반대 정서를 불러일으키는 공작을 벌이고, 반전 가극을 공연하였다. 직접 유격전을 벌이기도 하였으며, 통신 및 철도 파괴 공작에도 참가하였다. 또한 조선문 · 중국문 · 일본문으로 된 책자, 전단, 표어, 적의 통행증 등을 위조하여 살포하였다.
> 그런가 하면 적의 포로를 교육하여 의용대에 편입시키고, 이들을 훈련시켰다. 또 적을 심문하고 적의 문건을 번역하였으며, 6만여 명의 대적 선전 요원을 교육하였다.
> 조선 의용대는 중국 관내에서 탄생한 최초의 조선인 부대였다는 점에서 독립 운동사에서 큰 의미를 지닌다. 조선 의용대는 좁게는 중국의 항일전에 동참한 국제 지원군의 성격을 띠며, 넓게는 반제국주의 투쟁의 일원이라는 성격을 띤다. 조선 의용대의 이러한 활동은 중국측의 신뢰를 받았음은 물론이고 국내외 한국인의 사기 진작에도 크게 기여하였다.

04 1940년대 무장독립

1. 한국 독립당(韓國獨立黨)

(1) **조직** 전국 연합 진선 협회의 해체 후 1940년 광복 연합의 인사들은 한국 독립당, 한국 국민당, 조선 혁명당을 통합하여 김구를 위원장으로 하는 한국 독립당을 결성함. 그해 대한민국 임시 정부는 중국 정부의 주선으로 충칭에 정착함.❶ 민족 혁명당과 다른 사회주의 계열 단체의 인사도 임시 정부에 참여함. 그 후 임시 정부는 조선 독립 동맹과도 통일 전선을 위해 교섭했으나 성사 직전에 일본의 항복으로 중단됨

(2) **성격**

① 김구, 조소앙, 홍진, 지청천 등 한국 독립당의 간부들이 동시에 임시 정부의 국무위원과 임시 의정원을 담당하였음. 따라서 당의 정책이 곧 정부의 정책이었음

② 한국 독립당은 임시 정부의 여당이라고 볼 수 있음

③ 1930년 한국 독립당이 일개 독립운동 단체로서의 임시 정부였다면, 1940년의 한국 독립당은 실질적인 임시 정부의 성격을 갖게 되었다고 볼 수 있음

(3) **이념** 삼균주의(三均主義)를 수용하였음

(4) **건국 강령 반포** 일본 패망을 확신하고 새로운 국가 건설을 준비해 왔던 대한민국 임시 정부는 1941년 대일 선전 포고를 하였고, 조소앙❷의 삼균주의❸를 바탕으로 보통 선거를 통한 민주 공화국의 수립을 규정한 대한민국 건국 강령을 선포하였음. 건국 강령에는 정치적으로는 의회주의에 바탕을 둔 민주 공화국 건설, 경제적으로는 대기업의 국영화, 토지의 국유화, 자영농 위주의 토지 개혁 시행 등의 내용이 담겨 있음

(5) **한국 광복군 창설** 한국 독립당은 충칭(重慶)의 대한 민국 임시 정부를 이끌어 가면서 신흥 무관 학교 출신을 중심으로 한국 광복군을 창설함. (총사령 지청천, 참모장 이범석)

2. 한국 광복군(韓國光復軍, 1940.9)❹

(1) **창설** 대한 민국 임시 정부가 충칭에 도착한 이후 병력 모집을 위해 군사 특파단을 구성하여 파견하는 한편, 미주 지역 교포들에게는 재정적 지원을 요청함. 그리고 중국 정부를 상대로 군대 편성에 대한 인준과 지원을 교섭함. 한국 광복군 창설 위원회는 우선 대한 민국 임시 정부에서 활동하고 있던 만주 독립군 출신의 군사 간부들과 중국의 군관 학교를 졸업하고 중국군에 복무하고 있는 한인 청년들을 소집하여 광복군을 총사령부로 구성하고, 이를 기반으로 1년 이내에 3개 사단을 편성한다는 방안을 마련함. 그 결과 1940년 충칭에서 한국 광복군을 창설하고 한국 광복군 총사령부와 3개 지대를 편성함

(2) **한국 광복군 행동 준승 9개항(1941)** 중국은 한국 광복군의 창설을 인정하고 지원하는 대가로 한국 광복군 행동 준승 9개항을 요구하며 한국 광복군을 중국 군사 위원회에 예속시켜 통제함. 그 내용은 지휘 · 명령 계통 및 주둔 지역 등에서 중국 군사 위원회가 한국 광복군의 제반 사항을 통제 · 명령한다는 것임 (1944년 8월 폐지되고 독자적인 작전권을 획득하였다.)

---

❶ 한국 독립당

상하이	1930.1.	안창호, 김구, 조소앙 등이 임시 정부 지지를 위해 창당
만주	1930.7.	만주에서 혁신 의회 계열의 신숙, 지청천이 창당
재건	1935.9.	민족 혁명당에서 탈당한 조소앙이 다시 조직
통합	1940.5.	충칭에서 우파 3개 정당이 합당하여 결성

❷ 조소앙(1887~1958)

경기도 파주 출생. 성균관을 수료하고(1904) 황실 유학생으로 일본에 가서 메이지대학 법학부를 졸업했다(1912). 대동당, 대한독립의군부에 참가하고, 임시 정부 외무총장 · 의정원 의장(1922), 세계 한인동맹회 회장 등을 지냈다. 한국독립당 창당에 참가하여(1929) 삼균주의에 입각한 정강 · 정책을 제시하고 대외 선전 · 이론 · 외교 등을 맡았다. 8·15후 임시 정부 요인 2진으로 환국하여(1945.12.1.), 비상국민회의 의장, 반탁투쟁위원회 부위원장, 사회당 당수 등을 지냈으나, 6·25 전쟁 중 납북된 후 숙청되었다.

❸ 삼균주의

임시 정부의 국무 위원인 조소앙이 광복 후 독립 국가 수립을 위한 기본 정책으로 내세운 사상이다. 삼균주의는 정치적 균등(보통 선거), 경제적 균등(생산 기관 국영화), 교육적 균등(의무 교육)을 실현하고, 개인과 개인 간의 평등, 민족과 민족 간의 평등, 국가와 국가 간의 평등을 주장하였다.

❹ 광복군의 친필이 적힌 태극기
한국 광복군 대원들이 다른 부대로 전출되는 동지에게 기념으로 건네준 태극기이다. 광복을 향한 의지와 바람직한 국가상, 완전한 독립 국가에 대한 염원이 담겨 있다.

▲ 영국군과 합동 작전을 펴기 위해 인도·미얀마 전선에 파견된 한국 광복군(1943.8.)

(3) **병력의 강화** 한국 광복군이 창설된 후, 중국 지역에서 조직되어 활동하던 한인 무장 세력이 광복군으로 편입됨. 1942년 1월에는 아나키즘 계열의 청년들이 주도하고 있던 한국 청년 전지 공작대가 한국 광복군에 편입하여 제5지대로 편제되었고, 1942년 7월에는 화북으로 이동하지 않고 중국 국민당 지역에 남아 있던 조선 의용대가 한국 광복군에 편입됨. 김원봉이 이끄는 400여 명의 조선 의용대가 한국 광복군에 합류하자 한국 광복군의 군사력은 한층 더 증강되었음

(4) **활동**

① **대일 선전포고(對日宣戰布告)** : 1941년 12월 일제가 미국 하와이의 진주만을 기습하여 태평양 전쟁(太平洋戰爭)을 일으키자, 임시 정부는 일본에 선전 포고하고 한국 광복군을 연합군의 일원으로 참전시킴

② **연합군으로 참전** : 광복군이 중국의 항일 전선에서 적에 대한 심리전을 펼쳐 큰 성과를 올리자, 이를 활용하려는 영국군의 요청 (한·영 군사 협정)에 따라 임시 정부는 한국 광복군을 인도·미얀마 전선에까지 파견하여 영국군과 공동 작전을 전개함. 한국광복군은 일본군의 문서 번역, 포로 심문, 일본군을 상대로 한 회유 방송 등의 심리전에도 참여함

③ **국내 진공 작전(독수리 작전)** : 한국군은 미군과 연합하여 국내 진공 작전을 시행하기로 계획함. 이를 위해 미국 전략 정보국(OSS, CIA의 전신)과의 협조하에 국내 정진군을 편성하고, 이들에게 특수 훈련을 시킴. 그리고 대원들을 국내에 침투시켜 무장 투쟁의 거점을 확보하고, 미군의 상륙과 때를 맞춰 궐기하여 우리 힘으로 일본군을 몰아내려는 계획을 세움. 그러나 안타깝게도 작전을 전개하기 직전에 일본이 연합군에 무조건 항복하면서 한국광복군의 국내 진공 작전은 무산되고 말았음. 국내 정진군이 진공 작전을 펴기로 계획한 때는 1945년 8월 20일이었음

> ▶ **한국 광복군 선언문(1940.9.15.)**
> 대한 민국 임시 정부는 1919년 정부가 공포한 조직법에 의거하여 …… 중화 민국 영토 내에서 광복군을 조직하고 1940년 9월 17일 한국 광복군 총사령부의 창설을 선언한다. 한국 광복군은 중화 민국 국민과 합세하여 두 나라가 독립을 회복하고자, 공동의 적인 일본 제국주의자를 타도하기 위하여 연합군의 일원으로서 항전을 계속한다. 과거 30여 년간 일본이 우리 조국을 병합 통치하는 동안 우리 민족의 확고한 독립 정신은 불명예스러운 노예 생활에서 벗어나기 위하여 영웅적인 항쟁을 계속해 왔다. …… 우리들은 한·중 연합 전선에서 부단한 투쟁을 감행하여 자유와 평등을 쟁취할 것을 약속하는 바이다.
> – 국사 편찬 위원회, 한국 독립 운동자 자료
>
> ▶ **대한 민국 임시 정부의 대일 선전 포고(1941.12.)**
> 우리는 3천만 한국 인민과 정부를 대표하여 삼가 중·영·미·소·캐나다·기타 제국의 대일 선전이 일본을 격패케 하고 동아시아를 재건하는 가장 유효한 수단이 됨을 축하하여 이에 특히 다음과 같이 성명한다.
> 한국 전 인민은 현재 이미 반침략 전선에 참가하였으니 한 개의 전투 단위로서 추축국에 선전한다.
> 1910년의 합방 조약과 일체의 불평등 조약의 무효를 거듭 선포하며 아울러 반침략 국가인 한국에서의 합리적 기득권익을 존중한다.
> 한국·중국 및 서태평양으로부터 왜구를 완전히 구축하기 위하여 최후 승리를 거둘 때까지 혈전한다.
> 일본 세력하에 조성된 장춘 및 남경 정권을 절대로 승인하지 않는다.
> 루스벨트·처칠 선언의 각 조를 견결히 주장하며, 한국 독립을 실현키 위하여 이것을 적용하여 민주 진영의 최후 승리를 축원한다.

▲ 국내 진공 작전을 위해 선발된 국내 정진군

▶ **국내 진공 작전**

왜적이 항복한다 하였다. 아! 왜적이 항복! 이것은 내게 기쁜 소식이라기보다는 하늘이 무너지는 듯한 일이었다. 천신만고 끝에 수년 동안 애를 써서 참전할 준비를 한 것도 다 허사이다. 시안과 푸양에서 훈련을 받은 우리 청년들에게 여러 가지 비밀 무기를 주어 산둥에서 미국 잠수함에 태워 본국으로 들여보내어 국내의 중요한 곳을 파괴하거나 점령한 뒤에, 미국 비행기로 무기를 운반할 계획까지도 미국 육군성과 다 약속이 되었던 것을 한 번 해보지도 못하고 왜적이 항복했으니……

– 김구, 『백범일지』

3. 화북 조선 청년 연합회(華北朝鮮靑年聯合會, 1941.1.10.)

일본군과 싸운 중국 공산당의 주력 부대 중 하나 ●········

(1) **화북 사회주의** 화북 지역에서는 한인 사회주의자들이 중국 공산당 팔로군(中國共産黨八路軍)과 함께 일본군에 맞서 치열한 전투를 벌이고 있었음. 이들은 항일 군사력을 강화하기 위해 조선 의용대원을 끌어들임

(2) **결성** 화북에서 중국의 항일전에 참가하고 있던 각 전선대표들은 북상해 온 조선 의용대원들과 함께 중국 공산당의 지원을 받으면서 화북 조선 청년 연합회를 결성하고 조선 의용대 화북 지대를 편성함. 이들의 목적은 조선의 독립이었음

(3) **항일전** 이들은 중국 팔로군과 함께 일본군의 공세에 맞서 호가장 전투(1941), 반소탕전(1942)❶ 등에서 전과를 올림

(4) **조선 독립 동맹(朝鮮獨立同盟, 1942.7.)**

① 결성 : 화북으로 이동한 조선 의용대원들과 민족 혁명당 요인들은 그곳에서 이미 중국 공산당에 가입하여 활동하는 한인들과 더불어 옌안에서 조선 독립 동맹을 결성함

② 활동 : 일제의 패망에 대비하여 건국 강령을 발표하였음. 이들은 건국 강령에서 민주 공화국 건설을 천명하였고, 보통 선거에 의한 민주 정권의 수립을 언급하였음. 또한 남녀평등권의 확립, 토지 분배와 대기업의 국영화, 의무 교육 제도의 실시 등을 제시함

4. 조선 의용대(朝鮮義勇隊, 1938.10.)

(1) **결성** 중·일 전쟁 발발 이후 민족 혁명당의 주도로 중국 관내 최초의 한인 무장 부대인 조선 의용대가 조직됨. 조선 의용대는 중국 국민당 정부의 지원을 받으며, 일본군에 대한 심리전이나 후방 공작 활동을 전개하여 많은 성과를 올림. 이는 조선 의용대가 일제의 중국 침략에 맞서 국제 지원군의 일원으로 항일전에 참전했음을 의미함

(2) **화북으로 이동** 중국 국민당 정부가 항일 투쟁에 소극적인 태도를 보이자, 조선 의용대 일부는 적극적인 항일 투쟁을 위해 중국 공산당 세력이 대일항전을 벌이고 있는 화베이(華北) 지역으로 이동하였음. 이에 따라 최고 지도부와 일부 병력을 제외한 대부분의 병력(북상한 병력은 대략 80%정도 이 북상하여 조선 의용대 화북 지대를 결성함)

(3) **충칭으로 이동** 화베이 지역으로 이동하지 않은 병력은 김원봉의 지휘 아래 한국 광복군에 합류하였음(1942)

❶ **반소탕전**

중국 타이항 산 지역을 중심으로 전개된 일본군의 팔로군(중국 공산당 군대) 소탕 작전에 맞서 싸운 전투. 이 전투에서 조선 의용대 화북 지대는 큰 전공을 세웠지만 지도자인 윤세주 등이 전사하는 희생을 치렀다.

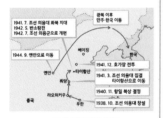

▲ 조선 의용대의 활동

5. 조선 의용군(朝鮮義勇軍, 1942.7.10.)

(1) **결성** 화베이 지역으로 이동해 온 조선 의용대는 그곳에서 이미 중국 공산당에 가입하여 활동하고 있는 한국인들과 함께 1942년 조선 독립 동맹을 결성하고, 김두봉을 주석으로 선출함. 조선 독립 동맹 결성과 함께 조선 의용대 화북 지대는 조선 의용군으로 재편됨

(2) **반일 통일 전선의 형성** 조선 의용군은 중국 공산당의 팔로군과 연합 전선을 형성하여 수많은 대일 항전을 수행함

6. 조선 건국 동맹(朝鮮建國同盟, 1944.8.10.)

(1) **결성** 국내에서는 1944년 여운형, 조동호 등의 민족 지도자들이 일제의 패망과 광복에 대비하여 비밀 결사인 조선 건국 동맹을 결성함. 조선 건국 동맹에는 이념을 떠나 민족주의자는 물론이고 사회주의자들도 대거 참여하였음

(2) **활동** 조선 건국 동맹은 전국 10개 도에 조직망을 형성하고, 산하에 농민 동맹을 조직함. 농민 동맹은 징용과 징병 시행 방해, 민심 선동과 교란, 전쟁 물자 수송 방해 등의 활동을 전개함. 조선 건국 동맹은 나라 안팎에서 무장 투쟁을 전개하기 위해 조선 독립 동맹 등에 책임자를 파견하였으나 일제의 갑작스런 패망으로 이 계획은 실현되지 못함

▲ 1940년대 독립 투쟁

▶ **민족 유일당 운동과 건국 준비 노력**

당		민족 혁명당(1935)	한국 독립당(1940)	조선 독립 동맹 (1942)	조선 건국 동맹 (1944)
지역		• 난징	• 충칭	• 옌안(연안)	• 국내
인물		• 김원봉	• 김구	• 김두봉, 무정	• 여운형, 안재홍
성격		• 김원봉의 의열단 중심	• 민족주의 세력 통합 • 대한민국 임시 정부의 여당	• 중국 화베이 지방의 사회주의 계열	• 비밀결사
활동	군사	• 조선 의용대(1938) : 일부는 한국 광복군에 흡수되고(1942), 대부분의 조선 의용대는 조선 의용군에 합류함	• 한국 광복군 창설(태평양 전쟁이 일어나자 대일 선전 포고) • 미국 전략 정보국(OSS)과 국내 정진군을 편성하고 국내 진공 작전 준비(일본의 항복으로 실현하지 못함)	• 군사 조직인 조선 의용군을 결성, 조선 의용대를 흡수함 • 조선 의용군은 일제 패망뒤 북한 인민군에 편입	• 일제의 패망과 광복에 대비하여 건국 준비 • 10개 도에 지방 조직 설치 • 조선 독립 동맹과의 협동 작전 모색
	통일 전선	• 조선 민족 전선 연맹	• 한국 광복 운동 단체 연합회		
	의열 투쟁	• 의열단	• 한인 애국단(1931)		

05 대한민국 임시 정부의 변천

1. 임시 정부의 이동

대한 민국 임시 정부는 윤봉길 의사의 의거 직후 상해를 떠나 중국의 여러 곳으로 이동해 다니다가 1940년 충칭(重慶) (충칭은 중국 정부의 임시 수도였고, 전란으로부터 비교적 안정된 지역이었음. 에 정착함. 충칭에 도착하면서 임시 정부는 전란으로 인해 흐트러진 정부의 조직을 강화하고 체제를 정비함

2. 군사 활동

1933년 장제스의 배려로 중국의 중앙 군관 학교 뤄양(洛陽) 분교에 한인 특별반이 설치됨. 이곳에 독립군을 입교시켜 독립 전쟁에 필요한 간부를 양성하였는데, 이들이 후에 한국 광복군의 주축이 됨

3. 충칭에서의 활동

(1) 한국 독립당

▲ 한국 독립당 중앙 집행 위원

① **재창당** : 1930년대 중반 이후 민족주의 세력은 김구의 한국 국민당, 조소앙·홍진의 한국 독립당, 지청천(이청천)·최동오 등의 조선 혁명당으로 나뉘어 있었음. 대한 민국 임시 정부는 각각 독자적인 조직과 세력을 유지하며 활동하고 있던 이들 3당의 통합을 추진하였음. 3당은 1940년 5월 완전한 통합을 이루어, 새로이 한국 독립당을 창당하였음

② **강령** : 조소앙의 삼균주의를 내세움

③ **성격** : 한국 독립당이 창당되면서 임시 정부는 확고한 세력 기반을 갖게 됨. 그동안 분산되었던 민족주의 세력이 하나로 통일을 이루었고, 이들이 대한 민국 임시 정부 산하로 결집된 것임. 그리고 새로이 성립된 한국 독립당은 대한 민국 임시 정부의 여당으로 활동하면서 정부를 옹호 유지해 가는 기초 세력이 되었음

④ **지도체제** : 대한 민국 임시 정부는 정부가 강력한 지도력을 행사할 수 있도록 헌법을 개정하였음. 1940년 10월 국무 위원제를 주석제로 바꾸는 내용의 헌법을 개정하고, 임시 의정원 회의에서는 김구를 주석으로 선임하였음

⑤ **건국 강령** : 1941년 11월 대한 민국 건국 강령을 발표하였음. 이는 대한 민국 임시 정부가 광복 후 건설할 민족 국가상을 국민에게 제시한 것으로, 대한 민국 임시 정부의 지도 이념을 확립하는 동시에 민족의 독립 운동 역량을 대한 민국 임시 정부로 집중시키기 위한 것임

⑥ **한국광복군 창설(1940)** : 중·일전쟁 이후 중국과 손잡고 전쟁에 참여하여 우리나라의 독립을 도모하기 위하여 한국 광복군을 창설함

⑦ **선전포고** : 1941년 12월 8일 일본이 미국의 해군 기지인 진주만을 기습 공격하여 태평양 전쟁이 발발함. 12월 10일 대한 민국 임시 정부는 주석 김구와 외무부장 조소앙 명의로 대한 민국 임시 정부 대일 선전 성명서를 발표하여, 임시 정부도 일본과 전면 전쟁에 돌입한다는 선전 포고를 하였음

⑧ **외교** : 연합국으로부터 대한 민국 임시 정부를 주권을 가진 정통 정부로 승인 받기위해 노력하였음

⑨ **헌법 개정** : 1944년 5차 개헌을 하여 주석·부주석 지도 체제로 전환함

⑩ **독립운동 단체 통합** : 중국 관내 독립운동 단체들을 하나로 모아 항일 투쟁의 역량을 강화하고자 함. 그 결과 김규식, 김원봉 등 민족 혁명당 인사들과 그밖에 사회주의 계열 인사들도 대한민국 임시 정부에 참여함. 화북 지역에서 활동하던 조선 독립 동맹과도 통일 전선을 위해 교섭하였으나 성사 직전 일본의 항복으로 중단됨

⑪ **대한민국 임시 정부의 계승** : 1948년 제헌 헌법에는 대한 민국 임시 정부의 지도 이념인 자유주의 이념과 삼균주의 이념이 반영되었으며, 헌법 전문은 대한민국이 대한민국 임시 정부의 법통을 계승하였음을 밝힘

▶▶▶ 기출 문제

01 │ 무장 독립 전쟁

001 ☐☐☐
2017 하반기 지방직 9급

밑줄 친 '단체'의 활동에 대한 설명으로 옳은 것은?

> 1919년 김원봉, 윤세주 등이 만주 지린성에서 조직한 이 단체는 일제(日帝)의 요인 암살과 식민 지배 기관 파괴를 목표로 삼았다. 이 단체는 신채호가 작성한 '조선 혁명 선언'을 이념적 지표로 내세웠다.

① 이 단체에 속한 김익상이 조선 총독부에 폭탄을 투척하였다.
② 중국 의용군과 힘을 합쳐 영릉가 전투에서 일본군을 물리쳤다.
③ 대한민국 임시 정부를 주도한 한국 독립당을 결성하였다.
④ 중국 충칭에서 한국광복군을 조직하였다.

002 ☐☐☐
2018 계리직 9급

다음 선언을 발표한 단체에서 활동한 인물로 옳은 것은?

> 민중은 우리 혁명의 대본영(大本營)이다. 폭력은 우리 혁명의 유일한 무기이다. 우리는 민중 속으로 가서 민중과 손을 잡아 끊임없는 폭력, 암살, 파괴, 폭동으로써 강도 일본의 통치를 타도하고, 우리 생활에 불합리한 일체의 제도를 개조하여 인류로써 인류를 압박하지 못하며, 사회로써 사회를 박탈치 못하는 이상적 조선을 건설할지니라.

① 이봉창　　　　　② 안중근
③ 강우규　　　　　④ 김지섭

003 ☐☐☐
2017 경찰 2차

다음은 어느 단체의 공약 중 일부이다. 이 단체에 대한 설명으로 가장 적절한 것은?

> 1. 천하의 정의의 사(事)를 맹렬(猛烈)히 실행하기로 함.
> 2. 조선의 독립과 세계의 평등을 위하여 신명(身命)을 희생하기로 함.
> 3. 충의의 기백과 희생의 정신이 확고한 자라야 단원이 된다.
> ......
> 9. 일(一)이 구(九)를 위하여 구가 일을 위하여 헌신함
> 10. 단의를 배반한 자는 척살한다.

① 대한 광복군단을 조직하여 자유시(스보보드니)로 이동하였다.
② 신한촌에서 대한광복군 정부를 수립하였다.
③ 유화현 삼원보에 경학사와 부민단을 세우고 신흥강습소를 설립하여 독립군 간부를 양성하였다.
④ 3 · 1 운동 이후 만주 길림에서 김원봉, 윤세주 등이 조직하였다.

🎯 **정답 · 해설**

정답 1.① 2.④ 3.④

해설 1. 주어진 자료는 의열단이다. 김원봉, 윤세주 등이 만주 지린에서 조직한 단체로서 조선 총독, 매국노, 친일파 등에 대한 암살과 일제 주요 기관 파괴 등을 내세웠다. ② 양세봉 장군의 조선 혁명군 ③ 김구 ④ 1940년 대한민국 임시 정부가 중국 국민당의 지원을 받아 지청천을 총사령관으로 하는 한국광복군을 조직하였다.
2. 주어진 자료는 1923년 신채호가 김원봉의 요청으로 작성한 '조선 혁명 선언'이다. 김원봉은 이 글을 의열단의 강령으로 삼았다. ④ 의열단 소속인 김지섭은 1942년 도쿄궁성 폭파 시도를 하였다. ① 한인 애국단 ② 안중근은 1909년 이토 히로부미를 하얼빈에서 사살하였다. ③ 노인 동맹단 소속
3. 주어진 자료는 의열단 행동강령인 공약 10조이다. ① 대한 독립군단. 총재는 서일이며, 약소 민족의 민족운동을 지원하기 위해 자유시로 이동함. ② 이상설 ③ 이회영, 이시영, 이동녕 등

다음 글 (가), (나)와 관련이 있는 역사적 사건은?

> (가) 너희도 만일 피가 있고 뼈가 있다면 반드시 조선을 위해 용감한 투사가 되어라.
>
> 태극의 깃발을 높이 드날리고 나의 빈 무덤 앞에 찾아와 한 잔의 술을 부어놓아라.
>
> 그리고 너희들은 아비 없음을 슬퍼하지 마라. 사랑하는 어머니가 있으니 ……
>
> –어린 두 아들에게 남긴 유언 중에서
>
> (나) 중국의 국민당을 이끌고 있던 장제스가 "중국의 1억 인구가 해내지 못한 일을 한국의 한 청년이 해냈다."라고 감탄을 하고, 이 의거를 계기로 중국 정부는 한국인의 독립운동을 지원하는 계기가 되었다.

① 김익상의 조선 총독부 폭탄 투척 의거

② 윤봉길의 홍커우 공원 폭탄 투척 의거

③ 강우규의 사이토 총독 폭탄 투척 의거

④ 이봉창의 일본 국왕 마차 폭탄 투척 의거

⑤ 나석주의 동양 척식 주식회사 폭탄 투척 의거

다음 자료와 관련 있는 항일 무장 단체에 대한 설명으로 옳은 것을 〈보기〉에서 고른 것은?

> 1. 한·중 양군은 최악의 상황이 오는 경우에도 장기간 항전할 것을 맹세한다.
>
> 2. 중동 철도를 경계선으로 서부 전선은 중국이 맡고, 동부 전선은 한국이 맡는다.
>
> 3. 전시의 후방 전투 훈련은 한국 장교가 맡고, 한국군에 필요한 군수품은 중국군이 공급한다.

〈보기〉

> ㄱ. 남만주 지역에서 양세봉이 이끌었다.
>
> ㄴ. 쌍성보 전투와 동경성 전투 등에서 큰 전과를 올렸다.
>
> ㄷ. 영릉가 전투와 흥경성 전투 등에서 일본군을 격퇴하였다.
>
> ㄹ. 임시 정부의 요청으로 지도부 대부분이 중국 관내로 이동하였다.

① ㄱ, ㄴ   ② ㄱ, ㄷ

③ ㄴ, ㄹ   ④ ㄷ, ㄹ

🎯 **정답·해설**

정답 4.② 5.③

해설 4. (가)는 윤봉길 의사의 유서 (나)는 홍커우 공원 의거를 접한 중국인의 반응이다.
①⑤ 의열단 ③ 노인 동맹단 ④ 한인 애국단
5. 제시문은 한국 독립군이 중국 호로군과 맺은 협정 ㄱ.ㄷ. 국민부 산하 양세봉 장군이 이끄는 조선 혁명군

006 ☐☐☐

다음 사건을 일어난 순서대로 바르게 나열한 것은?

> ㄱ. 일제는 중국 마적단을 매수하여 훈춘의 일본 영사관을 공격하게 하는 조작 사건을 일으켰다.
>
> ㄴ. 서일을 총재로 하는 대한 독립 군단은 소비에트 러시아의 자유시로 이동하였다.
>
> ㄷ. 일제는 무장 독립 세력을 진압하기 위해 만주 군벌과 미쓰야 협정을 맺었다.
>
> ㄹ. 한국 독립당의 산하에 지청천을 총사령관으로 하는 한국 독립군이 조직되었다.

① ㄱ → ㄴ → ㄷ → ㄹ

② ㄴ → ㄱ → ㄹ → ㄷ

③ ㄷ → ㄹ → ㄴ → ㄱ

④ ㄹ → ㄷ → ㄱ → ㄴ

007 ☐☐☐

다음은 일제 강점기 독립운동 단체에 대한 설명이다. (가)~(다)에 각각 들어갈 가장 알맞은 단어를 순서대로 바르게 나열한 것은?

> 1920년대 자유시 참변 이후 만주 독립군의 활동은 3부를 중심으로 전개되었다. 3부 중 대체로 ▢(가)▢ 는 북만주 지역 조선인 사회의 자치를 담당하였다. 1920년대 말 3부는 통합 운동을 벌인 결과 남북 만주에서 양대 세력으로 재편되었는데, 남만주에서는 ▢(나)▢ 가 수립되고, 정당의 성격을 띤 조선 혁명당과 군사 성격을 띤 조선 혁명군이 결성되었다. 일제가 만주를 점령한 다음 중국 내의 독립운동 단체들 사이에서는 통합 운동이 제기되었다. 1937년 중·일 전쟁이 일어나자 민족 혁명당은 통합에 찬성하는 단체들과 연합하여 ▢(다)▢ 을 결성하였다.

① 신민부 – 국민부 – 조선 민족 전선 연맹

② 신민부 – 혁신 의회 – 조선 독립 동맹

③ 정의부 – 국민부 – 조선 민족 전선 연맹

④ 정의부 – 혁신 의회 – 조선 독립 동맹

008 ☐☐☐

(가)~(라) 지역에서 전개된 독립운동에 대한 설명으로 옳은 것은?

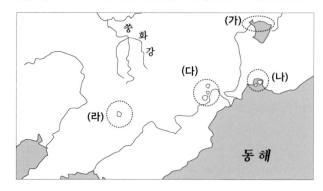

① (가)-서일은 대한 광복 군단을 조직하여 자유시로 이동하였다.

② (나)-권업회 등이 중심이 되어 대한 독립군 정부를 조직하였다.

③ (다)-대한 독립군은 봉오동 전투에서 일본군에 크게 승리하였다.

④ (라)-대종교는 중광단을 중심으로 신흥 무관 학교를 설립하였다.

009 ☐☐☐

조소앙이 주장한 '삼균주의'에 대한 설명으로 가장 옳지 않은 것은?

① 중국 사상가 쑨원(孫文)의 삼민주의에서 영향을 받았다.

② 정치, 경제, 교육 분야에서의 균등을 주장하였다.

③ 토지 및 대기업의 국유화에 반대하였다.

④ 식민 정책과 침략 전쟁을 반대하였다.

🎯 정답·해설

정답 6.① 7.① 8.③ 9.③

해설
6. ㄱ.1920년 훈춘 사건 조작 ㄴ.1921년 서일을 총재로 하는 대한독립군단이 러시아 자유시로 이동 ㄷ.1925년 미쓰야 협정 ㄹ.1930년 혁신의회 산하의 한국 독립군 창설

7. (가) 신민부 1925년 북만주에서 설립 (나) 1929년 국민부와 혁신의회 재편 (다) 조선 민족 전선 연맹은 김원봉이 이끄는 민족 혁명당과 중도 좌파의 단체들이 만들었고 그 산하에 조선 의용대가 있다.

8. (가) 북만주(밀산부), (나) 연해주, (다) 북간도, (라) 남만주의 삼원보 ① (가) 지역에 활동한 단체는 서일을 총재로 하는 대한 독립군단 ② (나)지역에서는 대한 광복군 정부가 창설되었다. ④ (라)지역에서는 '신민회'가 중심이 되어 신흥 무관 학교를 설립하였다.

9. 조소앙은 삼균주의를 통해 정치·경제·교육 영역에서의 균등을 강조하였고, 보통 선거 제도, 토지와 주요 산업의 국유화, 무상 교육 등을 주장하였다.

㉠ 정당에 대한 설명으로 옳은 것은?

> 우리는 한국 국민당, 조선 혁명당, 한국 독립당 등 3당의 과거 조직을 공동으로 해산하고 통일적인 ⬚㉠⬚ 을/를 창립하며 창립의 의의를 국내외에 알린다. … 중국의 용감한 항일 전쟁은 이미 4년째에 접어들었다. 외적의 붕괴와 중국의 대승리는 이미 기정 사실로 공인되고 있다. 이런 천재일우의 시기에 맞춰 함께 왜적을 몰아내고 조국을 광복하는 것이 우리의 중대한 사명이다.

① '조선 혁명 선언'을 활동 지침으로 삼았다.
② 대한민국 임시 정부의 여당 역할을 하였다.
③ 조선 민족 전선 연맹의 창설을 주도하였다.
④ 한국 광복 운동 단체 연합회를 결성하였다.

밑줄 친 '이 부대'에 대한 설명으로 옳은 것은?

> 중국 한커우[漢口]에서 '이 부대'가 조직되었다. 부대는 1개 총대, 3개 분대로 편성되었는데 100여 명의 대원은 대부분 조선 민족 혁명당원이다. 총대장은 황포 군관 학교 제4기 출신인 진국빈이며, 부대는 대일 선전 공작과 대일 유격전을 수행함을 목적으로 하였다.

① 자유시 참변으로 피해를 입었다.
② 일부 대원이 한국광복군에 편입되었다.
③ 3부 통합으로 성립된 국민부 산하의 군대였다.
④ 쌍성보, 대전자령 등에서 일본군을 격파하였다.

1911년 1차 조선 교육령 | 1920년 평양 물산 장려회 창립 | 1923년 조선 형평사 창립 | 1927년 근우회 창립

1914년 대한 광복군 정부 수립 | 1922년 2차 조선 교육령 | 1925년 조선사 편수회 설치 | 1929년 광주 학생 항일 운동

❶ **사회 진화론**

영국의 사회학자이자 철학자였던 하버트 스펜서(H. Spencer)가 찰스 다윈(C. Darwin)의 생물 진화론을 인간사회에 접목한 이론이다. 이에 따르면 다윈의 생물 진화론이나 적자 생존론에서 주장하는 생물학적 생존경쟁과 마찬가지로, 인간사회도 단순한 형태에서 복잡한 형태로 발전하며 각 사회들은 치열한 경쟁 속에서 강력한 사회만이 살아남고 열등한 사회는 도태된다고 보았다. 제국주의 열강의 약소국 지배를 정당화 하는 이론으로 이용되기도 하였다. 우리나라에서는 대한제국 말기의 애국 계몽 운동가들에게 확산되었다. 그러나 일제의 대한제국 침략을 합리화시키는 구실을 제공하는 등 부정적인 영향을 끼치기도 하였다.

▲ 경성 방직 주식회사. 1919년 김성수가 설립한 우리나라 섬유업계 최초의 주식회사이다.

❷ **백산상회**

1914년 안희제가 독립운동 자금을 지원할 목적으로 부산에 설립한 대표적인 민족 기업이다. 서울, 대구, 원산, 만주의 봉천 등에 지점 두었다. 그러나 1927년 일제의 감시와 탄압으로 해산되었다.

01 1920년대 민족운동

1. 실력 양성 운동

(1) **실력 양성 운동의 대두** 3 · 1운동 이후 일부 지식인들은 즉각적인 독립이 현실적으로 어렵다고 생각. 문화 통치가 실시되자 이들은 일제가 허용하는 범위에서 먼저 실력을 키워 독립을 준비하자는 실력 양성 운동

(2) **사회 진화론**❶ 1920년대 실력 양성 운동은 사회 진화론에 입각하여 '선 실력 양성, 후 독립'을 내세웠으나, 점차 실력 양성만을 강조하는 방향으로 바뀌어 감

(3) **대표적 운동** 실력 양성 운동의 일환으로 지식인과 언론이 중심이 되어 민립 대학 설립 운동, 물산 장려 운동, 문맹 퇴치 운동 등을 전개함

(4) **1920년대 민족기업**

① **성장 배경** : 3 · 1운동 이후 민족 운동의 열기 속에서 민족 산업을 육성하여 경제적 자립을 도모하려는 움직임이 고조됨

② **기업**

김성수가 설립 ●┄┄┄

  ㉠ 대지주 · 상인 자본 : 대지주 자본이 중심이 된 경성 방직 주식회사 영남 지방 지주들의 자본으로 창립된 부산의 백산 상회❷ 등

┄┄┄● 안희제 등이 설립

  ㉡ 서민 : 서민 출신의 상인들이 자본을 모아 세운 양말 공장에서 시작된 대구와 평양의 메리야스 공업, 부산의 고무신 공업 등 민족 기업들이 설립됨

  ㉢ 민족계 은행 : 삼남은행, 호남은행, 경남 합동은행 등

③ **기업의 식민지 예속화** : 1920년대 후반부터 식민지 공업화 정책이 추진됨. 이 과정에서 대개의 공장은 식민지 권력과 밀착하여 예속 자본으로 전락함. 1930년대 이후에는 일제의 탄압으로 민족 기업이 해체되거나 일본 기업에 흡수 통합되기도 함. 1930년대 후반 전시 체제 하에서는 물자 통제로 인해 기업에 치명적 상황을 야기. 1942년에는 기업 정비령을 통해 기업을 탄압하고 해체함

2. 물산 장려 운동(物産奬勵運動)

(1) **배경**

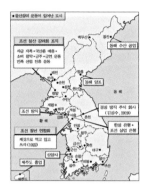

▲ 물산장려 운동이 일어난 도시

❸ **회사령 폐지의 배경**

1920년대에는 일본 국내 자본주의가 성장하여 대규모 독점 자본이 축적되었다. 또한 한국의 영세 자본에 비해 자본 규모와 경영면에서 충분한 우위를 가졌다고 판단하였다. 따라서 일제는 회사령을 신고제로 전환하는 것이 일본 기업에게 유리하다고 판단하였다.

▲ 경성 방직 주식 회사의 광목 선전 광고

① **회사령 철폐** : 일제는 1920년 회사령을 허가제에서 신고제로 전환❸ ⇨ 한국인도 쉽게 회사를 세울 수 있게 됨

② **관세 철폐** : 1923년 일본과 우리나라 사이에 면직물과 주류를 제외한 모든 상품의 관세(關稅)가 철폐되자 일본의 자본과 상품이 밀려 들어옴. 이에 실력 양성 운동의 하나로 민족 산업을 육성하여 민족 경제의 자립을 이루자는 물산 장려 운동이 전개됨

(2) 단체

① **조선 물산 장려회(朝鮮物産奬勵會)** : 1920년 8월 김동원, 조만식, 이상재 등 민족주의 계열이 중심이 되어 평양에서 조산 물산 장려회 발기인 대회 개최. 1923년 경성에서 조선 물산 장려회 조직. 각 지방에 '물산 장려회', '토산 장려회' 등 지회 조직

② **단체** : 학생들이 중심이 된 자작회(1922), 조선 청년회 연합회(1920), 부인들의 토산 애용 부인회(1923) 등의 단체들이 이 운동을 이끎

(3) 목적 토산 애용 · 자작 자급 · 소비 절약

(4) 구호 '내 살림은 내 것으로', '조선 사람 조선 것' 등의 구호를 앞세우며 토산품 애용, 근검 저축, 금주 · 단연 등 주장

(5) 전국 확대 물산장려 운동에는 지식인 · 청년 · 학생 · 부녀자들이 동참했고, 전국적으로 한국인이 생산하는 물산의 소비를 장려하는 움직임이 크게 성행함

(6) 한계

① **사회주의자들의 비판** : 자본가와 상인의 이익만을 추구하는 이기적인 운동이라는 비난을 함

② **친일파 참여** : 박영효, 유성준 등의 친일파가 참여하여 운동의 목적이 퇴색함. 이 과정에서 일제와 타협하는 모습이 나타나면서 이상재 등의 민족주의자가 탈락하고 청년 단체 등의 민중이 외면하게 됨

③ **물가 상승** : 민족 자본은 늘어난 수요를 뒷받침할 수 있는 생산력을 갖추지 못했으며 공장 건설도 부진하였음. 운동의 성과가 기업의 생산력 향상으로 이어지지 못하고 상품 가격만 올려놓는 경우가 많았음

④ **경쟁력 부족** : 한국인 기업은 그 수나 자본금이 일본 기업에 비해 훨씬 적었음. 일본이 금융을 장악하고 있어 이들과 타협하지 않고는 지속적인 성장이 어려움. 독립운동을 지원한 사실일 발각되면 기업을 유지할 수 없었음

⑤ **전국적 조직 실패** : 지방 단체들을 중앙 물산 장려회의 지부로 끌어들이지 못함으로써 전국적인 조직화에 실패함

> ▶ **조선 물산 장려가 (윤석중 작가, 김영환 작곡)**
>
> 1. 산에서 금이 나고 바다에 고기/ 들에서 쌀이 나고 목화도 난다.
>   먹고 남고 입고 남고 쓰고도 남을 물건을 나어 주는 삼천리 강산/ 물건을 나어 주는 삼천리 강산
> 2. 조선의 동모들아 이천만민아/ 두발 벗고 두팔 것고 나아오너라./ 우리 것 우리 힘 우리 재조로
>   우리가 만드러서 우리가 쓰자./ 우리가 만드러서 우리가 쓰자.
> 3. 조선의 동모들아 이천만민아/ 자작자급 정신을 잇지를 말고 네 힘것 버려라. 이천만민아
>   거긔에 조선이 빗나리로다./ 거긔에 조선이 빗나리로다.
>
> – 동아일보, 1926.9.1.

① 제2차 조선 교육령

보통학교 수업 연한이 일본 학제와 같게 4년에서 6년으로 늘어났다. 고등 보통학교를 증설하여 고등 교육도 가능해졌지만, 실제로 초등 교육과 실업 교육에 치중하였다.

② 일제 식민 통치하의 한국인과 일본인 학생 수 비교

학교	한국인 학생 수	일본인 학생 수	인구 1만 명당 학생 수	
			한국인	일본인
초등학교	386,256	54,042	1	6
중등학교 (남)	9,292	4,532	1	21
중등학교 (여)	2,208	5,458	1	107
실업학교	5,491	2,663	1	21
사범학교	1,703	661	1	16
전문학교	1,020	605	1	26
대학(예과)	89	232	1	109

－「조선 총독부 통계 연감」, 1925－

③ 그 밖에 대학 설립 운동

조선 민립 대학 기성회의 모금 운동이 실패한 이후에도 오산학교, 연희 전문 학교, 보성 전문 학교 등을 대학으로 승격시키려는 노력이 계속되었지만 모두 일제의 반대로 실패하였다.

▲ 경성 제국 대학 본부 건물

④ 경성 제국 대학

독립 의식을 고양시킬 수 있는 정치, 경제, 이공 등의 학부는 설치되지 않았고, 일제의 식민 통치에 효과적으로 이용할 수 있는 법문학부, 의학부만 설치하였으며 1941년에야 이공학부를 설치하였다.

> ▶ 물산 장려 운동은 중산 계급의 이기적 운동이다.
>
> 물산 장려 운동의 사상적 도화수가 된 것이 누구인가? 저들의 사회적 지위로 보나 계급적 의식으로 보나 결국 중산 계급임을 벗어나지 못하였으며, 적어도 중산 계급의 이익에 충실한 대변인인 지식 계급이 아닌가. 또 솔선하여 물산 장려의 실행적 선봉이 된 것도 중산 계급이 아닌가. 실상을 말하면 노동자에게는 이제 새삼스럽게 물산 장려를 말할 필요가 없는 것이다. 그네는 벌써 오랜 옛날부터 훌륭한 물산 장려 계급이다. 그네는 자본가 중산 계급이 양복이나 비단옷을 입는 대신 무명과 베옷을 입었고, 저들 자본가가 위스키나 브랜디나 정종을 마시는 대신 소주나 막걸리를 먹지 않았는가? …… 이리하여 저들은 민족적, 애국적 하는 감상적 미사로써 눈물을 흘리면서 저들과 이해가 전연 상반한 노동 계급의 후원을 갈구하는 것이다.
>
> – 동아일보, 1923. 3. 20.

3. 민립 대학 설립 운동

(1) 배경

① **교육열의 고조** : 일제는 3·1운동 이후 문화 통치의 일환으로 제2차 조선 교육령(1922)**①**을 발표하여 한국인들에게도 고등 교육을 받을 수 있는 기회를 제공한다고 선전함

② **우민화 교육 및 하급 기술자 양성** : 일제는 조선인에게 일본어를 보급시키기 위한 보봉 교육과 농·상·공업 분야의 하급 직업인을 만들기 위한 실업 교육, 기술을 가르치는 전문 교육만을 허용하고 대학 교육은 허용하지 않음. 이에 민족 지도자들이 대학을 설립하려는 운동을 전개함

(2) 민족 교육**②**

① **야학** : 야학 운동이 일어나 전국 각지의 도시나 농촌에 두루 퍼짐. 야학은 노동·농민·아동·여자 야학 등 다양한 형태로 운영되었으며, 1920년 이후 야학 운동이 전국적으로 성행함. 한글과 산술을 주로 교육하며 교과 활동 외에도 운동회·강연회·토론회·학예회를 통하여 민족 의식을 심어 주기도 함

② **조선 교육회** : 이상재 등이 중심이 된 조선 교육회의 제안으로 서울에서 조선 민립 대학 기성 준비회가 조직됨(1922)

(3) 설립 과정

① **조선 민립 대학 기성회** : 조선 교육회를 바탕으로 이상재, 한용운, 이승훈 등이 <u>조선 민립 대학 기성회를 창립(1923)</u>

> 1차로 법과, 문과, 경제과, 이과 등 4개 과를 설치하고, 2차로 ●⋯⋯ 공과를 설치하며, 3차로 의과와 농과를 설치하려고 계획하였다.

② **모금 운동 전개** : 조선 민립 대학 기성회는 민립 대학 설립을 위해 '한민족, 1,000만이 한 사람 1원씩'이라는 구호를 내걸고 1,000만 원 모금 운동 전개 ⇨ 전국적인 모금 운동

③ **결과** : 일부 사회주의자들의 비판, 일제가 이를 정치 운동이라는 구실로 탄압, 1924년과 1925년의 연이은 흉년 등으로 모금 운동 중단**③**. 일제는 한국인의 고등 교육 열기 무마 및 한국 거주 일본인의 고등 교육을 위해 1924년 경성 제국 대학**④** 설립

> ▶ 민립 대학 설립 기성회의 발기 취지서(1923)
>
> 우리의 운명을 어떻게 개척할까? 정치냐, 외교냐, 산업이냐? 물론 이와 같은 일이 모두 필요하도다. 그러나 그 기초가 되고 요건이 되며, 가장 급한일이 되고, 가장 먼저 해결해야 할 필요가 있으며, 가장 힘 있고, 필요한 수단은 교육이 아니면 아니 된다. …… 민중의 보편적 지식은 보통 교육으로도 가능하지만 심오한 지식과 학문은 고등 교육이 아니면 불가하며, …… 오늘날 조선인이 세계 문화 민족의 일원으로 남과 어깨를 견주고 우리의 생존을 유지하며 문화의 창조와 향상을 기도하려면, 대학의 설립이 아니고는 다른 방도가 없도다.

4. 문맹 퇴치 운동

(1) 배경

● 개정(1915)

① 일제는 사립 학교 규칙(1911), 서당 규칙(1918) 등을 제정하여 사립 학교, 개량 서당 등 민족 교육 기관의 기능을 마비시킴
 └····●그 결과 3,000여 개에 달하던 사립 학교가 1919년에는 690여 개로 줄었다.

② 1920년대 말부터 민족주의 진영은 궁핍한 농민들에게 생활을 향상시킬 수 있는 능력을 키워 주는 것이 시급하다고 판단. 농촌 계몽 운동을 전개
 └····●농촌 계몽 운동은 천도교의 조선 농민사, YMCA 등 종교 단체에서도 앞장섰다.

(2) 야학 설립

① **운영** : 전국 각지의 도시나 농촌에서 야학이 설립됨. 노동·농민·아동·여자 야학 등 다양한 형태로 운영. 1920년 이후 야학 운동은 전국적으로 성행

② **민족교육** : 야학에서는 우리말, 우리글, 한국사, 지리 등의 과목을 가르침으로써 문맹 퇴치와 자주 의식, 애국심, 항일 의식을 고취함

③ **일제 탄압** : 일제는 '1면 1교주의' 시책을 표방하여 공립 보통 학교를 증설하고 야학을 탄압함

(3) 문자 보급 운동❺

① **조선일보의 문자 보급 운동** : '아는 것이 힘, 배워야 산다'라는 구호와 함께 한글 교재 보급. 전국 순회 강연 개최(1929).

② **동아일보의 브나로드(Vnarod) 운동** : 1931년부터 브나로드 운동❻이라는 이름으로 농촌 계몽 운동 펼침. 각 지방의 마을마다 야학을 개설하여 한글 교육, 미신 타파, 구습 제거, 근검 절약 등 계몽 활동을 함. 이 운동을 배경으로 심훈의 "상록수", 이광수의 "흙"과 같은 계몽 소설도 등장. 여름 방학을 맞이한 학생들을 모아 행사를 기획하고 교재 공급
 ⇨ 브나로드 운동이 학생을 중심으로 확대되자 1935년 조선 총독부는 이를 민족 운동으로 규정하여 강제로 중단시킴

▲ 조선일보의 한글 교재

③ **조선어 학회(1931)** : 조선어 학회도 문맹 퇴치 운동에 적극 참여하여 문자 보급을 위해 한글 교재를 편집하여 보급하고, 전국을 순회하면서 한글 강습회를 엶

(4) 일제의 탄압
문맹 퇴치 운동이 전국적으로 확대되어 민족 의식이 고취되는 기미를 보이자, 일제는 1935년 일체의 계몽 활동과 문맹 퇴치 운동을 금지함

> ▶ **문자 보급 운동**
>
> 오늘날 조선인에게 무엇 하나 필요하지 않은 것이 없다. 산업과 건강과 도덕이 다 그러하다. 그중에서도 가장 필요하고 긴급한 것을 들자면 지식 보급을 제외하고는 없을 것이다. 지식이 없이는 산업이나 건강이나 도덕이 발달할 수 없다. …… 전 인구의 대부분이 문자를 이해하지 못하고 학령 아동의 3할밖에 취학할 수 없는 오늘날 조선의 상황에서 간결하고 쉬운 문자의 보급은 민족이 가질 최대의 긴급한 일이라 하겠다.
>
> ─ 조선일보, 1934. 6. 10.

---

❺ 언론 기관 중심의 농촌 계몽 운동

1920년대 말부터 1934년까지는 언론 기관을 중심으로 문맹 퇴치를 위한 농촌 계몽 운동을 지속적으로 전개하였다. 특히 신간회가 해체되면서 국내 민족주의자들은 민족 문화 운동 쪽으로 방향을 바꾸었다.

문자 보급 운동	조선일보 주도, '아는 것이 힘, 배워야 산다.'라는 표어 아래 전개
브나로드 운동	동아일보 주도, 한글 보급·미신 타파·구습 제거 등의 활동 전개

▲ 브나로드 운동 포스터

❻ 브나로드 운동

브나로드(Vnarod)는 러시아어로 '민중 속으로'라는 의미이다. 당시 2천만 우리 민족 가운데 약 80%가 문맹자들이었는데 이들에게 글을 깨우치게 하고, 미신을 타파하고, 금주 운동을 전개하며, 출첩제의 폐지 등 생활 개선화 문화 생활의 계몽을 내용으로 하고 있다. 동아일보는 "힘써 배우자!" "아는 것이 힘이다!", "배우자! 가르치자! 다 함께 브나로드!" 등의 구호를 내걸고 계몽 운동을 전개하였다.

	물산 장려 운동	민립 대학 설립 운동	문맹 퇴치 운동
배경	• 3·1운동 이후 회사령 철폐 • 일본 기업의 한반도 진출, 관세 철폐	• 일제의 우민화 교육 정책, 고등 교육 기관의 필요성 대두 • 제2차 조선 교육령의 영향	• 일제의 기초적인 실업 교육 • 한국인의 문맹률 증가
전개	• 조만식이 평양 물산 장려회 결성(1920) 조선 물산 장려회로 발전(1923, 서울) • 국산품 애용 운동 • 결과 : 민족 자본의 생산 능력 미흡, 사회주의 진영에서 자본가를 위한 운동이라고 비판	• 조선 민립 대학 기성회 창립(1923) (일제의 억압과 거듭된 흉년으로 모금 운동 중단) • 일제가 회유책으로 경성 제국 대학 설립(1924)	• 사립 학교와 개량 서당 • 야학 운동 : 1920년대 중반까지 민족 교육 담당 • 조선일보의 문자 보급 운동, 동아일보의 브나로드 운동

▶ 1920년대 국내 민족 운동

❶ 사립학교 규칙

① 학교의 설립, 폐쇄, 학교장·교원의 임용 등을 총독부 허가 사항으로 하는 것
② 수업 연한, 교과서, 교육과정 및 매주 수업 시간 수, 학생 정원, 학년, 학기, 입학자에 관한 업무를 총독부의 허가 사항으로 하는 것
③ 교과서는 총독부의 편찬에 의한 것 또는 검정을 거친 것으로 규정한 것
④ 법령을 위반했을 경우 학교의 폐쇄, 학교장·교원의 해고를 명할 수 있도록 한 것 등

❷ 개량 서당

기존 서당과 달리 국어, 역사, 지리, 산수, 체조, 과학 등을 가르쳤고, 학년제를 도입하기도 하였다. 1910년대에 많이 세워져 근대 학문을 가르치고, 민족의식을 일깨우는 역할을 하였다.

5. 민족 교육 운동

(1) 1910년대 교육 일제는 일본어 위주의 교과목 편성, 한국인에게는 고등 교육의 기회를 거의 부여하지 않고 주로 보통 교육과 실업 교육만을 실시하는 우민화 교육을 펼침. 이에 맞서 사립 학교, 개량 서당, 야학 등의 대중 교육 기관이 세워져 민족 교육을 담당함

① **사립학교** : 식민지화되기 전부터 민족주의 계열과 개신교 계열에 의해 설립된 사립학교에서 민족 의식을 고취하고 근대 지식을 보급

② **사립학교 규칙(1911.10.20.)❶** : 일제는 식민지화되기 전에 발표한 '사립학교령(1908)'을 강화한 법적 조치로 사립학교 규칙을 제정하여 당시 민족 운동을 전개했던 민족주의계 사립 학교와 종교계 사립학교를 규제함(1915 개정)

③ **개량 서당** : 사립학교에 대한 탄압이 강화되자 사립학교를 개량 서당❷으로 전환하여 탄압을 피하려는 움직임이 나타남 ⇨ 일제는 1918년 서당 규칙을 발표하고 서당을 탄압

(2) 1920년대 교육

① **야학** : 일제가 세운 공립 보통 학교는 수용 능력이 부족하고 학비가 비쌌기 때문에, 배움에 목마른 사람들을 위한 야학이 전국 방방곡곡에 우후죽순처럼 생겨남. 일제의 사립학교와 개량 서당에 대한 탄압으로 민족 교육은 1920년대 야학 운동으로 계승됨

㉠ **교재** : 『유년필독』, 『초등국어 어전』, 『말의 소리』 등을 교과서로 사용

㉡ **의의** : 야학은 생활이 어려운 농민, 노동자, 도시 빈민의 자녀뿐만 아니라 성인까지도 대상으로 했기 때문에, 대중의 강한 교육열을 어느 정도 충족해 줄 수 있었음. 실력 양성 운동의 일환으로 전개된 계몽 야학도 있었지만, 농민·노동자에게 계급의식을 고취하는 경우도 많아서 소작 쟁의와 노동 쟁의에도 영향을 주었음

㉢ **탄압** : 만주 사변(1931) 이후 일제의 탄압이 심화되어 야학이 점차 사라짐

(3) 조선 여자 교육회(朝鮮女子敎育會, 1920.3.)

① **조직** : 3·1운동 이후 한국인 본위의 교육을 주장하는 목소리가 높아지자 차미리사(車美理士) 선생이 주도해 여성 교육과 계몽을 위해 설립

    ㉠ **여성 교육 강조** : 부녀자를 위해 전국 순회 강연단을 조직하여 강연회 개최하고 토론회 개최. 월간지『여성시론』을 간행하여 여성 교육의 필요성 강조

    ㉡ **여성 문제** : 조혼 문제의 폐단, 축첩제 문제 등 여성 문제를 다룸. 여자 야학교를 설립하여 여성 교육 대중화에 노력

    ㉢ **여학교** : 1934년 근화학원으로 재단법인 인가를 받은 후 1938 덕성여자실업으로 이름을 바꿈. 오늘날 덕성여자대학교의 모태가 됨

(4) 조선 교육회(朝鮮敎育會, 1920.6.)

① **조직** : 3·1운동 이후 한국인 본위의 교육을 주장하는 목소리가 높아지자 한규설, 이상재, 유근 등이 조직

② **목표** : 교육에 관한 조사·연구, 잡지 발행, 교육공로자 표창, 도서관 경영, 기타 교육에 필요한 사항 등

③ **활동**

    ㉠ **발행** : 기관지로『신교육』과 노동 야학총서를 발간함

    ㉡ **강연** : 지방 순회 강연대를 조직하여 조선어 강습회를 개최

    ㉢ **강좌** : 경제원론, 철학사, 서양사 등 고등 교육을 위한 전문 강좌 개설

    ㉣ 민립 대학 설립 운동 주도

(5) 조선 교육 개선회(朝鮮敎育改善會, 1921.4.9.)

① **배경** : 일제가 제2차 조선 교육령을 준비하며 임시 교육 조사 위원회 제2회 회의 개최가 알려지자 각계 인사들은 교육단체를 결성하여 교육령 개정 방향과 내용을 조선총독부에 건의

② **결성** : 인사동 불교 청년회관에서 조선 교육개선회 조직. 결성 목적은 임시 교육 조사위원회와 함께 당국과 협력하여 한국인 교육을 개선하기 위함

③ **활동** : 건의 사항은 첫째, 보통학교 1면1교제, 고등보통학교·사범학교 각도에 1개교 이상 설립. 둘째, 보통학교 교과서는『국어독본』이외에는 모두 조선말로 제작하며 교수 용어도 조선말 사용. 셋째, 사립학교 경영자·교원·학생에 대하여 당국이 호의(好意)로 대접하여 공립학교와 차별 철폐. 넷째, 교육비를 많이 지출하여 교육기관 완비. 다섯째, 각처에 있는 서당을 개량할 일 등

④ **의의** : 일본은 조선 교육 개선회의 건의를 묵살하였으나, 한국인 본위 교육이라는 관심을 환기시켜 이후 청년 단체 및 학생 단체의 발전에 영향을 미침

6. 6·10만세 운동(1926)

(1) 배경

① **식민지 교육에 반발** : 1920년대 민족 분열 정책 하에서 일제의 수탈과 식민지 차별 교육에 대한 반발이 심화되었음

② **학생 활동** : 3·1운동 이후 학생 운동이 활성화되고 조직도 다양화되었음. 1920년 5월에는 중등학교 이상의 학생들이 망라된 조선 학생 대회가 결성되었는데, 이는 교양·계몽적 성격을 띤 전

국적 규모의 단체였음. 이외에 경성 학생 연맹, 서울 학생 구락부, 조선 학생 과학 연구회(1925년 9월, 사회 과학의 보급 등을 목적으로 만들어진 학생 운동의 조직이다.) 등 사회주의 계열의 학생 단체들도 조직되었음

③ **사회주의 사상** : 사회주의 사상의 확산으로 서울 청년회❶, 북풍회, 화요회❷ 등이 조직되었음. 이들은 학생들과 연계하며 학생 운동을 선도해 나갔음

④ **국 · 공 합작의 영향** : 중국에서 일어난 제1차 국 · 공 합작(1924~1927)의 영향으로 조선 공산당과 민족주의계 사이에서 연대가 모색되었음

⑤ **순종의 인산** : 1926년 4월 대한제국의 마지막 황제였던 순종이 별세하였음

(2) 주도세력과 활동

① **천도교** : 3 · 1운동 이후 지속적으로 독립운동을 추진하며 3 · 1운동과 같은 제2의 대규모 만세 운동을 계획하고 있었음. 민족주의 계열로서 사회주의자들과 연합하여 6 · 10 만세 운동을 준비하였음. 이들은 격문 인쇄와 지방 연락을 맡았음. 6 · 10 만세 운동 직후, 6 · 10 만세 운동 추진 과정에서의 좌우 협력 활동의 경험으로 신간회 창립에 적극 참여하게 되었음

② **조선 공산당** : 제1차 조선 공산당 사건(1925)으로 조직이 와해된 이후 재건된 2차 조선 공산당은 민족 통일 전선을 내세우며 거족적인 시위를 준비하였음. 사회주의 세력은 전개 과정에서 지도부를 맡았음

③ **학생** : 조선 학생 과학 연구회가 주도적으로 참여하였으며, 학생 세력은 서울의 만세 운동을 주도해 전국적인 운동의 방아쇠 역할을 맡았음

④ **대한만국 임시 정부** : 임시 정부의 요인이 운영하는 인쇄소에서 운동의 격문이 인쇄되었고, 시위에 호응하여 병인의용대는 일대 거사를 준비하였음
  ┈┈┈●1926년 중국 상해에서 조직되었던 독립운동 단체

(3) 과정

① **계획** : 1926년 천도교와 조선 공산당, 학생들이 중심이 되어 6월 10일 순종의 인산일(因山日)을 기회로 삼아 시위를 계획하였음❸

② **경과** : 조선 공산당 및 천도교 세력의 계획한 거사는 경계를 엄히 하고 있던 일본 경찰에 의해 사전에 발각되고 말았음. 이에 많은 애국 인사들이 검거되고, 인쇄된 격문을 압수당함

③ **학생 주도 시위** : 주요 인사들이 검거되자 조선 학생 과학 연구회를 비롯한 학생들은 예정대로 시위 운동 계획을 추진하였음. 6월 10일, 학생들은 일제의 삼엄한 경비 아래에서도 군중 사이에서 격문을 뿌리고 독립 만세를 외치며 가두 시위를 벌였음. 여기에 모여 있던 군중들이 만세 시위에 합세하면서, 6 · 10 만세 운동이 일어남. 이 때 검거된 학생이 200명이 넘음

(4) 의의

① **좌우 합작의 계기** : 6 · 10 만세 운동은 준비 과정에서 조선 공산당 등 사회주의 세력과 천도교 등 민족주의 세력이 연대함으로써 민족 유일당을 결성할 수 있는 공감대를 형성하였음. 이러한 노력으로 이후 1927년 민족주의 계열과 사회주의 계열이 민족 협동 전선으로 신간회를 결성하였음

② **연설회** : 1926년 7월, 상하이에서 6 · 10 만세 운동 연설회가 개최됨. 사회주의 계열 인사들과 대한민국 임시 정부 인사들이 참여하여 운동의 성과를 알리고 독립의 의지를 다짐

❶ **서울 청년회**

1921년에 조직된 최초의 사회주의 청년 단체로 사회주의와 항일 사상의 확산에 노력하였다. 신간회 성립 이후 민족 단일 전선 운동이 민족 해방 운동의 대세를 이루자 이에 발맞추기 위해 1929년 8월 자진 해체하였다.

❷ **화요회**

1924년에 조직된 사회주의 단체로 신사상 연구회가 개편된 것이다. 마르크스의 생일이 화요일인 것을 따서 화요회라 하였으며, 북풍회와는 달리 선언과 강령을 발표하지 않았다. 1925년 조선 공산당 결성에 주도적 역할을 하였다.

▲ 6 · 10 만세 운동

❸ **6 · 10 만세 운동**

6 · 10 만세 운동은 1926년 6월 10일 대한제국의 마지막 황제였던 순종의 인산일을 기하여 제2의 3 · 1운동을 꾀하려 한 것이다. 그러나 사전에 발각되어 주모자들이 검거되고 전단 67만 장이 몰수되어 애초의 뜻대로 되지는 못하였다.

③ **학생 운동** : 학생들에 의해서 독자적으로 계획되고 추진된 운동이었다는 점과 각급 학교에 연쇄 반응을 일으켜 민족 운동에 새로운 활력을 불어넣어 주었다는 점에서 의미가 있음

④ **민족 운동** : 6·10 만세 운동은 3·1운동에 이어 우리 민족의 독립 의지를 천명한 민족 운동임

> ▶ **6·10 만세 운동 당시의 격고문**
>
> 우리는 일찍이 민족적 독립과 국제 평화를 위하여 1919년 3월 1일 조선의 독립을 선언하였다. 우리는 역사적 복수주의를 반복하려는 것이 아니라 일본의 통치로부터 벗어나려는 것 뿐이다. 우리의 독립 선언은 정의의 결정이며, 평화의 상징이다. 그럼에도 불구하고 제국 자본주의의 횡포한 일본 정부는 학살, 고문, 징역, 교수 등의 악형을 가지고 우리를 대하고 있다.
> 우리는 죽음의 땅에서 헤어나지 못하여 슬픔에 눈물을 흘리고 있다. 그러나 우는 것만으로는 죽음의 땅으로부터 탈출하는 것은 불가능하므로 정의의 결합을 한층 강고히 하여 평화적 요구를 더욱더 강력하게 내걸고 싸우지 않으면 안 된다. 2,300만 민족의 마음이 하나가 되어 더욱 단결하면 광포한 총검도 무서울 것이 못된다. ……
> 형제여! 자매여! 최후까지 싸워 완전 독립을 쟁취하자! 혁명적 민족 운동자 단체 만세! 조선 독립 만세!
> – 이재화 편역, 《한국 근대 민족 해방 운동사Ⅰ》
>
> ▶ **6·10 만세 운동 때의 격문**
>
> 대한 독립 만세! 대한 독립운동가여 단결하라!
> 군대와 헌병을 철수하라!
> 동양 척식 주식회사를 철폐하라!
> 일체의 납세를 거부하자!
> 일본 물화를 배척하자!
> 일본인 공장의 직공은 총파업하라!
> 일본인 지주에게 소작료를 바치지 말자!
> 언론·집회·출판의 자유를!
> ⇨ 6·10만세 운동은 일제 타도를 위한 구체적인 실천 노선을 제시하였다. 위 격문에서 '납세 거부', '노동자 총파업', '소작료 납부 거부' 등 경제 투쟁의 지침이 등장한다. 이러한 내용은 사회주의 운동의 확산과도 관련이 깊다.

7. 광주 학생 항일 운동(1929)

(1) 배경

① **학생들의 비밀 조직** : 6·10 만세 운동 이후 학생 운동은 차별 교육의 철폐를 넘어 식민 통치에 대한 반대로까지 확산되었음. 학생 운동은 운동 조직이 중앙 중심에서 지방 단위로 바뀌는 양상을 보였고 조직의 형태도 수원 고농의 건아단, 보성 고보의 철권단, 대구 고보의 신우 동맹, 북청 농업 독서회, 광주 고보의 성진회 등의 경우와 같이 비밀 결사의 방식이었음

② **동맹 휴학** : 학생 운동은 주로 동맹 휴학이라는 형태로 나타남. 1920년대 초반 동맹 휴학의 주요 쟁점은 학내 문제의 해결과 일본인 교원의 배척 등이었음. 특히, 일본인 교사의 민족적 차별이나 모욕적 언사를 문제삼아 일어난 경우가 많았음. 1920년대 후반 학생 운동은 더욱 조직화되었음. 학생들은 이제 '식민지 교육 철폐'와 '조선인 본위의 교육'을 요구하였음. 교육을 받는 주체가 조선인이므로, 교사도 조선인으로, 교육 용어도 조선어로, 교육 내용도 조선적인 것으로 바꾸어야 한다고 주장하였음

③ **신간회** : 1927년 2월 좌우익 세력이 합작하여 결성된 신간회의 활동으로 국민들의 자주독립 의식이 고취되었음

▲ 이광춘과 박기옥
❹ 광주 학생 항일 운동의 도화선이 된 이광춘과 박기옥

(2) **발단** 1929년 10월 30일, 일본인 학생(후쿠다)이 광주에서 나주로 가는 통학 열차 안에서 한국인 여학생(박기옥)을 희롱하자 이를 본 여학생의 사촌동생인 박준채가 일본인 학생을 혼내준 사건을 계기로 한국과 일본 학생 간의 충돌이 야기되었음❹

① **광주 학생들의 대항** : 1929년 11월 3일 광주지방 학생들이 총궐기하여 독립만세를 외치고 경찰, 소방대와 충돌하였음

② **일제의 대응** : 일제 경찰은 그 책임을 일방적으로 한국 학생들에게 물어 관련 학생들을 검거하였음

❶ **학생 독립 운동 기념일 (11월 3일)**

1953년 정부는 광주 학생 항일 운동이 벌어진 11월 3일을 학생의 날로 제정, 공포하였다. 그러다가 1973년 박정희 정부는 각종 기념일을 통폐합한다는 명분으로 학생의 날을 없앴다. 여기에는 학생의 날이면 으레 일어나곤 했던 학생 시위를 막기 위한 목적도 깔려 있었다. 그러나 1984년 학생의 날은 부활하였다. 2006년 국회에서 '학생 독립운동 기념일'로 명칭이 변경되었다.

(3) **11월 3일 시위**❶ 일본의 명치절(明治節)(일본의 도쿠가와 막부를 붕괴시키고 천황 친정 형태의 통일 국가를 형성시킨 근대 일본의 정치·사회적 변혁인 메이지유신을 기념하는 국경일에 해당하는 11월 3일이 일요일임에도 일제는 학생들을 소집하여 경축식을 거행함. 그동안 참아왔던 한국인 학생들은 명치절 축하식에서 일본 국가 제창에 묵비권을 행사하고, 식이 끝나자 곧 무리를 지어 거리로 쏟아져 나옴. 일부 학생들은 일본인 경영의 광주일보사를 응징하러 갔고, 다른 학생들 중 일부는 일본인 학생들과 대규모의 난투극을 벌임. 이에 놀란 경찰은 전 경찰력을 출동시키며 비상 조치를 취하고, 한국인 학생에 대하여 대대적 검거를 시작함

(4) **신간회 조사단** 11월 3일에 일어난 한국인 학생과 일본인 학생의 충돌 사건에 대하여 서울에서는 신간회 중앙 본부와 조선 학생 과학 연구회, 조선 학생 전위 동맹 등이 진상 조사단을 파견함

(5) **11월 12일 시위** 광주의 장날이던 11월 12일을 기해 시위 운동이 일제히 벌어짐. 격문에는 언론·결사·집회·출판의 자유, 식민지 차별 교육의 철폐와 한국인 본위의 교육 제도 확립 등의 요구가 담겼음. 시위 운동은 전국의 학생들을 자극하여, 서울의 공·사립 학교 학생들 및 전국 각지의 수많은 학생들이 떨쳐 일어남

(6) **전국 확산** 민족 차별과 일제의 식민지 교육에 반대하여 전라 남도 광주에서 시작된 항일 시위는 곧 인접한 목포와 나주로 확산되었으며, 12월에는 서울에서 시위가 일어났음. 이듬해 1930년 1월 신학기가 시작되자 학생들의 시위는 전국으로 퍼져 나갔음❷

❷ **학생들의 참가 및 징계**

초등학교 54, 중등학교 136, 전문학교 4 등 모두 194개교에서 약 5만 4,000명의 학생들이 참가했으며, 582명이 퇴학 처분을 받았고, 무기 정학 2,330명, 체포·투옥된 사람이 1,462명이나 되었다.

① **참가 단체** : 전남 청년 연맹, 청년 총동맹, 신간회 등이 참가하였음

② **정치 구호** : 초기에는 주로 검거된 학생의 석방, 한국인 본위의 교육 실시를 주장함. 그러나 시위가 확대되면서 '총독 폭압 통치 반대', '식민지 탄압 정책 반대', '치안 유지법 철폐', '무산 계급 혁명 만세' 등 급진적인 정치 구호가 나타났음

(7) **학생들의 구속** 광주 보통학교 학생 247명을 비롯해 많은 학생들과 신간회 광주 지부와 청년 연맹을 비롯한 사회단체 회원이 다수 구속되었음

(8) **3대 비밀결사 조작 사건** 성진회, 독서회, 소녀회를 비밀결사로 몰아 검거함

(9) **신간회와 연합** 신간회는 학생 시위를 전국적 대중 운동으로 확산시킬 목적으로 대규모 민중 대회를 개최하려 했음. 그러나 일제는 '광주 학생 사건 보고 연설 대회'의 개최를 금지했고, 전국적 확산을 위한 '민중 대회'개최를 빌미로 허헌을 비롯한 집행부를 대거 체포하면서 탄압을 가함

(10) **광주 학생 항일 운동의 주장과 의의**

① **주장** : 학생들은 식민지 노예 교육의 철폐와 조선인 본위의 교육, 일제 타도, 민족 해방을 주장함. 그들은 민족의 해방 없이는 조선인 본위의 교육도 가능하지 않음을 강조하였음

② **의의** : 학생들이 주도하고 시민과 노동자들이 참여한 3·1 운동 이후 전개된 최대의 독립 운동이었음. 또한 학생들이 독립 투쟁의 주역으로 성장함

▲ 박준채(1914~2001)

02 민족 유일당 운동

1. 사회주의 사상

(1) 배경 : 제1차 세계 대전 윌슨이 주장한 민족 자결주의(1918)가 패전국의 식민지에만 적용됨. 러시아 혁명(1917) 후 레닌이 피압박 민족의 해방에 대한 지원을 약속하자, 지식인과 청년들 사이에 사회주의 사상이 수용 · 전파됨

(2) 사회주의 운동의 목표 : 농민, 노동자를 단결시켜 일제를 타도하고, 혁명을 통한 차별 없는 평등 사회를 만들고자 함

(3) 사회주의의 수용

① **사회주의의 시작** : 1920년대 신사상이라 불리던 사회주의 사상은 민족 독립 운동의 일환으로 러시아 혁명(1917)에 참가한 러시아 교포 사회의 일부 한인 지식인들 사이에서 수용되기 시작함. 국내에는 3 · 1운동 이후에 유입됨

② **일본 유학생의 수용** : 일부 일본 유학생들도 당시 일본에 퍼지던 사회주의 사상을 적극 수용함

③ **사상의 영향** : 1925년 노동 · 농민 단체들의 세력 확장에 힘입어 조선 공산당이 비밀리에 결성됨. 1920년대에는 각급 학교의 독서회를 중심으로 사회주의 사상이 널리 보급되어감

(4) 단체

① **서울 청년회(1921)** : 국내에서 청년과 지식인 중심으로 결성된 최초의 사회주의 단체임. 이밖에도 1920년대 북풍회(北風會, 1924), 화요회(火曜會, 1924) 등의 사상 단체가 출현하여 사회주의

▲ 일제의 치안 유지법에 따른
조선 공산단 재판 기사

❶ 12월 테제

1928년 8월 코민테른 제6회 대회에서 「식민지·반식민지 제국(諸國)에 있어서 혁명 운동에 관한 테제가 보고되고, 이에 기초하여 같은 해 12월 코민테른 집행위원회 정치서기국이 「조선 문제에 관한 코민테른 집행위원회 결의」를 채택하였다. '12월 테제'라는 이름으로 알려진 이 문건에서는 한국 사회주의 혁명의 성격을 토지 혁명에 기초한 부르주아 민주주의 혁명으로 규정하였다. 특히 민족 부르주아의 반동적 성격을 부각하면서 민족 개량주의를 비판하였으며, 혁명 세력의 독자성을 강조하면서 다른 민족 운동 세력과의 연대를 배격하였다. 이에 따라 조선 공산당이 해체되고, 사회주의자들과 민족주의자들 사이의 연합 방침이 깨짐에 따라 신간회를 해소하는 투쟁도 본격화되었다. 이후 농촌·공장·광산 등지에서의 혁명 운동을 토대로 공산당을 재건하라는 방침에 따라 혁명적=적색(赤色) 농민 운동 및 노동 운동이 치열하게 전개되었다.

❷ 9월 테제

코민테른의 외곽 조직이던 프로핀테른(적색 노동조합 인터내셔널) 제5차 대회 후, 집행국은 「조선 혁명적 노동조합 운동의 임무에 관한 프로핀테른 결의」라는 문건을 채택했다. 흔히 '9월 테제'로 불리는 문건의 내용을 보면, 기존의 합법적 노동조합의 지도부를 개량주의적이라고 비판하면서 노동 운동 내부에 혁명적 좌익을 결성하라는 지침을 내리고 있다. 이는 당시 대공황이 몰아치면서 좌익으로의 편향이 심해지고 있던 코민테른의 노선을 그대로 반영한 것이었다.

운동을 시작함. 이들 단체는 노동 운동, 농민 운동, 청년 운동 등 대중 운동에 경쟁적으로 참가하는 한편, 통일된 전위당(前衛黨)으로서 공산당을 결성하기 위해 힘을 쏟음

② 조선 공산당

ㄱ 결성 : 1924년 4월에 종래의 조선청년연합회 및 전선(全鮮) 청년당대회를 합병하여, 완전한 청년 운동의 통일을 위한 기관으로 조선 청년 총동맹을 조직. 또 노동자, 농민 단체의 전국적 통일을 위해 183개의 가맹 단체를 가진 조선 노농 총동맹이 결성됨. 이러한 토대 위에 1925년 4월 17일 조선 공산당이 결성됨

ㄴ 1차 조선 공산당(1925) : 서울 청년회계가 배제된 채 화요회와 북풍회가 주도함. 고려 공산 청년회(책임비서 박헌영)가 조직되면서 공산주의 운동의 통일성을 상실함. 신의주에서 청년회원이 변호사를 구타한 사건을 계기로 해체됨(1925.11).

ㄷ 2차 조선 공산당(1925.12.) : 화요회 주도로 재건됨. 그동안 배제되었던 서울 청년회와도 연계 도모함. 고려 공산 청년회도 재조직됨(권오설 중심). 6·10 만세 운동을 계획하던 중 권오설이 격문을 인쇄하여 살포하려다가 사전에 발각되어 해체됨(1926.6.)

ㄹ 3차 조선 공산당(1926) : 김철수를 책임비서로 하여 코민테른의 승인을 받아 조직됨. 화요회, 서울파, 무파벌 사회주의자들이 참가하여 공산주의 운동 단일화를 표방함. 일제에 의해 조직이 발각되어 해체됨(1928.2.)

ㅁ 4차 조선 공산당(1928) : 노동자 차금봉을 책임비서로 함. 노동자 출신 당원의 지도 역량 강화를 위해 노력. 반제국주의 혁명 노선을 분명히 함. 신간회와의 관계를 긴밀히 하면서 해외 공산당 조직과의 연계를 강화함. 1928년 7월 조직이 발각되어 코민테른은 '12월 테제'를 통해 당의 해체와 재건을 명함

•━━● 국제 공산주의 운동의 지도부

ㅂ 12월 테제(1928.12.)❶ : '12월 테제'로 코민테른으로부터 기존의 지식인 중심의 공산당을 해체하고 노동자·농민 중심으로 당을 전면적으로 재건하라는 지령이 내려짐

ㅅ 9월 테제(1930.9.)❷ : 신간회를 '소부르주아적 정당 조직'이라 규정하며 개량주의 단체로 간주함. 신간회의 해소와 개량적이고 소시민적인 노동 운동을 혁명적 노동 운동으로 전환하라는 지령이 내려짐

(5) 결과

① 민족주의 계열과의 대립으로 독립운동이 분열됨

② 사회주의 내부에서도 여러 노선이 있어 이들 사이에 이해관계를 둘러싸고 마찰이 심화됨

2. 사회주의 민족 운동

(1) 사회주의 민족 운동의 배경

① 일본 정책의 변화 : 3·1운동을 계기로 일제는 통치 방식을 무단 통치에서 소위 문화 통치로 변경함. 하지만 일제의 문화 통치는 가혹한 식민 통치를 은폐하고 우리 민족의 분열을 조장하여 민족 운동 세력을 약화시키려는 수단에 불과하였음

② 사회주의 사상 수용 : 3·1운동 이후 사회주의 사상이 수용되면서 각급 학교의 독서회를 중심으로 사회주의 사상이 널리 보급되어 감. 그 결과 청년 운동, 학생 운동, 농민 운동, 노동 운동 등이

활성화됨

(2) 청년 운동

① **배경** : 3·1운동 이후 제한적이나마 집회와 결사의 자유 허용되자 각종 사회 운동 단체들이 조직됨. 그중 청년회가 가장 많은 비중을 차지함

② **활동** : 청년회는 민중 계몽에 힘써 강연회, 토론회, 야학 등을 개최하여 청년의 품성 도야, 지식 계발, 단체 훈련 강화, 미신 타파 등을 위해 노력. 노동 운동과 농민 운동을 적극 지원함

③ **단체**

  ㉠ **조선 청년 연합회(1920)** : 민족주의자와 사회주의자가 함께 참여한 단체로 성립하였으나 곧 해산됨. 이후 사회주의 경향의 청년 단체들이 청년 운동의 주도권을 쥐게 됨

  ㉡ **서울 청년회(1922)** : 사회주의 사상을 가진 청년들이 조선 청년 연합회를 탈퇴하여 조직함

  ㉢ **전 조선 청년당 대회(1923)** : 서울에서 사회주의 계열이 조직한 서울 청년회의 주도로 개최됨

  ㉣ **조선 청년 총동맹(1924)** : 좌우합작 청년조직, 사회주의 계열의 청년 단체를 중심으로 민족주의 계열의 청년 단체와 신흥 청년 동맹 등이 참여하여 결성함. 그러나 신간회가 해소되자 조선 청년 총동맹도 사실상 해체됨

> **▶ 청년 운동**
> 당시 청년은 모두 일제 식민지 지배 체제 아래 태어나서 민족 파멸과 민족 말살을 획책하는 일제의 식민지적 교육 조건 아래에서 교육된 세대였다. 그럼에도 이들 청년은 민족 지성과 양심의 대변자로 성장하였고, 일제 식민지 통치를 거부하면서 독립 운동의 선봉 역할을 담당하였다. 때문에 청년 운동은 한국인의 독립 의지와 한국 독립 운동의 특징을 극명하게 보여 주는 것이어. 또한 청년은 자기 문제에 그치지 않고, 농민 운동과, 노동 운동과 같은 사회 문제에도 깊은 관심을 내보이며 독립 운동의 폭을 확대시켜 나갔다.
> – 한국 근현대사 연구회, 「한국 독립 운동사 강의」, 한울

(3) 소년 운동

① **배경**

  ㉠ **아동 노동** : 당시 일제는 우민화 교육 정책을 추진하여 한국인의 교육받을 권리 등 제반 권리를 박탈하고 어린이도 노동력 수탈의 대상으로 여김 ⇨ 1920년대 이후 아동 노동자의 수 급증, 공장에서 어린이들이 장시간 노동·노동 재해 등에 시달림

  ㉡ **청년 운동의 영향** : 3·1 운동 이후 청년 운동의 영향을 받아 소년 운동이 활발히 전개됨

② **목표** : 교육, 산업 진흥, 도덕 수양 등의 생활 개선을 표방함

③ **단체**

  ㉠ **천도교 소년회** : 1921년 천도교 청년회가 소년부를 설치하여 소년 운동이 본격화됨. 방정환❸을 비롯한 천도교 청년들을 주도로 창립됨. 1922년에는 5월 1일을 어린이날로 정하고 각종 행사를 펼침. 『어린이』라는 잡지를 발간함

  ㉡ **소년 운동 협회(1923)** : 전국 소년 운동 지도자 및 관련 단체가 모여 조직함. 천도교 소년회에서 정한 5월 1일을 어린이날로 정하여 전국적인 기념 행사를 거행하여 소년 운동을 확산시킴

  ㉢ **조선 소년 연합회(1927)** : 소년 운동이 확산되면서 전국적인 조직체인 조선 소년 연합회가 결성됨

▲ 1920년대 발행된 어린이날 포스터

▲ 방정환

❸ **방정환(1899~1931)**
그는 아이들을 인격체로 대접하라는 의미에서 '어린이'라는 말을 처음으로 만들어 냈으며, 어린이 동화집도 펴냈다. 이는 어린이를 소중히 여기고 바르게 키우는 것이 독립운동의 인재를 양성하는 것이라고 여겼기 때문이다. 1923년 3월 1일에는 『어린이』라는 잡지를 창간하였고, 도쿄에서 어린이 문제를 연구하는 단체인 색동회를 조직하였다. 또한 그해 5월 1일을 '어린이날'로 지정하여 기념식을 가졌다.

┌ ●보이스카우트
　　ⓔ 방정환, 조철호 : 색동회의 방정환과 소년척후단의 조철호 등은 소년 운동에 많은 기여를 함
　　　　　　　　　　　　　　　　　　　　　└ ●일본에서 조직
　④ 분열 : 지도자간 이념 대립으로 인해 소년 운동이 분열됨
　③ 해산 : 1930년대 일제는 소년 운동을 민족 운동으로 간주하여 탄압하였고, 중 · 일 전쟁 (1937년
　　　7월부터 일본의 침략으로 중국 전국토에 전개된 전쟁) 이후에는 소년 운동을 완전히 금지하고
　　　조직을 해산시킴

> **▶ 소년 운동 선언(1923.5.1.)**
>
> 첫째, 어린이를 재래의 압박으로부터 해방하여 그들에 대한 완전한 인격적 대우를 허하게 하라.
> 둘째, 어린이를 재래의 경제적 압박으로부터 해방하여 만 14세 이하의 그들에 대한 무상, 유상의 편하게
> 　　　하라.
> 셋째, 어린이 그들이 고요히 배우고 즐거이 놀기에 족한 각양의 가정, 사회적 시설을 행하게 하라.
> 　　　　　　　　　　　　　　　　　　　　　　　　　　　　　　　　　　　　　－ 동아 일보, 1923.5.1.

(3) 여성 운동

① 배경

　　ⓐ 여성의 열악한 지위 : 일제는 전통 사회의 가부장적 가족 제도의 여성 차별적 인습을 그대로
　　　법제화함으로써 여성 차별을 제도화함. 한국 여성에게는 재산의 소유권과 처분권이 인정되
　　　지 않았고, 재산 상속과 친권 행사에도 차별을 받음. 결혼한 여성은 남편의 동의가 있어야만
　　　취업할 수 있었고, 여성의 노동임금도 남성의 절반 수준이었음

❶ 신여성

전통적인 여성, 즉 '구여성'에 대립되
는 의미에서 '신여성'이라고 불렀다.
특히 1920년대는 신여성의 시대라고
할 만큼 남성 중심의 사회에 회의감
을 품고 자유연애 등을 주장한 신여
성들이 등장하였다.

　　ⓑ 3 · 1운동 이후 : 1920년대 여성의 사회적 진출이 활발해지고, 여성 노동자 수도 증가. 근대
　　　교육을 받은 신여성❶을 중심으로 여성 계몽과 여성 차별 철폐 등을 주장하는 여성 운동이 일
　　　어남
　　ⓒ 사회주의 : 사회주의 사상의 영향으로 여성 해방 운동이 전개됨

② 1920년 초

　　ⓐ 단체 : 조선 여자 교육 협회, 조선 여자 기독교 청년회(YWCA) 등 민족주의 계열 단체가 주도
　　ⓑ 활동 : 강연회 · 토론회 개최, 야학과 강습소 운영 등을 통해 당시 여성의 의식을 변화시켜 나
　　　감. 민족주의 계열 단체는 여성 계몽을 추구함 대한 애국 부인회처럼 국외 무장 세력과 손잡
　　　고 군자금을 모금한 단체도 있음

③ 1920년 중반

　　ⓐ 단체 : 사회주의 계열의 조선 여성 동우회(1924)는 노동 야학을 준비하고 여성 직업 조합을
　　　결성하는 등의 활동을 함. 이들은 여성 해방과 사회주의 운동을 결합시키려고 노력하였음
　　ⓑ 활동 : 사회주의 계열 단체는 여성 해방, 계급 투쟁을 강조함

④ 종교단체 : 조선 여자 교육회, 조선 여자 기독교 청년회(YWCA), 불교 여자 청년회 등. 이들은 문
　　맹 퇴치, 구습 타파, 생활 개선 등을 위해 노력함

❷ 근우회 강령

1. 조선 여자의 공고한 단결을
　도모함.
2. 조선 여자의 지위 향상을
　도모함.

⑤ 근우회(槿友會)❷ (1927)

　　ⓐ 결성 : 민족 유일당 운동의 결과 신간회가 창립된 것에 자극을 받아 여성 단체에서도 민족 유

일당 운동이 일어남. 그 결과 1927년 사회주의 계열과 기독교 계열 중심으로 김활란과 유영준 등이 중심이 되어 좌우 합작 단체인 근우회를 결성함

 ⓒ **활동** : 국내와 도쿄, 간도 등에 수십 개의 지회를 두고 강연회, 부인 강좌, 야학 등을 통해 노동 여성의 조직화와 여성 계몽에 노력함

 ⓒ **한계** : 계급 투쟁을 통한 민중 해방을 주장하는 사회주의 계열과 교육 활동을 통한 민중 계몽을 주장하는 기독교 계열이 혼재되어 있어 근본적인 한계를 드러냄

 ⓔ **해산** : 신간회 해소의 영향으로 1931년 해체됨

▶ **근우회 창립 취지문(1927.5.27.)**

인류 사회는 많은 불합리를 생산하는 동시에 그 해결을 요구하고 있다. 여성 문제는 그중 하나이다. 세계는 이 요구에 응하여 분연하게 활동하고 있다. 세계 자매는 수천 년 동안의 악몽으로부터 깨어서 우리 앞에 가로막고 있는 모든 질곡을 분쇄하기 위해 싸워 온 지 이미 오래다. 이 역사적 · 세계적 혁명에서 낙오될 수 있으랴. 그것에는 통일된 조직이 없었고 통일된 목표와 정신도 없었다. 그러므로 이 운동은 효과를 충분히 내지 못하였다. 우리는 운동 상 실천으로부터 배운 것이 있으니 우리가 실제로 우리 자체를 위해, 우리 사회를 위해 분투하려면 우선 조선 자매 전체의 역량을 공고히 단결하여 운동을 전반적으로 전개해야 한다는 것이다. 일어나라! 오너라! 단결하자! 분투하자! 조선의 자매들아! 미래는 우리 것이다.

근우회 행동 강령

1. 여성에 대한 사회적 · 법률적 일체 차별 철폐
2. 일체 봉건적 인습과 미신 타파
3. 조혼 폐지 및 결혼의 자유
4. 인신매매 및 공창(公娼) 폐지
5. 농민 부인의 경제적 이익 옹호
6. 부인 노동의 임금 차별 철폐 및 산전 산후 임금 지불
7. 부인 및 소년공의 위험 노동 및 야업 폐지

▲ 『근우』와 『여자시론』

(4) 형평 운동(衡平 運動) 저울 형(衡), 평평할 평(平). 균형이 맞는 상태를 뜻함

① **배경** : 1894년 갑오개혁으로 신분에 따른 차별이 법률이나 제도적으로 폐지됨. 그러나 백정은 여전히 사회적 편견과 차별에 시달림

 ⊙ **관습적인 차별** : 백정은 기와집에서 살거나 비단옷을 입을 수 없었고, 외출할 때는 상투를 틀지 않은 채 패랭이를 써야 했음. 장례 때도 상여를 사용할 수 없었음

 ⓒ **도한** : 일제는 백정을 호적 올릴 때 이름 앞에 붉은 점을 찍어 표시하거나 도한(屠漢)이라고 써 놓아 신분이 드러나게 함. 입학 원서나 관공서에 제출하는 서류에도 반드시 신분을 표시하도록 함

 ⓒ **백정의 자식에 대한 차별** : 백정의 자녀는 공립 학교에 입학할 수 없었고, 사립 학교에 입학하더라도 신분이 밝혀지면 퇴학당하는 경우가 많았음

② **조선 형평사(1923.4.)**   백정 출신의 자산가 이학찬 등이 창립 ●┈┈┈┈

 ⊙ **조직** : 백정들은 자녀들의 학교 입학 거부 문제를 계기로 경남 진주에서 조선 형평사를 조직하고 평등한 대우를 요구하는 형평 운동을 전개함

 ⓒ **창립 목적** : 계급 타파, 모욕적 칭호의 폐지, 교육의 균등과 지위 향상 등 백정에 대한 사회적 차별을 철폐하여 저울처럼 평등한 사회를 구현하고자 조선 형평사를 창립함

 ⓒ **확산** : 형평 운동에 대한 광범위한 지지 여론이 형성됨. 전국 각지에 지사가 세워짐. 형평사

느 파업, 소작 쟁의에 참가하는 등 다른 분야의 단체들과 협력하면서 사회 운동 활성화에도 큰 영향을 미침 ⇨ 1930년대 초 관청의 호적이나 학적부에 기록되었던 백정 표시가 공식적으로 없어지고, 백정 자녀의 학교 입학도 허용됨

③ 전 조선 형평사 대회 개최(1925)

　ⓐ 내용 : 백정에 대한 사회적 차별의 철폐, 백정 자녀의 교육 문제 해결을 촉구함

　ⓑ 발전 : 형평 운동은 초기에는 백정의 지위 향상에 초점을 맞추었지만, 1928년 제6회 전 조선 정기 대회를 계기로 민족 운동, 계급 운동으로 발전함

　ⓒ 성격의 변화 : 형평 운동은 신분 해방 운동을 넘어서 민족 운동, 계급 운동의 성격까지 띠게 됨

④ 분열

　ⓐ 노선 대립 : 1920년대 말, 신분 해방을 목적으로 하는 온건파와 계급 투쟁을 중시하는 급진파가 대립함

　ⓑ 일제 탄압 : 1930년대 이후 일제의 통제와 탄압이 강화되자 형평사는 이익 단체의 성격에 머무르게 되었고, 형평 운동은 쇠퇴함

　ⓒ 반형평 운동(反衡平運動) : 농민 등 일반인들이 형평 운동에 반대하여 소고기 불매 운동을 벌이고 백정의 집을 공격하기도 함

　ⓓ 이익 단체로의 변질 : 일제의 탄압이 심화되면서 대동사(大東社, 1935)로 개칭. 경제적 이익 단체로 변질됨

> ▶ **조선 형평사 취지문**
>
> 공평은 사회의 근본이고 애정은 인류의 본령이다. 그러한 까닭으로 우리는 계급을 타파하고 모욕적 칭호를 폐지하여, 우리도 참다운 인간이 되는 것을 기하자는 것이 우리의 주장이다. 지금까지 조선의 백정은 어떠한 지위와 압박을 받아 왔는가? 과거를 회상하면 종일 통곡하고도 피눈물을 금할 수 없다. …… 직업의 구별이 있다고 한다면, 금수의 생명을 빼앗는 자는 우리만이 아니다.
>
> 1923년 4월 25일 조선 경남 진주에서 형평사 발기인 일동

▲ 형평사 제6회 전조선 정기 대회 포스터

3. 민족주의 세력의 분열

(1) 자치 운동의 등장

① **외교의 실패** : 국제 사회의 호응을 통해 독립하려는 외교적 노력이 실패하면서 민족주의 세력 일부에서는 우리의 자력으로 독립하는 것이 불가능하다는 생각이 대두함

② **실력 양성 운동의 실패** : 물산 장려 운동과 민립 대학 설립 운동이 좌절되자 일부 민족주의자들은 일제의 식민 지배를 인정하고 그 밑에서 정치적 실력 양성을 할 것을 주장

③ **일본의 자치 허용** : 3·1운동 이후 조선 총독은 한국인에게 자치를 일부 허용하고 참정권을 허용할 것과 같은 분위기를 몰아감 ⇨ 사회 진화론을 받아들인 세력 가운데 일제와 타협적 성격을 띤 일부 세력은 1920년대 중반 이후 사실상 독립운동의 포기 선언이나 다름없는, 일제가 허용하는 범위 안에서 한국인의 자치권과 참정권을 획득하자는 자치 운동을 주장. 자치 운동가들은 1930년대 이후에는 점차 친일화 됨

(2) 대표 인물

지금의 조선 민족에게는 왜 정치저 거 생활이 없는가?…… 일본이 조선 을 병합한 이래로 조선인에게는 모 든 정치 활동을 금지한 것이 첫째 원 인이다. 또 병합 이래로 조선인은 일 본의 통치권을 승인해야만 할 수 있 는 모든 정치적 활동, 즉 참정권, 자 활권 운동 같은 것은 물론이요, 일 본 정부를 상대로 하는 독립운동조 차 원치 아니하는 강렬한 절개 의식 이 있었던 것이 둘째 원인이다. …… 지금까지 해 온 정치적 운동은 모두 일본을 적대시하는 운동뿐이었다. 이런 종류의 정치 운동은 해외에서 나 할 수 있는 일이고, 조선 내에서 는 허용되는 범위 내에서 일대 정치 적 결사를 조직해야 한다는 것이 우 리의 주장이다.

❷ 최린
천도교 신파의 대표적인 인물이다. 천도교 사후 천도교 세력을 이끌며 일제와 타협하여 자치 운동에 앞장 섰다. 뒤에 적극적인 친일 활동을 전 개하였다.

① 이광수❶ : 「민족 개조론」(1922, 개벽), 「민족적 경륜」(1924, 동아일보) 등의 글 발표하여 자치 운 동론 주장

② 최린❷ : 일본에 건너가 조선의 의회 설립을 청원하는 운동을 벌임

③ 그밖에 김성수, 송진우 등이 있음

(3) 활동

① 성격 : 자치 운동은 현실적으로 즉각적인 독립은 불가능하므로 민족 운동의 방향을 실현 가능한 정치 운동으로 전환하자는 것임. 따라서 정치적 실력 양성론의 성격을 가짐.

② 준비론 : 당장은 독립이 불가능하니 독립의 기회에 대비한 준비가 필요하다는 주장. 물산 장려 운동 이후 동아일보 계열이 여기에 참여함.

③ 단계적 이론 : 안창호는 독립에 도달하는 한 단계로서 자치권을 획득할 것을 주장함

(4) 자치 운동의 내용

① 주장 : 일제가 허용하는 범위 안에서 자치권 및 참정권을 얻을 것을 주장함

② 자치 운동 : 갑자 구락부는 2만 명의 재류 일본인과 친일파의 서명을 얻은 건백서(建白書)를 일본 국회에 보냄. 그 내용은 일본 귀족과 조선 귀족의 동등한 권리, 조선 사정에 적합한 중의원 선거 자격과 선거 규정 제정, 지방 자치제 실시 등임

③ 조선 의회 설치 : 민원식은 3·1운동 이후 신일본주의를 표방하는 국민협회(國民協會)를 결성하 고 도쿄에서 조선인 참정권 운동을 전개하던 중 유학생 양근환의 단도에 찔려 사망함

④ 도·부·면 협의회, 학교 조합 평의회 : 조선 총독부는 한국인에게도 참정권을 주고, 지방 자치제 를 실시하겠다고 선전함. 그러나 이는 독립운동을 자치 운동으로 유도하여 민족을 분열시키려 는 의도였을 뿐 조선 의회는 설립되지 않았고, 한국인의 일본 의회 참여도 허용되지 않음. 다만 도(道)·부(府)·면(面)에 평의회, 협의회라는 이름의 자문 기구 설치. 그러나 이 기구는 오늘날 의 지방 의회와 달리 의결권이 없었고, 대부분 도지사와 군수가 의원을 임명했기 때문에 일본인 이나 친일 인사만 의원이 될 수 있었음

(5) 결과 일반 대중의 반감, 동아일보 불매 운동의 발생, 타협적 민족주의자에 대한 비판 발생

(6) 한계 일본의 식민 지배를 인정, 일제가 허용하는 범위 안에서 운동 전개하여 결정권을 일제에게 맡기고 있다는 점에서 자치 운동은 독립운동이라고 볼 수 없음

(7) 민족주의 계열의 분열 이상재와 안재홍 등 비타협적 민족주의자들은 이들을 기회주의자라고 비난함. 또한 조선일보와 천도교 구파에서도 이를 관제적 타협 운동이라고 규정하며 비난. 그 결과 민족주의 진영이 타협적 민족주의자와 비타협적 민족주의자 세력으로 나뉘게 됨

4. 민족 유일당 운동

(1) 민족 유일당 운동의 배경

① 사회주의 내부의 변화 : 1925년 치안 유지법이 제정되어 사회주의 운동이 불법화되었고, 6·10 만세 운동으로 조선 공산당 간부들이 대거 체포되는 등 탄압을 받음

② 제 1차 국·공 합작 : 1919년 5·4운동에 자극을 받은 쑨원의 국민당 재정비 ➪ 쑨원의 국민당 정

부와 마오쩌둥의 중국 공산당은 군벌과 일제 타도를 위해 서로 힘을 합치는 제1차 국·공 합작을 성사시킴(1924~1927)

③ **자치 운동론** : 이광수, 최린, 김성수 등 민족주의 계열의 일부 인사들이 자치 운동론을 전개하자 비타협적 민족주의자들이 이에 반발하여 사회주의 세력과 힘을 합하려는 움직임이 나타남

(2) 국외 민족 유일당

① **한국 독립당 북경 촉성회(1926, 안창호)** : '민족 혁명의 유일한 전선을 만들라!'는 주장에 따라 북경에서 결성됨

② **3부 통합** : 만주에서는 참의부, 정의부, 신민부의 3부를 비롯한 만주 지역 독립운동 단체들의 통합이 시도됨. 그러나 완전한 통합은 이루지 못하고 남만주 지역의 국민부와 북만주 지역의 혁신의회로 통합됨

> ▶ **한국 독립 유일당 북경 촉성회 선언서(1926)**
> 동일한 목적과 동일한 성공을 위해 운동하고 투쟁하는 혁명자들은 반드시 하나의 기치 아래 모여 하나의 호령 아래 단결해야만 비로소 상당한 효과를 거둘 수 있다는 것은 말할 필요도 없다. …… 바란다! 일반 동지는 깊이 양해하라! 일본 제국주의를 타도하라! 한국의 절대 독립을 주장하라! 민족 혁명의 유일한 전선을 만들라! 전 세계 피압박 민중은 단결하라!

(3) 국내 민족 유일당

① **원인** : 3·1운동 이후 사회주의 사상이 유입되면서 독립 운동 계열 민족주의 진영과 사회주의 진영으로 양분하여 대립하게 되어 운동의 역량 약화를 초래함. 이에 민족 통합과 독립운동의 단일 노선의 확립이 요구됨

② **민족주의 계열의 자치론자** : 이광수·최린, 식민 지배 인정, 자치권 획득 추구

③ **민족주의 계열의 비타협민족주의** : 이상재[1]·안재홍 등은 즉각적인 독립을 주장하며 일제에 비타협적인 입장을 취함. 개량주의를 비판함

④ **사회주의 계열**

ㄱ. 사회주의 확산 : 1920년대

ㄴ. 코민테른 : 1925년 코민테른에서 '한국 문제에 관한 의정서'를 발표함. 여기서 중국의 국·공 합작과 같은 세력의 결집을 강조 ⇨ 사회주의자들도 민족주의 계열과의 연대에 보다 적극적으로 나서게 됨

ㄷ. 일제 탄압 : 일제는 사회주의의 확산을 저지하기 위해 조선에서도 치안 유지법(1925)을 시행한다고 발표함. 이후 수많은 사회주의자가 치안 유지법으로 구속됨. 그리하여 사회주의자들도 민족주의 계열과의 연대에 적극적으로 나서게 됨

(4) 신간회(新幹會) 일제가 신간회를 합법적인 기관으로 인정하게 된 배경에는 당시 문화 통치를 표방한 까닭도 있으나, 동시에 민족 운동의 내막을 쉽게 파악하려는 의도도 있었다.

① **창립 배경**

ㄱ. 6·10만세운동 : 6·10 만세 운동은 준비 과정에서 조선 공산당 등 사회주의 세력과 천도교 등 민족주의 세력이 연대함으로써 민족 유일당을 결성할 수 있는 공감대를 형성함

❶ 이상재(1850~1927)

충남 한산 출신. 박정양의 추천으로 조사시찰단의 수행원으로 일본에 가서(1881) 신문물을 접하고, 박정양이 초대 주미공사로 갈 때 2등 서기관으로 따라갔다(1887). 1894년 학부아문 참의 겸 학무국장으로 신교육 제도를 창안하여 사범학교·중학교·소학교·외국어학교를 설립하였다. 독립협회 부회장, 만민공동회의 의장을 맡기도 하였다. 황성 기독교청년회(YMCA)에 가입하여 초대 교육부장을 맡았다. 3·1운동으로 6개월간 옥고를 치렀고, 조선 교육협회 회장과 조선 민립 대학 기성회 회장(1922), 조선일보 사장(1924)을 역임했다. 신간회 창립 당시 회장으로 추대되었으나 곧 별세했다.

ⓒ 조선 민흥회(朝鮮民興會) 결성 : 1926년 조선 물산 장려회 중심의 비타협적 민족주의 세력은 자치 운동을 반대하면서 서울 청년회 중심의 사회주의 세력과 연합하여 결성함

ⓒ 정우회(正友會) 선언 : 사회주의 계열의 사상 단체인 정우회는 합법적 공간을 확보하기 위해 비타협적 민족주의 세력과 적극 제휴하겠다는 정우회 선언을 발표함(1926)

② **결성**

㉠ 정우회 선언을 계기로 27명이 모여 신간회의 창립을 발기함(1927. 1. 19.)

ⓒ 서울청년회계의 사회주의자와 물산장려 운동 계열이 연합한 조선 민흥회도 협동할 것을 결의

ⓒ 1927년 2월 15일 YMCA 회관에서 마침내 민족 협동 전선으로서의 신간회를 창립하는 대회를 가짐. 발기인으로는 언론계, 불교계, 천도교계, 기독교계 등의 민족주의 진영과 사회주의 진영의 대표 등 28명이 참가함❷. 회장에는 이상재, 부회장에는 홍명희❸를 선출, 단체자격이 아닌 개인자격으로 가입하는 방식을 취함

③ **3대 강령**

㉠ 우리는 정치 · 경제적 각성을 촉진함

ⓒ 우리는 단결을 공고히 함

ⓒ 우리는 기회주의를 일체 부인함

④ **조직 확대** : 국내뿐만 아니라 만주와 일본에도 지회를 둠. 1928년에는 141개 지회, 회원 4만 명에 달할 정도로 민중의 지지를 받음. 전국 농민 총동맹, 전국 노동 총동맹, 조선 청년 총동맹에 가입한 회원들이 개인 자격으로 가입하여 대중적 정치 · 사회단체로 성장함. 한국인 본위의 교육 시행과 한국인 착취 기관 철폐 등을 주장함

⑤ **근우회 창립(1927)** : 신간회의 여성 자매단체로 근우회가 조직되면서 민족주의 계열 단체와 사회주의 계열 단체가 하나로 뭉쳐짐

⑥ **신간회 강령과 정책**

㉠ 민족 협동 조직체 확대, 타협주의 정치 운동 배격, 모든 민족 운동의 지원

ⓒ 동양 척식 주식회사의 폐지, 일본인 이민 반대, 소작료 상한제의 실시, 마름의 횡포 금지

ⓒ 노동자의 단결권 · 파업권 등 노동권 확립, 최저 임금제와 노동 시간 확정, 여성 및 노약자의 노동에 대한 보호

㉣ 조선인 본위의 교육, 사회 과학 연구의 자유, 조선어의 사용

㉤ 언론 · 집회 · 출판 · 결사의 자유, 조선인에 대한 각종 차별적 억압 철폐 등을 주장함

⑦ **신간회 중앙본부 활동**

㉠ 각 지방의 지회를 중심으로 순회 강연회 개최, 민중 계몽하고 민족의식 고취

ⓒ 일본인이 임의로 형벌을 내리는 풍토 규탄, 재만 동포 옹호 운동을 벌여 만주의 한인 사회 안정에 기여함

ⓒ 농민 운동을 지원함. 동양 척식 주식회사의 소작농 수탈을 규탄하고 일본인의 농민 폭행에 강력히 대응함

㉣ 원산 노동자 총파업(1929), 장풍 탄광 총파업(1930), 부산 조선 방직 회사 노동자 파업, 평양

❷ **신간회 결성에 참여한 발기인**
- 언론계 대표 안재홍, 신석우, 홍명희, 문일평
- 불교계 대표 한용운
- 천도교계 대표 권동진
- 기독교계 대표 이상재(YMCA), 이승훈
- 공산당 대표 한위건

❸ **홍명희**

충북 괴산 출신. 일제강점 직후 오산학교 · 휘문학교 교사를 하고, 1920년대 초반에는 동아일보 편집국장을 지냈다. 시대일보 사장으로 신간회 창립에 관여하여 부회장에 선임되었고, 1930년 신간회 주최 제1차 민중대회 사건의 주모자로 잡혀 옥고를 치렀다. 역사 소설 『임꺽정(林巨正)』은 1928년『조선일보』에 첫 연재를 시작하여 세 차례 중단되었다가 8 · 15 직후 전 10권이 미완성으로 간행되었다.

▲ 신간회 결성을 보도한 신문 기사

고무 공장 노동자 파업 등에 진상 조사단 파견, 동맹 파업을 전개함

ⓜ 광주 학생 항일 운동 때에 대규모 민중 대회를 개최하려다 일제의 탄압으로 부회장인 홍명희를 포함한 조직의 강경파가 구속되는 등 큰 타격을 받고 새로운 집행부를 구성함

> 김병로가 집행위원장이 되었는데, 그는 온건주의자로 가급적 ●┄┄┄┄
> 일제와의 충돌을 피하려 했고, 최린과의 협력도 모색하였다.

ⓗ 이밖에도 만주 독립군 지원, 수재민 구호 운동 등을 벌임

⑧ 신간회 지방지회 활동

ㄱ 농민 조합의 소작 쟁의를 적극 지원함

ㄴ 동양 척식 주식회사 이민 반대 운동을 전개함

ㄷ 수리 조합 · 산림 조합 반대 운동을 전개함

ㄹ 인삼과 담배의 전매제를 반대함

ㅁ 중앙과 연계하여 다양한 노동 운동을 지원함

ㅂ 조선 노동 총동맹 · 조선 농민 총동맹 · 조선 청년 총동맹에 대한 금지 철폐 운동 등을 전개함

⑨ 신간회의 항일운동

ㄱ 원산 총파업 노동 운동(1929.1.) : 원산 노동자 총파업이 일어나자 신간회 원산지회는 이를 적극 지원하는 한편, 본부에서도 이인을 파견하여 노동자의 권익을 옹호하고자 함

ㄴ 갑산 화전민 학살 사건 진상 규모운동(1929.6.) : 1929년 6월 16일 함경남도 갑산군에서 일제가 화전민을 학살한 만행에 대한 진상 규명을 총독부에 요구함

ㄷ 단천 산림 조합 사건 지원 운동(1929.7.) : 함경남도 단천에서 농민들이 일제의 산림조합 설치를 반대하는 운동이 일어남. 이에 대해 일제 경찰이 발포하여 사상자가 발생하자 이에 대한 진상 조사단을 파견하여 농민들을 지원함

ㄹ 광주 학생 항일 운동 : 광주 학생 항일 운동이 일어나자 현지에 진상 조사단을 파견하고 진상 보고를 위한 민중 대회를 개최하고자 함

⑩ 타협론 등장 : 민중 대회 사건으로 지도부의 상당수가 검거되어 활동이 느슨해지자 자치 운동을 벌였던 사람들이 신간회에 들어와 합법적인 활동만 하자고 주장 ⇨ 반발한 사회주의자들은 신간회의 해소를 주장

⑪ 신간회 해소

ㄱ 이념 갈등 : 신간회의 새 집행부는 처음 강령과는 달리 타협론자와 협력하려 함. 이에 지방 지회를 중심으로 사회주의자들은 신간회 해소론을 주장함

ㄴ 코민테른의 변화 : 중국에서 국 · 공 합작이 실패한 것을 계기로 식민지에서 진행되던 민족 협동 전선의 해체를 지시함 ⇨ 코민테른과 국내의 사회주의자들은 계급 투쟁을 강조하게 됨. 사회주의 계열은 신간회를 해소하고, 노동자 · 농민이 중심이 되는 계급 투쟁을 더욱 적극적으로 전개할 것을 주장함

ㄷ 일제의 탄압 : 대공황(大恐慌)[1] 이후 일제의 탄압이 강화되자 노동자, 농민의 쟁의가 격렬해짐

ㄹ 일본의 공작 : 해소론이 대두되자 일제는 집회를 허가하고 그동안 금지했던 전체 대회를 허가함. 반면 민중 대회 사건으로 구속된 신간회 유지파 인사들에게 실형을 언도하여 신간회

❶ 대공황

1929년에 시작된 사상 최대의 공황이다. 1929년 10월 24일 뉴욕 월가(街)의 뉴욕주식거래소에서 주가가 대폭락한 데서 발단된 공황은 가장 전형적인 세계공황으로서 1933년 말까지 거의 모든 자본주의 국가들이 여기에 말려들었으며, 여파는 1939년까지 이어졌다.

❷ 신간회 해소 이후의 활동

신간회 해소 이후 협동 전선이 무너지고 사회주의자의 합법적인 활동 공간도 사라졌다. 이후 비타협적 민족주의 계열은 조선학 운동 등 문화·학술 활동에 주력하였으며, 사회주의 계열은 혁명적 농민·노동 조합을 결성하여 비합법적 반제국주의 항일 투쟁을 전개하였다.

회원들과의 접촉을 차단함

　ⓜ 해소 : 사회주의자들은 비타협적 민족주의 세력의 반대에도 전체 회의를 통해 1931년 신간회의 해소를 결정함

⑫ 의의

　㉠ 민족 운동의 방향 : 타협적 민족주의 진영과 사회주의 진영의 협동 전선으로 개량주의적인 자치권·참정권 획득 운동 배격. 완전 독립을 위한 민족 운동을 벌임❷

　㉡ 민족 협동 전선 : 민족주의 세력과 사회주의 세력이 일제에 대항하기 위해 민족 유일당을 형성하였다는 점에서 커다란 의의 있음

　㉢ 민족의식 : 신간회는 민중으로부터 절대적 지지를 받았을 뿐만 아니라 일제 통치하에서 가장 규모가 컸던 합법적 사회 운동 단체로서 노동 운동, 농민 운동, 여성 운동 등을 지원하였고, 야학 활동 등을 통해 민족의식을 고취함

▶ 조선 민흥회의 창설 취지문

민족적 통합의 목적은 '조선의 해방'에 있다. …… 과거의 운동은 계급 의식이 내연되어 있었고, 국가 전체적으로 볼 때 분열되어 있었다. 그러나 최근의 운동에서는 계급 운동의 참여자라 할지라도 연합 민족 운동을 강렬히 요구하고 있다. …… 유럽의 프롤레타리아 계급이 봉건주의와 독재주의를 타파할 목적으로 자본가들과 뭉쳤던 것처럼, 조선의 사회주의자들도 반제국주의 운동에서 공동 권익을 지향하는 계급들의 일체적 동원에 대한 필요성을 절감하고 있다. …… 각 계층 간의 권익은 궁극에 가서는 불가피하게 상충할 것이다. 그러므로 조선민 전체의 결속도 영원히 지속될 수 없다. 그러나 그렇다고 해서 현재의 당면 문제점을 해결하기 위한 양 진영의 연합의 필요성을 누구도 간과해서는 안 된다. … 우리는 중국의 국민당을 본보기로 하여 이 운동을 발전시키고자 한다.

－ 조선일보, 1926. 7. 11.

▶ 정우회 선언(1926)

…… 우리가 승리를 향해 구체적으로 전진하기 위해서는 현실적으로 가능한 모든 조건을 충분히 이용하지 않으면 아니 될 것이다. 따라서 민족주의적 세력에 대해서는 그 부르주아 민족주의적 성질을 분명히 인식함과 동시에 …… 그것이 타락한 형태로 나타나지 않는 것에 한해서는 적극적으로 제휴하여, 대중의 개량적 이익을 위해서도 종래의 소극적 태도를 버리고 분연히 싸워야 할 것이다.

▶ 해소론(사회주의 계열)

소시민의 개량주의적 정치 집단으로 변질한 현재의 신간회는 무산 계급의 투쟁 욕구에 장애가 되고 있다. 노동자 투쟁과 농민 투쟁을 강력하게 펼치기 위해서는 신간회를 해소하고 노동자는 노동조합으로, 농민은 농민조합으로 돌아가야 한다.

－『삼천리』4월호, 1931

▶ 해소파에게 충고함

조선인의 대중적 운동의 목표는 일본 제국주의를 향해 집중되어야 할 것이니, 민족 운동과 계급 운동은 동지적인 협동으로 함께 나란히 나아가야 할 것이다. 그 내부에 영도권이 다른 세력이 섞여 있으므로 전체적으로 협동하여 일을 진행하기는 어려우므로 역량을 분산하거나 제 살 깎아 먹는 식의 잘못을 범하지 않도록 유의하여야 한다.

－ 안재홍, 『비판』7·8월호, 1931

03 농민, 노동 운동

1. 농민 운동

(1) 배경

① **조선 후기** : 조선 후기부터 농민들은 지주제의 봉건적 모순에 저항해옴. 일제 강점기 자율적인 근대적 개혁이 가로막히고 식민지 지주제가 정착되면서 지주의 권한이 극대화되어 농민의 고통이 심화됨

② **일제의 수탈** : 일제는 강점 직후 토지 조사 사업(土地調査事業)❶을 강행하고 산미 증식 계획(産米 增殖計畵)을 실시하여 식민지 지주제를 확립함. 이를 바탕으로 일본인 및 한국인 지주들을 앞세우며 수탈을 확대 · 강화함. 일본인 지주들은 통감부 및 조선총독부의 적극적 지원을 받으며 헐값으로 대규모의 토지를 불하받고 농장제로 경영하며 고율의 소작료를 착취함. ⇨ 한국인 농민들은 토지를 상실하고 개인 지주나 농장의 소작농으로 전락하여 노예처럼 초과 노동에 시달림

③ **과도한 소작료** : 농민 대다수를 차지하는 소작농은 식민지 지주제가 더욱 강화된 결과 기존의 50%보다 높아진 소작료를 부담하게 됨

④ **지주의 횡포** : 지주는 소작농에게 지세, 수리 조합비, 종자 · 비료 대금 등의 각종 비용까지 떠맡김

⑤ **농민의식** : 3 · 1운동 이후 사회주의 사상이 보급되고 학생들의 계몽 운동이 활발해지면서 농민의 의식이 높아짐. 농민 의식이 높아진 결과 1920년대 후반에는 기존의 소작인 조합은 자작농을 포함하는 농민 조합으로 개편됨

> ▶ **사료**
>
> **농민층의 몰락**
>
> 농민층의 몰락은 화전민과 전에 없던 도시 빈민으로서의 토막민을 만들어냈으며, 또한 전국의 토목 공사장을 따라다니며 단순 육체 노동으로 호구책을 구하는 토목 공사장 막일꾼을 만들었다. 1928년 화전민은 전국적으로 120만 명에 달하여 전체 농업 인구의 약 8%, 전체 인구의 6.3%나 되었다.
> 경성 지역의 토막민은 1931년 1,500여 호에 약 5,000명이었으나, 1939년에는 4,200여 호의 2만여 명으로 4배 정도 증가하였다. 농촌 빈민, 화전민, 토막민의 이른바 3대 빈민층은 식민지 지배 정책의 정직한 산물이었다. 식민지 산업 구조는 이농민들을 공업 인구로 수용할 만한 수준에 이르지 못하였으므로 이러한 빈민층이 양산되었다.
> – 「식민지 자본주의의 형성과 발전」, 한국 자본주의의 역사

(2) 단체

① **결성 배경** : 1920년대 농민들은 소작인 조합을 중심으로 소작료 인하, 소작권 이전 반대 등의 권리를 주장하며 쟁의를 일으킴. ❷ (소작 쟁의는 지주제가 상대적으로 발달한 전라도와 경상도에서 많이 일어났다. 이들은 소작 쟁의를 전개하는 과정에서 단결의 중요성을 깨달아 소작인 조합, 농민 조합 등 농민 단체를 결성함

② **단체 증가** : 1920년대 전국 각지 농촌에 농민 단체가 설립됨. (면 · 리 단위의 소작인 조합, 농민 조합, 농우회 등 각종 명칭을 가진 단체가 설립되었다. 1922년 조선 노동 공제회 선언, 1928년 코민테른의 방침

③ **조선 노농 총동맹**(朝鮮勞農總同盟, 1924)❸

㉠ **결성** : 서울에서 조직된 노농운동(勞農運動)의 중앙단체임. 노동운동과 농민운동의 이원적

❶ 토지 조사 사업

일제는 1910년 토지 조사국을 설치하고, 1912년 〈토지 조사령〉을 발표했다. 전국의 토지를 대상으로 소유권 사정 · 가격 산정 · 지적(地籍) 확정을 위해 측량을 실시하고 신고를 받았는데, 까다로운 절차 때문에 토지를 빼앗기는 경우도 많았다. 더욱이 역둔토 · 궁장토 등을 비롯한 국유지나 동중 · 문중외 공유지는 단독 신고자가 없어 조선총독부 또는 유력자에게 넘어가기도 했는데, 13만 5,000여 정보의 역둔토와 4만 6,000여 정보의 민유지가 조선총독부 소유로 되었다. 조선총독부는 1930년까지 전 국토의 40%를 소유했으며, 그 사이 약 10만 건에 달하는 소유권 분쟁이 발생했으나 대부분 묵살되었다.

❷ 1920년대 소작 쟁의 요구 사항

· 소작 조건을 보장하고 소작료는 실제 수확량의 40%를 한도로 할 것.

· 지세, 공과금은 지주가 부담할 것.

· 지주나 마름의 선물 및 부역 강요에 대해서는 거절할 것.

· 동양 척식 주식회사의 일본인 이민을 반대할 것.

–경남 노동 운동자 협의회 요구 사항(1924)–

조직이었으며, 지식인들에 의한 조직임. 화요파 및 서울파의 사회주의자들의 연합이 이루어진 점도 특징임

ⓒ 활동 : 소작료 30%, 지세와 공과금의 지주 부담, 동양 척식 주식회사의 이민 폐지 등을 내세움

④ **조선 농민 총동맹(朝鮮農民總同盟, 1927)**

㉠ **결성** : 조선 노 · 농 총동맹에서 조선 노동 총동맹이 분리하여 결성된 농민 단체임. 조선 농민 총동맹의 결성으로 농민 운동이 조직적으로 전개됨. 이 단체가 결성된 후 전국 각지에 농민 조합이 조직되고 소작 쟁의가 빈발함 → 1930년대 이후 일제의 탄압으로 정치 운동이 사실상 불가능해진 가운데 농민 운동이 합법적 민족 운동의 상당한 부분을 차지함

㉡ **활동** : 소작료 40%, 영구 소작권 보장, 소작 이전 반대, 관제 수탈 기관 철폐 등을 내세움

(3) **1920년대 전반의 농민 운동**

① **내용** : 지주의 수탈에 시달리던 농민들은 조합을 만들어 단결하면서 생존권 수호를 위한 소작 쟁의를 벌임. 농민들은 소작료 인하와 소작권의 안정, 반농민적 농업 정책 철폐, 동양 척식 주식회사의 이민 사업 반대 등 생존권을 요구하는 투쟁을 벌임

② **대표적 소작쟁의** : 1923~1924년 전남 신안군에서 일어난 암태도 소작쟁의는 대표적인 농민 운동이었음. 암태도 소작인회를 중심으로 전개됨. 70% 이상의 고율 소작료를 징수하던 지주 문재철의 횡포에 맞서, 일 년여에 걸친 투쟁 끝에 소작료 40% 등 자신들의 요구를 대부분 관철함. 그 밖에도 북률 동척 농장 소작쟁의(1924), 안동 풍산 소작쟁의(1924) 등이 있었음

③ **수리 · 산림조합 반대** : 일제는 토지 조사 사업을 통해 식민지 지주제를 확립하여 식민 수탈 체제를 갖춤. 이를 바탕으로 산미 증식 계획을 2차에 걸쳐 시행함. 이때 일제가 가장 역점을 둔 사업이 수리조합의 설치를 통한 토지 개량 사업임. 수리 조합을 설치하여 농경지에 관개, 배수함으로써 토지 생산성을 높이려고 함. 그런데 이 과정에서 소작료 인상과 지주의 수세 및 공사비의 전가로 소작농의 부담이 가중됨. 이에 안령, 익옥, 홍산 등 각지에서 수리 조합 반대 운동이, 함경남도 단천에서 산림 조합 반대 운동이 발생함

(4) **1920년대 후반의 농민 운동**

① **내용** : 1920년대 후반 농민 운동은 사회주의 운동의 영향을 받아 더욱 발전함

② **조선 농민 총동맹 결성(朝鮮農民總同盟, 1927)** : 조선 노농 총동맹(1924)에서 분립하여 전국적인 농민 조합으로 활동함

③ **일제의 대응** : 지주의 권익을 옹호하면서, 경찰력을 동원하여 농민의 요구를 억압함. ⇨ 농민들이 일제 경찰과 무력 충돌하는 경우가 증가함

④ **대표적인 소작 쟁의** : 용천 불이흥업농장 소작 쟁의(1929) 등이 있음

(5) **1930년대 농민 운동❹**

① **농촌 경제의 궁핍화** : 1930년대 세계 경제 대공황의 영향으로 농산물 가격이 폭락하여 농촌 경제가 궁핍해짐

② **내용** : 식민지 지주제 철폐, 농민의 토지 소유 등을 요구하며 농민운동이 발생

---

❸ 조선 노농 총동맹 강령

1. 오인(吾人)은 노농계급을 해방해 완전한 신사회의 실현을 목적한다.
2. 오인은 단결의 위력으로써 최후의 승리를 얻는 데까지 철저히 자본계급과 투쟁한다.
3. 오인은 노농계급의 현 생활에 비추어 복리증진 및 경제적 향상을 도모한다.

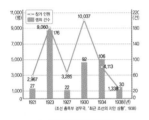

▲ 소작 쟁의 발생 건수

❹ 1920년대와 1930년대 농민과 노동 운동의 특징

1920년대	생존권 수호 투쟁의 성격	합법 투쟁
1930년대	반제국주의 항일 투쟁의 성격	비합법 투쟁, 폭력 투쟁화 경향

③ **방법의 변화** : 1930년대 농민운동은 사회주의 세력과 연계된 혁명적 농민 조합 중심으로 전개됨. 농민 운동은 소작료 문제를 뛰어넘어 '동척 철폐', '토지를 농민에게!', '일본 제국주의를 타도하자!', '노동자 · 농민의 정부를 수립하자!' 등의 급진적 구호를 내세우는 비합법적인 폭력 투쟁으로 발전하는 경우가 많았음 ⇨ 농민 운동이 단순히 생존권 투쟁이 아니라 계급 해방을 추구하는 혁명 운동이자 반제국주의 항일 투쟁으로 발전하였음을 보여 줌

④ **일본의 대응** : 1932년 총독부는 혁명적 농민 조합 운동에 대응하기 위해 황폐해진 농촌을 구제한다는 명분으로 농촌 진흥 운동(農村振興運動)을 시행함. 표면적으로는 춘궁퇴치(春窮退治)와 자력갱생(自力更生)을 내걸었지만, 긴축 생활과 납세 이행을 독려하여 농민들의 생활을 더욱 어렵게 함. 1934년에는 과격해진 농민이 치안에 위협이 될 것을 우려하여 고율의 소작료를 제한하는 조선 농지령을 제정함. 이를 통해 소작농의 지위가 다소 안정되었지만, 농촌의 전반적인 몰락을 막을 수는 없었음

⑤ **조직의 와해** : 1931년까지 조선 농민 총동맹을 중심으로 한 연대 투쟁이 계속됨 ⇨ 일제는 개별적 회유책을 통한 조직 와해를 시도함. 그 결과 1934년까지 소작 쟁의의 수는 증가함. 그러나 참여하는 농민의 수는 감소함

⑥ **결과** : 중 · 일 전쟁(1937) 이후 일제의 가혹한 탄압으로 점차 위축됨

> ▶ **1930년대 소작 쟁의**
>
> 1930년경부터 쟁의 형태가 차츰 전투적으로 변해 갔다. 그것은 이미 단순히 경작권 확보를 위해서가 아니라 '토지를 농민에게'와 같은 구호를 내걸고 농민 야학 · 강습소 등을 개설하여 계급적 교육을 실시하고, 또 농민 조합의 조직도 크게 달라져 청년부 · 부인부 · 유년부 같은 부문 단체를 조직하여 지주에 대한 투쟁이 정치 투쟁화하는 경향이 생겼다.
>
> – 조선 민족 독립운동 비사

⑥ 1940년대 농민 운동

① **내용** : 중 · 일 전쟁(1937) 이후 국가 총동원 체제가 확립되고 그 일환으로 1939년 소작료 통제령이 공포됨. 이로 인해 일체의 소작 문제로 쟁의를 일으키는 것이 일체 금지됨. 그러나 농민들은 미곡 공출에 저항, 징용에 대한 도주, 징용지에서의 적극적인 항쟁 등을 계속 시행함

② **농민 운동의 변화**

  ㉠ **원인** : 농민은 일제의 식민지 수탈 정책이 근본적인 원인임을 깨달음

  ㉡ **정치 투쟁** : 일제의 식민지 수탈 정책에 저항하는 정치 투쟁의 성격이 강화됨

  ㉢ **토지 혁명론** : 사회주의는 토지 몰수 및 농민 분배의 토지 혁명 단계를 명시함. 토지 혁명론이 민족 해방 운동으로 자리 잡음 → 이는 광복 후 토지 개혁에도 영향을 주었음

  ㉣ **적색 농민 조합**(赤色農民組合) : 1940년대에는 노동자 계급과 협력하여 일본 제국주의를 타도하고, 농민의 토지 소유를 실현하고자 하는 혁명적 농민 조합의 수가 증가함

2. 노동 운동

(1) 배경

① **사회주의 사상** : 3 · 1운동 이후 사회주의 사상이 확산되면서 노동자들의 계급의식과 민족의식

이 크게 높아짐

② **열악한 노동 환경** : 한국 노동자의 임금은 일본 노동자 임금의 절반밖에 되지 않았으며, 열악한 작업 환경에서 장시간의 노동에 시달림. 일본인 작업 감독의 민족 차별적 학대 행위도 많았음

③ **식민지 공업** : 1920년 회사령이 철폐되자 공장과 기업의 설립이 증가함. 이로 인해 노동자의 수가 증가하자 노동 단체들이 만들어지고 노동 운동의 기반이 조성되기 시작함

(2) 단체

① **결성** : 조선 노농 총동맹과 같은 전국적 규모의 단체 등장함(1924). 1920년대 후반에는 직장별 노동조합뿐만 아니라 동일 직종간의 전국 직업별 노동조합도 다수 조직됨

② **조선 노동 공제회(朝鮮勞動共濟會, 1920)**

ㄱ **결성** : 서울에서 조직된 노동운동 단체임

ㄴ **활동** : 서울 · 부산 등에 노동강습소, 노동 야학 등을 개설하고 노동 강연회를 개최하여 노동자와 농민의 대중운동을 지도함. 「조선 노동 공제회 선언(1922)」을 통해 소작 농민 운동을 전개하고 소작인 조합의 설립과 소작 쟁의를 지원함. 기관지『공제(共濟)』,『노동공제회보』를 발간함

③ **조선 노동 대회(朝鮮勞動大會, 1920)** : 서울 광무대(光武臺)에서 조직된 운동 단체임. 노동자의 ●지금의 을지로 4가
상호 부조와 의식 발달을 꾀함. 노동운동의 방향과 일제의 탄압, 지도층의 불화로 조직의 발전을 보지 못하고, 1924년 조선 노농 총동맹이 결성되자 이에 합류함

④ **조선 노동 연맹회(朝鮮勞動聯盟會, 1922)❷**

ㄱ **결성** : 윤덕병 등 사회주의자들이 사회 혁명주의를 표방하면서 조선 노동 공제회에서 이탈하여 결성함

ㄴ **주장** : 신사회 건설의 도모, 생활 개조를 위한 지식의 계발, 기술의 진보, 계급적 의식에 의한 일치 단결 등을 주장함

ㄷ **활동** : 노동쟁의 지원, 1923년 5월 1일 메이데이(May Day) 행사를 열어 세계 노동운동과 보조를 함께 함

⑤ **조선 노농 총동맹(朝鮮勞農總同盟, 1924)**

ㄱ **결성** : 조선 노동 연맹회가 조선 노농 총동맹의 발기를 준비하고, 조선 노동 공제회의 잔류파 역시 조선 노동 대회 준비회를 만들어 맞섰으나 모두 실패. 이에 따라 두 계열 인사는 1924년 4월 18일 통합을 논의하여 조선 노농 총동맹을 결성

ㄴ **활동** : 전국적으로 확대되던 각종 쟁의에 개입해 일제의 식민통치에 항의함. 기관지의 발간, 형평운동의 지원, 청년운동과의 제휴, 민족 개량주의로 지목된『동아일보』규탄 등에 관여함

ㄷ **분화** : 조선 노농 총동맹은 1927년 조선 노동 총동맹과 조선 농민 총동맹으로 분화됨

⑥ **조선 노동 총동맹(朝鮮勞動總同盟, 1927)**

ㄱ **결성** : 조선 노농 총동맹이 1925년 11월 중앙집행위원회에서 조선 농민 총동맹, 조선 노동 총

❷ 조선 노동 연맹회 강령

1. 우리는 사회 역사의 필연적인 법칙에 따라 신사회 건설을 도모함.

2. 우리는 공동의 힘으로 생활을 개조하기 위하여 이에관한 지식의 계발, 기술의 진보를 도모함.

3. 우리는 현사회의 계급적 의식에 의하여 일치 단결을 도모함.

동맹으로 분리히여 조직할 것을 결의하여 결성됨

ⓒ 한계 : 조선 노동 총동맹의 간부가 조선 공산당 사건에 연루되어 체포됨으로써 적극적으로 활동하지 못함

(3) 1920년대 노동 운동

① 내용 : 노동자들의 요구는 주로 임금 인상, 노동 시간 단축, 비인간적 대우와 작업 환경 개선 등 생존권과 직결된 것이었음. 노동쟁의는 주로 일본인의 공장에서 일어났는데, 경찰이 개입하여 탄압하기 일쑤였음. 이에 노동 쟁의는 점차 항일 투쟁으로 변모해 감

② 노동운동

ⓐ 부산 부두 노동자 파업(1921) : 부산 부두 노동자들이 임금 인상을 요구하며 단행한 파업임. 이들의 요구가 받아들여져 임금이 10~20% 가량 인상됨

ⓑ 경성 고무 아사 동맹 파업(1923) : 경성의 4개 고무 공장 여성 노동자들이 임금 삭감과 열악한 노동 환경에 반발하여 '아사 동맹'을 맺으며 파업을 일으킴

ⓒ 평양 양말 공장 노동자 파업(1923) : 8월에 평양의 양말 공장 노동자 2,000여 명이 파업을 일으킴

ⓓ 기타 : 서울 전차 승무원 파업, 인쇄 노동자 동맹 파업(1925), 목포 제유 노동자 파업(1926), 경성의 인쇄 직공 파업(1927), 영흥 노동자 파업(1928) 등

③ 원산 총파업(1929)

ⓐ 원인 : 1928년 9월 원산 인근의 라이징 선 석유 회사에서 일본인 현장 감독이 한국인 노동자를 자주 구타한 사건을 계기로 발생함

ⓑ 파업 진행 : 3,000여 명의 노동자들이 감독 파면과 근무 조건 개선 요구 ⇨ 회사의 탄압 ⇨ 원산 노동자들의 총파업 돌입, 일반 사무원도 가세함. '8시간 노동제 시행, 노조 승인' 등을 요구하며 4개월에 걸친 장기 파업에 돌입 ⇨ 일제가 경찰, 군대, 깡패들을 동원하여 노동자들을 탄압하고 노조 간부들을 검거하였으나 항쟁이 계속됨

ⓒ 지원 : 투쟁 소식이 알려지자 전국 각지에서 성금과 식량을 보냄. 신간회를 비롯한 사회단체들도 지지와 성원을 아끼지 않음. 일본의 부두 노동자들이 동조 파업 전개, 중국·소련·프랑스 노동자들이 격려 전문을 보내오는 등 국제적으로 연대하는 모습을 보여 줌

ⓓ 결과 : 원산 총파업은 일제 경찰의 철저한 봉쇄와 탄압으로 실패함

ⓔ 의미 : 원산 총파업은 일제 강점기 최고의 투쟁 강도를 보여 준 최대 규모의 노동 쟁의였으며, 일제 경찰력과 일본인 자본가에 맞서 치열하게 투쟁한 반제국주의 항일 운동이었음

④ 발전 : 1920년대 후반 식민지 공업화의 확산으로 노동자의 쟁의 참가 규모의 증가, 투쟁의 장기화 되는 등 노동 운동이 활성화됨. 대도시 중심의 노동 쟁의가 지방으로 확산되는 경향을 보임

⑤ 노동운동의 변화 : 노동자들이 조직적으로 저항하는 과정에서 사회의식이 높아지면서, 노동 운동은 점차 제국주의 타도를 목표로 하는 항일 민족 운동의 성격을 띠게 됨

▲ 총파업을 전개하는 원산 노동자들
(조선일보, 1929.2.1.)

▶ 노동 쟁의의 전개

안주의 수문 공사를 지난달 30일 시작하였다 함은 본보에서 이미 보도하였거니와 공사를 시작한지 일주일도 지나지 못하여 지난 7일 동맹 파업이 일어났다고 한다. 그 자세한 내막을 보도하면 오직 7시까지 일을 죽도록 시키고도 일급이라고는 최고액이 68전이요, 최하로는 40전까지 있는데, 매일 평균 50여 명의 인부가 일주일 동안 일하는 가운데 최고 68전을 받는 사람은 세 사람밖에 없었다고 한다. 그러나 먹을 것 없는 불쌍한 노동자들은 불평을 품고도 늙은 부모와 어린 처자를 구원하기 위하여 애를 쓰고 일을 계속하였는데, 지난 7일 12시경에 이르러서는 무거운 짐을 지고 가는 노동자의 지게를 일본인 감독자가 짐이 적다고 밀치자 노동자 대표로 그의 불법 행동을 반문하는 문학빈이라는 사람을 때리기까지 하였다. 이에 상당한 일공을 내라고 하자 처음에는 아니 준다고 하였는데 나중에 일공표를 내어 주는 데 반일 동안 공전을 최상은 20전으로 최하는 15전으로 하자 일반 노동자는 우리가 부모처자를 데리고 굶어죽을지라도 이런 부정한 돈은 받지 않겠다고 모두 도로 주고 해산하였다 한다.

– 동아 일보, 1924. 4. 9.

(4) 1930년대 노동 운동

① 노동 환경

ㄱ 노동 조건 악화 : 대공황으로 노동자의 생활이 더욱 어려워지고, 하루 12시간 이상 노동과 저임금 등 근로 조건이 열악해짐

ㄴ 노동자 수 : 1930년대 일제가 대륙침략을 강행하면서 일본기업들이 지하 지원과 전력이 풍부한 한반도 북부 지방에 다수의 중화학 공장을 세우자 공장 노동자 수가 늘어남. 공장 노동자의 비율은 전체 노동자 중 40~50% 수준으로 증가함

ㄷ 일제 탄압 : 계급해방을 추구하는 혁명 운동이자 반제국주의 항일 투쟁의 성격을 띤 노동운동은 일제의 강력한 탄압으로 와해됨

② 혁명적 노동조합 : 파업 투쟁이 폭발적으로 고양되자 사회주의자들은 혁명적 노동조합을 조직하여 노동자들의 삶과 관련된 문제를 해결하면서 대중적인 기반을 확보하고, 그를 토대로 반일과 같은 정치 투쟁으로 나아가고자 함. 지역적으로는 주로 도시의 공장 지대와 병참 기지화 정책으로 인해 새롭게 개발되던 함경도의 공업 도시를 중심으로 전개됨

③ 성격 : 노동자들의 생존권 투쟁에서 반제국주의적 항일운동의 성격으로 변화함

▲ 노동 쟁의 발생 건수

(5) 농민 · 노동 운동의 공통점

① 영향 : 사회주의 사상의 영향을 받음

② 성격의 변화

ㄱ 농민 · 노동운동은 농민과 노동자들의 생존권 투쟁이었으나 점차 계급 해방을 추구하는 혁명 운동이자 반제국주의 항일 투쟁으로 발전하게 됨

ㄴ 1920년대 : 농민들과 노동자들의 요구는 주로 생존권과 직결된 것으로써 경제적 투쟁과 관련이 있음

ㄷ 1930년대 : 점차 혁명적 농민 · 노동운동의 성격을 띠게 되면서 조직적인 정치적 투쟁으로 발전함

ㄹ 1940년대 : 일제의 가혹한 탄압으로 조직적인 저항이 점차 위축되면서 약화됨

04 국외 이주 동포

1. 만주 지역

(1) **배경** 일제의 탄압을 피하려 한 사람들이 생활 터전을 마련하기 위해 이주하다가, 국권 피탈 이후 일제의 토지 수탈로 인해 생존의 위협을 받는 사람들이나 독립 운동 기지를 건설하기 위한 목적 등으로 만주로 이주함

(2) **생활** 이주민들은 토착민들의 핍박과 지리적인 악조건 속에서 황무지를 개간하여 생활 근거지를 마련해야 했기 때문에 큰 어려움을 겪음. 또 이주민들은 항일 무장 독립 전쟁을 지원하여 일제의 탄압을 받았고, 마적단❶의 횡포가 극심했음

(3) **독립운동**

① **독립운동 기지** : 만주로 망명한 독립운동 지도자들은 만주 이주민들과 함께 황무지를 개간하고 독립운동 기지를 건설. 또 독립운동을 위해 민족 교육을 위한 학교를 설립해 항일 의식을 고취하였고 군사 훈련을 실시하여 독립군을 양성함

② **3·1운동 참여** : 국내에서 일어난 3·1운동에 호응하여 만주 지역의 독자적인 독립 선언서를 발표하고 만세 시위에 참여함

③ **무장 독립 전쟁** : 3·1운동 이후 봉오동 전투(1920.6)와 청산리 대첩(1920.10)이 벌어질 때, 만주 동포들이 독립군의 활동을 적극적으로 지원함

(4) **탄압**

① **간도 참변(1920~21)** : 봉오동 전투와 청산리 대첩에서 대패한 일본군은 독립군의 근거지를 없앤다는 명분으로 간도의 한인 촌락을 습격하여 한인을 학살하고 가옥, 학교 등에 불을 지름. 어린 아이와 민간인 수천 명이 학살당함

② **미쓰야 협정(1925)** : 독립군의 국내 침투 활동이 계속되자, 식민 통치의 불안 요소를 없애기 위해 1925년 만주군벌과 미쓰야 협정을 체결함. 이에 독립군 활동이 크게 위축됨

③ **만보산 사건(1931)** : 일제가 한국인과 중국인을 이간질 할 목적으로 만주지역에서 일으킨 사건으로 한국인과 중국인 사이의 감정이 크게 나빠짐

> ▶ **간도 참변**
> 우리는 잿더미를 헤치고 한 노인의 시체를 보았다. 몸에는 총 맞은 곳이 두어 군데 있고 살은 벌써 다 타버리고 …… 방화한 지 36시간이 지났는데도 시체 타는 냄새가 났다. 각기 어린애를 업고 자기 가족의 무덤 앞에 앉아 우는 소리가 너무나 처량하여 차마 볼 수가 없었다. …… 내가 알고 있는 36개 촌락에서만 1400여명이 학살되었다.
> – 채근식, "무장독립비사"

> ▶ **미쓰야 협정**
> 3. 불령선인 단체를 해산하고, 소유한 총기를 수색하여 몰수하며, 무장을 해제할 것
> 4. 조선(총독부) 관헌이 지명하는 불령단 수령을 체포하여 조선 관헌에게 인도할 것
>
> ☞ 조선 총독부 경무국장 미쓰야와 만주 봉천 군벌의 경무처장인 우진이 맺은 협정이다. 일본 군경이 만주에 들어가지 않는 대신 중국 관헌들이 독립군을 체포하여 일본에 넘겨주면 포상하기로 합의하였다

---

❶ **마적단**
청나라 말기로부터 제2차 세계 대전에 걸쳐서 만주 지역에 할거한 기마 집단. 촌락을 습격하여 약탈 행위를 자행한 비적(匪賊) 또는 토비(土匪)와 자주 혼동된다. 물론 마적 중에는 비적과 같은 행위를 한 자도 있으나, 원래의 기원은 보갑제도(保甲制度) 등 중국 촌락 공동체의 민중 자위 조직에 근간을 둔 무장 집단이다.

2. 연해주 지역

(1) **한인 사회 형성** 1860년 연해주를 차지한 러시아가 개척을 위해 한인의 입국을 허용하고 토지를 제공하는 등 편의를 제공했으므로 가난한 농민들이 연해주로 많이 이주함, 한인 집단 거주 지역이 형성되었고 많은 독립 운동 단체들이 만들어짐

(2) **한인촌** 블라디보스토크 교외에 독립운동기지인 신한촌이 건설되었고, 자치 단체인 권업회가 조직(1911)되어 동포 사회를 이끔

(3) **성명회(聲明會) 선언** 연해주 지역의 독립 운동가들이 일제의 국권 피탈에 반대해 발표한 것으로, 성명회는 러시아의 탄압으로 곧 해체되고 권업회(勸業會)로 계승됨

(4) **연해주 지역의 독립운동**

① **13도 의군(1910)** : 유인석, 이상설, 이범윤 등이 간도와 연해주 지역에서 의병 부대를 통합하여 조직하였으나 러시아의 탄압으로 해체됨

② **대한 광복군 정부(大韓光復軍政府, 1914)** : 권업회가 효과적인 독립 전쟁을 수행하기 위해 이상설, 이동휘를 정·부통령으로 하는 대한 광복군 정부를 조직함 → 제1차 세계대전이 발발하고 러시아와 일본이 함께 연합국에 가담하여 활동하면서 성과를 거두지 못함

③ **한인 사회당(韓人社會黨, 1918)** : 러시아 혁명의 영향 아래 전로 한족회 중앙 총회와 이동휘를 중심으로 한인 사회당이 조직되어 사회주의 계열의 민족 운동이 등장하게 됨

④ **대한 국민 의회(大韓國民議會, 1919)** : 이동휘, 이동녕, 문창범 등의 주도로 손병희를 대통령으로 하는 임시 정부를 수립함

(5) **탄압**

① **소련의 변화** : 1920년 이후 소련 사회가 안정되어 가면서 한인 독립군에 대한 소련의 태도가 달라져, 소련에 큰 도움을 주었던 대한 독립군단을 강제로 해산시키기도 함

② **강제 이주** : 1937년 스탈린은 일본이 소련을 침략할 빌미를 주지 않겠다는 구실을 내세워 연해주 지역의 한인들을 중앙아시아의 우즈베키스탄과 카자흐스탄으로 강제 이주시킴. 당시 한인의 수는 17만 명으로, 이 가운데 1만여 명이 이주 과정에서 숨짐.

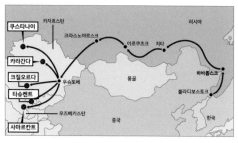
▲ 연해주 한인의 강제 이주

▶ **러시아 강제 이주**
당시 소련에 저항하는 많은 한인 지도자가 살해되었으며 이때 홍범도도 카자흐스탄으로 이주되어 사망하였다.(1943) 그러나 우리 동포들은 추위와 굶주림 속에서도 강한 생명력으로 불모의 땅을 개척하고 농장을 일굼. 오늘날 중앙아시아의 여러 나라에 살고 있는 '고려인(카레이스키)'은 이들의 후손임

3. 중국 지역

(1) **배경** 이 지역에서 활동한 이유는 서양 열강의 조계(租界)지역이 많아 외교 활동을 펴기에 유리하고, 각 지역의 독립 운동 세력과 연락하기 편했기 때문임

(2) **결성** 동제사(同濟社, 1912), 대동보국단(大同輔國團, 1915), 신한청년당(新韓靑年團, 1918) 등을 결성함

동제사의 청년 활동가들이 중심이 되어 조직되었고, 초대 당수는 여운형으로 독립청원서를 작성하는 등 외교 활동을 전개하였다.

4. 일본 지역

(1) 배경

① **19세기 말** : 일본은 우리나라 사람들의 이주를 허용하지 않기 때문에 정치적 망명자나 주로 유학생들이 이주민의 대다수였음

② **국권 피탈 이후** : 제1차 세계 대전 이후 일본 내 산업이 발전하면서 값싼 노동력이 필요해지자 한국인의 이주가 허용됨. 일제의 경제 수탈에 시달리던 농민들이 큰돈을 벌 수 있다는 거짓 선전에 속아 일본으로 건너감

③ **1930년대 후반** : 중일전쟁으로 1939년 징용령이 내려지면서 청장년층 수십만이 끌려가 강제 노동력에 시달리는 등 일본으로 건너간 한인의 수가 급증함

▲ 한민족의 해외 이주

(2) 유학생의 활동

① **역할** : 재일 한인들의 정신적 지주이자 일본에서의 항일 민족 운동의 구심점 역할을 함

② **2 · 8 독립 선언** : 일본 유학생 중심으로 2 · 8 독립 선언(1919)을 발표하였고, 국내에서 3 · 1운동이 일어나자 국내로 들어와 3 · 1운동에 참여함

(3) 탄압

① **민족 차별** : 한국인 노동자들은 주로 일본인들이 꺼리는 토목, 광업, 운수업 부문에서 일하였으나 임금은 일본인의 절반에도 미치지 못하는 등 열악한 근로조건과 민족적 차별을 받았음

② **관동 대학살(1923)** : 일본 관동 지역에서 대지진이 일어나 민심이 크게 동요하자, 일본 당국은 한국인들이 집에 방화하였다거나 우물에 독을 넣었다는 낭설을 퍼뜨려 사회 불안의 원인을 한국인의 탓으로 돌림. 이에 많은 한국인들이 일본 군경과 민간인에 의해 학살당함

4. 미주 지역

(1) 배경

① **하와이** : 1903년에 첫발을 내딛은 하와이 이민은 대한 제국 정부가 공인한 최초의 합법적 이민이었으며, 사진결혼을 통한 부녀자의 이민도 있었음. 하와이에 간 동포들은 국내외 모집 광고와는 달리 사탕 수수밭에서 감독의 채찍까지 맞으며 힘든 노동을 해야만 했음

② **미국 본토** : 미국 서해안 등지로 이주한 한인들은 철도 공사에 동원되거나 농장 인부로 일함

③ **멕시코, 쿠바** : 1905년 1천여 명이 노동 이민을 떠났으나 이 지역의 노동 조건은 미국 본토보다 더욱 열악하였고 우리 동포들은 노예와 다름없는 가혹한 노동에 시달림

(2) 민족 운동

① **성격** : 한인 동포들은 농장 단위로 단체를 조직하여 이주민간의 친목 도모와 권익 보호에 힘씀. 이러한 단체가 발전하여 민족 운동을 목적으로 하는 항일 민족 운동 단체가 결성됨. 이들 단체들은 어려움 속에서도 독립운동 자금을 모아 국내로 송금하고 신문, 잡지를 발간해 애국심을 고취함

② **한인 합성 협회(韓人合成協會, 1907)** : 하와이 한인의 통일적인 정치 운동 기관으로써, 기관지로 '한인 합성 신보'(韓人合成新報)를 발행하고 47개의 지역에 지회를 설립해 1천여 명의 회원을 확보하는 등 미주 한인 사회의 구심점 역할을 함

❶ 스티븐스
(D.W. Stevens, 1851~1908)

미국 외교관. 일본 외무성의 고용원으로 있다가 한국 정부의 외교 고문으로 들어왔다. 3월 미국에 돌아가 기자회견을 하면서 한국이 일본의 보호정치를 찬양하고 있다고 말했다가 이에 격분한 전명운·장인환에 의해 캘리포니아 주 오클랜드 역에서 저격·사살되었다.

▲ 대한인국민회 하와이지방 총회

❷ 맹호군

맹호군은 직접 전투에 투입되지는 않았지만 한국인의 독립 의지를 미국 사회에 알리는데 큰 역할을 하였다. 또 외교 위원회를 설치하고 미국으로부터 임시 정부를 승인 받기 위한 외교 활동을 펼쳤으나 미국 정부의 외면으로 별다른 성과를 거두지는 못하였다.

③ 장인환·전명운 의거(1908) : 샌프란시스코에서 장인환과 전명운이 당시 대한 제국의 외교 고문인 스티븐스❶를 암살함

④ 대한인 국민회(大韓人國民會, 1910) : 장인환·전명운 의거(1908)를 계기로 재미 한인 단체의 통합 운동이 일어나 대한인 국민회가 결성되어 미주 한인 동포들의 권익을 옹호하는 최고 기관으로 활동. 기관지로 '신한민보'(新韓民報)를 발간해(1909.2) 국내외에 배포하여 항일 의식을 고취하였고 광복 때까지 해외 한민족의 독립 운동을 주도함

⑤ 흥사단(Young Korean Academy, 興士團, 1913) : 안창호의 주도로 샌프란시스코에서 결성됨. 국내 지부로 수양 동맹회와 수양 동우회를 둠

　㉠ 수양 동맹회(1922) : 흥사단의 국내 지부로 이광수를 중심으로 서울에서 결성됨

　㉡ 수양 동우회(1926) : 흥사단의 국내 지부로 평양에서 조직된 흥사단 계열의 동우 구락부(1922)와 수양 동맹회(1922)를 통합해 조직

　㉢ 동우회(1929) : 실력 양성주의를 지양하고 혁명당과 같은 단체로 전환하기 위해 국외의 흥사단과 통합해 동우회라고 개칭함. 1937년 일본 경찰에 발각되어 해산함
　　　　　　　　　　　　　　　　　　　　　　　●●수양 동우회 사건

⑥ 대조선 국민군단(大朝鮮國民軍團, 1914) : 박용만이 설립한 한인 소년병 학교의 군사 운동 정신을 계승한 것으로 사관학교 설립을 통한 독립 군사관 양성에 전념함

⑦ 대한인 동지회(大韓人同志會, 1921) : 이승만이 주축이 되어 하와이에서 창설됨

⑧ 대한민국 임시 정부 지원 : 대한민국 임시 정부 수립(1919)으로 미주 동포들은 각종 의연금을 거두어 임시 정부에 송금하였으며, 임시 정부가 발행한 독립공채를 매입해 독립 운동 자금을 마련함. 한편 태평양 전쟁이 발발하자 일본과의 전쟁에서 미국이 이겨야 독립할 수 있다고 판단한 수백 명의 한인 청년이 미군에 입대해 일본과의 전쟁에 참여함

⑨ 재미 한족 연합 위원회(在美韓族聯合委員會, 1941) : 제 2차 세계대전이 발발하자 미주 한인 동포들이 재미 한족 연합 위원회를 결성하여 급변하는 정세에 대응하고자 함. 이 단체는 임시 정부의 재정을 지원하고, 한인 국방 경위대(맹호군)❷를 조직하여 무장 독립 전쟁을 준비함

▶ 재미 한족 연합 위원회가 임시 정부에 자금을 송금하고 보낸 전보

독립금 1천 원과 인구세 4백25원 합 1천4백25원을 보내 드립니다. 이승만 박사의 동지회는 1943년 12월 23일에 재미 한족 연합 위원회에서 탈퇴하였으며 정신적·재정적·정치적으로 적지 아니한 혼란과 곤란을 일으켰습니다. 1944년 1월부터 본 위원회는 이승만 씨에 대한 일체 원조를 단절하였으므로 워싱턴 외교 위원부는 임시 정부로부터 새로운 조직이 있기 전까지는 본 위원회는 그 후원을 정지합니다.

대한민국 26년 5월 4일

05 생활의 변화

1. 인구 증가와 도시 변화

(1) **인구 증가** 일제강점기에는 인구가 늘어 갔음. 한국 인구는 1905년 대한 제국 내무부의 인구 조사에서 약 580만 명으로 파악되었으나 이는 부정확한 수치로 여겨지며, 학계에서는 1910년 무렵의 인구를 약 1,300만 명에서 1,700만 명 정도로 추정하고 있음. 1930년에는 2,000만 명, 일제 통치가 끝나기 직전인 1944년의 인구는 2,500만 명으로 약 2배가량 증가함

(2) **도시의 확장** 당시 한반도의 각 도시들은 항구, 철도, 교통❶, 일본군 주둔 등 여러 요인이 겹치며 확장되었고, 인구도 크게 늘어 서울은 1921년 26만 명에서 1943년 108만 명으로 4배, 대구는 4만 명에서 21만 명으로 5배, 평양은 8만 명에서 37만 명으로 4.5배가량 증가하였음

(3) **경성의 변화**

① **식민 도시** : 총독부는 서울에 도시 개수 계획을 도입해 도시의 모습을 크게 바꾸어 놓음. 경복궁, 창경궁, 경희궁 같은 전통 건물을 마구 헐어 내고, 총독부, 경성부 청사, 경성 역사 같은 관공서와 공공시설, 공원, 학교 등을 잇따라 건립함에 따라 서울의 모습은 점차 식민 도시화되었음. 조선 시대 서울의 공식 명칭은 한성부(漢城府)였음. 그러나 일제는 대한 제국을 강제 합병하면서 경성(京城)이라 고쳤고, 당시 일본 사람은 서울❷을 게이조(경성의 일본식 발음)라 불렀음

② **일본인 거주** : 일본인은 대한 제국 시절부터 남산 자락에 거주지를 형성하였는데, 국권 피탈 이후 인구가 급속히 늘어났음. 이들 일본인은 본정(현재 충무로), 명치정(현재 명동), 황금정(현재 을지로) 일대를 중심으로 일본인 거리를 이루었음. 이러한 일본인 구역을 남촌이라고 부르고 조선인이 모여 사는 곳을 북촌이라고 하였는데, 대체로 청계천을 경계로 나뉘었고, 1930년 무렵에는 10만여 명의 일본인이 살고 있었음

③ **남촌** : 남촌과 북촌의 경제력은 1910년대까지 비슷하였으나 당시 남촌의 거리는 각종 관공서와 소비 시설 등이 건설되면서 서울의 정치와 성업의 중심지로 자리 잡았고, 백화점 상가, 도로 포장, 신호등, 가로등, 네온등 등 근대 도시❸의 겉모습을 갖추고 있었음. 특히 미쓰코시 백화점❹을 중심으로 고급 상가가 밀집한 충무로는 화려한 소비 지역으로 자리 잡았음

④ **북촌** : 한국인에 대한 차별과 한국적 전통의 파괴로 인한 북촌의 쇠락은 식민지에 대한 수탈과 그를 통한 제국주의의 번영을 극명하게 대비시켜 주었음

⑤ **외곽** : 당시 인구가 도시로 집중되면서 도시 외각에 토막촌 등 빈민촌이 형성되었음

⑥ **지방도시** : 서울 외에도 부산, 인천, 군산, 목포, 마산 등 일본인이 많이 거주하는 도시에는 이러한 현상이 비슷하게 나타났음

2. 의·식·주의 변화

(1) **의생활**

① **의복의 변화** : 주로 엘리트 지식인이 주도한 양복 패션은 전통의 파괴라는 점에서, 다른 한편으로는 자본주의의 표상이라는 점에서 반발을 사기도 하였음. 1920년대는 한복을 개량하여 입는 사람들이 있었고, 1920~1930년대에는 소비문화와 대중문화가 형성되면서 쇼핑과 외식을 즐기

---

❶ 교통과 통신의 발달
일제 강점기 철도는 경인선, 경부선, 경의선에 이어 1910년 이후 호남선(1914), 함경선(1928), 전라선(1936) 등이 개통되었음. 통신에서도 1905년 한·일 통신 협정을 통해 우리의 통신권을 강탈한 일제는 통신을 식민 정책 수행과 대륙 침략의 수단으로 이용하였음.

❷ 경성
1912년 태평로 건설하여 광화문에서 경성역(서울역)에 이르는 남북축의 직선 가로가 조성되었고, 1913년에는 도로망을 직선격자형으로 정비했음. 1920년대는 서울 남촌의 일본인 상권에 백화점이 등장했으며, 1930년대 종로 조선인 구역에서 카페와 다방이 유행함.

❸ 도시 모습의 변화
전차는 1899년 서대문과 청량리 사이 노선이 개통하였고, 1910년대 이후 대중교통 수단으로 자리매김했음. 버스는 1928년부터 운행을 시작하여 대중교통 수단으로 각광을 받았음. 1928년 서울 시내에 운행되는 전차는 120대, 버스는 40대 정도였고, 하루 평균 승객은 전차 11만여 명, 버스가 1만여 명 정도였음.

❹ 미쓰코시 백화점
1906년 일제강점기 조선 총독부의 권유에 따라 충무로 지역에 경성 지점을 냈음. 해방 이후인 1945년 미쓰코시 백화점은 동화백화점으로 이름을 바꿨고, 이후 1963년 7월 삼성 그룹에 인수되면서 신세계백화점으로 새롭게 바뀜.

는 '모던보이', '모던걸' 이 등장하였고, 블라우스와 스커트, 파마머리, 스타킹, 하이힐도 등장하였음.『신여성(1923)』,『별건곤』등의 잡지가 창간되어 새로운 패션 등을 소개해 유행을 이끌었음

② **평상시 의복**

　㉠ **남성** : 평상시 남성은 직장인을 중심으로 양복을 입는 사람이 늘어났음. 대부분은 여전히 한복을 입으면서 고무신을 신고 모자를 쓰는 방식으로 한식과 양식을 혼합하였음

　㉡ **여성** : 여성은 1910년대까지만 해도 대부분 쪽진 가르마 머리를 하였고, 1920년대 이후에도 대부분의 여성은 한복을 입었다. 하지만 1920년대부터는 블라우스와 스커트 차림, 단발머리와 파마머리, 스타킹과 하이힐 등이 도시에서 유행하였다. 또한, 여성들은 트레머리를 하였으며 다홍치마를 평상복처럼 즐겨 입었고, 외국에서 유행하는 옷차림새를 흉내내는 사람도 있었음

③ **전시 체제**

　㉠ **남성** : 1940년대 전시 체제에는 한복이나 양복 대신 국방색 국민복을 입고 전투모에 각반❺을 찼음

　㉡ **여성** : 1940년대 전시 체제에는 치마 대신 일본 농촌 여성의 작업복인 몸뻬라는 바지를 입어야 했음

④ **단발의 유행** : 1920년 미용사 오엽주(吳葉舟)가 일본에서 돌아와 화신백화점 에 미용실을 개업해 단발머리를 보급하면서 유행하였음. 단발머리에 대한 토론회가 열릴 정도로 논란이 있었는데, 신학문을 한 이들 말고는 대부분 부정적이었음. 하지만, 일제는 위생 개혁이라는 명목으로 단발을 장려하였다. 한편 단발은 사회 관념으로 유지되어 오던 신분의 구별이나 봉건적 여성관으로부터의 탈피 등을 복합적으로 의미하는 일이기도 하였음

(2) **식생활**

① **식생활의 변화** : 1910년 이후 과자, 빵, 케이크, 카스텔라, 비프스테이크, 수프, 아이스크림, 탄산음료, 과일주스 등 서양 음식이 대중에게도 본격 소개됨. 한편, 일본인들이 애용하던 식용유와 조미료(아지노모토)가 소개되었으며, 통조림을 구입하여 먹는 가정도 많아짐. 자장면과 호떡 같은 중국 음식과 우동과 단무지 같은 일본 음식 등도 유행하였으며 설렁탕과 같은 우리 음식도 대중화되었음. 또한 일부 상류층을 제외하고 하루 2끼를 먹는 것이 기본이 되었으며, 풍요롭지는 못했지만 지방 향토 음식이나 의례에 따르는 식생활 풍속도 유지되었음. 1937년 이후에는 식량 공출과 기아를 간신히 면할 정도의 배급이 시행되었고, 이에 따라 조, 수수 등의 잡곡은 물론 송기떡, 콩깻묵, 밀기울, 술지게미 등으로 연명하였음

② **가공 식품** : 1918년 대규모 제분 회사가 생기면서 기계식 국수와 냉면, 과자, 떡 등이 공장에서 생산되었다. 청량음료와 제염, 양조업 등 제조 식품이 증가하면서 일부 상류층의 식생활이 더욱 다양해졌음

③ **음식점** : 명월관 등의 전통 음식점, 호텔과 백화점 등의 양식, 일본 식당 등이 성행하였음. 1914년 조선호텔❻에서 최초의 아이스크림이 판매되었고, 최초의 엘리베이터, 최초의 댄스 파티가 개

❺ **각반**

군복의 바지 끝자락과 군화가 마주치는 발목에 매는 것으로. 이 부분을 가지런히 함으로써 걸려 넘어지지 않게 하기 위한 것.

❻ **조선호텔**

조선호텔은 1914년 독일 건축가 게오르크 데 라란데가 설계했다. 건물 외양은 당시 북유럽에서 유행하던 독일풍이었고, 지붕은 바로크 양식이었음. 미국 뉴욕에서 샹들리에와 엘리베이터를 공수했고, 은제품은 독일 장인으로부터 공급받았음. 조선호텔은 국내 최초의 호텔은 아니지만, 당시 경성의 대표 건축물이었음.

최되는 등 서구 문화가 도입되는 창구 역할을 하였음

④ **간식 · 부식** : 밀가루로 만든 **빵**, 케이크, 아이스크림, 과자 등이 기호 식품으로 확산되었고, 서민층에서는 고철 등으로 바꿔먹을 수 있는 엿이 인기가 많았음. 좌판을 메고 돌아다니는 사탕이나 찹쌀떡 장수들이 등장했음

⑤ **상류층** : 당시 서양 식품의 주 소비층이었음

⑥ **서민층** : 상류층과는 형편이 사뭇 달랐을 뿐 아니라, 식량 사정이 매우 나빴음

　㉠ **1910년** : 식량 사정은 좋지 않았음

　㉡ **산미 증식 계획 이후** : 식량이 증산됨에도 불구하고 한국인 1인당 쌀 소비량은 줄어들었음

　㉢ **중 · 일 전쟁 이후** : 중일 전쟁(1937) 이후에 쌀 공출제를 실시함에 따라 식량 부족 현상은 더욱 심각해졌음. 서민은 잡곡밥, 조밥, 수수밥을 먹거나 심지어는 소나무 속껍질로 만든 송기떡, 콩깻묵, 밀기울, 술 찌꺼기를 먹으면서 연명하기도 하였음

(3) 주생활

① **주거의 변화** : 도시에 사람이 몰리면서 이전에 볼 수 없었던 주택이 나타났음. 문화 주택과 개량 한옥 같은 새로운 건축 양식이 등장함에 따라 남녀의 주거 공간을 구분하던 전통적인 양반가의 주택과는 달리, 남녀가 같은 공간에서 생활하게 되었음. 이는 남녀 사이의 차별이나 내외하던 관습이 그만큼 약화된 것을 의미하는 것임

<small>일본식 개량 주택에 한국식 온돌을 가미한 주택 ●┄┄┄┄</small>

② **주거 형태** : 1920년대 이후에 상류층의 문화 주택, 중류층의 개량 한옥, 중 · 하류층의 <u>영단 주택</u>이 등장하였음

③ **주거 구분**

　㉠ **개량 한옥** : 1920년대에 지어진 개량 한옥은 사랑방과 문간방이 없어지고, 대청마루에 유리문을 달고 니스와 페인트를 칠한 혼합형 가옥이었다. 이후에는 벽돌을 사용하여 집을 짓고 현관과 화장실을 갖춘 개량 한옥도 보급되었음

　㉡ **문화 주택** : 1930년대에 나타났으며, 2층 양옥으로 전에 없던 복도와 응접실, 침실, 아이들 방 등 개인의 독립된 공간이 생겨났음. 1930년대 이후 한국인 건축가들에 의해 설계된 주택 작품들은 당시 상류 계층의 기호와 건축가들의 건축적 방법이었음. 당시 상류 계층에 유행하는 문화생활이란 식민 지배자로서 일본인들과 그들이 선호하는 유럽인들의 생활양식이었음. 이러한 생활양식을 수용하기 위해서는 그들의 주거 양식이 요구되었음. 그것은 일본을 통해 수입된 또 다른 형태의 식민 양식이라 할 수 있음

　㉢ **영단 주택** : 1940년대 들어 도시민, 특히 서민의 주택난을 해결하려고 지은 일종의 연립 주택이었음. 한국식 온돌과 일본식 개량 주택을 혼합한 형태로 5가지 형이 있었음

　㉣ **토막집** : 움막집의 한 형태로 맨땅 위에 자리를 깔고 짚이나 거적때기로 지붕과 출입구를 만든 원시적인 모습이며, 서울 변두리에서 빈민이 짓고 살았음. 토막살이를 하는 사람은 1937년 서울(경성부)의 총인구 70여 만 명 중에서 15,000여 명에 달하였음

(4) **교통** 1905년 대한 제국은 우측 보행을 규정했으나, 일제 강점기인 1921년 조선총독부령 '도로취

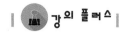

체규칙'에 의해 일본과 동일한 좌측 보행으로 규정이 바뀌게 되었음

3. 전통 사회의 변화

(1) 평등의식

① **백정** : 형평 운동을 통해 백정도 일반인과 똑같은 교육의 기회를 갖게 되었으며, 백정에 대한 천시 풍조도 점차 사라졌음

② **중인** : 중인 출신의 성장도 두드러져 재산을 크게 늘린 사람도 있었음. 총독부 관리나 일본 유학을 다녀온 지식인 중에도 중인, 향리의 자녀가 많았음

(2) 일상생활 통제

① **호주제** : 일제는 1912년 조선 민사령❶을 시행하여 일본의 민법을 한국인에게도 적용하였음

　㉠ **조선 민사령의 호적법** : 1922년에 따라 시행된 호적 제도에서 호주의 자격을 남성으로 제한하였고, 이를 통해 여성은 호주가 될 수 없었음. 호주는 가족 내에서 강력한 가부장권을 행사할 수 있게 되어 여성의 지위가 약화되었음

② **일상생활 규제** : 일제 강점기에는 경찰의 수가 크게 증가하였으며, 이들은 서민의 일상생활을 폭넓게 규제하였음. 일제는 우리 민족에게 일본과 같은 좌측통행❷을 강요하였음. 또한 조세 부과의 기준이 되는 호적 대장과 토지 대장을 상세히 작성하여 이를 지속적으로 갱신하였음. 집집마다 알아서 해오던 장례도 총독부는 묘지 규칙을 공포하여 공동묘지에 묻거나 화장하도록 하고, 개인 묘지는 허가를 받도록 하였음. 또 가축은 도살장에서만 도살하게 했으며, 담배는 전매제도를 실시하여 총독부가 관할하고, 술도 일정 규모 이상의 허가 받은 업체만 만들 수 있도록 하였음

③ **사회 계층의 변화** : 일제의 식민지 수탈 정책은 한국 사회 구조에 큰 변화를 가져왔음. 토지 조사 사업과 산미 증식 계획으로 토지가 소수의 대지주에게 더욱 집중되어 농민층의 분해 현상이 나타났음. 1930년대 이후 일제가 식민지 공업화 정책을 본격적으로 추진하면서 노동자의 수는 빠르게 증가하였으며, 노동자의 상당수는 '막노동자', '지게꾼', '수레꾼' 등 날품팔이 미숙련 노동자로서 도시 빈민층을 형성하였음. 공장 노동자 역시 낮은 임금을 받으며 열악한 조건 속에서 일을 하였음. 이와 더불어 '신여성'❸도 출현함

---

❶ 조선 민사령

조선 민사령은 일제 강점기 한국인에게 적용되던 민사에 관한 기본 법률. 일제는 이를 시행하여 일본의 민법을 한국인에게도 적용하였다. 1912년 제정된 이래 17차례 개정됨. 광복 이후에도 법 체제 미비로 유지되다가 5.16 군사 정변 이후 구법령 정리 사업으로 폐지되었음.

❷ 좌측통행

대한 제국 시기 우리나라 최초의 자동차인 황제 전용 어차가 등장한 이후 '우측통행 규정'을 발표하였다. 하지만 1921년 조선총독부는 '도로 취체규칙'을 발령하며 조선에서도 일본과 같은 좌측통행을 실시하였다. 해방 이후 미 군정기에는 미국의 문화에 따라 다시 차량의 우측통행이 도입되었지만, 보행자는 여전히 좌측통행이 실시되었다. 이러한 보행자의 좌측통행은 2009년 보행자의 우측통행으로 시범적으로 전환되었고, 2010년 전면 우측 통행화되었음.

❸ 신여성

1920년대는 신여성의 시대라고 할 만큼 남성 중심의 사회에 회의감을 품고 자유연애 등의 새로운 남녀 관계에 눈을 뜨는 신여성들이 등장하였음. 대표적인 신여성으로 김원주, 나혜석, 김명순 등이 있음.

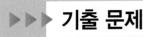

▶▶▶ 기출 문제

01 | 사회 · 경제 민족운동

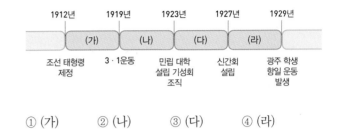

1912년	1919년	1923년	1927년	1929년
	(가)	(나)	(다)	(라)
조선 태형령 제정	3 · 1운동	민립 대학 설립 기성회 조직	신간회 설립	광주 학생 항일 운동 발생

① (가)　　② (나)　　③ (다)　　④ (라)

001 □□□　　2018 지방직 9급

밑줄 친 '운동'에 대한 설명으로 옳은 것은?

> 조선 사람은 조선 사람이 만든 물건만 쓰고 살자고 하는 운동이 일어나고 있다. 그렇게 하면 조선인 자본가의 공업이 일어난다고 한다. …… 이 운동이 잘 되면 조선인 공업이 발전해야 하지만 아직 그렇지 않다. …… 이 운동을 위해 곧 발행된다는 잡지에 회사를 만들라고 호소하지만 말고 기업을 하는 방법 같은 것을 소개해야 한다.
> — 『개벽』

① 조선 총독부가 회사령을 폐지하는 계기가 되었다.
② 원산 총파업을 계기로 조직적으로 전개될 수 있었다.
③ 조만식 등에 의해 평양에서 시작되어 전국으로 확산되었다.
④ 조선 노농 총동맹의 적극적 참여로 대중적인 기반이 확충되었다.

003 □□□　　2013 법원직 9급

다음 글에서 비판하고 있는 이 운동에 대한 설명으로 옳은 것을 〈보기〉에서 고른 것은?

> 이 운동의 사상적 도화수가 된 것은 누구인가? 저들의 사회적 지위로 보나 계급적 의식으로 보나 결국 중산 계급임을 벗어나지 못하였으며, 적어도 중산 계급의 이익에 충실한 대변인인 지식 계급 아닌가. …… 실상을 말하면 노동자에게는 …… 말할 필요가 없는 것이다 …… 그네는 자본가 중산 계급이 양복이나 비단 옷을 입는 대신 무명과 베옷을 입었고, 저들 자본가가 위스키나 브랜디나 정종을 마시는 대신 소주나 막걸리를 먹지 않았는가? …… 이리하여 저들은 민족적, 애국적 하는 감성적 미사(美辭)로써 눈물을 흘리면서 저들과 이해가 전연 상반한 노동 계급의 후원을 갈구하는 것이다.
> — 이성태, 동아일보

〈보기〉
ㄱ. 평양에서 시작하여 전국으로 확산되었다
ㄴ. 사회주의 운동이 크게 확산되는 계기가 되었다.
ㄷ. 황성신문, 대한매일신보 등의 적극적인 지원을 받았다.
ㄹ. 일본 상품에 대한 관세 철폐 움직임에 대응하여 시작되었다.

① ㄱ, ㄴ　　② ㄱ, ㄷ
③ ㄱ, ㄹ　　④ ㄴ, ㄷ

002 □□□　　2018 법원직 9급

다음 주장이 발표된 시기로 옳은 것은?

> 지금의 조선 민족에게는 왜 정치적 생활이 없는가? …… 일본이 조선을 병합한 이래로 조선인에게는 모든 정치 활동을 금지한 것이 첫째 원인이다. …… 지금까지 해온 정치적 운동은 모두 일본을 적대시하는 운동뿐이었다. 이런 종류의 정치 운동은 해외에서나 할 수 있는 일이고, 조선 내에서는 허용되는 범위 내에서 일대 정치적 결사를 조직해야 한다는 것이 우리의 주장이다.
> — 이광수, 동아일보

🎯 **정답 · 해설**

정답 1.③　2.③　3.③

해설 1. 주어진 자료는 1920년대에 전개된 물산 장려 운동이다. 이 운동은 조만식 등에 의해서 평양에서 시작되어 전국으로 확산되었다.
　① 1919 3 · 1운동을 계기로 문화통치를 실시하면서 회사령이 폐지되었다. ② 원산 노동자 총파업 1929 ④ 1924년 사회주의 계열이 소외받는 농민들과 노동자들을 돕기 위해 만든 단체.
2. 주어진 자료는 이광수가 1924년 동아일보에 게재한 '민족적 경륜'이다. 이 글을 통해 조선 내에서 허용되는 범위 안에서 자치를 하자고 주장하였다.
3. 주어진 자료는 물산 장려 운동에 대해서 사회주의자가 비판하는 글이다. ㄴ. 물산 장려 운동은 사회주의자들의 비판을 받았다. ㄷ. 황성신문과 대한매일신보는 국채 보상 운동을 홍보하였다. 황성신문은 일제 강점 직후 한성신문으로 바뀌었다가 폐간되었고, 대한매일신보는 일제 강점 후 매일신보로 이름이 바뀌어 총독부의 기관지가 되었다.

004 □□□

2010 기상직 9급

다음 자료는 일제 침략에 맞서 우리 민족이 저항한 내용이다. 비슷한 시기에 일어난 상황으로 맞는 것은?

> • '내 살림 내 것으로 …… 조선 사람, 조선 것'이라는 구호로 국산품 애용 운동 전개
> • '한민족 1천만이 한 사람이 1원씩'이라는 구호로 1,000만 원 모금 운동 전개

① 6 · 10 만세 운동 이후 민족 유일당 운동이 일어나 신간회가 조직되었다.
② 혁신 유림적 성격이 강한 대한 광복회와 대한 광복군 정부가 활동하였다.
③ 김원봉이 주도하여 민족 혁명당과 군사 조직인 조선 의용대를 만들었다.
④ 한국 광복군이 조직되어 미군의 지원으로 국내 진입 작전을 계획하였다.

005 □□□

2014 국회직 9급

다음 지문과 관련된 단체에 대한 설명으로 옳은 것은?

> 우리는 운동상 실천으로부터 배운 것이 있으니 우리가 실제로 우리 자체를 위해, 우리 사회를 위해 분투하려면 우선 조선 자매 전체의 역량을 공고히 단결하여 운동을 전반적으로 전개해야 하는 것이다. 일어나라! 오너라! 단결하자! 분투하자! 조선의 자매들아! 미래는 우리의 것이다.

① 여성의 지위 향상과 생활 개선 등을 행동 강령으로 삼았다.
② 평양에서 자기 회사, 대구에서 태극 서관을 운영하였다.
③ 청년·학생들이 농민을 대상으로 사회 계몽 활동을 전개하였다.
④ 백정들이 신분 차별 타파를 위한 사회 운동을 전개하였다.
⑤ 일제와 타협하여 자치권과 참정권을 획득하자고 주장하였다.

006 □□□

2013 서울시 7급

다음 내용을 주장한 단체에 대한 설명으로 가장 옳은 것은?

> 공평은 사회의 근본이고 사랑은 인간의 본성이다. 고로 우리는 계급을 타파하고 모욕적인 칭호를 폐지하여 교육을 장려하고 우리도 참다운 인간으로 되고자 함이 본사(本社)의 주지이다.
>
> 지금까지 우리는 어떠한 지위와 압박을 받아왔던가 과거를 회상하면 종일 통곡하고도 피눈물을 금할 수 없다.

① 경남 진해에서 가장 먼저 시작되었다.
② 도시의 하층민이 중심이 되어 조직하였다.
③ 민족 해방 운동 성격까지 내포하게 되었다.
④ 신분 제도가 법적으로 폐지되는 계기가 되었다.
⑤ 이 단체가 결성된 해에 조선 노농 총동맹이 창립되었다.

007 □□□

2016 교육행정

다음 민족 운동에 대한 설명으로 옳은 것은?

> 시간대별 상황
> • 오전 8시 30분 : 종로 3가 단성사 앞에서 국장 행렬이 통과한 뒤 중앙고보생 30~40명이 만세를 부르며 격문 약 1,000여 장과 태극기 30여 장을 살포함.
> • 오전 9시 30분 : 만세 시위를 주도하던 조선 학생 과학 연구회 간부 박두종이 현장에서 일경에 체포됨.
> • 오후 1시 00분 : 훈련원 서쪽 일대에서 천세봉의 선창으로 만세 시위가 일어남.

① 중국 5 · 4 운동에 영향을 주었다.
② 신간회가 진상 조사단을 파견하였다.
③ 사회주의 세력과 학생들이 준비하였다.
④ 조선 청년 총동맹이 결성되는 계기가 되었다.

정답 · 해설

정답 4.① 5.① 6.③

해설 4. 첫 번째 자료는 물산 장려 운동의 구호이고 두 번째는 민립 대학 설립 운동의 구호이다. 1920년대에는 6.10만세운동, 신간회 창립, 광주 학생 항일 운동 등이 일어났다. ② 1910년대 ③ 1938년 한커우 ④ 1940년 충칭

5. 주어진 자료는 1927년 신간회의 자매 단체로 등장한 근우회의 창립 취지문이다. 근우회는 여성에 대한 사회적 · 법률적 차별 철폐와 조혼과 인신 매매 금지, 여성 노동자에 대한 임금 차별 해소 등을 주장하였다. ② 신민회 ③ 1920~1930년대의 농촌 계몽 운동 ④ 1923년 조선 형평사 ⑤ 1920년대 이광수와 최린 등

6. 주어진 자료는 1923년 결성한 조선 형평사의 설립 취지문이다. 일제는 식민 지배 방식의 일환으로 백정에 대한 차별을 계속했기 때문에 이 운동은 민족 해방 운동까지 이어졌다. ① 형평 운동은 경남 진주에서 시작되었다. ② 백정 계층이 전개한 운동이다. ④ 법적 신분제는 1894년 1차 갑오개혁으로 이미 철폐되었다. ⑤ 조선 노농 총동맹은 1924년에 결성되었다.

7. 1926년에 일어난 6 · 10만세운동이다. ① 3 · 1운동 ② 광주 학생 항일 운동 ④ 3 · 1운동 이후 각지에서 많은 청년 단체가 조직되었다. 1923년 서울 청년회의 주도로 조선 청년당 대회가 개최되었으며, 1924년에는 여러 청년 단체들이 연합하여 조선 청년 총동맹이 결성되었다.

008 □□□

다음 선언으로 결성된 단체에 대한 설명으로 옳은 것은?

> 민족주의적 세력에 대하여는 그 부르주아 민주주의적 성질을 분명히 인식함과 동시에 과정상의 동맹자적 성질도 충분히 승인하여, 그것이 타락하지 않는 한 적극적으로 제휴하여 대중의 이익을 위해서도 종래의 소극적인 태도를 버리고 싸워야 할 것이다.

① 조선인 본위의 교육 제도 실시를 주장하였고, 원산 노동자 총파업을 지원하였다.

② 민중의 직접 폭력 혁명으로 강도 일본을 무너뜨리는 목표를 설정하였다.

③ 언론을 통한 국민 계몽과 문맹 퇴치 운동, 민립 대학 설립 운동 등을 추진하였다.

④ 민족 자본의 육성을 위해 자급자족, 토산품 애용 등을 주장하며 물산 장려 운동을 벌였다.

009 □□□

다음 강령을 발표한 단체에 대한 설명으로 옳지 않은 것은?

> 1. 우리는 정치적 경제적 각성을 촉진함.
> 2. 우리는 단결을 공고히 함.
> 3. 우리는 기회주의를 일체 부인함.

① 순종의 인산일에 만세 시위를 계획하였다.

② 일제 강점기 국내에서 조직된 최대의 민족운동 단체였다.

③ 비타협적 민족주의 세력과 사회주의 세력이 협력하여 만든 민족 협동 전선체이다.

④ 광주학생 항일 운동이 발발하자, 진상 보고를 위한 민중 대회를 개최하려 하였다.

010 □□□

다음 민족 운동에 대한 설명으로 가장 옳은 것은?

> 학생, 대중이여 궐기하라! 우리의 슬로건 아래로!
> - 검거된 학생들을 즉시 우리 손으로 탈환하자.
> - 경찰의 교내 진입을 절대 반대한다.
> - 언론 · 출판 · 집회 · 결사 · 시위의 자유를 획득하자.
> - 식민지적 노예 교육 제도를 철폐하라.
> - 전국 학생 대표자 회의를 개최하라.
>
> – 학생 투쟁 지도 본부 격문

① 학도 지원병제의 폐지를 요구하였다.

② 신간회에서 진상 조사단을 파견하였다.

③ 대한민국 임시 정부의 수립에 영향을 주었다.

④ 일제가 허용하는 범위 내에서 자치권을 획득하자는 운동을 벌였다.

🎯 **정답 · 해설**

정답 8.① 9.① 10.②

해설 8. 주어진 자료는 1926년 정우회가 비타협적 민족주의 계열과 우호적 관계 속에서 민족운동을 이끌어갈 것을 천명한 정우회 선언이다. 이후 신간회가 창설되었다. 신간회는 원산 노동자 총파업(1929), 장풍 탄광 총파업(1930)을 비롯해 부산 조선 방직 회사, 평양 고무 공장 노동자 파업 등에 진상 조사단을 보내고 동맹 파업을 전개하였다. ② 의열단 ③ 1920년대의 실력 양성 운동 ④ 물산 장려 운동

9. 주어진 글은 1927년에 결성된 신간회의 강령이다. ① 6.10 만세 운동

10. 주어진 자료는 1929년 광주 학생 항일 운동의 궐기문이다. 신간회는 광주 학생 항일 운동에 진상 조사단을 파견하여 전국으로 휴교 시위를 확산시키고, 대규모 민중 대회를 개최하려다 일제의 방해로 검거되었다.
① 학도지원병제 1943년 ③ 3 · 1운동의 결과 수립 ④ 1920년대 이광수, 최린 등의 자치론

011 □□□ 2018 서울시 9급(3월)

〈보기〉의 단체가 존속한 기간에 발생한 사건이 아닌 것은?

> • 사회주의 계열과 비타협적 민족주의 계열의 합작으로 구성되었다.
> • 설립 당시 회장은 이상재, 부회장은 홍명희가 맡았다.
> • 전국에 140여 개소의 지회를 두고, 약 4만 명의 회원을 확보하였다.

① 광주 학생 독립운동
② 원산 총파업
③ 단천 산림 조합시행령 반대 운동
④ 암태도 소작 쟁의

013 □□□ 2018 국가직 9급

일제 강점기 조선인의 생활 모습으로 옳지 않은 것은?

① 도시 외곽의 토막촌에는 빈민이 살았다.
② 번화가에서 최신 유행의 모던 걸과 모던 보이가 활동하였다.
③ 몸뻬를 입은 여성들이 근로보국대에서 강제 노동을 하였다.
④ 상류층이 한식 주택을 2층으로 개량한 영단 주택에 모여 살았다.

012 □□□ 2017 교육행정

(가) 단체에 대한 설명으로 옳은 것은?

> 11월 3일 광주에서 일어난 고등보통학교 학생과 일본인 학생의 충돌 사건에 대하여, ___(가)___ 본부는 중앙 상무 집행위원회를 열고 광주 지회에 긴급조사를 실시하라고 지시하였다. 또 중요 간부들이 긴급 상의하여 사건 내용을 철저히 조사하는 동시에 구금된 학생들의 석방도 교섭하기로 하고, 중앙 집행위원장 허헌, 서기장 황상규, 회계 김병로를 광주에 급파하기로 하였다.

① 조선 민립 대학 기성회를 조직하는 데 앞장섰다.
② 학생 조직과 함께 6 · 10 만세 운동을 계획하였다.
③ 국산품 소비 장려를 위해 물산 장려 운동을 시작하였다.
④ 민중 대회 개최를 준비하다가 일제의 탄압으로 실패하였다.

🎯 정답·해설

정답 11.④ 12.④ 13.④

해설 11. 제시문은 신간회에 대한 설명이다. 신간회는 1927.2~1931.5 동안 유지되었다. ① 1929년 11월 3일에 발생하였고, 신간회가 진상조사단 파견 ② 1929년 원산 노동자들이 총파업을 함. ③ 1911년 산림령을 제정한 일제는 1920년대 중반부터 민유림 소유자들을 의무적으로 삼림 조합에 가입하게 한 뒤 과중한 조합비를 부과한다. 이 때문에 1929년 단천에서 단천 삼림 조합이 결성되어 가입을 강요했지만 이에 대한 반대 운동이 전개되었다. ④ 1923년~1924년에 걸쳐서 전개

12. 제시문은 광주 학생 항일 운동에 대한 글이다. (가) 단체는 신간회이다. ① 1920년 2차 교육령에 따라 대학 교육이 가능해지자 민립 대학 설립 기성회가 조직되었다. ② 천도교를 중심으로 하는 민족주의 세력과 사회주의 세력들이 순종의 인산일에 만세를 계획하였다. ③ 1920년대 초 물산 장려 운동

13. 영단 주택은 일제가 도시 서민의 주택난을 해소하기 위해서 1941년 서민 주택 공급 정책의 일환으로 만들어졌다. 영단주택은 일식 다다미와 온돌을 혼용하여 건축되었다.

014 □□□

일제하에 일어났던 농민·노동 운동에 대한 설명으로 옳지 않은 것은?

① 1920년대 소작 쟁의는 주로 소작인 조합을 중심으로 전개되었다.
② 1920년대 노동 운동 중에서 가장 규모가 큰 투쟁은 원산 총파업이었다.
③ 1920년대 농민 운동으로 암태도 소작 쟁의가 일어났다.
④ 1920년대에 이르러 농민·노동자의 쟁의가 절정에 달하였다.

015 □□□

다음 〈보기〉의 내용과 같은 분위기가 유행한 시대에 대한 설명으로 가장 옳지 않은 것은?

> 혈색 좋은 흰 피부가 드러날 만큼 반짝거리는 엷은 양말에, 금방 발목이나 삐지 않을까 보기에도 조마조마한 구두 뒤로 몸을 고이고, 스커트 자락이 비칠 듯 말 듯한 정강이를 지나는 외투에 단발 혹은 미미가쿠시(당시 유행하던 머리 모양)에다가 모자를 푹 눌러 쓴 모양 …… 분길 같은 손에 경복궁 기둥 같은 단장을 휘두르면서 두툼한 각테 안경, 펑퍼짐한 모자, 코 높은 구두를 신고 ……
>
> – 『별건곤』, 모년 12월호

① 『신여성』, 『삼천리』 등의 잡지는 새로운 패션이나 화장법을 소개하여 유행을 이끌었다.
② 대한천일은행, 한성은행, 조선은행 등이 설립되어 경성 상인에게 자본을 빌려주어 유행을 뒷받침하였다.
③ 조선 총독부는 기존의 우측통행 방침을 바꾸어 좌측통행을 일반화하였다.
④ 사회주의 운동의 영향으로 식민지 현실의 계급모순을 비판하는 프로 문학이 등장하였다.

016 □□□

밑줄 친 '이곳'에서 전개된 민족 운동으로 옳은 것은?

> 1903년에 우리나라 공식 이민단이 이곳에 도착하였다. 이주 노동자들은 사탕수수 농장, 개간 사업장, 철도 공사장 등에서 일하며 한인 사회를 형성하여 갔다. 노동 이민과 함께 사진결혼에 의한 부녀자들의 이민도 이루어졌다. 또한, 한인 합성 협회 등과 같은 한인 단체가 결성되었다.

① 독립운동 기지인 한흥동이 건설되었다.
② 독립운동 단체인 권업회가 조직되었다.
③ 자치 기관인 경학사와 부민단이 만들어졌다.
④ 군사 양성 기관인 대조선 국민군단이 창설되었다.

017 □□□

19세기 말 이후 전개된 해외 이주에 대한 설명으로 옳지 않은 것은?

① 통감부는 교민의 통제와 영토의 편입을 위해 북변도관리(北邊島管理)를 설치하였다
② 시베리아의 연해주로 이주한 한인들은 해조신문을 발행하였다.
③ 만주로 이주한 한인들은 1918년에 '대한 독립 선언서'를 발표하였다.
④ 미국으로 이주한 한인들은 신민회, 공립 협회, 대한인 국민회 등을 조직하였다.

🎯 정답·해설

정답 14.④ 15.② 16.④ 17.①

해설 14. 농민과 노동자들의 운동은 1930년대에 반제국주의 투쟁으로 확대되고 사회주의자들의 지원을 받으면서 절정에 달하였다가 1937년 중·일 전쟁 이후 전시 체제의 확립으로 약화되었다.

15. 제시문은 서양식 의복을 입은 신여성을 비판하는 글이다. 서구식 복장은 1920년대 이후부터 유행했다. ② 대한천일은행 1899년, 한성은행 1897년, 조선은행 1896

16. 주어진 자료는 '사탕수수 농장', '사진결혼' 등의 내용을 통해 미주임을 알 수 있다. 1914년 박용만 주도로 하와이에 대조선 국민군단을 창설하였다. ① 중국과 소련의 국경지대인 밀산부 ② 연해주의 블라디보스토크 ③ 서간도의 삼원보

17. 북변도관리는 고종이 1902년 간도 시찰사로 파견된 이범윤을 이듬해 간도 관리사로 승격하여 설치한 것이다.

1911년 사립학교 규칙 제정 · 1923년 조선 민립 대학 기성회 · 1925년 조선사 편수회 설치 · 1929년 광주 학생 항일 운동

1921년 조선어 연구회 창립 · 1924년 조선 노동 총동맹 결성 · 1927년 조선 농민 총동맹 결성 · 1931년 브나로드 운동

01 식민지 교육

1. 1910년대 교육

(1) 식민지 교육 정책 우민화 교육을 실시하며 식민 지배에 유용한 하급 기술 인력을 양성하고자 하였으며, 민족의식을 말살하여 식민 지배에 순응하는 황국 신민 양성을 위하여 일본어와 일본 문화 등을 중비시켜 일본인과 동화하려 하였음

(2) 교육 현실 초등학교 취학률은 일본인의 1/6수준이었고, 민족, 사상, 문화, 예술 등의 교육은 이루어지지 않았음. 당시 몇 개의 전문학교가 세워졌으나 공업, 의학, 농업, 법률 등 기술 분야에 한정하여 사실상 민족 지도자를 양성할 수 있는 고등 교육은 존재하지 않았음. 한편, 이 시기 각급 교육기관에 있는 일본인 교원들은 군대와 같은 제복을 입고 교단에 나섰음

(3) 제1차 조선 교육령

① 우민화 교육 : 일본은 조선인을 식민지 국민으로서 '충량한 국민 육성'을 목적으로 하였으며, 생산 노동자를 양성하기 위한 초보적 교육에 중점을 두었음

② 운영 : 보통 교육 수업 연한을 4년으로 단축하고, 사립학교를 축소하였으며, 중등 교육의 기회를 제한하였음

> ▶ **제1차 조선 교육령(1911)**
> 제2조 교육은 교육에 관한 칙어(勅語)의 취지에 터하여 충량한 국민을 육성하는 것을 본의로 한다.
> 제3조 교육은 시세와 민도에 적합하게 함을 기한다.
> 제4조 교육은 보통교육, 실업교육 및 전문교육으로 대별한다.
> 제9조 보통학교 수업 연한은 4년으로 한다.

③ 내용 : 보통학교(4년), 고등보통학교(4년), 여자 고등보통학교(3년)를 두었으나, 일본의 소학교(6년), 중학교(5년)에 비해 교육 연한이 짧았음. 일본어와 수신(도덕)과목을 중시하였으며, 실업 교육에 중점을 두었음

(4) 사립학교 규칙

① 목적 : 사립학교를 통제하기 위해 1908년 시행한 사립학교령을 강화해 제정했음

② 운영 : 1911년 사립학교 규칙❶, 1915년 개정 사립학교 규칙을 반포하여 학교의 설립은 물론 교사 임용과 교육 과정 및 학생 업무 등까지 총독부의 허가를 받게 하였고, 교과서의 사용도 제한하였음. 교사의 해고, 학교의 폐쇄도 명령할 수 있었음

❶ **사립학교 규칙**
1911년 10월 20일 조선총독부령 제114호로 발표된 사립학교 규칙에 관한 규칙. 전체 18개 조와 부칙으로 구성되었으나, 1915년부터 몇 차례 개정되면서 20개 조와 부칙으로 늘어났다. 식민지화되기 전에 발표된 '사립학교령(1908)'을 강화한 법적 조치로서, 당시 민족 운동을 전개했던 민족주의계 사립학교와 종교계 사립학교를 규제하는 내용을 담았다. 적용 대상은 조선인을 교육하는 모든 사립학교이다.

(5) 서당 규칙❷

① 운영 : 1918년 근대 교육이 정착되는 과정에서 일부 서당은 근대적 교육 내용을 추가한 개량 서 당으로 운영되었음

② 내용 : 사립학교에 대한 제재가 강화되자 이를 피해 개량 서당의 형태로 민족 교육을 추진하는 등 사립학교 수가 감소한 데 비해 서당의 수는 급격히 늘어났음. 이에 일제는 1918년 서당의 설 립을 신고제에서 허가제로 전환하였음

2. 1920년대 교육

(1) 교육 현실
3·1운동으로 무단 통치가 실패하고, 우민화 정책에 의한 교육 억제가 부작용을 불러 일으켰다고 판단하여 교육에서도 유화 정책을 펼쳤음. 그러나 보통학교(한국인)와 소학교(일본) 로 나뉘어 차별이 있었으며, '일어 사용자'의 교육 제도를 별도로 지정하여 고등 교육은 일부 부호 나 친일파의 자제에게 국한되었음. 한국인에게는 대부분 하급 교육과 기술 교육만 실시되었음.

(2) 제2차 조선 교육령

① 교육의 유화 정책 : 3·1운동의 영향으로 유화 정책을 실시해 보통 교육의 수업 연한을 6년으로 연장하고 학교 수의 증대, 한국인의 대학교육 허용, 조선어 필수 과목 지정, 조선역사·조선 지 리 신설 등을 시행하였으나 일제에 의해 왜곡된 내용이 많았음

> ▶ 제2차 조선 교육령(1922)
> 제2조 국어(일본어)를 상용하는 자의 보통교육은 소학교령, 중학교령 및 고등여학교령에 의한다. 단, 이 칙령들 중 문부대신의 직무는 조선 총독이 행한다.
> 제3조 국어를 상용하지 않는 자에게 보통교육을 하는 학교는 보통학교, 고등보통학교 및 여자고등보통학교로 한 다.
> 제5조 보통학교의 수업 연한은 6년으로 한다. 단, 지역 정황에 따라 5년 또는 4년으로 할 수 있다.
> 제7조 고등보통학교 수업 연한은 5년으로 한다.

② 내용 : 1922년 제2차 조선교육령의 반포로 보통학교의 교육 연한을 4년에서 6년으로 연장하고, 3면 1교 정책으로 보통학교의 수를 늘렸음. 그러나 보통학교의 수를 늘린 것은 민족 교육을 담 당하였던 서당과 사립학교를 대체하려는 목적이 있었고, 경성 제국 대학을 설립한 것 역시 민립 대학 설립을 방해하려는 의도가 있었음

3. 중·일 전쟁 이후

(1) 제3차 조선 교육령

① 목적 : 중일전쟁(1937년) 이후에 발표되었으며, 모든 교육 내용에서 일본적인 것이 보다 강화되 고 수업을 일본어로 할 것 등이 강요되어 철저한 황국 신민화 교육을 실시하고자 하였음. 이에 맞춰 내선일체·일선동조 등을 강조하였음

② 내용 : 조선어 과목은 수의 과목으로 학제상으로는 남아 있었지만, 수업 시수를 감축시켜 공립 학교에서는 대부분 조선어를 가르치지 않게 되었음. 일상생활에서 조선어 사용을 금지하여 사 실상 우리말 교육을 금지시켰음. 3대 교육 방침인 '국체명징(國體明懲)', '내선일체(內鮮一體)', '인고단련(忍苦鍛鍊)' 등을 강조하여 체제를 반영하였음

❶ 3차 조선 교육령

3차 조선 교육령은 1938년 3월 공포한 일본의 식민지 교육 정책. 주요 내용으로는 교명을 개칭하고, 교육 내용으론 일본어·일본사·수신·체육 등의 교과가 강화되었음. 한국어를 사용하지 못하게 하였고, 사립중학교 설립을 불허하였음.

③ **학교 명칭의 변화** : 학교명을 일본과 동일하게 보통학교를 (심상)소학교로, 고등보통학교를 중학교로, 여자고등 보통학교를 고등여학교로 변경하였음, 1941년에는 3차 조선 교육령❶을 일부 개정하여 초등학교령을 공포하여 소학교를 '황국 신민 학교'라는 뜻을 가진 '국민 학교'(1996년에 초등학교로 명칭이 변화.)로 바꾸었음

> ▶ **제3차 조선 교육령(1938)**
>
> 제1조 심상소학교는 국민 도덕의 함양과 국민 생활의 필수적인 보통의 지능을 갖게 함으로써 충량한 황국 신민을 육성하는 데 있다.
>
> 제13조 심상소학교의 교과목은 수신, 국어(일어), 산술, 국사(일본사), 지리, 이과, 직업, 도화, 수공, 창가, 체조이다. 조선어는 수의 과목으로 한다.
>
> 제16조 국체의 본의를 명확히 밝혀 아동에게 황국 신민으로서의 자각을 환기한다. 국가 사회에 봉사하는 마음으로 내선일체의 미풍을 기른다.
>
> 제20조 국어는 황국 신민으로서의 자각을 굳게 하며 지덕을 개발하는 것으로써 요지를 삼는다.

❷ 제4차 조선 교육령(1943)

제4차 조선 교육령은 학교 교육을 전시 체제에 적합하도록 개편하고 황국 신민화 교육을 강화하기 위한 것이었다. 여기서는 중학교와 고등 여학교의 수업 연한을 4년으로 축소하였고 제3차 조선 교육령에서 수의 과목으로나마 남아 있었던 조선어가 교육 과정에서 아예 빠져 버렸으며 일본어 교육이 강화되었다. 중학교와 고등 여학교의 경우도 국민 학교와 마찬가지로 교과목을 국민과, 체련과, 예능과, 외국어과로 통합하였다. 초·중등학교에서는 체련과가 중시되었으며 국민 학교의 직업과도 강화되었다.

(2) **제4차 조선 교육령❷**

① **내용** : 침략 전쟁의 확대에 따라 학교 교육을 군사 체제로 편입하여 '학도 동원 본부❸' 설치, '학도 근로령' 등 학교 교육을 전쟁 수행 도구로 만들었음. 그리고 모든 교육 기관의 수업 연한을 단축하고, 수의과목으로 남아 있던 조선어 과목을 완전히 폐지하였음. 중학교와 고등여학교의 경우도 초등학교와 마찬가지로 교과목을 국민과, 이수과, 예능과, 외국어과로 통합하였음. 초·중등학교에서는 체련과가 중시되었으며 초등학교의 직업과도 강화되었음

(3) **제5차 조선 교육령**

① **내용** : 1945년 5월 〈전시 교육령〉을 공포해 모든 학생들의 결전태세 확립을 외치면서 교직원과 학생들로 하여금 '학도대(學徒隊)'를 결성하도록 하였음. 이를 통해 학생들이 곧바로 군대 조직화되었으며, 이후 교육은 그 의미를 완전히 상실하였음

❸ 학도 동원 본부

1944년 4월 조선 학생들을 전쟁에 동원할 목적으로 동원하기 위해 설치한 기구.

▌▌ **일제 강점기 조선 교육령 변화**

시기	명칭	목적	내용	
1911.8 ~1922.2	1차 조선 교육령	충량한 국민 육성과 일본어 보급	보통학교의 수업 연한을 4년으로 단축, 보통, 실업 교육 중심, 일본어를 국어라 하여 시수 확대	보통학교, 고등보통학교
1922.2 ~1938.3	2차 조선 교육령	일본인과 동등한 교육을 표방, 하지만 기만 정책의 일환	일본인과 동일한 학제로 변경, 대학 설립이 허용, 실제 민립 대학 설립 운동을 저지하고 경성 제국 대학을 설립함. 이를 통해 친일파 양성을 추구, 조선어를 필수 과목으로 변경	
1938.3 ~1943.3	3차 조선 교육령	전쟁 수행을 위한 목적, 황국 신민화 교육을 주도	조선어를 수의 과목으로 변경, 심상소학교에서 수신 및 제조 과목 시수 늘림	(심상)소학교, 중학교, 고등여학교
1943.3 ~1945.5	4차 조선 교육령	전시 동원 체제를 확립하기 위함	조선어 과목 폐지, 수업 연한 단축, 체련 교과목 신설	국민학교령 (1941)
1945.5 ~1945.8	5차 조선 교육령	전쟁에 필요한 군사를 육성하기 위함	학도대 결성, 학생들을 군대 조직화 시킴	

4. 한국사 왜곡

(1) **목적** 일제는 침략과 식민 지배의 정당성을 확보하고, 우리 민족의 저항을 억누르기 위해 우리 민족사에 대한 적극적인 왜곡을 시도하였음

(2) **고대사** 일제는 이전까지 우리 민족사적 기원이자 우리 민족 단결의 구심이던 단군 조선을 부정하였으며, 고대사를 왜곡하여 민족적 자주성과 독자성을 왜곡하였음

① **고적 조사 위원회** : 1916년 건축, 자시, 분묘 등을 연구한다는 명목으로 한국의 미술품과 문화재를 약탈하였음

(3) **조선사 편수회**

① **조직** : 1916년 일제는 우리의 역사를 왜곡하고 자신들의 침략을 정당화할 수 있는 논리를 정리하기 위하여 조선 반도사 편찬 위원회를 조직함. 이 단체가 1922년 조선사 편찬 위원회로 개칭

② **조직 확대** : 조선사 편찬 위원회가 1925년 확대되어 조선사 편수회로 조직되었음. 조선사 편수회는 일제의 논리에 맞게 『조선사』[4]를 편찬하였음

ⓐ **조선사 편수회** : 우리나라의 민족 문화 말살 및 왜곡을 목적으로 설립된 기관으로, 이완용, 최남선, 이병도 등이 참여하였으며, 식민 사관에 입각하여 한국사를 재구성한 『조선사』, 『조선사료 총간』, 『조선사 길잡이』등을 발행하였음

ⓑ **청구 학회** : 1930년 경성 제국 대학 교수를 중심으로 결성된 단체로, 한국과 만주를 중심으로 극동 문화를 연구한다는 명분 하에 설치되었으며, 이병도, 최남선, 신석호, 이능화 등이 활동하였음. 식민 사학의 이론 확립과 보급에 주력하며 『청구학총』을 간행하였음

(4) **식민 사관** 일제가 한국 침략과 식민 지배의 학문적 기반을 확고히 하기 위하여 조작해 낸 역사관

① **타율성론** : 한국 역사가 주체적 역량에 의하여 자율적으로 이루어지지 못하고, 외세의 간섭과 압력에 의해 타율적으로 진행되어왔다는 논리로 사대성, 반도성, 만선(滿鮮)사관 등을 주장하였음

ⓐ **만선 사관** : 타율성론의 일환으로, 한국의 역사는 항상 만주 지역의 역사 변동에 영향을 받아왔다는 사관

ⓑ **반도성론** : 한국사 무대의 지정학적 위치가 대륙과 해양을 연결하는 반도에 있어 한국사가 부수성과 주변성을 강하게 띠고 있다고 말함으로써 한반도를 거대한 대륙 국가인 중국의 부속품 정도로 치부하며 타율성론을 뒷받침함

② **정체성론** : 우리 민족의 역사는 오랫동안 정체되고 발전하지 못하였다는 주장으로 한국사에서 왕조 교체가 내적 발전의 결과가 아니라 단순한 왕실의 변화이며, 근대 사회 이행에 필수적인 중세 봉건 사회 단계를 거치지 못하였다는 논리

③ **당파성론**[5] : 조선의 멸망 원인이 우리 민족의 파벌 의식과 분열주의에 있다는 논리

④ **일선 동조론**[6] : 조선인과 일본인의 조상은 같다는 이론

⑤ **식민지 근대화론** : 일제 식민지 지배 기간 동안 일제에 의해 한국의 근대화가 실현되었다는 주장.

⑥ **임나일본부설** : 4세기 후반, 야마토 정권 (3세기 말부터 7세기 중엽까지 일본 영토의 대부분을 지배한 일본 최초의 통일정권 시대) 이 한반도 남부 지역에 진출하여 가야(임나)지역에 일본부를 설치하였으며, 신라와 백제로부터 조공을 받았다는 주장

---

[4] 『조선사』
1925년 편찬 위원 조직 구성, 1931년 인쇄 시작, 1938년 완간 출판.

[5] 당파성론
삼국시대는 삼국으로 분열, 고려시대는 호족으로 분열, 조선시대는 붕당으로(사색당파) 분열.

[6] 일선 동조론
야마토 민족과 한민족(조선민족)이 같은 뿌리에서 나왔다는 이론. '동조동근론(同祖同根論)'이라고도 한다. 일본이 형, 한국(조선)이 동생이라는 일본 우위적 사상으로, 일본 제국이 조선에서 벌인 식민지 침탈과 동화 정책, 황국신민화, 민족 말살 정책을 정당화하는 이론적 바탕이 되었음.

02 국학 운동

1. 국어 연구

(1) **국문 연구소** 1907년 광무 11년 학부대신 이재곤의 청의로 각의를 거쳐 설치되었다. 훈민정음 창제 이후 한글을 연구하기 위한 최초의 국가기관임. 특히, 주시경과 지석영을 중심으로 국어 연구를 하였으며, 국문 정리 및 국어의 새로운 체계 확립에 기여하였음

(2) **조선어 연구회**

① **창립** : 1921년 이윤재[1], 최현배[2] 등이 국문연구소의 전통을 계승하여 창립하였음

┌●조선어연구회, 1926

② **활동** : 잡지『한글』을 간행(1927)하고 '가갸날(한글날)'[3]에 훈민정음 반포 여덟 회갑(480년)을 기념하는 행사를 가지고, 이 날을 '가갸글'이라는 그때 한글의 이름에 따라 제1회 '가갸날'이라고 제정하였으며, 강습회와 강연회를 통해 한글 보급에 노력하였음

(3) **조선어 학회**

① **개편** : 1931년 조선어 연구회가 조선어 학회로 심화, 개편되면서 그 연구도 더욱 발전하였음.

② **활동** : 조선 어문 연구와 표기법 통일을 목표로 내세웠으며, 전국 각지를 순회하며 강연회를 열고 방언을 조사하였다. '한글 맞춤법 통일안(1933)'과 '표준말 모음(1936)', '외래어 표기법 통일안(1940)'을 발표하였음. 〈우리말 큰 사전〉편찬에 착수하여 〈우리말 큰 사전〉편찬을 위해 전국의 우리말을 모으는 '말모이 작전'을 통해 어휘를 비교 · 분석하여 정리하였으나. 일제의 방해로 〈우리말 큰 사전〉 편찬은 중단되었음

③ **조선어 학회 사건** : 1938년 국어(일어) 상용 정책을 펴던 일제는 '민족정신을 내세워 내란을 꾀했다.' 는 죄목으로 1942년 조선어 학회 회원 33명을 구속하였고, 혹독한 고문과 옥중 생활로 이윤재, 한징 등이 사망하였다. 〈우리말 큰 사전〉원고는 1945년 9월 8일 경성역(서울역) 통운 창고에서 발견되었고, 다시 편찬 작업을 재개하여 1947년 을유문화사에서『조선어 큰 사전』1권을 간행하였다. 이후, 6.25 전쟁으로 중단되었다가 1957년에『조선어 큰 사전』이 전 6권으로 한글 학회에서 간행되었음

④ **해산** : 1942년 조선어 학회 사건으로 조선어 학회가 해체되었으며, 해방 이후 1949년 한글 학회로 개편되었음

(4) **조선어 문학회** 1931년 경성 제국 대학 조선어 문학과 졸업생들이 모인 연구 단체로, 1933년 해산되었음

(5) **조선 어학 연구회** 1931년 주시경의 학설과 입장을 달리하는 인사들을 중심으로 창립되어 기관지 〈정음〉을 창간하였음

(6) **조선 음성 학회** 1935년 국어의 정확한 발음과 독법을 지도하기 위하여 음반을 제작하였음

---

❶ 이윤재

일제 강점기의 언어학자로, 1942년 이른바 '조선어학회 사건' 으로 10월 1일 회원들과 함께 체포 돼 함흥 형무소에 수감됐고, 일제의 고문을 이기지 못하고 1943년 12월 8일 56세의 나이로 순국했음.

❷ 최현배

경성 고등보통학교를 졸업한 후 주시경(周時經)의 조선어 강습원에 들어가 한글을 연구하였고, 일제 강점기 이후로 교육학과 국어 운동에 관련된 100여 편의 논문을 발표하고 한글학회의 이사장직을 맡는 등 한글의 연구와 보급에 힘썼음. 1926년에 연희전문학교 교수로 취임하여 1938년 흥업구락부 사건으로 파면당할 때까지 재직하였으며, 1942년 10월 조선어학회 사건에 휘말려 1945년 해방까지 4년간 옥고를 치렀음.

❸ 가갸날(한글날)

국어학자인 주시경이 '한글'이라는 이름을 지은 뒤인 1928년 '한글날'로 이름을 바꾸었음.

▶ 한국사 연구

민족주의 사학	박은식, 신채호, 문일평, 최남선
사회 경제 사학	백남운, 이청원, 전석담
실증사학	이병도, 손진태
신민족주의 사학	안재홍, 손진태 홍이섭

❹ 『한국 통사』 (1915)
『한국통사(韓國痛史)』는 간행 직후 중국·노령·미주의 한국인 동포들뿐만 아니라 국내에도 비밀리에 대량 보급되어 민족적 자부심을 높여주고 독립투쟁정신을 크게 고취하였다. 일제는 이에 매우 당황해 1916년에 조선 반도사 편찬위원회(朝鮮 半島史 編纂委員會: 1925년에 朝鮮史 編修會로 개칭)를 설치하였음.

❺ 박은식(대한민국 임시정부 2대 대통령)
1923년 국민대표회의 실패 후 임시정부가 극도로 약화되자 임시 정부의 거듭되는 혼란을 수습해 줄 원로로서 박은식을 임시 정부 국무총리 겸 대통령 대리로 추대하였고, 박은식도 이를 수락하였음. 뒤이어 1925년 3월 23일, 박은식은 의정원에서 대통령으로 선출되었으며, 이튿날인 3월 24일 의정원에서 대한민국 임시 정부 제2대 대통령 취임을 선언하였음.

2. 한국사 연구

(1) **민족주의 사학** 일제에 의해 한국사가 왜곡되는 과정에서 한민족의 기원을 밝히고, 우리 민족의 자주성과 문화의 우수성 및 한국사의 주체적 발전을 강조하는 일련의 연구 활동을 전개하였음.

① **역사 연구** : 우리 민족의 자주적 발전과 우리 문화의 우수성, 주체성 등을 강조하며 독립 운동의 일환으로 역사 연구에 주력하였다. 민족의 고유 정신을 강조하면서 정신 사학을 중시하였음.

② **확립** : 초기에는 영웅 사관이나 고대사 연구에 치중하였으나, 신채호의 〈독사신론〉(1908)(신채호(申采浩)가 1908년 8월부터 2차에 걸쳐《대한매일신보》에 연재한 미완성 논설) 에서 기초가 갖추어지고, 근대 이후의 독립 운동사를 다룬 박은식의 〈한국통사〉, 〈한국독립운동지혈사〉가 편찬되면서 근대적 성격의 민족 사학이 정립되었음

③ **박은식(朴殷植)**

　㉠ **민족정신** : 민족의 근본을 '혼(魂)'으로 파악하여 혼을 담은 민족사를 강조하였음

　㉡ **저서**

　　• **『한국 통사』❹** : 1864년 ~ 1911년까지의 한국 근대사를 3편 14장으로 서술하고 있는 책. 박은식은 전통적인 혼백론을 원용하여 국혼론을 전개하였는데, 국혼의 여러 요소 중에서 역사를 국혼의 소재처로 가장 중시하였으며, 역사를 국혼의 전개 과정으로 파악하고자 함. 『한국통사』는 중국 상해에서 간행된 후, 중국 및 러시아의 한인 교포들 사이에 널리 보급되었고, 미주에서는 한글로 번역되어 교민들의 교과서로 사용되기도 하였음

　　• **『한국독립운동지혈사』** : 1920년 박은식이 갑신정변부터 3·1운동이 일어난 다음해인 1920년까지의 사실을 기록한 역사서로, 상하이 유신사에서 간행되었다. 한민족의 역사와 한말의 역사적 사건, 일제의 침략과 이에 대한 우리 민족의 항거 등을 다루고 있음

　　• **『대동고대사론』** : 1911년 박은식이 단군과 기자조선의 강역 문제를 탐구한 연구 논문임. 이는 박은식이 만주와 대한(大韓)의 고대사를 사료로써 규명한 논문으로, 고대 강역과 혈통 및 국교(國敎)를 확인하여 민족 정체성을 찾고 독립정신을 고취시키는 데 목적을 두었음.

　　• **『연개소문전』, 『안중근전』, 『이준전』, 『동명성왕 일기』** 간행

　㉢ **조선 광문회** : 1910년 박은식, 현채, 최남선 등이 고문헌의 보존과 반포, 고문화의 선양을 목적으로 설립하였음. 1910년 국권 침탈 이후 일제에 의해 진귀한 서적과 국보급 문화재 등이 반출되면서 고전 간행 및 보급 운동의 필요성이 커진 상태였음

　㉣ **언론 활동** : 장지연의 시일야방성대곡으로 일제가 황성신문을 정간시키자, 『황성신문(皇城新聞)』을 지키기 위해 1910년 8월까지 이 신문의 주필로서 활동하였음. 『대한매일신보(大韓每日申報)』가 창간되자, 양기탁의 추천으로 이 신문의 주필을 지냄

　㉤ 상하이 임시 정부 2대 대통령 지냄❺

　㉥ **유교 구신론** : 박은식은 1909년 유학의 변질에 대한 위기감을 느끼고 「유교 구신론」을 저술하여 소극적인 성리학 중심의 유학을 비판하고, 실천적인 양명학과 사회진화론의 진보 원리를 조화시킨 대동사상을 주창하였음. 박은식 등은 이후 민주적, 평등적 대동사상을 기반으로 한 항일 민족 종교로써 대동교를 창설하여 유교 개혁 운동을 전개하였음

❶ 낭가사상

신채호에 따르면, 낭가사상은 한민족의 원시종교인 수두제[蘇塗祭] 신앙에서 유래. 단군은 단군조선의 개창과 더불어 민족적 구심점인 수두(단군)제전(祭典)을 거행하였고, 이것은 부여의 영고(迎鼓), 고구려의 동맹(東盟), 동예의 무천(舞天), 삼한의 소도(蘇塗)라는 이름의 제전으로 계승되었다가, 고구려 태조왕(太祖王)·차대왕(次大王) 대에 와서 '선배' 제도로서 국가적 차원의 정치적 제도로 발전하였음. 여기서 선배는 선인(仙人 또는 先人)의 우리말이며, 이때에 이르러 낭가사상은 한국의 주체적인 전통사상으로 구체화되었음.

❷ 해외 무장 독립운동 기지 건설

의병운동의 현대화를 위해 국외에 무관학교를 설립하고 독립군기지를 창설하여 독립전쟁을 일으킬 것을 계획했다. 이 계획의 구체적인 실현을 위해 1910년 가을에 만주 일대에 후보지를 선정하고, 1911년 봄에는 만주 봉천성 유하현(柳河縣)에 신한촌(新韓村)을 건설해 단체 이주를 시작했으며, 신흥무관학교를 설립했음. 신흥무관학교는 4년제 본과 외에 3개월·6개월의 속성과정을 두어 애국청년과 의병들에게 현대적 군사교육을 실시했음.

❸ 〈조선 혁명 선언〉

무정부주의를 바탕으로 무장 독립투쟁의 필요성을 지적하였다. 또한 외교론, 자치론, 문화운동론, 실력양성론 등 이전의 독립운동론을 비판하고, 민중을 혁명의 주체로 인식하는 민중 직접 혁명론을 내세웠음. 또한, 의열단의 목적이 민중 직접 혁명을 통한 일제 타도에 있음을 대외적으로 천명하였음.

(3) 신채호(申采浩)

ㄱ 민족정신 : 민족의 근본은 화랑도의 '낭가사상(娘家思想)❶'이라 하였음

ㄴ 저서

- 『조선상고사』 : 1931년 신채호가 단군시대로부터 백제의 멸망과 그 부흥운동까지 담긴 책으로 1931년 〈조선일보〉 학예란에 연재되고, 1948년 종로서원에서 단행본으로 출간된 책.『조선상고사』에서 신채호는 역사를 아(我)와 비아(非我)의 투쟁으로 보고 그것이 반복되면서 현재를 이루어 왔다고 보았음

- 『조선상고문화사』 : 1910년대 후반(추정)에 지은 우리나라 상고사에 관한 문헌. 단군 조선의 정치사와 문화사를 저술하고 대종교와 연결되는 전통적 민간 신앙에 관심을 보였음. 이 책은 단군 조선 2천 년의 역사를 쓴 것으로 '국수보전론(國粹保全論)'에 입각한 것으로, 신채호는 국민정신의 유지와 애국심의 환기는 국수(풍속, 습관, 법률, 제도 등의 정신)에 근거를 두고 이루어질 수밖에 없다고 여김. 우리 민족의 대표적 이름은 부여족이고, 국명은 조선이라 했으며, 만주족(여진족)과 구이(九夷)를 부여족의 일부로 간주하였음

- 『조선사 연구초』 : 1924년 신채호가 조선사에 관해 쓴 6편의 논문을 엮어낸 책. 이 책에 수록된 글 중 묘청의 서경천도 운동을 민족주의 사학 입장에서 높게 평가한 '조선 역사상 일천 년래 제일 대사건'이 유명함

- 『독사신론』 : 1908년 신채호가 저술한 책으로 전통적인 유교사관을 통렬히 비판하는 한편, 새롭게 침투해 들어오던 일본의 식민주의 사관도 날카롭게 비판하였음(특히, 학부에서 발행한 친일적 교과서를 비판함). 이 시기에 태동하던 근대 민족주의 역사학의 연구 방향을 제시함

- 『꿈하늘』 : 1916년 자신의 독립 사상을 소설 형식으로 쓴 것으로, 그는 여기에서 일부 계몽운동가들이 의병과 암살을 통한 독립운동을 비판하면서 오직 교육과 실업을 통하여 백성을 깨우치자고 주장하는 것을 '더운 피를 차게 하고 산 넋을 죽게 하는 것'이라고 비판함

- 영웅전기문 :『동국거걸최도통전』,『을지문덕』,『이순신전』

- 외국흥망사 :『이태리 건국 삼걸전』,『미국 독립사』

ㄷ 신민회 참여 : 신채호는 신민회에 가담하여 해외 무장 독립운동 기지 건설❷을 주장하였음

ㄹ 1911년 12월 연해주에서『권업신문』주필을 지냄

ㅁ 광복회 : 1912년 윤세복, 이동휘와 함께 신민회계 민족주의자들과 대종교계 민족주의자들을 모아 조직한 단체

ㅂ 『신대한』 신문 : 3·1운동 이후『신대한(新大韓)』이라는 신문을 만들어 1919년 8월 이승만을 대통령으로 선출한 상해 임시 정부를 맹렬하게 비판함

ㅅ 1920년 북경으로 가서 반(反) 임시 정부 세력이었던 박용만과 연합하여 제2 보합단을 조직하였고, 군사 통일 촉성회를 발기하였음(1920. 9)

ㅇ 잡지 발행 : 1921년 1월 김창숙 등의 지원을 받아『천고(天鼓)』라는 잡지를 발행하였음

ㅈ 의열단에 영향 : 1923년, 김원봉의 요청으로 〈조선 혁명 선언〉❸을 지어 일제 타도를 위한 폭

력 혁명의 중요성을 강조해 의열단 활동에 영향을 미침

㋧ **국민 대표 회의** : 1923년 국민 대표 회의에서 창조파로 참여해 이승만을 비판함

⑤ **정인보(申采浩)**

㉠ **민족정신** : 민족정신 '얼'을 강조하면서 식민 사관에 대항함

㉡ **저서**

- **『5천 년간 조선의 얼』** : 동아일보에서 연재한 글로 우리민족의 시조를 단군으로 설정하였으며, 민족정신을 고취시킴
- **『조선사 연구』** : 한국 고대사의 특정한 주제를 설정하여 통사 형식으로 저술
- **『양명학 연론』** : 중국과 한국의 양명학사를 저술

㉢ 실학사상을 연구 정리

㉣ **고대사 연구** : 신채호를 계승하여 고대사 연구에 주력함

- 광개토 대왕릉비 비문을 연구하여 재해석하였음
- 백제의 요서경략설을 주장하여 일본 학자의 고대사 왜곡을 바로잡는 데 이바지하였음

⑥ **문일평(文一平)**

㉠ **민족정신** : 민족 문화의 근본으로 세종을 대표자로 하는 '조선심(朝鮮心)' 또는 '조선 사상'을 강조하였음

㉠ **저서**

- **『한 · 미 50년사』**(**『대미관계 50년사』**) : 1934년에 저술한 책으로 국제 관계에서 실리적 감각의 필요성을 역설하였음. 이 책에서는 미국의 한국에 대한 정책을 심층적이고 실증적으로 파헤치고 있는데, 전교(傳敎)와 이권의 획득에 노력하던 미국이 러 · 일 전쟁을 계기로 중립주의를 포기함으로써 일본과 미국의 합작으로 한국 문제가 결정되었다는 점을 강조하였음. 이를 통해 문일평은 미국의 제국주의적 본질을 비판하였음
- **『호암전집』** : 1930년대 문일평의 유고를 수집 정리한 책으로 조선일보사 출판부에서 간행했음
- **『조선사화』**

⑦ **최남선(崔南善)**

㉠ **민족정신** : 민족의 근본은 '붉'이라고 하여 고유의 정신을 강조하였음

㉡ **저서** : 조선 역사, 고사통

㉢ **조선 광문회** : 국권 침탈 이후 일제에 의해 진귀한 서적과 국보급 문화재 등이 반출되면서 고전 간행 및 보급 운동의 필요성이 커졌고, 이에 최남선, 현채, 박은식 등은 조선광문회를 조직하였음. 고문헌의 보존과 반포, 고문화의 선양을 목적으로 설립하였음

㉣ **언론 활동** : 황성신문, 대한매일신보 등의 주필로 활동

㉤ **불함문화론❹**

(2) **조선학 운동**

① **시작** : 1934년 정인보, 문일평, 안재홍 등 민족주의 사학자들이 정약용 서거 99주년을 기념하여 『여유당전서(與猶堂全書)』를 간행하는 과정에서 조선학 운동을 제창함

❹ **불함문화론**

1925년 일제강점기 때 강요된 식민 사관에 대항해 한민족의 역사를 통해 동방문화(東方文化)의 원류를 밝히고자 한 최남선의 주장. 문화의 원류로 붉[Park]사상을 주목하였고, 이 사상의 발원지가 단군신화에 등장하는 태백산(太白山)이며, 단군은 그 중심인물임을 제시하였다. 그리고 붉의 가장 오랜 자형(字形)인 '불함'이란 말을 빌려 '붉'을 숭상하던 문화권을 불함문화로 규정하고 그 문화권의 중심이 조선임을 말하였음. 즉, 그가 제시한 불함문화는 조선을 중심으로 하여 그 인근지역에 존재하고 있던 '붉 사상'을 가진 고대사회의 대문화(大文化)를 뜻함.

② **전개** : 1935년 다산 서거 100주년 행사에서는 더 많은 지식인들이 참여한 조선학 운동으로 확대되었음. 다산 연구와 그 시대 관련 저작과 사회 연구를 통해 '실학'이란 역사 용어가 나왔음.

③ **성격** : 기존 민족주의 역사학이 한국사의 특수성을 강조하는 데서 나아가 한국사에 대한 보다 체계적인 연구를 통해 세계적 보편성과 합치시키려 하였음. 실학에서 자주적인 근대 사상과 우리 학문의 고유성과 세계성을 찾으려 함

(3) 사회경제 사학

① **주장** : 유물사관❶에 근거하여 우리 민족의 역사 발전 과정이 세계사적인 발전과정과 궤를 같이 하고 있음을 인식하였음

② **비판** : 한국사를 세계사적 보편성 위에 체계화하는 과정에서 식민 사학의 정체성 이론을 반박하였으며, 민족주의 사학자들의 정신사관도 비판하였음

③ **백남운(白南雲)**

　㉠ **저서** : 『조선 사회경제사(1933)』❷, 『조선 봉건 사회경제사(1937)』 등을 저술하여 사적유물론의 바탕 위에서 한국사를 체계적으로 이해하려 하였음. 그는 우리 역사도 서양이나 일본과 마찬가지로 '고대 노예제 사회 → 중세 봉건 사회 → 근대 자본주의 사회'의 단계를 거치며 발전했다고 기술하였음

　㉡ **비판** : 역사는 세계사적 법칙 안에서 발전한다고 주장하면서, 우리 민족의 특수성을 부각시켜 민족적 주체성을 강조하고자 했던 민족주의 사학자들의 정신 사관도 비판하였음

　㉢ **연합성 신민주주의** : 백남운은 해방 이후 『조선 민족의 진로(1946)』라는 글에서 지주 자본가와 농민, 노동자가 손을 잡고 새 나라를 건설해야 한다는 연합성 신민주주의론을 전개하였음. 한편, 백남운은 조선신민당 경성 특별위원회 위원장에 취임하였음

　㉣ **그 외 학자**

　　• **이청원** : 『조선사회사독본』, 『조선독본』, 『조선역사독본』(1937)을 저술하였으며, 아시아적 생산 양식론을 수용함.

　　• **전석담** : 『조선사교정』, 『조선경제사』 등을 저술. 농촌 공동체에 기반한 아시아적 특수성을 평가하고 봉건 잔재의 혁명적 청산을 주장

(4) 실증사학

① **특징** : 문헌 고증 방법을 통하여 한국사를 실증적·객관적으로 연구하였으며, 랑케 사학❸의 기반 위에 철저한 고증주의를 표방하는 일본 학계의 영향을 받았음

② **이병도(李丙燾)** : 객관적 역사 서술을 지향하였으며, 『한국고대사연구』 등을 저술하였음. 1945년 해방이 되자 진단학회를 재건하고, 국어와 국사분야 중등교원의 양성을 위해 임시 교원양성소를 설치했음. 1946년 서울대학교가 개교될 때에는 문리과대학과 사학과 창설에 참여하기도 했음.

③ **진단 학회** : 1934년 청구 학회의 한국사 왜곡에 반발하여 조윤제, 이병도, 손진태, 이희승 등을 중심으로 조직되었으며, 『진단학보』를 발행하였음

④ **비판** : 청구학회의 역사 왜곡에 저항하기도 하였으나, 문헌 고증에 치우침으로써 역사 인식이 부

---

❶ 유물사관

마르크스가 주장한 역사관으로, 역사 발전의 원동력을 물질적인 생산력과 생산 관계의 변화로 파악하였음.

❷ 『조선 사회경제사(1933)』

이 책은 당시 우리나라의 사회적 상황에 영향을 받아 저자가 세계사적인 보편적 역사발전의 법칙이라고 생각한 마르크스의 유물사관을 한국사에 적용시키고자 한 것.

❸ 랑케 사학

랑케는 역사적 사실에 대한 실증적, 객관적 서술을 중시하였던 독일의 역사학자. 역사가의 임무를 과거의 객관적 사실 복원에 있다고 보았으며, 근대 역사학 성립에 기여하였음.

재한 역사학이라는 비판이 있었음

(5) 신민족주의 사학

① **특징** : 해방 이후, 통일 민족 국가 수립이라는 시대적 과제 속에서 민족주의 사학의 새로운 진로를 모색하는 가운데 등장. 대내적 민주주의와 세계적 평화주의 등을 내세웠으며, 민족주의 사학을 토대로 하되 실증 사학의 방법론을 수용하고 민족사의 실체로서 민중에 주목하는 등 사회 경제 사학도 수용하였음

② **손진태(孫晉泰)** : "단결하면 흥하고 분열하면 망한다. 평등하면 단결하고 불평등하면 분열한다."

　㉠ **조선 민족사 개론❹, 국사대요** : 신민족주의 사관에 근거하여『조선 민족사 개론』,『국사대요』등을 저술하였고, 계급투쟁보다는 신민족주의를 바탕으로 민족 내부의 균등과 단결 그리고 그에 기반을 둔 민족 국가의 건설을 목표로 한국사를 서술하였으며,『진단학보』를 발간한 진단학회의 발기인으로 활동하였음.

　㉡ **민속학 연구** : 1932년에 조선 민속학회를 창설하고 민속 학회지인『조선민속』을 창간하였으며, 민속학 연구서인『조선 민족 문화의 연구』등을 저술하였음.

　㉢ **강조 내용** : 신민족주의를 바탕으로 민족이 단결할 것과 자주독립 및 평등을 강조하였음

③ **안재홍(安在鴻)**

　㉠ **조선 상고사감** : 우리나라 고대사의 여러 주제들에 관해 쓴 논문들을 엮은 책으로 비교언어학적 연구로 고대사를 규명하였음. 1947년과 1948년에 각각 상권과 하권이 발행됨

　㉡ **신민족주의와 신민주주의❺** : 극좌와 극우를 배격하고 만민 공생을 도모하는 중도 사상을 제시.

④ **홍이섭(洪以燮)** : 조선과학사 저술. 이 책은 한국의 과학사를 전시대에 걸쳐 종합적으로 정리한 최초의 저술로서 그 뒤 한국의 과학사 연구에 크게 이바지하였음

⑤ **비판** : 문헌고증을 위주로 한 실증사학에서 벗어나 뚜렷한 이념이나 새로운 방향성을 제시하지는 못함. 또한, 신민족주의사학은 민족주의의 관념성과 도덕적 해석에 기초함으로써 역사 발전에 대한 이해가 없어 사관으로는 구조적인 취약성이 있는 것으로 비판받았음. 문화나 외교 관계를 중심으로 한 세계사와의 관련성 주장이 식민사학에 대한 불철저한 비판으로 해석되기도 하였음

3. 종교 단체

(1) 개신교

① **1880년 대**

　㉠ **수용 계기** : 1880년에 서양 선교사의 입국을 계기로 교세를 넓혀감

　㉡ **수용 과정** : 특히 사립학교 설립 등 교육 활동을 많이 전개하였으며, 서북 지방을 중심으로 교세가 크게 확산되었음. 이에 따라 한글 보급, 근대 사상과 지식 소개, 미신 타파 등에 기여하였음. 한편 알렌 등은 제중원을 중심으로 서양 의술 보급에도 기여함

② **일제 강점기**

　㉠ **단체** : 조선 중앙 기독교 청년회(YMCA)와 기독교 여자 청년 연합회(YWCA)가 중심이 되어

활동함.

    ⓒ 내용 : 교육, 의료, 및 민중 계몽 운동을 전개함. 국권 피탈 이후 경제, 사회, 문화 각 방면으로 민족운동을 전개하고 안악사건, 105인 사건, 3·1운동의 지방 확산, 신사 참배 거부 운동 (1930년대) 등을 지원하여 일제의 심한 탄압을 받았음

    ③ **민족 말살 통치기** : 신사 참배❶ 거부 등 일제 통치에 저항하면서 극심한 탄압을 받아 일부 친일적 교회만 운영되는 지경에 이름

(2) 천주교

    ① **개화기** : 1886년 프랑스와의 수교로 신앙의 자유가 허용됨

    ② **개화기 이후** : 학교, 고아원 등을 설립하면서 복지 및 사회 사업 지속, 잡지『경향』을 발행. 민중 계몽에 노력함, 경향신문 창간(1906)

    ③ **일제 강점기** : 용정촌을 중심으로 천주교 신자들이 독립운동을 전개하였고, 의민단❷이라는 무장 단체를 조직하기도 함. 그러나 교황청이 추축국(독일, 이탈리아, 일본)에 대해 중립적 태도를 취했기 때문에 천주교 교단은 소극적으로 일제에 순응하는 모습을 보임

(3) 대종교

    ① **창시** : 1909년 나철, 오기호 등이 창시. 단군 신앙을 기반으로 민족적 성격이 강한 것이 특징

    ② **항일 투쟁** : 1909년 일제의 '남한 대토벌 작전' 이후 대종교 총재 서일은 본부를 만주로 이동함. 만주에서 조직된 중광단은 북로 군정서의 주축이 되어 무장 항일 투쟁을 전개함

    ③ **일제 강점기** : 2대 교주인 김교헌의 주도로 교단의 총본사를 간도 지방으로 옮긴 뒤 대종교 신자를 중심으로 무장 단체인 중광단을 조직.

    ④ **일제의 탄압** : 국권 피탈 이후, 일제가 종교 통제안(1915)을 만들어 대종교를 탄압하자 초대 교주인 나철이 자결함

(4) 천도교

    ① **개칭** : 동학 농민 운동 이후 교단이 극심한 탄압을 받는 가운데 이용구 등 일부 동학 신도가 일진회를 중심으로 동학을 친일 종교로 만들려고 하자, 제3대 교주인 손병희가 이들을 축출하였음. 이후 교명을 천도교로 개칭(1905)하고 민족 종교로 발전시켰음. 『만세보』를 발간(1906)하고 보성학교와 동덕여학교를 운영함

    ② **일제 강점기** : 3·1운동의 준비 과정에서 중추적 역할을 담당하였고, 1920년 종합 잡지인『개벽』을 창간하여 민중의 자각과 근대 의식 형성에 기여하였음. 1922년 제2의 3·1운동을 계획하였고, 이후에도 만세 운동을 준비하는 등의 활동을 펼침

    ③ **사회 운동** : 여성 운동, 청년 운동, 소년 운동 등 다양한 활동을 전개하였고, 『신여성』, 『어린이』, 『학생』, 『농민』 등의 잡지를 간행하였음

(5) 불교

    ① **국권 강탈 후**

        ㉠ **사찰령** : 통감부의 종교 간섭이 심해지면서 왜색 불교의 침투가 심화되었음. 1911년 사찰령이 시행되면서 불교 교단이 총독의 지배 아래 30개의 교구로 예속되어 있었음

ⓛ 산중공의제도 부인 : 1911년 승려법 등을 통해 본사 주지에 총독의 인가를 받도록 하면서 서거와 합의를 통해 주지를 선출하였던 산중공의제도(山中公儀制度)가 무너지게 되었음.

ⓒ 주지 전횡의 폐단 : 산중공의제도가 폐지된 시기에 일제에 아부하면서 총독의 비호 아래 전횡을 일삼는 소위 '주지 전횡'의 폐단이 나타나게 되었음. 이러한 상황에서 일부 청년 승려들이 조선 불교 유신회를 조직하여 사찰 자치 운동을 전개하였음.

> ▶ 사찰령(1911)
>
> 1조 사찰을 병합 · 이전 · 폐지 · 하고자 할 때는 조선 총독의 허가를 받아야 함.
> 3조 사찰의 본말 관계 · 승규 · 법식 · 기타의 필요한 사법은 각 본사에서 정하여 조선 총독의 인가를 얻어야 함.

② 한용운(韓龍雲)

ⓛ 조선 불교 유신론 : 불교 개혁론에 대해 만해 한용운이 저술한 국한문 병용책으로 1910년에 저술하고, 1913년에 간행되었음. 불교 교리, 승단의 제도, 의식, 사찰 조직, 승려의 취처(娶妻)문제 등 17장에 걸쳐 당시 한국 불교를 날카롭게 비판함.

ⓒ 왜색불교 침투 경계 : 1911년 한용운은 『조선 불교 유신론❸』에서 미신적 요소와 왜색 불교의 배격을 통해 불교의 쇄신 및 민족적 전통 수호를 주장하였음

ⓒ 계몽 운동 : 불교의 자주성 회복과 근대화를 위한 계몽 운동을 추진하였음

ⓔ 조선 불교 유신회 : 1921년 한용운이 불교 자주화 운동을 전개하기 위해 조직된 단체로 일본의 사찰령, 승려법에 대항하였음. 일제의 불교 기관인 조선 불교 중앙 교무원과 대립하였음

ⓜ 만당 : 1930년에 불교 대중화 운동을 전개하기 위해 조직된 불교계 비밀 결사 단체

(6) 원불교

① 창시 : 1916년 전라도를 중심으로 박중빈이 창시한 불교 계통의 신흥 종교

② 내용 : 불교의 현대적 생활화를 추구하면서 개간 사업과 저축 운동 및 근검절약과 허례허식 폐지, 금주 · 금연 등 새 생활 운동을 전개하여 남녀평등과 허례허식을 폐지할 것을 주장하였음

(7) 유교

① 유림의 성향

ⓛ 봉건 : 유교는 종교라기보다 일종의 사회 세력으로, 유림들은 지역 사회의 주도층인 경우가 많았음. 대다수 유림은 위정척사의 입장에서 봉건적 성향을 가졌음

ⓒ 반봉건 : 개화사상을 접한 개명 유학자들은 반봉건적인 성향과 반외세의 성향을 가졌음

② 일본의 유림 회유 : 반봉건적 성향을 가진 유림층을 적극적으로 회유하려 했음

③ 박은식의 유교 구신론 : 1909년 박은식은 성리학의 보수성을 비판하고 양명학에 기반하여 실천적, 민중적 유교로 거듭날 것을 주장하였음

④ 대동교 : 친일 유림 단체에 대항하여 공자의 대동사상❹과 서양의 계몽사상과 민주주의 등을 절충하여 대동교를 창설하였으나, 통감부의 탄압으로 1년 만에 해체되었음

⑤ **항일 운동** : 심산 김창숙 등의 주도로 파리 평화 회의에 독립 청원서를 보낸 장서 사건(1919)을 비롯해 많은 유림들이 항일 운동에 나섰고, 가산을 팔아 독립운동을 지원하는 사례도 있었음

4. 과학 활동

(1) 배경

① **식민지 교육의 반발** : 식민지 교육이 하급 기술 교육만 하는 데 반발하여 과학의 진흥을 꾀하기 시작하였음.

② **일제의 과학 교육 도외시** : 경성 제국 대학에 이과를 설치하지 않는 등 과학 교육을 의도적으로 도외시 하였음.

③ **과학 교육의 필요성** : 부국강병을 위한 과학 교육의 필요성이 대두하였고, 안창남의 고국 방문 비행(1922)❶을 계기로 언론사에서 과학의 대중화를 주장하였음

(2) 학회

① **발명학회** : 1924년 김용관의 주도로 설립하여 과학 대중화 운동을 전개하였다. 1933년 '과학 조선❷'을 창간하고, '과학의 날'을 제정하는 등 전국적으로 과학 행사를 개최하였음

② **과학 지식 보급회** : 1934년에 설립되었으며, 과학의 날 행사를 가진 뒤 과학도서 편찬, 강연회, 전시회 등을 통해 과학 지식의 보급에 힘썼음.

③ **과학 대중화** : 식민지 교육이 하급 기술 교육에 치중하는 데 반발하여 과학의 진흥을 꾀하는 운동으로, 생활의 과학화와 과학의 대중화를 주장함

5. 문학 활동

(1) 1910년대

① **문예 활동의 위축** : 헌병 결찰 통치의 시행으로 총독부에 협조하는 경우를 제외한 언론과 출판이 극도로 통제되어 문예 활동 전반이 위축되었음

---

❶ **안창남의 고국 방문 비행(1922)**
우리나라 최초의 비행사인 안창남은 1922년 여의도 상공에서 수많은 관중이 지켜보는 가운데 고국 방문 비행을 하여 민족적 자긍심을 고취시켰음.

❷ **과학 조선**
일제강점기에 간행된 종합과학잡지. 1930년대 김용관(金容瓘), 박길룡(朴吉龍) 등 발명학회(發明學會)와 과학지식보급회(科學智識普及會)의 주도자들에 의해 두 기관의 기관지로 간행되었으며, 발명 및 과학기술의 중요성을 사회에 알리고, 과학기술 지식을 대중에 보급하는 등 일제강점기의 대표적 대중 과학기술 잡지의 역할을 하였음.

② **활동 내용** : 최남선, 이광수 등을 중심으로 계몽 문학이 주를 이루었다. 동경 유학생이 만든 〈학지광〉, 최남선의 신체시 〈해에게서 소년에게〉❸ 이광수의 〈무정〉 등이 발간되었음. 최남선과 이광수는 타협적 문학의 선구자였음

> ▶ **이광수의 〈무정〉**
>
> 1917년 매일신보에 연재된 이광수의 작품으로, 우리나라 최초의 근대적 장편 소설로 평가받는다. 이 소설은 근대 문명에 대한 동경과 신교육 사상, 자유연애의 찬양 등이 주된 주제가 되고 있다. 당시 독자들의 많은 관심을 끌었을 뿐 아니라, 한국 현대 문학의 효시가 되는 작품으로 평가된다.

(2) 1920년대 초반   ●─ 일제강점기 소설가. 후에 친일반민족행위자로 바뀜

① **동인지와 문학지** : 김동인이 중심이 된 〈창조〉(1919), 김억·남궁벽의 〈폐허〉(1920), 나도향·이상화의 〈백조〉(1922) 등의 동인지가 3·1운동 이후 간행되었음. 이들은 대개 계몽주의적 작품 활동보다는 순수 문학을 추구하였음. 이와 더불어 〈장미촌〉, 〈조선문단〉 등의 문학지가 다수 간행되었고, 종합 잡지인 〈개벽〉(1920), 〈신생활〉(1922) 등이 발간되었다. 문인들에게는 작품 활동의 기회가 많아졌지만, 이 과정에서 독립운동을 암시하는 작품을 발표하였다는 이유로 일부 잡지사가 탄압을 받기도 하였음

② **순수 문학·낭만주의** : 동인지, 잡지를 통한 작품 활동의 폭이 커지고 저변이 확대되면서 동인지를 중심으로 유파가 형성되었음. 이 시기에는 〈창조〉, 〈폐허〉, 〈백조〉 등의 동인지가 순수 문학을 표방하였는데, 3·1운동의 실패에 대한 현실 도피로서 퇴폐적, 관념적 유미주의 경향을 띠는 낭만주의가 유행하였음

③ **문인들의 분화** : 이광수 등 일부 문인들은 친일적 면모를 보이기도 하였으며, 한용운, 심훈, 이육사 등 일제에 대한 저항 의식을 표출하는 작가들도 있었음. 또한, 사회주의의 유입과 함께 신경향파 문학이 대두되었음

(3) 1920년대 중반

① **신경향파 문학(계급 문학)의 대두** : 3·1운동 이후 노동자, 농민의 사회 참여가 활발해지면서 문학의 사회적 기능이 강조되었음. 임화, 김기진, 박영희, 최서해 등 신경향파는 순수 문학을 추구하는 문인들을 비판하면서 현실 참여적 문학을 강조하였음. 이들은 1925년 KAPF라는 단체를 조직하기도 하였음.
조선 프롤레타리아 예술가 동맹 ●─┘

② **프로 문학(계급 문학)** : 1920년대 초반부터 대두된 신경향파 문학이 1925년 KAPF(조선 프롤레타리아 예술가 동맹)를 결성하면서 본격화되었음. 종래의 퇴폐적 낭만주의를 비판하면서 예술의 현실 참여를 강조하였음. 계급투쟁을 직접적으로 다루기 시작한 점에서 신경향파 문학과 구분하여 프로 문학이라고 부르기도 함. 카프 문단을 주도하면서 사회주의자가 아니면서도 비슷한 현실 인식을 표출한 유진오(俞鎭午)❹, 이효석(李孝石)❺, 현진건(玄鎭健)❻, 채만식(蔡萬植) 등 동반 작가들도 다수 활동하였음

③ **국민 문학** : 민족주의 계열을 중심으로 신경향파에 반대하고 문학을 통해 민족주의 이념을 선양하려는 움직임이 나타나기 시작하였음. 국민 문학 운동이 전개되면서 민족애, 전통문화 등이 강조되었음. 김소월의 『진달래꽃』(1925), 이상화의 『빼앗긴 들에도 봄은 오는가』(1926), 한용운의 『님의 침묵』(1926) 등 독립을 염원하는 마음을 담은 시가 발표되었음

▲ 〈님의 침묵〉 표지

▶ **한용운의 〈님의 침묵〉**

님은 갔습니다. 아아, 사랑하는 나의 님은 갔습니다.
푸른 산빛을 깨치고 단풍나무 숲을 향하여 난 작은 길을 걸어서, 차마 떨치고 갔습니다.
황금의 꽃같이 굳고 빛나던 옛 맹서는 차디찬 티끌이 되어서 한숨의 미풍에 날아갔습니다.
날카로운 첫 키스의 추억은 나의 운명의 지침을 돌려놓고, 뒷걸음쳐서 사라졌습니다.
　　　(중략)
우리는 만날 때에 떠날 것을 염려하는 것과 같이, 떠날 때에 다시 만날 것을 믿습니다.
아아, 님은 갔지마는 나는 님을 보내지 아니하였습니다.

⑷ **1930～40년대**

① **순수 문학의 발전** : 1930년대 이후, 일제는 민족과 계급이라는 이념적 문학을 탄압함. 이에 따라 문학의 예술적 기능에 치중하면서 시문학파와 구인회 등 순수 문학이 주류로 등장하였음. 순수시 운동의 김영랑(金永郎)❶, 정인보, 변영로(卞榮魯)❷, 정지용(鄭芝溶)❸ (1930년에 정지용은 박용철(朴龍喆), 김영랑(金永郎), 이하윤(異河潤) 등과 함께 동인지 《시문학》을 발간하고, 1933년에는 순수문학을 지향하는 김기림(金起林)·이효석(李孝石)·이종명(李鐘鳴)·김유영(金幽影)·유치진(柳致眞)·조용만(趙容萬)·이태준(李泰俊)·이무영(李無影) 등과 함께 9인회를 결성하며 한국 시단을 대표하는 인물로 떠오름.)등의 작품은 한국 현대시의 모태가 되었음

② **저항 문학** : 이육사·윤동주 등은 민족의식과 독립 사상을 고취하는 저항 문학 활동을 계속하였음. 이육사의 대표작으로는 『광야』, 윤동주의 대표작으로는 『쉽게 쓰여진 시』등이 있음

▶ **쉽게 쓰여진 시**

창 밖에 밤비가 속살거려
六疊房(육첩방)은 남의 나라.

詩人(시인)이란 슬픈 天命(천명)인 줄 알면서도
한 줄 詩(시)를 적어 볼까.

땀내와 사랑내 포근히 품긴
보내 주신 學費封套(학비봉투)를 받아

大學(대학) 노─트를 끼고
늙은 敎授(교수)의 講義(강의) 들으러 간다.

생각해 보면 어린 때 동무를
하나, 둘, 죄다 잃어 버리고

나는 무얼 바라
나는 다만, 홀로 沈澱(침전)하는 것일까?

人生(인생)은 살기 어렵다는데
詩(시)가 이렇게 쉽게 씌어지는 것은
부끄러운 일이다.

六疊房(육첩방)은 남의 나라,
창 밖에 밤비가 속살거리는데.

등불을 밝혀 어둠을 조금 내몰고,
時代(시대)처럼 올 아침을 기다리는 最後(최후)의 나.

나는 나에게 작은 손을 내밀어
눈물과 慰安(위안)으로 잡는 最初(최초)의 握手(악수).
　　　　　　　　　　　　　　　－ 윤동주 －

③ **통속 문학의 등장** : 일제의 탄압이라는 암담한 현실로부터 도피하려는 경향이나 상업주의와 결탁한 통속 문학이 등장. 홍명희는 일제의 탄압을 받으면서도 〈임꺽정〉에 토속어를 구사하면서 역사소설의 새로운 지평을 열었음

④ **친일 문학**

　㉠ **문인** : 일제의 국책에 순응하고 시국에 협력하라는 요구에 이광수, 최남선, 주요한, 김활란 등의 문인들이 부응하였음.

　㉡ **주장** : 친일 문인들은 학병 지원을 격려, 미화하고 내선일체를 부르짖으며, 국민에게 일제의 침략 전쟁을 미화하고 이에 참여하자는 주장을 펼침

❶ 김영랑

〈모란이 피기까지는〉의 시인. 잘 다듬어진 언어로 섬세하고 영롱한 서정을 노래하며 정지용의 감각적인 기교, 김기림의 주지주의적 경향과는 달리 순수서정시의 새로운 경지를 개척함. 1935년에는 첫째 시집인 《영랑시집》을 발표.

❷ 변영로

그의 시는 부드러운 가락과 아름다운 서정을 위주로 하면서도 작품 근저에는 민족혼을 일깨우려는 의도를 담고 있는 것으로 평가

❸ 정지용

주로 1920년대～1940년대에 활동했던 시인으로 참신한 이미지와 절제된 시어로 한국 현대시의 성숙에 결정적인 기틀을 마련한 시인이라는 평가받음. 주요저서로는 《정지용 시집》, 《백록담》, 《문학독본》.

> ▶ 노천명 '부인 근로대'

부인 근로대 작업장으로
군복을 지으러 나온 여인들
머리엔 흰 수건 아미 숙이고
바쁘게 나르는 흰 손길은 나비인가
    (중략)
일본의 명예를 걸고 나간 이여
훌륭히 싸워주 공을 세워주

나라를 생각하는 누나와 어머니의 아름다운 정성은
오늘도 산산만한 군복 위에 꽃으로 피었네

– 매일신보. 1942. 3. 4

▲ 노천명

6. 음악 활동 (일제 말기에 홍난파와 현제명 등은 친일적 음악 활동을 전개함)

(1) **음악계의 변화** 1920년대에 음반 산업이 발달하고 1927년 경성방송국이 개통되면서 음악계는 큰 변화를 겪었음. 전통 음악과 서양 음악, 예술 음악과 대중음악으로 분리되어 각기 독자적으로 발전

(2) **전통 음악** 창극, 판소리 등 공연 예술의 형태로 유지되었으며, 1920년대 후반에는 이른바 팔도 명창대회가 자주 열리고 음반 판매가 활성화되었음. 일부이긴 하지만 가야금병창, 산조 등의 연주도 명맥을 이어갔음

(3) **창가와 가곡** 민간에서는 여전히 망국의 슬픔을 담은 창가가 유행하였음. 창가는 점차 본격적인 서양 음악인 가곡으로 발전하여 홍난파의 '봉선화', 현제명의 '고향생각', '그 집 앞' 등이 발표되었음. 해외에서는 안익태가 코리아 환상곡(1936)을 작곡하였음

(4) **동요** 색동회[4]의 윤극영은 '반달' 등의 동요를 창작하였고, 방정환 작사, 정순철 작곡의 '늙은 잠자리' 등이 각각 발표되어 동요의 황금시대를 이루었음. 윤석중은 순수 동심주의를 지켰으며, 이원수는 사회 저항 의식을 담았음

(5) **대중음악** 1920년대 후반 들어 점차 창가가 사라지면서 현대적 기악과 성악이 도입되었음. 일본에서 성악을 전공한 윤심덕(일제 강점기의 성악가이자 가수 겸 배우이다. 화가 나혜석과 함께 1920년대의 신(新)여성을 대표하는 인물) 이 '사의찬미[5]'등을 통해 인기를 끌었음. 1930년대에는 일본 주류 대중음악의 영향을 받은 트로트 양식이 정립되었음

7. 미술 활동

(1) 한국화

① **안중식(安中植)** : 장승업의 제자였으며, 한국의 전통 회화를 계승하고 발전시켰음

② **이상범(李象範)**: 안중식으로부터 그림을 배운 뒤 전통 회화의 새로운 방향을 모색하였음

  ㉠ **전람회 내용** : 안중식과 이상범은 1918년 단체를 만들어 한국에서 첫 미술 전람회라 할 수 있는 서화협회 전람회를 개최하였음

  ㉡ **모임 내용** : 1923년 이상범, 노수현, 변관식 등은 중국과 일본의 화풍에서 벗어나 자주적으로 조선화의 방향을 모색하기 위한 모임을 만들기도 하였음

❹ 색동회

1923년 방정환은 일본에서 어린이 연구 단체인 색동회를 만들어 소년운동을 전개하였으며, 조철호는 1922년 보이스카우트의 효시인 조선 소년군을 결성하였음.

❺ 사의찬미

일제 강점기인 1926년 8월에 한국 최초의 소프라노 윤심덕이 발표한 음반이며 이 음반의 타이틀곡.

③ **김은호(金殷鎬)** : 화조화에서 채색화로 두각을 나타냈음. 경성 서화미술학교에서 안중식(安仲植)과 조석진(趙錫晉)에게 사사했고 구한말 어진화가(御眞畫家)로 명성이 높았음

④ **허백련(許百鍊)** : 옛 법에 충실한 화격(畫格)을 자신의 세계로 심화시키는 방향을 고수하였음. 그는 미산(米山)에게 그림을 사사했으나 학업은 일본 메이지(明治)대학에서 법학을 배웠으며, 1936년 '조선 미술원'을 설립하였음

(2) **이중섭(李仲燮)** 화단 활동은 부산 피난 시절 박고석(朴古石)·한묵(韓默)·이봉상(李鳳商) 등과 같이 만든 기조전(其潮展)과 신사실파에 일시 참여한 것 외에 통영·서울·대구에서의 개인전이 기록되고 있음. 1940년대 민족 말살 정책 하에서도 민족적 특색을 강하게 표출하는 그림을 그렸으며, 특히 소를 그림의 소재로 많이 사용하였음. 강렬한 선을 강조한 화법은 고구려 고분 벽화의 영향을 받은 것으로 보임

▲ 이중섭의 〈소〉

(3) **서양화** 고희동, 김관호, 나혜석 등은 유화 기법을 들여왔고, 조소 부문에서는 김복진이 미륵불을 중심으로 한 독특한 작품 활동을 펼쳤음

① **고희동(高羲東)** : 동경 미술학교를 졸업하고 우리나라 최초 서양화를 개척. 1918년 당시 서화계의 중진과 대가들을 종용하여 최초의 한국인 서화가들의 모임이자 근대적인 의미의 미술 단체인 서화협회(書畫協會)를 결성하였음

② **김관호(金觀鎬)** : 고희동에 이어 두 번째 서양화가로 활동. 그의 재능은 일본 도쿄 미술학교 재학 시절인 1915년 8월 경복궁 내의 총독부 박물관에서 개최된 '시정(施政) 5주년기념 공진회(共進會)미술전람회'에 「인물」을 출품하여 은패를 수상한 것이 신문에 보도되면서 널리 알려지기 시작했음. 「해질녘」은 한국인이 그린 최초의 누드화로서 사회적으로도 큰 반향을 일으킴

③ **임용련(任用璉)** : 미국 예일대학교 미술과를 수석 졸업하고 국내에 들어와 이중섭 등을 가르쳤음. 1930년 백남순을 동반하고 서울로 돌아와 부부유화가작품전을 가진 뒤 국내에서의 작품 활동을 시작함. 서화협회 전람회와 1934년의 목일회(牧日會) 동인전 및 1937년의 목시회(牧時會) 동인전 등에 부부가 함께 참가하였음

▲ 나혜석

④ **나혜석(羅蕙錫)** : 유화를 들여와 독특한 작품 세계를 창조하였으며, 근대적 여권론을 펼치기도 하였음. 조선 미술 전람회에서 제1회부터 제5회까지 입선하였고, 1921년 3월 경성일보사 건물 안의 내청각에서 한국 여성화가로서 최초의 개인전을 가짐. 또 소설가로도 활약하였음

(4) **조소** 비평가인 김복진이 미륵불과 인물상을 중심으로 독특한 작품들을 남겼음

(5) **그 외**

① **1918년 서화 협회가 창립**

② **전형필(全鎣弼)** : 1938년 일제의 강력한 물자 통제령에도 불구하고 북단장 내에 보화각을 건축하여 우리나라 최초의 사립 박물관을 설립하였음. 김정희(金正喜)와 정선(鄭敾)의 작품이 집중적으로 수집하여 그에 대한 올바른 연구가 이루어질 수 있게 하였음. 또한 심사정(沈師正)·김홍도(金弘道)·장승업(張承業) 등 조선시대 전반에 걸친 화적은 물론, 서예 작품까지 총망라하였고, 고려 및 조선 자기와 불상·불구·와전 등에 이르는 문화재들을 방대하게 수장하였음

⇨ 보화각이 간송 미술관으로 계승

▲ 간송 미술관 전경

③ 김은호, 김기창 등 친일적 성향의 그림

8. 연극 활동

(1) **연극의 역할** 관객과 직접 대면하면서 우리말로 진행되는 연극은 민중 계몽과 민족의식 고취 등 연극의 중심 사상을 관객에게 효과적으로 전달할 수 있는 방법이었음

(2) **신파극** 일본에서 유입된 근대 초기의 연극 형태로, 초기에는 계몽적 성격도 있었으나 곧 치정이나 사랑을 그린 통속적 내용으로 바뀌었음. 희로애락을 자극하는 신파극은 망국의 슬픔을 잠시 잊게 하는 위안이 되었음. 광복 후에는 왜색 연극이라는 평가를 받으며 곧 사라졌음

(3) **신극 운동** 서구의 사조와 방법에 더 직접적으로 영향을 받아 연극의 문학성을 강조하는 면에서 신파극과 구별됨. 1920년대 일본 유학생들에 의해 극단이 결성되면서 신극 운동이 활발히 펼쳐졌음

① 극예술 협회 : 1920년 동경 유학생들이 연극 공연을 민중 계몽의 수단으로 삼아 활발한 연극 운동을 전개하였음

② 토월회 : 1923년 동경 유학 중이던 박승희, 김복진, 김기진 등이 대중의 의식 계몽을 위해 연극이 가장 효과적이라 판단하여 결성하였음. 귀국 후 80여 공연을 수행하며 신극 운동에 크게 기여하였음

③ 극예술 연구회

ㄱ 조직 : 1931년 홍해성, 유치진 등 일본에 유학하여 해외 문학을 연구한 학생들이 중심이 되어 조직함. 이들은 극예술에 대한 대중들의 이해를 넓히고 우리나라에 진정한 신극 문화를 뿌리내리려했음

ㄴ 내용 : 상업 연극에 대항하여 순수 연극으로서 서유럽의 사실주의 연극과 창작극을 공연하였으며, 대중의 각성을 요구하였으나 일제의 탄압으로 해산하였음. '토막'을 공연하고 기관지로 〈극예술〉(1934)을 발간하였음

(5) **전시체제의 연극** : 중 · 일 전쟁 이후 일제의 혹독한 탄압 하에 연극 무대는 오락 일변도의 가극 무대로 변하였고, 강요에 못 이겨 일제를 찬양하는 연극도 공연되었음. 일제 말기에는 일본어를 쓰지 않는 연극은 공연이 불허되었음

▲ 장한몽(1969)

9. 영화 활동

(1) **영화 산업의 한계** 영화 산업은 다른 장르에 비해 많은 제작비와 첨단 장비가 필요함. 초기에는 주로 일본인들에 의해 제작되었고, 최초의 영화사는 일본 자본으로 설립된 조선 키네마 주식회사(1924)임. 자본과 기술 · 기자재 부족으로 인하여 영화 활동은 다른 분야보다 발전이 더딤

(2) **조선 키네마 주식회사❶** 1924년에 설립된 우리나라 최초의 영화 제작사로 이후 영화 제작에 활기를 띠었음. 조선 키네마는 부산에 거주하던 일본인 실업가들이 20만 원의 자본금을 공동 출자해 세운 영화 제작사이며, 이들은 총포 화약상인 다카사 간조를 사장으로 내세우고 일본에서 기술자들을 데려와《해의 비곡》(1924)을 제작함

(3) **무성 영화** 1924년《장화홍련전》, 1925년《운영전》 등이 상영되었으나, 제작과 촬영, 편집 등은

❶ 조선 키네마 주식회사
창립 다음해인 1925년 〈운영전〉, 〈암광〉, 〈촌의 영웅〉 등을 내놓았으나, 조선 영화 시장이 예상보다 협소했고 일본 배급 회사와 관계도 틀어져 수출 판로가 막히게 되자 4편의 영화만을 제작하고 해산했음.

일본인들이 담당하였고, 1926년 최초의 한국인 제작 영화인 《아리랑》이 종로 단성사에서 상영되었음. '아리랑'은 고유의 향토적 정서를 바탕으로 망국의 통분과 슬픔을 표현하여 큰 인기를 끌었으나 필름은 남아 있지 않음

(4) **유성 영화** 1935년 최초의 유성 영화로 《춘향전》이 제작되었음. 한편, 나운규는 《아리랑》 3편을 유성 영화로 제작하였음. 그러나 2차 세계 대전이 일어나고 전시 체제가 발동되면서 일본은 모든 예술 분야의 통제를 강화하였음

> ▶ **나운규 《아리랑》**
>
> 1926년 10월 1일. 나운규 감독의 '아리랑' 개봉하다.
> 《아리랑》은 1926년에 제작된 나운규의 영화 대표작이다. 나운규가 각본·감독을 맡았다. 당시 민족적 저항의식을 작품 저면에 깔아, 전국적인 규모로 갈채를 받았다. 이때 신일선이 처음 이 영화로 데뷔하였고, 개봉관은 '단성사'다. 나운규는 이 영화에서 실성한 대학생 '영진'으로 출연한다. 극중 그의 친구인 현구와 영진의 여동생은 사랑에 빠지지만 친일파 기호가 여동생을 겁탈하려고 하고, 이 과정에서 영진이 낫으로 기호를 죽이고 일본 경찰에 잡혀가다, 잡혀가는 영진을 보내며 사람들은 아리랑을 부른다. 영화가 끝난 뒤 관객들은 못 놓아 울며 아리랑을 따라 부를 정도로 감동받았다고 한다.
> 아리랑의 모티프가 되었던 곳은 나운규의 고향인 회령에서 청진까지 철도를 부설하던 노동자들이 부르던 애달픈 노랫가락 '아리랑'에서 영화의 기본적인 줄거리를 착상했다고 전해진다. 나운규의 《아리랑》은 후편인 《철인도》(鐵人都, 1930년)와 3편인 《오몽녀》(五夢女, 1936년)로 이어진다.
> 《아리랑》은 일제에 억눌렸던 한민족의 저항 영화로 평가되지만, 안타깝게도 현재 원본 필름은 찾을 수가 없다.

❶ 조선 영화령

1940년 1월에 조선 영화령이 공포된 후에는 조선영화협회가 영화인에 대한 기능심사위원회를 설치함으로써 영화인 통제에 앞장섬.

(5) **탄압** 1940년 조선 영화령❶이 공포되면서 민족적 정서의 영화 제작 및 상영이 금지되었고, 일제의 식민 통치를 찬양하고 일제의 침략을 정당화하는 내용의 영화만이 상영되었음

10. 체육 활동

야구, 축구, 정구 등 구기 종목뿐만 아니라 자전거나 빙상 등이 대중화되었음. 1920년 조선 체육회가 조직된 후, 조선체육회 주최로 제1회 전조선 야구대회가 개최되었고, 1929년부터는 경성축구단과 평양축구단이 서로 장소를 바꾸어가며 경평 축구 대회를 개최하였음. 1936년 제 11회 베를린 올림픽에서 마라톤에 출정한 손기정과 남승룡은 1위와 3위를 차지해 일제 강점 아래 고통 받고 있던 우리 민족에게 희망을 주었음.

▶▶▶ 기출 문제

01 | 민족문화 수호 운동

001 □□□
2018 계리직 9급

다음과 같은 역사론을 주장한 인물이 쓴 논저를 〈보기〉에서 모두 고른 것은?

> 역사란 무엇이냐, 인류 사회의 아와 비아의 투쟁이 시간부터 발전하며 공간부터 확대하는 심적 활동 상태의 기록이니, 세계사라 하면 세계 인류의 그리 되어온 상태의 기록이며, 조선사라 하면 조선 민족의 그리 되어온 상태의 기록이다.

〈보기〉
ㄱ. 『조선사연구초』
ㄴ. 『조선상고사감』
ㄷ. 『조선상고문화사』
ㄹ. 『한국독립운동지혈사』

① ㄱ, ㄴ
② ㄱ, ㄷ
③ ㄴ, ㄹ
④ ㄷ, ㄹ

002 □□□
2017 지방직 7급

㉠~㉢에 들어갈 내용으로 옳은 것은?

- ㉠ 은 한국 민족사의 주체적 발전과 민족 문화의 우수성을 강조하면서, 민족정신을 중시하고 이를 고취시켜 독립을 이룩하려는 의도를 강하게 드러냈다. 박은식, 신채호 등이 대표적 인물이다.

- ㉡ 은 사회 구성체 발전 단계론의 역사 인식을 바탕으로 하면서 역사 발전의 원동력을 민중에게서 구했으며, 우리 역사를 유물 사관의 방법론에 맞추려고 하였다. 백남운, 이청원 등이 대표적 인물이다.

- ㉢ 은 순수 학문으로서의 역사학을 지향하며 문헌 고증을 중시하였다. 이병도, 손진태 등이 대표적 인물이다.

	㉠	㉡	㉢
①	민족주의 사학	사회 경제 사학	실증 사학
②	실증 사학	민족주의 사학	사회 경제 사학
③	민족주의 사학	실증 사학	사회 경제 사학
④	사회 경제 사학	실증 사학	민족주의 사학

🎯 정답·해설

정답 1.② 2.①

해설 1. 제시문은 신채호의 〈조선상고사〉 서문이다. ㄱ.〈조선사 연구초〉는 신채호가 동아일보에 연재한 글을 간행한 것이다. 묘청의 난을 '일천년래 제일대사건'이라고 평하였다. ㄷ. 신채호는 〈조선상고문화사〉에서 중국에 대한 사대적인 자세를 극복하고 주체성을 강조하였다. ㄴ.안재홍 ㄹ.박은식
2. 식민사학에 대항하는 과정에서 발전한 우리나라의 역사 연구는 신채호와 박은식의 민족주의 사학, 정체성론에 맞서 발전한 백남운의 사회 경제 사학, 일제의 왜곡에 맞선 이병도의 실증주의 사학이 대표적이다.

003 □□□   2012 법원직 9급

다음 법령의 시행기에 있었던 사실로 옳지 않은 것은?

제2조 국어를 상용하는 자의 보통 교육은 소학교령, 중학교령 및 고등여학교령에 의함.

제3조 국어를 상용치 아니하는 자에 보통 교육을 하는 학교는 보통학교, 고등보통학교 및 여자고등보통학교로 함.

제5조 보통학교의 수업 연한은 6년으로 함. 보통학교에 입학하는 자는 연령 6년 이상의 자로 함.

제7조 고등보통학교의 수업 연한은 5년으로 함. 고등보통학교에 입학하는 자는 수업 연한 6년의 보통학교를 졸업한 자 또는 조선 총독이 정하는 바에 의하여 이와 동등 이상의 학력이 있다고 인정된 자로 함.

① 치안 유지법이 제정되었다.
② 경성 제국 대학이 설립되었다.
③ 조선어 학회 사건이 발생하였다.
④ 브나로드 운동과 문자 보급 운동이 전개되었다.

004 □□□   2008 법원직 9급

다음과 같은 조선 교육령이 발표된 때와 가장 가까운 시기에 시행된 일제의 정책으로 옳은 것은?

제1조 소학교는 국민 도덕의 함양과 보통의 지능을 갖게 함으로써 충량한 황국 신민을 육성하는 데 있다.

제13조 심상 소학교 교과목은 수신, 국어(일어), 산술, 국사, 지리, 이과, 직업, 도화이다. 조선어는 수의(隨意:선택) 과목으로 한다.

① 토지 조사 사업을 실시하여 소작농들의 경작권을 박탈하였다.
② 관세 철폐령을 내려 일본 상품의 조선 진출의 길을 확대하였다.
③ 한국인의 전시 동원을 위한 국가 총동원령을 발표하였다.
④ 징병제를 실시하여 20만여 명의 조선 청년들을 징집하였다.

005 □□□   2015 지방직 7급

우리나라 근대 역사학자에 대한 설명으로 옳은 것은?

① 박은식 – 한민족의 독립 의지를 담은 『한국독립운동지혈사』를 저술하였다.
② 정인보 – 『조선사 연구초』를 저술하여 우리나라 고대사의 독자성을 부각시켰다.
③ 백남운 – 중국으로 망명하여 독립운동을 전개하면서 민족주의 역사학의 기반을 확립하였다.
④ 최남선 – 한국사가 세계사의 보편적 법칙에 따라 발전하였다고 보는 사회 경제 사학을 주도하였다.

006 □□□   2010 국가직 9급

일제 강점기의 문예 활동과 관련하여 옳지 않은 것은?

① 1920년대 중반에는 신경향파 문학이 대두하여 문학의 사회적 기능이 강조되었다.
② 정지용과 김영랑은 시문학 동인으로 순수 문학 발전에 이바지하였다.
③ 미술에서는 안중식이 서양화를 대표하였다.
④ 영화에서는 나운규가 '아리랑'을 발표하여 한국 영화 발전에 기여하였다.

정답 3.③ 4.③ 5.① 6.③

해설 3. 주어진 자료는 '보통학교 수업 연한이 6년'인 것을 통해 2차 교육령임을 알 수 있다. 2차 조선 교육령은 1922년에 발표되어 1938년에 3차 교육령이 발표되기 전까지 유지되었다. ③ 조선어 학회 사건(1942) ① 치안유지법 제정(1925) ② 경성제국 대학 설립(1924) ④ 브나로드 운동(1931~1934), 문자보급 운동(1929~1934)

4. 주어진 자료는 '황국 신민 육성', '조선어 수의 과목', '심상 소학교' 등을 통해서 3차 조선 교육령임을 알 수 있다. 3차 조선 교육령은 1938년에 제정되어 1943년 4차 교육령이 시행되기 전까지 존속했다. ① 1912~1918년 ② 1923년 ③ 1938년 ④1942년 징병제 공포, 1944년 징집 실시

5. ② 신채호 ③ 신채호와 박은식 ④ 백남운

6. 안중식은 동양화를 발전시킨 인물이다. 대표적 서양화가로는 이중섭, 고희동 등이 있다.

1 무단 통치와 문화 통치

	무단 통치기(1910년대)
정치	• 조선 총독부 : 식민 통치 최고 기관, 내각의 통제를 받지 않음 • 총독은 육 · 해군 대장 중 임명, 입법 · 사법 · 행정 · 군사권 장악 • 중추원 : 자문기구, 친일파 • 헌병경찰 : 즉결처분권 • 공포 분위기 : 조선 태형령, 교원의 칼과 제복 착용 • 한국인의 언론 · 출판 · 집회 · 결사의 자유 등 기본권 박탈
경제	[토지조사사업(10-18)] • 근대적 토지 소유권을 명분으로 일제의 세정 마련 목적 • 임시 토지 조사국 설치(1910), 토지 조사령 공포(1912) • 기한부 신고주의, 증거주의 • 총독부 : 토지 소유↑ 지세 수입↑ → 동양척식주식회사에 불하 → 일본인 이주민 증가 • 영구 소작권(경작권) 상실 → 기한부 소작농 증가, 몰락한 농민의 간도 · 연해주 이주 증가 [회사령 (1910)] • 허가주의, 민족기업 설립 억제 • 산림령, 어업령, 광업령, 임야 조사령 [전매 산업] • 인삼 · 담배 · 소금 전매

	문화 통치기(1920년대)	
	방침	**실상**
정치	문관총독	해방까지 문관총독 ×
	헌병경찰제 → 보통경찰제	경찰력 강화(경찰 기관, 경찰관 수, 비용 증가) / 치안유지법 제정
	언론 · 출판 허용(조선일보, 동아일보)	검열, 삭제, 정간
	보통 학교 수업 연한 연장(4년 → 6년)	한국인의 보통 학교 취학률이 일본인의 1/6에 불과
	도평의회, 부 · 면 협의회, 지방행정 조선인	친일파 육성(지주나 자본가만)
경제	[산미증식계획(1920~34)] • 일본의 산업화에 따른 쌀 부족 해소 목적 • 품종 개량, 수리조합 조직(수리시설 확충) • 증산량 < 수탈량 → 곡가 폭등 • 증산비용을 한국인에게 떠넘김, 농민 몰락 • 단작화(밭 → 논)로 농업의 불균형 • 만주 잡곡 수입↑, 농민의 국외 이주↑ [일본 기업 진출 확대] • 회사령 철폐(1920, 허가제 → 신고제) • 일본 상품에 대한 관세 폐지(1923) → 일본 기업(자본)의 한국 진출 확대 도모	

2 민족 말살 통치와 전시 동원 체제(1930년대 이후)

	민족 말살 통치기 (1930~40년대)	
정치	• 목적 : "내선일체, 일선동조", 침략전쟁에 쉽게 동원하기 위함 • 민족 말살 정책 : 3차 조선 교육령 (1938)에서 조선어, 조선사 사실상 폐지 • 황국신민화 : 창씨개명, 신사참배, 궁성요배, 황국신민서사 암송 • 소학교 → 국민학교(1941) • 한인 애국반 • 조선일보, 동아일보 폐간(1940) • 사상범 구금 예방령 : 독립운동가를 구금할 법적 근거(치안유지법 강화)	

경제	[세계 대공황(1930) 이후]
	• 농촌진흥운동
	  (춘궁퇴치, 차금예방, 조선농지령)
	• 남면북양
	  (보호무역 대비, 원료 확충)
	• 중화학 공업 육성
	*위안부 동원은 1932년 상하이 사변부터 시작
		[중·일전쟁(1937) 이후]
		• 국가총동원령(1938)
		  인적자원 : 징용, 징병,
		           위안부, 학도지원병
		  물적자원 : 공출, 배급
		• 산미증식계획 재개

▲ 침략 전쟁의 확대

▲ 신사참배

▲ 군함도(하시마 섬)

▲ 학도병

7 3 · 1운동의 전개와 일제의 탄압

배경		① 민족 자결주의 : 1차 대전 종전 무렵 미국 대통령 윌슨이 제시한 원칙 ② 파리 강화 회의 : 종전 후 열린 평화 회의. 신한청년당이 김규식을 대표로 파견 ③ 국외 독립 선언 발표 : 대한 독립 선언(만주), 2 · 8 독립 선언(일본 도쿄) ④ 무단 통치와 토지 조사 사업에 대한 반발 ⑤ 고종의 죽음(독살 소문)에 대한 한국인의 분노 증폭
전개	독립 선언	① 민족 대표가 태화관에서 독립 선언서 낭독 ② 학생 · 시민의 독립 선언서 낭독(탑골 공원) → 평화적 만세 시위 전개
	확산	① 도시 확산 : 철도를 따라 지방의 주요 도시로 확산 ② 농촌 확산 : 농민의 적극적인 참여, 무력 저항 운동으로 변화 ③ 국외 확산 : 간도, 연해주, 미주 등지로 확산

8 국 · 내외 독립 선언서

무오 독립 선언서 (음력1918. 11. 만주)	정의는 무적의 칼이니 이로써 하늘에 거스르는 악마와 나라를 도적질하는 적을 한 손으로 무찌르라. 이로써 5천 년 조정의 광휘를 현양할 것이며, 이로써 2천만 백성의 운명을 개척할 것이니, 궐기하라 독립군! 개, 돼지와도 같은 일생을 누가 원하는 바이리오. 살신성인하면 2천만 동포와 동체로 부활할 것이니 일신을 어찌 아낄 것이며, …육탄혈전으로 독립을 완성 할 지어다!
2.8 독립 선언 (1919, 도쿄)	조선 청년 독립단은 우리 2천만 민족을 대표하여 정의와 자유의 승리를 얻은 세계 만국 앞에 독립을 달성하기를 선언하노라. 4천3백 년의 장구한 역사를 가진 우리 민족은 …… 이에 우리 민족은 일본이나 혹은 세계 각국이 우리 민족에게 자결의 기회를 부여하기를 요구하며 만일 그렇게 되지 못한다면, 우리 민족은 생존을 위하여 자유의 행동을 취하여 독립을 얻기를 선언하노라.
기미 독립 선언서 (1919, 서울)	1. 오등(吾等)은 이에 아(我) 조선의 독립국임과 조선인의 자유민임을 선언하노라. 1. 금일 우리의 이 거사는 정의, 인도, 생존, 존영을 위하는 민족적 요구이니 오직 자유적 정신을 발휘할 것이요, 결코 배타적 감정으로 내닫지 마라. 1. 최후의 한 사람까지, 최후의 한순간까지 민족의 정당한 의사를 흔쾌히 발표하라. 1. 일체의 행동은 가장 질서를 존중하여 오인의 주장과 태도로 하여금 어디까지든지 광명정대하게 하라.

9 의열단의 공약 10조

2. 조선의 독립과 세계의 평화를 위하여 몸과 목숨을 희생하기로 한다.
3. 충의(忠毅)의 기백과 희생의 정신이 확고한 자라야 단원으로 한다.
5. 의백(義伯: 올바른 성품을 가진 지도자) 한 사람을 선출하여 단체를 대표하게 한다.
8. 죽지 않고 살아있어 단의 뜻을 이루도록 한다.
9. 한 사람은 다수를 위하여, 다수는 한 사람을 위하여 헌신한다.
10. 단의 뜻에 배반한 자는 척살한다.

▲ 김원봉

10 의열 투쟁의 전개 – 의열단(1919)

창립	• 3.1 운동 이후 강력한 무장 조직의 필요 인식 • 김원봉, 윤세주 등을 중심으로 만주 지린에서 비밀 결사로 조직 • 신채호 '조선 혁명 선언' : 의열단의 운동 지침, 무장 독립 투쟁 필요성 지적	
	박재혁(1920)	부산 경찰서에 폭탄 투척
	최수봉(1920. 12)	밀양 경찰서에 폭탄 투척
	김익상(1921)	조선 총독부에 폭탄 투척, 오성륜과 황푸탄 의거(1922)
	김상옥(1923)	종로 경찰서에 폭탄 투척
	김지섭 (1924)	일본 왕궁에 폭탄 투척
	나석주(1926)	동양 척식 주식회사, 식산 은행에 폭탄 투척
의의	• 개별적인 폭력 투쟁의 한계 → 군대 양성을 위해 황포 군관 학교에 단원 파견 • 1920년대 후반 중국 지역 민족 유일당 운동 → 조선 민족 혁명당 결성(1935)	

11 신채호의 조선 혁명 선언

우리는 '외교', '준비' 등의 미몽(迷夢)을 버리고 민중 직접 혁명의 수단을 취함을 선언하노라. … 강도 일본을 쫓아내려면 오직 혁명으로만 가능하며, 혁명이 아니고는 강도 일본을 쫓아낼 방법이 없는 바이다. … 우리의 민중을 깨우쳐 강도의 통치를 타도하고 우리 민족의 신생면을 개척하자면 양병 10만이 폭탄을 한 번 던진 것만 못하며, 천억 장의 신문, 잡지가 한 번의 폭동만 못할지니라. … 민중은 우리 혁명의 유일한 무기이다. 우리는 민중 속으로 가서 민중과 손을 맞잡아 끊임없는 폭력 – 암살, 파괴, 폭동 – 으로써 강도 일본의 통치를 타도하고, 우리 생활에 불합리한 일제의 제도를 개조하여, 인류로써 인류를 압박하지 못하며, 사회로써 사회를 수탈하지 못하는 이상적 조선을 건설할지니라.

▲ 신채호

12 의열 투쟁의 전개 – 한인 애국단(1931)

배경	국민 대표 회의 이후 임정 침체, 만보산 사건으로 생긴 중국인의 반한 감정	
조직	임시 정부의 국무령 김구가 상하이에서 항일 무력 단체로 조직	
활동	이봉창(1932)	도쿄서 행렬 중인 일본 국왕의 차에 폭탄 투척 → 상하이 사변의 계기
	윤봉길(1932)	상하이 훙커우 공원에서 열린 상하이 사변 전승 축하 기념식장에 폭탄 투척 → 일본군 장성과 고관 처단
영향	중국 국민당 정부가 임시 정부를 적극 지원	

▲ 윤봉길

자료 더 알아보기

13 1920년대 전반

봉오동전투 (1920.6)	대한 독립군(홍범도) 중심의 독립군 연합 부대가 국내 진입 → 일본군이 두만강 이북의 독립군 추격 → 봉오동으로 유인하여 일본군 대파
청산리대첩 (1920.10)	훈춘 사건 조작 → 일본인의 안전을 구실로 일본군 만주 진입 → 청산리 일대(백운평, 고동하, 어랑촌 등)에서 북로 군정서군(김좌진), 대한 독립군(홍범도)의 연합부대가 6일 동안 10여 차례 전투에서 큰 승리
간도참변 (1920.10)	봉오동·청산리 전투에 대한 일제의 보복으로 한인촌에 대한 대량학살·약탈 → 독립군 부대가 밀산에 집결하여 대한 독립군단(서일,1920. 12) 결성
자유시참변 (1921)	대한 독립군단의 자유시(스보보드니) 이동 → 독립군 통합 과정에서 부대 편성과 지휘권 분쟁 → 소련 적군이 지휘권 양도를 거부하는 한인 부대 공격 → 수많은 독립군 희생
3부 설립	자유시 참변 이후 독립군 조직 정비, 민정 기관과 군정 기관으로 구성, 참의부(압록강 연안), 정의부(지린 중심의 남만주), 신민부(북만주)
미쓰야협정 (1925)	조선 총독부와 만주 군벌 간에 체결(독립군 소탕·체포·인도에 합의) → 독립군의 활동 위축

14 1930년대 전반(한·중 연합 작전)

배경	만주 사변(1931)과 만주국 수립으로 중국 내 항일 감정 고조
한국독립군 (지청천)	• 북만주 일대에서 중국 호로군과 연합 작전 전개 • 쌍성보·대전자령·사도하자·동경성 전투에서 승리
조선혁명군 (양세봉)	• 남만주 일대에서 중국 의용군 연합 작전 전개 • 영릉가·홍경성 전투에서 일·만 연합군에 승리
약화	• 양세봉 암살, 일본군의 대토벌 작전, 중국군 사기 저하, 한·중 양군의 대립

▲ 1930년대 전반 항일 무장투쟁

15 민족 문화 수호 운동 – 한국사 연구

연구 경향	학자와 저서			
[사회경제사학] • 정체성론 부정	• 백남운 『조선 사회 경제사』, 『조선 봉건 사회 경제사』 • 유물 사관에 토대 • 세계사의 보편적 발전 법칙에 따른 한국사의 발전 강조			
[민족주의사학] • 우리민족의 기원 밝힘 • 우리 문화의 자주성과 우수성 연구	신채호	낭가사상	고대사 연구	『독사신론』(1908) 『조선사 연구초』(1924) 『조선 상고사』(1931) = 我 vs 非我
	박은식	혼	근대사 연구	『한국 통사』(1915) 『한국 독립 운동 지혈사』(1920)
	정인보	얼	신채호 계승 고대사 연구	『5천년 간 조선의 얼』
	문일평	조선 心	자주성 독창성 강조	『조선사화』
[실증 사학] • 사실주의에 입각한 연구	• 이병도, 손진태 등이 진단학회 조직(1934), 『진단학보』 발간 • 객관적 증거를 토대로 문헌 고증의 입장에서 연구(랑케 사학)			

16 문예활동

	민족 말살 통치기 (1930~40년대)
구한말	• 신체시 : 최남선 『해에게서 소년에게』 • 신소설 : 『혈의 누』(1906, 이인직), 『금수회의록』(1908, 안국선) • 신극 : 이인직의 은세계와 치악산 – 원각사(1906~1911)에서 공연 • 조선 광문회 : 최남선과 박은식 주도, 우리 고전 정리
1910년대	계몽 문학: 이광수의 소설 『무정』(1917)

1920년대	• 동인지 문학 : 잡지 『창조』, 『폐허』, 『백조』
	  – 예술성만 추구, 퇴폐적 · 낭만주의적
	• 식민지 현실을 표현, 민족주의를 표출
	  – 김소월 『진달래꽃』, 한용운 『님의 침묵』, 이상화 『빼앗긴 들에도 봄은 오는가』
	• 신경향파 문학 : 사회주의 계열의 카프(KAPF) 결성
	• 천도교·잡지 : 『개벽』
	• 연극 : 토월회
	• 영화 : 나운규 『아리랑』(1926)

1930년대 이후	• 친일 문학 : 최남선, 이광수 • 저항 문학 : 이육사, 윤동주 • 일제의 탄압으로 위축 → 순수 문학 지향(1939, 『문장』) • 안익태의 코리아 환상곡(애국가) 작곡(1936) • 조선 영화령(1940)

III

대한민국의
성립과 발전

01 광복과 분단

1. 건국 준비

(1) 대한민국 임시 정부

① **한국 독립당** : 한국 국민당(김구)·한국 독립당(조소앙)·조선 혁명당(지청천) 등 3당을 합당해 한국 독립당 창당(1940.5).

② **대한민국 건국 강령 발표** : 조소앙의 삼균주의❶에 입각. 보통선거를 통한 민주 공화국 건설, 토지 개혁, 주요 산업 국유화, 남녀평등, 의무 교육 제도의 실시 등의 주장 담고 있음(1914)

③ **활동** : 태평양 전쟁 발발 후 적극적인 대일 항쟁 필요성 제기되어 민족 혁명당 계열이 임시정부 참여, 좌·우 합작에 의한 통일 정부 이루게 됨. 사회주의 계열의 조선 독립 동맹과도 통합 시도 되었으나 일제 패망으로 중단

④ **조선 의용대 흡수** : 1940년 9월 대한민국 임시 정부의 군대로 지청천을 사령관으로 한 한국 광복 군 창설. 1942년 김원봉이 이끄는 조선 의용대의 일부가 합류, 흡수, 병력 증강

(2) 조선 독립 동맹

① **활동** : 김두봉을 위원장으로 중국 화북 지방에서 활동하던 사회주의계 독립 단체를 통일하여 조 선 독립 동맹을 결성하고 조선 의용군을 조직하여 독자적 항일 운동을 전개함

② **건국 강령** : 일본 제국주의 타도, 보통 선거에 의한 민주 공화국 수립, 남녀 평등권의 확립, 대기 업 국유화, 토지 분배, 8시간 노동제, 의무 교육 실시 등을 내용으로 함.

③ **조선 의용군** : 조선 독립 동맹의 군사조직으로 조선의용대 화북지대를 흡수하여 조선 의용군을 설치(1942.7.). 팔로군 등 중국 공산당의 주력 부대와 함께 호가장 전투를 비롯한 항일전 전개, 광복 후 북한 인민군에 편입.

(3) 조선 건국 동맹❷

① **민족 연합** : 여운형은 일제의 패망을 확신하고 이에 대비한 활동 비밀리에 전개. 사상과 이념의 차이를 넘어 대중적 지지 기반을 갖춘 건국 준비

② **건국 강령** : 일본 제국주의 타도를 위한 대동단결, 민주주의 원칙에 의한 국가 건설을 목표로 함.

③ **활동** : 전국 10개 도에 지방 조직 설치하고, 산하에 농민 동맹을 조직하여 징용과 징병 방해, 식 량 공출 반대, 군수 물자 수송 등을 방해함. 또한 일본군의 후방 교란과 노농군 편성을 목적으로 하는 군사 위원회 설치, 국외 독립운동 세력과 연합 작전을 전개하기 위해 조선 독립 동맹과 대

---

❶ 삼균주의

조소앙이 체계화한 민족 운동의 기본 방략이자 신국가 건설의 지침으로서, 정치·경제·교육의 균등을 통해 개인과 개인의 균등을 이루고, 이를 토대로 민족과 민족, 국가와 국가의 균등을 이루자는 주장이다.

❷ 조선 건국 동맹

조선 건국 동맹(1944)
• 여운형이 국내에서 조직
• 광복 직전 총독부와 교섭 → 협상안 도출

▼

조선 건국 준비 위원회(1945.8.15)
• 과도기에 질서 유지와 행정 담당
• 치안대와 보안대 조직
• 건국 145개 지부 설치

▼

조선 인민 공화국(1945.9.6)
• 미군 진주에 대비하여 실질적 정부 형태로 개편
• 지부 → 인민 위원회

한민국 임시 정부와의 연계 모색.

④ **광복 이후**: 여운형은 광복이 되자 안재홍 등과 함께 조선 건국 동맹을 중심으로 좌·우 연합의 조선 건국 준비 위원회(건준위)를 발족(1945.8.15.). 건준위는 전국 각지에 지부를 결성하였으며, 이를 기반으로 자치적으로 행정과 치안을 담당하는 등 정치적 공백을 메워나감. 건준위는 신국가 건설 운동의 주도권을 잡기 위해 미군이 한반도에 진주하기 전에 조선 인민 공화국의 수립을 선포(1945.9.6.)

(4) 건국 준비의 공통점

① **민주 공화국 건립**: 보통 선거에 의한 민주 공화국 건립 목표

② **토지 국유화**: 토지 국유화를 바탕으로 절차를 거쳐 토지 분배 추구. 그러나 단체마다 국유화의 범위와 사유 재산 인정을 놓고 차이가 있음

2. 열강의 한국 문제 논의

(1) 카이로 회담

① **참가국**: 1943년 11월 미국 루스벨트, 영국 처칠, 중국 장제스가 이집트 카이로에서 회동

② **내용**: "대일전에 상호 협력할 것, 제1차 세계 대전 이후 일본이 탈취 또한 점령한 태평양 제도 등의 모든 영토를 박탈할 것, 만주, 팽호도(평후 제도) 등을 중국에 반환할 것, 한국민의 노예 상태에 유의하여 적당한 시기(in due course)에 한국이 자유롭게 되고 독립하게 될 것을 결의한다."라는 선언문을 발표

③ **역사적 의의**: 한국의 독립을 최초로 약속한 국제 회담

④ **테헤란 회담**

㉠ **참가국**: 1943년 11월 28일 미국 루스벨트, 영국 처칠, 소련 스탈린이 이란 테헤란에서 회담

㉡ **내용**: 미국·영국·소련 3국의 전쟁 수행 협력, 프랑스 상륙작전, 이란의 독립과 주권·영토의 보전, 소련의 대일전 참가 등이 결정. 루스벨트는 스탈린에게 카이로 회담에서 결정된 한국 독립 문제에 동의를 구함, 스탈린 동의

> ▶ **카이로 회담(1943)**
> "우리 동맹국은 일본이 제1차 세계대전 이후에 탈취하거나 점령한 태평양의 도서 일체를 박탈할 것과 만주·팽호도와 같이 일본이 청국에게서 빼앗은 지역을 모두 중화민국에 반환할 것을 목표로 한다. … 앞의 3대국은 조선 인민의 노예 상태에 유의하여 적당한 시기에 맹세코 조선을 자주 독립시킬 결의를 한다."

(2) 얄타 회담

① **참가국**: 1945년 2월 미국 루스벨트, 영국 처칠, 소련 스탈린이 크림반도의 얄타에서 회동

② **내용**

㉠ 독일은 미국·영국·프랑스·소련 4개국이 분할 점령할 것과 독일 항복 후 3개월 이내에 소련의 대일전 참전 합의

㉡ 패전국과 새롭게 해방된 나라는 모든 민주 세력을 대표하는 인사들로 임시정부 구성, 빠른 시일 안에 자유선거를 통해 책임 있는 정부를 수립하게 한다는 방침 합의

ⓒ 당시 한반도 문제는 토의의 주요 사안이 아니어서 공식적인 문서엔 한반도에 대한 어떠한
언급도 없음. 그러나 루스벨트는 스탈린에게 20~30년 정도의 신탁 통치를 제안, 소련은 신
탁 통치 기간을 최소화하여야 한다고 주장했으나 신탁 통치에 대해선 묵시적 합의가 이루어
짐

③ **역사적 의의**

ⓐ 최초로 한반도 신탁 통치를 언급

ⓑ 한국의 38선 분할 결정에 큰 영향을 미침

④ **경과** : 트루먼이 미국 대통령에 취임한 뒤 소련에 특사를 파견(1945.4.). 신탁 통치에 대해 최종
적인 동의는 얻었으나 신탁 통치의 방식이나 기간 등 구체적 협의는 이루어지지 못함

(3) 포츠담 선언❶

① **참가국** : 1945년 7월 미국 트루먼, 영국 처칠(애틀리로 교체), 중국 장제스가 독일 포츠담에서 회
담 (후에 소련의 스탈린 시기장이 참가)

② **내용** : 일본의 무조건 항복을 요구하는 포츠담 선언을 발표. 이후 소련은 대일 선전 포고를 한 뒤
포츠담 선언에 서명. "카이로 선언의 모든 조항은 이행되어야 하며, 일본의 주권은 혼슈·홋카
이도·큐슈·시코쿠와 연합국이 결정하는 작은 섬들에 국한될 것이다."라는 내용이 포함, 카이
로 선언에서 결정한 한국의 독립을 재확인

3. 8·15광복

(1) 배경

① **일본의 항복** : 1945년 8월 6일 히로시마 시와 9일 나가사키 시에 원폭 투하 후 8월 15일 일본 국왕
의 무조건 항복 선언

② **민족의 독립운동** : 8·15 광복은 연합국의 승리와 일제 패망의 결과물이기도 하였지만, 우리 민
족이 국내외 각지에서 지속적으로 전개한 독립운동의 당위성을 인정받음

③ **일제와 여운형의 협상**

ⓐ 일본의 무조건 항복 소식이 전해진 후 총독부의 정무총감 엔도는 일본인의 안전한 귀국을
위해 송진우❷와 접촉하여 치안권 논의를 하였으나 거절

ⓑ 여운형과 접촉하여 협상. 조선 총독부는 여운형이 요구한 5개 조항 수용

> ▶ **[여운형이 총독부에 요구한 5개 조항]**
> 1. 전국적으로 정치범과 경제범 즉시 석방.
> 2. 서울의 3개월분 식량을 확보할 것.
> 3. 치안유지와 건국을 위한 정치 운동에 간섭하지 말 것.
> 4. 학생과 청년을 조직 훈련하는 데 대하여 간섭하지 말 것.
> 5. 노동자와 농민을 건국 사업에 동원하는 데 대하여 간섭하지 말 것.

> ▶ **[조선 건국 준비 위원회 강령]**
> • 우리는 완전한 독립 국가의 건설을 기함
> • 우리는 전 민족의 정치적·사회적 기본 요구를 실현할 수 있는 민주주의 정권의 수립을 기함
> • 우리는 일시적 과도기에 있어서 국내 질서를 자주적으로 유지하며 대중생활의 확보를 기함

❶ **포츠담 선언**
1945년 7월 26일, 제2차 세계대전
막바지에 녹일 베를린 교외 포츠담에
서 열린 연합국 정상회담 중 발표한
연합국의 대일(對日) 공동선언.

❷ **송진우**
동아일보사가 주식회사로 개편되자
사장에 취임하고 30여 년간 〈동아일
보〉를 이끌었고, '일장기 삭제 사건'
으로 해임됨. 그러나 1940년대에는
학도 지원병제을 고무하고, 징병제
참여를 독려하는 글을 실었다.

④ **소련의 대일 참전** : 1945년 8월 6일 미국이 일본 히로시마에 원자폭탄 투하. 소련은 이틀 뒤인 8월 8일 대일 선전 포고. 만주 지역 관동군 공격, 한반도 북부로 진출해 일본군 무장해제 시킨 후 점령

⑤ **미국의 38도선 제의** : 소련의 한반도 단독 점령 막기 위해 38도선 분할 점령안 제안. 소련은 미국과 갈등을 빚을 필요 없다고 판단해 동의.

(2) **광복** 1945년 8월 15일 일본 국왕이 연합국에 무조건 항복 선언

4. 광복 직후 상황

(1) **38도선 설정**

① 갑작스런 일본의 항복으로 임시 정부의 국내 진공 작전이 무산됨. 우리 민족의 의지가 반영되지 못함

② **38도선**

㉠ 원인 : 한반도에 있는 일본군의 무장해제가 구실이 됨

㉡ 미군과 소련군의 군사분계선으로 설정

③ **미군과 소련군**

㉠ **38도선 이북** : 소련군은 행정권을 인민 위원회로 넘긴 뒤 간접 통치의 방식으로 이북 지역에 영향력 행사, 사회주의 세력이 정권을 장악할 수 있도록 지원.

㉡ **38도선 이남** : 미국은 군정청을 설치한 뒤 직접 통치 선포. 조선 인민 공화국, 대한민국 임시 정부 등은 인정하지 않았고, 조선 총독부의 관료와 경찰 조직 이용하여 군정 실시

(2) **미 · 소 군정**

① **미군정 설치** : 1945년 9월 7일 인천에 상륙한 미군은 조선 인민 공화국과 충칭의 대한민국 임시 정부를 모두 인정하지 않은 채 미군정만이 38선 이남에 있어 유일한 행정부라고 선언

② **친일 관리 고용** : 미군정은 당시 한국에 대한 정보를 거의 갖지 못하였고, 어떠한 정치적 구상도 마련하지 않아 일제의 총독부 체제 그대로 이용

③ **남조선 국방 경비대**

㉠ **창설 이유** : 사설 군사단체의 난립 막고 치안 유지에 부족한 경찰력 지원

㉡ **창설** : 중앙에 1개 중대와 남한의 8개 도청 소재지에 각각 1개 중대씩 편성하여 1946년 1월 남조선 국방 경비대를 창설

㉢ 1946년 6월 조선 경비대로 개칭 → 1948년 11월 대한민국 국군에 편입

④ **삼일 소작제** : 미군정은 1945년 10월 법령 제9호를 발표해 소작료가 총 수확물의 3분의 1을 초과할 수 없도록 함. 현존 소작권의 유효기간에 대해 지주의 일방적인 소작계약 해제는 무효, 3분의 1 소작료를 초과하는 신규 소작계약은 불법으로 규정. 농민들은 일제나 반민족적 지주가 소유한 토지의 몰수와 재분배, 소작료의 재조정과 금납제 납부 등을 주장하며 반발

⑤ **적산 몰수** : 미군정은 1945년 12월 법령 제33호를 공포해 조선총독부, 일본인 회사 및 개인이 소유했던 일체의 재산을 '적산'으로 규정하고 모두 군정청 소유의 귀속재산으로 삼았음. 군정청은

신한공사

❶ 신한공사

1946년 3월 3일부로 개시. 미군정의 법령에 의해 일제의 귀속재산을 관리 및 소유한 회사로서 식민지 시기 동양 척식 주식회사의 소유였던 토지와 기타 일본인의 소유였던 토지를 관할하였다.

❷ 9월 총파업

1946년 9월 조선 철도 노동조합은 임금 인상과 노동조건의 개선 요구를 내걸고 파업, 이를 시작으로 전국으로 파업 확산.

❸ 대구 10월 사건

1946년 10월 1일, 좌익 세력과 민중들이 대구를 시작으로 남한 전 지역에서 미군정의 실정을 비판하며 시정 개선을 요구한 사건.

신한공사❶를 설치하여(1946.2) 몰수한 동양 척식 주식회사 소유 재산과 일본인 재산을 관리

⑦ 미곡 수집령 : 일제 말 시행되었던 식량 배급제 대신 자본주의적 원리에 입각한 미곡 시장 자유화 정책 추진. 그러나 급격한 소비 증가와 매점매석까지 겹쳐 쌀값 폭등, 다른 물가도 덩달아 오름. 미군정은 1946년 1월 미곡 수집령 시행하여 배급에 필요한 쌀을 강제로 거두어들임. 그러나 거두어들이는 쌀의 가격은 시가의 20~30%에 지나지 않아 생산비에도 미치지 못하며 보리 등 여름에 수확하는 식량 작물까지 강제로 거두어들여 농민들의 식량 부족은 더욱 심각해짐

⑧ 경제 정책 실패 : 미군정은 자유경제의 테두리 속에서 문제를 해결하기 위해 생필품의 유통을 통제하는 정책을 실시했지만, 생필품의 부족과 인플레이션을 막지는 못함. 1946년 공산당이 주도한 9월 총파업❷과 10월 '대구 10월 사건'❸을 비롯한 전국적 민중봉기는 공산당의 의도적인 전략이 요인이었지만, 악화된 경제 사정이 사태를 더욱 어렵게 만듦

⑨ 정판사 위폐 사건 : 1946년 5월 조선 공산당이 당비를 조달할 목적으로 위조지폐를 만들어 시중에 유통시켰다는 죄목으로 기소된 사건. 이 사건을 계기로 미군정은 공산당에 대해 강경책을 펼침.

⑩ 교육 : 홍익인간이 교육이념으로 채택, 6·3·3·4의 학제 마련. 1946년 9월 국립 서울대학교 창립

⑪ 남북 관계 : 1948년 한반도의 대부분 전기를 생산하던 북한이 대금 미지불을 이유로 남한에 대한 전기 공급을 중단하면서 남한의 공업 생산이 큰 타격을 입음. 1949년에는 남한이 치안 확보를 이유로 남북 교역을 전면 금지하면서 남북한 교류가 단절됨

⑫ 미군정 체제 변화 : 미군정은 1946년 9월 한국인 부처장에게 행정권을 이양, 미국인은 고문으로 남음. 1946년 12월 입법 기관인 남조선 과도 입법의원을 개원하여 의장에 김규식 임명. 1947년 2월 미군정청 민정장관에 안재홍을 임명하고, 행정권을 대부분을 한국인에게 이양

(3) 광복 직후의 북한

① 공산주의자의 정권 장악 : 북한에 진주한 소련군은 조만식이 중심이 되어 자치활동을 벌이던 평남 건국 준비 위원회를 해체하고 인민 위원회 구성을 서두름

② 인민 위원회 : 소련군은 군정을 통한 직접 통치를 피하고, 각 지방별로 '인민 위원회'를 조직하여 자치하도록 하는 간접 통치 방식 사용. 1946년 2월 김일성을 위원장으로 한 북조선 임시 인민 위원회가 구성, 1947년까지 중앙 정권 기구로서의 기능 수행

(4) 광복 직후의 남한

① 조선 건국 준비 위원회

㉠ 결성 : 조선 총독 아베 노부유키로부터 치안권을 이양 받은 여운형은 광복 직후 안재홍 등과 조선 건국 동맹을 중심으로 좌·우 연합의 조선 건국 준비 위원회(이하 건준위로 부름, 1945. 8.15 광복절날 서울 풍문여자고등학교에 사무실을 둠)

㉡ 강령 : 완전한 독립 국가의 건설, 민주 정권 수립, 국내 질서를 유지하며 대중 생활의 확보 등을 표방

㉢ 활동 : 건국 치안대와 식량 대책 위원회 조직, 전국에 145개의 지부가 설치되어 치안권과 행정권 장악

●중도 좌파   ●중도 우파

ⓔ **좌 · 우 합작** : 위원장에 여운형, 부위원장에 안재홍으로 하는 좌우 합작으로 결성. 친일파 · 부일협력자 등을 제외한 거의 모든 정치 세력이 참여.

ⓜ **한계** : 송진우, 김성수 등 민족주의 우파 세력 불참, 좌익 세력이 주도권을 쥐면서 분열, 미군정은 건준위와 그 후신인 조선 인민 공화국을 인정하지 않음.

② **조선 인민 공화국**

ㄱ **선포** : 건준위는 신국가 건설 운동의 주도권을 잡기 위해 미군이 진주하기 전 1945년 9월 6일 이승만을 주석, 여운형을 부주석, 허헌을 국무총리로 임명하고 조선 인민 공화국 선포.

ㄴ **공산당 계열의 정권 장악** : 박헌영 중심의 조선 공산당이 실권을 장악, 이에 우익 세력은 부정적인 태도를 보이며 대거 이탈.

ㄷ **의의** : 친일 세력을 청산하고 국민 평등을 내용으로 한 새 국가 건설 지향. 산하에 조선 노동 조합 평의회 · 전국 농민 조합 총동맹 등의 대중적 기반을 확보하면서 정치적 과도기에 국내 정치와 치안 담당.

③ **한국 민주당**

ㄱ **결성** : 송진우 · 김성수 등은 해방 후 미군이 진주하자 '조선 인민 공화국 타도'와 '임시정부 봉대(공경하여 높이 받듦)'를 내걸고 1945년 9월 한국 민주당(이하 한민당이라고 부름)을 결성.

ㄴ **발전** : 처음엔 정치적 명분을 얻기 위해 충칭 임시정부 추대를 내세웠으나, 점차 세력을 확대해감에 따라 소극적 · 부정적인 입장으로 선회. 미군정과 밀착해 군정청의 요직과 검찰, 경찰을 장악하고 중도 및 좌익 세력을 배제. 토지 개혁이나 반민족 행위자 처벌 등 당시 핵심 현안에 대해서도 부정적 · 적대적인 태도로 일관.

ㄷ **변화** : 이승만의 단독 정부수립 노선을 지지했으나 정부 수립 후 이승만과 대립, 민주 국민당 창당.

④ **조선 공산당**

ㄱ **결성** : 조선 건국 준비 위원회 내의 재건파 조선 공산당 소속 박헌영, 이강국 등 사회주의 좌파 계열이 장안파 조선 공산당계를 흡수. 1945년 8월 조선 공산당 재건 준비 위원회 결성 후 9월 정식으로 창당.

ㄴ **변화** : 미군정과 우익 세력의 공세에 대처하기 위한 목적으로 1946년 11월 조선 공산당(박헌영) · 조선 인민당(여운형) · 남조선 신민당(백남운, 연합성 신민주주의) 등 3당을 합당하여 남조선 노동당(이후 남로당이라고 부름) 결성.

⑤ **독립 촉성 중앙 협의회**

ㄱ **결성** : 이승만은 귀국 후 국내 각 정치 세력의 제의를 물리치고 초당파적 영수임을 자처하며 모든 정파의 단결을 주장. 독자 조직 결성에 나서 독립 촉성 중앙 협의회가 결성.

ㄴ **대립** : 한국 민주당 · 국민당 · 조선 공산당을 비롯해 200여 개의 정당 및 단체로 구성된 정당 · 사회단체 협의체의 성격. 친일파 · 민족 반역자 제거를 둘러싼 갈등이 확대되고 조선 공산당이 탈퇴하면서 좌 · 우 협의체로서의 성격은 잃게 됨.

ⓒ 결과 : 김구의 충칭 임시 정부 세력과의 합작에도 실패. 결국 독립 촉성 중앙 협의회는 우익 정당들의 잠정적 통합에 불과, 오히려 이를 통해 좌·우익의 대립은 더욱 심화

ⓓ 대한 독립 촉성 국민회 : 이승만계의 독립 촉성 중앙 협의회는 김구의 신탁 통치 반대 국민 총 동원 위원회와 합쳐 대한 독립 촉성 국민회로 개편

⑥ 국민당

ⓐ 조직 : 안재홍은 건준위 내에서 좌파가 강해지는 데 대해 불만을 품고 공화당, 근우 동맹, 사회 민주당 등 군소 정당을 흡수, 1945년 9월 국민당을 조직

ⓑ 내용 : 좌·우 연합의 신민족주의·신민주주의 내세워 계급을 뛰어넘어 통일된 평등사회 건설 주장.

ⓒ 해체 : 1946년 4월 한국 독립당과 합당하며 일부 세력이 흡수, 또 일부는 신한 민족당에 합류. 안재홍이 1947년 2월에 미군정청 민정장관에 임명되자 해산

⑦ 한국 독립당

ⓐ 미군정이 대한민국 임시 정부를 승인하지 않아 김구·김규식 등 충칭 임시 정부 요인들은 개인 자격으로 환국

ⓑ 내용 : 인민 공화국에 참여해달라는 조선 공산당의 요구 거부, 미군정에 대하여 임시 정부 법통론을 내세우며 행정권 이양 요구. 반탁 운동 전개하며 반대한 일부가 이탈, 5·10 총선거 불참하여 잔여 세력 이탈, 와해

⑧ 조선 인민당

ⓐ 조직 : 미군정이 조선 인민 공화국을 부인하자 1945년 11월 여운형의 조선 건국 동맹이 고려 국민 동맹과 인민 동지회 등 군소 정당 흡수하여 조직

ⓑ 목적 : 근로 대중을 중심으로 전 민족의 완전한 해방을 기본 이념으로 삼음. 노동자·농민·근로 인텔리·양심적 자본가 등을 포괄하는 대중적 국민 정당 지향

ⓒ 변화 : 모스크바 3국 외상 회의를 둘러싼 논쟁 과정에서는 조선 공산당을 지지하여 1946년 2월 민주주의 민족전선 참여, 그러나 좌우 합작 운동이 추진되는 시기엔 조선 공산당의 반대에도 불구하고 좌파를 대표하여 참가

⑨ **민족 자주 연맹** : 김규식을 위원장으로 한 중도적 정치 조직. 좌우합작 실패 후 좌우합작에 참여한 인사들을 중심으로 결성. 이후 남한만의 단독 정부 수립에 반대하면서 1948년 4월 남북 연석 회의 주도

02 대한민국 정부 수립

1 모스크바 3국 외상 회의

(1) **논의** 1945년 12월 미국·영국·소련의 3국 외상이 모스크바에 모여 한반도 문제 협의한 후 '한국 문제에 관한 4개항의 결의서'라는 합의문 발표

> ▶ 한국 문제에 관한 4개항의 결의서
> • 조선에 민주주의적 임시 정부를 수립할 것.
> • 남·북한에 주둔하고 있는 미·소 양군 대표로 하여금 미·소 공동 위원회를 개최하여 임시 정부 수립안을 작성하게 할 것.
> • 미·소 공동 위원회는 이상의 절차를 거쳐 수립된 조선 임시정부와 협의하여 최대 5년간의 신탁 통치(후견제)안을 작성할 것.
> • 남·북한과 관련된 긴급한 문제를 고려하기 위해 2주일 이내에 조선에 주둔하는 미·소 양군 사령부 대표로서 회의를 소집할 것.

(2) 내용

① **단계** : 미·소 공동 위원회 설치 → 미·소 공동 위원회와 한국의 정당 및 사회 단체와 협의 → 임시 민주 정부 수립 → 최고 5년간 신탁 통치 가능

② **신탁 통치에 대한 미국 입장** : 한국을 곧바로 독립시키는데 소극적, 장기간의 신탁 통치를 주장.

③ **신탁 통치에 대한 소련 입장** : 한반도 문제를 당사자 간의 처리에 맡김으로써 즉각 독립 주장.

④ **오보** : 동아일보는 모스크바 3국 외상 회의의 결과가 공식적으로 발표되기도 전에 소련이 38도선 분할을 구실로 신탁 통치를 주장한 반면, 미국은 즉각 독립을 요구하였다고 보도.

(3) 영향 국내에서 신탁 통치 실시 문제를 둘러싸고 좌익과 우익으로 나뉘어 대립과 충돌 심해짐.

2 신탁 통치 문제에 대한 좌·우익 대립

(1) 초기 우익과 좌익 모두 신탁 통치에 반대해 반탁 운동 전개

(2) 우익[1]

① 대한민국 임시정부 인사들은 신탁 통치에 반대

② 1945년 12월 '탁치(신탁 통치)반대 국민 총동원 위원회'를 조직하는 등 대대적인 신탁 통치 반대 운동을 주도. 이승만을 비롯하여 한국 민주당 등 우익 세력과 친일분자까지 포함.

③ 신탁 통치 반대 국민총동원 위원회는 이승만계의 독립 촉성 중앙 협의회와 합쳐 대한 독립 촉성 국민회로 개편

④ 1946년 2월 미군정의 자문 기관인 '남조선 대한 국민 대표 민주의원'으로 결집(우익 세력 모두 참여, 의장에 이승만과 부의장에 김규식 임명)

(3) 좌익[2] 조선 공산당 등 좌익 세력도 초기에는 신탁 통치에 반대, 그러나 이들은 민주주의 민족전선으로 결집하고, 모스크바 3국 외상 회의 결정안의 핵심이 민주적인 임시 정부의 수립에 있다는 것을 확인하고 회의 결정을 지지함. 이로 인하여 좌익과 우익의 대립이 첨예해짐(해방 후 최초의 3.1운동 기념식도 따로 할 만큼 대립이 심화되었다.)

(4) 중도 세력 여운형, 안재홍, 김규식, 백남운 등의 중도 세력은 임시 민주 정부 수립에는 찬성, 신탁 통치는 반대. 좌익과 우익의 대립으로 중도 세력의 주장은 받아들여지지 않음.

3 미·소 공동 위원회와 좌우 합작

(1) 1차 미·소 공동 위원회

① **배경** : 1945년 12월에 미국·소련·영국 3국의 외무장관들은 모스크바에 모여 제2차 세계 대전

❶ 신탁 통치 반대 운동

❷ 신탁 통치 찬성 운동

의 전후 처리 문제 논의. 한국의 독립 문제도 거론됨. 임시 민주 정부의 수립과 이를 돕기 위한 미·소 공동 위원회 개최, 최고 5년간의 신탁 통치 실시 등을 결정

② **개최** : 모스크바 3국 외상 회의의 결정에 따른 구체적 문제 논의 위해 1946년 3월 제1차 미·소 공동 위원회가 덕수궁에서 개최

   ⊙ **미국 주장** : 임시 정부에 모든 정당·사회단체를 참여시켜야 한다고 주장(모스크바 3국 외상 회의의 결정을 반대하는 것은 '표현의 자유'라고 주장하였다.)

   ⓛ **소련 주장** : 임시 정부에 모스크바 3국 외상 회의 결정을 반대하는 정치단체는 참여할 수 없다고 주장

④ **결과**

   ⊙ 합의점 미도출로 미·소 공동 위원회 결렬

   ⓛ 1946년 5월 9일 이후 무기 휴회 → 남한에서는 반공·반소 분위기

   ⓒ **이승만의 정읍 발언** : 1946년 6월 이승만은 정읍에서 남한만의 단독 정부를 수립할 것을 주장

> ▶ **이승만의 정읍 발언(1946.6)**
>
>
> ▲ 이승만의 정읍발언을 실은 신문기사
>
> 이제 우리는 무기 휴회된 공위(미·소 공동 위원회)가 재개될 기색도 보이지 않으며, 통일정부를 고대하나 여의케 되지 않으니, 우리는 남방(남한)만이라도 임시 정부 혹은 위원회 같은 것을 조직하여 38도선 이북에서 소련을 철퇴하도록 세계 공론에 호소하여야 할 것이니 여러분도 결심하셔야 할 것이다.

⑤ **혼란한 사회** : 1946년 5월 정판사 위폐 사건이 벌어져 조선 공산당 사실상 불법화 됨, 이후 좌·우익의 대립, 좌익과 미군정의 대립 심화, 조선 공산당의 주도로 9월 총파업, 대구 10월 사건 등이 벌어지며 혼란을 더했음. 1946년 말 조선 공산당, 남조선 신민당, 조선 인민당이 합당하여 남로당을 결성함

(2) 공산 세력

① **민주주의 민족전선 조직**

   ⊙ **조직 배경** : 우파 계열이 김구 중심의 비상 국민 회의를 출범시키고 미군정 자문기관으로 남조선 대한 국민 대표 민주의원이 설치되자, 이에 대응해 좌파 정치 세력이 결집 시도

   ⓛ **결성** : 1946년 2월 조선 공산당·조선 인민당·신민당·민족 혁명당·노동조합 전국 평의회·전국 농민조합 총연맹·청년동맹·부녀총동맹 등 정당·사회단체와 각종 문화단체 등이 참가. 여운형·박헌영·김원봉·백남운 등이 공동의장

   ⓒ **주장** : 모스크바 3상 회의 결정과 미·소 공동 위원회 지지, 조선의 자주 독립 실현, 친일파 민족 반역자 처단, 토지 문제의 민주적 해결, 8시간 노동제 실시 등을 주장

   ⓔ **활동** : 조직을 정비하고 모스크바 결정안의 내용을 대중에게 선전. 제 1차 미·소 공동 위원회가 무기한 휴회와 미군정에 의한 좌익 탄압 본격화되자, 이에 대항하여 미·소 공동 위원회의 재개 요구하는 대중 시위 전개. 또한, 김규식, 여운형 등이 중심이 되어 전개한 좌우 합작 운동을 미군정이 친미 정권을 수립하기 위한 정책이라고 간주하여 배격

② 조선 정판사 위조지폐 사건

　㉠ 목적 : 1946년 5월 조선 공산당이 재정난을 타개하기 위해 위조지폐 발행.

　㉡ 내용 : 조선 정판사에서 일제가 사용하다가 남겨둔 지폐 원판을 이용해 약 1,200만원에 달하는 거액의 위조지폐를 발행하여 사용. 시중에 위조지폐가 유통되자 경찰은 수사에 착수

　㉢ 결과 : 조선 공산당은 사건에 대해 무관하다고 주장했으나 미군정은 조선 공산당에 의해 저질러진 조직적인 사건으로 결론내림. 조선 정판사 폐지와 조선 공산당 기관지인 해방일보 폐간

　㉣ 영향 : 이때부터 남한에서의 공산당 활동은 약화. 미군정은 공산당에 대해 강경책을 펼침, 조선 공산당도 반미 투쟁 노선 전개

(3) 좌·우 합작 운동

① 배경

　㉠ 제1차 미·소 공동 위원회가 결렬되자 남한에서 이승만을 중심으로 단독 정부 수립론 제기.

　㉡ 중도 우파의 김규식과 중도 좌파의 여운형은 미군정의 적극적 지원을 바탕으로 좌우 합작 운동을 추진하기 시작

② 미군정의 입장 : 미국은 전원이 우익 세력인 '남조선 대한 국민 대표 민주의원'보다 김규식, 여운형 등의 중도 세력을 중심으로 하는 것이 남한의 대중적 지지를 얻으면서도 소련과의 원활한 대화에도 유리할 것으로 여김

③ 좌우 합작 위원회 결성 (1946.7)

　㉠ 결성 : 좌·우익 세력이 각각 5명의 합작 위원을 선발하였고, 이들을 중심으로 좌우 합작 위원회가 결성.

　㉡ 대립 : 합작의 원칙을 둘러싸고 좌익 측은 5원칙, 우익 측은 8원칙을 내세우며 맞섬.

④ 좌우 대립 : 신탁 통치, 토지 개혁, 반민족 행위자 처리 등의 문제에서 큰 차이 보임.

⑤ 좌우 합작 7원칙 내용 : 양측의 주장을 절충하여 미소공위 재개, 임시정부 수립, 토지 개혁, 친일파 청산 등을 골자로 한 합작 7원칙을 1946년 10월 7일에 좌우 합작 위원회 이름으로 발표.

> **▶ 좌우 합작 7원칙 (1946.10.7.)**
> 조선의 좌우 합작은 민족 독립의 단계요, 남북 통일의 관건인 점에 있어서 3천만 민족의 지상 명령이며 국제 민주화의 필연적 요청이었음에도 불구하고 저간의 복잡다단한 내외 정세로 오랫동안 파란곡절을 거듭해오던 바 10월 4일 좌우 대표가 회담한 결과 좌측의 5원칙과 우측의 8원칙을 절충하여 7원칙을 결정하였다.
> 우리는 다음과 같은 합작 원칙과 입법기구에 대한 요망을 작성하여 발표한다.
>
> 1. 모스크바 3국 외상 회의의 결정에 따라 남북의 좌·우 합작으로 민주주의 임시 정부를 수립할 것.
> 2. 미·소 공동 위원회의 속개를 요청하는 공동 성명을 발표할 것.
> 3. 토지는 몰수, 유(有)조건 몰수, 체감(遞減) 매상 등으로 농민에게 무상으로 분배하고, 중요산업을 국유화 할 것.
> 4. 친일파, 민족 반역자를 처단할 조례를 제정할 것.
> 5. 정치범을 석방하고 남북, 좌·우의 테러를 중지할 것.
> 6. 입법 기관의 권한, 구성, 운영 등을 좌·우 합작 위원회에서 작성하고 실행할 것.
> 7. 언론·집회·결사·출판·교통·투표의 자유 보장할 것.

⑥ **좌우 합작 7원칙에 대한 입장**

    ㉠ 우익 : 김구는 찬성하였지만 참여는 하지 않음, 이승만은 조건부 지지를 표명하였으나 사실상 반대의 입장을 취함. 한민당은 단독 정부 노선을 취했기 때문에 반대

    ㉡ 좌익 : 박헌영은 토지 개혁과 친일파 처리의 급진적 해결을 추구했기 때문에 반대

⑦ **미군정의 남조선 과도정부**

    ㉠ 남조선 과도 입법 의원 개원(1946.12.12) : 미군정은 좌우합작을 추진함과 동시에 남조선 과도 입법 의원을 창설, 선거에 의한 민선의원 45명과 미군정에서 임명한 관선의원 45명. 그리고 입법의원 의장에 김규식이 임명되어 1946년 12월 입법의원이 설치되었음. 이후 과도 입법의원은 미군정의 영향력 아래에서 우익적 성향으로 움직임

    ㉡ 남조선 과도 정부 : 1947년 6월 군정 법령 제141호에 의해 설치된 미군정의 한국인 기관. 미군정청 민정장관에 안재홍 임명, 대법원장에 김용무 임명. 행정권을 대부분은 한국인에게 이양했으나 실권은 거부권을 가진 미국인 고문에게 있었음

⑧ **트루먼 독트린(1947.3)❶** : 미국은 소련과의 냉전이 심화되는 상황에서 공산주의 확산을 막기 위해 강경책으로 전환, 미군정 또한 좌우합작에 대한 지원 방침 철회하고 우익 지원

(4) 2차 미 · 소 공동 위원회

① **개최** : 트루먼 독트린으로 인해 세계 냉전체제가 시작된 상황에서 1947년 5월 제2차 미 · 소 공동 위원회 개최

② **결과**

    ㉠ 1차 미 · 소 공동 위원회와 마찬가지로 임시정부 수립 시 참여 가능한 정당 및 단체 문제로 휴회, 미국의 4개국 외상 회담 제의에 소련은 모스크바 회의에서 합의된 사항이 아니라는 이유로 거부, 회담 결렬

    ㉡ 좌 · 우 합작 위원회 해산 : 1947년 5월 제2차 미 · 소 공동 위원회가 열렸으나 협의 대상에 대한 대립으로 결렬. 소련과의 냉전 대립이 심화되자 미군정은 좌우 합작 위원회에 대한 지원을 철회, 7월 여운형마저 암살되면서 김규식의 민족 자주 연맹 결성과 함께 10월 좌우 합작 위원회 해산

4 한국 문제의 유엔 상정과 남북 협상

(1) 유엔에서의 한반도 문제 논의

① **미국의 한반도 문제 상정** : 1947년 9월 미국은 한반도에 임시 민주 정부 수립을 포기하고 한국 문제를 유엔에 상정하여 해결하자고 제안, 소련은 이에 반대하며 두 나라 군대의 동시 철수와 한국인 스스로 정부를 수립하도록 하자고 주장했으나 유엔 총회는 미국의 제안을 가결

② **유엔 총회**

    ㉠ 유엔의 결정 : 1947년 11월 소련이 불참한 가운데 열린 유엔 총회에서 인구 비례에 따라 총선거 실시하고 이를 기반으로 정부를 수립할 것을 결정

    ㉡ 소련과 북한의 태도 : 소련은 미국 주도로 결정된 유엔 결의안 반대

❶ 트루먼 독트린(1947.3)

공산주의 세력의 확대를 저지하기 위하여 자유와 독립의 유지에 노력하며, 소수자의 정부지배를 거부하는 의사를 가진 여러 나라에 대하여 군사적·경제적 원조를 제공한다"

③ **유엔 한국 임시 위원단 파견** : 1948년 1월 총선거 실시를 위해 유엔 한국 임시 위원단을 결성하여 한국에 파견, 소련과 북한은 유엔 한국 임시 위원단의 북한 방문 거부

④ **유엔 소총회 결의**

　㉠ **유엔 소총회의 결정** : 유엔은 한반도 전 지역에서 총선거를 실시하는 것이 현실적으로 불가능하다고 판단, 1948년 2월 소총회를 개최해 유엔 한국 임시 위원단이 활동 가능한 지역에서 선거를 실시해 정부를 수립하도록 결의 → 남한만의 단독 선거 결정

　㉡ **이승만과 한국 민주당** : 남한만의 단독 정부 수립과 즉각 총선거 실시 주장

　㉢ **김구와 한국 독립당** : 단독 정부 수립에 반대하며 남북 협상에 의한 총선거 주장

　㉣ **좌익** : 2 · 7 구국투쟁(1948년 2월 7일 조선 노동조합 전국 평의회가 유엔 조선 위원단에 반대하여 일으킨 파업 투쟁) 등 반대 투쟁 전개

⑵ **남북 협상**

① **배경**

　㉠ **중도파 입장** : 1947년 여운형 암살 이후 김규식, 홍명희 등 중도파들은 1947년 12월 민족 자주 연맹을 결성하고 미 · 소 양군 철수와 남북통일 정부 수립을 위한 남북 정치 단체 대표자 회의 개최를 주장

　㉡ **김구의 입장 표명** : 김구가 민족 자주 연맹 측의 주장을 수용하는 의견을 표명, 단독 정부 수립 반대 세력 연대 모색

▶ **남북 지도자 회의에서 연설하는 김구**

[김구의 '삼천만 동포에 읍고함'(1948.2)]
한국이 있고야 한국 사람이 있고, 한국 사람이 있고야 민주주의도 공산주의도 또 무슨 단체도 있을 수 있는 것이다. 이 육신을 조국이 요구한다면 당장이라도 제단에 바치겠다. 나는 통일된 조국을 건설하려다가 38도선을 베고 쓰러질지언정 일신에 구차한 안일을 취하여 단독 정부를 세우는 데는 협력하지 아니하겠다.

[UN에 보낸 김구의 편지(1949.6.6) 중에서]
한국을 두 개로 잘라놓고, 또 남과 북에 제 각기 정권과 제 각기 군대를 세워놓고, 끝내는 자신들이 만들어낸 상호 적대감을 해결하지 않은 채 각자의 군대를 남과 북에서 철수하기로 결정한 미국과 소련은 .... 한국에 내전이 일어날 경우 그 책임은 그들에게 있다.

② **협상 과정**

　㉠ **남한의 정치 회담 제안** : 김구와 김규식은 김일성과 김두봉에게 남북 정치 회담을 제의.

　㉡ **북한의 제안** : 김일성과 김두봉은 남북 제정당 · 사회단체 대표자 연석 회의를 개최하자고 다시 제의.

　㉢ **북한 제안 수용** : 분단 정부 수립을 우려한 김구와 김규식은 제안을 수용, 남북 협상 개최.

③ **남북한 제정당 사회단체 대표자 회의(남북 연석 지도자 회당)**

　㉠ **참가** : 1948년 4월 평양에서 김구 · 김규식 · 김일성 · 김두봉 등은 평양에서 전조선 제정당 · 사회단체 대표자 연석 회의에 참가(4김 회의라고도 함)

ⓒ **주장 내용** : 미·소 양국 군대의 철수, 임시 정부 수립, 단독 선거 정부 반대를 요구하는 공동 성명을 발표

ⓒ 이승만과 한국 민주당의 적극적 호응으로 유엔 한국 임시 위원단의 총선거 준비는 계속되었고 미·소 냉전 체제 하에서 남북 협상은 실현되기 어려웠으며 이미 단독 정부 수립은 대세가 됨

ⓔ **의의** : 임시 정부, 조선 독립 동맹, 조선 건국 동맹 등 항일 지도자들이 최초로 한자리에 모여 통일 국가 수립 문제를 논의, 자주적·평화적 통일 노선을 제시

ⓜ **한계** : 유엔이 남한 단독 선거를 결정했으며 북한 역시 내부적으로 독자적인 정부 수립을 추진, 북한은 남북 연석 지도자 회담을 북한 정권 수립 정당화 수단으로 이용

ⓗ 김구는 5·10 총선거에 불참한 뒤 통일 독립 촉진회를 결성하는 등 통일 정부 수립을 위해 노력하였으나 1949년 6월 암살(안두희에 의하여 암살당하였고, 안두희는 40여 년 뒤 버스 운전 기사 박기서에게 정의봉으로 살해당하였다.)당하고, 김규식은 6·25 전쟁 때 납북 뒤 사망

5 대한민국 정부 수립

(1) 제주 4·3 사건

① **시작** : 1947. 3·1운동 기념 집회에서 미군에 의해 6명 사망

② **전개** : 경찰과 서북 청년단(극우 단체)의 탄압이 심해지자 1948년 4월 남로당 제주도당을 중심으로 한 좌익세력과 일부 주민들은 남한 단독 선거 반대, 미군 철수 등을 요구하며 봉기. 경찰서와 우익 단체를 공격하고 무장 유격대를 조직하고 한라산을 근거지로 하여 경찰 및 군인들과 전투 벌임, 미군정은 군대 동원해 진압

③ **결과** : 진압과정에서 양민을 포함해 전체 제주도민의 10% 가량이 희생, 제주도의 3개 선거구 중 두 곳에서는 총선거가 진행되지 못함. 1년 뒤 진압

(2) 여수·순천 사건 (10·19사건)

① **발단** : 4·3 사건 진압을 위해 여수 지역에 주둔하고 있던 제14연대가 제주도에 토벌군으로 파견되기로 예정, 그러나 1948년 10월 19일 제14연대 일부 좌익계 군인들이 중심이 되어 출동을 거부하고 친일파 처단, 조국 통일 등을 구호로 내세우며 반란을 일으킴(여순반란이라고 부르기도 하였음)

② **과정** : 여수·순천을 넘어 광양·곡성·구례·벌교·고흥까지 진출했으나, 정부는 여수·순천 지역에 계엄령을 선포하고 미군의 협조를 받아 사건이 일어난 지 1주일 만에 반란군을 진압. 그러나 반란군의 일부 및 그에 동조하던 세력들은 지리산 등지의 산악 지대로 피신하여 빨치산 투쟁을 전개하기 시작

③ **결과**

ⓐ 미군의 지원으로 반란군 완전 진압했으나 군·민의 막대한 인명 피해

ⓑ 국가보안법 제정 계기

ⓒ 군대 내 좌익과 광복군계를 포함한 반이승만 성향의 군인 제거, 반공 정책 강화

ⓓ **국민 보도 연맹 조직** : 좌익 활동을 하던 사람들을 전향시켜 보호하고 자유 민주주의로 인도한다는 명분으로 조직, 6.25 전쟁 도중 상당수가 학살당함

(3) 5 · 10 총선거

① **불출마** : 한국 독립당(김구) · 민족 자주 연맹(김규식) 등 남북협상 참가 세력, 공산주의자, 중도
계 인사들이 대거 불참한 가운데 예정대로 실시

② **의의** : 21세 이상 모든 국민에게 투표권
이 부여된 우리나라 최초의 보통 선거였
으며 직접 · 평등 · 비밀 · 자유원칙에 따
른 민주 선거

③ **결과** : 무소속, 이승만의 독립 촉성 계열
과 김성수 등 한국 민주당 계열이 다수 당
선되어 임기 2년의 제헌국회 구성 (본래
국회 의원은 4년 임기를 원칙으로 하나
제헌 국회는 국초임을 고려하여 2년으로
설정하였음)

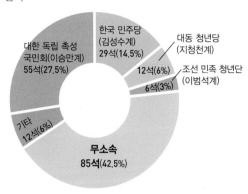

▲ 5.10 총선거 결과 정당별 의석 분포도

(4) 헌법 제정

① **제헌국회**

㉠ **5월 31일** : 5 · 10 총선거 결과 198명의 의원으로 임기 2년의 제헌국회 구성

㉡ **7월 1일** : 국호를 대한민국으로 결정

㉢ **7월 17일** : 대한민국 임시 정부의 법통을 계승한 민주 공화국 체제의 헌법을 공포

② **내용** : 대통령 중심제, 국회 의원에 의한 대통령 간선제. 친일 반민족자 처벌, 토지 개혁 통해 지
주제 폐지, 지하자원 · 산업의 국유화, 노동자들의 이익 첨가권

(5) 정부 수립

① **정부 수립 선포(1948.8.15)** : 대통령 이승만, 부통령 이시영이 국회에서 선출되어 하지 중장은 미
군정의 폐지를 발표했고, 대한민국 정부가 수립됨

② **내각 구성** : 국회의 의석 비율을 참고하여 내각 구성. 조봉암 등 중도 세력도 등용됐으나 한국 민
주당은 각료 배분에서 소외.

③ **유엔 총회 승인** : 1948년 12월 제3차 유엔 총회에서 대한민국 정부가 한반도의 유일한 합법 정부
임을 승인

> ▶ **대한민국 제헌 헌법(1948.7.17.)**
>
> 제1조 대한민국은 민주 공화국이다.
> 제32조 국회는 보통, 직접, 평등, 비밀 선거에 의하여 당선된 의원으로 조직한다.
> 제53조 대통령과 부통령은 국회에서 무기명 투표로서 각각 선거한다.
> 제55조 대통령과 부통령의 임기는 4년으로 한다. 단, 재선에 의하여 1차 중임할 수 있다.
>
> ▶ **제3차 유엔 총회의 대한민국 정부 승인 결의안(1948)**
>
> 유엔 한국 임시 위원단이 총선거 감시와 협의를 실시할 수 있었던 남한 지역에서 효과적인 통제 및 사법권을 보유
> 한 합법 정부가 수립되었으며 …… 이 정부는 선거가 가능하였던 한반도 내에서 유일한 합법 정부임을 승인한다.

(6) 분단의 고착화 북한은 1948년 9월 9일 조선 민주주의 인민 공화국 수립 선포

03 제헌 국회의 활동

1. 반민족 행위 처벌법

(1) **친일파 청산** 미군정청은 친일 관리와 경찰을 그대로 등용. 미군정 자문 기관인 남조선 과도 입법 의원에서 1947년 7월 '민족반역자 부일협력자 간상배에 대한 특별조례'를 제정. 그러나 미군정은 인준 거부, 결국 친일파 청산은 대한민국 정부 수립 후로 넘어가게 됨

(2) **특별법 제정** 제헌국회는 헌법 제101조(이 헌법을 제정한 국회는 단기 4278년 8월 15일 이전의 악질적인 반민족 행위를 처벌하는 특별법을 제정할 수 있다)에 의거하여 '반민족 행위 처벌법 기초 특별 위원회'를 구성하고, 1948년 9월 22일 법률 제3호로 〈반민족 행위 처벌법〉을 제정했고, 반민족 행위 특별 조사 위원회(반민특위)를 설치함

(3) **내용** 일제의 국권 탈취에 적극 협력하거나 일제로부터 작위를 받거나 제국회의 의원이 된 자, 독립 운동가 및 그 가족을 살상·박해한 지, 직·간접으로 일제에 협력한 자를 처벌

(4) **친일파의 반발** 친일파들은 반민족 행위 처벌법 제정을 공산당의 주장이라고 하며 반공 구국 궐기대회를 개최, 정부는 이 대회를 적극 지지

2. 반민족 행위 특별 조사 위원회(반민 특위)

(1) **구성** 10명의 국회의원으로 구성하였으며 중국에서 독립운동을 하였던 김상덕을 위원장으로, 김상돈을 부위원장으로 임명. 기소와 재판을 담당하기 위해 특별 검찰부와 특별 재판부를 설치. 반민특위도 조사부 책임자 등 선출

(2) **활동** 1949년 1월부터 활동 시작. 박흥식·노덕술·윤치호·최린·최남선·이광수 등 12명에 대해 실형 선고

> **▶ 반민족 행위 처벌법(1948.9.)**
> 제1조 일본 정부와 통모하여 한일 합병에 적극 협력한 자, 한국의 주권을 침해 하는 조약 또는 문서에 조인한 자와 모의한 자는 사형 또는 무기 징역에 처하고 그 재산과 유산의 전부 혹은 2분의 1 이상을 몰수한다.
> 제2조 일본 정부로부터 작위를 받은 자 또는 일본 제국 의회의 의원이 되었던 자는 무기 또는 5년 이상의 징역에 처하고 그 재산과 유산의 전부 혹은 2분의 1 이상을 몰수한다.
> 제3조 일본 치하 독립운동자나 그 가족을 악의로 살상한 자, 또는 이를 지휘한 자는 사형, 무기 또는 5년 이상의 징역에 처하고 그 재산의 전부 혹은 일부를 몰수한다.

(3) **결과**

① 이승만 정권의 소극적 태도 반공 정책을 우선시하며 친일파 처단에 소극적인 태도를 보이던 이승만은 치안을 명분으로 삼아 비협조와 비난을 일삼음, 정부와 경찰요직에 자리 잡은 친일파의 노골적인 방해로 조사 활동이 극히 제한.

② **이승만의 특별 담화** : "반민특위 활동은 3권 분립에 위배되며, 좌익 반란 분자들이 살인, 방화 등을 저지르는 상황에서 경험 있는 경찰관을 마구 잡아들여서는 안 된다."는 내용의 특별 담화를 발표, 이어 반민법 개정을 요구

③ **국회 프락치 사건(1949.5)** : 남로당 프락치가 국회에서 첩보 공작을 하였다는 이유로 당시 국회

반민 특위의 실적	
취급 건수	682건
영장 발부	408건
기소	221건
재판 종결	38건
• 사형	1건
• 징역	6건
• 집행유예	5건
• 공민권 정지	18건
• 무죄	6건
• 형 면제	2건

부의장 등 13명의 의원을 간첩 혐의로 구속. 친일파 처단을 강경하게 주장하던 소장파 의원들이 대다수

④ **반민특위 습격 사건(6.6사건)** : 1949년 6월 친일 경찰의 반민특위 습격 사건으로 반민특위의 활동은 사실상 종결

(4) **한계**❶ 총 680건을 조사했으나 실형 선고는 12건에 불과했고 대부분 무혐의 또는 집행 유예로 풀려나 처벌 받은 사람은 거의 없었음, 이승만 정부와 한민당의 반대, 시효기간이 2년에서 1년으로 단축됨

(5) **해체** 공산당과 내통하였다는 구실로 특위 위원들을 구속, 경찰을 동원하여 반민 특위 산하 특경대를 강제 해산. 반민족 행위자에 대한 공소시효를 1950년 6월에서 1949년 8월로 단축하는 반민족 행위 처벌법 개정안이 국회에서 통과됨으로써 반민특위 해체

3. 농지 개혁

(1) 배경

① 광복 전 대한민국 임시정부와 조선 독립 동맹 등은 토지를 실제 경작하는 농민들에게 나누어 준다는 것을 건국 강령으로 삼음

② 대한민국 수립 이후 이승만 정권은 농지 개혁에 대해 국민의 절대 다수가 지지하는 여론과 좌익의 사회 운동 및 북한의 토지 개혁 등에 영향을 받아 더 이상 토지 개혁을 지체 할 수 없음을 깨닫고, '농지 개혁안'을 만들어 국회에 상정

③ 지주 출신이 많았던 국회에서는 농지 개혁법의 통과가 지지부진했음

> ▶ **농지 개혁법(법률 제31호)**
> 제1조 본법은 헌법에 의거하여 농지를 농민에게 적절히 분배함으로써 농가 경제의 자립과 농업 생산력의 증진으로 인한 농민 생활의 향상 내지 국민 경제의 균형과 발전을 기함을 목적으로 한다.
> 제5조 정부는 다음에 의하여 농지를 취득한다.
> 1. 다음의 농지는 정부에 귀속한다.
>   (가) 법령 급 조약에 의하여 몰수 또는 국유로 된 농지
>   (나) 소유권자의 명의가 분명치 않은 농지
> 2. 다음의 농지는 적당한 보상으로 정부가 매수한다.
>   (가) 농가 아닌 자의 농지
>   (나) 자경하지 않는 자의 농지, 단 질병, 공무, 취학, 기타 부득이한 사유로 인하여 일시 이농한 자의 농지는 소재지 위원회의 동의로서 시장, 군사가 일정 기한까지 보류를 인허한다.
>   (다) 본법 규정의 한도를 초과하는 부분의 농지
>   (라) 과수원, 종묘포, 상전 등 숙근성 작물 재배 토지를 3정 이상 자영하는 자의 소유인 숙근성 작물 재배 이외 농지
> 제6조 다음의 농지는 본법으로서 매수하지 않는다.
> 1. 농가로서 자경 또는 자영하는 1가당 총 면적 3정보 이내의 소유농지. 단 정부가 인정하는 고원 산간 등 특수 지역에는 예외로 한다.
> 2. 자영하는 과수원, 종묘포, 상전 기타 숙근성 작물을 재배하는 농지
> 3. 비농가로서 소규모의 가정원예로서 자경하는 5백 평 이내의 농지 …

(2) 미군정 시기의 농지 분배

① **신한공사(1946.2~1948.3)** : 미군정은 법령 제33호를 공포해 동양 척식 주식회사 및 종래 일본인

의 재산(적산)을 접수하여 군정청 소유의 귀속재산으로 만들고, 일본인이 소유했던 귀속 농지를 신한공사가 관리하게 하였음. 한국 농경지의 13.4%에 해당하는 토지와 전체 농민의 27.1%인 소작농을 관할

② **삼일 소작제 실시(1945.10)** : 미군정은 법령 제9호를 발표해 소작료가 총 수확물의 3분의 1을 초과할 수 없도록 함. 지주의 일방적인 소작 계약 해제는 무효, 3분의 1 소작료를 초과하는 신규 소작 계약은 불법으로 규정

③ **농지 매각** : 신한공사를 해체하고 중앙 토지 행정처를 설치해 신한공사가 관리하던 농지 대부분을 소작인과 귀환 동포들을 대상으로 최대 2정보에 한하여 30여 만 정보의 귀속 토지를 매각함

(3) 제헌 국회의 농지 개혁

① **목적** : 경자유전의 원칙 아래 농지를 농민에게 분배함으로써 자영농을 육성하고 농업 생산력 증진을 통해 국가 경제의 균형적 발전을 꾀함. 또한 토지 자본을 산업 자본으로 전환하여 산업화의 토대를 마련하고자 함

② **시행** :

　㉠ 1949년 6월 국회에서 수정된 '농지 개혁 법안'이 국회에서 통과되었으나 1950년 3월에 시행령이 공포됨

　㉡ 유상매입, 유상분배, 경자유전의 원칙

　㉢ 6·25 전쟁으로 한동안 중단, 전쟁 후 재개되어 1957년에 완료

③ **매입 방법** : 가구당 3정보(약 30,000㎡) 이상의 지주의 토지를 국가에서 유상으로 매수, 지주들에게 현금 대신 지가증권을 발급하여 농지의 1년 수확량의 150%를 한도로 유상 분배

④ **분배 방법** : 영세농민에게 분배 받은 토지의 대가(1년 수확량의 150%)를 5년간에 걸쳐 수확량의 30%씩 상환곡으로 수납

⑤ **결과** : 지주 계급이 소멸하고 경자유전의 원칙이 수립되어 상당수의 농민이 소작농을 벗어나 자신의 토지를 소유할 수 있게 됨. 남한의 공산화 방지에도 일부 기여함

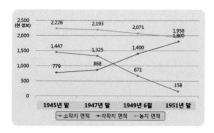

▲ 농지개혁으로 인한 자소작지 변화

⑥ **의의** : 지주 계급이 소멸하고 경자유전의 원칙이 수립되어 상당수의 농민이 소작농을 벗어나 자신의 토지를 소유할 수 있게 됨. 또한 신흥 자본가 계급이 생겨남으로써 1960~1970년대 한국 자본주의 발전의 기반 조성

⑦ **한계** : 지주들은 법이 시행되기 전에 미리 토지를 미리 처분한 경우가 많았고, 6·25 전쟁으로 개혁이 중단되면서 원래의 목적을 달성하는데 한계가 있었음. 또한 토지 대금을 현물로 납부해야 하는 것은 농민의 부담을 크게 만들어 생활이 곤궁해짐. 농민들은 토지를 팔고 소작을 하거나 농촌을 떠나 도시로 가는 경우도 있었음. 토지 자본을 산업 자본화하려는 목적이 있었으나 상당수의 지주가 6·25 전쟁 당시 지가 증권을 헐값에 처분해 산업 자본가로 전환하는 것 또한 실패

4. 그 외 정책

(1) **국경일에 관한 법률**

① **제정** : 1949년 '국경일에 관한 법률'에 의하여 4개의 국경일 지정. 이 법에 의해 3·1절, 제헌절 (7.17.), 광복절(8.15.), 개천절 (10.3.)을 국경일로 지정 (2005년 한글날(10.9.) 국경일로 지정)

(2) **은행법** 1950년 한국은행 법안이 공포되어 한국은행권 발행

(3) **국가 보안법(1948.12)** 1948년 여수·순천 10·19 사건을 계기로 제정. 국가의 안전을 위협하는 반국가 활동 규제하기 위한 목적

(4) **지방 자치법**

① **제정** : 제헌 헌법의 지방 자치제에 관한 규정에 따라 1949년 '지방 자치법' 제정

② 국내불안, 6·25전쟁으로 실시 못함 ⇨ 1952년 지방 의회 총선거 실시

04 북한 정권의 수립

1. 평남 건국 준비 위원회

(1) **조직** 광복 직후 조만식의 평안남도 건국 준비 위원회를 중심으로 신국가 건설 운동에 참여

(2) **활동 내용** 1945년 11월 조만식을 대표로 하는 5도 행정국 수립, 인민 위원회가 구성되어 북한 지역 관할

2. 소련의 영향

(1) **소련의 통치** 조만식의 평남 건국 준비 위원회를 인정하지 않고 행정권을 인민 위원회로 넘긴 뒤, 간접 통치의 방식으로 영향력 행사

(2) **김일성 세력의 성장**

① 북조선 5도 임시 인민 위원회 설립(1945.10.8), 조선 공산당 북조선 분국 설치(1945.10.13)

② 북조선 5도 임시 인민 위원회 ⇨ 북조선 5도 행정국으로 개편(1945.10.28)

③ 신탁 통치 반대하는 (조만식 등) 민족주의자 제거(1946. 1.5)

④ 북한 내에서의 정치세력 확대

(3) **북조선 임시 인민 위원회(1946.2)**

① **조직** : 소련이 북한에 공산주의 국가를 수립하기 위해 성립

② 위원장 김일성, 부위원장 김두봉으로 임시 중앙 권력 기관 조직

③ **개혁** : 토지 개혁, 중요 사업 국유화 단행, 8시간 노동법, 남녀평등권 법령 제정

(4) **북한의 토지 개혁(1946. 3.)**

① 4%의 지주가 전체농지의 58%를 소유하고, 소작농이 전체농민의 73%를 차지하고 있던 북한의 농촌 경제 개혁 위해 실시

② 북한 정권 초기에 농민의 지지를 얻기 위해 실시

③ 원칙

　㉠ 무상몰수, 무상분배 방식으로 소작제 철폐, 5정보 이상의 토지 소유 제한. 그 이상은 국가가 몰수하여 노동력의 차이에 따라 무전농민에게 분배

　㉡ 일본인과 민족 반역자의 토지 몰수

④ 결과 : 지주들은 타격을 입었으나 소작 빈농이 하층 중농의 수준으로 향상. 토지개혁에서 혜택을 입은 이들이 공산당에 대거 입당

> ▶ 북한의 토지 개혁에 관한 법령(1946. 3.)
>
> 제3조 몰수하여 무상으로 농민의 소유로 분여하는 토지는 아래와 같다.
> ㄱ. 농호에 5정보 이상 가지고 있는 조선인 지주의 소유지
> ㄴ. 스스로 경작하지 않고 전부 소작 주는 소유자의 토지
> ㄷ. 면적에 관계없이 계속적으로 소작 주는 전 토지
> ㄹ. 5정보 이상을 소유한 성당, 사원 기타 종교 단체의 소유지

3. 북한 정권의 수립

(1) **북조선 노동당** 조선 공산당 북조선 분국을 북조선 공산당으로 개칭, 1946년 8월 김두봉이 주축이 된 북조선 신민당과 통합하여 북조선 노동당(이하 북로당이라고 부름) 창당

(2) **북조선 인민 위원회** 1947년 2월 북조선 인민 위원회 출범을 통해 주권 및 행정적 기능 통합. 1948년 2월 인민군 창설, 최고 인민 회의 구성

(3) **북한 정부 수립** 남한의 단독 정부 수립에 반대해 1948년 4월 남북협상에 참가했지만 8월 대한민국 정부가 수립되자 최고 인민 회의 개최되어 헌법 제정, 9월 초에 김일성을 중심으로 내각을 구성하고 1948년 9월 9일 조선 민주주의 인민 공화국 수립 선포

(4) **조선 노동당 통합** 북로당과 남로당이 통합되면서 남한에 있던 공산주의자들이 대거 북으로 이동. 조선 노동당의 일당 독재 체제가 확립

❶ 애치슨 선언(라인)

미 국무장관 애치슨은 1950년 미국의 태평양 지역 방위선이 알류산 열도-일본-오키나와-필리핀을 연결하는 이른바 '애치슨 라인'이라고 함.

05 6 · 25전쟁

1. 6 · 25전쟁전의 상황

(1) **중국의 공산화** 1949년 10월 중화 인민 공화국 성립, 중국 국 · 공 내전에 참가한 조선 의용군 북한에 유입

(2) **미국 정책의 변화**

① 미군 철수 : 1948년 9월부터 1949년 6월까지 주한 미군 철수, 군사 고문단 500명만 잔류

② 애치슨 선언[1] : 1950년 1월 미 국무장관 애치슨은 태평양 지역 방위선에서 한반도와 타이완을 제외시킴으로서 미국의 군사적 개입이 없을 것이라는 오해를 불러일으킴

(3) 남북 대립

① 남한 상황 : 이승만 정권이 경제 정책에서 실패하고 총선에서도 참패한 뒤 북진 통일을 자신의 명분으로 강하게 주장

② 북한 상황 : 김일성은 민주 기지론에 따라 남조선 해방 주장

(4) 민주 기지론 북한은 소련군이 점령한 이북이 혁명에 더 유리한 조건을 갖고 있으므로 북한 내에 먼저 민주 기지를 건설한 다음 북한의 혁명 역량으로 남한을 해방시킨다는 통일 정책

(5) 소련과 중국의 지원

① 과정 : 1949년 소련과 군사원조를 내용으로 하는 군사 비밀 협정 체결, 중국과도 군사 비밀 협정 맺어 4만 명 남짓의 조선 의용군 인민군에 편입. 소련 또한 중국과 상호 우호 동맹 조약 체결

② 승인 : 소련은 김일성의 남침 계획을 수차례 거절했지만 애치슨 선언 이후 북한의 남침 계획 승인, 중국도 미국의 개입이 있을 경우 참전할 것을 약속

(6) 한 · 미 상호 방위 원조 협정 체결 1950년 1월 미국과 방위 원조 협정 체결하였으나 미미한 수준이었음

2. 전쟁의 과정

① ⇩ ②	북한군 남침 → 북한군이 3일만에 서울 점령 → 유엔군 참전과 낙동강 방어선 구축
② ⇩ ③	유엔군의 인천 상륙 작전(9.15) → 서울 수복(9.28)과 38도선 돌파(10.1) → 압록강까지 진격(10.26)
③ ⇩ ④	중국군 대공세 시작(10월) → 유엔군 후퇴와 흥남 철수 작전(12월) → 서울 함락(1.4후퇴) → 평택과 오산까지 밀려남
④ ⇩ ⑤	서울 재탈환(3.16) → 서울과 개성 사이 교착 → 휴전 협상 시작(1951.6.군사분계선 설정 문제와 포로 교환 방식으로 갈등) → 이승만의 반공 포로 석방(1953.6) → 휴전 협정(1953.7.27, 미 VS 북 · 중)

(1) 북한의 남침

① 북한 : 1950년 6월 25일 새벽 4시 북한은 전면적으로 남침 강행

② 국군 : 3일 만에 서울 함락, 7월 하순 낙동강 선까지 후퇴

(2) 유엔군 파견

① 유엔 안전 보장 이사회 : 북한의 남침을 평화에 대한 파괴 행위로 규정하고 남한에 대한 군사 지원을 결의. 미국을 비롯한 16개국으로 구성된 유엔군이 참전

② 한국 정부는 효과적인 전쟁 수행 위해 유엔군 사령관 맥아더에게 한국군의 작전권을 이양

(3) 인천 상륙작전 1950년 9월 15일 인천 지역에 대규모 상륙 작전을 전개, 인천 지역을 장악. 유엔군 9월 28일 서울 수복

(4) 북상 국군과 유엔군은 북상하여 원산, 평양으로 진격, 10월 말 압록강 연안 초산까지 도달

(5) 중국군 참전 유엔군의 만주 진격을 우려한 중국군이 대규모 병력을 파견해 북한을 지원, 100만 명 이상 파병된 중국군의 인해전술로 인해 유엔군 후퇴

(6) 1 · 4 후퇴 1951년 1월 4일 서울 다시 북한군에게 점령, 1951년 3월 서울 재탈환. 그 후 전선은 38도선 부근에서 교착 상태

(7) 맥아더 해임 1951년 4월 트루먼 대통령은 맥아더를 UN군 총사령관에서 해임

(8) 휴전

① **휴전 제의** : 전쟁 확대를 염려한 공산군이 소련의 유엔 대표 말라크를 통해 휴전 제의, 미국 수용

② **휴전 회담**

　㉠ 진행 : 1951년 7월 개성에서 휴전 회담 개최, 판문점으로 옮겨 개최

　㉡ 의견 대립 : 군사 분계선 설정, 휴전 실시를 위한 감시 기관 구성 문제, 포로 교환 문제로 대립 계속됨

　㉢ 유엔과 미국 : 38선보다 북진하고 있었던 유엔군 측은 군사 분계선 설정에서 양군의 '접촉선'을 주장, 전쟁 포로 자유 송환 주장

　㉣ 북한과 중국 : 공산군 측은 군사 분계선으로 38도선을 주장, 제네바 협정에 따른 전쟁 포로 강제 송환 원칙 고수

③ **휴전 반대 시위** : 정부와 우리 국민들은 국토 분단 영구화를 우려해 휴전 반대 범국민 운동 전개, 휴전 이후 전쟁 재발 시 효과적인 지원을 받을 수 있는지에 대한 우려 또한 있었음

④ **반공 포로 석방(1953.6)** : 휴전회담에서 포로 송환 협정이 서명되자 이승만은 미국의 경제 원조 약속과 한 · 미 상호 방위 조약 체결을 요구하면서 북진 통일을 외치며 반공 성향이 있는 2만 5,000명의 반공 포로를 일방적으로 석방

⑤ **휴전 협정 진행** : 더 이상 전쟁을 끌어가기 어려웠던 북한과 중국 측이 반공 포로 석방에 큰 반응을 보이지 않았으며, 이승만은 미국으로부터 휴전 뒤에 한 · 미 상호 방위 조약 체결, 장기적인 군사 · 경제 원조, 한국군 증강 등의 약속을 받아낸 뒤에야 휴전 협정에 동의

⑥ **휴전 협정**

　㉠ 조인 : 1953년 7월 27일 유엔군 대표 해리스 준장과 북한의 남일이 서명. 휴전 협정서에는 북한 인민군 최고 사령관 김일성, 중국 인민 의용군 총사령관 펑더화이, 미국 합참의장 클라크가 서명

　㉡ 휴전 내용 : 비무장지대와 군사 분계선 설정, 유엔군 측이 추천한 스웨덴 · 스위스와 공산군 측이 추천한 폴란드 · 체코슬로바키아 등 4개국의 중립국 감시 위원회를 설치하는 데 합의.

　㉢ 휴전 성격 : 체제의 불안정성으로 군사 분쟁이 발생할 때마다 유엔군을 대표한 미국과 북한 사이에 회담 개최

(9) **전쟁 중 이승만 정권**

① **거창 양민 학살 사건** : 공비 토벌 작전을 수행하던 육군 제11사단 9연대가 1951년 2월 경남 거창군 신원면 지역 양민 700여 명을 공비와 내통했다는 이유로 집단 학살한 사건

② **국민 방위군 사건** : 1951년 1 · 4후퇴 시기 국민 방위군 간부들이 군수품을 빼돌려 철수 도중 병력들이 아사 및 동사한 사건

3. 휴전 이후

(1) **한 · 미 상호 방위 조약 체결** 한국과 미국은 모든 외부의 침략에 상호 협력하여 대항한다는 것과 미군의 육 · 해 · 공군이 한국에 주둔이 허용되는 권리가 명시됨

> ▶ **한 · 미 상호 방위 조약(1953. 10. 1.)**
>
> 제2조 당사국 가운데 어느 한 나라의 정치적 독립 또는 안전이 외부로부터 무력 공격에 의하여 위협을 받고 있다고 어느 당사국이든지 인정할 때는 언제든지 당사국은 서로 협의한다.
>
> 제4조 상호 합의에 의하여 미국은 육해공 전력을 한국의 영토 내와 그 부근에 배치할 수 있는 권리를 가지며 한국은 이를 허락한다.

(2) **전쟁의 피해**

① 군인 · 민간인을 포함하여 대략 500여 만 명의 사상자와 행방불명자가 생기고, 1천만 명의 이산가족과 전쟁 고아 발생

② 제조업 생산 시설이 파괴되어 공업 생산량 대폭 감소, 식량과 생필품의 부족

③ 양측 간 이념 대립으로 인한 민간인 희생과 상대방에 대한 적개심 증대

(3) **전쟁의 영향**

① 이승만은 반공 이데올로기를 진보 세력과 정적 제거에 이용하며 독재 정권 강화, 김일성은 남로당 계열 숙청한 뒤 권력 강화

② 지방의 양반 문화 해체, 권위 질서 붕괴, 양반 지주 계급 소멸 등으로 급속한 수평 사회 형성

③ 서구 문물의 무분별한 침투는 남한 사회의 가치관과 생활 풍속을 변화시킴

4. 제네바 회담

(1) **배경** 1953년의 휴전협정은 전쟁의 군사적 종결만 결정, 한반도 문제의 평화적 해결을 위해 1954년 4월 스위스 제네바에서 회담 개최. 한국을 포함한 유엔 한국 참전국 15개국과 소련 · 중국 · 북한 등 모두 19개국의 대표들이 참가해 두 달 동안에 걸쳐 한반도 통일을 위한 선거 범위, 국제 감독, 외국군 철수, 유엔 권위 문제 등에 관해 토의함. 또한 베트남 문제도 논의. 한반도 통일 논의는 남북의 의견 차 좁히지 못한 채 결렬

(2) **내용**

① **한국** : 처음엔 유엔 감시 하 북한만의 자유 선거를 실시 주장, 그 다음엔 유엔 감시 하 남북총선거를 주장. 어느 정도의 성과가 나오기 전까진 유엔군의 완전 철수 불가 주장

② **북한** : 남북이 대등한 비율로 연립할 수 있는 전조선 위원회를 구성하여 국제 감시 또는 중립국 감시 하에 총선거를 치르자고 주장

5. 전후 복구사업

(1) **전쟁 직후** 생산 시설의 42% 파괴, 생필품 부족 현상 및 정부의 재정 지출로 물가 폭등

(2) **전후 복구**

① 유엔 한국 재건단(UNKRA)은 미국과 우방이 출자한 자금으로 한국의 재건과 구호 사업을 전개
하여 전후 복구 사업 급속도로 진행, 한국의 산업 부흥에 큰 역할

② 외국 원조 도입, 산업 복구 채권 및 산업 금융 채권 등을 발행, 내국 자본 마련

③ 섬유 · 제분 · 제당 등의 소비재 생산이 국내 수요를 초과, 시멘트 · 비료 · 판유리 생산 증가

④ 인플레이션을 막기 위해 1953년 원화를 환화로 바꾸는 통화 개혁 실시하였으나 1957년까지 인
플레이션 지속

(2) **미국의 경제 원조**

① **목적** : 전후 한국의 정치적 안정을 추구, 공산주의를 막아내는 방어 기지 역할, 한편으로는 미국
의 잉여 농산물을 처분하려는 의도

② **경제 원조** : 1953년부터 1960년까지 약 20억 달러의 경제 원조가 제공. 식료품과 의복 등 생필품
이나 설탕 · 밀가루 등 소비재 중심의 원조. 초기에는 무상 원조였으나 1958년부터는 유상 차관
으로 전환

③ **소비재** : 식료품과 의복, 의료품과 같은 생활 필수품과 밀가루, 설탕, 면화와 같은 소비재 산업
의 원료에 집중

④ **삼백 산업** : 미국의 주요 원조 물자인 밀가루, 설탕, 면화를 원료로 하는 제분, 제당, 면방직 공업
이 발달

(3) **부정적 영향**

① **특혜** : 귀속 재산 불하, 원조 물자 집중 배당, 세금 감면 등의 특혜를 바탕으로 제분 · 제당 · 방적
분야에서 독점적 대기업(재벌)이 형성, 정경유착 초래. 한국 경제의 대미 의존도 더욱 심화

② **생산재 산업(농업) 기반 붕괴** : 삼백 산업의 원료가 미국의 값싼 잉여 농산물로 충당되어 국내
밀 · 면화 생산 도태, 쌀 생산에 편중. 미국 잉여농산물의 도입으로 저곡가가 계속 유지되어 농
가소득 감소, 자작농 파산. 한국 만성적인 식량 수입국으로 전락

③ **결과** : 소비재 위주의 삼백 산업은 공업 구조의 불균형과 국민 경제의 대외 의존성을 심화시킴.
1958년부터 무상 원조가 유상 차관으로 전환되고 규모가 축소됨으로 인한 경제 불황은 이승만
정권의 몰락에도 영향을 끼침

▶▶▶ 기출 문제

01 | 대한민국의 성립

001 ☐☐☐

2017 하반기 국가직 7급

다음 강령을 선포한 단체의 활동으로 옳은 것을 〈보기〉에서 모두 고른 것은?

- 우리는 완전한 독립 국가의 건설을 기함.
- 우리는 전 민족의 정치적, 사회적 기본 요구를 실현할 수 있는 민주주의 정권의 수립을 기함.
- 우리는 일시적 과도기에 있어서 국내 질서를 자주적으로 유지하며 대중 생활의 확보를 기함.

〈보기〉
ㄱ. 전국에 지부를 건설하고 치안대를 조직하였다.
ㄴ. 이른바 8월 테제를 발표하여 토지 혁명을 제창하였다.
ㄷ. 남북을 통합한 좌우 합작으로 임시 정부 수립을 주장하였다.
ㄹ. 전국 인민 대표 회의에서 조선 인민 공화국의 수립을 선언하였다.

① ㄱ, ㄴ
② ㄴ, ㄷ
③ ㄷ, ㄹ
④ ㄱ, ㄹ

002 ☐☐☐

2016 경찰간부후보

다음의 사실이 논의된 연합국의 전시 회담을 옳게 연결한 것은?

㉠ 현재 조선인들이 노예 상태에 놓여 있음을 유의하여 앞으로 적절한 절차를 거쳐 조선을 자유 독립 국가로 할 결의를 가진다.
㉡ 루스벨트는 신탁 통치의 유일한 경험이 필리핀의 경우였는데 필리핀인은 자치 준비에 50년이 걸렸지만, 조선은 불과 20~30년 밖에 필요치 않을 것이라고 덧붙였다.

① ㉠ – 카이로 회담, ㉡ – 포츠담 회담
② ㉠ – 포츠담 회남, ㉡ – 얄타 회담
③ ㉠ – 카이로 회담, ㉡ – 얄타 회담
④ ㉠ – 포츠담 회담, ㉡ – 카이로 회담

003 ☐☐☐

2014 국가직 9급

8·15 광복 직후에 결성된 정당의 중심 인물과 주요 내용을 정리하였다. 이와 관련된 정당을 바르게 연결한 것은?

㉠ 여운형 등이 중심이 되어 결성하였으며, 진보적 민주주의를 표방하면서 좌우 합작을 추진하였다.
㉡ 송진우 등이 중심이 되어 결성하였으며, 인민 공화국을 부정하고 대한민국 임시 정부의 법통을 계승하려 하였다.
㉢ 안재홍 등이 중심이 되어 결성하였으며, 신민족주의를 내세워 평등 사회를 건설하려 하였다.

	㉠	㉡	㉢
①	조선 인민당	한국 민주당	한국 독립당
②	조선 신민당	민족 혁명당	한국 독립당
③	조선 신민당	한국 민주당	국민당
④	조선 인민당	한국 민주당	국민당

🎯 정답 · 해설

정답 1.④ 2.③ 3.④

해설 1. 주어진 자료는 조선 건국 준비 위원회의 강령이다. ㄱ.조선 건국 준비 위원회는 전국에 지부를 두고 치안대를 결성하여 과도기의 국내 질서를 유지하였다. ㄹ.또한 미군 진주 전에 국가 체제를 갖추기 위해 전국 인민 대표 회의에서 조선 인민 공화국의 수립을 선포하였다. ㄴ.박헌영의 조선 공산당의 내용이다. ㄷ.여운형, 김규식을 중심으로 한 좌우 합작 위원회의 내용이다.

2. ㉠은 '적절한 절차를 거쳐 조선을 자유 독립 국가로 할 결의'를 통해 1943에 이집트의 카이로에서 미·영·중 대표가 만나 결의한 카이로 회담임을 알 수 있고, ㉡은 '루스벨트', '신탁 통치'와 같은 내용을 통해 1945년 2월의 얄타 회담임을 알 수 있다. 루스벨트는 스탈린과 조선의 신탁 통치에 대해 논의하면서 조선을 미·중·소 3개국 대표로 구성된 신탁 통치 위원회의 관리 아래 둘 의사를 밝혔다.

3. 여운형은 건국 동맹과 건국 준비 위원회를 계승한 조선 인민당(중도 좌파), 송진우는 지주와 기업가 중심으로 구성되었으며 친일파도 참여한 한국 민주당(우파), 안재홍은 국민당(중도 우파) 결성에 주도적이었다.

004 ☐☐☐

광복 직후 우리나라의 정치 상황에 대한 설명으로 옳지 않은 것은?

① 미군 당국은 대한민국 임시 정부를 한반도의 유일한 합법 정부로 승인하였다.

② 이승만은 정읍 발언을 통해 남한 단독 정부 수립을 주장하였다.

③ 좌익 진영은 모스크바 삼상 회의 결과의 수용을 표명하였다.

④ 김구, 김규식 등은 북한의 지도자들에게 통일 정부 수립을 위한 남북 지도자 회의를 제안하였다.

005 ☐☐☐

〈보기〉의 결정을 내린 회의에 대한 설명으로 가장 옳지 않은 것은?

─〈보기〉─
첫째, 한국을 독립 국가로 재건하기 위해 민주주의 임시 정부를 수립한다.

둘째, 한국 임시 정부 수립을 위해 미·소 공동 위원회를 설치한다.

셋째, 미국, 영국, 중국, 소련의 4개국이 공동 관리하는 최고 5년 기한의 신탁 통치를 시행한다.

① 1945년 12월 모스크바에서 개최하였다.

② 미국, 영국, 소련 세 나라의 외무장관이 참석하였다.

③ 한국의 신탁 통치에 대하여 처음 국제적으로 논의하였다.

④ 이 회의의 결정 소식은 국내 좌우익의 극심한 분열을 일으켰다.

006 ☐☐☐

밑줄 친 '입법 기구'에 대한 설명으로 옳지 않은 것은?

1. 조선의 민주 독립을 보장한 3상 회의 결정에 의하여 남북을 통한 좌우 합작으로 민주주의 임시 정부를 수립할 것.

2. 미·소 공동위원회 속개를 요청하는 공동 성명을 발(發)할 것.

3. 토지 개혁에 있어 몰수, 유조건 몰수, 체감매상 등으로 토지를 농민에게 ……

4. 본 합작위원회에서 <u>입법 기구</u>에 제안하여 <u>입법 기구</u>로 하여금 심리 결정케 하여 실시케 할 것

① 입법의원 의원선거법을 제정하였다.

② 초대의장으로 여운형이 선임되었다.

③ 관선과 민선 두 종류의 의원이 있었다.

④ 민족 반역자·부일 협력자·간상배에 대한 특별법을 제정하였다.

⊘ 정답·해설

정답 4.① 5.③ 6.②

해설 4. 미군정은 조선 건국 준비 위원회 뿐 아니라 대한민국 임시 정부마저 한국인을 대표하는 단체로 인정하지 않았다.

　　 5. '민주주의 임시 정부를 수립' '미·소 공동 위원회 설치', '신탁 통치'의 내용을 통해 모스크바 3국 외상 회의임을 알 수 있다.

　　　　③ 얄타 회담

　　 6. 주어진 자료는 좌우 합작 7원칙(1946.10.7.)이며 밑줄 친 '입법기구'는 남조선 과도 입법 의원이다. ② 초대의장은 김규식 ①,④ 남조선 과도 입법 의원은 1948년 5월에 해산되기 전까지 입법의원 선거법 등 33건의 법률안을 심의하고, 민족 반역자 특별법 등 18건을 제정하였다. ③ 관선의원(미군정이 임명한 중도 노선의 인물) 45명, 민선의원(이승만과 한민당 계열 중심) 45명을 선출하여 남조선 과도 정부를 수립했다.

007 □□□

(가)와 (나)를 주장한 각 인물에 대한 설명으로 옳은 것은?

> (가) 우리는 남방만이라도 임시 정부 혹은 위원회 같은 것을 조직
> 하여 38도선 이북에서 소련이 철퇴하도록 세계 공론에 호소
> 해야 할 것이다.
>
> (나) 나는 통일된 조국을 달성하려다 38도선을 베고 쓰러질지언
> 정 일신의 구차한 안일을 위하여 단독 정부를 세우는 데는
> 협력하지 아니하겠다.

① (가) – 5·10 총선거에 불참하였다.

② (가) – 좌우 합작 7원칙을 지지하였다.

③ (나) – 탁치 반대 국민 총동원 위원회를 조직하였다.

④ (나) – 남조선 과도 입법 의원의 의장을 역임하였다.

009 □□□

2018 경찰간부후보

1945년 8월 15일부터 6·25 전쟁 발발 이전까지 북한 상황에 관한 다음 설명 중 가장 옳지 않은 것은?

① 북조선 임시 인민위원회를 구성하고 위원장에 김일성, 부위원장에 조만식을 선출하였다.

② 북한은 무상 몰수, 무상 분배 방식의 토지 개혁을 시행하였다.

③ 북한은 인민군을 창설하고 조선 민주주의 인민 공화국 수립을 선포하였다.

④ 북한은 소련의 지원을 받아 최신 무기를 갖추는 등 군사력을 강화하였다.

008 □□□ 新 2018 서울시 7급(3월)

〈보기〉의 역사적 사건들을 시간 순으로 옳게 배열한 것은?

> ─〈보기〉─
> ㄱ. 모스크바에서 세 나라의 외상들이 회의하였다.
> ㄴ. 제주도 파병과 정부에 반대하는 군인들이 반란을 일으켰다.
> ㄷ. 경교장에서 백범 김구가 육군 소위 안두희에게 암살 당하였다.
> ㄹ. 좌우의 정치 세력이 힘을 합치려는 운동을 전개하였다.
> ㅁ. 평양에서 남북의 정치,사회단체 지도자들이 모였다.

① ㄱ－ㄴ－ㄷ－ㄹ－ㅁ

② ㄱ－ㄷ－ㄹ－ㅁ－ㄴ

③ ㄱ－ㄹ－ㅁ－ㄴ－ㄷ

④ ㄱ－ㅁ－ㄴ－ㄷ－ㄹ

정답 7.③ 8.③ 9.①

해설 7. (가)는 정읍발언으로서 이승만의 주장, (나)는 '삼천만 동포에게 읍고함'의 김구이다. ③ 김구는 임시 정부 세력과 함께 신탁 통치 반대 국민 총동원 위원회를 결성하였다.
① 김구, 김규식 ② 김구는 찬성, 이승만은 조건부 찬성, 그러나 둘 다 참여하지 않음 ④ 김규식

8. ㄱ.1945.12 ㄴ.1948.10.19 ㄷ.1949.6 ㄹ.1946.7 ㅁ.1948.4

9. ① 1946년 2월에 출범한 북조선 임시 인민 위원회는 위원장으로 김일성이, 부위원장으로 김두봉이 선출되었다.

010 □□□

밑줄 친 '이 사람'에 대한 설명으로 옳은 것은?

> 해방 며칠 전, 엔도 정무총감은 어제까지도 자기 마음대로 모욕하던 이 사람을 초청하여 일본인의 생명 보호를 애걸하였다. 그러자 이 사람은 감옥에 있는 정치범의 즉시 석방, 청년 학생의 자치대 결성, 정치적 활동의 자유 보장, 3개월간의 식량확보 등 4개 조항을 조건으로 내걸고 응낙하였다. 돌아오는 길에는 동지들로 하여금 자치대를 조직하게 하였다.

① 반탁을 주도하는 독립 촉성 중앙 협의회를 조직하였다.
② 미 군정의 지원을 받은 좌우 합작 위원회에 참가하였다.
③ 신민족주의를 내세운 국민당을 창당하였다.
④ 연합성 신민주주의를 표방한 신민당을 결성하였다.

011 □□□

다음 사료들을 시기 순서대로 나열한 것은?

> (가) 남북 제정당·사회단체 연석 회의는 자주적 민주적 통일 조국을 재건하기 위하여서 양조선의 단선 단정을 반대하며, 미·소 양군의 철퇴를 요구하는 데 의견이 일치하였다.
>
> (나) 조선의 좌우 합작은 민족 독립의 단계이요, 남북통일의 관건인 점에 있어서 3천만 민족의 지상 명령이며 국제 민주화의 필연적 요청이었음에도 불구하고 ……
>
> (다) 나는 통일된 조국을 건설하려다 38선을 베고 쓰러질지언정, 일신의 구차한 안일을 위하여 단독 정부를 세우는 데에 협력하지 않겠다. 나는 내 생전에 38 이북에 가고싶다.
>
> (라) 위원회가 조선 국민의 자유 및 독립의 긴급 달성에 관하여 협의할 수 있는 대표자를 선출하기 위하여 적령자 선거권을 기초로 비밀투표에 의하여 1948년 3월 31일 이내에 선거를 시행함을 건의함. ……

① (가)-(나)-(라)-(다) ② (나)-(라)-(다)-(가)
③ (나)-(가)-(라)-(다) ④ (나)-(라)-(가)-(다)

012 □□□

다음 법을 시행하기 이전 상황에 대한 설명으로 옳은 것은?

> 제1조 본법은 헌법에 의거하여 농지를 농민에게 적절히 분배함으로써 농가 경제의 자립과 농업 생산력의 증진으로 인한 농민 생활의 향상 내지 국민 경제의 균형과 발전을 기함을 목적으로 한다.
>
> 제17조 일체의 농지는 소작, 임대차 또는 위탁 경영 등 행위를 금지한다.

① 반민족 행위 처벌법의 시효가 단축되었다.
② 제2대 국회의원 총선거가 실시되었다.
③ 미국의 공법 480호(PL 480)에 따른 잉여 농산물이 도입되었다.
④ 국민 방위군 사건이 일어났다.

정답·해설

정답 10.② 11.② 12.①

해설 10. '이 사람'은 여운형이다. ② 여운형은 중도 좌파 인물로 분류된다. 조선 총독부 정무 총감 엔도는 일본의 패망을 예견하고 여운형과 만나 일본인의 무사 귀환을 요구하면서 정치범 석방, 정치 활동의 보장, 3개월치 식량 확보 등을 보장하였다. ① 이승만 ③ 안재홍 ④ 백남운

11. (나) 1946. 10 좌우 합작 7원칙, (라) 1947.11에 발표된 한국 문제에 대한 유엔 결의안 (다) 1948.2 김구의 '삼천만 동포에게 읍고함' (가) 1948. 4 남북 제정당·사회단체 연석 회의

12. 주어진 자료는 1949년 6월에 제정하고 1950년 3월부터 시행한 농지개혁법이다. ① 1950년 6월에서 1949년 8월로 단축 ② 1950년 5월 ③ 1954년 농산물 수출 원조법 제정 ④ 1.4후퇴 당시 국민 방위군의 고급 장교들이 국고금과 군수 물자를 부정 처분하여 수 만여 명의 아사자와 병자가 발생함

013 ☐☐☐ 2018 경찰 2차

대한민국 정부가 수립된 후인 1949년 6월에 '농지 개혁법'이 제정되었다. 이에 대한 설명으로 가장 적절하지 않은 것은?

① 이 법은 농지를 농민에게 적절히 분배함으로써 농가 경제의 자립과 농업 생산력의 증진으로 인한 농민 생활의 향상 내지 국민 경제의 균형과 발전을 기함을 목적으로 하였다.

② 법령 및 조약에 의하여 몰수 또는 국유로 된 농지와 소유권의 명의가 분명하지 않은 농지는 정부에 귀속하게 하였다.

③ 정부는 농지를 매입하는 대가로 지가 증권을 발급하였다.

④ 농가 아닌 자의 농지는 매수하고, 자경하지 않는 자의 농지는 매수를 보류하도록 하였다.

015 ☐☐☐ 2017 국가직 7급

(가) 시기에 있었던 사실로 옳은 것은?

① 대규모 해상 작전인 흥남 철수가 이루어졌다.

② 이승만 정부가 반공 포로의 석방을 단행하였다.

③ 맥아더 장군이 유엔군 총사령관직에서 해임되었다.

④ 미국은 극동 방위선에서 한국을 제외한다고 선언하였다.

014 ☐☐☐ 2017 지방직 9급

다음 법령에 대한 설명으로 옳지 않은 것은?

> 제1조 일본 정부와 통모하여 한·일 합병에 적극 협력한 자, 한국의 주권을 침해하는 조약 또는 문서에 조인한 자와 모의한 자는 사형 또는 무기 징역에 처하고, 그 재산과 유산의 전부 혹은 2분의 1이상을 몰수한다.
>
> 제12조 일본 정부로부터 작위를 받은 자 또는 일본 제국 의회의 의원이 되었던 자는 무기 또는 5년 이상의 징역에 처하고 그 재산과 유산의 전부 혹은 2분의 1이상을 몰수한다.
>
> 제13조 일본 치하 독립운동자나 그 가족을 악의로 살상·박해한 자 또는 이를 지휘한 자는 사형, 무기 또는 5년 이상의 징역에 처하고 그 재산의 전부 혹은 일부를 몰수한다.

① 이 법령에 따라 특별 재판부가 설치되었다.

② 이 법령의 제정은 제헌 헌법에 명시된 사항이었다.

③ 이 법령에 따라 반민족 행위자들이 실형을 선고받았다.

④ 이 법령은 여수·순천 10·19 사건 직후에 국회에서 통과되었다.

🎯 **정답·해설**

정답 13.④ 14.④ 15.①

해설 13. ④ 농가 아닌 자의 농지와 자경하지 않는 자의 농지는 정부가 매수하였다.
　　　14. 주어진 내용은 1948년 9월에 제정된 반민족 행위 처벌법이다. ④ 여수·순천 사건은 1948년 12월의 국가 보안법 제정에 영향을 주었다.
　　　15. ① 흥남 철수 1950.12 ② 이승만 반공 포로 석방 1953.6 ③ 1951.4 맥아더 해임 ④ 1950.1 애치슨 라인 발표

016 □□□

다음 사실들을 시간 순으로 가장 바르게 배열한 것은?

> ㄱ. 서울을 빼앗기고 낙동강 유역까지 후퇴하였다.
>
> ㄴ. 미국을 주축으로 16개국이 참여한 유엔군의 지원을 받아 인천 상륙 작전을 성공시켰다.
>
> ㄷ. 북한을 돕기 위해 참전한 중국군의 공세에 밀려 서울에서 철수하였다.
>
> ㄹ. 서울을 되찾고 평양까지 탈환하였다.

① ㄱ-ㄴ-ㄷ-ㄹ
② ㄱ-ㄴ-ㄹ-ㄷ
③ ㄴ-ㄷ-ㄹ-ㄱ
④ ㄴ-ㄷ-ㄱ-ㄹ

017 □□□

6·25 전쟁(1950~1953)의 전개 과정에서 일어난 사건을 순서대로 옳게 나열한 것은?

> ㄱ. 중국군 참전
>
> ㄴ. 스탈린 사망
>
> ㄷ. 정전 회담 개시
>
> ㄹ. 인천 상륙 작전
>
> ㅁ. 미 대통령 선거, 아이젠하워 당선

① ㄱ-ㅁ-ㄹ-ㄴ-ㄷ
② ㄹ-ㄱ-ㄷ-ㅁ-ㄴ
③ ㄴ-ㄷ-ㄹ-ㅁ-ㄱ
④ ㅁ-ㄹ-ㄱ-ㄴ-ㄷ
⑤ ㅁ-ㄹ-ㄴ-ㄱ-ㄷ

018 □□□

다음 법령과 관련한 설명으로 옳은 것은?

> 제5조 정부는 다음에 의하여 농지를 취득한다.
>
> 1. 다음의 농지는 정부에 귀속한다.
>
>   (가) 법령 및 조약에 의하여 몰수 또는 국유로 된 토지
>
>   (나) 소유권의 명의가 분명하지 않은 농지

① 농지 이외 임야도 포함되었다.
② 신한공사가 보유하던 토지를 분배하였다.
③ 중앙토지행정처가 분배 업무를 주무하였다.
④ 분배받은 농민은 평년 생산량의 30%를 5년간 상환하였다.

| 1952년 발췌 개헌 | 1960년 4.19 혁명 | 1972년 10월 유신 | 1980년 5.18 민주화 운동 |
| 1954년 사사오입 개헌 | 1961년 5.16 군사 정변 | 1979년 12.12 사태 | 1987년 6월 민주 항쟁 |

01 이승만 정부와 장면 내각

1. 1950년대 정세

(1) **2대 국회 선거** 1950년 5월 치러진 제2대 국회 의원 선거에서 이승만 정부를 비판하는 무소속 후보 중 다수가 당선

(2) **자유당 창당(1951.12)** 6 · 25 전쟁 중 임시 수도 부산에서 반공 정서 속에서 여러 우파세력을 모아 창당

(3) **발췌 개헌❶(1952)**

① **배경** : 2대 국회 선출 결과가 이승만 정부의 집권 연장으로 가기 어렵겠다는 판단을 내리고 직선제 개헌 시도

② **과정**

㉠ 당시 자유당 내에서도 직선제 개헌을 반대하는 의원 대다수, 이승만 정부는 국회가 있던 임시수도 부산에 계엄령을 내리고 반대파 국회의원을 공산주의자로 몰아 연행하고 협박하는 등 강압적인 분위기 조성 (부산 정치 파동)

㉡ 군경이 국회를 포위한 상태에서 공포 분위기를 조성하고 기립 투표 방식으로 대통령 간선제를 대통령 직선제로 개정 (출석 의원 166명 중 찬성 163표, 반대 0표, 기권 3표)

③ **내용** : 대통령과 부통령을 직선제로 선출, 내각 불신임제와 양원제 규정. 야당이 주장한 양원제는 시행되지 않음.

④ **선거** : 1952년 8월 제2대 대통령 선거에서 이승만 압도적으로 당선

(5) **인도 뉴델리 밀회 사건** 국회 의장 신익희가 납북된 조소앙을 뉴델리 공항에서 만나 한반도의 중립화를 도모하였다고 주장하여 선거에 이용

(6) **사사오입 개헌(1954)**

① **내용** : 1952년에 재선에 성공한 이승만은 장기 집권을 위해 초대 대통령에 한하여 중임 제한을 철폐한다는 내용의 헌법 개정 시도.

② **결과** : 1954년 자유당이 주장한 '초대 대통령에 한하여 중임 제한 철폐' 주장 내용은 1표 차로 부

❶ **발췌 개헌을 요구하는 이승만 대통령의 연설문(1952)**
국란을 당하여 국가의 안위가 절박한 이 시기에 정치상 파당으로 다소간 혼란이 있게 된 것은 일반이 다 크게 통탄하는 바입니다. 이 쟁론의 요점은 대통령 직선제와 양원제에 대한 개헌 문제인데, 이것이 전 민족의 통일한 요구입니다. 이것만 국회에서 통과되면 다른 문제는 순차적으로 해결할 것입니다.

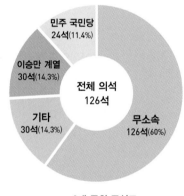

▲ 2대 국회 구성도

민주 국민당 24석(11.4%)
이승만 계열 30석(14.3%)
기타 30석(14.3%)
전체 의석 126석
무소속 126석(60%)

결, 그러나 이틀 후 자유당은 <u>사사오입(반올림) 논리를 내세워 개헌안이 통과되었다고 선포</u>❷

③ **민주당 창당** : 사사오입 개헌이 통과되자 이에 반대하는 민주 국민당과 무소속 의원들로 이루어진 민주당 결성(1955)

> **〈발췌 개헌안〉**
>
> 제31조 입법권은 국회가 행한다. 국회는 민의원과 참의원으로써 구성한다.
>
> 제53조 대통령과 부통령은 국민의 보통, 평등, 직접, 비밀투표에 의하여 각각 선거한다.
>
>   – 헌법 제2호 1952. 7. 7.
>
> **〈사사오입 개헌〉**
>
> 제31조 입법권은 국회가 행한다. 국회는 민의원과 참의원으로써 구성한다.
>
> 제55조 대통령과 부통령의 임기는 4년으로 한다. 단, 재선에 의하여 1차 중임할 수 있다. 대통령이 궐위된 때에는 부통령이 대통령이 되고 잔임 기간 중재임한다.
>
> 부 칙 이 헌법 공포 당시의 대통령에 대하여는 제55조 1항 단서의 제한을 적용하지 아니한다.
>
>   – 헌법 제3호 1954. 11. 29.

(7) 3대 정 · 부통령 선거(1956)

① **자유당** : 대통령 후보 이승만, 부통령 후보 이기붕

② **민주당** : 대통령 후보 신익희, 부통령 후보 장면

③ **무소속** : 조봉암 대통령 후보로 출마

④ **결과**

㉠ **대통령(정통령)** : 대통령 후보 민주당 신익희가 선거 운동 기간 중 사망하고, 자유당 이승만이 당선.

㉡ **부통령** : 민주당 장면이 자유당 이기붕을 이기고 당선

㉢ 사망한 신익희의 동정표가 몰려 조봉암이 유효 득표 24%를 차지함

▲ 3대 대통령 선거 포스터

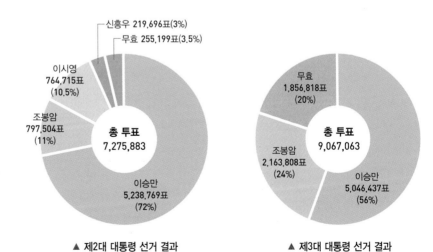

▲ 제2대 대통령 선거 결과   ▲ 제3대 대통령 선거 결과

(8) 진보당 사건(1958.1)

① **결성** : 조봉암은 3대 정·부통령 선거 후 1956년 11월 진보당 창당. 보수정당인 자유당과 민주당을 비판하며 책임 있는 혁신정치·수탈 없는 계획 경제·평화 통일의 3대 정강을 주장하며 정치적으로 약진.

② **내용** : 조봉암에게 국가 보안법 위반과 간첩죄 혐의로 구속. 1958년 진보당 해체, 조봉암은 사형을 언도 받고 1959년 7월 사형.

③ **영향** : 정치계에서 혁신계 정치 세력 배제, 보수 양당 체제 구축. 1958년 5월의 민의원 선거에서 자유당과 민주당이 다수 차지

(9) 신국가 보안법(보안법 파동, 1958.12) 1958년 보안법 적용 대상의 확대, 이적 행위의 개념 확대, 언론 보도 규제를 주요 내용으로 하는 신국가 보안법을 여당 의원만으로 통과

(10) 경향신문 폐간(1959.4) 이승만 정부와 자유당에 대해 비판적인 무기명 칼럼 게재하여 폐간(부정선거를 예고하는 '여적'이라는 글 게재)

(11) 반공 정책과 부정부패

① **반공 정책의 추진** : 우방 국가들과의 외교를 중시하며 반공을 통치 이념으로 내세움. 6.25 전쟁을 겪은 국민들의 절대적 지지를 받게 됨

② **기본권 제한** : 반공을 명분으로 정치 반대 세력 탄압

③ **부정부패** : 이승만 정권의 장기집권으로 부정부패 만연, 원조 물자 처리에서 정경유착 발생

④ **경제난** : 미국의 원조가 1958년부터 유상 차관으로 바뀌면서 경제 성장률 둔화 및 물가 폭등.

2. 4·19 혁명

(1) 2·28 대구 학생 시위

① **원인** : 1960년 2월 28일 일요일 대구에서는 3·15 정 부통령 선거를 앞두고 학생들이 민주당 후보 유세에 가지 못하도록 강제 등교시킴

② **전개** : 학생들은 "학생의 인권을 옹호하라", "민주주의를 살리며 학원에 미치는 정치력을 배제하자"는 구호를 외치며 시위

③ **결과** : 다른 지역으로 시위가 확대되며 3·15 부정선거를 계기로 4월 혁명으로 이어짐

④ **의의** : 문재인 정부는 2018년 1월 30일 대구 2·28 민주 운동 기념일을 국가 기념일로 지정, 이에 따라 2월 28일 '2·28 민주 운동 기념식'이 정부 주관으로 치러짐

(2) 3·15 부정 선거

① **4대 대통령 선거** : 제4대 대통령 선거에서 당시 야당 후보인 조병옥의 사망으로 이승만의 대통령 당선이 확실시되었으나 당시 이승만은 86세의 고령. 헌법에는 대통령 유고 시 부통령이 대통령을 승계하도록 규정되어 있었는데, 지난 선거에서는 야당인 장면이 부통령에 당선되었기 때문에 자유당은 이기붕을 부통령에 당선시키기 위해 대대적인 부정 선거를 자행

▶ **3.15 부정 선거**

- 총 유권자의 40%에 해당하는 표를 자유당 후보에게 기표하여 투표 당일 투표함에 미리 넣어 놓는다.
- 나머지 60%의 유권자는 3인, 5인, 9인조로 묶어 매수 혹은 위협을 통해 자유당 후보에게 투표하도록 한다.
- 투표소 부근에 여당 완장을 착용한 완장 부대를 배치하여 야당 성향의 유권자를 위협한다.
- 야당 참관인은 적당한 구실을 만들어 투표소 밖으로 내쫓는다.

– 동아일보, 1960년 3월 4일

② **부정 선거** : 공무원과 관변 단체를 총동원하여 40% 사전 투표, 3인조 · 9인조 공개 투표, 자유당 완장 부대의 투표자 위협, 야당 참관인 축출

(3) **혁명의 과정**

① **마산 의거**

　⊙ 시위 전개 : 3월 15일 선거 당일 마산에서 부정 선거 규탄 시위가 열렸음

　ⓒ 정부 대응 : 경찰은 시위를 무력으로 진압해 사상자 발생

　ⓒ 김주열 : 4월 11일 마산 시위 과정에서 실종되었던 김주열 학생이 최루탄을 맞고 숨진 채 바다에서 발견

② **시위의 확산** : 정부는 시위의 배후에 공산주의 세력이 개입되었다고 발표하며 상황을 무마하려 하였지만, 부정 선거를 규탄하는 시위는 전국으로 확산

③ **4 · 19혁명**[1] : 4월 18일 고려대 학생들이 정치 폭력배들의 습격을 받음, 학생들과 시민들은 4월 19일 전국에서 대규모 시위 전개. 서울의 시위대가 경무대로 진출하자 경찰이 무차별적으로 발포하여 사상자 발생

▶ **대학 교수단 시국 선언문**

1. 마산, 서울, 기타 각지의 학생 데모는 주권을 빼앗긴 국민의 울분을 대신하여 궐기한 학생들의 순진한 정의감의 발로이며, 부정과 불의에 항거하는 민족 정기의 표현이다.
5. 3.15 선거는 불법 선거이다. 공명 선거에 의하여 정 · 부통령 선거를 다시 실시하라

▶ **서울대학교 문리대 학생회의 4월 혁명 제1선언문**

상아의 진리탑을 박차고 거리에 나선 우리는 질풍과 같은 역사의 조류에 자신을 참여시킴으로써, 지성과 진리, 그리고 자유의 대학 정신을 현실의 참담한 박토에 뿌리려 하는 바이다. 보라! 우리는 기쁨에 넘쳐 자유의 햇불을 올린다. 보라! 우리는 캄캄한 밤의 침묵에 자유, 자유의 종을 난타하는 타수의 일원임을 자랑한다.

④ **계엄령** : 시위 확산을 막기 위해 전국 대도시에 계엄령을 선포하였으나 부정 선거를 규탄하고 대통령의 퇴진을 요구하는 시위가 연일 계속됨

⑤ **교수단 시국 선언** : 4월 25일 대학교수 200여 명이 시위대를 옹호하는 시국 선언을 하고 가두시위를 벌임

⑥ **이승만의 하야** : 4월 26일 이승만이 대통령직에서 하야한 뒤 하와이로 망명

⑦ **의원 내각제 개헌**

　⊙ 정부 수립 : 4. 19 혁명 후, 사태 수습을 위하여 허정을 내각 수반으로 하는 과도 정부가 구성, 국회에서는 3 · 15 선거를 무효로 하고 재선거를 실시하기로 결정

　ⓒ 헌법 개정 : 내각 책임제와 양원제 의회 구성을 주요 골자로 하는 여 · 야 합의 개헌(3차 개헌,

❶ 4.19 혁명

1960.6)이 이루어짐

⑧ **결과와 의의**

　㉠ **결과** : 1960년 7월 29일 새 헌법에 의거하여 총선거 실시, 민주당이 참의원과 민의원 선거에서 압승. 대통령엔 민주당 구파 윤보선, 국무총리에 민주당 신파 장면 임명

　㉡ **의의** : 학생, 시민이 중심이 되어 최초로 독재 정치에 항거한 혁명으로 이후 우리나라 민주주의 발전의 중요한 토대가 됨

3. 장면 내각

(1) **민주당 집권**　새 헌법에 따라서 민의원과 참의원을 선출하기 위한 7 · 30 총선에서 민주당이 압승

(2) **민주당의 분파**

　① **신파** : 4 · 19 혁명 이후 민주당이 국회를 거의 독점하였지만, 신파와 구파는 치열한 각축전을 벌임. 내각 책임제 하의 실질적 행정 수반인 총리직을 신파의 장면이 맡게 됨

　② **구파** : 구파는 신파와 결별해 독자적인 정당을 만들겠다는 주장을 내세웠고, 새롭게 출범한 장면 내각에는 구파가 입각을 거부. 이후 구파는 분당을 선언하고 1960년 11월 신민당으로 정식 등록

　③ **정부의 태도** : 장면 국무 총리는 민주당 신 · 구파와 무소속을 안배한 거국 내각의 구성을 공약하였지만 실제적으로는 신파 위주의 내각을 구성

(3) **장면 내각의 정책**

　① **경제 정책**

　　㉠ **국토 건설** : 경제 제일주의를 내세운 장면 내각은 경지 정리, 제방, 관개 및 배수, 산림 녹화 등의 국토 건설 사업을 벌였음

　　㉡ **경제 개발 5개년** : 군비 축소를 통해 1961년에는 경제 개발 5개년 계획을 수립하여 재원을 확보하려 하였으나 5 · 16 군사 정변으로 좌절

　② **미국의 원조** : 경제 개발 계획 추진을 위한 재원 마련을 위해 장면 내각은 미국 원조에 기대하면서 다른 한편으로 일본으로부터의 자본 도입 및 미국과 서독으로부터의 장기 차관 도입을 추진.

　③ **소급 입법 특별법(4차 개헌)** : 3 · 15 부정 선거 관련자 및 4 · 19 발포 책임자 처벌 문제에서 정부가 소극적 태도를 보이자 4 · 19 부상 학생들이 민의원의 단상을 점거하는 사태 발생. 민의원은 소급법(법이 제정되기 이전의 사건도 새로 만들어진 법에 적용되도록 하는 법)으로서 1960년 11월 소급 입법 특별법을 제정하여 (4차 개헌) '민주 반역자 처리 법안'을 통과시키고 '부정선거처리법', '공민권제한법' 등을 공포하였으나 이 법을 적용시키지 못한 채 정권 붕괴됨

　④ **지방 자치제** : 읍 · 면장, 읍 · 면의원부터 서울특별시장, 도지사에 이르기까지 지방 자치 단체 선거를 1960년 12월에 4차례에 걸쳐 전면적으로 실시

　⑤ **관료제** : 1960년 12월에 국가 공무원법을 개정하여 관료제 강화에 착수, 1961년 4월에는 공무원 임용령과 고시령을 공포해 공채 제도 도입. 공무원 신분 보장과 유능한 관료 확보에 노력

⑥ **국정 과제** : 독재 정권의 유산 청산, 민주주의 실현, 경제 개발, 남북 관계 개선 등을 국정 과제로 내세움

> ▶ **장면 내각의 시정 방침 (1960. 8.)**
> 1. 일본과의 국교 정상화 및 유엔 감시하의 남북한 자유선거에 의한 통일 달성
> 2. 관료 제도의 합리화와 공무원 재산 등록 및 경찰 중립화를 통한 민주주의의 구현
> 3. 부정 선거의 원흉과 발포 책임자, 부정 불법 축재자 처벌
> 4. 외자 도입과 경제 원조 확대를 통한 경제 개발 계획 추진
> 5. 군비 축소와 군의 정예화 추진을 통한 국방력 강화 및 군의 정치적 중립 확보

⑷ 민주화의 진전

① **노동계** : 대한 노동 총연맹, 금융 노조, 언론 노조 등이 결성됨

② **학생** : 사치 풍조를 배격하자는 신생활 운동에 참여, 학원 민주화 운동을 통해 학도 호국단을 폐지하고 학생회를 조직했으며 통일 운동이 활발히 벌어짐. 학생과 진보 세력은 한·미 경제 협정을 계기로 '전국 한미 경제 협정 반대 투쟁 위원회'를 만들어 반미 운동을 벌이기도 함

③ **농민** : 수리 조합이나 지방 행정 기관 민주화를 중심으로 전개

④ **정부** : 반정부 분위기와 대중 시위에 위기를 느껴 반공 임시 특별법과 데모 규제법을 만들려고 하였으나 무산

⑸ 통일

① **혁신계** : 혁신계열은 한반도를 영세 중립화 하는 통일이나 남북 협상에 의한 통일을 추진. '민족 자주 통일 중앙 협의회(민자통)' 구성하여 학생들과 연계

② **진보 인사** : 학생들은 '민족 통일 연맹(민통련)' 결성❶해 판문점에서 남북 학생 회담 개최를 결의함. 진보적 사회 운동세력은 중립화 통일론을 주장하며 통일 운동을 추진하는 조직을 결성하고 자주, 민주, 평화의 원칙 아래 남북 협상 시도

③ **장면 내각** : UN 감시 하 남북한 총선거를 통한 평화 통일론을 공식적으로 채택하였으나 '선 건설 후 통일'을 표방하며 남북대화에 소극적

⑹ 한계 부정 선거 책임자와 4·19 발포 책임자 처벌 및 통일 문제 등에 대하여 소극적 자세 취하며 민주화를 요구하는 시위나 사회 운동을 규제하려고 함

❶ **'민족 통일 연맹(민통련)' 결성**
학생들의 통일운동으로 내세워진 구호들은 "오라 남으로, 가자 북으로", "한국문제는 한국인 손으로", "소련에 속지 말고, 미국을 믿지 말자" 등이었음.

02 박정희 정부

1. 5 · 16 군사 정변 ❶

(1) 배경

① 감군 정책 : 장면 정부가 경제 제일주의를 내세우며 군대를 감축하는 정책을 추진하자 군부의 불만 고조

② 정군 운동 : 이승만 정권 말기부터 군(軍)의 소장파 가운데 일부는 쿠데타 계획을 세웠는데, 4 · 19 혁명이 일어나자 표면적으로 정군으로 선회하여 동조자를 규합.

③ 장면 정부의 사회 혼란 : 민주화 요구와 급진적인 통일 운동에 장면 정부가 미온적 태도를 보이며 사회 혼란이 심화된 것을 군사 정변의 명분으로 삼음

❶ 5 · 16 군사 정변

(2) 군사 혁명 위원회

① 정변 : 1961년 5월 16일 박정희를 비롯한 일부 군인 세력은 무능한 장면 정권 때문에 생긴 사회 혼란과 정치 혼란 등을 내세우며 정변 일으킴. 박정희 중심의 군부 세력은 군사 혁명 위원회를 조직하여 정권을 장악하고 혁명 공약을 발표함

② 혁명 공약 : 반공 국시, 경제 성장, 정권 안정 후 민정에 정권 이양 등

> ▶ **혁명 공약(1961.5.16.)**
> 반공을 국시의 제일의로 삼고, 반공 태세를 재정비 강화한다.
> 미국을 비롯한 자유 우방과의 유대를 더욱 공고히 한다.
> 모든 부패와 구악을 일소하고 청신한 기풍을 진작시킨다.
> 민생고를 시급히 해결하고, 국가 자주 경제 재건에 총력을 기울인다.
> 민족적 숙원인 국토 통일을 위해 공산주의와 대결할 수 있는 실력 배양에 전력을 집중한다.
> 이와 같은 과업이 성취되면 참신하고도 양심적인 정치인들에게 언제든지 정권을 이양하고 우리들 본연의 임무로 복귀할 준비를 갖춘다.

(3) **국가 재건 최고 회의** 군부 세력은 1961년 6월 군사 혁명 위원회를 국가 재건 최고 회의로 개칭하고 중앙정보부를 설치하여 군정을 실시. 한편 국회와 지방 의회를 해산시킨 후 모든 정당 · 사회단체 활동을 금지시키고, 국가 비상 조치법을 발표하여 입법 · 사법 · 행정 3권을 모두 장악한 후 국가 재건 최고 회의를 최고 통치 기관으로 규정함

(4) 군사 정권의 정책

① 사회 : 군사 정권은 반공을 국시로 내걸고 부정축재자 처벌, 불량배를 소탕해 사회를 정화하고 구악을 일소하겠다고 나섰음. 또한, 민생 안정책으로 농어촌 고리채 정리법, 농산물 가격 안정 정책, 화폐 개혁(1/10 절하, 환에서 원으로 변경) 등을 실시하였으나 큰 효과를 보지는 못함.

② 정치 : 언론을 탄압하고 특수 범죄 처벌 특별법, 반공법 등을 공포했으며 1962년 3월 정치 활동 정화법을 제정하여 구 정치인 4,374명의 정치 활동을 전면적으로 금지

③ 경제 개발 5개년 계획 추진 : 장면 내각의 제 1차 경제 개발 5개년 계획을 1962년 실행에 옮김.

④ 대통령 중심제 헌법 개정 : 1962년 12월 대통령 중심제와 국회 단원제를 골자로 하는 새 헌법 제정(5차 개헌)

⑤ 민주 공화당

㉠ 창당 : 민정 이양 과정에서 군사 정권은 정치 활동 정화법으로 모든 정치 세력의 활동을 금지하고 중앙정보부가 중심이 되어 민주 공화당을 비밀리에 조직

㉡ 4대 의혹 사건 : 증권 파동, 워커힐 사건, 회전당구기(파친코)사건, 새나라 자동차 사건 등을 통해 창당자금을 마련

- 정부관리 주식을 145배 뛰게 만들어 폭리 취함
- 정부가 비밀 게임장 운영
- 호텔 공사대금을 횡령해 정치자금으로 유용
- 자동차 조립 공장을 세우면서 완성차를 면세로 들여와 두 배 값으로 되팔았음

⑥ 재건 국민운동

㉠ 내용 : 국가가 주도한 국민운동으로 복지 국가를 이룩하기 위해 전 국민이 민주주의 이념 아래 협동·단결하고 자조·자립정신으로 향토를 개발하며 새로운 생활 체제를 확립하자는 운동으로 전개. 허례허식 추방 운동의 일환으로 검소하고 간편한 의복 문화 조성 등 생활 계몽운동을 전개.

㉡ 7가지 실천 요강 : 7가지 실천 요강은 용공 중립 사상의 배격, 내핍 생활 실천, 근로정신 고취, 생산 및 건설 의식 증진, 국민 도의 앙양, 정서 순화, 국민 체위 향상 등.

㉢ 목적 : 이 같은 재건 국민운동은 5·16 군사 쿠데타 이후 군사 정부가 국민 복지를 이룩하고 국민의 재건의식을 높인다는 이름 아래 벌였던 범국민운동으로 그 이면에는 쿠데타의 목적이 새로운 사회 건설에 있었던 것처럼 쿠데타를 합리화하고 자신의 지지 세력을 끌어 모으기 위한 정략적 계산이 깔려 있었다고 평가됨.

⑦ 민정 이양 : 박정희는 혁명 공약에서 내세웠던 민정 이양의 약속을 저버린 채, 전역 후 민주 공화당의 대통령 후보로 출마함. 1963년 치러진 제5대 대통령 선거에서 박정희가 야당 후보 윤보선을 누르고 당선됨.

2. 박정희 정부

(1) **박정희 정부의 출범** 민정 복귀의 약속을 저버린 채 민주 공화당을 창당하고, 강력한 대통령 중심제와 단원제의 권력 구조를 바탕으로 1963년 10월 박정희가 제5대 대통령에 당선되었으며 같은 해 12월 대통령에 취임하였음.

(2) **박정희 정부의 정책** 박정희 정부는 집권 과정의 취약한 정당성을 보완하기 위해 '경제 제일주의', '조국 근대화' 등을 내세우며 경제 개발에 전력을 기울임.

(3) **한·일 국교 정상화**

① 이승만 정권 시기 : 한·일 회담은 이승만 정권 때부터 추진되어 여러 차례 회담을 가졌지만, 그 때마다 재산 청구권 문제, 평화선❷ 문제 등으로 합의에 이르지 못하고 중단

② 장면 정부 시기 : 한·일 회담은 장면 정부 때에도 시도되었으나, 5·16 군사정변으로 다시 중단

③ 박정희 정부 시기

㉠ 미국의 권고 : 미국은 한·미·일 3각 안보 체제를 구축하기 위해 일본과의 국교 정상화를 권고

❷ 평화선

6·25 전쟁 이후 일본 어선의 불법 조업이 성행하자 이승만 정부는 1952년 1월 한반도와 도서의 연안에 인접한 해양에서 발견되는 광물과 수산 자원 등에 대하여 주권을 행사한다는 「인접 해양 주권에 대한 대통령 선언」(평화선) 발표, 범위는 북위 38도 동경 132도 50분까지로 독도 포함되어 있음.

ⓒ 경제적 원조 : 경제 개발에 들어갈 자금과 기술 지원을 끌어들일 수 있는 기회

④ **김종필과 오하라 비밀 메모(1962)** : 중앙정보부장 김종필과 일본 외상 오히라의 비밀 교섭에서 '독립 축하금(대일청구권) 무상 3억 달러, 정부 차관 2억 달러, 민간 상업 차관 1억 달러 이상' 등의 대일 청구권 자금과 경제 협력 자금 제공에 합의.

> ▶ **김종필·오히라 비밀 메모**
> 일제 35년간의 지배에 대한 보상으로 일본은 3억 달러를 10년에 걸쳐서 지불하되 그 명목은 독립 축하금으로 한다.
> 경제 협력의 명분으로 정부 간의 차관 2억 달러를 3.5%, 7년 거치 20년 상환이라는 조건으로 10년간 제공하며, 민간 상업 차관으로 1억 달러를 제공한다.

⑤ **6·3시위(1964)**

ⓐ **시위 전개** : 한·일 회담은 '독립 축하금' 명목의 후원금과 차관을 제공받는 조건으로 비밀리에 진행 이 과정에서 일본의 식민 지배에 대한 사죄, 그에 따른 배상 문제, 약탈 문화재 반환 등이 외면된 사실이 폭로되었다. 이처럼 정부와 국민의 주장이 대립하면서 시민과 대학생들이 '굴욕적인 한·일 회담 반대', '민족적 민주주의의 장례식'❶등을 외치며 굴욕외교를 반대하는 시위가 격렬하게 전개됨. 6월 3일에는 1만여 명의 학생들이 가두시위에 나서고 많은 시민들이 동조하는 이른바 '6·3 사태'가 발생.

ⓑ **정부 대응** : 계엄령과 위수령을 선포하여 시위를 강제 진압

ⓒ **결과** : 1965년 6월 22일 한·일 협정(한·일 기본 조약)을 체결하여 동북아시아 사회주의 세력에 대한 한·미·일 공동 안보 체제 형성, 경제 개발 자금을 얻을 수 있었음.

> ▶ **한·일 협정(한·일 기본 조약)**
> 제1조 양 체약 당사국 간에 외교 및 영사 관계를 수립한다. 양 체약 당사국은 대사급 외교 사절을 지체 없이 교환한다. 양 체약 당사국은 또한 양국 정부에 의하여 합의되는 장소에 영사관을 설치한다.
> 제2조 1910년 8월 22일 및 그 이전에 대한 제국과 대일본 제국 간에 체결된 모든 조약 및 협정이 이미 무효임을 확인한다.
> 제3조 대한민국 정부가 국제 연합 총회의 결정 제195호(Ⅲ)에 명시된 바와 같이 한반도에 있어서의 유일한 합법 정부임을 확인한다.

ⓓ **한계** : 식민지 지배에 대한 사과·일본군 위안부·강제 징병 및 징용 피해자·원폭 피해자 등에 대한 배상, 약탈 문화재 반환, 독도 문제 등은 제대로 해결되지 못함.

⑥ **한·일 기본 조약과 부속 협정 체결**

ⓐ **내용** : 한·일 기본 조약에 의하여 한·일 양국은 외교·영사 관계를 개설하고 한·일 합병 및 그 이전에 두 국간에 체결된 모든 조약 및 협정이 무효임을 확인. 일본측은 대한민국 정부가 한반도에 있어서 유일한 합법 정부임을 인정. 부속 조항으로는 어업에 관한 협정, 재일교포의 법적 지위와 대우에 관한 협정, 재산 및 청구권에 관한 문제의 해결과 경제 협력, 문화재·문화 협력에 관한 협정이 있음.

ⓑ **일본** : '청구권·경제 협력에 관한 협정'은 '김종필과 오히라의 비밀 메모'를 근거로 일본이 무상으로 3억 달러, 유상 차관으로 3억 달러를 제공하는 선에서 체결.

⑦ **의의** : 경제 개발을 위한 자본금 마련, 일본 제국주의로부터 받은 한국인의 피해에 대한 사죄와

❶ **민족적 민주주의의 장례식**
'민족적 민주주의의 장례식'은 민족적 민주주의가 박정희 정부가 4·19 혁명의 민족주의 이념을 계승한다고 주장하며 내세웠던 것이었기 때문에 붙여진 이름.

보상 부재

(4) 인민 혁명당 사건(1964.8.14)

① **원인** : 한 · 일 회담 반대 투쟁을 진압하는 과정에서 발생

② **전개** : 중앙정보부는 혁신계 인사와 언론인 · 교수 · 학생들이 미군 철수와 남북 서신 · 문화 · 경제 교류를 통해 평화 통일을 주장하고 북한의 지령을 받아 대규모 지하 조직인 인민 혁명당을 조직해 국가 변란을 기도했다며, 41명을 검거하고 16명을 수배해 혁신계를 탄압함.

(6) 베트남 파병❷

① **목적** : 경제 개발에 필요한 자금 마련과, 미국과의 정치적 · 군사적 동맹을 강화하기 위해 파병

③ **브라운 각서** : 1966년 3월 미국정부가 국군 파병의 대가로 경제 개발에 필요한 차관 제공 약속, 국군의 현대화와 한국 기업의 베트남 건설 사업 참여 등도 보장하는 내용을 주한 미국 대사 W.G. 브라운을 통해 한국 정부에 전달

> ▶ **브라운 각서**
>
> **1. 군사원조**
>
> 제1조 한국에 있는 대한민국 국군의 현대화 계획을 위하여 수년 동안 상당량의 장비를 제공한다.
>
> 제2조 베트남 공화국에 파견되는 추가 병력에 필요한 장비를 제공하며, 또한 베트남 파견 추가 병력에 따르는 일체의 추가적 원화 경비를 부담한다.
>
> **2. 경제원조**
>
> 제3조 베트남 주둔 대한민국 부대에 소요되는 보급 물자와 용역 및 장비를 대한민국에서 구매하며, 베트남 주둔 미군과 베트남군을 위한 물자 중 선정된 구매 품목을 한국에 발주한다.
>
> 제4조 수출 진흥의 전 부문에서 기술 원조를 강화한다.
>
> 제5조 이미 약속된 바 있는 1억 5,000만 달러 AID차관에 추가하여······ 대한민국 경제 발전을 지원하기 위하여 추가 AID 차관을 제공한다.

④ **베트남 특수** : 파병 대가로 국군의 전력 증강과 경제 개발에 필요한 차관을 제공받았고, 파병 군인들의 송금, 군수품 수출, 건설업체의 베트남 진출 등으로도 외화를 얻을 수 있었음.

(7) 한 · 미 행정 협정(1966.7) 베트남 전쟁으로 인한 주한 미군의 감축이나 베트남으로의 이동을 막고자 체결 ('주한 미군 지위 협정(SOFA)'이라고도 함.)

(8) 3선 개헌(1969)

① **과정** : 박정희는 1967년 제6대 대통령 선거에서 재선에 성공함. 박정희 정부는 여기에 그치지 않고 경제 발전과 국가 안정을 명분으로 내세워 1969년 야당과 합의 없이 민주공화당 의원들만 참석한 가운데 대통령의 3선을 허용하는 3선 개헌안을 통과시키고 국민 투표를 거쳐 확정.

② **7대 대통령 선거(1971)** : 박정희 정권의 집권 연장에 반대하던 신민당 후보 김대중의 득표율이 박정희의 득표율과 불과 8% 차이였고, 서울과 부산에서는 김대중이 압승을 거둠.

> ▶ **3선 개헌 반대 범국민 투쟁 위원회**
>
> 우리는 이제 3선 개헌을 강행하여 자유 민주에의 반역을 기도하는 어떤 명분이나 위장된 강변에도 현혹됨이 없이 헌정 20년간 모든 호헌 세력들의 공통된 신념과 결단위에서 전 국민의 힘을 뭉쳐 단호히 이에 대처하려 한다. 집권자에 의해서 자유 민주에의 기대가 끝내 배신당할 때, 조국을 수호하려는 전국민은 요원의 불길처럼 봉기할 것이다.

❷ 베트남 파병

1964.9	의료 부대 파병
1965.3	한국 군사 원조단 (비둘기 부대) 파병
1965.10	해병대 청룡 부대, 육군 맹호 부대
1966.9	육군 백마 부대

▲ 베트남에 파병하는 군사들

(9) **1 · 21 사태(청와대 습격 사건)** 1968년 1월 21일 북한 민족보위성 정찰국의 무장 게릴라 31명이 청와대를 기습하기 위해 서울에 침투함. 이들 게릴라는 북악산 길을 타고 침투하였으나 발각되어 경찰과 총격전 끝에 28명이 사살되고 김신조가 생포됨(김신조 사건이라고도 부른다.)

(10) **푸에블로호 납치 사건** 1968년 1월 23일 북한 원산항 앞 공해상에서 미국 정보 수집함 푸에블로호가 북한에 납치되는 사건 발생

(11) **향토 예비군 창설** 1 · 21 사건과 푸에블로호 납치 사건을 계기로 1968년 4월 1일 향토 예비군 제도 시행

(12) **8 · 3긴급 금융 조치**

① **수출 주도 정책** : 수출 주도 경제의 구조적 모순으로 인해 1969년부터 불황 국면에 접어들기 시작, 외국 차관 만기가 도래하면서 원리금 상환에 대한 부담이 증가함

② 미국이 한국산 경공업 제품에 대한 수입 규제를 강화하면서 도산 · 휴업 · 은행 관리로 넘어가는 기업이 대폭 증가

③ **8 · 3긴급 금융 조치** : 1972년 긴급명령 제15호(8 · 3 조치)에 의해 정부는 기업이 빌린 사채를 신고하도록 한 다음, 이를 3년 안에 갚지 않고 5년 동안 나누어 내며 이자율 또한 월 1.35%로 크게 낮추는 조치를 취함

④ **결과** : 기업들은 3,500억 원 규모의 기업 사채를 강제로 동결하고 금리를 대폭 인하하는 금융특혜를 누림

3. 유신 체제

(1) **배경**

① **국제 정세의 변화** : 미국의 닉슨 독트린 선언과 베트남에서의 미군 철수를 통해 냉전 체제가 완화되었고 미국은 주한 미군의 감축을 결정. 반공을 국시로 내세우며 정권을 유지해 온 박정희 정부는 위기감을 느낌

② **7 · 4 남북 공동 성명** : 자주 · 평화 · 민족적 대단결이라는 통일의 3대 원칙에 합의한 7 · 4 남북공동성명이 발표됨

③ **국민의 불만** : 고도성장에서 소외된 노동자와 도시 빈민의 불만이 폭발. 1970년 전태일 분신 사건과 1971년 광주 대단지 사건이 대표적이었음. 한편, 부실시공으로 인한 와우아파트 붕괴 사건(1970년 4월 8일 새벽 6시 반, 서울 마포구 창전동 와우아파트의 붕괴로 34명이 사망하고 40명이 부상을 입음)은 고도성장 이면을 보여주었고 이에 대한 불만이 점차 고조됨

> 1970년 11월 13일 서울 동대문 평화시장 노동자 전태일이 근로기준법 준수를 요구하며 분신 자살함. 노동자의 현실에 대한 관심을 불러일으킴

④ **야당 득표율의 증가** : 경제 불황으로 위기 의식을 느낀 국민들의 민심 이반

⑤ **사회 혼란** : 1971년 판사들의 집단 사표 제출로 사법 파동❶, 대학생들의 교련 수업 반대 시위 등으로 혼란 가중

(2) **명분** 경제 · 사회적 불안과 혼란이 가중된 시기에 평화 통일이라는 민족적 염원을 구현하는 것의 어려움을 강조. '한국적 민주주의' 표방하여 <u>유신 헌법</u> 발표(7차 개헌, 1972.12)

> (비상) 국무회의에서 국민투표를 거쳐 통과시킴

| 강의 플러스 |

❶ 사법 파동(1971년)

군인·경찰·군속에 대해서는 국가의 잘못이 있어도 배상하지 않는 국가배상법에 대해서 법원에서 위헌 판결을 내리자 정부가 해당 판사를 보복성으로 기소하였다. 그러자 100여 명의 판사가 사표를 제출하는 사법 파동이 일어났다.

❷ 통일 주체 국민 회의

국민의 직접 선거에 의하여 선출된 2300여 명의 대의원이다. 대의원으로 출마할 수 있는 자는 국회의원 피선거권이 있고, 선거일 현재 30세에 달한 자였다. 무기명 투표로 대통령을 선거하고, 국회 의원 정수의 1/3을 선출할 수 있었다. 또한 국회 의원이 제안한 헌법 개정안을 국회 의결 후 최종적으로 확정하는 권한을 가졌다.

(3) 유신 체제

① **성격** : 삼권분립을 무시하고 대통령의 권한을 비정상적으로 크게 강화함. 대통령이 입법·행정·사법부 위에서 권력을 행사하도록 구성

② **대통령 선출** : 대통령은 임기 6년으로 중임 제한이 없으며 통일 주체 국민 회의❷에서 선출하는 간선제 방식

③ **의회와 사법부 장악** : 대통령이 국회의원의 1/3을 추천하였으며, 이들은 유신 정우회를 구성. 대통령은 국회 해산권, 대법원장과 헌법 위원회 위원장 임명권을 행사함

④ **긴급 조치** : 유신 헌법 비방이나 개정 요구에 대한 탄압을 위해 발표. 1974년 1월 8일 긴급조치 1호 발표를 시작으로 1975년 5월 13일 9호까지 발표됨. 유신 헌법의 부정·반대·왜곡·비방·개정 및 폐기를 주장하거나, 청원을 선동 또는 선전하는 행위를 일체 금지하고 학생의 사전 허가 없는 집회, 시위 및 정치 간여를 금지하며, 국방부 장관은 지방장관의 요청이 있으면 병력을 지원할 수 있고 위반자를 영장 없이 체포할 수 있도록 함. 긴급 조치는 1979년 10월 박정희 정권이 무너지면서 완전히 폐지됨

> **▶ 유신 헌법**
> 제39조 대통령은 통일 주체 국민 회의에서 토론 없이 무기명 투표로 선거한다.
> 제40조 통일 주체 국민 회의는 국회의원 정수의 1/3에 해당하는 수의 국회의원을 선거한다.
> 제53조 대통령은 천재지변 또는 중대한 재정·경제상의 위기에 처하거나, 국가의 안전 보장 또는 공공의 안녕질서가 중대한 위협을 받거나 받을 우려가 있어, 신속한 조치를 할 필요가 있다고 판단할 때에는 내정·외교·국방·경제·재정·사법 등 국정 전반에 걸쳐 필요한 긴급 조치를 할 수 있다.
> 제59조 대통령은 국회를 해산 할 수 있다.
>
> **▶ 긴급 조치 1호**
> 대한민국 헌법을 부정·반대·왜곡 또는 비방하는 일체의 행위를 금한다.
> 대한민국 헌법의 개정 또는 폐지를 주장·발의·제안 또는 청원하는 일체의 행위를 금한다.
> 유언비어를 날조, 유포하는 일체의 행위를 금한다.
> 위의 1,2,3로에서 금한 행위를 권유, 선동, 선전하거나 방송, 보도, 출판, 기타의 방법으로 이를 타인에게 알리는 일체의 언동을 금한다.
> 이 조치를 위반한 자와 이 조치를 비방한 자는 법관의 영장 없이 체포·구속·압수·수색하여 15년 이하의 징역에 처한다.

⑤ **노동 운동 탄압** : 1971년 '국가보위에 관한 특별조치법'에 의해 노동자의 자주적인 단체교섭권과 단체행동권 부정. 1972년 유신헌법 제29조에는 노동 3권을 법률로서 유보시킴. 1973년에는 노동 관계법 개정을 통해 노사 협의회의 기능을 강화시켜 노동자들의 이념을 직접적으로 통제시키려고 함

(4) 유신 정권의 탄압

① **김대중 납치 사건(1973)**

ㄱ **원인** : 신변상의 이유로 일본에 체류 중이던 김대중은 유신 헌법 선포 후 국내 귀국을 포기하고 재미 단체인 '한국 민주회복 통일 촉진 국민회의(한민통)'를 결성하는 등 반유신 활동에 앞장섬

ㄴ **과정** : 1973년 8월 김대중은 일본 도쿄의 그랜드 팔렌스 호텔에서 중앙정보부 요원에게 납치

당하여 한국으로 연행되었다가 129시간 만에 풀려나 서울 자택에서 가택 연금 상태에 처해짐

② 전국 민주 청년 학생 연맹 사건(민청학련 사건, 1974)

　㉠ 학생들은 1974년을 '민권 쟁취 · 민주 승리의 해'로 정하고 개별 대학에서 벌인 운동의 한계를 극복하기 위해 전국적 투쟁조직인 '전국 민주 청년 학생 연맹(민청학련)' 조직

　㉡ 각 대학 및 고등학교에서 성토대회, 수강 거부 유인물 배포 농성 등의 활동을 통해 투쟁함

　㉢ 1974년 4월 3일 긴급 조치 제4호를 선포하면서 이 사건을 발표하였으며, 이 사건을 간첩 사건(인민 혁명당 사건)과 연계시켜 탄압

③ 인민 혁명당(인혁당) 재건위 사건(1975.4.9)

　㉠ 대구 · 경북 혁신계 인사들이 1974년 북한의 지령에 따라 국가 전복을 노리는 인혁당을 재건하고 민청학련 활동을 조종하였다며 국가 보안법과 긴급 조치에 따라 1,024명을 체포, 253명을 구속, 180명 기소

　㉡ 대법원은 8명에게 사형을 선고하고 곧바로 18시간 만에 사형을 집행. 박정희 시대의 대표적인 사법 살인이라 여겨짐. → 국제 법학자 협회가 이날을 '사법 암흑의 날'로 지정했다

　㉢ 서울중앙지법 형사합의 23부는 2007년 1월 재심 선고공판에서 사형된 8명이 무죄임을 선고

(5) 유신 체제 반대 운동

① 장준하의 유신 체제 반대 100만 인 서명 운동(1973)

　㉠ 1973년 12월 장준하 등 재야인사를 중심으로 개헌 청원 100만 인 서명 운동 발기인 대회를 시작으로 서울 YMCA 회관에서 14인의 각계 인사가 참여한 가운데 첫 시국 간담회가 개최

　㉡ '헌법 개정 청원 운동 본부'를 발족시키고 서명 운동을 본격적으로 전개. 10일 만에 서명자가 30만 명을 넘어서는 등 많은 국민의 지지를 받음 → 박정희는 1974년 1월 8일 헌법 제53조를 내세우면서, 개헌 청원 서명 운동을 겨냥한 대통령 긴급 조치 제 1 · 2호를 발표하여 서명운동을 주도한 장준하와 백기완을 구속함

② 최근의 사태에 대한 문학인 165인 선언(1975.3.15.) : 시인 고은이 간사로 있었던 '자유 실천 문인 협의회(1974)'가 동아일보 · 조선일보의 기자 해임 및 〈기협회보〉에 대한 폐간 조치, 시인 김지하의 재구속에 항의하는 '최근의 사태에 대한 문학인 165인 선언'을 발표

③ 3 · 1 민주 구국 운동(1976)

　㉠ 종교계가 '천주교 정의 구현 전국 사제단' 조직. 1976년부터는 각지에서 구속 인사 석방과 민주화를 요구하는 기도회가 이어짐.

　㉡ 3 · 1 민주 구국 선언 : 1976년 3월 1일 명동성당의 3 · 1절 기념 미사에서 각계 대표들이 긴급 조치 철폐, 구속 인사 석방, 언론 · 출판 · 집회의 자유 보장, 국회의 기능 회복, 사법부의 독립 등과 함께 박정희 정권의 퇴진까지 요구한 '민주 구국 선언' 발표 (3 · 1사건, 혹은 '명동 사건'이라고도 부름)

▶ 3 · 1 민주 구국 선언(1976)

삼권 분립은 허울만 남았다. 국가 안보라는 구실 아래 신앙과 양심의 자유는 날로 위축되어 가고 언론의 자유와 학원의 자주성은 압살당하고 말았다. …… 우리의 비원인 민족 통일을 향해서 국내외로 민주 세력을 키우고 규합하여 한 걸음 한 걸음 착실히 전진해야 할 마당에 이 나라는 1인 독재 아래 인권은 유린되고 자유는 박탈당하고 있다. 우리는 이를 보고 있을 수 없어 …… 이 나라의 먼 앞날을 내다보면서 민주 구국 선언을 선포하는 바이다.
우리는… 이 나라의 먼 앞날을 내다보면서 민주 구국 선언을 선포하는 바이다.

1. 이 나라는 민주주의의 기반 위에 서야한다.
2. 경제 입국의 구상과 자세가 근본적으로 검토되어야 한다.
3. 민족 통일은 오늘이 겨레가 짊어진 최대의 과업이다.

ⓒ **결과** : 김대중, 윤보선, 함세웅, 문익환 등이 구속, 혹은 불구속 기소. 참여자가 사회의 지도급 인사라는 점에서 파장이 컸고 정권은 구속을 통해 재야 운동을 억누르려고 했으나 오히려 재야 세력이 더욱 굳게 연대함

(6) 유신 체제의 붕괴

① **경제 불안** : 1978년 12월 제2차 석유 파동과 중화학 공업 과잉 투자에 따른 경제 불황으로 정부에 대한 불만 고조.

② **외교 마찰** : 미국을 비롯한 국제 사회에서 인권 탄압을 비판. 1973년 김대중 납치 사건으로 일본과 마찰. 1976년 중앙정보부가 미국 의회에 거액의 로비 자금을 제공한 코리아 게이트 사건으로 미국과 마찰.

③ **YH 무역 사건** : 1979년 8월 YH무역 노동자 170여 명은 회사 정상 가동과 생존권 보장을 내걸고 신민당사에서 철야 농성, 경찰이 신민당사에 난입하여 폭력으로 강제 해산 시키던 도중 여성 노동자 김경숙 사망.

④ **김영삼 제명** : 1979년 8월 YH 사건을 계기로 신민당이 정치 공세를 펴자 국회는 김영삼의 신민당 총재 자격과 의원직을 박탈함. 신민당은 '정권 타도 투쟁'을 선언하고, 대중의 생존권 요구 및 재야 세력의 민주화 투쟁과 결합하여 광범위한 반독재 민주 연합의 형성에 나섬.

⑤ **부 · 마 항쟁** : 김영삼 제명으로 국내외 여론의 지탄이 높아지는 가운데 1979년 10월 부산과 마산에서 유신 체제에 저항하는 대규모 시위 발생. 학생들은 독재 타도와 빈부 격차 해소 등을 주장하였고 여기에 시민이 동참하면서 시위 확산.

⑥ **10 · 26 사태** : 미국과의 마찰, 부 · 마 항쟁 대응을 둘러싸고 최고 권력층 내부에서 갈등과 대립이 발생. 1979년 10월 26일 중앙정보부 부장 김재규가 대통령 박정희와 경호실장 차지철 살해.
→ 유신 체제 붕괴

03 전두환 정부와 노태우 정부

1. 전두환 정부

(1) 신군부

① **10 · 26 이후** : 1979년 12월 6일 국무총리 최규하가 통일 주체 국민 회의 대의원회에서 제10대 대

통령으로 당선됨. 국민들은 이를 매개로 하여 유신 체제와 군사 통치가 종식될 것을 기대.

② **12·12사태** : 1979년 12월 12일 국군 보안사령관 전두환 소장, 9사단장 노태우 소장과 보안사령부 장교 등 '신군부' 세력이 중심이 되어 쿠데타 일어남. 대통령의 사전 재가없이 <u>계엄 사령관 정승화</u>를 강제 연행하는 쿠데타를 일으켜 군부 내 주도권 장악.
　　　　　　└─●육군참모총장이자 계엄사령관

③ **서울의 봄** : 1980년 5월 14일부터 서울에서 '민주화 대행진'을 표방한 대규모 학생 시위가 벌어짐. 신군부의 퇴진과 계엄 철폐를 주장. 5월 15일에는 10만 명이 서울역 앞에 모여 시위 운동이 절정을 이룸. 4·19 이후 최대 규모의 민주화 시위로서 '서울의 봄'이라고 지칭.

⑤ **5·17 계엄** : 신군부 세력은 5월 17일을 기해 비상 계엄령을 제주도를 포함한 전국으로 확대. 국회와 대학 폐쇄, 학생 운동 지도부 연행, 김대중 등 재야 인사와 구 공화당계 정치인 체포

▲ 전남대 학생 시위 진압

(2) 5·18 민주화 운동

① **발단** : 1980년 5월 18일 전라남도 광주에서 비상 계엄 확대와 휴교령에 반대하는 대규모 학생 시위가 일어남. 신군부는 이를 진압하기 위해 공수 부대원을 투입하였고 과잉 진압으로 많은 사상자가 발생함. 이에 맞서 광주 시민들이 무기를 탈취하여 계엄군과 시가전을 벌이고 인근 지역으로도 시위 확대.

> **〈시민 궐기문〉(1980.5.25)**
> 우리는 왜 총을 들 수밖에 없었는가? 그 대답은 간단합니다. 너무나 무자비한 만행을 더 이상 보고 있을 수만 없어서 너도나도 총을 들고 나섰던 것입니다. …… 정부는 …… 17일 야간에 계엄령을 확대 선포하고, 일부 학생과 민주인 정치인을 도무지 믿을 수 없는 구실로 불법 연행하였습니다.
>
> **〈80만 광주 시민의 결의〉**
> • 이번 사태의 모든 책임은 과도 정부에 있다. 과도 정부는 모든 피해를 보상하고 즉각 물러나라!
> • 무력 탄압만 계속하는 명분없는 계엄령을 즉각 해제하라!
> • 정부와 언론은 이번 광주 의거를 허위 조작, 왜곡 보도하지 말라!
> • 우리가 요구하는 것은 단지 피해 보상과 연행자 석방이 아니다. 우리는 진정한 '민주 정부 수립'을 요구한다!

② **과정**

일자	전개 과정
5월 18일	전남대학교 학생들을 중심으로 '김대중 석방', '신군부 퇴진'요구하는 시위 전개 계엄군의 과잉 진압으로 많은 희생자 발생 → 시위 대열 확대
5월 19일	시위대 확대 → 계엄군 장갑차 앞세워 진압 관공서·공공건물 폐쇄, 중·고등학교 임시 휴교 조치
5월 20일	10만여 명이 금남로에 운집하여 농성, 250여 대의 차량 시위 참가 계엄군 시위대를 향해 발포 → 총과 실탄으로 무장한 시민군이 조직됨
5월 22일	계엄군은 시위 확산 막기 위해 광주를 다른 지역과 차단·봉쇄 '사태 수습 시민 대책 위원회' 결성 → 질서 유지 활동 및 계엄군과의 협상에 대비
5월 27일	계엄군은 대규모 병력 동원해 전남도청에서 시위하는 시민군을 무력 진압

③ **결과** : 신군부 세력의 폭력성과 비민주성을 드러내는 사건으로서 1980년대 이후 민주화 운동의 확산에 큰 영향 끼침. 또한 당시 국군 작전 통제권이 실질적으로 미국에게 있었기 때문에 신군부 세력의 계엄군 투입과 관련하여 미국의 책임 문제 제기, 반미 운동 일어남.

❶ 국보위의 4대 기본 목표
1. 안보 태세 강화
2. 경제 난국 타개
3. 정치 발전
4. 사회악 일소

(3) **국가 보위 비상 대책 위원회❶**

① **설치** : 5 · 18 민주화 운동을 무력으로 진압한 신군부는 1980년 5월 31일 대통령 자문 · 보좌 기구로 국가 보위 비상 대책 위원회(국보위, 상임 위원장 전두환. 입법 · 사법 · 행정의 3권을 실질적으로 장악)를 설치.

② **정책** : 언론사 통폐합, 본고사 폐지 · 졸업 정원제 · 과외 금지(7 · 30 조치), 사회 정화를 내걸고 정권 장악에 반발하는 정치인 · 언론인 · 지식인 대대적으로 숙청, 사회악 일소를 구실로 삼청교육대 설치.

(4) **국가 보위 입법 회의**

① 1980년 10월 22일 선거인단에 의한 대통령 간선제와 대통령의 7년 단임제를 골자로 한 헌법 개정안을 만들어 국민투표로 확정. 국회 · 정당 · 통일 주체 국민 회의 해산 후 국가 보위 입법 회의가 권한 대행. 대통령이 임명한 81명의 의원으로 구성된 국가 보위 입법 회의는 제11대 국회가 개원되기까지 156일 동안 215건의 안건을 접수하여 100% 가결

② 입법 회의는 발족과 더불어 제일 먼저 구 정치인의 활동을 8년간 금지하는 것을 내용으로 한 '정치 풍토 쇄신 특별 조치법'을 가결(11. 3). 이에 따라 811명의 정치 활동 금지자 공포(11. 12), '집회 및 시위에 관한 법률 개정안'을 가결하여(11.29) 유신 시대의 '긴급 조치'를 대체하며 재야와 민주 인사들을 탄압.

③ 언론 기본법, 공정 거래법, 중앙정보부법을 의결. 사회 보호법 · 형사 소송법 개정안을 의결. 노동 조합법 개정안 등 5개의 노동 관계법을 개악(12.26).

④ 반공법을 폐지하여 국가 보안법으로 흡수한 국가 보안법 개정안을 통과(12.30)시키는 등 자신의 권력 기반을 굳히기 위해 법과 제도를 새롭게 마련해 사회 통제.

(5) **대통령 선출** 1980년 8월 16일 전두환은 대통령 최규하를 하야시키고 육군 대장으로 전역, 8월 27일 유신 헌법에 따라 통일 주체 국민 회의에서 대통령으로 선출되는 형식을 밟아 9월 제11대 대통령에 취임.

(6) **헌법 개정** 1980년 10월 22일 선거인단에 의한 대통령 간선제와 대통령의 7년 단임제를 골자로 한 헌법 개정안(8차 개헌)을 만들어 국민투표로 확정. 국회 · 정당 · 통일 주체 국민 회의 해산 후 국가 보위 입법 회의가 권한 대행.

(7) **민주 정의당** 1981년 1월 전두환을 총재로 한 민주 정의당(민정당) 창당.

(8) **대통령 선출** 전두환은 민주 정의당 후보로 선거인단에 의해 선출되는 형식을 거쳐 1981년 3월 제12대 대통령 취임.

(9) **전두환 정부의 정책**

① **경제 성장** : 1980년대 중반 이후 '3저 호황(저유가 · 저달러 · 저금리)' 국면을 맞이해 물가 안정, 첨단 산업 성장, 수출 증대가 이루어져 1986년 최초로 경상수지 흑자기록.

② **명분상 이념** : '정의 사회 구현'과 '민주 복지 사회 건설'을 국정지표로 설정하고 경제 안정과 수출 증대에 노력.

③ **유화 정책** : '국풍81'이라는 대규모 예술제 개최, 올림픽 유치. 야간 통행 금지 전면 해제, 컬러TV

보급, 중고등학생의 교복·두발 자율화, 장발 단속 완화, 해외여행 자유화, 제적 학생의 복학과 민주 인사 등의 복권, 학도호국단 폐지, 학생자치기구 부활

④ **프로 스포츠** : 1982년 프로야구와 프로축구 출범.

⑤ **강압 정치** : '집회와 시위에 관한 법률'로 각 계층 민주화 운동 탄압, 삼청교육대 설치, <u>언론 매체 통폐합</u>, 보도 지침, 반정부 성향 기자 대거 해직.
   ┈┈┈●언론 기본법, 1980

⑥ **금강산 댐 건설 계획** : 1986년 정부는 "북한의 금강산 댐 건설이 서울을 물바다가 되게 하려는 데 목적이 있다"고 발표, 이것은 88올림픽을 방해하려는 북한의 수공 작전이라고 선전되어 평화의 댐 건설을 위한 국민운동을 벌이며 국민 성금을 모으는 등 긴장 고조 정책을 썼음.

⑦ **한계** : 전두환 정부의 계속되는 민주화 운동에 대한 탄압과 인권 문제, 각종 부정과 비리가 진행되어 국민의 불만이 높아지고, 권위주의적 통치와 강압적 통제에 반대하는 국민적 저항이 일어남.

2. 6월 민주 항쟁

(1) 배경

① **전두환 정부에 불만** : 5·18 민주화 운동 진압과 임기 중 각종 권력형 부정과 비리 사건이 연이어 터져 전두환 정부에 대한 국민의 불신과 불만 높아짐

② **민주화 활성화** : 학생 뿐 아니라 정치권과 사회 각계각층으로 민주화 운동 확산. 1983년 5월 김영삼 단식 투쟁, 1984년 5월 정치인과 재야인사 연합하여 '민주화 추진 협의회' 조직, 1985년 4월 '전국 학생 연합' 결성

③ **미문화원 점거** : 1982년 1월 광주 항쟁에서 미국의 책임 문제를 처음으로 제기하며 발생. 1985년 5월 광주 항쟁의 진상 규명과 미국의 책임 문제를 제기한 서울 미문화원 점거 사건 발생. 전두환 정권 성립과정에 미국이 방조한 사실, 광주 항쟁 진입부대가 미국의 승인 없이 동원될 수 없다는 인식 등이 바탕이 되어 반미운동 전개

④ **신한 민주당** : 1985년 2월 총선에서 승리한 신한 민주당은 제5공화국 헌법을 철폐하고 대통령 직선제로 개헌하여 민주정부를 수립하려는 개헌 투쟁 본격화

⑤ **직선제 개헌 요구** : 1986년 군사 독재 퇴진 촉구와 민주 헌법 쟁취를 위한 1천만명 개헌 서명 운동 전개, 전국 각 대학 교수 시국 선언문 발표, 전국 초·중등학교 교사 교육 민주화 선언 발표. 전두환 정권의 임기 마지막이 다가올수록 직선제 요구 시위 확산

⑥ **부천 경찰서 성고문 사건 (1986)** : 서울대 재학 중이던 권인숙이 주민등록증을 위변조한 후 노동 운동을 위해 위장 취업을 했다가 적발 및 검거됨. 부천경찰서 문귀동은 5·3 인천 사태 관련 수배자 소재지를 파악하기 위해 성고문을 가하며 진술 강요

⑦ **박종철 고문치사 사건 발생(1987)** : 서울대생 박종철이 남영동 치안본부 대공분실에서 조사를 받던 도중 고문으로 사망. 치안본부는 단순 쇼크사로 발표하였으나 부검 담당 의사의 증언으로 물고문 사실이 밝혀지면서 대대적인 공세 개시

⑧ **4·13 호헌 조치** : 1987년 4월 13일 기존 헌법 유지한 채 대통령 간선제를 치르겠다고 발표. 이후

❶ 박종철 추도 고문 · 근절 시위

호헌 조치에 저항하는 시위 이어짐.

(2) 전개 ❶

> ▶ 6.10 국민 대회 선언문
>
> 오늘 우리는 전 세계 이목이 우리를 주시하는 가운데 40년 독재 정치를 청산하고 희망찬 민주국가를 건설하기 위한 거보를 전 국민과 함께 내디딘다. 국가의 미래요 소망인 꽃다운 젊은이를 야만적인 고문으로 죽여놓고 그것도 모자라서 뻔뻔스럽게 국민을 속이려 하였던 현 정권에 국민의 분노가 무엇인지 분명히 보여 주고 국민의 여망인 개헌을 일방적으로 파기한 4 13 폭거를 철회시키기 위한 민주 장정을 시작한다.

① 1987년 5월 천주교 정의 구현 사제단은 '박종철 고문치사 사건' 진상 폭로, 각계 인사들은 '민주 헌법 쟁취 국민 운동본부'를 결성하여 직선제 개헌과 고문 살인 정권의 퇴진을 요구. 개헌 투쟁은 교수, 학생, 시민 뿐 아니라 노동자, 농민 등이 광범하게 참여하는 국민적 항쟁으로 발전하며 전국으로 급속히 확산. 6월 9일 연세대생 이한열이 시위 도중 경찰의 최루탄에 맞아 중태에 빠지는 사건이 발생하자 시위는 전국으로 확산. 6월 10일 민주 정의당 대통령 후보로 노태우 선출, 같은 날 민주당(총재 김영삼)과 '민주 헌법 쟁취 국민 운동본부'는 '박종철 고문 살인 · 은폐 조작 규탄 및 민주 헌법 쟁취 범국민 대회'를 전국 각지에서 개최. 이를 계기로 매일 전국의 여러 도시에서 시위가 진행되다 6월 26일 '민주 헌법 쟁취 국민 평화 대행진'은 전국 37개 도시에서 백여만 명이 시위에 참가. 특히 '넥타이 부대'로 불린 직장인들과 중산층 시민의 참여는 정권에 큰 타격을 줌.

(3) 6 · 29 민주화 선언 범국민적 저항에 직면한 1987년 6월 29일 차기 대통령 후보로 지명된 노태우 민정당 대표는 '6 · 29 민주화 선언'으로 알려진 '8개항의 시국 수습 방안' 발표. 내용은 대통령 직선제 개헌 요구의 수용, 김대중 사면 · 복권과 시국 관련 사범 석방, 지방 자치 및 교육 자치 실시, 정당의 건전한 활동 보장, 언론 자유의 보장 등을 담고 있음. 이에 따라 5년 단임의 대통령 직선제를 골자로 하는 9차 헌법 개정이 이루어짐.

(4) 의의 4 · 19 혁명 이후 가장 큰 규모의 민주화 운동. 정치적 의사 표현에 소극적이었던 중산층이 대거 시위에 참가. 6월 민주 항쟁을 통해 높아진 시민 의식은 이후 사회 민주화 진전에 기여.

3. 노태우 정부

(1) 정부 수립

1987년 10월 대통령 직선제와 5년 단임제를 포함한 개헌안이 국민투표로 확정, 이어 1987년 12월 실시된 제13대 대통령 선거에서 야당 세력의 분열에 힘입어 여당인 민정당 노태우 후보 당선.

(2) 노태우 정부의 활동

① **방향** : 민족 자존, 민주 화합, 균형 발전, 통일 번영으로 설정.

② **북방정책** : 소련이 붕괴되는 시기를 전후로 하는 시기에 1988년 서울 올림픽에 소련과 구공산권 국가들이 참가한 것을 계기로 추진. 1989년 헝가리를 시작으로 동유럽 여러 나라와 수교. 1990년 한 · 소 정상 회담과 양국 수교, 1992년 중화 인민 공화국과 수교했으며 베트남과도 외교관계 수립

③ **전국 교직원 노동 조합(전교조) 출범** : 1987년 결성된 전국 교사 협의회(전교협)이 발전하여 1989

년 5월 전국 교직원 노동 조합 결성. 교직원이 교육의 주체로서 민족·민주·인간화 교육을 실천하기 위한 참교육 운동을 전개하는 것이 설립 목적(1999년 김대중 정부 때 합법화)

④ **3당 합당** : 1988년 실시된 국회 의원 총선거에서는 세 야당이 여당인 민주 정의당을 누르고 다수 의석을 차지. 야당에 끌려가던 대통령 노태우는 1990년 민주 정의당·통일 민주당·신민주 공화당의 3당을 통합하여 거대 여당인 민주 자유당 창당 선언.

⑤ **부분 지방 자치제** : 1991년 5·16 군사정변 이후 중단되었던 지방 자치체 부분적 실시. 시·군·구 의회 의원 선출, 광역 의회 의원(시·도 의회) 선출.

⑥ **남북 고위급 회담 개최** : 1990년 4월부터 남북한은 서울과 평양을 번갈아 가며 남북 고위급 회담 개최.

⑦ **남북한 동시 유엔 가입** : 1991년 9월 남북한이 동시에 유엔 가입

⑧ **남북 기본 합의서 채택** : 1991년 12월 서울에서 열린 제5차 고위급 회담에서 '남북 사이의 화해와 불가침 및 교류 협력에 관한 합의서 (남북 기본 합의서)' 재택.

	1공화국			2공화국		3공화국		4공화국	5공화국	6공화국
임기	1대	2.3대		4대		5.6.7대		8.9대 / 10대 최규하)	11.12대	13대
집권자	이승만			허정 과도 내각(1공)	윤보선 /장면	박정희			전두환	노태우부터 ~
개헌 과정	제헌 헌법 (1948)	1차개헌 (1952)	2차개헌 (1954)	3차개헌 (1960)	4차개헌 (1960)	5차개헌 (1962)	6차개헌 (1969)	7차개헌 (1972)	8차개헌 (1980)	9차개헌 (1987, 현행)
대통령 선출 방식	간선제	직선제		의원 내각제		직선제		간선제		직선제
특징	국회에 의한 간선제	발췌개헌	사사오입 개헌	의원 내각제 양원제	소급 입법	부통령X	4년, 3선 개헌	유신 헌법 통일 주체 국민 회의 긴급조치	대통령 선거 인단	대통령 중심제, 단원제
대통령 임기	4년 중임	4년 중임		5년 중임		4년 중임		6년, 영구집권 가능	7년 단임	5년 단임
여당	자유당			민주당		민주 공화당		민주 공화당 유신 정우회	민주 정의당	민주 자유당
민주 주의 시련	발췌 개헌 사사오입 개헌 진보당 사건 보안법 파동 경향신문 폐간 3.15 부정 선거			반민주행위자 처벌에 소극적 4.19 = 미완의 혁명		5.16 군사 정변 3선 개헌 날치기 통과 인혁당 사건		10월 유신 김대중 납치사건 민청학련 사건	12.12 사태 삼청 교육대 언론 통폐합 4.13호헌조치	

04 민주주의의 발전

1. 김영삼 정부 (1993 ∼ 1997)

(1) 정부 수립

1992년 12월 제14대 대통령 선거에서 민주 자유당 김영삼 당선. 5 · 16군사정변 이후 처음으로 민간인 출신의 대통령이 국정 주도. '문민 정부' 표방

(2) 김영삼 정부의 활동

① **방향** : 신한국 창조, 깨끗한 정부, 튼튼한 경제, 건강한 사회, 통일된 조국 건설 설정, '역사 바로 세우기' 노력

② **개혁정책** : 1993년 3월 공직자 윤리법을 개정하여 고위 공무원의 재산 등록 의무화. 1993년 8월 불법자금 유통 차단하고 정확한 과세를 위해 금융 실명제 실시.

③ **지방 자치제 실시** : 1995년 6월 지방 자치단체장 선거 실시를 통해 지방 자치제 전면 실시.

④ **전직 대통령 재판 회부❶** : 비자금조성 혐의와 12 · 12 사태 및 5 · 18 광주 민주화 운동 진압과 관련하여 전두환 · 노태우 두 전직 대통령 반란 및 내란죄로 기소

⑤ **하나회 해산** : 군부 내 사조직이자 최대 파벌을 이루고 있던 하나회 척결. 전두환 · 노태우를 비롯한 신군부 세력 무력화 위해 하나회 소속 장성들 보직 해임

⑥ **OECD 가입** : 시장개방정책 더욱 강화하기 위해 1996년 9월 OECD(경제 협력 개발 기구)가입

⑦ **외환 위기** : 각종 규제 완화와 시장의 자율성 확대되었으나 정부가 시장 감독 기능을 제대로 수행하지 못하는 가운데 무분별하게 사업을 확장하여 부실해진 일부 대기업 도산. 외국 투자가들이 자금을 회수하자 외환 보유고 급격히 줄어들어 1997년 말 외환 위기 초래, 국제 통화 기금(IMF)의 긴급 자금 지원

⑧ **역사 바로 세우기 운동** : 옛 조선 총독부 청사 철거, 국민학교를 초등학교로 개칭, 4 · 19 묘역 성역화

2. 김대중 정부 (1998 ∼ 2002)

(1) 정부 수립

1997년 12월 제15대 대통령 선거에서 야당인 김대중 후보가 당선됨으로써 처음으로 여야 사이의 평화적인 정권 교체가 이루어짐. 1998년 2월 취임 후 자유 민주 연합에 국무총리와 내각 각료를 안배해 공동 정부를 구성. '국민의 정부'표방

(2) 김대중 정부의 활동

① **방향** : 민주주의와 시장 경제의 병행 발전을 정치 철학으로 제시, 경제적 난국 타개, 국민 화합 실현, 남북 관계에서는 '햇볕 정책'이라는 큰 틀을 내세워 남북 화해와 협력의 시대를 여는 데 주력

② **외환 위기 극복** : 민주주의와 시장경제의 병행 발전을 표방. 강도 높은 구조 조정과 해외 외자 유치 위해 외교 활동 펼침. 부실 금융 기관과 대기업 해외 매각. 1998년 금모으기 운동과 구조조정 목적으로 노사정 위원회❷ 구성, 벤처기업 육성. 2001년 국제 통화 기금 지원금 조기 상환

❶ 법정에 선 전두환과 노태우 전 대통령

❷ 노사정 위원회
노동 정책과 이와 관련된 경제 · 사회 정책 등을 협의하는 대통령 직속 정책 자문 기구

③ **동티모르 파병** : 1999년 9월 국제연합 안전보장 이사회(UNSC)는 동티모르에 파병할 다국적군 창설을 승인. 이에 따라 국제연합 사무총장 및 오스트레일리아의 외무장관이 한국에 공식 파병을 요청해 1999년 10월 동티모르에 상록수 부대 419명을 파견. 건군 이래 국제 평화 유지 활동에 파병된 최초의 보병 부대. 국경선 통제, 치안 확보 임무, 순회 진료, 구호품 전달 등 인도적 지원 활동과 현지 주민들의 복구 활동을 지원

④ **대북 정책** : 햇볕 정책을 기조로 내세우며 적대적인 남북 관계 개선 위해 적극적인 노력 전개. 그 결과 2000년 최초로 남북 정상이 평양에서 만나 남북 정상 회담 개최, 6 · 15 남북 공동 선언 발표

3. 노무현 정부(2003 ~ 2008)

(1) 정부 수립

2002년 12월 제16대 대통령 선거에서 새천년 민주당의 노무현 후보 당선. '참여 정부' 표방

(2) 노무현 정부의 활동

① **방향** : 국민들과 함께 하는 민주주의 실현, 더불어 사는 균형 발전 사회, 평화와 번영의 동북아시아 시대 등을 제시. 이를 실현하기 위한 4대 국정 원리로 원칙과 신뢰, 대화와 타협, 투명과 공정, 분권과 자율 확정

② **탄핵 소추** : 2004년 〈공직선거 및 선거 부정 방지법〉이 정한 중립 의무 및 대한민국 헌법을 위반했다는 이유로 최초로 탄핵 소추를 당해 권한 정지, 헌법 재판소에서 소추안 기각되어 대통령 직무에 복귀

③ **대북 정책** : '햇볕 정책' 계승하면서 북한에 대한 경제적 · 인도적 지원. 개성 공단 건설, 2007년 육로로 북한을 방문하여 제2차 남북 정상 회담 후 '남북 관계 발전과 평화 번영을 위한 선언(10 · 4 선언)' 발표

4. 이명박 정부(2008 ~ 2013)

(1) 정부 수립

2007년 12월 17대 대통령 선거에서 야당인 한나라당의 이명박 후보가 당선

(2) 이명박 정부의 활동

① **방향** : '작은 정부, 큰 시장'을 골격으로 경제 살리기에 주력. 이를 위해 정부 조직 대대적으로 통폐합하는 개편안 발표, 실용주의, 경제 성장, 자원 외교, 친서민 정책을 내세움

② **4대강 살리기** : 이명박 정부가 추진한 사업 중 가장 논란이 컸던 사업으로 당시 국민 대다수의 반대에도 불구하고 핵심 사업으로 추진. 수질 개선, 가뭄 · 홍수 예방 등을 기치로 내걸고 천문학적 비용이 투입되었으나 환경오염, 타 예산 삭감 논란 등이 불거짐

③ **언론** : 2010년 12월 방송 통신 위원회는 조선일보, 중앙일보, 동아일보, 매일경제를 종합 편성(종편)채널 사업자로, 연합 뉴스를 보도 전문 채널 사업자로 선정. 한 · 미 쇠고기 협상과 관련한 광우병 파동 및 시위 진압, 재벌 친화적이고 보수적으로 편향된 보도나 방송을 우려하는 목소리 고조

④ 대북 정책 : 천안함 피격 사건(2010.3), 연평도 포격 사건(2010.11)이 일어나 남북 관계 경색

5. 박근혜 정부 (2013 ∼ 2017)

① 2012년 18대 대통령에 새누리당 박근혜 후보 당선, 최초의 여성 대통령.

② 2014년 4월 '세월호 참사'

③ 2015년 8월 목함 지뢰 사건으로 남북 관계 경색 → 2016년 2월 개성공단 폐쇄

④ '대기업 뇌물 수수 의혹' 및 '박근혜 정부의 최순실 등 민간인에 의한 국정 농단 의혹 사건'으로 촛불 집회가 전국적으로 확산

⑤ 2016년 12월 국회에서 탄핵 소추안이 가결되어 대통령 직무가 정지, 2017년 3월 10일 헌법재판소에서 만장일치로 탄핵을 결정함으로써 대통령직에서 파면.

6. 문재인 정부 (2018 ∼)

① 4 · 27 판문점 선언(2018) : 이산가족 상봉 정례화, 핵 없는 한반도 구상, 6 · 25 정전 선언을 평화 협정으로 전환 추구

② 6 · 12 1차 북미 정상 회담(2018), 2 · 27 2차 북미 정상 회담(2019)로 연결

▶▶▶ 기출 문제

01 | 민주주의의 시련

001 ☐☐☐   2014 지방직 7급

괄호 안에 들어갈 용어로 옳은 것은?

> 우리나라는 국가의 경사로운 날을 기념하기 위하여 법률로써
> (   ), (   ), (   )등을 국경일로 정하고 있다.

① 3·1절 – 제헌절 – 한글날
② 광복절 – 한글날 – 성탄절
③ 현충일 – 개천절 – 광복절
④ 제헌절 – 개천절 – 국군의날

002 ☐☐☐   2016 교육행정

(가), (나) 선거 사이의 시기에 있었던 사실로 옳은 것은?

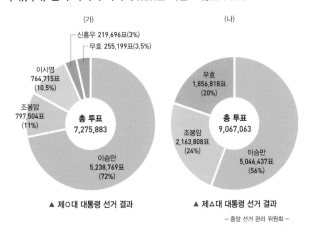

▲ 제○대 대통령 선거 결과   ▲ 제△대 대통령 선거 결과

– 중앙 선거 관리 위원회 –

① 부산에서 자유당이 창당되었다.
② 국가 재건 최고 회의가 구성되었다.
③ 반민족 행위 특별 조사 위원회가 설치되었다.
④ 초대 대통령의 중임 제한을 없앤 헌법 개정이 이루어졌다.

003 ☐☐☐   2015 서울시 7급

다음의 선거 벽보가 사용된 선거에 대한 설명으로 옳지 않은 것은?

① 조봉암이 대통령 후보로 출마하였다.
② 자유당의 부통령 후보는 이기붕이었다.
③ 부정 선거로 자유당이 대통령과 부통령 선거에서 모두 승리하였다.
④ 사사오입 개헌 이후 이승만이 제3대 대통령으로 당선된 선거였다.

🎯 정답·해설

정답   1.①   2.④   3.③

해설   1. 제헌 국회는 1949년 국경일에 관한 법률로 3·1절(3. 1) , 제헌절 (7. 17), 광복절 (8 .15) , 개천절 (10.3)을 정하고, 이후 2005년에 한글날(10. 9)도 국경일로 제정하였다. 이중 제헌절은 2008년부터 국경일이지만 공휴일에서는 제외되었다.

     2. (가)는 이승만과 조봉암의 표 차이로 보아 1952년의 2대 정·부통령 선거이고, (나)는 1956년의 3대 정·부통령 선거이다. 2대 대통령 재선에 성공한 이승만 정부는 초대 대통령의 중임 제한을 철폐한다는 사사오입 개헌을 통과시켜 3대 대선에도 출마하였다.   ① 1951년   ② 1961년 군사 정변 직후   ③ 1948년 10월에 설치

     3. 선거 포스터의 구호를 통해 3대 대통령 선거임을 알 수 있다. 선거 결과 이승만이 대통령에 당선되었으며 부통령에는 민주당의 장면이 당선되었다.   ③ 부정선거는 4대 대통령 선거 때 이루어졌다.

004 □□□

다음 자료에 해당하는 선거에 대한 설명으로 가장 옳지 않은 것은?

> • 총 유권자의 40%에 해당하는 표를 자유당 후보에게 기표하여 투표 당일 투표함으로써 미리 넣어놓는다.
> • 나머지 60%의 유권자는 3인, 5인, 9인조로 묶어 매수 혹은 위협을 통해 자유당 후보에게 투표하도록 한다.
> • 투표소 부근에 여당 완장을 착용한 완장 부대를 배치하여 야당 성향의 유권자를 위협한다.
> • 야당 참관인은 적당한 구실을 만들어 투표소 밖으로 내쫓는다.
>
> – 동아일보, 1960년 3월 4일

① 4·19 혁명 발발의 중요한 계기가 되었다.
② 장면 정부는 이 선거 결과를 무효로 하고 재선거를 실시하였다.
③ 이승만의 대통령 당선 가능성이 높은 상황에서 실시되었다.
④ 정부는 이 선거를 규탄하는 시위의 배후에 공산주의 세력이 개입되었다고 발표하였다.

005 □□□

1960년 4·19 혁명 전후 정치·사회적 상황에 대한 설명으로 가장 옳지 않은 것은?

① 혁명적 분위기 속에서 혁신 정당 세력도 총선거에 참여하여 정치적으로 크게 약진하였다.
② 이승만 대통령이 하야한 뒤 허정 과도 정부가 내각 책임제 개헌을 단행하였고, 총선거를 통해 민주당 정권이 탄생하였다.
③ 4·19 혁명의 도화선에 불을 붙인 것은 청년 학생들이었지만, 곧 전 민중적 항쟁으로 발전하였다.
④ 1961년에 접어들면서 민중 운동은 생존권 차원을 넘어 한국 사회의 구조적 문제를 제기하고, 민족 통일 운동으로 나아갔다.

006 □□□

다음 중 1960년대에 일어난 사건이 아닌 것은?

① 3·15 부정 선거 규탄에서 촉발된 시위는 결국 이승만 대통령의 하야로 귀결되었다.
② 한국 정부와 일본 정부가 한·일 기본 조약을 체결하여 국교를 정상화하였다.
③ 유신 헌법이 공포됨으로써 이른바 유신 체제가 출범하였다.
④ 5·16 군사정권에 의해 제2공화국이 막을 내리고 제3공화국이 출범되었다.

🎯 정답·해설

정답 4.② 5.① 6.③

해설 4. 주어진 자료는 1960년 3.15 부정선거에 대한 자료이다. 4.19 혁명으로 이승만 정부가 물러간 후 등장한 허정 과도 정부는 내각 책임제와 양원제를 골자로 한 개헌을 추진하였고, 여기에 따라 총선이 치러져 장면 정부가 등장하였다. 3.15 부정선거를 무효로 하고 재선거를 실시한 정부는 허정 과도 정부이다.

　　 5. 4.19 혁명 후 실시된 총선거에서 사회 대중당, 사회 혁신당 등 다양한 혁신 정당도 참여하였으나 의원 당선이 거의 없어 참패하였다.

　　 6. 1972년 10월 유신 이후 1972년 12월 국민투표로 유신 헌법이 확정되었다.

007 □□□

다음 자료와 관련된 내용으로 옳지 않은 것은?

> 미국 정부는 월남에서 싸우고 있는 자유 세계 군대에 합류하여 크게 기여하려는 대한민국 정부의 결정을 충심으로 환영합니다. 본인은 한국의 안전과 발전이 우리의 공동 이익임을 생각하며, 이에 미국은 한국의 방위에 경제적 발전이 필요하다고 보고 다음과 같은 조치를 취할 용의가 있음을 말씀드립니다.

① 한·미 연합군 사령부를 개편하였다.
② 전쟁에 필요한 물자 일부를 한국에서 구매하였다.
③ 한·미 간에 주둔군 지휘 협정(SOFA)을 체결하였다.
④ 미국은 경제 개발을 위한 AID차관을 공여하였다.

008 □□□

〈보기〉의 1960~70년대 전개된 민주화 운동을 시간 순으로 옳게 배열한 것은?

> ┌─〈보기〉─
> ㄱ. YH 여성 노동자들이 야당 당사에서 농성을 시작하였다.
> ㄴ. 3선 개헌에 반대하는 시위가 전국으로 확산되었다.
> ㄷ. 교련에 반대하는 시위가 계속되고 위수령이 발동되었다.
> ㄹ. 동아일보 기자들이 언론 자유 수호 투쟁을 전개하였다.

① ㄴ-ㄱ-ㄷ-ㄹ   ② ㄴ-ㄱ-ㄹ-ㄷ
③ ㄴ-ㄷ-ㄱ-ㄹ   ④ ㄴ-ㄷ-ㄹ-ㄱ

009 □□□

아래 자료에 나타난 민주화 운동에 관한 다음 설명 중 가장 옳은 것은?

> 〈80만 광주 시민의 결의〉
> • 이번 사태의 모든 책임은 과도 정부에 있다. 과도 정부는 모든 피해를 보상하고 즉각 물러나라!
> • 무력 탄압만 계속하는 명분 없는 계엄령을 즉각 해제하라
> • 정부와 언론은 이번 광주 의거를 허위 조작, 왜곡 보도하지 말라!
> • 우리가 요구하는 것은 단지 피해 보상과 연행자 석방이 아니다. 우리는 진정한 '민주정부 수립'을 요구한다!

① 3.15 부정선거를 규탄하는 시위가 전국으로 확대되었다.
② 박종철 고문치사 사건에 대한 진상 규명을 주장하였다.
③ 신군부가 계엄령을 전국으로 확대한 것을 계기로 발생하였다.
④ YH 무역사건을 계기로 김영삼 신민당 총재가 의원직에 제명되면서 발생하였다.

정답·해설

정답 7.① 8.④ 9.③

해설 7. ① 한·미 연합 사령부는 1978년에 설치된 대한민국 국군과 주한 미군을 통합 지휘하는 군사기관이다. 주어진 자료는 1966년 3월에 체결된 브라운 각서이다. ② 미군은 브라운 각서에 따라 베트남에 주둔한 한국군의 보급 물자와 장비를 한국에서 구매했고, ③ 한국과 미국 간에 주한 미군의 법적 지위에 대한 논의로 SOFA협정이 체결되었다. ④ 개발도상국의 경제 개발을 위해 미국이 제공하는 장기 융자인 AID차관을 제공하였다.

8. ㄴ.1969년 ㄷ.1971년 ㄹ.1974년 ㄱ.1979년

9. 주어진 자료는 1980년 5.18 광주 민주화 운동에 대한 것이다. 광주 민주화 운동은 신군부가 1980년 5월 17일 계엄령을 제주를 포함한 전국으로 확대한 것을 계기로 발생하였다. ① 4·19혁명 ② 6월 민주 항쟁 ④ 유신체제 몰락의 배경

〈보기〉의 사건을 시간 순으로 바르게 나열한 것은?

─〈보기〉─
ㄱ. 제13대 대통령 선거
ㄴ. 4·13 호헌 조치 발표
ㄷ. 박종철 고문치사 사건
ㄹ. 민주 헌법 쟁취 국민운동 본부의 결성

① ㄴ-ㄱ-ㄷ-ㄹ   ② ㄴ-ㄷ-ㄱ-ㄹ
③ ㄷ-ㄴ-ㄹ-ㄱ   ④ ㄷ-ㄹ-ㄴ-ㄱ

다음 역사적 사건을 순서대로 바르게 나열한 것은?

ㄱ. 5·16 군사 정변
ㄴ. 4·19 혁명
ㄷ. 3·1 민주 구국 선언
ㄹ. 10월 유신
ㅁ. 5·18 민주화 운동
ㅂ. 6·29 민주화 선언

① ㄴ-ㄱ-ㄹ-ㄷ-ㅁ-ㅂ
② ㄴ-ㄱ-ㄹ-ㄷ-ㅂ-ㅁ
③ ㄷ-ㄴ-ㄱ-ㄹ-ㅁ-ㅂ
④ ㄷ-ㄴ-ㄱ-ㄹ-ㅂ-ㅁ

다음은 민주화 운동 과정에서 발표된 선언문들이다. 이를 시기 순서대로 나열한 것은?

(가) 우리는 이제 3선 개헌을 강행하여 자유 민주에의 반역을 기도하는 어떤 명분이나 위장된 강변에도 현혹됨이 없이 헌정 20년간 모든 호헌 세력들의 공통된 신념과 결단 위에서 전국민의 힘을 뭉쳐 단호히 이에 대처하려 한다. 집권자에 의해서 자유 민주에의 기대가 끝내 배신당할 때, 조국을 수호하려는 전국민은 요원의 불길처럼 봉기할 것이다.

(나) 상아의 진리탑을 박차고 거리에 나선 우리는 질풍과 같은 역사의 조류에 자신을 참여시킴으로써, 지성과 진리, 그리고 자유의 대학 정신을 현실의 참담한 박토에 뿌리려 하는 바이다. …… 보라! 우리는 기쁨에 넘쳐 자유의 횃불을 올린다. 보라! 우리는 캄캄한 밤의 침묵에 자유, 자유의 종을 난타하는 타수의 일원임을 자랑한다.

(다) 우리는 왜 총을 들 수밖에 없었는가? 그 대답은 간단합니다. 너무나 무자비한 만행을 더 이상 보고 있을 수만 없어서 너도 나도 총을 들고 나섰던 것입니다. …… 정부는 …… 17일 야간에 계엄령을 확대 선포하고, 일부 학생과 민주 인사, 정치인을 도무지 믿을 수 없는 구실로 불법 연행하였습니다.

(라) 오늘 우리는 전 세계 이목이 우리를 주시하는 가운데 40년 독재 정치를 청산하고 희망찬 민주 국가를 건설하기 위한 거보를 전 국민과 함께 내디딘다. 국가의 미래요 소망인 꽃다운 젊은이를 야만적인 고문으로 죽여놓고 그것도 모자라서 뻔뻔스럽게 국민을 속이려 하였던 현 정권에 국민의 분노가 무엇인지 분명히 보여 주고, 국민의 여망엔 개헌을 일방적으로 파기한 4.13 폭거를 철회시키기 위한 민주 장정을 시작한다.

① (나)-(가)-(라)-(다)   ② (나)-(가)-(다)-(라)
③ (가)-(나)-(라)-(다)   ④ (가)-(나)-(다)-(라)

🎯 정답·해설

정답   10.③   11.①   12.②

해설   10. ㄷ.1987.1   ㄴ.1987.4   ㄹ.1987.5   ㄱ.1987.12

         11. ㄴ.1960   ㄱ.1961   ㄹ.1972   ㄷ.1976   ㅁ.1980   ㅂ.1987

         12. (나) 4·19혁명의 당시 서울대학교 문리대 학생회의 제1선언문   (가) 1969년 '3선 개헌 반대 범국민 투쟁 위원회'의 선언문   (다) 1980년 5·18 민주화 운동의 '광주 시민 궐기문'   (라) 1987 6월 10일 '6·10 국민 대회 선언문'

013 □□□   2015 지방직 7급

북한이 일으킨 사건을 순서대로 바르게 나열한 것은?

> ㄱ. 판문점 도끼 만행 사건
>
> ㄴ. 1·21 청와대 습격 사건
>
> ㄷ. 아웅산 폭탄 테러 사건
>
> ㄹ. 대한항공 858편 폭파 사건

① ㄴ－ㄱ－ㄷ－ㄹ

② ㄴ－ㄹ－ㄷ－ㄱ

③ ㄹ－ㄱ－ㄴ－ㄷ

④ ㄹ－ㄱ－ㄷ－ㄴ

015 □□□   2016 법원직 9급

다음 정책을 시행한 정부에 대한 설명으로 가장 옳은 것은?

> • 금융 실명 거래 및 비밀 보장에 관한 긴급 명령 발표
>
> • 역사 바로 세우기 운동

① 한·일 국교를 정상화하였다.

② 국민 연금 제도를 도입하였다.

③ 지방 자치제를 전면 실시하였다.

④ 국가 보위 비상 대책 위원회를 구성하였다.

014 □□□   2017 경찰 1차

대한민국의 현대사 사건들을 발생한 순서대로 가장 적절하게 나열한 것은?

> ㄱ. 국제 노동 기구(ILO) 가입
>
> ㄴ. 금융 실명제 실시
>
> ㄷ. 경제 협력 개발 기구(OECD) 가입
>
> ㄹ. 대한민국 제14대 대통령 선거 실시

① ㄱ－ㄴ－ㄷ－ㄹ

② ㄹ－ㄱ－ㄴ－ㄷ

③ ㄹ－ㄴ－ㄷ－ㄱ

④ ㄱ－ㄹ－ㄴ－ㄷ

정답 · 해설

정답 13. ① 14. ④ 15. ③

해설 13. ㄴ.1968 김신조 사건이라고도 한다. ㄱ.1976 ㄷ.1983 미얀마의 영웅인 아웅산의 묘에 참배할 때를 노려 북한에서 자행한 폭탄 테러. ㄹ.1987 대한항공 여객기 858편이 인도양 상공에서 공중 폭파됨. 북한 공작원 김현희가 체포됨 88올림픽을 방해하기 위한 북측의 소행으로 판명

14. ㄱ.1991 국제 노동 기구(ILO)는 스위스 제네바에 있는데, 노태우 정부는 1991년 유엔에 가입함과 함께 한국 노동조합 총연맹이 국제 노동 기구에 가입하였다. ㄹ.1992에 실시 ㄴ.1993에 실시 ㄷ.1996에 가입하여 시장 개방 정책 추진

15. 자료는 김영삼 정부이다. ① 1965 박정희 정부 ② 전두환 정부 시기인 1988.1. ③ 1995 ④ 1980 전두환 정부

1949년 농지 개혁법 공포	1970년 경부 고속국도 개통	1985년 남북 이산가족 상봉	1997년 IMF 구제 금융 요청
1962년 1차 경제 개발 5개년 계획	1972년 7.4 남북 공동 성명	1991년 남북한 유엔 동시 가입	2000년 6.15 남북 공동 선언

01 북한 정권

1. 김일성 유일 체제

(1) 초기 권력

① **빨치산파** : 만주에서 항일 유격내 활동을 벌이다 소련으로 들어간 뒤 광복 이후 소련군과 함께 들어온 세력(김일성)

② **갑산파** : 조국 광복회 국내 조직에서 활동하였던 세력(박금철)

③ **연안파** : 중국 공산당과 함께 중국의 화북(연안) 지방에서 활동하였던 조선 독립 동맹 계열(김두봉, 김무정)

④ **남로당** : 남한에서 조선 공산당을 이끌고 활동하다가 월북한 남로당 계열(박헌영)

⑤ **소련파** : 해방 이후 소련 점령군과 함께 입북하여 북한군과 정계에서 활동한 소련계 한인(허가이)

(2) 김일성 1인 지배 체제 확립

① **연안파 숙청** : 연안파의 김무정을 6.25 전쟁 기간 중 평양 사수 실패의 책임을 물어 숙청

② **소련파 제거** : 소련계의 대표적 인물이었던 당 중앙 위원회 비서 허가이는 6.25 전쟁 기간 중 당 조직 운영에 실패했다는 이유로 숙청

③ **남로당 계열 숙청** : 부수상 박헌영, 당 비서 이승엽, 이강국 등 남로당 출신의 핵심 간부들이 정권 전복 음모와 미 제국주의를 위한 간첩 행위로 대부분이 처형당함으로써 조선 노동당 내의 내부 분파 몰락

④ **8월 종파 사건** : 소련 공산당 20차 대회에서 스탈린 체제를 비판하고 집단 지도 체제를 강조하는 일이 일어나자 1956년 8월 조선 독립 동맹 계열의 연안파 지도자 최창익과 소련파의 내각 부수상 박창옥 등은 노동당 중앙 위원회 전원 회의에서 김일성 개인 숭배를 비판, 그러나 이들은 오히려 8월에 이른바 '반당종파'로 몰리고 당적 박탈

(3) 1960년대 북한 정권

① **정치** : 1966년 조선 노동당 당대표자 대회에서 김일성은 총비서라는 명칭을 사용, 김일성을 추종하는 항일 빨치산(파르티잔) 강경파를 전면에 등장시켜 강력한 군부 정권 형성. 이어 1967년 박금철, 이효순 등의 갑산파가 국방 건설에 대한 이의제기를 하였으나 제거됨. 주체사상은 조선 노동당의 유일 강령으로 규정되고 김일성 우상화와 김일성 가계 성역화를 통해 김일성 유일 지

▶ **전후 복구 사업**
• 협동 농장화
• 천리마 운동(1956~)
• 3대 혁명 운동(1958~)

배 체제 확립

② **군사** : 한 · 미 · 일 안보 체제 구축과 국제 정세의 악화로 위기에 놓인 북한은 국방 건설을 위하여 이른바 4대 군사 노선을 채택하여 군수 공업 발전에 박차를 가함. 아울러 김일성과 노동당의 독재를 강화하기 위하여 이른바 정치의 자주, 경제의 자립, 국방의 자위를 내용으로 하는 주체 노선을 강조함

③ **대중 · 대소 관계** : 1960년대 중 · 소 간에 이념 분쟁❶이 발생하자 처음에는 실리적인 중립 외교활동을 벌였으나 이후 소련의 개인 숭배 사상 비판과 중국의 베트남 전쟁 지원 거부 문제로 대립

(4) 1970년대 북한 정권

① **헌법** : 1972년 12월 사회주의 헌법을 제정하여 김일성 독재 체제 완성. 북한을 자주적인 사회주의 국가로 천명하고, 주체사상❷을 '마르크스 · 레닌주의❸에 입각하여 우리나라의 현실에 알맞게 창조적으로 적용한 사상'이라고 규정하여 통치 이념으로 공식화 함. 국가 주석제가 신설되고 김일성이 초대 국가 주석으로 당 · 군 · 정부의 실권 장악해 절대 권력 가짐

② **변화** : 사회주의 헌법에 명시한 주체사상은 김일성주의로 확대되어 김일성의 개인숭배 도구로 전락

(5) 사회주의 경제 건설

① **5개년 경제 계획** : 6. 25 전쟁 직후 북한은 '중공업의 우선적 발전 빛 농업과 경공업의 동시 발전'이라는 정책을 내세워 전후 복구 3개년 계획 (1954~1956)과 5개년 경제 계획(1957~1961)으로 전후 복구와 경제 재건에 나섰음. 이 기간 동안 농업과 개인 상공업의 협동화를 통해 사회주의 경제 체제 확립

② **천리마 운동(1958)** : 경제 계획 추진 과정에서 자본이 부족하고 기술이 낙후했던 상황에서 생산성을 획기적으로 높이고 북한 주민의 노동력을 최고로 동원하기 위한 목적으로 시행

③ **3대 혁명소조 운동** : 과학자, 기술자, 청년 지식인 등으로 구성된 수십 명 단위의(약 20~50명씩)의 소조를 만들어 생산 현장에 직접 들어가 노동자와 농민을 상대로 사상 · 문화 · 기술의 3대 혁명 실천을 지도하는 운동. 북한 사회 전반에 활력을 불어넣자는 것이 목적

2. 후계 체제

(1) 김정일의 후계

① **후계 체제** : 1980년 김정일이 공식 후계자가 되었는데, 당의 여러 핵심 요직을 차지하여 2인자의 위치를 확립하였으며 북한은 '혁명 전통의 계승 발전'을 선언함. 경제 관료들과 혁명 2세대가 사회의 지도세력으로 진출하여 김정일 후계 체제를 뒷받침함

② **유훈 통치** : 김정일은 1993년 국방위원장에 오르고 1994년에 김일성이 사망하면서 김정일에게 권력 승계. 3년 동안 공식적인 직책을 이어받지 않은 채 생전의 김일성 교시에 따라 정책 처리

③ **김일성 헌법 제정** : 1998년 국방위원장 체제인 김일성 헌법을 제정함

④ **선군 정치** : 2009년 헌법을 개정하여 군대가 사회를 이끈다는 '선군 사상'을 내세우며 국방위원장을 최고 지도자로 명시하였다. 이로써 국방위원장인 김정일이 군대를 중심으로 경제와 사회

---

❶ 중 · 소 간에 이념 분쟁

1950년대 후반부터 생긴 중국과 소련 사이의 이념 대립. 소련이 중국의 경제 개발 계획에 원조를 하지 않은 점, 중국과 인도 사이의 국경 분쟁에서 소련이 중립적 입장을 취한 점 등에 대한 불만이 축적되어 표면화되었다. 중국은 공산당 서기장 흐루시초프의 평화 공존론을 수정주의라고 공격하였고, 소련은 중국을 교조주의라고 비판하였다.

❷ 주체사상

김일성이 창시하고 김정일이 이론화한 북한의 혁명 사상으로 사상에서의 주체, 경제에서의 자립, 정치에서의 자주, 국방에서의 자위를 내세운 하나의 정치적 통치 이념.

❸ 마르크스 · 레닌주의

19세기 후반 독점 자본주의와 제국주의의 상징이라는 국제 정세 속에서 러시아 혁명을 이끈 레닌이 발전시킨 마르크스의 사상과 이론.

▶ **대남 도발 강행(1968)**
- 1.21 사태(청와대 습격 사건, 김신조 사건)
- 푸에블로호 납치 사건(1.23)
- 울진 · 삼척 무장공비 침투 사건 (1968.10)

통제

(2) **김정은 후계 체제** 2010년 김정은은 조선 인민군 대장에 임명되면서 공식 후계자가 되었음. 2011년 김정일 사후 김정은이 3대째 권력 세습

3. 변화

(1) 경제의 어려움

① **내용** : 1980년대 중반 이후 자본 축적이나 기술 발전이 제대로 이루어지지 않았으며 에너지와 식량 부족이 심각해짐

② **개방정책**

❶ 두만강 경제 특구

　ㄱ **경제 특구❶** : 1991년 두만강 유역의 나진·선봉에 자유 경제 무역 지대를 설치함. 개설 이후 개발이 부진하였으나 2010년 이후로 중국과의 협력을 통해 재개발.

　ㄴ **합영법(합작 회사 경영법), 합작법 제정** : 외국과 경제 교류를 확대하여 경제적 어려움을 타개하고자 1984년 외국 자본과의 합작을 공식적으로 법제화한 합영법과 1992년의 합작법을 제정하였으나 실효를 거두지는 못함

　ㄷ **신의주 특별 행정구** : 2001년 중국 단둥과 북한 신의주에 경제 특구 설치 합의

　ㄹ **남한과의 경제 협력** : 김대중 정부의 대북 화해 협력 정책('햇볕 정책')으로 경제교류가 확대되어 1998년 금강산 관광, 2002년 '개성 공업 지구법'을 공표하고 2003년 개성 공단을 착공함

③ **한계** : 핵 개발로 인해 국제 사회로부터 각종 제재를 받는 가운데 화폐 개혁 또한 실패해 경제적 어려움을 겪고 있음. 또한 자연재해로 인한 식량난까지 겪고 있음

(2) 국제 사회 변화에 대처

① **배경** : 1980년대 중반 고르바초프의 개혁·개방 정책 이후 동유럽 사회주의 체제 붕괴, 1990년 동독이 서독에 흡수·통일, 1991년 소련과 유고 연방 해체

② **우리식 사회주의**

　ㄱ **의미** : 주체사상에 토대를 두어 당면한 문제를 스스로 책임지고 자체의 힘으로 해결하자는 것. 이를 뒷받침해주는 근본적인 힘으로 '조선 민족 제일주의'를 내세움

　ㄴ **목적** : 동유럽 사회주의권과 소련의 몰락이라는 세계정세의 변화에 따라 일어날지 모르는 사회적 동요를 막고, 북한 체제의 우수성을 선전함으로써 내부의 단합을 강화하기 위한 것.

　ㄷ **고난의 행군** : 1990년대 중·후반 국제적 고립으로 인한 막대한 경제적 타격과 자연 재해로 인한 최악의 식량난을 겪었음. 북한은 이를 '고난의 행군'이라 칭하며 북한 주민의 희생을 강요하고 사회적 이탈을 막으려고 함

③ **고립** : 정치·외교적 고립을 벗어나기 위해 1991년 남한과 유엔에 동시 가입, 일본과 수교를 추진, 미국과도 관계 개선을 위해 노력

④ **한계** : 경제난을 타개하기 위한 부분적인 개방 정책에 그침

02 통일정책

(1) 이승만 정권

① **초기**: 남과 북 모두 무력에 의한 한반도 통일을 공개적으로 내세웠으며, 북한에 의해 6·25 전쟁이 촉발

② **제네바 회담**: 정전 협정에 따라 열린 1954년 제네바 정치 회담에서 한반도의 통일 문제를 논의. 남과 북은 전쟁 이전부터 주장해 온 '유엔 감시 아래 남북한 총선거'와 '남북한 정당·사회 단체 대표들이 주관하는 남북한 총선거'를 각기 되풀이한 채 성과 없이 회담 종료

③ 정책 반공을 국시로 내세우고 북진 통일을 주장하였으며, 평화 통일 주장에 대해서 탄압

(2) 장면 정부

① **중립화 통일론❷**: 민간 차원의 평화적 통일 운동이 분출됨. 혁신계를 중심으로 중립화 통일안이 제기되었고 학생들은 '가자 북으로, 오라 남으로'라는 구호 아래 남북 학생 회담을 추진하였으나 5·16 군사 정변으로 중단

② **남북문제 소극적**: 무력 통일 대신 평화 통일을 내세웠으며, UN 감시 하 남북한 총선거를 통한 평화 통일론을 공식적으로 채택하였으나 '선 건설 후 통일'을 표방하며 남북 대화에 소극적이었음

③ **북한 입장**: 1국가 2체제의 과도적 남북 연방제 통일 방안을 제시

(3) 박정희 정부

① **선 건설 후 통일론**: 반공을 국시로 내세워 박정희 정부는 민간의 통일 운동을 탄압하고, 먼저 국력을 키운 후 통일문제는 나중에 논의하자는 '선 건설 후 통일론'을 강조.

② **북한의 태도**: '과도적 연방제'통일 방안을 제안하면서 자체적으로 '남조선 혁명론'을 거론하며 무장 간첩을 파견하는 등 대남 도발을 일으킴

③ **8·15 선언**

㉠ **배경**: 닉슨 독트린❸ 이후 냉전 체제가 완화되고 국제적으로 평화 공존의 분위기 조성, 경제 개발로 북한에 대한 체제 우위의 자신감을 갖게 됨

㉡ **내용**: 1970년 8·15 광복절 경축사에서 남북한 간의 평화 공존과 평화적인 선의의 경쟁을 제의한 '평화 통일 구상 선언'을 발표

④ **남북 적십자 회담 제의**

㉠ **배경**: 1971년 8월 대한 적십자사가 북한에 이산가족 문제 찾기를 위한 남북 적십자 회담을 제안하자, 북한 적십자사가 수락함

㉡ **내용**: 남북은 여러 차례 예비 회담을 거쳤으며, 이산가족 친척들 주소와 생사 확인 문제 등 5개항을 본회담 의제로 합의하였음. 1973년 대화가 중단되었으나 1984년 북한이 남한에 수재 물자 제공을 제의하여 남북 적십자 회담이 재개

⑤ **7·4남북 공동 성명❹**

㉠ **합의 내용**: 1972년에 7월 4일에는 7개항으로 이루어진 7·4 남북 공동 성명이 발표되어 자주·평화·민족 대단결의 3대 통일 원칙이 제시되었고, 통일 문제를 협의하기 위한 남북 조절 위원회의 설치에 합의. 또한, 서로 중상·비방·무력 도발을 중지하고 여러 방면에 걸친

❷ 중립화 통일론

❸ **닉슨 독트린(1969)**

제1조 미국은 앞으로 베트남전쟁과 같은 군사적 개입을 피한다.

제2조 미국은 아시아 제국(諸國)과의 조약상 약속을 지키지만, 강대국의 핵에 의한 위협의 경우를 제외하고는 내란이나 침략에 대하여 아시아 각국이 스스로 협력하여 그에 대처하여야 할 것이다.

제3조 미국은 '태평양 국가'로서 그 지역에서 중요한 역할을 계속하지만 직접적·군사적인 또는 정치적인 과잉 개입은 하지 않으며 자조(自助)의 의사를 가진 아시아 제국의 자주적 행동을 측면 지원한다.

❹ 7·4남북 공동 성명

교류 실현, 기존의 호칭이었던 '괴뢰'를 '북한'으로 개칭, 남북 회담을 위한 서울 – 평양간 직통(상설) 전화 설치에 합의

> **▶ 7 · 4 남북 공동 성명**
> 1. 쌍방은 다음과 같은 조국통일 원칙들에 합의를 보았다.
>   첫째, 통일은 외세에 의존하거나 외세의 간섭을 받음이 없이 자주적으로 해결해야 한다.
>   둘째, 통일은 서로 상대방을 반대하는 무력행사에 의거하지 않고 평화적으로 실현하여야 한다.
>   셋째, 사상과 이념 · 제도의 차이를 초월하여 우선 하나의 민족으로서 민족적 대단결을 도모하여야 한다.
> 5. 쌍방은 돌발적 군사 사고를 방지하고 남북 사이에 제기되는 문제들을 직접 신속 정확히 처리하기 위하여 서울과 평양 사이에 상설 통신 전화를 놓기로 합의하였다.
> 6. 쌍방은 이러한 합의 사항을 추진시킴과 함께 남북 사이의 제반 문제를 개선 해결하며 또 합의된 조국 통일 원칙에 기초하여 나라의 통일 문제를 해결할 목적으로 이후락 부장과 김영주 부장을 공동 위원장으로 하는 남북 조절 위원회를 구성하기로 합의하였다.

ⓛ 통일의 원칙 : 자주 · 평화 · 민족 대단결

ⓔ 한계 : 7 · 4 남북 공동 성명을 정치적으로 이용하여 남한은 유신 헌법, 북한은 사회주의 헌법을 제정하여 독재 체제를 강화함

⑥ **6 · 23선언**

ⓐ 합의 내용 : 1973년 박정희 정권은 평화 통일 노력, 남북한 불간섭 · 불가침, 유엔 총회 북한 초청 및 국제기구 남북한 동시 가입, 이념이 다른 국가에 대한 문호개방 등을 내용으로 하는 '6 · 23 평화 통일 외교 정책 선언'을 발표. 이 선언의 핵심 내용은 북한을 국가로 인정하지 않는 범위 안에서 남북한이 유엔에 동시 가입하는 것을 반대하지 않는다는 것, 곧 한반도의 현상 유지를 유지하는 '두 개의 한국 정책'이었음

ⓑ 결과 : 북한은 6 · 23 선언이 2개 조선 노선의 공개적 선포라는 비난을 하며 남북 조절 위원회를 일방적으로 중단해 7 · 4 남북 공동 성명도 유명무실해짐. 이후 남북 간에는 '유엔 동시가입'과 '단일 의석 가입'이 대립하는 양상

ⓒ 조국 통일 5대 강령 발표 : 북한은 6 · 23 선언과 같은 날 조국 통일 5대 강령을 발표하여 '고려 연방 공화국 통일 방안 ('평화 협정 체결, 군사 문제의 우선 해결, 다방면적 합작, 대민족 회의 소집, 고려 연방국 국호로 연방제 실시, 고려 연방국을 단일 국호로 한 유엔 가입' 등을 내용으로 하고 있음.)'이라는 '과도적 연방제'를 제안

⑦ **평화 통일 3대 기본 원칙** : 남북 상호 불가침, 남북 대화 추진, 인구 비례에 의한 총선거 실시 등의 평화 통일 3대 원칙을 제의

(4) 전두환 정부

① **민족 · 화합 · 민주 통일 방안** : 1982년, 민족 자결의 원칙에 의거해서 민족 전체의 자유로운 의사가 반영되는 민주적 절차와 평화적 방법으로 민족 · 민주 · 자유 · 복지의 이상을 추구하는 통일 국가를 수립하자는 것

② **북한의 수재 물자** : 1984년 휴전선을 통해 남한에 수재 물자 제공

③ **남북 이산가족 고향 방문** : 1985년 9월 최초로 서울과 평양에서 남북한 이산가족 고향 방문이 이루어짐.

④ **남북 경제 회담 · 적십자 회담** : 1984년 1월부터 5차례의 남북 경제 회담을 가졌고 1985년 5월 남북 적십자 회담도 재개됨. 회담 결과 처음으로 같은 해 9월 이산가족의 고향 방문과 예술 공연단의 상호방문이 이루어지게 되었으나 북한의 대화 회피로 중단됨

(5) 노태우 정부

① **7 · 7 선언(민족 자존과 통일 번영을 위한 특별 선언, 1988)**

㉠ **민간의 통일 운동** : 1988년 봄부터 재야 단체와 학생층을 중심으로 통일 논의가 확산되면서 6 · 10 남북 청년 학생 회담을 추진 · 강행하고 일부 인사들이 정부 승인 없이 북한을 방문하는 일도 벌어짐

㉡ **정부의 통일 노력** : 노태우 정부는 통일 논의를 차단하고 방북 인사들을 국가 보안법을 적용하여 구속함. 그러나 당면한 올림픽을 성공적으로 개최하며, 할슈타인 원칙❶을 포기하고 공산국가와의 관계 개선 등을 통해 남북 관계를 주도하고자 함

㉢ **내용** : 남북 및 해외 동포의 자유 왕래, 이산가족 문제 해결, 남북 간 교역 개방, 비군사적 물자에 대한 남한 우방과 북한의 교역 인정, 민족 경제의 균형 발전과 국제 무대에서의 상호 협력, 북한과 남한 우방국 및 남한과 사회주의 국가와의 관계 개선 등을 천명

㉣ **의의** : 기존의 대북제의에서 늘 붙어있던 전제 조건이 없다는 점에서 획기적인 조치로 평가 받음. 그러나 통일 논의와 대북 접촉 창구를 정부가 독점함으로써 재야 및 학생들의 통일 논의를 억압하였다는 비판. 그러나 이 선언은 이후 남북 국회 회담 및 남북 고위급 회담 등 남북 대화와 북방 정책 추진❷의 시작이 됨

② **한민족 공동체 통일 방안(1989)**

㉠ **과도 기구 설치** : 민족 공동체 헌장을 채택하고 이에 기초하여 남북 연합 단계 (1민족 2국가 2체제)로 남북 정상 회의와 각료 회의, 남북 평의회 등의 과도 기구를 설치.

㉡ **통일정부** : 남북 평의회에서 통일 헌법을 제정하고 총선거를 실시하여 통일 정부(1민족 1국가 1 체제)를 구성.

③ **남북 고위급 회담(1990)** : 공산권 국가의 붕괴와 같은 급격한 국제 정세의 변화 속에서 남북 총리급을 단장으로 하는 고위급 회담이 진행. 남북 기본 합의서와 한반도 비핵화 공동 선언을 채택

④ **남북한 동시 유엔 가입(1991.9)** : 한국 정부는 교차 승인과 유엔 동시 가입을 주장한 반면 북한은 단일 의석 가입 또는 단일 국호 가입을 고수함. 그러나 남한의 유엔 가입이 거의 기정사실화된 상황에서 북한의 주장은 의미가 없어졌고, 북한의 유엔 가입은 불가피한 선택이 되었고, 1991년 9월 남북한은 동시에 국제 연합에 가입

⑤ **남북 기본 합의서(1991.12.13)**

㉠ **배경** : 독일은 동 · 서독 기본 조약을 통해 그 관계가 국가 간의 관계가 아니라 특수한 관계임을 선포한 뒤 유엔 가입, 그러나 남과 북은 정전 상태 그대로 유엔에 동시 가입

㉡ **내용** : 쌍방 사이의 관계가 나라와 나라 사이의 관계가 아닌 통일을 지향하는 과정에서 잠정적으로 형성되는 특수 관계로 규정하고, 서문에 7 · 4 남북 공동 성명에서 천명한 조국 통일 3대 원칙의 재확인, 민족 화해 성취, 무력 침략과 충돌 방지, 긴장 완화와 평화 보장, 교류 협

---

❶ **할슈타인 원칙**
동독을 국가로 인정하지 않으며 동독과 수교하는 국가와는 교류하지 않는다는 냉전 초 서독 정부의 외교 원칙. 서독은 이를 폐기하고 관계를 개선하여 통일을 이룰 수 있었음.

❷ **방한 중인 고르바초프 대통령과 노태우 대통령**

력을 통한 민족 공동의 번영 도모, 평화 통일을 이루기 위한 공동의 노력 등을 밝힘

ⓒ 의의 : 남북 기본 합의서의 채택으로 남북한이 상대방의 실체를 서로 인정하고, 군사적 침략이나 파괴 · 전복 행위를 하지 않으며, 상호 교류 협력을 통해 민족 전체의 공동 발전과 점진적 · 단계적 통일을 실현할 수 있는 기틀을 마련

> ### ▶ 남북 사이의 화해와 불가침 및 교류 · 협력에 관한 합의서(1991)
>
> 남과 북은 분단된 조국의 평화적 통일을 염원하는 온 겨레의 뜻에 따라, 7 · 4 남북 공동 성명에서 천명된 조국 통일 3대 원칙을 재확인하고, 정치적 · 군사적 대결 상태를 해소하여 민족적 화해를 이룩하고, 무력에 의한 침략과 충돌을 막고 긴장 완화와 평화를 보장하며, 다각적인 교류 · 협력을 실현하여 민족 공동의 이익과 번영을 도모하며, 쌍방 사이의 관계가 나라와 나라 사이의 관계가 아닌 통일을 지향하는 과정에서 잠정적으로 형성되는 특수 관계라는 것을 인정하고, 평화 통일을 성취하기 위한 공동의 노력을 경주할 것을 다짐하면서, 다음과 같이 합의였다.
>
> 제1조 남과 북은 서로 상대방의 체제를 인정하고 존중한다.
> 제3조 남과 북은 상대방에 대한 비방 · 중상을 하지 아니한다.
> 제4조 남과 북은 상대방을 파괴 · 전복하려는 일체 행위를 하지 아니한다.
> 제6조 남과 북은 국제 무대에서 대결과 경쟁을 중지하고 서로 협력하며 민족의 존엄과 이익을 위하여 공동으로 노력한다.
> 제9조 남과 북은 상대방에 대하여 무력을 사용하지 않으며 상대방을 무력으로 침략하지 아니한다.
> 제15조 남과 북은 민족 경제의 통일적이며 균형적인 발전과 민족 전체의 복리 향상을 도모하기 위하여 자원의 공동 개발, 민족 내부 교류로서의 물자 교류, 합작 투자 등 경제 교류와 협력을 실시한다.
> 제18조 남과 북은 흩어진 가족과 친지의 자유로운 서신 거래와 왕래, 상봉 및 방문을 실시하고 자유의사에 의한 재결합을 실현하며, 기타 인도적으로 해결할 문제에 대한 대책을 강구한다.

⑥ 한반도 비핵화 공동 선언(1991.12.31)

ⓐ 목적 : 핵 전쟁 위험을 제거하고 평화와 통일에 유리한 조건과 환경을 조성하며 아시아와 세계의 평화와 안전에 이바지할 목적에서 남북한이 공동 채택함

ⓑ 주요 내용 : 핵무기의 시험 · 제조 · 생산접수 · 보유 · 저장 · 배치 · 사용 금지, 핵에너지의 평화적 이용, 핵 재처리 시설 및 우라늄 농축 시설 보유 금지, 비핵화를 검증하기 위한 상호 사찰 등을 담고 있음

> ### ▶ 한반도 비핵화 공동 선언(1991)
>
> 남과 북은 한반도를 비핵화함으로써 핵전쟁을 제거하고 우리나라의 평화와 평화 통일에 유리한 조건과 환경을 조성하여 아시아와 세계의 평화와 안전에 이바지하게 위하여 다음과 같이 선언한다.
>
> 남과 북은 핵무기의 시험 · 제조 · 생산 · 접수 · 보유 · 저장 · 시설 · 사용을 하지 아니한다.
> 남과 북은 핵에너지를 오직 평화적 목적에만 이용한다.
> 남과 북은 핵 재처리 시설과 우라늄 농축 시설을 보유하지 아니한다.
> 남과 북은 한반도의 비핵화를 검증하기 위하여 상대측이 선정하고 쌍방이 합의하는 대상들에 대하여 남북 핵 통제 공동 위원회가 규정하는 절차와 방법으로 사찰을 실시한다.
> 남과 북은 이 공동 선언의 이행을 위하여 공동 선언이 발효된 후 1개월 안에 남북 핵 통제 공동 위원회를 구성, 운영한다.
> 이 공동 선언은 남과 북이 각기 발효에 필요한 절차를 거쳐 그 문본을 교환한 날부터 효력이 발생한다.

(6) 김영삼 정부

① 3단계 3기조 통일 방안(1993) : 화해 · 협력, 남북 연합, 통일 국가의 3단계 통일 방안과 이를 실천하기 위해 민주적 국민 합의, 공존 공영, 민족 복리의 3대 기조를 바탕으로 하는 통일 방안

② 민족 공동체 통일 방안(1994) : 화해 · 협력, 남북 연합, 통일 국가의 3단계 통일 방안과 자주 · 평

화·민주의 3원칙 제시. 이는 한민족 공동체 통일 방안(1989)과 3단계 3기조 통일 방안(1993)을 수렴하여 종합한 것

③ **북·미 제네바 기본 협약(1994)** : 북한이 체제 유지를 위해 핵무기 개발을 추진하고, 핵 확산 금지 조약(NPT)에서 탈퇴하면서 플루토늄 재처리 시설을 운영하자 외교적·군사적 마찰 발생. 지미 카터 전 대통령의 방북으로 1994년 10월 북·미 간에 체결된 제네바 합의에서 북한은 경수로 지원을 대가로 핵 확산 금지 조약(NPT)에 남기로 하였다. 국제 원자력 기구(IAEA)의 사찰을 받기로 함. 그러나 2000년대 들어 미국이 북한의 핵 개발 의혹을 제기하며 중유 공급 중단하였고, 이에 반발하여 북한은 NPT를 탈퇴하고 핵 시설을 가동하기 시작. 결국 2003년 제네바 기본 합의 파기 선언

④ **남북 관계 악화** : 남북 정상 회담을 위한 예비 접촉이 이루어졌지만 1994년 7월 김일성이 사망하면서 무산되고, 뒤이은 김일성 조문 파동❶으로 남북 관계가 냉각. 그러나 북한의 핵무기 개발을 억제하기 위해 1994년 10월에 제네바 협정으로 북한에 경수로 원전 2기를 건설하는 사업이 추진. 한국이 경수로 건설 사업에 참여하면서 한국·미국·일본의 3개국으로 구성된 한반도 에너지 개발 기구(KEDO) 창설. 북한의 핵 문제가 불거지면서 완공되지 못하고 잠정적 중단

(7) 김대중 정부

① **정주영의 소떼 방문** : 김대중 정부의 대북 화해 협력 정책('햇볕 정책') 정책으로 남북 관계는 새로운 국면을 맞이함. 1998년 6월 현대그룹 정주영 명예 회장이 소떼를 몰고 판문점을 통해 북한을 방문한 것을 계기로 1998년 11월 금강산 해로 관광이 시작되었으며, 남북 정상 회담❷으로까지 이어짐

② **베를린 선언** : 2000년 3월 대통령 김대중이 베를린 자유대학에서의 연설에서 제시한 한반도 평화 정착과 남북통일을 위한 제안. '베를린 선언'에 북측은 남북 정상 회담 개최 문제를 논의할 수 있다는 긍정적인 입장을 표명. 이후 박지원 문화 관광부 장관과 북한의 송호경 조선 아시아 태평양 평화 위원회 부위원장이 비공개로 접촉하였고, 2000년 4월 남북한은 '남북 정상 회담'을 개최하기로 최종 합의

③ **6·15남북 공동 선언**

> ▶ **6·15 남북 공동 선언(2000)**
> • 남과 북은 나라의 통일 문제를 그 주인인 우리 민족끼리 서로 힘을 합쳐 자주적으로 해결한다.
> • 남과 북은 남측의 연합 제안과 북측의 낮은 단계의 연방 제안이 서로 공통성이 있다고 인정한다.
> • 남과 북은 2000년 8월 15일 즈음하여 흩어진 가족, 친척 방문단을 교환하여 비전향 장기수 문제를 해결하는 등 인도적 문제를 조속히 풀어 나가기로 합의한다.
> • 남과 북은 경제 협력을 통하여 민족 경제를 균형적으로 발전시키고 사회, 문화, 체육, 보건, 환경 등 제반 분야의 협력과 교류를 활성화하여 서로 신뢰를 도모한다.

④ **경의선과 동해선 철도** : 경의선은 1951년 6·25 전쟁 중에 운행 중단. 2000년 남북 정상 회담에서 경의선 연결 문제에 대한 논의가 이루어져 2000년 9월 경의선 철도 복원 시작. 동해선은 2002년 연결 작업 시작

⑤ **상호 교류 협력** : 이산가족 방문단의 서울·평양 동시 상봉, 비전향 장기수의 북송, 개성 공단 건설(2003년 시행)

❶ **김일성 조문 파동**

1994년 7월 8일 김일성의 사망과 관련해 남한에서는 조문을 통해 관계 개선의 실마리를 갖자는 쪽과 이를 비판하는 쪽 사이에 정치 논쟁이 일어남. 북한은 남한의 조문을 받아들이겠다고 했지만 남한의 보수적인 대북강경파들은 한국전쟁에 김일성의 책임이 있으므로 북한이 사과해야 한다면서 조문을 반대해 끝내 조문이 이루어지지 않았다. 북한은 김일성 장례식 뒤 이를 구실로 대대적인 비난 공세를 퍼부어 김영삼 정권 내내 남북대화를 거부하는 대남강경책을 고수함.

❷ **6.15 남북 정상 회담**

(8) 노무현 정부

① **햇볕 정책 계승** : 6자 회담(남한 · 미국 · 일본 · 북한 · 중국 · 러시아)을 통해 북핵 문제를 평화적으로 해결하고 남북 공동 번영 추구

❶ 10.4 남북 정상 회담

② **제2차 남북 정상 회담 개최** : 노무현 대통령은 2007년 10월 육로로 북한을 방문하여 김정일 국방위원장과 제2차 남북 정상 회담❶을 가졌으며, <u>10 · 4 남북 공동 선언</u>(남북 관계 발전과 평화 번영을 위한 선언) 채택.

·······●6.15 남북 공동 선언 재확인,
　　서해안 평화 협력 특별 지대 설치

> ▶ **남북 관계 발전과 평화 번영을 위한 선언(10 · 4 남북 공동 선언)**
>
> 쌍방은 우리 민족끼리 뜻과 힘을 합치면 민족 번영의 시대, 자주통일의 새 시대를 열어나갈 수 있다는 확신을 표명하면서 6 · 15 공동 선언에 기초하여 남북 관계를 확대 · 발전시켜 나가기 위하여 다음과 같이 선언한다.
>
> · 남과 북은 6 · 15 공동 선언을 고수하고 적극 구현해나간다.
> · 남과 북은 시장과 제도의 차이를 초월하여 남북 관계를 상호 존중과 신뢰 관계로 확고히 전환시켜 나가기로 하였다.
> · 남과 북은 군사적 적대 관계를 종식시키고 한반도에서 긴장 완화와 평화를 보장하기 위해 긴밀히 협력하기로 하였다.
> · 남과 북은 현 정전 체제를 종식시키고 항구적인 평화 체제를 구축해 나가야 한다는 데 인식을 같이하고 직접 관련된 3자 또는 4자 정상들이 한반도 지역에서 만나 종전을 선언하는 문제를 추진하기 위해 협력해 나가기로 하였다.
> · 위의 네 개항의 합의 사항을 구체적으로 이행하기 위해 남과 북의 당국이 빠른 시일 안에 관련 부서들의 후속 대화를 규정하여 합의 내용의 조속한 이행을 약속한다.

(9) 이명박 정부

① **대북 강경책** : 남북 관계 경직

② 천안함 사건(2010.3)

③ 연평도 포격 사건(2010.12)

(10) 문재인 정부

① 북핵 문제 해결 및 항구적 평화

② 2018년 남북 정상 회담❷

❷ 4.27 남북 정상 회담 (판문점 선언)

시기	남북 대화 내용
이승만 정부	북진 통일론 주장 → 반공 정책 강화, 혁신 세력의 평화 통일론 탄압
장면 내각	북진 통일론 철회 → 통일 운동 억압, 유엔 감시하의 남북 총선거 실시 주장
박정희 정부	· 초기에 선 건설, 후 통일론 → 반공 강화, 경제 발전을 통한 국력 증강에 주력 · 닉슨 독트린(1969) 이후 냉전 완화, 남북 적십자 회담(1971.이산가족 재회 목적) · 7 · 4남북 공동 성명(1972) – 자주 · 평화 · 민족 대단결 3대 원칙 합의 　　　　　　　　　　　　　– 공식 대화 기구로 남북 조절 위원회 구성 　　　　　　　　　　　　　– 남북한은 독재 체제 강화에 이용 · 6 · 23 평화 통일 선언(1973): 남북한 유엔 동시 가입 제안, 모든 공산 국가에 대한 문호개방 선언, 1민족 2국가 체제 지향
전두환 정부	이산가족 고향 방문(1985), 예술 공연단 교환 공연(1985)

노태우 정부	• 7. 7 선언(1988): 적극적인 대북 협력 의지 표명 • 한민족 공동체 통일 방안(1989): 3원칙(자주, 평화, 민주) → 남북 연합 구성 • 판문점 남북 연락 사무소 설치 및 운영 • 사회주의권 붕괴, 북방 정책 추진(중국 · 소련 수교) • 남북 고위급 회담, 남북한 유엔 동시 가입(1991.9) • 남북 기본 합의서 채택(1991.12, 화해, 불가침, 교류 · 협력) • 한반도 비핵화 공동 선언 발효(1992)
김영삼 정부	• 3단계 · 3기조: 1993, 화해와 협력 → 남북 연합 → 통일 국가 • 남북 정상 회담에 합의했으나 김일성 사망으로 불발 → 조문 파동 • 한반도 에너지 개발 기구(KEDO)에 의한 경수로 건설 사업 추진(1996)
김대중 정부	• 정주영의 소떼 방북, 금강산 관광 사업 시작(1998) • 남북 정상 회담 개최하여 6 · 15 남북 공동 선언(2000) 발표 → 이산가족 상봉, 경의선 복구 사업, 개성 공단 설치 등 남북 교류 활성화
노무현 정부	• 제2차 남북 정상회담(2007)에서 10.4선언(남북 관계 발전과 평화 번영을 위한 선언) → 6.15 남북 공동 선언 재확인 및 방침 고수

문재인
정부
	• 4 · 27 판문점 선언(2018) – 이산가족 상봉 정례화
	                   – 핵 없는 한반도 구상
	                   – 6 · 25 정전 선언을 평화 협정으로 전환 추구
	• 6 · 12 북미 정상 회담으로 연결

03 경제 성장

1. 광복 직후 경제의 혼란

(1) 남 · 북 의 차이

  ① 남측 : 농업 · 경공업 중심

  ② 북측 : 전력 · 중화학 공업 중심, 지하자원

(2) **산업 활동 위축** 남북 분단으로 남북한의 경제적 보완 관계가 단절, 일본 자본이 철수하여 사업
    장 수가 크게 감소. 1949년 북한이 전기 공급을 중단하면서 남한 경제에 타격

(3) **인구 증가** 해외 동포가 귀국하고 북한주민이 월남하여 실업자가 증가함

(4) **물가 폭등** 광복 직후 조선은행의 통화 남발로 물가 폭등이 일어남. 미군정 또한 재정 적자를 극
    복하기 위해 화폐를 남발하였기 때문에 물가가 폭등

(5) **식량 사정 악화** 미곡 자유화 정책을 쓰다가 식량 사정이 악화되자 1946년 1월 미곡 수집령을 내
    려 배급에 필요한 쌀을 강제로 거둬들임. 식량 부족 더욱 심화

2. 미군정 시기 경제 정책

(1) **점령지 행정 구호 원조(GARIOA 원조, 1945~1948)** 미군정 아래서 남한에 주어진 미국 원조
    는 2차 대전 이후 미국이 독일 · 일본 · 오스트리아 등을 주요 원조 대상국으로 한 점령지 행정 구
    호 원조(GARIOA 원조)의 일환. 식료품, 의약품, 농업용품 등 소비재 중심의 원조

(2) **적산 처리** 미군정은 1945년 12월 법령 제33호를 공포해 조선 총독부, 일본인 회사 및 개인이 소
    유했던 일체의 재산을 '적산'으로 규정하고 모두 미군정청 소유의 귀속재산으로 삼았음. 미군정

청은 신한공사를 설치하여(1946.2) 몰수한 동양 척식 주식회사 소유 재산과 일본인 재산을 관리

(3) **소작료 제한(삼일 소작제 실시)** 미군정은 1945년 10월 법령 제9호를 발표해 소작료가 총 수확물의 3분의 1을 초과할 수 없도록 함. 현존 소작권의 유효기간에 대해 지주의 일방적인 소작 계약 해제는 무효, 3분의 1 소작료를 초과하는 신규 소작 계약은 불법으로 규정

(4) **적산 농지** 신한공사를 해제하고 중앙 토지 행정처를 설치, 소작인과 귀환 동포들을 대상으로 30여만 정보의 귀속 토지 매각

(5) **미곡 자유화** 일제 말 시행되었던 식량 배급제 대신, 자본주의적 원리에 입각한 미곡 시장 자유화 정책 추진

(6) **미곡 수집제** 미곡 자유화는 쌀 소비 증가와 상인들의 매점매석으로 쌀값 폭등을 가져와 식량 사정 악화. 1946년 1월 미곡 수집제로 정책 바꾸어 배급에 필요한 쌀 강제적으로 공출

3. 이승만 정부

(1) **경제 방향** 인플레이션의 극복, 농업과 공업의 균형 있는 발전, 사회 보장 제도의 실시 등을 정책으로 내세움.

(2) **한·미 원조 협정(1948)** 해방 이후 한국에 처음 도입된 미국의 원조(GARIOA)가 대한민국 정부가 들어서면서 종료되자 체결. 미국의 원조는 경제적 안정을 돕기 위한 장기적 원조로 바뀌었음. 한·미 원조협정을 체결해 경제 협조처(ECA)가 설치. 전쟁 중의 긴급구호물자 제공 및 전쟁 후의 복구를 위한 구호용 물자 원조(CRIK), 유엔 한국 재건단 원조(UNKRA) 등이 제공되었음. 휴전 성립 후 미국의 원조가 본격적으로 이루어져 AID(개발 도상국의 경제 개발을 위해 미국이 제공하는 장기 융자의 하나)원조, 미국 잉여농산물 원조(PL480) 등으로 연결

(3) **1957년 이후** 미국의 경제 악화로 무상 원조가 1958년 유상차관으로 변화

(4) **귀속 재산 처리** 미군정이 불하하고 남은 귀속 재산을 물려받은 이승만 정부는 6·25 전쟁기와 휴전 직후에 민간인 연고자들에게 불하. 불하 가격은 대체로 기업체의 재산 가치의 1/10에 불과할 정도로 헐값이었고, 대금을 15년 동안 나누어 갚으면 되는 것이었음. 또한 당시의 급격한 물가 상승을 생각하면 무상에 가까운 특혜. 불하 과정에서 정경유착이 일어났으며 이러한 특혜 조치를 바탕으로 독점적 대기업 성장

(5) **농지 개혁**

① **원칙** : 경자유전, 3정보 이상의 토지를 유상 매입, 유상 분배, 지주에게 지가증권 지급, 1년 수확량의 150%를 토지 가격으로 책정하고 5년 동안 분할 상환하도록 함

② **결과** : 자영농 증가, 6.25 전쟁 시 남한의 공산화 방지

4. 경제 개발 5개년 계획

(1) **정부 주도** 공업 중심 경제구조 건설을 통한 국민 경제 자립을 목적에 둠. 선진 자본주의 국가와는 달리 정부가 주도한 것이 특징. '수출만이 살 길이다'는 구호를 내세워 수출 상품 생산 기업에 특혜 제공

❶ **1950년~60년대 산업 발전**
1950년대 후반부터 점차 산업이 발전하여 문경 시멘트 공장(1957) 충주 비료 공장(1959) 나주 비료 공장(1962) 등 대규모의 공장을 비롯하여 철도·항만·발전소와 같은 기간산업이 자리 잡기 시작했다.

▶ 1·2차 화폐 개혁

- 1차(1950): 6.25 발발 직후 북한에서 불법 남발된 통화 유통을 막고 경제를 안정화시키기 위해 조선은행권의 유통을 정지하고 한국은행권과 교환하도록 함
- 2차(1953): 6.25 전쟁 시기 전비 지출로 남발된 화폐로 인해 물가가 크게 올라 통화의 단위를 100분의 1로 절하.

❷ 오일 달러

석유 파동 이후 석유 가격의 상승은 석유 소비국에 막대한 국제 수지 적자를 초래한 반면, 산유국은 막대한 자금을 축적하게 되었음. 이렇게 축적된 달러화 자금을 오일 달러라고 함.

▶ 100불 수출 달성 기념 우표

(2) **외자** 국내 자본이 부족하였으므로 주로 외국 자본 도입을 통해 마련. 1965년 한·일 협정 체결로 대일 청구권 자금을 일괄적으로 타결하였으며, 베트남 파병을 대가로 미국에게서 받은 원조와 '베트남 특수'로 자금을 조달함. 서독에 광부와 간호사를 파견한 것도 경제 개발에 필요한 외자를 획득하는데 도움이 됨

(3) **제3차 화폐 개혁** 인플레이션을 방지하고 부정 축재자가 은닉한 자금을 끌어내 경제에 필요한 산업자금으로 활용하는 것이 목적. 통화 단위를 1/10으로 절하하고 '환'을 '원'으로 바꾸었음

(4) **제 1·2차 경제 개발 5개년 계획**

① **특징** : 기간 산업의 육성, 도로·항만 등 사회 간접 자본 확충과 수출 위주의 경공업에 주로 치중. 연간 경제 성장률은 10%에 가까웠으며 수출은 20배 이상 늘어났음. 산업 구조도 1차 산업 중심에서 2차·3차 산업 중심으로 바뀜

② **1차(1962~1966)** : 의류, 신발, 가발 등 경공업 중심의 수출 산업 육성. 1964년 울산 정유 공장(석유류 제품 국내 생산의 시작) 건립.

③ **2차(1967~1971)** : 사회 간접 자본의 확충을 위해 비료, 시멘트, 정유 산업 육성

④ **경부 고속 국도 건설** : 1968년 착공, 1970년 완공 → 전국 1일 생활권으로 편입에 기여

⑤ **해외 이주법(1962)** : 인구 증가와 농업이민 및 광부 등 노동 이주의 증가로 인해 해외 이주법을 제정

⑥ **1960년 말** : 국제 경기 악화로 경공업 제품의 수출이 부진에 빠졌으며, 외국 차관을 갚아야 하는 시기가 다가옴에 따라 원금과 이자 상환에 대한 부담이 커짐. 많은 기업이 부도나 은행 관리로 넘어갔으며 노동자들은 저임금에 시달림

(5) **제 3·4차 경제 개발 5개년 계획**

① **특징** : 경공업은 어느 정도 궤도에 오르게 되었고, 수출 주도의 공업화 전략도 본격화. 더 이상 경공업에만 매달릴 수 없다고 판단하고 새로운 돌파구를 찾던 박정희 정부는 경제 정책의 기조를 중화학 공업화로 바꾸었으며 수출 주도형 성장 정책을 지속적으로 추진

② **3차(1972~1976)** : 3차 경제 개발 계획의 기본 목표를 산업 구조의 고도화, 국제 수지 개선, 식량 자급, 지역 발전의 균형에 두었음. 산업 구조의 고도화란 기계·전자·철강·비철금속·석유화학·조선 등 6개 부문을 전략 업종으로 한 중화학 공업의 발전을 뜻함. 그 결과 1973년 포항제철, 여천 석유 화학 단지, 울산·거제 조선소가 조성되었으며, 우리나라 경제는 중화학 공업 중심으로 바뀌었음. 1973년의 제 1차 석유 파동은 중동 건설 사업에 진출하여 오일 달러❷를 벌어들여 극복함

③ **4차(1977~1981)** : '산업 구조의 고도화를 통한 자력 성장 구조의 실현'을 목표로 세우고 중화학 공업화 정책을 이어 나감. 1977년에는 1인당 GNP 1000달러, 수출 100억 달러를 돌파하였음. 그러나 1978년 제2차 석유 파동이 일어나면서 중화학 공업에 대한 중복 투자로 약체화된 기업체가 위기를 맞이하게 됨. 1979년에는 많은 기업들이 도산하면서 실업률이 늘어났으며 경제 성장률도 감소함. 유신 체제를 위협하는 요인으로 작용

> ▶ 제1차 석유 파동과 제2차 석유 파동
>
> **제1차 석유 파동(1973~1974)**
> 1973년 10월, 제4차 중동 전쟁(아랍–이스라엘 분쟁)을 계기로 석유 수출국 기구(OPEC)는 이스라엘을 지원하였던 미국과 그 지원국에 대해 석유 수출을 금지하는 조치를 취함. 한편, 석유 생산량의 감축을 통해 석유 가격을 크게 인상하여 1974년 봄에는 1972년 가을보다 석유 가격이 약 5배나 높았다. 이는 제2차 세계 대전 이후 세계 경제 사상 최악의 불황을 일으킨 제1차 석유 파동을 몰고 왔음.
>
> **제2차 석유 파동(1978~1980)**
> 1970년대 말의 불황기 속에서 공급 과잉을 유지하던 석유 가격이 1978년의 이란 혁명을 계기로 다시 상승함으로써 발생. 1978년 12월부터 1980년 7월 사이에 석유 가격은 약 2.4배로 급등하였고, 세계 경제는 생산 비용이 상승하여 인플레이션이 가속화. 또한, 교역 조건이 악화되면서 경기 침체가 동시에 진행되는 스태그플레이션 현상이 나타나기 시작. 이에 따라 세계 각국의 경제 성장률이 둔화되고, 무역수지가 악화되었으며, 국제 금융과 통화 질서가 교란. 수출 산업 중심으로 성장해오던 한국 경제도 큰 타격을 입게 됨.

⑹ 경제 개발 5개년 계획 결과

① **고도 성장** : 경제 개발 5개년 계획으로 우리 경제는 '한강의 기적'이라는 찬사를 들을 정도로 눈부신 경제 성장을 이룩. 연간 경제 성장률은 두 자릿수에 기까웠으며, 수출은 20배 이상 증가함.

② **산업 구조의 고도화** : 농어업의 비중 감소, 광공업의 비중 증가. 산업 구조가 '3차 산업 〉 1차 산업 〉 2차 산업'에서 '3차 산업 〉 2차 산업 〉 1차 산업'의 선진국형으로 변모

③ **외국 의존도 증가** : 원자재나 시설용 기계의 수입으로 무역 적자 증가, 곡물 수입액 증가. 저축률은 증가했으나 경제 발전 자금 부족으로 외채를 도입하여 의존도 증가

④ **경제 집중과 불균등** : 대기업 중심의 지원 정책이 추진되어 대기업과 중소기업 간의 격차가 커지고 재벌 중심의 산업 구조 형성. 정경유착과 재벌의 무리한 사업 확장 문제가 나타남. 한편 빈부 격차와 도 · 농 간 격차가 발생하였음

⑺ 1980년대 전두환, 노태우 정부의 경제 정책

① **위기의 경제** : 중화학 공업의 과잉 투자, 제2차 석유 파동(1979)

② **산업 구조 조정** : 신군부 세력은 경제 안정화 정책과 함께 중화학 투자를 조정하고 부실기업을 정리함으로써 경제 위기에서 벗어나고자 하였음. 기존의 국가 주도적 성장 전략을 부분적으로 수정하여 시장 경제의 자율성을 도모하고, 자본 자유화 정책으로 자본 및 금융 시장의 개방화 추진

③ **3저 호황** : 1980년대 중반 이후 '3저 호황(저유가 · 저달러 · 저금리)' 국면을 맞이해 물가 안정, 첨단산업 성장, 수출 증대가 이루어져 1986년 최초로 경상수지 흑자기록. 국민 소득의 증가로 중산층이 늘어나면서 민주화에 대한 기대치가 높아졌고, 6월 민주 항쟁은 그 연장선이었음

④ **노태우 정부** : 아시아 · 태평양 경제 협력체(APEC) 가입(1989)

⑻ 김영삼 정부의 경제 정책

① **금융개혁 정책**

  ㉠ 금융실명제 : 금융거래의 투명성을 확보하고, 수세를 정확히 하기 위해 1993년 8월에 전격적으로 단행

  ㉡ 공직자 재산 등록제 : 공무원 윤리법을 개정하여 1급 이상의 고위공직자에 대한 재산 등록 및 재산 공개를 실시함(1993.6)

② 신자유주의 경제 정책

　㉠ 우루과이 라운드(UR) : 1986년에 우루과이에서 열린 무역에 관한 일반 협정(GATT)협상은 세계 무역에서 관세와 무역 체제의 문제점을 해결을 논의. 1993년 우루과이 라운드가 타결되자 우리나라는 쌀을 제외한 농축산물 시장을 개방하게 되었고, 후속 조치로 1994년 마라케시 선언(1994년 4월 모로코의 마라케시에서 열린 회의)을 통해 1995년 1월 세계 무역 기구(WTO)가 공식 출범함

　㉡ 경제 협력 개발 기구(OECD) : 경제 발전과 세계 무역 촉진을 위하여 발족한 국제기구. 김영삼 정부는 시장 개방 정책을 더욱 강화하기 위해 1996년 9월 가입

③ 외환 위기

　㉠ 동남아시아 외환 위기 : 동남아시아에 외환 위기가 닥치자 위험을 느낀 국제 단기 자본이 우리나라에 빌려주거나 투자한 자금을 회수하여 외환 보유고가 급격히 줄어들었음

　㉡ 개방화 정책 : 세계 무역 기구의 출범과 경제 협력 개발 기구에 가입함으로써 우리 경제는 사전 준비가 부족한 상태에서 개방화와 국제화로 나아가게 되고, 무역 경쟁국에 비하여 상대적으로 가파른 임금 상승, 기술 부족 등으로 무역 적자가 계속됨

　㉢ 과잉 투자 : 재벌들은 빚을 내 부실 기업을 인수하는 방식으로 규모를 키웠으나 빌린 자금의 원금과 이자를 갚을 만큼 충분한 수익은 올리지 못했음. 그 재벌들이 부도를 내자 금융 기관들이 연쇄 부도에 직면하였음

　㉣ 경제 위기 : 환율과 금리가 치솟고 주식 시세 폭락, 경제 지표는 마이너스 성장을 기록. 기업과 금융 기관이 파산하여 실업자가 대량으로 양산되었음

　㉤ 국제 통화 기금 관리 체제 : 국제 통화 기금(IMF)❶의 구제 금융을 지원받는 대신 각종 경제 정책, 재정 정책, 금융 정책 등의 자율권을 빼앗기고 IMF와 협의해서 결정해야 하는 IMF 관리 체제로 들어섬(1997)

⑼ 김대중 정부 경제 정책

① IMF 극복 노력

　㉠ 금모으기 운동(1998) : 국민들이 외환 위기를 극복하기 위해 자신이 소유하고 있는 금을 자발적으로 내어놓은 운동. 국민들은 제2의 국채보상운동이라 부르기도 하였음

　㉡ 구조 조정 : 외환 위기를 극복하기 위해 강도 높은 구조 조정 시행. 부실 금융 기관과 대기업을 통폐합하거나 매각하고, 공적 자금을 투입하여 부실 금융 기관 정상화. 공공 부문에서는 공기업과 정부 기관을 구조 조정하고 민영화하여 효율성을 높임. 노ㆍ사ㆍ정 위원회를 구성(1998)하여 고통 분담의 기본틀 마련. → 이러한 노력으로 우리나라는 2001년 IMF의 지원금을 조기 상환함

② 양극화의 심화 : 경제의 불안정성 심화, 고용 없는 성장과 비정규직 양산, 대량 실업과 중산층의 붕괴 등이 가시화되면서 소득 분배의 불평등과 사회적 양극화 심화, 수도권과 지방의 격차나 교육 및 문화적 격차도 본격화ㆍ구조화됨

⑽ 노무현 정부 경제 정책

2002년 우리나라 최초의 자유 무역 협정인 한ㆍ칠레 FTA 체결(2004년 발효), 2007년 한ㆍ미 FTA 체결

04 사회 변화

1. 산업 변화

(1) 산업화와 도시화

① **경제 개발 5개년 실시** : 경제 개발 5개년 계획의 실시로 산업화가 진전되어 1980년대 초반까지 고도의 경제 성장을 이루었음

② **산업 구조의 변화** : 농업 사회에서 산업 사회로 전환, 경공업 중심에서 중화학 공업 중심으로 변화

③ **도시화** : 일자리를 찾아 대도시와 신흥 공업도시로 사람들이 몰려들면서 도시의 인구 급격히 증가

(2) 산업화와 도시화의 결과

① **공동체 의식 약화** : 대가족이 해체되고 핵가족화가 이루어지면서 개인주의적 성향이 강화되었으며, 물질 만능주의 풍조 확대

② **도시 빈민 문제** : 서울이나 대도시의 변두리, 고지대에 이른바 '달동네', '판자촌' 등 빈민촌 발생. 행정 기관들은 법과 도시 정비를 앞세워 주민들을 집단 이주시켰는데 이 과정에서 도시 빈민들의 투쟁이 일어나기도 했다. 1971년의 광주 대단지 사건❶이 대표적

③ **환경 문제** : 산업화에 따른 환경오염 문제가 대두하자 이에 대응하여 정부는 환경부를 설치하고, 환경 오염 방지를 위한 법률을 제정하여 공해에 대한 규제를 강화

(3) 식량 문제

① **혼 · 분식 장려 운동(1962.11.)** : 박정희 정부는 식량 부족 문제를 해결하고자 쌀 소비를 줄이고 혼식과 분식을 장려하는 정책을 시행. 1969년 1월부터 '분식의 날', '쌀이 없는 날'을 정하는 한편 점심때마다 학생들의 도시락을 검사하여 혼식을 강제함

② **통일벼 개발(1971)** : 수리 시설 개선하고 비료, 농약 등의 개발. 쌀의 생산량을 높이기 위해 1970년대 들어서는 외국에서 다수확계 벼 종자를 도입하여 개량한 통일벼를 전국적으로 보급. 쌀의 수매도 통일벼 위주로 진행. 1976년 주곡자급에 성공함으로써 녹색 혁명을 달성하였다고 발표

(4) 인구 변화

① 6 · 25전쟁 전쟁으로 많은 희생자가 발생해 인구가 감소하였으나, 6 · 25 전쟁 직후 베이비 붐(1955~1963)으로 출산율이 크게 높아짐

② **1960년대** : 출산을 억제하기 위한 가족 계획 사업 시행. '덮어놓고 낳다 보면 거지꼴 못 면한다.'(1960년대), '딸 아들 구별 말고 둘만 낳아 잘 기르자.' (1970년대), '잘 기른 딸 하나, 열 아들 부럽지 않다.'(1980년대)의 표어를 내걸었음

③ **2000년대** : 세계에서 가장 빠른 속도로 저출산 · 고령화 사회 진입, 국가 및 지방 자치단체 등에서 2006년부터 출산 장려 정책 도입

❶ **광주 대단지 사건**

1968년 서울특별시는 시내의 무허가 판잣집을 정리하면서 철거민들을 경기도 광주군(현 성남시)에 대단지를 만들어 집단 이주시킴. 위성 도시를 만들어 생활 기반을 조성하고, 경제적 자립을 지원해준다는 서울시의 약속을 믿고 광주군으로 이주한 철거민들은 약속이 제대로 이행되지 않음에 따라 생활고에 시달림. 1971년 8월 광주 대단지 주민 수만 명은 분양지의 무상 불하와 각종 세금 면제 등을 요구하면서 서울 시장과 면담을 요구. 서울시가 이를 받아들이지 않자 관용차를 불태우고 광주 단지 사무소와 파출소를 파괴한 후 버스와 트럭을 빼앗아 타고 서울 시청으로 향하다 출동한 경찰에 의해 해산.

2. 농촌 문제

(1) 농촌의 당면 과제

① **저곡가 정책** : 수출 주도형 경제 구조에서 노동자의 저임금 정책을 뒷받침하기 위해 실시

② **농가 부채** : 농가 수입 증대를 명분으로 실시된 상업적 농업의 확대, 농업 기계화 조치 등으로 늘어난 농가 부채로 인해 이농이 늘어남

③ **도시와의 격차** : 1960년대 공업 위주의 경제 개발 정책으로 도시와 농촌의 발전 속도가 벌어짐에 따라 생활 · 문화 수준에서 도시와의 격차 발생

④ **이촌향도** : 많은 젊은이들이 일자리를 찾기 위해 도시로 나가는 이촌향도 현상으로 농촌 인구 감소와 고령화 심화

(2) 농촌 문제 해결

① **4H 운동** : 19세기 말 20세기 초의 농촌을 발전시키기 위한 청소년 지역 운동으로 시작됨. 4H는 머리(Head), 가슴(Heart), 손(Hands), 건강(Health)의 앞 네 글자를 딴 것. 우리나라에는 미군정기에 들어와 확산되었으며 새마을 운동의 밑바탕이 됨

② **새마을 운동^② (1970~)**

ⓐ 새마을 운동

ㄱ **1단계** : 마을 단위로 시멘트를 무상 공급하면서 시작. 도로 정비, 마을회관 건설, 초가지붕을 슬레이트 또는 함석으로 바꾸는 환경 개선 사업에 주력함

ㄴ **2단계** : 새마을 지도자를 발굴 육성하면서 물리적인 생활 및 영농 기반 조성 사업의 발전적 추진과 함께 정신 계발, 그리고 소득 증대 사업 등을 포괄하는 종합적인 운동으로 확대

ㄷ **3단계** : 농어촌에서 도시 지역까지 확대되어 '근면 · 자조 · 협동'을 강조하는 전국적인 의식 개혁 운동, 국민 정신 운동 등 총체적인 국가 발전 전략으로 발전

ㄹ 관 주도의 민간 운동의 성격을 가짐

ㅁ 현대적 농촌으로 변모, 자신감을 심어 스스로의 문제를 해결, 농촌의 소득 증대, 농촌 생활 개선

(3) 농민 운동

① **추곡 수매 투쟁** : 정부는 1960~1970년대 농민들로부터 쌀을 비싸게 사들여 싸게 파는 이중곡가제를 실시함. 그러나 점차 수매 가격의 인상률을 낮추어 재정 적자의 폭을 줄이는 정책으로 전환. 이로 인해 해마다 추곡 수매의 시기가 되면, 수매가를 크게 올리고 가급적 많은 쌀을 수매할 것을 요구하는 농민들과, 수매가를 적게 올리고 수매량도 제한하려는 정부 사이의 갈등이 반복됨

② **함평 고구마 사건** : 1976년 함평농협이 고구마를 사들이겠다고 약속하고서 가격 문제로 이를 이행하지 않자 생산 농가는 큰 손해를 입음. 피해 보상을 요구하며 소송을 제기하고 함평군 가톨릭 농민회의 지원 아래 투쟁을 전개, 함평 농민들은 3년에 걸친 투쟁 끝에 1978년 5월 피해를 보상받음. 이 사건은 가장 대중적인 농민 운동으로 1980년대 이후 활발히 전개된 농민 운동의 선구적 역할을 함.

2. 노동 운동

(1) **배경** 1960년대부터 수출 경쟁력을 확보하기 위해 노동 운동을 통제하면서 서임금 정책을 취했음. 또한 반공이데올로기의 영향으로 노동법이 유명무실해지고 노동위원회도 제 구실을 못하면서 노동자들은 법적수준의 권리조차 요구하기 어려워졌음

(2) **1970년대**

❶ 평화시장 다락방
동대문 평화 시장의 봉제 공장 노동자들은 섬유 먼지로 가득차고 허리도 펼수 없는 좁은 공간에서 하루 14~15시간 이상의 노동을 감내해야만 하였다.

❷ 동일 방직 사건
경찰의 과잉 진압 이후 동일 방직 노조원들이 노동조합 임원을 선출하는 선거에 참여하지 못하게 하기 위해 회사 측이 고용한 폭력배와 어용 노조원들이 이들에게 오물을 투척한 사건.

① **전태일 분신 사건** : 평화시장❶ 재단사 전태일은 평화시장의 노동 실태를 노동청을 비롯해 각계에 알렸으나 반공의 분위기 속에서 노동자들의 생존권 요구는 자칫하면 공산주의와 관련 있는 것으로 여겨져 묵살 당함. 결국 1970년 11월 13일, 동대문 평화 시장에서 '근로기준법 화형식'을 거행하고 "근로기준법을 준수하라!", "우리는 기계가 아니다!"라고 외치며 분신 자살하는 극단적 방법으로 노동 실태를 고발하는 한편으로 노동자의 권리 실현 요구. 그 후 노동계에서는 광복 뒤 단절되었던 노동조합의 건설, 노동 개선을 요구하는 노동 운동이 출발하는 계기가 됨

② **YH 무역 사건** : 동일 방직 사건(19/8)❷과 함께 대표적인 여성 노동 운동을 탄압한 사건. 가발 생산 업체였던 YH무역이 1979년 폐업을 하자 노동자들은 회사 정상화를 요구하며 야당인 신민당사에서 농성. 경찰은 신민당사에 기습 난입해 농성을 진압했는데 이 과정에서 여성 노동자 김경숙이 사망함. 이 사건은 부 · 마 민주 항쟁을 불러일으켜 결과적으로 유신 체제를 종식시키는데 기여

(3) **1980년대**

① 노동 운동이 노동자의 생존권 투쟁이자 민주화 운동의 일환으로 전개. 또한 학생 운동과 연대하는 움직임도 있었음

② 6월 민주 항쟁 이후 7월부터 9월에 걸쳐 임금 인상, 노동 환경 개선, 민주적 노동조합 결성 등을 요구하는 노동자 대투쟁으로 발전함. 이를 계기로 노동 운동은 산업 노동자뿐 아니라 금융 기관, 병원 등 사무직 노동자와 정부 투자 기관까지 확대. 교사들은 민족, 민주, 인간화 교육을 내세우며 1989년 전국 교직원 노동조합(전교조)을 결성하여 대량 해직 사태 벌어짐

(4) **1990년 이후**

① **국제 노동 기구(ILO) 가입** : 한국노총이 1991년에 가입

② **전국 민주 노동조합 총연맹 결성** : 1995년 '자주성과 민주성'을 내세운 전국 민주 노동조합 총연맹(민주노총)이 결성되어 기존의 한국노총과 함께 양대 노총 시대를 열었음.

③ **노사정 위원회** : 1998년 2월 노동자의 대량 실직 사태를 협의하기 위해 노사정 위원회를 구성하여 실업과 노사문제 등을 해결하고자 함. 이 기구는 1999년 7월 전교조를 합법화 하는 등 상당한 합의를 이끌어 냈으나, 민주노총이 탈퇴하여 노동자층을 대변하는 기능이 약화됨

④ **외환위기** : 비정규직이 급증하고 청년 실업 문제 대두. 소득 양극화 심해짐

⑤ **공무원 노동조합 합법화** : 2004년 노동 3권 중 단체 행동권을 허가하지 않는 조건으로 단결권과 단체 교섭권이 인정된 공무원 노동조합 특별법 통과. 가입 범위는 6급 이하로 제한, 경찰 · 소방관 · 외교관 등 특정직의 노조 가입 금지

3. 사회 보장

(1) **배경** 경제 발전의 부작용, 경제 성장으로 국민들의 1인당 개인 소득은 크게 향상되었으나, 우리 사회가 산업화와 도시화로 이행하면서 노약자, 빈곤층, 실업자 등의 소외 계층 발생

(2) **사회 보장 정책**

① **공적 부조** : 공적 부조는 생활 능력이 없는 사람에게 재정을 통해 생활 및 의료 서비스 등을 보장하는 제도(생활 보호, 의료보호). 1961년 생활 보호법을 제정·시행함

② **산재 보험** : 1964년 산업 재해로부터 근로자와 사업주 보호 위해 도입

③ **국민연금** : 1988년에 국민 연금 제도를 도입하여 노후 생활의 안정을 도모

④ **의료 보험** : 도시나 농촌 그리고 직장 중심의 의료 보험 체계를 수립하여 국민 모두가 의료 혜택을 받을 수 있는 제도적 장치를 마련하기 위해 1963년 의료 보험 제도가 도입. 1977년 직장 의료 보험 제도 출범, 1989년 전국민 의료 보험 제도 도입

⑤ **고용 보험** : 1990년 실직자가 재취업을 할 때까지의 생계를 보장해 주기 위해 고용 보험 제도 실시

⑥ **국민 기초 생활 보장법** : 1999년 생활 유지 능력이 없거나 생활이 어려운 국민에게 필요한 급여를 행하여 이들의 최저 생활을 보장하고 자활을 조성하는 것을 목적으로 제정

4. 시민 · 여성 운동

(1) **시민 운동**

① **배경** : 1987년 6월 민주 항쟁 이후 민주화의 진전, 냉전 종식에 따른 이데올로기 대립의 퇴조, 경제 발전으로 인한 중산층의 형성, 사회의 다양화, 자연 생태와 환경의 위기 심화 등이 시민운동 활성화를 가져온 것

② **단체의 활동** : 시민운동 단체는 사회 경제의 민주화와 '삶의 질' 향상 등 사회 문제 해결에 노력. 또한 국가 권력의 부패와 권력 남용, 불투명한 기업 운영, 정부·자치 단체나 기업의 환경 파괴 등을 감시하는 활동을 전개함으로써 정부와 기업의 강력한 견제 세력으로 등장

③ **세계화** : 1990년대 이후에는 세계화로 인해 국제·경제·환경·노동·통일 등의 문제도 국제화되는 경향을 보이고 있음. 이에 시민단체는 국제적 연대를 통한 문제 해결 모색. 또한 여성, 빈민층, 외국인 노동자 등 소수자와 약자를 보호하려는 활동도 활발히 전개

(2) **여성 운동**

① **1970년대 이후** : 남녀 차별 폐지에 관심을 기울여 남아 선호 배격, 가부장제 배격, 가족법 개정 등을 도모함

② **여성 지위 향상** : 여성의 취업 인구가 크게 늘어났고 농촌에서도 여성의 경제 활동 참여 증가. 산업 사회에서 여성들은 저임금의 미숙련 노동자에서부터 경제 활동을 촉진하는 사회적·경제적 여건 변화에 힘입어 전문직으로까지 직업 분야 확대

③ **1980년대 이후** : 1980년대 중반 이후 여성 운동이 본격화되면서 한국 여성 단체 연합 결성. 정부는 1987년에 '남녀 고용 평등법'을 제정하고 1991년 가족법 개정으로 여성은 남성과 동등하게

재산과 아이에 대한 권리와 의무를 가지게 되었음. 2001년 여성부(현 여성가족부)가 신설되고, 2005년 가족법 개정에 이어 호주제가 폐지되었음.

05 현대 문화

1. 교육

(1) **미군정기** 1945년 11월 미군정의 교육 부문 자문 기관으로 조선 교육 심의회가 조직. 일제의 식민 교육을 대신하여 미국식 민주주의 이념과 교육 제도 도입. 여기서 '홍익인간(弘益人間)'의 교육이념과 미국식 학제인 6·3·3·4 제의 학제 등 우리나라 교육의 기본적인 틀이 마련

(2) **이승만 정부** 헌법에 국민의 교육권, 균등 교육, 초등 의무 교육, 교육 제도 법률주의 등을 중점 항목으로 제시, 이승만 정부는 '의무 교육 완성 6개년 계획'을 추진한 결과 1959년에는 6세 아동의 초등학교 취학률이 거의 96%에 이르렀음. 한편, 6·25 전쟁 중에도 피난지의 천막 교실이나 노천에서도 교육이 계속되었으며, 멸공 통일 교육, 도의 교육, 1인 1기 교육을 강조

(3) **장면 내각** 학원 정상화, 사도(師道) 확립, 교육의 중립성 확보 등 3대 방침을 제시하고 교육 자치제를 실시. 교사들이 교원 노조 운동을 전개하였으나, 5·16 군사 정변으로 불법화

(4) **박정희 군사 정권** 국정 지표를 조국 근대화에 두고 교원 노조 불법화, 교육 관계 특례법을 제정, 교육자치제 폐지

(5) **박정희 정권**

① **국민 교육 헌장(1968)** : 민족적 정통성을 강조하고 민족 중흥과 국가 발전을 위한 교육 강조

▶ **국민 교육 헌장**

우리는 민족 중흥의 역사적 사명을 띠고 이 땅에 태어났다. 조상의 빛난 얼을 오늘에 되살려, 안으로 자주 독립의 자세를 확립하고, 밖으로 인류 공영에 이바지할 때다. 이에, 우리의 나아갈 바를 밝혀 교육의 지표로 삼는다.

성실한 마음과 튼튼한 몸으로, 학문과 기술을 배우고 익히며, 타고난 저마다의 소질을 개발하고, 우리의 처지를 약진의 발판으로 삼아, 창조의 힘과 개척의 정신을 기른다. 공익과 질서를 앞세우며 능률과 실질을 숭상하고, 경애와 신의에 뿌리박은 상부상조의 전통을 이어받아, 명랑하고 따뜻한 협동 정신을 북돋운다. 우리의 창의와 협력을 바탕으로 나라가 발전하며, 나라의 융성이 나의 발전의 근본임을 깨달아, 자유와 권리에 따르는 책임과 의무를 다하며, 스스로 국가 건설에 참여하고 봉사하는 국민 정신을 드높인다.

반공 민주 정신에 투철한 애국 애족이 우리의 삶의 길이며, 세계 자유의 이상을 실현하는 기반이다. 길이 후손에 물려줄 통일 조국의 앞날을 내다보며, 신념과 긍지를 지닌 근면한 국민으로서, 민족의 슬기를 모아 줄기찬 노력으로, 새 역사를 창조하자.

② **입시 경쟁과 과외 해소** : 입시 경쟁과 과외를 해소하기 위해 1969년 중학교 무시험 추첨제를 도입하였으며, 1973년 고교 및 대입제도도 고등학교 학군제와 연합고사 실시, 예비고사제 도입. 1974년 서울·부산에서부터 고등학교 연합고사와 고등학교 평준화 정책을 실시

③ **유신 체제기** : 주체적 민족사관의 확립과 국적 있는 교육을 내세워 국사 교육을 강조, 새마을 교육을 실시. 또한 대학에 대한 통제를 강화하기 위해 학생회를 폐지하고 학도 호국단 부활, 교수 재임용 제도를 실시

(6) **1980년대 이후**

① **7 · 30 교육 개혁** : 1980년 국보위에서 '교육정상화 · 과열과외 해소 방안(7 · 30 조치)'을 발표. 대학의 본고사를 폐지하고, 내신 성적과 대입 예비고사 성적만으로 입학 정원의 130%를 선발하는 졸업정원제 실시. 이로 인해 대학 교육의 양적 팽창이 이루어짐. 과외 금지 조치는 비정상적인 교육 상황을 공권력의 강제를 통해 해결함으로써 국민의 공감을 사고 정권의 지지기반을 굳히려는 시책이었음

② **교육 자치제** : 1991년 각 시 · 도별로 교육 위원이 선출되어 본격적인 교육 자치가 확립, 1996년 학교별로 학교 운영 위원회가 설치되어 학교 운영의 자율성 증대

③ **교육 개혁** : 김영삼 정부는 암기 위주에서 사고력 · 창의력 중심의 교육으로 전환하여야 한다는 필요성에 따라 1993년 대학 수학 능력 시험을 도입하였으며, 1995년 열린 교육 사회, 평생 학습 사회 건설을 지향하는 교육 개혁 조치를 취함. 김대중 정부는 학교 정보화 사업을 추진하였고, 2002년 중학교 무상 교육과 만 5세 유아에 대한 교육 및 보육 시행. 교육 시설 확충과 수준별 수업을 도입하였으며, 학생들의 인권에 관심을 기울이는 등의 노력을 하고 있음

2 . 언론

(1) **미군정기** 좌 · 우익 신문이 대립하였으나 이후 우익 신문이 언론계 주도

(2) **이승만 정부** 신문 발행 허가제 실시, 6 · 25 전쟁을 계기로 체제 비판적인 언론이 사라지고, 국영방송은 반공 정책 홍보를 최우선으로 실시. 이 시기 정부는 대구 매일신문에 대한 테러, 사상계에 실린 글을 빌미로 함석헌 구속, 경향신문 폐간 등 언론 탄압 자행

(3) **4 · 19 혁명 후** 민주적인 분위기가 확산되자 경향신문이 복간되고, 신문에 대한 발행 허가제가 폐지되어 여러 신문이 창간되는 등 언론의 자유 확대

(4) **박정희 정부** KBS 텔레비전 방송국을 설립하여 집권의 정당성과 반공 · 근대화 이데올로기를 확산. 1970년대에 들어서 언론 통폐합을 추진하고, 1972년 2월 기자 등록제인 프레스카드제를 실시하여 정부에 비판적인 기자들의 행정부처 출입을 막음. 이에 대항하여 동아일보 기자들을 선두로 1974년 언론 자유 수호 운동 전개. 이 과정에서 유신 정권의 압력으로 동아일보와 동아방송의 광고 해약 사태(백지 광고 사태)❶ 가 벌어지고, 동아일보와 조선일보의 일부 기자들 해직

❶ **백지 광고 사태**
광고란이 비어있는 동아일보

(5) **전두환 정부** 정의 사회 구현을 구실로 언론인들을 무더기로 해고, 신문사와 방송사를 통폐합, 공공질서를 문란하게 한 행위를 고무 · 찬양할 경우 언론사의 등록을 취소할 수 있다는 내용을 담은 언론 기본법을 제정. 여기에 권력 기관에 의한 보도 지침을 통해 언론을 노골적으로 조작하고, 기사에 대한 통제와 검열을 강화

(6) **6월 민주 항쟁 이후** 정부는 프레스카드제를 폐지. 언론계에도 민주화의 물결이 일어 언론 노동 조합 연맹이 조직되고, 민주화 투쟁으로 해직된 언론인들은 국민 모금을 통하여 1988년 한겨레 신문을 창간

(7) **1990년대** 노태우 정부는 언론 재장악을 목적으로 방송법을 개정하고 프레스카드제를 부활하고자 하였는데, 이에 대항하여 KBS 노조는 방송 민주화 운동을 전개

3. 학술

(1) 한국학 연구

① **우리말 큰사전 완간** : 일제 강점기 조선어 학회 사건으로 중단되었던 〈우리말 큰사전〉을 1957년 한글학회가 완간하여 국어 표준화 사업이 완성

② **식민 사관 극복** : 우리 역사의 내재적 발전을 밝힘으로써 식민 사학의 폐해를 극복하려 노력

③ **한국학 연구** : 국민정신 교육의 강화를 목적으로 만든 한국 정신 문화 연구원은 오늘날 그 성격이 바뀌면서 한국민족문화대백과사전을 간행하는 등 한국학의 총체적인 연구를 전개하고 있음

(2) 과학 기술 발전
1966년 한국 과학 기술원(KIST) 설립, 대전 대덕 연구 단지를 조성하는 등 지속적인 지원을 통해 첨단 과학 기술분야에 이르기까지 획기적인 발전이 이루어짐

4. 사상과 종교

(1) 현대 사상

① **광복 후** : 우리 사회에는 민족주의와 민주주의 그리고 반공 등 여러 이념이 혼재. 남북 분단 상황으로 인해 반공 이념 강조. 민족주의는 한때 정치·사회적으로 남용되기도 하였으며, 민주주의는 정권의 독재 정치로 인하여 시련을 겪기도 함

② **4.19혁명 이후** : 민족주의와 민주주의가 중요한 이념으로 자리 잡게 되었음

③ **6월 민주항쟁 이후** : 민주주의에 대한 성취, 동유럽 사회주의 국가들의 몰락으로 냉전 체제가 해체되기 시작, 이러한 세계 정세의 흐름으로 인하여 남북 간 화해의 기운이 높아져 갔음

(2) 현대 종교

① **천주교** : 1970년대 이후 인권 및 민주화 운동에 직접 참여. 세계적인 연계성과 통일된 교구 조직을 통하여 일찍부터 활발하게 포교 활동을 전개. 대규모 행사를 전개하여 천주교의 위상을 드높임

② **개신교** : 광복 이후 많은 종교인의 월남과 6·25 전쟁 이후 국외 원조의 창구 담당으로 성장, 1970~1980년대 민주화 운동 전개. 천주교와 더불어 교세 확장.

③ **불교** : 정권을 비호하는 호국 불교의 모습을 반성하고 도제 양성, 역경 사업, 포교 사업의 3대 개혁 사업을 통해 불교의 현대화를 실천함.

④ 천도교, 대종교, 원불교, 민족 종교도 포교 기반 확대와 교세 확장에 노력.

5. 문예·문화·체육활동

(1) 문예·문화

① **광복 후** : 광복 직후에 문화계는 좌·우익의 이념 갈등과 남북 분단으로 분열.

② **6·25 직후**

㉠ 문예 : 문단에서는 서정성을 중시하는 민족주의적 자유주의 문인 중심의 순수 문학이 주류를 이룸. 1954년 발표된 정비석의 "자유부인"은 서구 문화의 유입에 따른 여성의 모습을 그려내 사회적인 논쟁을 불러일으키기도 함.

ⓛ **문화** : 6 · 25 전쟁을 겪으며 미국의 대중문화가 급속히 전파되어 미국의 춤과 노래가 유행. 또한 1950년대 중반 이후 역사학회, 국어 국문학회, 한국 철학회 등이 창립되어 한국학에 관련된 많은 연구 업적이 축적되기 시작. 특히 일제에 의해 강제로 중단되었던 "우리말 큰사전"을 1957년 완간.

③ **1960년대** : 대중문화가 확산되면서 영화와 대중가요가 크게 유행. 1961년 최초의 TV 방송국인 한국 방송 공사(현 KBS)가 처음 설립되고, TBC와 MBC가 잇달아 설립되면서 TV가 급속도로 보급. 미국을 비롯한 서구 대중문화의 영향력은 여전하였으나, 한국적 정서를 담은 복고풍의 문화 현상이 나타났음. 1960년대 말에는 젊은이들 사이에 문명의 거부를 담은 서구의 히피 열풍을 모방하는 풍조가 유행하기도 함.

④ **4 · 19혁명기** : 참여 문학이 등장하여 신동엽의 '껍데기는 가라', 김수영의 '꽃잎'등의 시가 널리 읽힘. 순수 문학과의 논쟁이 벌어지기도 하였음. 최인훈이 분단 문제를 다룬 소설 "광장"을 발표함.

⑤ **1970년대** : 독재에 저항하거나 급격한 산업화를 묘사한 문학 작품 등장. 김지하는 재벌, 국회의원, 고급 공무원 등을 비판한 시 '오적'을 발표하여 반공법 위반 혐의로 투옥. 조세희는 소설 "난장이가 쏘아 올린 작은 공"을 통해 도시 빈민의 삶을 그렸음. 저항적인 청년 문화❶가 유입되면서 통기타를 치면서 노래하는 가수들이 등장. 대학가를 중심으로 전통문화에 대한 관심이 증대되었으며 사회 전반에 걸쳐 전통문화의 대중화 확산. 1973년 국립 극장, 1978년 세종 문화회관 건립. 1976년 한국 공연 윤리 위원회가 설립되면서 예술 활동에 대한 실질적인 검열 시작. 검열은 사회에 대한 통제로 연결되었고, 문학과 예술인들에 대한 억압으로도 작용. 급속히 보급된 텔레비전은 대중문화를 크게 변화시켜 드라마와 코미디가 인기를 끌었음.

⑥ **1980년대** : 5 · 18 민주화 운동의 영향으로 민중 문학이 형성되었으며, 민족 문제에 대한 관심을 바탕으로 분단 문학이 발달하였음. 팝송과 한국 가요 시장이 확대되었으며, 대학가에서는 민중가요가 성행. 1970년대에 이어 전통문화에 대한 관심 증가. 대중문화의 새로운 소비자 집단으로 1981년 문예 회관, 1988년 예술의 전당 건립.

⑦ **한류** : 1990년대 이후 중국, 일본 등에서 생긴 한류 열풍은 한국 문화를 세계에 알려 한국의 위상을 높이는 것에 기여. 2000년대 중 · 후반부터는 한국 대중가요가 아시아뿐만 아니라 유럽과 남미, 중동 지역에서도 인기를 얻으며 'K-POP'이라는 용어가 만들어졌음.

(2) **체육**

① **1960년 엘리트체육** : 정부 차원에서 스포츠 엘리트를 육성하기 위해 지원, 1966년 박정희 정부는 일선 지도자와 국가 대표 선수의 강화 훈련을 목적으로 태릉선수촌 설립.

② **1980년 프로 스포츠** : 전두환 정부는 국민적 저항을 무마 · 희석하기 위한 국민 전환용 정책의 일환으로 프로 스포츠 도입을 단행. 1982년 프로 야구의 시작으로 씨름, 축구 등도 프로화가 이루어짐.

③ **88서울 올림픽** : 1981년 올림픽 서울 유치. 정부는 1988년 올림픽 대회를 성공적으로 개최하여 한국의 발전상을 전 세계에 과시하였음. 동서 냉전의 갈등으로 한동안 올림픽에 참여하지 않았던 공산권 국가들까지 참여했고, 이는 북방 정책을 추진할 수 있는 여건을 마련. 이후 동유럽권

❶ **저항적인 청년 문화**
장발과 청바지, 생맥주와 통기타로 대변되는 1970년대 우리나라의 이른바 청년 문화는 1960년대 미국과 서유럽을 휩쓴 학생 운동, 히피문화의 연장선에서 붙여진 이름. 당시 장발은 독재 정권에 대한 저항과 자유의 상징으로 통하였음. 정부는 노래나 문학 작품, 영화 등을 검열하여 조금이라도 저항적 분위기를 담고 있거나 체제를 비판하는 내용이 담겨있다고 판단되면 금지곡, 금서로 지정하였고 영화는 해당 부분을 삭제.

국가들과 소련, 중국과도 수교하게 됨

④ **남북 체육 회담** : 1990년의 남북 체육 회담을 통해 남북 통일 축구가 평양과 서울에서 개최되었으며, 1991년 제 41회 세계 탁구 선수권 대회에서 남북 단일팀이 우승을 거둠, 제6회 세계 청소년 축구 대회에 남북 단일팀이 '코리아팀'으로 참가

⑤ **한 · 일 월드컵** : 거리 응원을 통해 국민 화합에 기여, 4강 진출이라는 성과를 올림

⑥ **2018평창 동계올림픽**

6. 의식주 변화

(1) 의생활

① **광복 직후** : 일제의 강요로 입었던 국민복과 몸뻬 대신 한복을 다시 입음. 양장 또한 널리 입게 됨

② **6 · 25 직후** : 부산이나 대구 등 피난지에서 의상업을 하던 사람들이 서울 명동으로 모여들어 양장점 개업, 한국 현대 패션의 선구자라고 할 수 있음

③ **5 · 16 군사 정변 이후** : 1961년에 군사 정권이 '신생활 재건 운동'을 추진하면서 남성에게는 '재건복', 여성에게는 '신생활복'을 입도록 권장

④ **1980년대** : 브랜드의 세분화와 함께 기성복 시장의 규모 확대

⑤ **여성** : 1950년대 벨벳으로 만든 양장과 한복 유행, 차이니스 드레스와 플레어 스커트, 숏커트, 맘보바지 유행. 1960년대 미니스커트 유행, 1970년대는 양장의 다양화, 1980년대는 기성복 시장의 확대로 다양한 의생활 향유

⑥ **남성** : 양복은 일부 상류층 위주로만 발전해왔으나 1960년대 이후로 여러 계층에 확대됨. 1970년대 청년 문화의 영향으로 청바지와 장발이 크게 유행, 1980년대는 여성복과 마찬가지로 기성복 시장의 확대로 다양한 의생활 향유

(2) 식생활

① **광복 이후** : 모든 식재료가 절대적으로 부족해 매년 '보릿고개'를 겪었음. 정부는 쌀의 자급을 추진하고 혼 · 분식 장려해 쌀의 소비량을 감소시키려고 함

② **1970년 중반** : 주식인 쌀의 자급은 달성되었으나 밀 · 옥수수의 수입은 증가

③ **1980년** : 식생활이 서구화되면서 쌀의 생산은 줄어들어 주곡의 자급이 이루어지게 되었음

④ **1990년** : 편의 식품이나 외식의 빈도 증가. 유기 농산물에 대해 관심도 높아짐

(3) 주거 생활

① **휴전 이후** : 파괴된 주택 복구 이루어짐

② **1960년대** : 주택 수요가 급증하면서 정부는 대한주택공사를 세우고 주거의 집단화 추진. 1962년 서울 마포에 국내 최초의 아파트 단지 건설

③ **1970년대** : 아파트 단지가 본격적으로 건설되면서 주거 문화 크게 변함, 2층 주택 보편화. 서울의 고지대와 변두리에 '달동네'라는 빈민촌 생겨남

④ **1980년대** : 서울, 수도권 대도시, 지방 대도시에 대규모 아파트 단지 건설. 달동네와 판자촌 개발 이루어짐

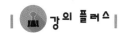

⑤ **1990년대** : 수도권의 주택난이 계속되자 정부가 서울 주변에 대규모 아파트 단지를 중심으로 한 신도시 건설. 지방 중소 도시까지 아파트가 공급되면서 아파트에 사는 사람이 국민의 절반을 넘어섬

▶▶▶ 기출 문제

01 | 통일과 경제·사회·문화의 변화

001 □□□
2018 서울시 9급(3월)

〈보기〉의 북한 정권 수립 과정을 시간 순으로 바르게 나열한 것은?

〈보기〉
ㄱ. 북조선 임시 인민 위원회 성립
ㄴ. 조선 인민군 창설
ㄷ. 토지 개혁 실시
ㄹ. 최고 인민 회의 대의원 선거 실시
ㅁ. 북조선 노동당 결성
ㅂ. 조선민주주의 인민 공화국 성립

① ㄱ－ㄴ－ㄷ－ㄹ－ㅁ－ㅂ
② ㄱ－ㄷ－ㅁ－ㄴ－ㄹ－ㅂ
③ ㄱ－ㅁ－ㄷ－ㄹ－ㄴ－ㅂ
④ ㄱ－ㅁ－ㄴ－ㄷ－ㄹ－ㅂ

002 □□□
2018 경찰간부후보

다음의 북한이 일으킨 사건을 시간 순서대로 옳게 나열한 것은?

가. 서해 연평해전 사건
나. 울진-삼척 무장공비 침투 사건
다. 판문점 도끼 만행 사건
라. 아웅산 폭탄 테러 사건

① 나 → 다 → 라 → 가　② 다 → 나 → 라 → 가
③ 다 → 나 → 가 → 라　④ 나 → 라 → 다 → 가

003 □□□
2010 경북교행 9급

다음 글과 같은 경제 위기 상황을 극복하기 위한 북한의 노력 과정에 해당하는 것을 〈보기〉에서 모두 고른 것은?

북한의 경제는 생산 수단의 사회적 소유와 중앙 집권적 계획 경제가 가져온 생산력 저하, 동유럽 사회주의 국가의 몰락으로 인한 교역 상대국 상실, 에너지와 원자재 부족으로 인한 공장 가동률의 저하 등으로 1990년 이래 계속적으로 마이너스 경제 성장을 하였다. 그 결과 북한 주민은 식량 부족으로 심각한 어려움에 처하게 되고, 산업 활동은 원자재와 에너지, 외화 부족 등으로 제대로 이루어지지 않았다.

〈보기〉
ㄱ. 외국인 투자법 제정
ㄴ. 주체 사상의 확립
ㄷ. 천리마 운동의 전개
ㄹ. 고려 연방제 통일 방안 제시
ㅁ. 나진 선봉 자유 무역 지대 설치

① ㄱ, ㅁ　　　　　② ㄴ, ㄹ
③ ㄷ, ㅁ　　　　　④ ㄴ, ㄹ, ㅁ
⑤ ㄴ, ㄷ, ㄹ, ㅁ

🎯 정답·해설

정답 1. ② 2. ① 3. ①

해설 1. ㄱ.1946.2 ㄷ.1946.3 ㅁ.1946.8 ㄴ.1948.2 ㄹ.1948.8 ㅂ.1948.9

2. (나) 1968.10. (다) 1976.8. (라) 1983.10. (가) 1차 1999, 2차 2002

3. 이 자료는 1990년대의 북한의 상황을 말한다. ㄱ, ㅁ. 북한은 1984년에 합영법을 제정하였으나 성과를 거두지 못했다. 1992년에 외국인 투자법을 비롯해 합작법, 외국인 기업법 등을 제정하였다. 1993년에는 외국 투자 기업 및 외국인 세금법, 외화 관리법, 자유 경제 무역 지대법 등을 잇따라 제정 및 발표하고 나진·선봉 무역 지대를 설치하였다.
ㄴ.주체 사상은 1967년에 도입되어 반대파 숙청에 이용되었다. ㄷ.천리마 운동은 1956년에 시작된 노동 경쟁 운동이자 사상 개조 운동이다. ㄹ.고려 연방제 통일 방안은 북한이 1960년부터 주장해온 것으로 남과 북이 서로 다른 제도를 인정하면서 하나의 통일 연방 국가를 형성하는 것을 말한다.

004 □□□

다음 합의문에 대한 설명으로 옳은 것은?

> 쌍방은 오랫동안 서로 만나보지 못한 결과로 생긴 남북 사이의 오해와 불신을 풀고 긴장의 고조를 완화시키며 나아가서 조국 통일을 촉진시키기 위하여 다음과 같은 문제들에 완전한 견해의 일치를 보았다.
>
> 1. 쌍방은 다음과 같은 조국 통일 원칙들에 합의를 보았다.
>   첫째, 통일은 외세에 의존하거나 외세의 간섭을 받음이 없이 자주적으로 해결하여야 한다.
>   둘째, 통일은 서로 상대방을 반대하는 무력 행사에 의거하지 않고 평화적 방법으로 실현하여야 한다.
>   ⋯⋯
>
> 4. 쌍방은 지금 온 민족의 거대한 기대 속에 진행되고 있는 남북 적십자 회담이 하루빨리 성사되도록 적극 협조하는 데 합의하였다.⋯⋯

① 남북 기본 합의서와 동시에 작성된 문서이다.
② 남북 조절 위원회를 구성하기로 합의한 내용이 담겨 있다.
③ 분단 후 최초로 열린 남북 정상 회담의 결과로 발표된 성명서이다.
④ 금강산 관광 사업을 추진하기로 결정했다는 내용이 수록되어 있다.

005 □□□

(가)와 (나) 사이에 있었던 사실로 옳은 것은?

> (가) 남북한은 자주 평화 민족적 대단결의 통일 원칙을 명시한 7·4 남북 공동 성명을 발표하였다.
>
> (나) 남북한은 유엔에 동시 가입하였고, 같은 해에 '남북 사이의 화해와 불가침 및 교류 협력에 관한 합의서 (남북 기본 합의서)'를 채택하였다.

① 4·19 혁명 발발
② 금융 실명제 실시
③ 5·18 민주화 운동 발발
④ 제2차 경제 개발 5개년 계획 시작

006 □□□

다음 사실들을 시기 순으로 바르게 나열한 것은?

> ㄱ. 남북이 유엔에 동시 가입하였다.
> ㄴ. 분단 후 처음으로 금강산 관광 사업이 실현되었다.
> ㄷ. '남북 사이의 화해와 불가침 및 교류·협력에 관한 합의서'가 체결되었다.
> ㄹ. 북한 핵시설 동결과 경수로 발전소 건설 지원 등을 명시한 '북·미 제네바 기본 합의서'가 채택되었다.

① ㄱ → ㄴ → ㄷ → ㄹ   ㄱ → ㄷ → ㄹ → ㄴ
② ㄷ → ㄱ → ㄹ → ㄴ   ㄷ → ㄹ → ㄱ → ㄴ

정답·해설

정답 4.② 5.③ 6.②

해설 4. 이 자료는 '7·4 남북공동 성명'이다. ① 1991년 노태우 정부 · ③ 2000년의 6·15 남북 공동 선언 ④ 1998년 해로 관광이 먼저 시작되고, 2003년 노무현 정부 시기에 육로 관광도 시작됨.

5. (가)1972년 박정희 정부 시기, (나) 1991년 노태우 정부 시기
① 1960년 ② 1993년 ③ 1980년 ④1967년

6. ㄱ.1991.9 ㄷ.1991.12 ㄹ.1994 제네바 기본 합의. 북한이 1993년 3월에 핵확산금지 조약(NPT)을 탈퇴하고 플루토늄 재처리 시설을 운영하자 군사적 충돌의 위기가 고조되었다. 하지만 지미 카터 전 대통령의 방북 등으로 북한은 경수로 지원을 대가로 핵확산 금지 조약에 잔류하고 국제 원자력 기구(IAEA)의 사찰을 받기로 하였다. ㄴ.1998.11

007 □□□

(가), (나)와 같이 통일과 관련된 내용을 합의한 정부에 대한 설명으로 가장 적절하지 않은 것은?

> (가) 1. 나라의 통일 문제를 우리 민족끼리 서로 힘을 합쳐 자주적으로 해결해 나가기로 하였다.
>
> 　　 2. 나라의 통일을 위한 남측의 연합제 안과 북측의 낮은 단계의 연방제 안이 서로 공통성이 있다고 인정하고, 이 방향에서 통일을 지향해 나가기로 하였다.
>
> (나) 1. 남과 북은 서로 상대방의 체제를 인정하고 존중한다.
> 　　　　　　　　　 ……
>
> 　　 9. 남과 북은 상대방에 대하여 무력을 사용하지 않으며 상대방을 무력으로 침략하지 아니한다.

① (가) – 해방 이후 최초로 남북 정상 회담이 열렸다.
② (나) – 남북한이 UN에 동시 가입하였다.
③ (가) – 상록수 부대를 동티모르에 파병하였다.
④ (나) – 지방자치 단체장 선거를 실시하였다.

009 □□□

다음의 내용을 발생한 시기 순으로 옳게 나열한 것은?

> ㄱ. 남북 사이의 화해와 불가침 및 교류 협력에 관한 합의서 채택
> ㄴ. 6·15 남북 공동 선언
> ㄷ. 금강산 관광 개시
> ㄹ. 남북 경의선 철도 복원 기공식
> ㅁ. 한반도 비핵화 공동 선언

① ㅁ－ㄱ－ㄷ－ㄴ－ㄹ
② ㄱ－ㅁ－ㄷ－ㄴ－ㄹ
③ ㄱ－ㅁ－ㄹ－ㄴ－ㄷ
④ ㅁ－ㄱ－ㄷ－ㄹ－ㄴ

008 □□□

다음의 진행 순서로 가장 옳은 것은?

> (가) 8·15 선언
> (나) 7·4 남북 공동 성명
> (다) 6·23 평화 통일 선언
> (라) 한민족 공동체 통일 방안

① (가)－(나)－(다)－(라)　　② (가)－(다)－(나)－(라)
③ (나)－(라)－(다)－(가)　　④ (다)－(가)－(라)－(나)

◎ 정답·해설

정답　7.④　8.①　9.②

해설　7. (가)는 김대중 정부 시기의 '6·15 남북 공동 선언'이고, (나)는 노태우 정부 시기의 '남북 기본 합의서'이다. ④ 노태우 정부 시기에는 1991년 지방 자치제가 부분적으로 실시되어 기초 자치단체 의회와 광역 자치단체 의회와 의원을 선출하였고 1995년 김영삼 정부 시기에 지방 자치제가 전면적으로 시행되었다.

　　8. (가)1970년 박정희 정부가 북한에 대한 평화적 선의의 경쟁을 하자고 제의　(나) 1972　(다) 1973 모든 국가에 대한 문호 개방과 유엔 동시 가입 제안　(라) 1989.9

　　9. ㄱ.1991.12.13.　ㅁ.1991.12.31.　ㄷ.1998.11.　ㄴ.2000.6　ㄹ.2000.9

010 □□□ 2018 경찰간부후보

(가)~(라) 시기의 경제 상황에 관한 다음 설명 중 가장 옳지 않은 것은?

① (가) – 기간산업의 육성과 면직물, 가발 등 경공업의 신장에 주력하였다.

② (나) – 수출 100억 달러를 달성하고 '한강의 기적'이라 불리는 경제 발전을 이룩하였다.

③ (다) – 저금리·저유가·저환율의 3저 호황을 맞이하였다.

④ (라) – 우루과이 라운드 협정을 타결하고 한·칠레 자유무역 협정(FTA) 체결을 이루었다.

011 □□□ 2018 교육행정

다음은 어느 전직 공무원의 기록이다. 밑줄 친 ㉠이 운용된 시기의 경제 현상으로 옳은 것은?

> 재무부 장관에 정식 취임한 나는 ㉠ 미국의 원조 물자 및 잉여 농산물의 판매 대전(代錢)으로 조성된 대충자금의 사용 방안에 관해 미국 측과의 이견 조정에 직면하게 되었다 …… 원조 물자나 잉여 농산물의 판매 대전 중 우리나라가 사용할 수 있는 돈은 반드시 국방비에만 사용할 수 있다는 주장을 내세웠고, 또 우리나라는 이를 미국 측 주장대로 감수하여 온 처지에 있었다.
>
> ─『재계회고』

① 농축산물 수입 개방 반대 운동이 전개되었다.

② 제분, 제당, 면방직 등 삼백 산업이 발달하였다.

③ 금리, 기름 값, 달러 인하로 3저 호황을 누렸다.

④ 정부 주도하에 건설 노동자들이 중동에 파견되었다.

012 □□□ 2017 하반기 지방직 9급

밑줄 친 '시기'에 있었던 사실에 대한 설명으로 옳은 것은?

> 제1차 경제 개발 5개년 계획을 시행할 무렵에 우리나라 정부는 국내에서 산업 개발 지금을 확보하려 하였다. 이에 통화 개혁을 실시했으나 목적을 달성하지 못했고, 결국 외국 치관을 들여왔다. 이러한 배경 속에서 섬유·가발 등의 수출 산업이 육성되었다. 제2차 경제 개발 5개년 계획이 적용된 때에는 화학, 철강 산업에 대한 투자도 이루어졌다. 이 두 차례의 경제 개발 계획이 시행된 시기에 수출 주도 성장 전략이 자리를 잡았다.

① 경부 고속 국도가 건설되었다.

② 금융 실명제가 전격적으로 실시되었다.

③ 경제 협력 개발 기구(OECD)에 가입하였다.

④ 연간 수출 총액이 늘어나 100억 달러를 돌파하였다.

정답 10.④ 11.② 12.①

해설 10. ④ 우루과이 라운드 타결은 1993년 12월이고 이로 인해 우리나라는 쌀을 제외한 농축산물 시장을 개방하게 되었다. 칠레와의 자유 무역 협정은 2002년에 체결되었고, 2004년에 발효되었다.

11. ② 1950년대 미국의 원조는 설탕, 밀가루, 면화 등이었고 이를 가공하는 제당, 제분, 면방직 공업이 삼백 산업으로 성장하였다.

  ① 1990년대 우루과이 라운드 반대, 자유 무역 협정(FTA)에 반대 ③ 1980년대 ④ 1970년대 중반, 우리나라는 중동 건설 사업에 진출하여 '오일 달러'를 벌어들였고 결국 1차 석유파동을 극복할 수 있었다.

12. 2차 경제 개발 계획은 1967~1971년에 실시되었다.

  ① 경부 고속 국도는 1968년에 착공하여 1970년에 완공되었다. ② 금융 실명제는 1993년 8월 김영삼 정부 ③ 1996년 김영삼 정부 ④ 1977년 박정희 정부

013 □□□

2018 국가직 9급

(가)와 (나)는 외국과 맺은 각서이다. 두 각서 사이에 있었던 사실로 옳은 것은?

> (가) 일본측은 한국측에 무상원조 3억 달러, 유상원조(해외 경제 협력 기금)2억 달러, 그리고 수출입 은행 치관 1억 달러 이상 을 제공한다.
>
> (나) 미국 정부가 한국과 약속했던 1억 5천만 달러 규모의 차관 공여와 더불어 …… 한국의 경제 발전을 돕기 위한 추가 AID 차관을 제공한다.

① 경부 고속 국도가 개통되었다.
② 마산에 수출 자유 지역이 건설되었다.
③ 국가 기간산업인 울산 정유 공장이 기동되었다.
④ 유엔의 지원으로 충주에 비료 공장을 설립하였다.

014 □□□
2015 국가직 7급

밑줄친 '개혁'에 대한 설명으로 옳지 않은 것은?

> 정부는 제헌 헌법에 의거하여 1949년 6월 21일 법률 제31호로 농지를 농민에게 적절히 분배하는 개혁을 추진하였다. 그것을 통하여 농가 경제 자립과 농업 생산력 증진으로 인한 농민 생활의 향상 및 국민 경제의 균형과 발전을 도모하였다.

① 귀속 농지의 관리 기구인 신한 공사를 해체하였다.
② 호당 3정보 이하 농지는 매수 대상에서 제외하였다.
③ 3정보 이상의 농지로 이미 매도된 경우 개혁에서 제외하였다.
④ 매수된 농지의 지주에게는 연평균 수확량의 150%를 5년간 나누어 보상하도록 하였다.

015 □□□
2014 지방직 7급

정부 수립 이후 이승만 정부의 경제 정책에 대한 설명으로 옳지 않은 것은?

① 미국과 경제 원조 협정을 체결하여 경제 안정과 시설 복구를 위한 원조를 받았다.
② '귀속 재산 처리법'에 따라 일본인이 소유했던 재산과 공장 등을 민간인에게 불하하였다.
③ '농지 개혁법'을 제정하여 유상 매입, 무상 분배의 농지 개혁을 실시하였다.
④ 금융 기관의 공공성 유지와 경영 건실화를 위하여 '한국은행 법'과 '은행법'을 제정하였다.

🎯 **정답·해설**

정답 13.③ 14.① 15.③

해설 13. (가)는 1962년 11월 김종필·오히라의 비밀 메모이다. (나)는 1966년 3월 7일의 브라운 각서이다. ③ 우리나라 최초의 정유 공장인 울산 정유 공장은 1964년에 준공됨 ① 1968공사 시작, 1970 완공 ② 1970년에 조성 ④ 충주 비료 공장은 1959년에 건설되었다.

14. 신한공사는 동양 척식 주식 회사와 일본인 소유의 재산을 넘겨받아 관리하기 위해 광복 후 미 군정청에서 설립한 회사이다.

15. ③ 유상 매입, 유상 분배의 원칙. ① 미군정인 1945~1948년동안 점령지 행정 구조 원조를 실시하고, 1948년 대한민국 정부가 수립되자 국가 대 국가의 원조를 실시하기 위해 한·미 원조 협정을 체결하였다. ② 정부 수립 후인 1949년 12월 귀속 재산 처리법이 제정되면서 신한공사가 처리하던 나머지 귀속 재산(적산)을 처리하였다. ④ 1950년 한국 은행법이 제정되고, 곧바로 6.25 전쟁이 일어나자 부산에서 한국은행권을 발행하였다.

016 ☐☐☐

2008 지방직 7급

해방 이후의 경제 정책과 경제 생활에 관한 설명으로 옳은 것은?

① 1950년대에는 농지 개혁법의 시행으로 농민층의 부담은 경감되고, 지주층은 불리해졌다.

② 1960년대에는 두 차례에 걸친 경제 개발 계획으로 경제의 대외 의존도가 크게 완화되었다.

③ 1970년대에는 '8·3 조치'를 통해 기업에 특혜를 주었고, 중화학 공업화를 추진하였다.

④ 1980년대에는 '3저 호황'에 따른 한국 경제의 고속 성장으로 노동 운동이 위축되었다.

017 ☐☐☐

2017 하반기 국가직 9급

다음은 연대별 인구 정책을 상징하는 표어이다. 각 연대별로 일어난 일에 대한 설명으로 옳은 것만을 〈보기〉에서 모두 고르시오.

연대	표어
(가)	덮어놓고 낳다보면 거지꼴을 못 면한다.
(나)	딸 아들 구별 말고 둘만 낳아 잘 기르자.
(다)	잘 키운 딸 하나 열 아들 안 부럽다.

〈보기〉

ㄱ. (가) – 군사 정부가 '경제개발 5개년 계획'을 추진하였다.

ㄴ. (나) – 유신 체제가 성립되었고, 2차례의 오일 쇼크와 중화학 공업 과잉 중복 투자에 따른 경제 불황이 있었다.

ㄴ. (다) – 6월 민주 항쟁과 저금리, 저유가, 저달러의 3저 호황이 있었다.

① ㄱ, ㄴ
② ㄱ, ㄷ
③ ㄴ, ㄷ
④ ㄱ, ㄴ, ㄷ

018 ☐☐☐

2017 지방직 9급

시대별 교육 문화의 변호에 대한 설명으로 옳지 않은 것은?

① 미 군정기 : 미국식 민주주의 교육과 6-3-3학제가 도입되었다.

② 1950년대 : 경제적 어려움 속에서도 초등학교 의무 교육제가 시행되었다.

③ 1960년대 : 입시 과열을 막기 위해 중학교 무시험 추첨제가 도입되었다.

④ 1970년대 : 국가주의 이념을 강조한 국민 교육 헌장이 제정되었다.

019 ☐☐☐

2010 국가직 9급

현대 문화의 성장과 발전에 대한 설명으로 옳지 않은 것은?

① 1970년대 이후 무비판적으로 수용하였던 서구 문화에 대한 반성이 일어나면서 전통문화를 되살리는 노력이 펼쳐졌다.

② 1960년대 이후 정치적 민주화와 사회 경제적 평등을 지향하는 민중 문화 활동이 활발하였다.

③ 1987년 6월 민주 항쟁을 거치면서 언론에 대한 정부의 통제와 간섭은 줄어들고 언론의 자유는 확대되었다.

④ 1980년대 이후에는 고등 교육의 대중화를 위하여 대학이 많이 세워졌다.

🎯 정답·해설

정답 16.③ 17.④ 18.④ 19.②

해설 16. ③ 정부는 8·3 조치를 시행하여 기업이 은행 이외의 민간 자본으로부터 밀린 채무의 상환을 3년간 동결시키고, 이후 5년간 분할 상환하도록 했다.
① 농지 개혁은 유상매입 유상분배의 원칙을 따랐기 때문에 지주층에게 크게 불리하지 않았다. ② 1960년대에는 수출 중심의 산업을 육성하였으므로 경제의 대외 의존도는 높아졌다. ④ 3저 호황으로 경제가 고속 성장하면서 대공장 노동자들을 중심으로 노동 운동이 활발해졌다.

17. (가) 1960년대 (나) 1970년대 (다) 1980년대

18. 박정희 정부는 1968년 12월에 국민 교육 헌장을 제정하였다. 이것을 통해 교육이 지향해야 할 이념을 밝히고, 민족적 정통성과 현대의 과학 정신, 실사구시가 우리 교육의 지향 목표임을 내세웠다.

19. 1980년대는 정치적 민주화와 경제·사회적 평등, 통일을 지향하는 민중 운동이 활발하였다.

자료 더 알아보기

1 이승만의 장기 집권 시도

발췌 개헌 (1952, 1차 개헌)	• 6.25 전쟁 중에 자유당을 창당(1951) • 부산 일대에 계엄령 선포, 공포 분위기 조성 후 직선제 개헌안 통과
사사오입 개헌 (1954, 2차 개헌)	• 사사오입 논리를 이용해 초대 대통령의 중임 제한을 없앰
진보당 사건 (1958.1)	• 보안법 파동(1958.12)으로 신국가 보안법을 제정 • 반공을 내세워 조봉암 사형(1959) • 정부에 비판적인 경향신문 폐간(1959.4)

2 4 · 19 혁명

① 배경 : 자유당 정부의 독재와 부정 부패, 장기 집권을 위한 3 · 15 부정 선거(1960)
② 전개 과정

3월 15일	부정 선거 규탄 시위(마산 시위)에 경찰의 발포로 사상자 발생
4월 11일	마산 앞바다에서 김주열 학생의 시신 발견 → 전국으로 시위 확산
4월 18일	고려대 학생들이 시위 후 귀교 중 피습
4월 19일	대규모 시위 → 경찰 발포로 사상자 발생 → 비상 계엄령 선포
4월 25일	대학 교수단의 시국 선언문 발표
4월 26일	이승만 대통령의 하야 성명 발표

3 박정희 정부

① 5 · 16 군사 정변(1961)

발생	비상 계엄 선포, 국회와 정당을 해산, 군사혁명위원회(→ 국가 재건 최고 회의)와 중앙 정보부를 통해 군정 실시
활동	정치 활동 정화법(구 정치인들의 활동 금지), 반공 국시 · 민생 안정 · 민정 이양 약속, 3 · 15 부정선거 관련자 처벌, 농어촌 고리채 정리, 화폐 개혁, 경제 개발 5개년 계획 시작(1962)
결과	대통령 직선제로 개헌(5차 개헌), 민주 공화당 창당(1963.10), 박정희 대통령 당선

② 한 · 일 국교 정상화와 베트남 파병

한일협정 (1965)	• 배경 : 경제 개발에 자금 필요, 미국의 요구 → 김종필 – 오히라 회담 • 6 · 3시위 격화(1964) : 굴욕적 한 · 일 수교 반대 → 계엄령 선포와 진압 • 한 · 일 협정 체결 : 일본 자금 도입, 식민 지배 사과와 배상 문제 미 해결
베트남 파병 (1964–1973)	• 브라운 각서(1966) : 베트남 추가 파병에 따른 미국의 군사 · 경제적 지원 약속 • 영향 : 베트남 특수로 경제 성장, 고엽제 · 라이따이한 문제

③ 3선 개헌(1969) : 대통령 3회 연임 허용 개헌안을 편법으로 통과시킴 → 7대 대통령 선거(1971)에서 신민당 김대중 후보의 돌풍, 박정
희의 힘겨운 승리

4 민주주의의 시련과 발전 – 유신 체제 (1972~1979, 제4공화국)

배경	닉슨 독트린 발표 이후 미국이 북한과의 화해 권유, 경기 침체
과정	전국에 비상 계엄령 선포, 국회 해산, 정치활동 금지 비상 국무회의에서 유신헌법 제정, 국민투표로 확정(1972.11)
유신 헌법	• 통일 주체 국민 회의에서 임기 6년의 대통령 선출(간선제), 연임 횟수 제한 없음 • 대통령에게 긴급조치권 · 국회 해산권 · 국회의원 1/3 추천권(사실상 임명권) • '한국적 민주주의'라는 명분을 내세워 대통령이 입법권과 사법권까지 장악
저항	장준하의 100만인 서명운동(1973), 민청학련 사건(＝인혁당 재건위 사건, 1974), 3.1 민주 구국 선언(1976)
붕괴	78년 총선에서 야당 돌풍 → 2차 석유 파동(1978) → YH 무역 사건, 김영삼 제명 → 부 · 마 민주 항쟁 → 10 · 26 사태 (박정희 암살) → 계엄령 선포 및 최규하 대통령 선출

5 5 · 18 민주화 운동과 전두환 정부(제5공화국)

① 5 · 18 광주 민주화 운동(1980)

배경	12 · 12사태(1979)로 전두환 중심의 신군부 세력의 무력 집권 → 1980년 5월 서울의 봄(서울역 앞에서 비상계엄 해제, 신군부 퇴진, 유신 철폐 요구)
전개	비상 계엄 전국 확대(5.17) → 광주의 민주화 시위 → 계엄군의 폭력적 진압과 시민의 희생 → 시민군과 계엄군의 충돌 → 계엄군이 시민군 무력 진압
의의	1980년대 이후 민주화 운동의 기반

② 전두환 정부 성립

과정	5 · 18 진압 후 국가 보위 비상 대책 위원회 설치(언론사 통폐합, 정치 활동 통제, 삼청 교육대 운영) → 통일 주체 국민 회의에서 전두환 선출 → 8차 개헌 (대통령 간선제, 7년 단임) → 민주 정의당 창당 → 대통령 선거인단이 전두환을 다시 대통령으로 선출
전두환 정부의 정책	민주화 운동과 노동 운동 탄압, 언론 통제

③ 6월 민주 항쟁(1987)

배경	전두환 정부의 강압 통치, 민주화에 대한 열망 고조, 국민의 개헌 요구
전개	박종철 고문치사 사건 → 정부의 4 · 13 호헌 조치 발표 → 이한열 시위 중 사망 → 6 · 10 국민 대회(민주화와 개헌 요구) 이후 전국적 시위 확산 → 6 · 29 민주화 선언(대통령 직선제 개헌 요구 수용, 민주화 조치 약속)
의의	대통령 직선제 개헌과 사회 전반의 민주화 조치 시행 → 대통령 선거에서 야당 후보의 분열로 민주정의당 후보인 노태우가 당선

6 전두환 정권에 반대하는 민주화 운동

5·18 광주 민주화 운동	6·29 민주화 선언
우리는 왜 총을 들 수 밖에 없었는가? … 계엄 당국은 18일 오후부터 공수부대를 대량 투입하여 시내 곳곳에서 학생, 젊은이들에게 무차별 살상을 자행하였으니 … 20일 밤부터 계엄 당국은 발포 명령을 내려 무차별 발포 를 시작했다는 것입니다.	조속히 대통령 직선제 개헌을 하고 새 헌법에 의해 대통령 선거로 88년 2월 평화적 정부 이양을 실현토록 하겠습니다.

7 민주주의의 발전(제6공화국)

노태우 정부 (1988~1992)	• 1988년 총선에서 여소야대 정국, 5공 청문회 → 3당 합당으로 민자당 탄생 • 서울 올림픽 개최 • 북방 외교 추진 • 남북한 유엔 동시 가입(1991.9)
김영삼 정부 (1993~1997)	• 문민 정부 표방, 고위 공직자 재산 등록법, 금융 실명제(1993) • 지방 자치제 전면 실시(1995) • '역사 바로 세우기'를 내세워 전두환, 노태우 등 처벌 • IMF 위기 초래
김대중 정부 (1998~2002)	• 최초의 평화적 여야 교체, 외환 위기 극복 • 햇볕 정책 추진 → 6.15 남북 공동 선언
노무현 정부 (2003~2007)	• 참여 정부, 대통령 탄핵 소추, 한·미 FTA 체결 • 성과 : 정경 유착 단절, 권위주의 청산, 과거사 정리 • 과제 : 청년 실업, 비정규직 급증, 부동산 문제

8 통일 정책과 남북 대화

시기	남북 대화 내용
이승만 정부	북진통일론 주장 → 반공정책 강화, 혁신 세력의 평화통일론 탄압
장면 내각	북진통일론 철회 → 통일운동 억압, 유엔 감시하의 남북총선거 실시 주장
박정희 정부	• 초기에 선건설, 후통일론 → 반공 강화, 경제 발전을 통한 국력 증강에 주력 • 닉슨 독트린(1969) 이후 냉전 완화, 남북 적십자 회담(1971, 이산가족 재회 목적) • 7·4 남북 공동 성명(1972) − 자주·평화·민족 대단결 3대 원칙 합의 　　　　　　　　　　　　　− 공식 대화 기구로 남북 조절 위원회 구성 　　　　　　　　　　　　　− 남북한은 독재 체제 강화에 이용 • 6·23 평화 통일 선언(1973) : 상호 내정 불간섭과 남북 유엔 동시 가입 제안
전두환 정부	이산가족 고향 방문(1985), 예술 공연단 교환 공연

시기	남북 대화 내용
노태우 정부	• 한민족 공동체 통일 방안(1989) : 3원칙(자주, 평화, 민주) • 사회주의권 붕괴, 북방 정책 추진(중국 · 소련 수교) • 남북 고위급 회담, 남북한 유엔 동시 가입 (1991.9) • 남북 기본 합의서 채택(1991.12, 화해, 불가침, 교류 · 협력) • 한반도 비핵화 공동 선언 발효(1992)
김영삼 정부	• 민족 공동체 3단계 통일 방안(1994, 화해 · 협력 → 남북 연합 → 통일국가) • 남북 정상 회담에 합의했으나 김일성 사망으로 불발 → 조문파동 • 한반도 에너지 개발 기구(KEDO)에 의한 경수로 건설 사업 추진(1996)
김대중 정부	• 정주영의 소떼 방북, 금강산 관광 사업 시작(1998) • 남북 정상 회담 개최하여 6 · 15남북 공동 선언(2000) 발표 　→ 이산가족 상봉, 경의선 복구 사업, 개성 공단 설치 등 남북 교류 활성화
노무현 정부	제2차 남북 정상회담(2007)에서 10 · 4 선언(남북 관계 발전과 평화 번영을 위한 선언)
문재인 정부	• 4 · 27 판문점 선언(2018) – 이산가족 상봉 정례화 　　　　　　　　　　　　– 핵 없는 한반도 구상 　　　　　　　　　　　　– 6 · 25 정전 선언을 평화 협정으로 전환 추구 • 6 · 12 북미 정상 회담으로 연결

9 남북기본합의서(1991.12)

제1조. 남과 북은 서로 상대방의 체제를 인정하고 존중한다.	→ 화해
제9조. 남과 북은 상대방에 대하여 무력을 사용하지 않으며 …	→ 불가침
제15조. 남과 북은 민족 경제의 통일적이며 균형적인 발전과 민족 전체의 복리 향상을 도모하기 위하여 자원의 공동개발, 민족 내부 교류로서의 물자 교류, 합작 투자 등 경제 교류와 협력을 실시한다.	→ 교류 협력

합격생의 학습 패턴을 **메가 공무원 커리큘럼**에 담았습니다.

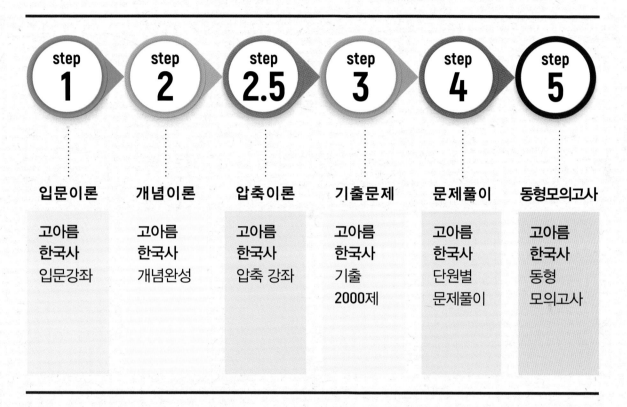

step 1	step 2	step 2.5	step 3	step 4	step 5
입문이론	개념이론	압축이론	기출문제	문제풀이	동형모의고사
고아름 한국사 입문강좌	고아름 한국사 개념완성	고아름 한국사 압축 강좌	고아름 한국사 기출 2000제	고아름 한국사 단원별 문제풀이	고아름 한국사 동형 모의고사

합격을 위한 정확한 선택

아름국사
압축
개념완성

NAVER ｜ 메가 공무원 고아름

Daum ｜ 메가 공무원 고아름

· 공무원 한국사의 핵심적인 개념들을 압축적으로 학습

· 7~9급을 함께 대비하는 강좌

· 출제자의 시각에서 분석한 학습 방법과 노하우 제시

· 국가직 ｜ 지방직 ｜ 서울시 ｜ 경찰간부 ｜ 법원직 ｜ 계리직 ｜ 기상직
  사회복지직 ｜ 교육행정직 ｜ 국회직 문항 분석

―――――――――――――――――――――――

[강좌코드] 쉬운 설명, 원리의 이해, 풍부한 예시, 공부방향 제시,
          집중이 잘됨, 웃음이 터지는 강좌, 복습부담 제로

[교재특징] 충분한 설명, 보기 편한 구성, 완벽한 답지/해설서

―――――――――――――――――――――――

값 17,000원　　90941

13910

9 791189 168124

ISBN 979-11-89168-12-4